W0086886

Hintergründe & Infos

① Inselmitte

② Inselnorden

③ Inselsüden

Kleiner Wanderführer

Ende der achtziger Jahre besuchte ich mit meinem geschätzten Verleger einen kleinen, inhabergeführten Computerladen, um uns über die neuesten Entwicklungen auf dem Gebiet der Satzverarbeitung zu informieren. Irgendwann meinte der EDV-Fachmann, ich hätte ja wohl einen Traumberuf. Etwas sehnsüchtig fügte er hinzu: „Ich kann ja nur selten weg, aber wenn ich mal verreisen würde, dann würde ich auf die Vulkaninsel Lanzarote fahren." Der träumerische Ausdruck im Gesicht des netten Mannes prägte sich mir tief ein und in diesem Moment war der Wunsch geboren, einen Reiseführer über die Insel zu schreiben, die solche Sehnsüchte wecken konnte. Wenige Jahre später war es soweit, das erste Mal betrat ich Lanzarote. Eines Morgens, als ich aus dem Hotel kam, fragte mich eine bezaubernde junge Dame, die im selben Haus ge-

Vor zwanzig Jahren: Die bekannte Inseltöpferin Dorotea mit dem Autor

nächtigt hatte: „Entschuldigung, aber wo geht's denn hier zum Strand?" Geistesgegenwärtig parierte ich die Frage mit der Einladung zu einer Autotour über die Insel. Es kam, wie es kommen sollte – die junge Dame ist seit zwanzig Jahre meine Frau und wir haben uns damals nicht nur ineinander, sondern auch in Lanzarote verliebt. Mittlerweile haben wir etwa zwei Jahre dort gewohnt, viele Urlaube und Rechercheaufenthalte verbracht, diesen Reiseführer geschrieben und zwei Kinder großgezogen – ohne den Besuch im kleinen Computerladen wäre das alles nicht passiert. Ich wünsche auch Ihnen viel Freude auf meiner Lieblingsinsel!

Text und Recherche: Eberhard Fohrer **Lektorat:** Sabine Senftleben **Redaktion:** Heike Dörr **Layout:** Susanne Beigott, Christiane Schütz **Karten:** Hans-Joachim Bode, Theresa Flenger, Judit Ladik **Fotonachweis:** siehe S. 414 **GIS-Consulting:** Rolf Kastner **Grafik S.10/11:** Johannes Blendinger **Covergestaltung:** Karl Serwotka **Covermotive:** oben: Vulkanbucht bei El Golfo (Westküste); unten: Jardín de Cactus bei Gutaiza (Ostküste); gegenüberliegende Seite: Idyllisch Wohnen im Fischerhafen von Puerto del Carmen (alle Eberhard Fohrer)

8. KOMPLETT ÜBERARBEITETE UND AKTUALISIERTE AUFLAGE 2017

LANZAROTE

EBERHARD FOHRER

Lanzarote – Reiseziele

Kleiner Wanderführer für Lanzarote

[GPS] Mittels GPS kartierte Wanderung. Waypoint-Dateien zum Downloaden unter: www.michael-mueller-verlag.de/gps

Was haben Sie entdeckt?

Haben Sie den Strand Lanzarotes gefunden, ein freundliches Restaurant, eine originelle Tapas-Bar, eine reizvolle Apartmentanlage, einen schönen Wanderweg?

Wenn Sie Ergänzungen, Verbesserungen oder Tipps zum Lanzarote-Buch haben, lassen Sie es uns wissen!

Schreiben Sie an: Eberhard Fohrer, Stichwort „Lanzarote" | c/o Michael Müller Verlag GmbH | Gerberei 19, D – 91054 Erlangen | eberhard.fohrer@michael-mueller-verlag.de.

Kartenverzeichnis

Alles im Kasten

Zeichenerklärung für die Karten und Pläne

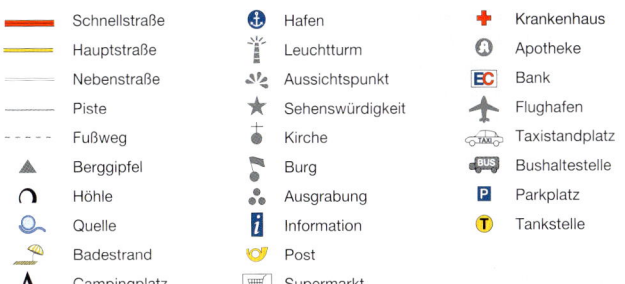

Schnellstraße	Hafen	Krankenhaus
Hauptstraße	Leuchtturm	Apotheke
Nebenstraße	Aussichtspunkt	Bank
Piste	Sehenswürdigkeit	Flughafen
Fußweg	Kirche	Taxistandplatz
Berggipfel	Burg	Bushaltestelle
Höhle	Ausgrabung	Parkplatz
Quelle	Information	Tankstelle
Badestrand	Post	
Campingplatz	Supermarkt	

Wohin auf Lanzarote?

① Inselmitte → S. 124

Hier liegt die Hauptstadt Arrecife, flankiert von Puerto del Carmen, dem größten Touristenzentrum der Insel, das sich mit drei prachtvollen Sandstränden über 8 km die Küste entlangzieht. Bedeutendste Attraktion ist das gewaltige Lavafeld des Nationalparks Timanfaya, entstanden aus jahrelangen Vulkanausbrüchen, die im 18. Jh. das Gesicht der Insel völlig veränderten. In den umgebenden Asche- und Lapilliregionen erstreckt sich das einzigartige Weinbaugebiet La Geria. Als museales Schmuckstück zeigt sich die historische Inselhauptstadt Teguise, die mit ihrem Sonntagsmarkt viele tausend Besucher anzieht. Nur wenige Kilometer nördlich fasziniert die Bucht von Famara mit der imposanten Kulisse des Famara-Kliffs.

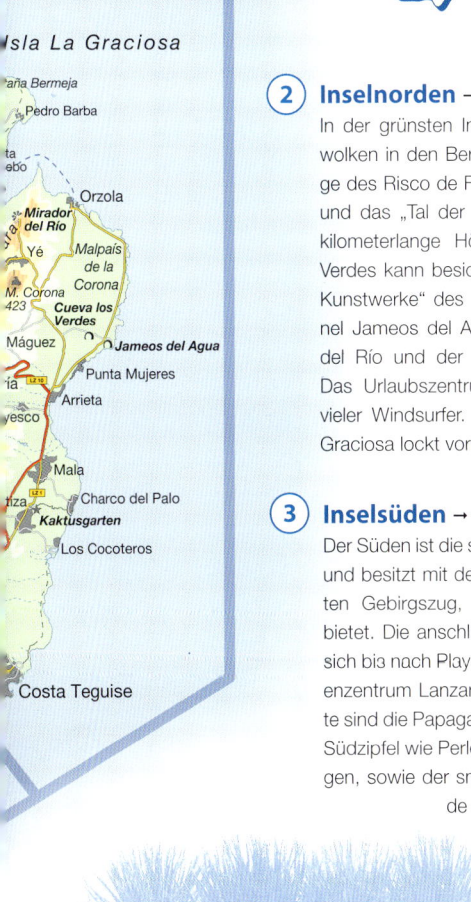

Arrecife

Isla La Graciosa

aña Bermeja

Pedro Barba

ta
ebo

Orzola

Mirador
del Río

Yé   Malpaís
      de la
      Corona
M. Corona Cueva los
423   Verdes

Máguez

⋂ Jameos del Agua

Punta Mujeres

Arrieta

ía
yesco

Mala

Charco del Palo

Kaktusgarten

Los Cocoteros

Costa Teguise

② Inselnorden → S. 256

In der grünsten Inselregion hängen häufig Passatwolken in den Bergen. Highlights sind die Steilhänge des Risco de Famara, der Vulkan Monte Corona
und das „Tal der tausend Palmen" um Haría. Das
kilometerlange Höhlensystem der Cueva de los
Verdes kann besichtigt werden, ebenso die „Natur-
Kunstwerke" des César Manrique: der Einsturztun-
nel Jameos del Agua, der Aussichtspunkt Mirador
del Río und der Kaktusgarten Jardín de Cactus.
Das Urlaubszentrum Costa Teguise ist Treffpunkt
vieler Windsurfer. Die vorgelagerte Wüsteninsel La
Graciosa lockt vor allem Individualisten an.

③ Inselsüden → S. 324

Der Süden ist die sonnenreichste Region Lanzarotes
und besitzt mit den Los-Ajaches-Bergen den ältesten Gebirgszug, der beste Wandermöglichkeiten
bietet. Die anschließende Rubicón-Ebene erstreckt
sich bis nach Playa Blanca, dem dritten großen Ferienzentrum Lanzarotes. Landschaftliche Höhepunkte sind die Papagayo-Strände, die sich im äußersten
Südzipfel wie Perlen einer Kette aneinander schmiegen, sowie der smaragdgrüne Lagunensee Charco
de los Clicos an der Westküste. Die
weißen Dörfer Yaiza, Uga
und Femés bestechen
durch ihre Ruhe und
Beschaulichkeit.

Lanzarote: Die Vorschau

Lanzarote erleben

Lanzarote ist die ungewöhnlichste und eigenwilligste Insel der Kanaren. Wiederholte und lang dauernde Vulkanausbrüche haben bis in jüngste Zeit hinein eine faszinierende Landschaft geformt, die weltweit kaum Parallelen findet.

Etwa hundert Vulkane mit mehr als dreihundert Kratern prägen das Gesicht Lanzarotes. Urweltlich und unheimlich präsentieren sich vor allem die bizarren „Feuerberge" in der Inselmitte, entstanden erst im 18. Jh. aus jahrelangen heftigen Magmaeruptionen: In allen Erdfarben schillern bizarr aufgerissene Kraterflanken, dazwischen erstrecken sich tiefschwarze Aschefelder. Erstarrte Schlacken und flechtenüberwucherte Lavameere, geheimnisvoll und fast unwirklich verbergen sich unterirdische Grotten und Tunnel in der erkalteten Mondlandschaft. Doch erst die sparsam platzierten, oft wie komponiert wirkenden Details sind es, die Lanzarote zur Bilderbuchinsel machen: Einsam leuchten schneeweiße Fincas in der Öde, vereinzelt wiegen sich Palmen im Wind, Karawanen von Dromedaren trotten über die Hänge, wie Insekten kreisen am Himmel die bunten Pünktchen der Drachenflieger …

Wer Lanzarote mit Gewinn erleben will, muss sich auf die andersartige und ungewohnte Natur der Insel einlassen. Keine Wälder und kaum Bäume gedeihen in der steppenhaft-steinigen „Wüste". Trotzdem regt sich überall das pflanzliche Leben: Leuchtend grüne Euphorbien überziehen kilometerweit die Lavafelder, knöchelhoch wuchern farbenprächtige Sukkulenten (Wasser speichernde Fettgewächse), üppige Kakteen, bunte Blumen, Palmen und Drachenbäume zieren viele Hotel- und Apartmentanlagen. Willkommene Orientierungspunkte setzen an verschiedenen Stellen Lanzarotes die Objekte des

berühmten Inselkünstlers César Manrique. Ihm gelang es, in einzigartiger Weise Natur und Kunst miteinander zu verknüpfen und einige herausragende Sehenswürdigkeiten zu schaffen.

Im Gegensatz zu den großen Kanareninseln Teneriffa und Gran Canaria setzte der Tourismus verspätet ein. Dies erwies sich im Nachhinein als ausgesprochen vorteilhaft, denn Bausünden konnten so zunächst in Grenzen gehalten werden. Unter Federführung des 1992 verstorbenen César Manrique hat man versucht, in den drei großen Ferienorten die Architektur der traditionellen Bauweise anzugleichen. Dies ist nur teilweise gelungen, doch monotone Hochhauszeilen wie auf dem spanischen Festland oder auf Gran Canaria findet man auf Lanzarote nicht. Seit Anfang des Jahrtausends ist jedoch ein neuer, heftiger Bauboom ausgebrochen, der mancherorts das Gesicht der Insel

verändert hat. Ansonsten präsentiert sich das Vulkaneiland gepflegt und sauber: sorgsam mit schwarzem Lava-Picón bedeckte Felder, bunt bepflanzte Straßenränder, üppig rote Geranien vor weißen Mauern. Überall sieht man das Bemühen, die Insel zu einem Schmuckstück zu machen. Fast die Hälfte der Landschaft steht mittlerweile unter Naturschutz. Dazu kommen die ausgezeichneten Bademöglichkeiten: Mehrere kilometerlange Sandstrände liegen beim Touristenort Puerto del Carmen, im Süden reihen sich wie Perlen einer Kette die einzigartigen Papagayo-Strände, im Norden lockt die wilde Famara-Bucht. Weitere Vorzüge: Lanzarote ist relativ klein und überschaubar, seine Bewohner sind meist freundlich, gelassen und bescheiden. Nicht wenige Besucher sind in den vergangenen Jahrzehnten zu „Wiederholungstätern" geworden und der Insel über viele Jahre hinweg treu geblieben.

Lanzarote: Die Vorschau

Von allen Kanaren hat es Lanzarote besonders schwer gehabt, denn die Insel ist fast wasserlos, Vulkanausbrüche verschütteten meterhoch die Agrarregionen, dazu kamen Überfälle von Piraten und Sklavenhändlern, Dürreperioden, Heuschreckenplagen und Wirtschaftskrisen. Doch Erfindungsgeist und Hartnäckigkeit der Lanzaroteños haben die Katastrophen immer wieder überwunden. 1993 war ein großes Jahr für die kleine Insel: Lanzarote wurde von der UNESCO zum „Weltschutzgebiet der Biosphäre" ernannt. Es war dies das erste Mal, dass eine komplette Insel diese besondere Auszeichnung erhielt. Sie wird den Lebensräumen verliehen, in denen Mensch und Natur noch in Harmonie miteinander stehen und die „Voraussetzungen für eine behutsame Weiterentwicklung in besonderem Maß" gegeben sind. Diese Eigenschaften zu bewahren, wird zukünftig eine der größten Aufgaben Lanzarotes sein.

Inselmitte

In der Inselmitte liegen die Hauptstadt und der größte der drei Touristenorte, außerdem die meisten Dörfer und einige der besten Strände. Das Hinterland wurde entscheidend durch die Vulkankatastrophe des 18. Jh. (1730–36) geprägt.

Die Küstenregion um Arrecife ist das Ballungszentrum der Insel, fast die Hälfte der Bewohner lebt hier. Besonders schön ist die Stadt nicht, aber authentisch und lebendig. Südlich von Arrecife liegt der Flugplatz und daran anschließend zieht sich 8 km lang die gewaltige Ferienstadt Puerto del Carmen mit drei hervorragenden Sandstränden an der Küste entlang (→ S. 151). Nördlich der Hauptstadt erstreckt sich an der kahlen Lavaküste der touristische Retortenort Costa Teguise, ein Dorado der Windsurfer (→ S. 260).

La Geria ist das berühmte Weinanbaugebiet Lanzarotes. Über viele Quadrat-

kilometer ging 1730–36 der Asche- und Lapilliregen heftiger Vulkanausbrüche nieder, die ganze Region verschwand unter einer meterdicken Auswurfdecke. Hier wurde das Prinzip des Trockenfeldbaus Enarenado entwickelt, das sich die Wasser speichernden Fähigkeiten des Lavagranulats zu eigen macht. Eine optisch faszinierende Weinlandschaft ist entstanden, die ihresgleichen auf der Welt nicht hat (→ S. 192).

Die Montañas del Fuego („Feuerberge") entstanden ebenfalls während der Vulkankatastrophe im 18. Jh. Sie haben Lanzarote Weltruhm beschert, denn selten kann man eine Vulkanregion so hautnah erleben. Das Kerngebiet der Ausbrüche wurde zum Nationalpark Timanfaya erklärt und ist die größte Sehenswürdigkeit Lanzarotes (→ S. 200).

Zwischen dem Nationalpark und den Famara-Bergen im Norden zieht sich landeinwärts der Bucht von Famara das Sanddünengebiet El Jable 5–8 km weit ins Inselinnere. Sein Name geht auf die französischen Eroberer zurück, die dieses Gebiet als „Le Sable" (Der Sand) bezeichneten. Die Sande bestehen hauptsächlich aus den zerriebenen Kalkschalen von Meeresorganismen. Die Strände bei Puerto del Carmen sind durch Flugsand als Folge dieser Dünenbildung entstanden (→ S. 171).

Inselnorden

Der Norden ist der niederschlagsreichste, grünste und landschaftlich vielseitigste Teil der Insel. Eine Tour durch dieses Gebiet sollte man nicht versäumen und eventuell auch auf die vorgelagerte Insel La Graciosa übersetzen.

Das lang gestreckte Gebirge Risco de Famara beherrscht den Nordwesten. Es verzeichnet die meisten Niederschläge, ist landschaftlich sehr eindrucksvoll

Lanzarote: Die Vorschau

und besitzt mit dem Peñas del Cha-che den höchsten Gipfel Lanzarotes (670 m). Nach Westen fällt es in einem gewaltigen Steinhang (span. risco = Kliff) zum Meer ab. Auf dem Kamm er-streckt sich eine Hochfläche, über die die Straße ins Tal der tausend Palmen um Haría verläuft, die grüne Oase Lan-zarotes. Richtung Osten ziehen sich fruchtbare Täler zur flachen Küste hin-unter. Ein Muss ist der grandiose Aus-sichtspunkt Mirador del Río von César Manrique (→ S. 287).

Nicht durch Erdkräfte, sondern durch das Einwirken von Menschen ist die Cochenille-Region zwischen Guatiza und Mala entstanden. Als die europäi-sche Textilindustrie im 19. Jh. den ro-ten Farbstoff der Cochenille-Laus in großen Mengen benötigte, begann man sie auf Lanzarote in umfangrei-chem Maßstab zu züchten. Dafür pflanzte man riesige Plantagen aus Feigenkakteen, von deren Saft sich die begehrten Schildläuse ernähren. Heute ist die Nachfrage stark zurück-gegangen, trotzdem sind noch immer ganze Quadratkilometer mit den an-spruchslosen Opuntien bedeckt (→ S. 295).

Der markante Vulkan Monte Corona hat mit seinen Lavaströmen den ganzen Nordosten Lanzarotes überschwemmt. Sein Profil prägt den Inselnorden, an den Hängen wird Wein angebaut (→ S. 285). Östlich davon erstreckt sich der Malpaís de Corona, ein großes Lavafeld, das bis zur Küste reicht. Zwei geologische Attraktionen sind dort zu bewundern: die kilometerlange Cueva de los Verdes (→ S. 305) und der einge-brochene Lavatunnel Jameos del Agua (→ S. 302).

Die reizvolle Insel La Graciosa vor der Nordspitze Lanzarotes ist wüstenhaft karg und geprägt durch versteppte Sandgebiete, Dünen und vier niedrige Vulkane. Einige schöne und einsame

Strände kann man zu Fuß erreichen. Der Hauptort mit seinen niedrigen, weißen Häusern wird von breiten Sandwegen durchzogen, bis auf den unmittelbaren Hafenbereich gibt es keinen Asphalt und kaum Autos (→ S. 311).

Inselsüden

Der Inselsüden ist der trockenste und vegetationsärmste Teil der Insel. Er besteht aus einer großen Ebene, einem Gebirge und der schroffen, vulkanisch geprägten Westküste, die durch die zum Meer hinunterdrängende Lava der Ausbrüche von 1730–36 entstanden ist. In einer halben Stunde kann man per Fähre die Nachbarinsel Fuerteventura erreichen.

Los Ajaches werden die ältesten Berge der Insel genannt, entstanden sind sie vor 20 Mio. Jahren und heute fast unbesiedelt. Die Erosion hat sie sanft gerundet, doch eine Reihe scharf ge-

schnittener Barrancos (Täler), die sehr reizvoll zum Wandern sind (→ S. 341), zieht sich zur Ostküste hinunter.

Die flache, fast vegetationslose Ebene El Rubicón erstreckt sich bis zur Südspitze Lanzarotes mit dem weit ausufernden Badeort Playa Blanca. Es gibt keinerlei Ortschaften, nur einige wenige Häuseransammlungen. Ein einziger Vulkan, die Montaña Roja, setzt bei Playa Blanca eine Landmarke. Größtes Naturschauspiel sind die wie Perlen an einer Kette aufgereihten Playas de Papagayo am äußersten südlichen Kap, wo die Ebene mit den Los-Ajaches-Bergen zusammentrifft (→ S. 362).

An der Westküste schließlich gibt es zwei höchst eindrucksvolle Attraktionen zu bewundern: die tief eingeschnittene Lagune von Janubio mit einer riesigen Saline (→ S. 338) und den halb im Meer versunkene Vulkan von El Golfo (→ S. 335).

Bodga Rubicón im Weinbaugebiet La Geria

Hintergründe & Infos

Halb im Meer versunken: Vulkankessel bei El Golfo

Lanzarote allgemein

Entstehung

Lanzarote und Fuerteventura sind die ältesten Inseln des Kanarischen Archipels. Sie sitzen auf einem gemeinsamen untermeerischen Sockel, die obermeerischen Teile sind vor mindestens 20 Mio. Jahren entstanden, so alt sind jedenfalls die ältesten gefundenen Eruptivgesteine.

Nach Westen hin nimmt das Alter der Kanaren sprunghaft ab, Gran Canaria ist etwa 10–15 Mio. Jahre alt, Teneriffa und Gomera zählen 7–10 Mio. und die westlichsten Inseln, La Palma und El Hierro, nur noch 0,75–2 Mio. Jahre. Diese Altersverschiebung nahmen frühere Überlegungen zum Anlass, die Entstehung der Inseln mit dem *Auseinanderdriften der Kontinentalplatten* und der sog. *„Hot-spot"-Theorie* zu begründen. Das Auseinanderdriften entsteht dadurch, dass am mittelatlantischen Rücken zwischen den Kontinenten Afrika und Amerika durch hervorquellendes Basaltmagma ständig neue Erdkruste entsteht. Dieser neue Boden vergrößert die *ozeanische Platte* und drängt die Kontinente auseinander. Während sich nun die *afrikanische Platte* ostwärts bewegte, soll ein darunter liegender Magmaherd in einem *„Hot-spot"-Kanal* an die Oberfläche gestiegen sein und die Inseln eine nach der anderen hervorgebracht haben. Ein solcher Entstehungsprozess ist für die Inseln des Hawaii-Archipels allgemein akzeptiert, im Fall Kanaren gibt es jedoch Widersprüche wegen der Datierung der Gesteine (auf La Gomera und La Palma hat man auch ähnlich alte Gesteine gefunden wie auf Fuerteventura) und der nicht linearen Anordnung der Inseln. Zudem soll sich die afrikanische Platte in den letzten 25 Mio. Jahren nicht mehr ostwärts bewegt haben.

Auf einen Blick

Lage: Lanzarote ist die nordöstlichste Insel der Kanaren. Sie liegt auf gleicher Höhe wie die Sahara, Florida und Kuwait. Zur afrikanischen Küste sind es nur 125 km, die Nachbarinsel *Fuerteventura* ist 11 km entfernt, *Gran Canaria* 168 km.

Größe: Lanzarote hat eine Fläche von 795 km^2 und ist die viertgrößte Insel der Kanaren. Zum Verwaltungsgebiet gehören zusätzlich auch die nördlich vorgelagerten Inseln *La Graciosa* (27 km^2), *Alegranza* (12 km^2), *Montaña Clara* (1 km^2) und die Felsenriffs *Roque del Este* und *Roque del Oeste*. Größte Länge ist 60 km, größte Breite 22 km.

Geografie: Lanzarote ist eine reine Vulkaninsel, die durch zahlreiche Eruptionen seit dem frühen Tertiär entstanden ist. 300 Vulkankrater überziehen die Insel. Ein Großteil der Oberfläche ist mit erstarrter Lava bedeckt, allein die schweren Ausbrüche von 1730–36 haben ein Viertel der Insel verschüttet. Das Zentrum der Eruptionen wurde als *Nationalpark Timanfaya* deklariert.

Lanzarote ist relativ flach, die Vulkane sind jeweils nur mehrere hundert Meter hoch. Der höchste Gipfel namens *Peñas del Chache* in den Famara-Bergen misst 670 m. Lanzarote ist die niederschlagsärmste Insel der Kanaren und fast wasserlos. Süßwasser wird durch zwei Meerwasserentsalzungsanlagen produziert.

Bevölkerung: Lanzarote hat mittlerweile etwa 140.000 Einwohner. Die meisten Einwanderer kommen aus der EU, ein hoher Prozentsatz davon sind Deutsche und Briten, aber auch aus Lateinamerika ist der Zustrom stark. Wegen der Wirtschaftskrise verlassen jedoch derzeit viele Ausländer wieder Lanzarote und die Einwohnerzahlen sind leicht rückläufig. Gut 43 % der Lanzaroteños wohnen im Municipio Arrecife mit der gleichnamigen Inselhauptstadt, es besteht eine starke Tendenz zur Landflucht.

Verwaltung: Die Kanarischen Inseln gehören seit ihrer Eroberung im 15. Jh. zu Spanien und sind seit 1927 in die beiden Provinzen von Teneriffa und Gran Canaria unterteilt, Lanzarote ist Teil der *Provincia Las Palmas de Gran Canaria*. Beide Provinzen bilden zusammen eine *Comunidad Autónoma*, d. h. eine von Spaniens insgesamt 17 autonomen Gemeinschaften mit eigenem Parlament und weitgehender Verwaltungshoheit. Lanzarote und seine Nebeninseln sind in sieben Gemeinden (Municipio) gegliedert: *Arrecifeh, Tías, San Bartolomé, Teguise, Yaiza, Tinajo* und *Haría*. Inselverwaltung ist der *Cabildo Insular* in Arrecife.

Wirtschaft: Wegen meterhoher Bedeckung mit vulkanischem Auswurf und erheblicher Erosion kann nur ein Viertel des Bodens bebaut werden. Vor allem der Weinanbau ist in den letzten Jahren expandiert. Viele Felder liegen jedoch brach, denn immer mehr junge Leute arbeiten in der Tourismusbranche. Die Wirtschaftskrise Spaniens hat die hohe Arbeitslosigkeit in diesem Sektor jedoch dramatisch verstärkt. Trotzdem ruhen alle wirtschaftlichen Hoffnungen auf dem Tourismus. Lediglich die Fischereiwirtschaft Lanzarotes ist durch die Züchtung in sog. Aquakulturen im Aufwind.

Tourismus: Die Urlauberzahlen haben sich in den 80er und 90er Jahren explosionsartig gesteigert. Wurden 1980 noch deutlich unter 200.000 Gäste gezählt, besuchten 2005 bereits 1,7 Mio. Fremde jährlich die Insel. Während der Wirtschaftskrise der letzten Jahre waren die Buchungen zwar deutlich rückläufig, doch seit den Unruhen und Anschlägen in Ägypten, Tunesien und der Türkei boomt Spanien und damit auch die Kanaren. 2015 war deshalb ein Rekordjahr für den Tourismus und auf Lanzarote wurden mehr als 2,4 Mio. Urlauber registriert. Fast alle buchen pauschal, Individualtouristen sind eine kleine Minderheit. Derzeit gibt es auf Lanzarote über 70.000 Fremdenbetten..

Trotzdem ist der Aufbau der Erdkruste aus verschiedenen Platten entscheidend für die Entstehung der Kanaren. Derzeit wird im Wesentlichen folgende Theorie vertreten: Bei der Ausdehnung des mittelatlantischen Rückens kam es zu Spannungen der ozeanischen mit der afrikanischen und eurasischen Platte, die ihrerseits auf Kollisionskurs miteinander lagen. Unter dem ungeheuren Druck der gegenläufigen Kräfte zerbrach im Bereich der Kanaren der Ozeanboden und drückte einzelne Bruchstücke nach oben. Diese bildeten *ozeanische Sockel* für die heutigen Inseln, die wiederum durch nachdrängendes Magma entlang der hier entstandenen, tiefen Bruchlinien der Erdkruste entstanden. Obwohl das Atlas-Gebirge in Marokko und Algerien durch dieselbe Kompression entstanden ist und die Kanaren genau in der westlichen Verlängerung liegen, hat es nach dieser Theorie eine Landbrücke mit Afrika nie gegeben, wie sie frühere Theorien oft als wahrscheinlich angenommen haben. Bei den Vulkanausbrüchen des 18. und 19. Jh. auf Lanzarote ist Sedimentgestein vom Meeresboden mit ausgeworfen worden, eine indirekte Bestätigung der Hypothese vom rein ozeanischen Ursprung der Kanaren.

Vulkanismus

Die Kanaren sind vulkanischen Ursprungs. Gewaltige Magmamassen drängten vor Millionen Jahren durch Bruchlinien der Erdkruste nach oben, explodierten in schweren Vulkanausbrüchen und formten mit ihren Strömen aus Basaltlava die Inseln. In mehreren Eruptionsschüben von unterschiedlicher Dauer und Intensität entstanden schließlich die heutigen Inselprofile.

Aber auch in geschichtlicher Zeit kam es auf Lanzarote zu folgenschweren Vulkankatastrophen: 1730–36 zerstörten heftige Ausbrüche weite Teile der Insel und die bislang letzten Eruptionen von 1824 liegen gerade erst 190 Jahre zurück. Und noch immer brodelt in 4 km Tiefe geothermische Restwärme, neue Ausbrüche liegen im Bereich des Möglichen.

Lavafeld und markanter Vulkan beim Nationalpark Timanfaya

Etwa hundert Vulkane mit 300 Krateröffnungen prägen heute das Gesicht der Insel. Eine extrem kahle, aber weitgehend weiche und abgerundete Landschaft ist entstanden, deren Erhebungen 600 Höhenmeter selten übersteigen. Ein riesiges Meer aus erkalteter Lava und meterdicken Ascheschichten bedeckt große Teile der Insel. Allein die Ausbrüche von 1730–36 verschütteten 167 qkm der annähernd 800 qkm großen Insel, ein knappes Viertel also.

Faszinierend ist die Farbenvielfalt der Vulkanhügel: unwirklich leuchtendes Rot, tiefes Schwarz, schwefliges Gelb, fahles Braun. Vor allem die „Feuerberge" im Nationalpark Timanfaya bieten eine grandiose Optik. Der Grund für die Pracht: Die Basaltlava besteht teilweise aus Eisenerz. Je nach Hitzegrad der Temperatur, bei der es oxidiert, verfärbt es sich – und diese Temperatur variiert je nach Auswurfweite, Flussdicke, Strömungsgeschwindigkeit etc. der Lava.

Eruptionsphasen im Überblick

Lanzarote ist fast vollständig aus *Basalt* aufgebaut, der sich bei den zahllosen Ausbrüchen in Form von Lava aus den Vulkanen ergoss. Ausnahme ist das Sanddünengebiet El Jable (→ S. 224). Bei etwa 980 Grad Celsius verfestigt sich die Lava zu Basalt. Anhand der verschiedenen Basaltschichten und Bruchlinien, deren Verlauf die Vulkane nachzeichnen, kann man vier Eruptionsphasen unterscheiden (→ Karte S. 24).

Serie 1: Als erstes entstanden im jüngeren Tertiär die beiden ältesten Gebirgsstöcke Lanzarotes, die Berge von *Los Ajaches* im Süden (20 Mio. Jahre) und das *Famara-Gebirge* im Norden (12 Mio. Jahre). Vor etwa 5 Mio. Jahren war diese Entstehungsphase abgeschlossen, danach herrschte eine lange vulkanische Ruhepause von 4 Mio. Jahren.

Serie 2: Im ausgehenden Tertiär und beginnenden Quartär, vor etwa einer Million Jahre, erfolgten weitere Ausbrüche und bildeten die Mitte und den äußersten Süden Lanzarotes. Die damals entstandenen Vulkane gliederten sich an die Berge von Famara und Los Ajaches an.

Serie 3: In derselben zeitlichen Epoche kam es zu neuerlichen Eruptionen, die anhand einer Bruchlinie von der *Atalaya de Femés* im Süden bis *Guatiza* im Norden eine Reihe von Vulkanen auftürmten. Weitere Vulkane bildeten sich an verschiedenen weiteren Positionen, der riesige Krater der *Caldera Blanca* östlich vom Nationalpark Timanfaya und der halb im Meer versunkene Krater von *El Golfo* sind die eindrucksvollsten Beispiele.

Serie 4: Sie liegt bereits in geschichtlicher Zeit und kann wiederum in drei Phasen unterschieden werden:

1) Vor etwa 3000 Jahren kam es zu schweren Ausbrüchen im Norden Lanzarotes. Dabei entstanden der majestätische *Monte Corona* (→ Inselnorden, S. 285), der östlich anschließende *Malpaís de la Corona* und der längste bekannte Lavatunnel der Welt (7 km), von dem heute ein Teilstück als sog. *Cueva de los Verdes* besichtigt werden kann (→ Inselnorden, S. 305).

2) In den Jahren 1730–36 öffnete sich die Erde auf Lanzarote erneut, die ausströmende Lava verschlang elf Dörfer in der am dichtesten besiedelten und fruchtbarsten Region der Insel. Es bildeten sich etwa hundert Vulkankegel, die *Montañas del Fuego* (Feuerberge). Ihre Auswürfe verschütteten ein knappes Viertel der Insel (ca. 167 qkm) und verwandelten die Region in eine bizarre Mondlandschaft. Das Kerngebiet von etwa 50 qkm ist heute zum *Nationalpark Timanfaya* deklariert und die größte Sehenswürdigkeit Lanzarotes. Die verheerenden Ausbrüche haben

das Gesicht Lanzarotes entscheidend geprägt, es handelte sich um eine der schwersten Vulkankatastrophen in historischer Zeit (→ Nationalpark Timanfaya).

3) Die bisher letzten Ausbrüche ereigneten sich von Juli bis Oktober 1824 östlich vom Nationalpark Timanfaya, zwischen Mancha Blanca und Tiagua. Über einer Bruchlinie von 14 km Länge entstanden drei Krater, deren Auswurf ein Gebiet von nur wenigen Quadratkilometern verwüstete (→ Östlich vom Nationalpark, S. 213).

Vulkanische Erscheinungsformen

Lanzarote ist ein Freilichtmuseum des Vulkanismus. Im Folgenden deshalb einige grundsätzliche Hinweise zu dem anfangs doch sehr fremdartigen Erscheinungsbild der Vulkaninsel. Für einen ersten Einstieg bestens geeignet sind die *geführten Lehrwanderungen* durch den Nationalpark Timanfaya, die von der Naturparkbehörde kostenlos angeboten werden (→ Nationalpark Timanfaya).

Vulkanformen: Die Vulkane Lanzarotes, meist *Montañas* genannt, sind weitgehend kegelförmig aus Schlacken und Lapilli aufgebaut. Diese Lockerprodukte lagerten sich bei den explosionsartigen Ausstößen um den Vulkanschlot, so dass kegelförmige Gebilde entstanden. Wegen des ständig wehenden Winds sind die windabgewandten Seiten der Vulkane meist höher aufgebaut, dort lagerte sich deutlich mehr Auswurf an.

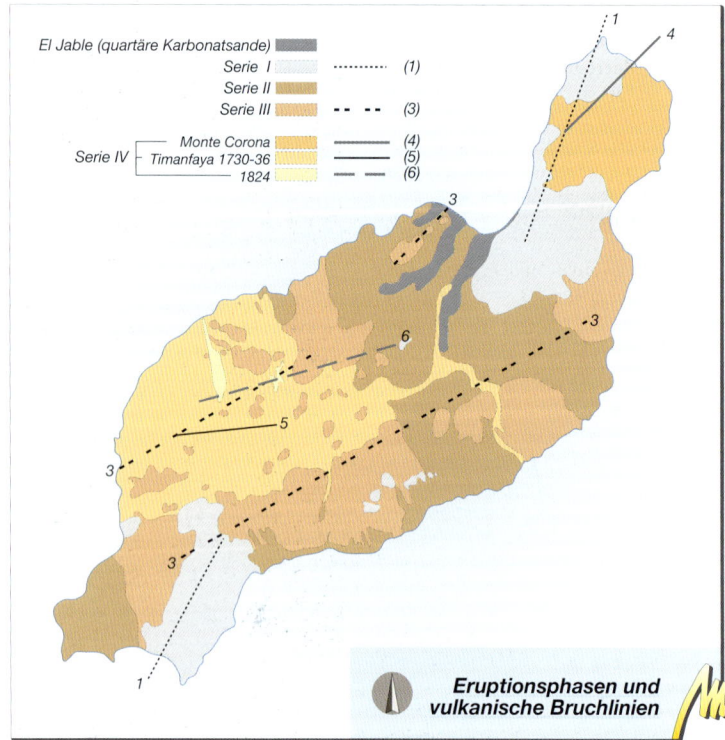

El Jable (quartäre Karbonatsande)
Serie I   ············ (1)
Serie II
Serie III   – – – – (3)

Serie IV   Monte Corona   ——— (4)
     Timanfaya 1730-36   ——— (5)
     1824   — — (6)

Eruptionsphasen und vulkanische Bruchlinien

Caldera nennt man den Krater eines Vulkans, namengebend dabei war die gewaltige Caldera de Taburiente auf der Insel La Palma. Entstanden ist eine Caldera in der Regel durch Einsturz des dünnen Lavadachs, das sich nach Ausbrüchen über die Eruptionsöffnung zog, z. T. sind es auch Explosionstrichter.

Eine Sonderform sind die *Hornitos* (Öfchen), kleine, spitze Kegel, die sich über Gasblasen in der strömenden Lava bzw. auf kleinen Magmakammern in den Randgebieten von Vulkanen auftaten.

Vegetation in der Lava: Für Vulkanologen und Botaniker ist Lanzarote eine Fundgrube, gibt es hier doch Laven der verschiedensten Altersstufen. Einige sind Millionen Jahre alt, andere erst einige tausend oder sogar nur wenige hundert Jahre. Fast unter Laborbedingungen kann man die Unterschiede und Veränderungsprozesse studieren, dabei vor allem Erkenntnisse darüber gewinnen, wie die Entstehung von Pflanzen abläuft.

Anhand des Bewuchses kann man die Laven altersmäßig voneinander abgrenzen. Besonders markant sind auf Lanzarote die jungen Auswürfe von 1730–36, die auf der zentralen Hochfläche oberhalb von Puerto del Carmen ein chaotisch aufgeschüttetes Lavameer gebildet haben. Auf diesen vergleichsweise jungen Eruptivmassen können bisher nur zentimeterhohe Flechten gedeihen, eine symbiotische Lebensform aus Algen und Pilzen. Sie überziehen über Quadratkilometer hinweg die aufgetürmten Lavabrocken und geben ihnen das Aussehen eines blassgrünen Meeresbodens. Obwohl unscheinbar, ist ihre Funktion eminent wichtig, denn in einem Jahrhunderte langen Prozess zersetzen sie die Lava zu fruchtbarem Erdboden und ermöglichen dort wieder höheren Pflanzenwuchs. An manchen Stellen sind die viel älteren Laven früherer Ausbrüche nicht verschüttet worden und ragen wie Inseln aus dem jungen Lavameer. Auf diesen sog. *Islotes* kann man bereits wieder Strauchwuchs registrieren, z. B. am Islote de Hilario, wo die Bustouren durch den Nationalpark ihren Ausgang nehmen. Im 3000 Jahre alten Malpaís de la Corona im Norden sind dagegen die kniehohen Euphorbiensträucher namens „Tabaiba" vorherrschend (→ Pflanzenwuchs).

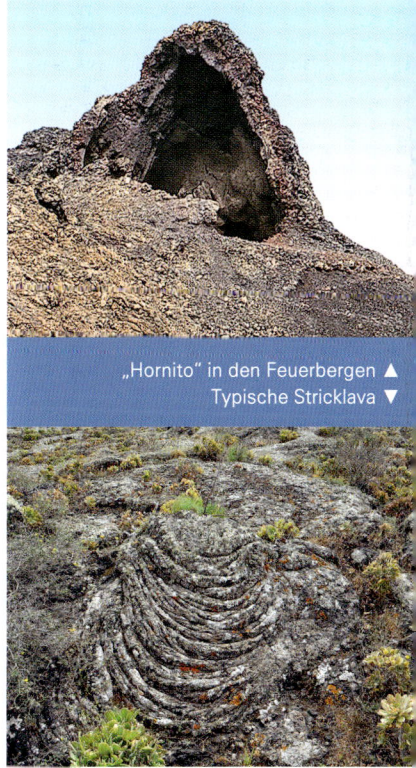

„Hornito" in den Feuerbergen ▲
Typische Stricklava ▼

Lavaformen: Interessant zu beobachten sind auch die verschiedenen Erscheinungsformen der Lava. Grundsätzlich gibt es zwei Arten: Wenn gasarme Lava in weitgehend ebenem Gelände langsam fließt und allmählich erstarrt, bildet sich die „*Pahoehoe-Lava*" mit glatter oder sanft gekräuselter

Oberfläche. Dieser Ausdruck stammt aus Hawaii und besagt, dass man auf dieser Lava ohne scharfe Kanten und Spitzen bequem barfuß laufen kann. Falls die Lava auf abschüssigem Gelände an der Oberseite bereits erkaltet, darunter aber noch weiterfließt, entstehen Spannungen, die schließlich die wulstförmige *Stricklava* hervorbringen.

Wenn die Lava schon zähflüssig oder teilweise zu Brocken erkaltet ist, aber immer noch flüssige Lava nachströmt, türmt sich das bereits erkaltete Material zu großen Trümmern auf oder bricht in Platten und Blöcken ab. Ein Feld aus sog. „Aa-Lava" entsteht, eine Wüste aus scharfkantigen, ineinander verkeilten Brocken, die im Spanischen *Malpaís* (schlechtes Land) genannt wird.

Asche, Lapilli, Schlacken und Bomben: Bei den Vulkanausbrüchen wurde nicht nur glühende Lava herausgeschleudert, sondern teilweise erstarrte das Magma bereits in der Luft zu Lockerprodukten. Vom Wind getrieben, lagerten sich diese über viele Kilometer hinweg in großen Mengen ab, je nach Partikelgröße als *Asche* (bis 2 mm Durchmesser), *Lapilli* (bis 6,5 cm) oder *Schlacke* (über 6,5 cm) bezeichnet. Das berühmte Weinbaugebiet *La Geria* ist die größte derartige Region aus Lapilliablagerungen, eine weitere das *Valle de la Tranquilidad* im Nationalpark Timanfaya.

Eine Sonderform des Eruptivmaterials sind die „bombas volcánicas" (Bomben), gasgefüllte Rundlinge in Ballgröße bis zu einem Durchmesser von mehreren Metern, die teilweise kilometerweit aus den Kratern katapultiert wurden. Eins der eindrucksvolle Exemplare sieht man bei der schönen Wanderung um die Caldera Colorada (→ S. 372). Da oft Olivin-Einlagerungen darin vermutet werden, haben Sammler schon viele der Bomben zerstört.

Olivin: smaragdgrünes Mineral, das bei Vulkanausbrüchen mit der Magma aus tiefen Erdschichten herausgeschleudert wird. Man findet es in allen Auswurfgebieten Lanzarotes als kristallin zerbröselte Einsprengsel in Lavabrocken. An Stränden sind die millimetergroßen Körnchen oft vom Meerwasser herausgewaschen und glänzend abgeschliffen (→ Kunsthandwerk).

Busrundfahrt im Nationalpark Timanfaya

Lavatunnel und „Jameos": Ein weiteres prägendes Merkmal der Lavastruktur auf Lanzarote sind die teils kilometerlangen Tunnel, *tubos volcánicos* , die sich beim Erkalten der Auswurfmassen gebildet haben. Mehr als 40 soll es davon geben. Sie sind dadurch entstanden, dass die Lava an der luftzugewandten Oberfläche schneller abkühlte und erstarrte, während die Glutmassen darunter noch munter weiterflossen. Als schließlich keine Lava mehr nachströmte, blieben die Flussrinnen als lange Röhren und Hohlräume zurück. Teilweise haben sich darin zahllose Lavatropfen gebildet, die wie Stalaktiten von der Decke hängen.

Der bekannteste Tunnel ist der 7 km lange *Túnel de la Atlántida* im Malpaís de la Corona, der vom Monte Corona bis zur Ostküste verläuft und sich noch 1,6 km untermeerisch fortsetzt, bis er in etwa 50 m Tiefe unter dem Meeresboden endet. Ein Teil des Tunnels kann als *Cueva de los Verdes* besichtigt werden und auch die eingestürzte Lavagrotte *Jameos del Agua*, die von César Manrique zu einem Naturkunstwerk umgestaltet wurde, gehört zu diesem Tunnelsystem. *Jameos* nennt man die Stellen, an denen ein Lavatunnel eingestürzt ist und ein nach oben offenes, kesselförmiges Loch bildet.

Hervideros: Wenn die glühende Lava ins Meer strömt, bilden sich die „hervideros" (Kochlöcher). Die erkaltende Lava wird durch das Meerwasser grottenartig ausgehöhlt und die Decken brechen teilweise ein. Durch die entstehenden Löcher schießt die Gischt fontänenartig nach oben. Auf Lanzarote findet man Hervideros an der Westküste zwischen der Saline von Janubio und El Golfo.

Wasser

Lanzarote ist fast völlig wasserlos. Das kostbare Nass tröpfelt spärlich vom Himmel und sprudelt auch nicht munter aus dem Erdreich – es muss mühsam erarbeitet werden.

Im Gegensatz zu den Westkanaren sind die Ostinseln Lanzarote und Fuerteventura zu flach, um den Passatwolken nennenswerte Steigungsregen zu entlocken. Lediglich der bergige Norden Lanzarotes bekommt ausreichend Feuchtigkeit und nur im Famara-Gebirge konnten sich Grundwasservorkommen bilden. Eine extrem schwierige Ausgangssituation also, die erst durch den Bau einer Meerwasserentsalzungsanlage bei Arrecife entschärft werden konnte – für den hohen Preis der ökologischen Unverträglichkeit.

Die bescheidenen Regenfälle im Winter sammelte man früher in großen Zisternen, *aljibes* oder *maretas* genannt. Sie prägen vielerorts die Architektur. Vor allem in den Dörfern fallen neben Häusern und Feldern die leicht geneigten Flächen auf, an deren tiefster Stelle der Abfluss zur Zisterne liegt. Und auch an Vulkanhängen erkennt man große, zementierte Flächen, die dem Auffangen von Regenwasser dienen. In der alten Inselhauptstadt Teguise gab es sogar eine fußballfeldgroße Speicherzisterne, die *Gran Mareta*, am Fuß der Montaña de Guanapay. Das Wasser der winterlichen Regenfälle strömte den Berghang hinunter, sammelte sich in der Mareta und wurde mit Dromedaren in alle Inselteile transportiert. Das so gesammelte Wasser reichte natürlich nie aus, man musste sparen, wo es ging. Glücklicherweise konnte man durch die geniale Entdeckung der Kapillarwirkung des Lavagranulats Felder und Weinstöcke im *Trockenfeldbau* ohne künstliche Bewässerung kultivieren. Dasselbe System funktionierte bedingt auch im Treibsandgebiet El Jable, wo Sodapflanzen (*Barrilla*) und Wassermelonen angebaut wurden (→ Wirtschaft).

Des Weiteren versuchte man, mit *pozos* (Brunnen) die geringen Grundwasservorkommen zu erschließen, zapfte außerdem mittels kilometerlanger, leicht ansteigender Stollen die Wasservorräte des Famara-Gebirges an, die durch den Niederschlag der nebligen Passatwolken entstehen. Diese sog. *galerías* sollen schon die Altkanarier gekannt haben. In den 1950er und 60er Jahren gab es auf Lanzarote sieben Stollen, von denen aber nur vier genutzt wurden. Fast ein Viertel des Wasserbedarfs der Insel konnte damals mit ihrer Hilfe gedeckt werden. Der Grundwasserspiegel ging jedoch in den Folgejahren stark zurück, außerdem wurde das Süßwasser durch eindringendes Meerwasser verunreinigt. Heute ist noch ein einziger Stollen in Betrieb, der nur einen verschwindend geringen Bruchteil des Wassers liefert, das auf der Insel verbraucht wird (→ S. 250). Weitere im bescheidenen Rahmen nutzbare Wasservorkommen gibt es im *Barranco de Chafaris* zwischen Arrieta und Haría (→ S. 300).

Meerwasserentsalzung

Mit dem Einsetzen des Tourismus in den 60er Jahren stieg der Wasserbedarf Lanzarotes explosionsartig an und die traditionellen Methoden der Wassergewinnung reichten nicht mehr aus. Ein Stauseeprojekt bei Mala im Inselnorden (→ dort) schlug fehl und Wasser musste in großen Tankschiffen von Gran Canaria und Teneriffa herübertransportiert werden.

1964 wurde deshalb die erste *Meerwasserentsalzungsanlage* namens „Punta de los Vientos" nördlich von Arrecife in Betrieb genommen, die seitdem immer wieder erweitert wurde und noch heute die Wasserversorgung in weiten Teilen der Insel gewährleistet. Über 90 % des auf der Insel benötigten Süßwassers werden hier nach dem Prinzip der „Umkehrosmose" produziert, d. h. unter Druck wird Meerwasser durch zahlreiche Lagen von Membranen mit definierter Porengröße hindurch gepresst – das Wasser geht hindurch, nicht aber die gelösten Stoffe, primär Salzionen. Es heißt, dass die Anlage auf Lanzarote weltweit die zweite ihrer Art war. Heute produziert sie täglich über 60.000 Kubikmeter Trinkwasser, das sind gut 22 Mio. Kubikmeter Süßwasser pro Jahr. Eine zweite, deutlich kleinere Entsalzungsanlage liegt bei den Salinas del Janubio an der südlichen Westküste (→ S. 340) und versorgt den Süden der Insel.

Die Entsalzungsanlage nördlich von Arrecife

Erforderlich ist für die Wasserentsalzung jedoch ein immens hoher Energieaufwand. Die riesigen Tanks im Hafengebiet von Arrecife signalisieren den gewaltigen Bedarf an fossilem Brennstoff (→ Umwelt). Ein weiteres Problem stellt das stark mit Salz angereicherte Restwasser dar, das wieder ins Meer fließt. Diese sog. Sole schädigt die Unterwasserflora im Küstenbereich auf lange Sicht erheblich. Abhilfe könnten

Traditionelle Wasserfiltersteine

In vielen Sehenswürdigkeiten und historischen Bauten von Lanzarote findet man sie: halbkugelförmige Tuffsteine, die an der Oberseite krugartig ausgehöhlt sind. In der Höhlung steht Wasser und an der Unterseite tropft es zögernd nach unten in ein Auffanggefäß. Die Wirkungsweise des Filters besticht durch seine Einfachheit: Ungereinigtes Zisternenwasser wird oben hineingeschüttet, rinnt durch die haarfeinen Kapillaröffnungen des Steins, die Schmutzpartikel nicht hindurchlassen, und tritt unten gereinigt wieder aus.

lange Rohrleitungen schaffen, die die Sole ins tiefere Wasser pumpen. Noch besser wäre es, die Sole einzudampfen und die Abfallprodukte an Land zu entsorgen.

Nach Verlassen der Anlagen wird das Trinkwasser in Speicherdepots gepumpt und von dort in verschiedene Pumpstationen, von wo es wiederum mittels Rohrleitungen in die Dörfer und Ferienorte gelangt, sogar bis hinüber auf die Insel La Graciosa. Kleinere Dörfer bekommen nur tagsüber Wasser, manchmal sogar nur zwei Mal in der Woche, allein stehende Wohneinheiten müssen mit Tankwagen versorgt werden.

Das entsalzte Meerwasser, das in die Haushalte eingespeist wird, ist mit Natriumkarbonat (reguliert den pH-Wert) und Chlorid versetzt, gilt jedoch als trinkbar – doch kaum jemand trinkt es wirklich. In allen Supermärkten gibt es Mineralwasser zu kaufen.

Privatisierung der Wasserversorgung: Obwohl die Wasserherstellung vom Staat subventioniert wird, ist Wasser auf Lanzarote sündhaft teuer. Trotzdem hatte die Betreiberfirma *Inalsa* (Insular de Aguas de Lanzarote S.A.), die der öffentlichen Hand gehörte, 50 Mio. Euro Schulden. Umso überraschender war, dass 2013 eine Madrider Firma namens *Canal de Isabel II* das Pleiteunternehmen übernahm und laut Vertrag für die nächsten 30 Jahre die Wasserversorgung auf Lanzarote organisieren wird. Die festländische Firma (www.canalgestionlanzarote.es), die noch in Teilen der Madrider Regionalregierung gehört (eine vollständige Privatisierung wird angestrebt), hat sämtliche Schulden von Inalsa übernommen und wird weiterhin Millionen investieren. Von Seiten der Bevölkerung gibt es allerdings große Widerstände, denn Privatisierung kann auf Dauer nur steigende Preise bedeuten. In der EU gab es bereits eine große Kampagne (www.right2water.eu), in deren Verlauf 1,9 Mio. Menschen gegen geplante Privatisierungen der Wasserversorgung unterschrieben – Wasser und sanitäre Versorgung ist ein Menschenrecht, keine Handelsware.

Wasser sparen ist eine absolute Notwendigkeit auf der Wüsten- und Vulkaninsel Lanzarote. Als Feriengast können Sie damit einen kleinen ökologischen Beitrag leisten.

Pflanzenvielfalt:
Von der Knotenblütigen Mittagsblume
bis zur König-Juba-Wolfsmilch

Pflanzenwuchs

Lanzarote erscheint auf den ersten Blick als eine unfruchtbare und öde Lavawüste aus erstarrten Schlacken, schwarzer Asche und kahlen Vulkanen. Keine Wälder und kaum Bäume gedeihen in der steppenhaft-steinigen Landschaft, nur vereinzelt wiegen sich Palmen im Wind.

Doch der leblose Eindruck trügt, überall in der „Wüste" regt sich das pflanzliche Leben: Farbige Flechten und leuchtend grüne Euphorbien überziehen kilometerweit die Lavafelder, knöchelhoch wuchern farbenprächtige Sukkulenten (Gewächse mit Wasserspeichergewebe) an den Hängen, üppige Kakteen, bunte Blumen, leuchtend roter Hibiskus, Palmen und Drachenbäume zieren viele Hotel- und Apartmentanlagen. Für Mitteleuropäer wirkt die Pflanzenwelt ausgesprochen exotisch, denn eine ganze Reihe von Arten gibt es außerhalb der Kanaren nicht.

Lanzarote ist neben Fuerteventura die trockenste der Kanarischen Insel. Kein überquellendes tropisches Paradies präsentiert sich dem Besucher, die Pflanzenwelt zeigt sich zurückhaltender als auf den feuchten Westkanaren, jedoch effektvoll platziert. Am schönsten entfaltet sich die Vegetation im beginnenden Frühjahr (Februar/März). Die spärlichen winterlichen Regenfälle zaubern überall einen leichten, grünen Flaum auf die Berge, bunte Blümchen und knallroter Klatschmohn sprießen, an den Rebstöcken entfalten sich die jungen Weinblätter, die Mandelbäume stehen in Blüte ...

Interessant ist vor allem die wild wachsende Flora: Botaniker haben auf Lanzarote bisher über 600 Arten von Wildpflanzen geortet – und weitere Entdeckungen sind nicht auszuschließen! Eine ganze Reihe davon sind endemisch, d. h. sie wachsen ausschließlich auf der Vulkaninsel, die meisten an den unzugänglichen Abhängen des *Famara-Gebirges* (Risco de Famara) im Norden der Insel, das eine botanische Oase ersten Ranges bildet und wo es einst wahrscheinlich sogar größere Flächen von Wald gab. Heute existiert der einzige zusammenhängende Baumbestand Lanzarotes im „Tal der tausend Palmen" um Haría. Einen zweiten Lebensraum bildet die von den Vulkanausbrüchen im 18. Jh. verwüstete, völlig kahle *Timanfaya-Region*. Dort sind über 150 Flechtenarten zu finden, die weite Teile der Lavaströme überziehen, in tiefen Spalten konnten sich sogar Farne ansiedeln. Eine weitere botanische Enklave ist der *Barranco de Teneguime* im Norden der Insel, nordwestlich von Guatiza, der mangels Straßenbau zum Schongebiet für seltene Pflanzen wurde.

Die einzigartige Vegetation der Kanaren hat nach Ansicht von Biologen ihren Grund in den besonderen klimatischen Verhältnissen der Inselgruppe. Während die letzte Eiszeit im Mittelmeerraum zahlreiche Arten zum Aussterben brachte, konnten dieselben Pflanzen auf den „Inseln der Glückseligen" bis heute überleben.

Doch Lanzarote wurde im Lauf seiner wechselhaften Geschichte auch von außen beeinflusst. Zahlreiche Pflanzen wurden aus Amerika und Europa nach Lanzarote eingeführt bzw. eingeschleppt und hier heimisch gemacht, viele kamen auch ohne Absicht auf die Inseln, darunter zahlreiche Kräuter. Obwohl Lanzarote neben Fuerteventura die wasserärmste Insel des Archipels ist, haben es die Lanzaroteños meisterhaft verstanden, aus den kargen Bedingungen das Beste zu machen: Das Weinbaugebiet *La Geria* zählt zu den faszinierendsten Regionen der Kanaren, fast kilometerlang sind an vielen Straßenrändern leuchtend bunte Beete aus Sukkulenten angelegt und mit viel Sinn für optische Wirkung hat man überall an Grundstücken und Wegen leuchtend rote Geranien angepflanzt, die eindrucksvoll mit dem schwarzen Lapillisand und den blendend weißen Mauern kontrastieren.

Flechtenbewuchs auf Lavagestein

Flechten

Die verheerenden Vulkanausbrüche von 1730–36 hinterließen eine kahle Steinwüste. Drei Viertel der Insel waren mit erstarrter Lava, Lapilli und Asche bedeckt, der fruchtbare Boden lag tief verschüttet. Doch in den Spalten und Höhlungen der Lavabrocken setzten sich bald winzige Flechten fest, die sich schnell ausbreiteten und ganze Quadratkilometer bedeckten. Diese symbiotischen Lebensformen aus Pilzen und Algen sind für Botaniker hochinteressant, denn sie sind die ersten Anzeichen von Vegetation in einer praktisch sterilen Umgebung. Sie beziehen alle benötigten Stoffe nur aus Luft und Regen, die Pilze liefern der Alge das für die Fotosynthese benötigte Wasser und Mineralien und nehmen den gebildeten Zucker auf.

Durch Bildung von Flechtensäuren zersetzen die Flechten die Lava allmählich zu fruchtbarem Erdreich und bereiten das Terrain für höheren Pflanzenwuchs vor.

Auf Lanzarote ist es der geschützte *Nationalpark Timanfaya*, wo dieser sehr langsam ablaufende Prozess fast unter Laborbedingungen beobachtet werden kann. Über 150 verschiedene Flechtenarten wurden dort bereits katalogisiert. Die weitaus häufigsten sind die hellgrünen und grauen Flechten namens *Stereocaulon vesuvianum*, die in der ganzen Welt in jungen vulkanischen Zonen wachsen. Noch auffallender sind die zentimeterhohen Büschel von *Ramalina bourgeana*, die überall zwischen den Stereocaulon-Flechten sprießen, und die orangegelbe Krustenflechte *Xanthoria parientina*. An geschützten Stellen im Famara-Gebirge im Norden wächst außerdem die rotbraune *Roccella tinctoria* (Orchilla-Flechte), die den Farbstoff Orseille liefert und schon in der Antike zum Färben verwendet wurde.

Pflanzenwuchs in Halbwüste und Trockental

Wie kann eine nahezu wasserlose Insel eine solche Fülle an Pflanzen hervorbringen und ernähren? Dies gelingt nur, weil sich die Arten an die klimatischen Gegebenheiten angepasst haben. Sie mussten z. T. neue Formen entwickeln: längere Wurzeln ausbilden, Blätter in Dornen umwandeln, Wasser speichernde Fähigkeiten entwickeln etc. Durch diese Veränderungen entstanden eine Reihe von „endemischen" Pflanzen, d. h. sie existieren ausschließlich auf den Kanarischen Inseln, z. T. sogar nur auf Lanzarote.

■ Die schon angesprochenen Sukkulenten speichern in ihren prallen Blättern und Sprossen Wasser. Lange Trockenzeiten können so problemlos überstanden werden.

■ Zum anderen gibt es die Halophyten, das sind Pflanzen, die direkt an der Küste wachsen und in stark salzhaltiger Erde und Luft überleben können. Die Kristall-Mittagsblume (Mesembryanthemum crystallinum) etwa, bekannt als Barilla oder Sodapflanze, ist mit zahllosen flüssigkeitsgefüllten Bläschen besetzt. Diese Wasser speichernden Zellen ähneln gefrorenem Tau, daher auch der Name „Eiskraut".

■ Zum dritten sind es die Feigenkakteen und Weinreben, die durch das geniale System des Trockenfeldbaus optimal bewässert werden können.

■ Schließlich können auf Lanzarote zahlreiche Flechten überleben, die kaum Wasser benötigen und durch das Zersetzen der Lava sogar die Vorarbeit für die Kultivierung weiterer Pflanzen leisten (→ nächster Abschnitt).

Die Kristall-Mittagsblume kann Wasser speichern

Endemische Pflanzen

Darunter versteht man Pflanzen, die weltweit nur in einem bestimmten regionalen Raum existieren. Man unterscheidet zwischen *Inselendemiten* (nur auf Lanzarote heimisch), *Kanarischen Endemiten* und den sog. *„makaronesischen"* Endemiten – unter Makaronesien versteht man den Gesamtraum der „glückseligen Inseln" (griech.: *makários* = glückselig, *níssos* = Insel), der außer den Kanarischen Inseln auch Madeira, die Azoren und die Kapverdischen Inseln umfasst. Knapp 20 Pflanzenarten sind ausschließlich auf Lanzarote zu finden, mehr als 50 nur auf den Kanaren und zwei weitere Dutzend im makaronesischen Raum. Fast alle Endemiten, die auf Lanzarote existieren, wachsen an abgelegenen Stellen des Famara-Gebirges, darunter die *Staudenmargarite*, der *Seidige Goldstern*, der *Lanzarotenische Hornklee*, der *Kanarische Lavendel*, die *Rote Strohblume* (Yesquera) und das *Kanarische Sonnenröschen*.

Im Folgenden die wichtigsten Gewächse, die auf Lanzarote immer wieder auffallen:

Euphorbien: die wohl charakteristischsten Pflanzen der Insel, es gibt sie in zahlreichen Arten. Sie gedeihen überall in den Lavafeldern, gehören zu den Wolfsmilchgewächsen und sind Sukkulenten. Gemeinsam ist ihnen, dass sie eine milchartig weiße, stark ätzende Flüssigkeit enthalten. Diese darf nicht mit Schleimhäuten, Augen und Lippen in Berührung kommen!

Besonders auffallend ist die kakteenähnliche *Kandelaberwolfsmilch* (Euphorbia canariensis), auf spanisch *Cardón*, die aus fünfkantigen, dornenbesetzten Säulen besteht und auch als Zierpflanze Verwendung findet.

Die süße *Balsamwolfsmilch* (Euphorbia balsamifera) wächst buschig in der Lava, auf der Insel nennt man sie „Tabaiba". Sie wird auf Lanzarote meist nur bis zu 0,5 m hoch, hat einen kurzen, dicken Stamm, von dem zahlreiche Äste abgehen, an deren Enden schopfig die lanzettförmigen Blätter sitzen. Ihr Saft wurde von den vorspanischen Bewohnern auf vielerlei Art verwendet, u. a. als eine Art Kaugummi, als Medizin und zur Leichenmumifizierung. Den Saft der „bitteren" oder „sauren" Schwesterart *König-Juba-Wolfsmilch* (Euphorbia regis-jubae) nutzten sie zum Fischfang. Er wurde in flache Lagunen geschüttet und betäubte so kurzzeitig die Fische.

Die *Strandwolfsmilch* (Euphorbia paralias) wächst, wie der Name sagt, bevorzugt an Stränden, wo sie ihre Pfahlwurzel tief in den Sand bohrt. Zahlreich findet man sie vor allem auf der Lanzarote vorgelagerten Insel La Graciosa.

Drachenbaum (Dracaena draco): die vielleicht berühmteste kanarische Pflanzenart und entfernt mit der Yucca-Palme verwandt, mit der er im jungen Alter leicht verwechselt werden kann. Auf Lanzarote allerdings ausgesprochen selten. Bis zum Einsetzen des Tourismus gab es kaum eine Handvoll Drachenbäume und auch auf den anderen Inseln war er nahezu ausgestorben.

Die Kandelaberwolfsmilch wird häufig als Zierpflanze verwendet

Einer der wenigen Drachenbäume Lanzarotes

Das neue Selbstbewusstsein der kanarische Kultur hat auch wieder das Interesse am „Drago" geweckt, denn er stammt aus dem Tertiär und gilt als eine der ältesten Pflanzen der Inseln. Schon bei den vorspanischen Bewohnern war er Gegenstand der Verehrung. Sein Saft ist das sog. „Drachenblut", das sich an der Luft rot färbt und das die Guanchen zum Mumifizieren von Leichen benutzten. Inzwischen wird der Drachenbaum überall angepflanzt, die Samen und Setzlinge kann man in Gärtnereien kaufen. Der Drachenbaum kann sehr alt werden, der älteste seiner Art steht auf Teneriffa und wird auf etwa 380 Jahre geschätzt. Auf Lanzarote gibt es jedoch höchstens ein halbes Dutzend ausgewachsener Exemplare, z. B. auf der Plaza von Tinajo (→ Inselmitte).

Nachdem sein „Stamm" zunächst gerade wächst, bildet sich eine Reihe von plump wirkenden Ästen, an deren Spitzen sternförmig spitz zulaufende Blätter sitzen. Durch wiederholte Teilung kommt die charakteristische Baumform zustande. Ein Drago kann bis zu 20 m hoch werden.

Kanarische Dattelpalme (Phoenix canariensis): im Gegensatz zur Fächerpalme (→ unten) ein kanarischer Endemit. Die charakteristischen Bäume prägen das Land-schaftsbild aller Kanarischen Inseln, auf Lanzarote kommen sie gehäuft nur im „Tal der tausend Palmen" um Haría im niederschlagsreicheren Norden der Insel vor. Lange, schlanke Stämme tragen die sternförmig auseinander strebenden Palmwedel. Die Früchte sind im Gegensatz zur nordafrikanischen Dattelpalme nicht genießbar, es wird jedoch ein Likör daraus hergestellt und ihren Extrakt verwendet man gegen Bronchialerkrankungen und Husten.

Aeonium: auch Dachwurz genannt (dieser Begriff ist allerdings mehrdeutig), ein weit verbreitetes, Wasser speicherndes Fettblattgewächs, von dem es zahlreiche Arten auf allen Kanarischen Inseln gibt, darunter auch das inselendemische Lanzarote-Aeonium (Aeonium lancerottense). Charakteristisch sind die großen Blattrosetten, die aus fleischigen, sich überlappenden Blättern bestehen und so die Verdunstung verlangsamen. Das Aeonium ist sehr genügsam und wächst bevorzugt in den Ritzen karger Felslandschaften.

Dornlattich (Launaea arborescens): genügsamer Strauch mit dünnen, blattlosen Ästchen, spitzen Dornen und kleinen, gelben Blüten. Er wächst praktisch überall und kann mehr oder minder als kanarisches Unkraut angesehen werden.

Eingeführte Pflanzen

Wegen ihrer zentralen Stellung zwischen Europa und Amerika wurden auf den Kanaren im Lauf der Jahrhunderte seit ihrer Entdeckung zahlreiche fremde Pflanzen eingeführt und hier heimisch gemacht. Blickfang sind vor allem die für die Zucht der Cochenille-Läuse wichtigen *Opuntien* (Feigenkakteen) aus Süd- und Mittelamerika, die ganze Quadratkilometer bedecken, die leuchtend roten *Geranien*, die überall in den Dörfern Grundstücke, Häuser und Beete schmücken, außerdem die vielen üppigen Zierpflanzen aus tropischen Gefilden.

Opuntien: Die Feigenkakteen wurden wegen ihrer essbaren Früchte im 16. Jh. aus Mexiko eingeführt, später fungierten sie als Futterpflanze für *Cochenille-Läuse*, die einen begehrten karminroten Farbstoff produzierten. Die Cochenille-Zucht war zeitweise der wichtigste Wirtschaftszweig Lanzarotes mit hohem Exportaufkommen. Auch heute noch wird der rote Farbstoff auf Lanzarote gewonnen, zwischen Guatiza und Mala im Norden Lanzarotes sind ganze Opuntien-Plantagen angesiedelt (→ Wirtschaft und Inselnorden/Guatiza und Mala).

Geranien: wegen ihres häufigen Vorkommens und dekorativen Aussehens die auffallendsten Blumen Lanzarotes. Sie stammen ursprünglich aus Südafrika und werden als Gartenblumen verwendet.

Schwert-Aloe: eine für Lanzarote sehr charakteristische Pflanze, die häufig als Dekoration an Straßenrändern wächst. Zu erkennen ist sie an dem kerzengeraden, orangefarbenen Blütenstand und den gezackten, kakteenartigen Blättern.

Fächerpalme: Die kleinwüchsige Palme ist ein beliebter Zierbaum, den man auf Lanzarote häufig sieht. Anhand ihrer fächerartig gespreizten Blätter kann man sie leicht von der Kanarischen Dattelpalme unterscheiden.

Agaven: Diese mächtigen, kakteenartigen Pflanzen gehören zu den Sukkulenten und stammen aus Mexiko. Am auffallendsten ist ihr markanter, meterhoher Blütenstand, der nach 8–12 Jahren wie ein Baum aus der Rosette von dicken, schwertartigen Blättern emporwächst. Nach der Blüte stirbt die Pflanze ab. Aus der Sisal-Agave gewinnt man Fasern für Stricke, Säcke etc.

Eukalyptusbäume: kräftige, hoch gewachsene Bäume mit dichtem Laubwerk, von denen die Rinde in Fetzen herunterhängt. Sie stammen eigentlich aus Australien,

Fruchtbares Lanzarote: kleiner „Mustergarten" im Weinbaugebiet

werden wegen ihres schnellen Wachstums aber überall in wärmeren Breiten angepflanzt. Man gewinnt aus ihnen ätherisches Öl. Da sie viel Wasser brauchen, sind sie auf Lanzarote eher selten: Eine schattige Allee aus Eukalyptusbäumen findet man im Dorf Guatiza.

Wilder Tabak (tabaco moro): Das strauchartige Gewächs mit gelben, röhrenartigen Blüten sieht man häufig an Straßenrändern und in den Lavafeldern wachsen. Es wurde im 19. Jh. nach Lanzarote eingeführt und wird hier verächtlich „bobo" (Dummkopf) genannt.

Bougainvillea: weltweit verbreitete Kletterpflanze mit leuchtend violetten, roten oder orangefarbenen Hochblättern. Sehr beliebt als rankende Zierpflanze an Fassaden, Balkonen etc., blüht bis auf einige Zeit im Frühjahr fast ganzjährig.

Weihnachtsstern: ein zu den Euphorbien gehörender Strauch mit leuchtend roten Hochblättern und unauffälligem, gelbem Blütenkranz, Hauptblüte ist im Winter. Stammt ursprünglich aus Mittelamerika und ist in unseren Breiten als Topfpflanze sehr beliebt. Die Blätter enthalten die bereits erwähnte giftige Wolfsmilch.

Kulturpflanzen

Lanzarote soll vor den Vulkanausbrüchen eine relativ fruchtbare Insel gewesen sein. Die vorspanischen Bewohner der Kanaren bauten Getreide für die Herstellung von Gofio (→ S. 94) an und betrieben Viehzucht. Nach der Katastrophe der Timanfaya-Eruptionen, die im 18. Jh. weite Teile der Insel mit Lava bedeckten, musste man sich mit völlig neuen Gegebenheiten vertraut machen und entwickelte anhand der Kapillarwirkung des Lavagranulats Picón den Trockenfeldbau *Enarenado*.

In den folgenden Jahrhunderten konnte so vor allem der Weinanbau verstärkt werden, dazu kam die Zucht von Feigenkakteen (→ Eingeführte Pflanzen) und der Anbau der Sodapflanze (Barrilla) im Treibsandgebiet El Jable. Wirtschaftlich überlebt haben auf der wasserarmen Insel bis heute der *Weinanbau* und die *Feigenkakteen*, dazu kommt der weitflächige Anbau von *Zwiebeln*, außerdem *Süßkartoffeln* und *Melonen*, aber auch *Aloe Vera* wird mittlerweile kultiviert. Der intensive Anbau von *Bananen*, wie er für die Westkanaren typisch ist, ist auf Lanzarote wegen des Wassermangels nicht möglich (→ Details zu allen Kulturpflanzen im Abschnitt Wirtschaft).

Im Weinbaugebiet La Geria

Dromedare auf Lanzarote: früher Arbeitstiere, heute Touristenattraktion

Tierwelt

Lange Karawanen von trottenden Dromedaren, Schwärme schreiender Möwen, malerische Ziegenherden, abgemagerte Hunde, Fisch in allen Größen und Variationen, letzterer allerdings meist in der Bratpfanne – viel mehr zeigt sich von der spärlichen Tierwelt Lanzarotes nicht.

Die karge Natur der Vulkaninsel ist für höhere Tierarten wenig attraktiv, es fehlt an Grün, an Weideflächen, an Nahrung. Erfreulich ist hingegen, dass es weder Schlangen noch Skorpione auf Lanzarote gibt. Für Ornithologen, die gerne Strandferien machen, ist Lanzarote allerdings ein idealer Ort.

Bis auf mehrere endemische Fledermausarten und die Kanarische Spitzmaus *(Musaraña Canaria)*, die erst in den 80er Jahren entdeckt wurde, waren auf Lanzarote ursprünglich keinerlei Säugetiere heimisch. Sie wurden als Nutztiere von den frühen Siedlern und später von den europäischen Eroberern eingeführt, darunter schon in vorchristlichen Jahrhunderten Ziegen und Hunde. Als blinde Passagiere reisten die unvermeidlichen Mäuse und Ratten mit.

Auffallendste Tiere und wichtigste Helfer des Menschen sind natürlich die berühmten *Dromedare* von Lanzarote. Sie wurden wahrscheinlich bereits 1478 von Agustín de Herrera y Royas nach Lanzarote gebracht, der die genügsamen „Wüstenschiffe" auf seinen Sklavenfang-Expeditionen nach Afrika kennen gelernt hatte. Tatsächlich sind sie für die wüstenähnlichen Verhältnisse bzw. „Mondlandschaften" der Vulkaninsel wie geschaffen. So können sie wochenlang ohne Wasser auskommen und sich mit ihren breiten, schwielengeschützten Zehen hervorragend im Lavasand fortbewegen. Von Anfang an wurden sie in der Landwirtschaft eingesetzt, mussten die Mahlsteine der Gofiomühlen bewegen und die schweren, alten Holzpflüge und -eggen durch die Picónfelder ziehen. Zum anderen waren sie als zähe und schwer belastbare Transport- und Reittiere im Einsatz. Die Bauern brachten auf ihnen ihre Waren zum Markt und setzten sich selber in Holzsättel links und rechts des Höckers. Außerdem schleppten Dromedare die schweren Salzsäcke von den verschiedenen Salinen der Insel zum Hafen von Arrecife – und vor der Einführung des Autos reiste man auch hauptsächlich auf Dromedaren.

Heute werden Dromedare in den traditionellen Bereichen so gut wie nicht mehr eingesetzt, Maschinen haben sie abgelöst, die Salinen sind stillgelegt. Relikte aus dieser Zeit findet man aber auf Lanzarote überall als Dekoration, die schweren Holzsättel und die Pflüge sind die beliebtesten Stücke. Stattdessen haben die Touristik-Macher einen neuen Verwendungszweck aufgetan: Ganze Urlauberhorden werden tagaus, tagein von engelsgeduldigen Dromedaren durch die *Montañas del Fuego* getragen. Beladen mit je zwei Touristen, trotten lange Karawanen auf einem festgelegten Parcours über die asche- und sandbedeckten Hügel (→ Nationalpark Timanfaya).

Zweites Nutztier ist die *Ziege*. Milch, Käse und Fleisch waren seit jeher wichtige Nahrungsmittel, dazu kam die Verwendung des Leders für Behälter, z. B. den traditionellen *zurrón*, in dem die Kanarier früher Gofio und Wasser zu Teig formten. Da allerdings Grünpflanzen auf Lanzarote nur spärlich wachsen, sind die Ziegen hier von etwas kleinerem Wuchs als auf den fruchtbaren Westinseln. In den letzten Jahren wurde die Ziegenzucht erfreulicherweise sehr gefördert, um den ausgezeichneten „queso conejero" zu produzieren. Etwa 15.000 Ziegen soll es mittlerweile auf Lanzarote geben.

Ein echtes „Hundeleben"

Schon in antiken Zeiten waren es vor allem Hunde, die die „Inseln der Glückseligen" bevölkerten. Römische Reisende sprechen von riesigen Hunden (lat. *canes*), worauf angeblich der Name der Inselgruppe zurückgehen soll. Heute sind Hunde auf Lanzarote keinen Bericht mehr wert, sondern buchstäblich die „underdogs". Misshandelt, ausgesetzt und halb verhungert fristen Tausende ihr Dasein auf der Vulkaninsel, werden von Hundefängern aufgesammelt und in die sog. „Perreras" gebracht, wo der sichere Tod auf sie wartet. Nicht besser ergeht es den Katzen.

Die öffentliche Hand kümmert sich nicht um die Tiere, nur Privatinitiativen leisten Hilfe. So bietet seit vielen Jahren das *SARA-Tierheim* (www.sara-lanzarote.eu) bei Tahiche den geschundenen Vierbeinern Aufnahme und Pflege (→ S. 189), bis zu 300 Tieren sind hier regelmäßig untergebracht. Eine weitere Anlaufadresse ist *Wauwau-Lanzarote* (www.wauwau-lanzarote.org). Beide Initiativen sind auf Unterstützung angewiesen und suchen dringend Flugpaten sowie Menschen, die einen Hund oder eine Katze adoptieren wollen.

Kleingetier Eidechsen huschen über sonnenerwärmte Steine, **Geckos** klettern flink Wände und Fenster empor, **Kakerlaken** verkriechen sich im Mauerwerk älterer Häuser und nach feuchten Wintern flattern ganze Scharen von **Schmetterlingen** über die Insel... Eine ganze Reihe von kleinen Tieren belebt die Landschaft Lanzarotes, doch man bekommt sie nur selten zu Gesicht – vor allem die **Wildkaninchen**, die für Hobbyjäger ein begehrtes Jagdziel sind. Sie wurden schon vor Jahrhunderten von den spanischen Gutsherren importiert und die Lanzaroteños werden selber „conejeros" (= Kaninchen) genannt, da sie früher einen solchen Überfluss an den possierlichen Tieren hatten, dass sie sie sogar exportieren konnten.

Die **Gallotia atlantica** ist eine nur auf den östlichen Kanaren vorkommende Eidechsenart, sie wird auch „Lagarto de Haría" oder Ostkanareneidechse genannt. Weiterhin gibt es den **Skink**, eine größere Echsenart mit glattem, geschupptem Körper, deren Füße verkümmert sind und die deshalb manchmal fälschlicherweise für eine Schlange gehalten wird. Die **Kanarische Spitzmaus** lebt vor allem auf der nördlich vorgelagerten Insel Montaña Clara. Die Gehäuse zahlloser **Land- und Meeresschnecken** verschiedener Arten findet man auf La Graciosa.

Fische und Meerestiere Das Meer um Lanzarote ist äußerst fischreich, besonders im Umkreis der vorgelagerten Insel La Graciosa und in der dortigen Meerenge El Río. In den tieferen Gewässern schwimmen **Haie** (bis zu 15 Arten!), **Delfine**, **Rochen**, **Schwertfische** und **Muränen**. Sogar **Wale** (hauptsächlich Grindwale) hat man wiederholt vor der Küste Lanzarotes gesichtet – ihr Bestand ist allerdings durch den intensiven Bootsverkehr zwischen den Inseln gefährdet und immer wieder kommt es vor, dass tote Wale an der Küste angeschwemmt werden (Tipp: Ein auf Teneriffa angelandetes Walskelett ist in Arrecife ausgestellt).

Dazu kommen mehrere **Thunfischarten**, verschiedene **Brassen** und **Barsche**, der in den kanarischen Gewässern weit verbreitete **Papageienfisch Vieja** („Die Alte"), **Meeräschen**, **Aale**, **Barrakudas**, **Sardinen**, **Makrelen** und eine ganze Reihe weiterer Arten. Durch die gestiegene touristische Nachfrage wurde der Fischfang zeitweise derart intensiviert, dass es zu einer Überfischung der Gewässer kam – durch Züch-

Ziegen bei Femés

tung in sog. **Aquakulturen** konnte hier allerdings gegengelenkt werden (→ Wirtschaft). Der Bestand an heimischen **Langusten**, **Krebsen** und **Krabben** ist dagegen gering und kann den Bedarf der Urlauber schon lange nicht mehr decken. Und sogar die häufig vorkommenden **Napfschnecken** müssen inzwischen eingeführt werden (→ Kapitel „Essen und Trinken").

Auch **Mönchsrobben** (Monachus monachus) und **Seehunde** lebten früher in den Gewässern um Lanzarote, die Isla de Lobos trägt noch ihren Namen (= Insel der Seehunde). Sie wurden wegen ihres Fells gejagt, stark dezimiert und sind seit langem verschwunden.

Fliegende Fische   (Exocoetus volitans, span. pez volador)

Wenn man Glück hat, kann man bei der Überfahrt nach Fuerteventura sog. „Fliegende Fische" beobachten. Aufgescheucht von der Bugwelle, tauchen diese durchschnittlich 20 cm großen Fische neben dem Schiff aus den Wellen auf und können knapp über dem Wasser bis zu 50, 60 m weit segeln. Ihre Körperform gleicht der eines Herings, sie haben blaue Rücken, Flanken und Bauch sind silbrig. Der untere Teil der gegabelten Schwanzflosse ist verlängert, die beiden flügelartig geformten Brustflossen sind groß und verbreitert. Sie werden beim „Flug" starr gehalten, so dass Fliegende Fische nicht im eigentlichen Sinne fliegen, sondern gleiten. Bis zu 70-mal pro Sekunde muss der Fisch mit seiner Schwanzflosse schlagen, um „fliegen" zu können. Schon nach etwa 20 m erreicht er gut 50 km/h und durchbricht die Wasseroberfläche. Der bis zu 20 Sekunden dauernde Gleitflug kann eine Höhe von mehreren Metern erreichen – es ist schon vorgekommen, dass Fliegende Fische auf dem Deck kleinerer Schiffe gelandet sind.

Für traurige Schlagzeilen in den Inselmedien sorgen immer wieder die **Schildkröten** namens *Caretta caretta*. Die halbmetergroßen Panzertiere werden oft tot an die Strände Lanzarotes und Fuerteventuras getrieben, verendet wahrscheinlich in den Schleppnetzen marokkanischer Fischer, die sich nicht an die Fangrichtlinien der EU gebunden fühlen.

Eine große Besonderheit Lanzarotes sind schließlich die berühmten **Weißen Krebse** (Munidopsis polymorpha), die sich in der viel besuchten Lavagrotte Jameos del Agua tummeln. Sie leben eigentlich in der Tiefsee und es ist ungeklärt, warum sie sich in der fast auf Meereshöhe liegenden Höhle so wohl fühlen und munter vermehren (→ dort). Bei der Erforschung des unterirdischen Lavatunnels *Atlántida*, der vom Monte Corona zum Meer führt, hat man außerdem weitere **Höhlentierchen** entdeckt, die der Tiefseefauna zuzurechnen sind.

Vögel Etwa 36 Brutvogelarten leben heute auf Lanzarote und den umgebenden Inseln, etwa acht davon sind auf den Ostinseln endemisch. Und jeden Winter kommen Schwärme von Zugvögeln dazu, für die Lanzarote ein bevorzugtes Winterquartier ist, z. B. der **Regenbrachvogel**. Durch den expansiven Tourismus hat die Vogelwelt allerdings schwer gelitten, relativ ungestörte Nistbedingungen bieten nur noch die Steilhänge des *Famara-Gebirges* im Norden Lanzarotes. Wahre Vogelparadiese bilden dagegen die unbewohnten *Isletas* nördlich von Lanzarote. Hier leben u. a. ganze Kolonien von **Pardelas** (Gelbschnabelsturmtaucher), ebenso die schwarzen **Pardelas Cenicientas**, die ursprünglich zu den typischsten Vögeln Lanzarotes zählten, deren Zahl aber inzwischen stark zurückgegangen ist. Rund 15.000 Pardela-Paare sollen derzeit auf den Isletas brüten – das zweitgrößte Pardelas-Vorkommen der Welt. Beide Arten stehen unter strengem Naturschutz.

Auf Lanzarote selbst sieht man weitaus am häufigsten **Silbermöwen**, selten geworden und teils vom Aussterben bedroht sind dagegen Großvögel wie **Fischadler** (guincho), **Eleonorenfalken** (halcón eleonor), **Turmfalken** und **Schmutzgeier**. Zu den typischen Vögeln zählen außerdem der kleine **Kanarienpieper**, die **Mönchsgrasmücke** und diverse Watt- und Meeresvögel, darunter der häufig vertretene **Seeregenpfeifer**.

Kurz vor dem Aussterben stand bis vor kurzem die **Hubara Canaria** (Kragentrappe), ein halbmeterhoher Stelzvogel, der als größter Vogel der Kanarischen Inseln gilt. Inzwischen soll es auf Lanzarote wieder wild lebende Exemplare geben, die sich auch vermehren.

Der Regenbrachvogel brütet im hohen Norden und überwintert auf den Kanaren

Im Fischerhafen La Tiñosa von Puerto del Carmen

Wirtschaft

Da Bodenschätze auf Lanzarote völlig fehlen, waren die Bewohner der kargen und wasserarmen Vulkaninsel von Anbeginn gezwungen, von ihrer bescheidenen Landwirtschaft und dem Meer zu leben.

Doch die agrarische Entwicklung wurde im Lauf ihrer Geschichte immer wieder von heftigen Umwälzungen und Krisen begleitet. Am einschneidendsten wirkte sich die Timanfaya-Katastrophe im 18. Jh. aus, deren Verwüstungen eine völlig neue Anbautechnik erforderten, den *Enarenado* (Trockenfeldbau). Bis heute prägt diese Anbaumethode die Insel.

Was die Vermarktung ihrer Produkte anging, mussten die Lanzaroteños stets findig sein. Die bescheidene landwirtschaftliche Produktion orientierte sich neben dem Anbau von Grundnahrungsmitteln fast ausschließlich an den Exportchancen. Doch wegen ausländischer Billigkonkurrenz musste die Angebotspalette immer wieder völlig umgestellt werden. Zunächst war es die Färberflechte *Orchilla*, später der süße *Malvasíawein*, dann die sodahaltige Pflanze *Barrilla*, schließlich der begehrte Karminfarbstoff der *Cochenille-Läuse*, die in die europäischen Länder ausgeführt wurden. Lediglich die *Salzgewinnung* in zahlreichen Salinen – früher war Salz unersetzlich für die Schifffahrt – spielte auf Lanzarote für lange Zeit eine stabile wirtschaftliche Rolle.

Doch der wohl größte Veränderungsprozess aller Zeiten vollzog sich auf Lanzarote erst seit den 1970er Jahren, nämlich von der Landwirtschaftsinsel zum Dienstleistungsbetrieb. Wie alle anderen Kanaren hat Lanzarote seine Wirtschaft fast vollständig auf dem Tourismus aufgebaut und sich dessen Zwängen untergeordnet.

Geschichtlicher Überblick

Während der Epoche der vorspanischen Bewohner war die Insel ein autarkes System. Man hielt *Schafe* und *Ziegen* und gewann Fleisch, Milch und Käse. Ansonsten baute man hauptsächlich *Gerste* an, den die Majos schon damals in Tongefäßen rösteten und in Steinmühlen zum bekannten Gofiomehl verarbeiteten, wie man an Hand gefundener Mühlsteine feststellen konnte. Dazu kamen der Küstenfischfang und das Sammeln von Meerestieren, Muscheln etc. Ein großes Problem war bereits in dieser Zeit der eklatante *Wassermangel* auf der Insel. Man löste es mit dem Anlegen von Auffangbecken in lehmhaltiger Erde zwischen steilen Berghängen, eine Technik, die die späteren Eroberer übernahmen und teilweise verbesserten. Die größte dieser Zisternen war die „Gran Mareta" in Teguise (→ Wasser).

Mit der Ansiedlung der französischen und andalusischen Eroberer seit dem 15. Jh. wurde diese Agrarstruktur weitgehend beibehalten. Nach überlieferten Berichten soll Lanzarote damals relativ fruchtbar gewesen sein, die Majos wurden weitgehend als Sklaven gehalten, bestellten die Felder und arbeiteten als Viehhirten. Von großer Bedeutung für die Eroberer war in dieser frühen feudalen Zeit aber vor allem die rostbraune *Orchilla-Flechte*, die im Famara-Gebirge im Norden Lanzarotes wächst und schon in der Antike von den Phöniziern und Römern zum Färben verwendet wurde. Der Purpur-Farbstoff, den die Flechten absondern, war in Europa so begehrt, dass sich der normannische Eroberer und Lehnsherr Jean de Béthencourt von der spanischen Krone das Exportmonopol auf die Flechte überschreiben ließ (→ Geschichte). Ein weiterer wichtiger Wirtschaftsfaktor war das Geschäft mit *Sklaven*. Die adligen Herren Lanzarotes organisierten Menschenjagden in den Berber-Gebieten Nordafrikas und transportierten die Gefangenen als Zwangsarbeiter auf die Insel. Im Gegenzug überfielen die Berber Lanzarote und verschleppten die Einwohner nach Afrika.

Traditionelle Weinernte, lange vor Einsetzen des Touristenbooms

Durch die heftigen *Vulkanausbrüche von 1730–36* wurde die fruchtbarste und am dichtesten besiedelte Region Lanzarotes völlig verwüstet. Elf Dörfer verschwanden unter einer meterdicken Lavaschicht, weite Teile der Insel wurden mit Asche und Schlacke zugedeckt. Der Getreideanbau kam zum Erliegen, ein völlig neues Landwirtschaftskonzept musste erarbeitet werden. In diese Zeit fällt die Erfindung des Trockenfeldbaus *Enarenado* (→ Kasten S. 46). Vor allem der Weinanbau konnte mit dieser Methode erfolgversprechend entwickelt werden. Schwierig war in der Zeit nach der Vulkankatastrophe die Versorgung mit Getreide. Dürrejahre und Invasionen von Wanderheuschrecken aus Afrika vernichteten immer

Milliarden von Cochenille-Läusen sitzen auf den Feigenkakteen

wieder die Ernte und die Insel musste oft von außen versorgt werden. Ende des 18. Jh. sorgte kurzzeitig der Anbau der sodahaltigen *Barrilla* für Exportgewinne, Mitte des 19. Jh. war es der Farbstoff der *Cochenille-Läuse*, der einen mehrere Jahrzehnte anhaltenden Wirtschaftsboom erzeugte. Doch beides ging ebenso schnell wieder unter, wie es gekommen war, und Lanzarote blieb bis heute ohne wirtschaftliches Zugpferd. Lediglich der Weinbau konnte durch den Tourismus eine dauerhafte Stabilität gewinnen.

Weinbau: Die Malvasíatraube wurde auf den Kanaren wahrscheinlich bereits im 15. Jh. aus Kreta eingeführt. Doch erst nach den heftigen Vulkanausbrüchen begann man auf Lanzarote mit dem großflächigen Weinanbau auf den Aschefeldern, da sich die einzeln stehenden Rebstöcke für den Trockenfeldbau besonders eigneten. Der Weinexport wurde von englischen Kaufleuten organisiert, die dafür eine Handelsgesellschaft auf den Kanaren gründeten und im Gegenzug Stoffe, Öl und Lebensmittel einführten. In England waren kanarische Weine lange sehr beliebt, doch Ende des 18. Jh. ging der Weinhandel aufgrund der verschärften Konkurrenzsituation zurück. Malvasíawein von der Insel Madeira, vor allem aber die Sherryweine aus Spanien, der Portwein und die expandierenden Bordeaux-Weine verdrängten den lanzarotenischen Malvasía vom europäischen Markt. Im Folgenden wurde Wein hauptsächlich für den Eigenbedarf der Insel angebaut. Viele Bodegas auf Lanzarote gaben auf und bis ins 20. Jh. fristete der Weinbau ein Schattendasein. Doch mit dem explosionsartig einsetzenden Tourismus gab es wieder eine verstärkte Nachfrage, Bodegas wurden neu gegründet und die Weinwirtschaft ist inzwischen ein bedeutender Wirtschaftsfaktor. Vor allem das große Weinbaugebiet „La Geria" in der Inselmitte wird intensiv bewirtschaftet (→ S. 47, 99 und 192).

Soda: Wegen der verschlechterten Absatzchancen für Wein musste man sich auf Lanzarote Ende des 18. Jh. nach einem neuen Exportprodukt umschauen. Ausländische Kaufleute entdeckten schließlich, dass sich die Insel ausgezeichnet für den Anbau der Sodapflanze *barrilla* eignete, die gut auf salzhaltigen und sandigen Böden gedeiht, außerdem wenig Wasser benötigt. Sogar die unfruchtbare Sanddünenregion El Jable, östlich der Timanfaya-Region, konnte so landwirtschaftlich genutzt werden. Für einige Jahrzehnte wurde Soda das wichtigste Exportgut Lanzarotes. Die Barrilla wurde geerntet und getrocknet, danach konnte man durch Verbrennen das in ihr gebundene kohlensaure Natriumsalz als Soda herausziehen. Das so gewonnene Produkt wurde vor allem zur Seifenherstellung verwendet. Doch schon ab 1810 kam der Aufschwung zu seinem Ende, denn für den europäischen Markt war das mittlerweile im Mittelmeerraum erzeugte Soda billiger zu haben.

Cochenille: In der zweiten Hälfte des 19. Jh. setzte ein neuer Boom auf Lanzarote ein. Im Zuge der industriellen Revolution benötigten die großen Textilproduzenten in Europa dringend Farbstoffe für ihre beginnende Massenproduktion. Die *Cochenille-Schildlaus* war dafür ein idealer Rohstofflieferant, denn aus ihr wird ein karminroter Farbstoff gewonnen. In Neuspanien (Mexiko) war diese Schildlaus von den Spaniern schon lange gezüchtet worden, mit der staatlichen Selbstständigkeit Mexikos seit 1822 waren diese Anbaugebiete jedoch verloren. So ging man dazu über, die Schildläuse im spanischen Hoheitsgebiet zu züchten, Lanzarote war dafür wegen seines wirtschaftlichen Vakuums geradezu prädestiniert. Die Cochenille-Laus ernährt sich von den Säften der *Opuntie*. Der Feigenkaktus ist ein anspruchsloser Kaktus, der auch auf trockenen Böden gut wächst. Ab den 1840er Jahren wurde Lanzarote vom Cochenille-Fieber erfasst, man holzte zahllose Bäume und Sträucher ab und bepflanzte ganze Quadratkilometer mit den Opuntien, die Insel verwandelte ihr Gesicht. Endlich gab es ein Produkt, für dessen Anbau die karge Insel hervorragend geeignet war. Da der Farbstoff gut bezahlt wurde, machten viele Bauern Schulden, kauften sich Land und begannen mit der Läusezucht. Die reifen Läuse mussten von den Wirtskakteen per Hand abgestreift und gesammelt werden. Dafür setzten die Bauern ihre ganze Familie einschließlich der Kinder ein und ließen sie nicht mehr zur Schule gehen. Der Analphabetismus erreichte fast 90 %, doch die produzierte Menge wuchs rasch und Wohlstand schien vorprogrammiert. Wie ein Schock kam da in den 60er Jahren die Entdeckung der *Anilinfarben* in Europa durch die „Badische Anilin- und Sodafabrik" (BASF). Das aus Steinkohlenteer hergestellte Anilin war deutlich preiswerter als der Cochenille-Farbstoff und die langen Transportwege fielen weg. Binnen weniger Jahre brach die Cochenille-Wirtschaft zusammen, viele Kleinbauern konnten ihre Schulden nicht abbezahlen und waren ruiniert. Hohe Arbeitslosigkeit und Auswanderung waren die Folge. Bis heute wird der Naturfarbstoff allerdings für die Herstellung von Süßigkeiten, Lippenstift und Aperitifweinen (Campari, Martini) gebraucht. Im Gebiet von Guatiza und Mala werden die Läuse deshalb noch immer in Opuntienplantagen gezüchtet.

Weitere Details zu den Cochenille-Läusen → Inselnorden „Guatiza und Mala".

Salzwirtschaft: Jedes Schiff, das in früheren Jahrhunderten die Kanaren anlief, benötigte Salz zum Konservieren seiner Lebensmittel auf den wochen- und monatelangen Fahrten durch den Atlantik. Und auch die einheimischen Fischfangboote benutzten Salz, um ihren Fang frisch zu halten. Aus diesem Bedarf entwickelte sich ein ganzer Wirtschaftszweig und ein Netz von Salinen umgab Lanzarote. In flachen Becken verdunstete das Meerwasser und das Salz blieb zurück, Dromedare transportierten es anschließend in den Hafen von Arrecife. Die Ruinen der Becken und der windgetriebenen Pumpen, die das Meerwasser heraufholten, sind noch an vielen Stellen zu sehen. Als Anfang des 20. Jh. auf den Schiffen Kühlräume mit elektrischen Aggregaten eingerichtet wurden, kam das Aus für die Salinen. Nur noch zwei Anlagen produzieren heute auf Lanzarote, die *Salinas del Janubio* sind die größten der Kanaren und stehen mittlerweile unter Denkmalschutz.

Die Dörfer im Inselinneren sind noch weitgehend bäuerlich geprägt

Wirtschaft heute

Der Tourismus hat alles an sich gerissen. Wegen des Abwanderns vieler Kräfte lie-
gen immer mehr Felder brach oder werden nur noch von Teilzeit-Bauern oder den
Alten bestellt. Bis auf wenige Produkte, z. B. Ziegenkäse, wird kaum etwas auf der
Insel selbst produziert. Lediglich der boomende Weinbau hat eine längerfristige
Überlebenschance, ansonsten muss fast alles Lebensnotwendige eingeführt werden.
Die Importe übersteigen den Export um ein Vielfaches. Selbst die Energiewirtschaft
und die lebensnotwendige Wasserentsalzung sind völlig von der Einfuhr fossiler
Brennstoffe, sprich Erdöl, abhängig. Lange Zeit brachte das Geschäft mit den Ur-
laubern den Insulanern schnelleres Geld als die mühselige Landwirtschaft – doch
die Finanz- und Schuldenkrise Spaniens der letzten Jahre hat viele in die Pleite oder
Erwerbslosigkeit getrieben. Besonders erschütternd ist dabei die Jugendarbeitslo-
sigkeit, die auf den Kanaren zu den höchsten in Europa zählt.

Landwirtschaft: Wegen der extremen Wasserarmut und der mit Vulkanauswurf bedeckten Böden können die Lanzaroteños nur eine sehr beschränkte Produktpalette
anbauen. Nicht jeder Nahrungspflanze genügt es, ausschließlich mit Hilfe des Trockenfeldbaus spärlich bewässert zu werden. Vor allem Flächensaat ist kaum möglich. Neben dem Wein (nächster Abschnitt) sind es in erster Linie die ebenfalls im
Trockenbau bewirtschafteten *Zwiebelfelder* (cipolla), die das Gesicht der Insel prägen. Daneben werden noch fußballgroße *Süßkartoffeln* (patatas) angebaut, die allerdings weniger in der Küche verwendet, sondern hauptsächlich zu abgepackten
Chips weiterverarbeitet werden. Im Sanddünengebiet El Jable wachsen außerdem
Wassermelonen, ansonsten sieht man noch *Kartoffel-* und *Kohlfelder*, hauptsächlich
in den feuchten Famara-Bergen im Norden. Auf einigen Plantagen wird neuerdings
auch *Aloe Vera* gezüchtet. Subventionen der EU sollen die Zukunft der Landwirtschaft gewährleisten – und sind auch bitter nötig, damit die Abwanderung in den
touristischen Sektor gestoppt wird.

Enarenado: Trockenfeldbau als Lösung

Wenn man über Lanzarote fährt, fällt es einem überall auf: Alle Anbauflächen sind mit tiefschwarzem Lavagranulat bedeckt, dem sog. *Picón* – auch dort, wo der Boden gar nicht von den Vulkanausbrüchen von 1730–36 betroffen war. Bei dieser auf den ersten Blick befremdlich wirkenden Technik handelt es sich um ein für Lanzarote geradezu ideales Bewässerungsprinzip, den *Enarenado* (span. *enarenar* = mit Sand bestreuen).

Als nach der Timanfaya-Katastrophe im 18. Jh. ein Großteil der vormals fruchtbaren Böden verschüttet war, wurde die geniale Idee des Enarenado entwickelt. Vor allem die heutige Weinregion *La Geria* war nach den Ausbrüchen über viele Quadratkilometer hinweg mit vulkanischem Auswurf überzogen. Die Bauern beobachteten dort, dass Pflanzen, deren Wurzeln mit Vulkanasche bedeckt sind, besonders gut wuchsen. Das hat folgenden Grund: Tagsüber schützt der Picón den Boden vor den ausdörrenden Sonnenstrahlen. Da er sich ohne Wärmezufuhr schnell abkühlt, kondensiert nachts die Feuchtigkeit in Bodennähe und setzt sich als Tau ab. Der Picón hat nun wegen seiner hauchfeinen Kapillargefäße die großartige *„hygroskopische"* Eigenschaft, den nächtlichen Tau zu speichern und erst im Lauf des nächsten Tages allmählich ins Erdreich abzugeben. Das Ergebnis ist also eine kontrollierte Bewässerung, wie man sie sich auf der fast niederschlagslosen Insel besser nicht wünschen kann. Mit Picón bedeckter Boden hat zudem 24 Stunden lang eine nahezu konstante Temperatur.

Besonders gut funktioniert das Prinzip bei Weinstöcken, die auf regelmäßige Bewässerung angewiesen sind. So begann man, La Geria zur Weinbauregion auszubauen. Für jeden einzelnen Stock grub man einen Trichter (*la geria* = Trichter) in die bis zu mehrere Meter tiefe Lapillischicht, bis fast der Erdboden erreicht war. Am tiefsten Punkt wurde die Rebe gesetzt, dort erreichten ihre Wurzeln schnell das Erdreich. Zusätzlich schützte man jeden Stock mit einem Mäuerchen gegen den ständigen Wind. Die so entstandene Trichterlandschaft mit den halbrunden Mauern formt heute ein optisch überaus eindrucksvolles und ungewöhnliches Bild und gehört zu den großen Sehenswürdigkeiten der Insel (→ *Weinbaugebiet La Geria*). Diese Art des Wirtschaftens ist allerdings auch enorm arbeits- und kostenintensiv und wird deshalb hier und dort bereits durch die Anlage von rechtwinkligen Mauern abgelöst, wobei man die Weinstöcke dichter pflanzen und sogar kleine Traktoren einsetzen kann.

Da die Anbauergebnisse des Trockenfeldbaus hervorragend waren, begann man das Prinzip auf der ganzen Insel anzuwenden, auch in den Gebieten, die von den Vulkanauswürfen nicht verschüttet waren, denn auch dort war die Bewässerung ein bislang kaum lösbares Problem. Dieses kostspielige und aufwändige Verfahren nennt man *Enarenado artificial*: Der Picón wird dabei an Vulkanhängen abgetragen und auf die Anbauflächen transportiert. Diese müssen vorher eingeebnet und mit fruchtbarer Erde bedeckt werden, erst dann wird eine etwa 10–20 cm dicke Picón-schicht darüber gezogen. Beim Anpflanzen kratzt man mit dem Pflug tiefe Furchen in das Granulat und platziert die Setzlinge. Hauptsächlich im Norden der Insel sind die Felder auf diese Weise angelegt, mehr als hundert Vulkanberge hat man dafür teilweise abgetragen. Da sich beim Pflügen der Picón mit Erde vermischt, muss die hygroskopische Schicht alle zehn Jahre komplett erneuert werden.

Und sogar das Sanddünengebiet *El Jable* zwischen Teguise und Tiagua hat man mit Hilfe des Enarenado kultivieren können. Denn wenn die Sandschicht nicht dicker als ein halber Meter ist, wirkt der Sand ebenfalls hygroskopisch. In El Jable konnte man auf diese Weise gute Ergebnisse mit Wasser- und Honigmelonen erzielen, mittlerweile wird dort auch Aloe Vera angebaut.

Weinbau: In zwei großen Weingebieten, nämlich *La Geria* in der Inselmitte und *Monte Corona* im Inselnorden, gedeihen auf über 4000 ha Malvasía-Reben und andere Traubensorten auf den picónbedeckten Hängen. Fast 30 größere Bodegas – nicht wenige davon sind Neugründungen der letzten Jahre – und mehr als tausend Weinbauern sind hier inzwischen tätig. Im Februar schneidet man die Weinstöcke zurück, damit sie im Frühjahr wieder neu austreiben können. Von Ende Juli bis Mitte August wird dann geerntet, dabei braucht man jede verfügbare Arbeitskraft. Außer dem traditionellen Malvasía (trocken, süß und brut) wird eine ganze Reihe weiterer Tropfen produziert: Blanco, Tinto, Rosado, Moscatel, Cava (Schaumwein) und mehr. Sogar Exporte finden in verstärktem Maß statt, darunter auch nach Deutschland. Derzeit erhält jeder Weinbauer Subventionen in Höhe von einigen hundert Euro pro Hektar und Jahr – dies nicht nur aus rein landwirtschaftlichen Gründen, sondern auch dafür, dass diese einzigartige Kulturlandschaft erhalten und gepflegt wird. Ein umfassender Ordnungsplan soll in Zukunft die Verhältnisse für La Geria regeln und gewährleisten, dass Naturschutz, wirtschaftliche und kulturelle Aspekte gleichermaßen berücksichtigt werden. Doch seit Jahren wird darum gestritten.

Weinbau einst und heute

Fischerei: Neben der Landwirtschaft ist sie traditionell das wichtigste Standbein der Inselökonomie. Im Hafen von Arrecife lag lange die zweitgrößte Fangflotte der Kanaren (nach Gran Canaria) und brachte aus den fischreichen Fanggründen vor der afrikanischen Küste fast die Hälfte des gesamten Fischfangs der Inselgruppe ein Doch mittlerweile heimst die ausländische Konkurrenz mit ihren modernen Hochseebooten den Löwenanteil der Fänge in den internationalen Gewässern zwischen den Inseln ein und die Erträge der einheimischen Flotte sind stark zurückgegangen. Trotzdem kann die lanzarotenische Fischereiwirtschaft in den letzten Jahren wieder ein deutliches Wachstum verzeichnen, Grund dafür ist die sog. „Aquakultur", d. h. die Aufzucht von Fischen in Käfigen im Meer. 2015 wurden so über 2500 Tonnen Fisch gezüchtet und verkauft – augenscheinlich ein blühender Wirtschaftszweig mit Zukunft.

Viehzucht: Sie wird nur in kleinem Maßstab betrieben. Lediglich die *Ziegenhaltung* erlebt derzeit wegen der gestiegenen Nachfrage nach Ziegenkäse (queso de cabra) einen kleinen Boom (→ Tierwelt), sogar exportiert wird er inzwischen. Allerdings sind die gefräßigen Ziegen dafür bekannt, dass sie große Schäden in der Vegetation anrichten. (Zu den verschiedenen Käsesorten → S. 97).

Salinen: Die früher bedeutende *Salinenwirtschaft* ist auf Lanzarote fast völlig verschwunden. Die meisten Salinen sind nur noch pittoreske Denkmäler einer Zeit, als Salz für die Schifffahrt lebenswichtig war. Lediglich die *Salinas del Janubio* im Südwesten und die *Salinas de los Agujeros* bei Mala produzieren noch Salz. Anders als die Wein- und Landwirtschaft erhalten sie keinerlei Subventionen und kämpfen ums Überleben, denn konventionell produziertes Salz ist billiger.

Industrie: gibt es praktisch nicht – außer dem Elektrizitätswerk, den beiden Wasserentsalzungsanlagen und der Fischkonservenfabrik im Hafen von Arrecife sowie einigen verstreuten Steinbrüchen, in denen meist Picón für den Trockenfeldbau abgebaut wird. Lediglich die Bauwirtschaft hatte in den letzten Jahren Hochkonjunktur, wobei auch hier eine Sättigung erreicht ist, denn viele Bauprojekte sind vollendet.

Tourismus

Er hat die Insel radikal verändert. Waren es 1975 noch nicht einmal 9000 Menschen, die auf Lanzarote Urlaub machten, besuchen mittlerweile bis zu 2,5 Mio. Urlauber jährlich die Vulkaninsel – und wegen der Anschläge in der Türkei und den arabischen Tourismusländern Ägypten und Tunesien ist dies ein boomender Markt, auf dem wesentlich leichter und schneller Geld zu verdienen ist als auf dem Acker. Kaum ein junger Mensch trägt sich noch mit dem Gedanken, Landwirt zu werden. Viele verdingen sich sofort nach der Grundschule als Kellner in der Strandkneipe oder jobben in einer Boutique, bis man vielleicht das nötige Geld hat, einen eigenen Laden aufzumachen. Problematisch ist dabei, dass eine irgendwie geartete

Frisch aus dem Meer: Fischer in Orzola

Strandleben in Playa Blanca

Ausbildung so zumeist auf der Strecke bleibt – wegen der heftigen Arbeitslosigkeit ist sie allerdings derzeit auch kein Garant für Beschäftigung.

Die Ökonomie ist also völlig vom Tourismus abhängig, mehr als 80 % der Bevölkerung leben in irgendeiner Weise vom Geschäft mit den Fremden. Das Millionengeschäft mit den Urlaubern hat aber auch Investoren aus aller Welt auf den Plan gerufen. Riesige Hotelkomplexe wurden aus dem Boden gestampft, die Verträglichkeit mit Umwelt und Natur wurde dabei kaum beachtet. Korrupte Inselpolitiker arbeiteten den Spekulanten zu, Bauvorschriften wurden missachtet, in Playa Blanca entstanden gleich Dutzende von illegalen Anlagen (→ S. 347), für die zudem Millionen an EU-Fördergeldern eingestrichen wurden. Nachdem die Fundación César Manrique diese Praktiken öffentlich gemacht und angezeigt hatte, kam es 2010 zu einer Razzia, in deren Verlauf eine Reihe maßgeblicher Inselpolitiker verhaftet wurden. Vielerorts möchte man mittlerweile einen sanften ländlichen Tourismus (*Turismo rural*) etablieren, der den Insulanern Einkommen verschafft und nicht internationalen Konzernen.

Umwelt

Nicht erst seit Lanzarote 1993 von der UNESCO zum „Weltschutzgebiet der Biosphäre" erklärt wurde, hat die Vulkaninsel gute Perspektiven, eine Vorreiterrolle in Sachen Ökologie zu spielen.

Verfügt sie doch im Übermaß über die Elemente, die umweltfreundliche Energie erzeugen können: Sonne und Wind. Dazu kommen noch die von den vulkanischen Aktivitäten herrührenden Wärmequellen im Erdinneren. Diesbezügliche Bemühungen stecken jedoch noch in den Kinderschuhen. Das Umweltbewusstsein auf Lanzarote hat gerade erst begonnen, sich zu entwickeln. Die Ernennung zum Reservat der Biosphäre kann dabei nur hilfreich sein.

Ein großes Glück für die Insel war, dass 2015 die Probebohrungen nach Erdöl vor den Küsten Lanzarotes und Fuerteventuras wegen zu geringer Qualität und Menge der Vorkommen aufgegeben wurden, denn dies hätte unkalkulierbare Gefahren für Flora und Fauna der Gewässer nach sich gezogen.

Müllvermeidung und -beseitigung: Müllvermeidung ist bisher leider weitgehend ein Fremdwort geblieben: Die Unmengen von Mineralwasserflaschen aus Plastik werden nur einmal verwendet – und für jeden Einkauf, sei er noch so klein, wird dem Kunden im Supermarkt eine Plastiktüte in die Hand gedrückt. Auch für Glasflaschen gibt es keine Rückgabe, ein Pfandsystem existiert nicht.

> **Ihr bescheidener Beitrag als Tourist**: Gehen Sie immer mit Ihrer eigenen Einkaufstasche oder -tüte los, verzichten Sie auf Getränkedosen und entsorgen Sie Recyclingmüll in den vorgesehenen Containern. Nehmen Sie gebrauchte Batterien wieder mit zurück und entsorgen Sie sie zu Hause.

Bei der Müllbeseitigung hat sich in den letzten Jahren dagegen Entscheidendes getan, denn auch auf Lanzarote wird mittlerweile Müll getrennt: Gelbe Tonnen dienen zum Sammeln von Plastik und Verpackungen, blaue für Karton und Papier, grüne für Glas. Diese Tonnen stehen an verschiedenen Sammelpunkten und werden zur Mülltrennungsanlage Zonzamas gebracht (→ S. 189), eingerichtet in einem Vulkankrater, der noch vor zehn Jahren als reine Müllkippe diente. Der getrennte Müll wird in Containern zu Recyclingfirmen auf Gran Canaria oder dem spanischen Festland gebracht. Leider wird in den Haushalten und vor allem in den großen touristischen Betrieben noch viel zu wenig Müll getrennt, so dass der Anteil an Restmüll relativ hoch ist. Dieser landet auf einer großen Halde im Krater von Zonzamas, wird festgestampft und mit Sand und Schotter bedeckt. Das bei der Verwesung freiwerdende Methan wird z. T. kontrolliert verbrannt, es gibt aber auch immer wieder spontane Brände auf der Deponie, wenn sich das Methan im Kontakt mit der Luft entzündet. Es heißt, wenn die Mülltrennung bei den Verbrauchern weiter so schleppend vor sich geht, wird der Krater in gut zehn Jahren voll sein. Zwar existiert bereits eine moderne Biogasanlage, in der durch Vergärung des organischen Restmülls Biogas entsteht – problematisch ist aber noch der hohe Anteil an nichtorganischen Stoffen im Restmüll.

Windrotoren auf der Montaña Mina

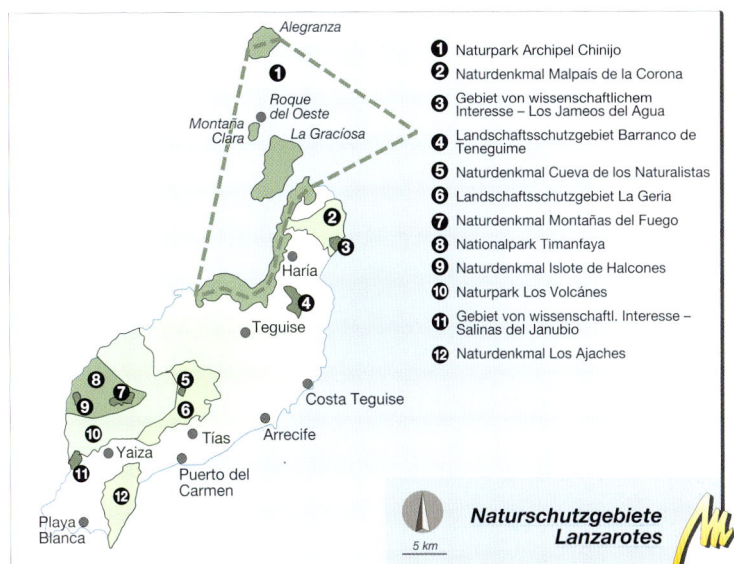

Naturschutzgebiete Lanzarotes

1 Naturpark Archipel Chinijo
2 Naturdenkmal Malpaís de la Corona
3 Gebiet von wissenschaftlichem Interesse – Los Jameos del Agua
4 Landschaftsschutzgebiet Barranco de Teneguime
5 Naturdenkmal Cueva de los Naturalistas
6 Landschaftsschutzgebiet La Geria
7 Naturdenkmal Montañas del Fuego
8 Nationalpark Timanfaya
9 Naturdenkmal Islote de Halcones
10 Naturpark Los Volcánes
11 Gebiet von wissenschaftl. Interesse – Salinas del Janubio
12 Naturdenkmal Los Ajaches

5 km

Energieversorgung: Bisher ist man völlig vom Erdöl abhängig, denn sowohl die Produktion von elektrischem Strom als auch die lebensnotwendige Wasserentsalzung können nur durch Verbrennung von Dieselöl vonstatten gehen. Die möglichen Alternativen zur Energiegewinnung werden nur zögernd beachtet und sind Widerständen von Seiten der Energie- und Touristen-Lobbys ausgesetzt.

Sonnenenergie nutzt man erstaunlicherweise bisher überhaupt noch nicht. Lediglich einzelne Hausbesitzer haben sich in Eigenregie bescheidene Solaranlagen für die Selbstversorgung installiert. Interessant ist in diesem Zusammenhang, dass die EU-Kommission für alternative Energien auf der Insel La Graciosa derzeit ein Projekt entwickelt, in dem Solar- und Windenergie miteinander kombiniert werden und in einem „Micro Smart Grid" (intelligentes Stromnetz) verteilt werden soll.

Nicht viel besser sieht es mit der **Windenergie** aus, die der ständig wehende Nordostpassat im Übermaß mit sich bringt. Bei der letzten Welt-Energiekonferenz zeigten sich die Experten zwar von dem enormen Potenzial der Kanaren beeindruckt und Anfang der 90er Jahre hat man auf der Hochebene oberhalb von Los Valles den Windpark *Parque Eólico de Lanzarote* errichtet. Von den damals 48 Windrotoren stehen jedoch heute nur noch zehn und zusammen mit den Rotoren auf der Montaña Mina können sie nur einen Bruchteil des benötigten Stroms für die große Meerwasserentsalzungsanlage bei Arrecife (→ S. 28) ins Netz einspeisen.

Drittens: die **Erdwärme**. Ein ungeheures Potenzial schlummert nur wenige Meter unter den Füßen der Besucher im *Nationalpark Timanfaya*. Dort ist in etwa 4 km Tiefe flüssiges Magma eingeschlossen, das 800 Grad Celsius heiß ist und mit aufsteigenden Gasen die darüber liegenden Erdschichten erhitzt. Noch unmittelbar unter der Oberfläche misst man fast 150 Grad! Doch hat man über die Gewinnung der geothermischen Wärme bisher nur ansatzweise nachgedacht. Zum einen liegt das Gebiet mitten im streng geschützten Nationalpark, zum anderen würde man wahrscheinlich eine wertvolle touristische Einnahmequelle verlieren.

Bautätigkeit: Ein weiteres, schwerwiegendes Problem ist die zukünftige bauliche Erschließung der Naturinsel Lanzarote. Als in den 80er Jahren der Tourismus zu explodieren begann, setzte ein gewaltiger Bauboom ein. Die Badeorte fraßen sich in rasender Eile in die Landschaft, unkontrolliert wurden die Küsten zugebaut, die Insel begann Schaden zu nehmen. Anfang der 90er Jahre versuchte man deshalb, die Entwicklung durch den *Bebauungsplan PIOT* (Plan Insular Ordenación Territorial) zusammen mit einem *Baustopp* für touristische Objekte zu kanalisieren. Wichtigste Richtlinie war dabei, dass nur die bisher bereits als touristische Zonen ausgewiesenen Gebiete Puerto del Carmen, Costa Teguise und Playa Blanca bebaut werden durften. Puerto del Carmen sollte jedoch nur mehr unwesentlich vergrößert werden, Costa Teguise und Playa Blanca wären dagegen noch stark ausbaufähig gewesen. Aufgrund früherer Vereinbarungen konnte der Baustopp allerdings Ende der 90er Jahre von der Hotelbesitzer-Lobby gekippt werden. Daraufhin erfasste vor allem Playa Blanca ein erneuter Bauboom, der den Süden Lanzarotes nachhaltig verändert hat. Zwar hat die Inselregierung im Jahr 2000 einen erneuten *Baustopp* ausgesprochen. Ihm zufolge sollten anstatt der früher geplanten Verdoppelung der Gästebetten bis zum Jahr 2010 nur noch etwa 10.000 Betten zu den vorhandenen 60.000 dazukommen. Doch ausgenommen von diesem Moratorium sind 90.000 Betten, für die die Lizenzen bereits vergeben wurden, sowie Luxushotels. Außerdem liegen Pläne für sechs (!) Golfplätze und drei Yachthäfen vor, die jeweils einige hundert Komfortwohnungen umfassen sollen und ebenfalls vom Baustopp nicht erfasst werden. In Playa Blanca haben die örtlichen Behörden zudem gegen Zahlung von Schmiergeldern Baulizenzen an gut zwei Dutzend Großhotels und Apartmentanlagen vergeben, die vom obersten Kanarischen Gericht als illegal eingestuft wurden (→ S. 347) Es sieht also nicht so aus, als ob es der Inselregierung in absehbarer Zeit gelingen wird, die ausufernden Ferienstädte Lanzarotes in ein vernünftiges Konzept einzubinden.

Dass es bei den bisherigen Bauvorhaben nicht zu Exzessen wie im übrigen Spanien kam, ist hauptsächlich dem bekannten Inselkünstler *César Manrique* zuzurechnen, der von Anfang an vehement daraufhin arbeitete, bei Neubauten den traditionellen Inselstil nicht zu vernachlässigen. Gleichzeitig wurde der Bau von Hochhäusern konsequent untersagt, als Richtlinie galt dabei die Höhe von höchstens vier Stockwerken. So gibt es heute auf Lanzarote keine endlosen Zeilen von Apartmenthochhäusern wie in den meisten spanischen Badeorten und auch auf der Nachbarinsel Gran Canaria. Doch Manrique starb 1992, seitdem ist sein Einfluss und der seiner Anhänger im Schwinden begriffen.

Naturschutz: Ebenfalls auf den Tourismus zurückzuführen ist der immense Schaden, der der Natur Lanzarotes zugefügt wird. Das Vordringen des Menschen in die letzten Winkel der Insel, das Zubauen vormalig einsamer Küstenstriche, das unkontrollierte Anlegen und Befahren von Pisten und die Sammelleidenschaft von „Botanikern" haben ihre Wirkung gezeigt. Zahlreiche Tier- und Pflanzenarten sind mittlerweile gefährdet oder wurden bereits ausgerottet. Vor allem die Naturschutzgruppe *El Guincho* („Der Fischadler"), deren Ehrenpräsident César Manrique war, setzt sich seit langem intensiv für den Naturschutz auf Lanzarote ein und ist maßgeblich daran beteiligt, dass die Umweltbehörde Lanzarotes endlich Schutzprogramme für die vom Aussterben bedrohten *hubaras* (Kragentrappen) und *pardelas* (Gelbschnabelsturmtaucher) aufgelegt hat.

Mit der Ausweisung des *Nationalparks Timanfaya*, von je zwei *Naturparks* und *Landschaftsschutzgebieten* sowie von fünf *Naturdenkmälern* und zwei *Gebieten von wissenschaftlichem Interesse* hat man mittlerweile erreicht, dass gut die Hälfte der Insel unter Natur- oder Landschaftsschutz steht (→ Karte S. 51). Sehr erfreulich und vorbildlich ist die strenge Überwachung des *Nationalparks Timanfaya*. Weitere Erfolge: im gesamten *Gebirge von Famara* besteht striktes Bauverbot (1995 hat sich jedoch die spanische Armee darüber hinweggesetzt und eine neue Militärstation im Schutzgebiet errichtet, S. 275) und in der *Bucht von Famara*, im Gebirge *Los Ajaches*, im Naturpark *Los Volcánes* (Pufferzone um den Nationalpark Timanfaya) und an den berühmten *Papagayo-Stränden* sind nur Bauaktivitäten zulässig, die dem Schutzgedanken nicht widersprechen.

Ein langfristiges Problem Lanzarotes ist die starke *Bodenerosion*. Da es keinerlei Wald gibt, wird bei den winterlichen Regenfällen die kostbare Erdkrume weggeschwemmt, das Wasser verrinnt als ungenutztes Oberflächenwasser oder sickert ungenutzt in Spalten. Eine Aufforstung würde die Erosion verlangsamen und helfen, den Grundwasserspiegel anzuheben.

Umweltorganisationen Red de Parques Nacionales, diese Organisation ist für die Überwachung und Pflege der spanischen Nationalparks zuständig. Sie veranstaltet auch geführte Wanderungen durch den Nationalpark Timanfaya (→ S. 398). Kontakt: Centro de Visitantes de Mancha Blanca, E-35560 Tinajo, ℘ 928-118042, www.reservas parquesnacionales.es.

WWF/Adena Canarias, die kanarische Abteilung des World Wide Fund hat ihren Sitz in Lanzarote. Kontakt: Calle Luis Morote 7, E-35500 Arrecife, ℘ 928-514532/41, www.wwf.es/wwf_adena/donde_estamos/wwf_canarias.

Vom Flieger aus gesehen: Naturpark Los Volcanes

El Guincho, die wichtigste Umweltgruppe Lanzarotes ist benannt nach dem vom Aussterben bedrohten Fischadler „Guincho". Sie gehört zu „Ecologistas en accion", einem Zusammenschluss von mehr als 300 Umweltschutzgruppen aus ganz Spanien. Kontakt: Calle Blas Cabrera Felipe 2, Antiguo Parador de Turismos, E-35500 Arrecife, ℘ 928-815432, www.benma gec.org/elguincho.

Fundación César Manrique, die Manrique-Stiftung fühlt sich dem Erbe Manriques verpflichtet und engagiert sich intensiv in allen Umweltbelangen Lanzarotes. Kontakt: Taro de Tahíche, E-35507 Teguise, ℘ 928-843138, www.fcmanrique.org.

Lanzarote: Weltschutzgebiet der Biosphäre

1993 wurde Lanzarote eine hohe Ehrung zuteil: Von der UNESCO (United Nations Educational, Scientific and Cultural Organisation) wurde die gesamte Insel zum *„Weltschutzgebiet der Biosphäre"* ernannt. Es war das erste Mal, dass eine kom-

plette Insel diesen besonderen Schutz erhielt. Er wird den Lebensräumen verliehen, in denen Mensch und Natur noch in Harmonie miteinander stehen und der Umwelt besondere Aufmerksamkeit geschenkt wird. Weltweit gibt es bisher 320 Biosphären-Reservate, Lanzarote steht beispielhaft für die atlantische Inselwelt vulkanischen Ursprungs. Kernzonen des Biosphärenreservats sind der *Nationalpark Timanfaya*, das *Famara-Gebirge* und die nördlich vorgelagerten Inseln *Alegranza, Montaña Clara, Roque del Oeste* und *Roque del Este*, als Pufferzonen sind der Naturpark *Archipel Chinijo*, das Naturdenkmal *Malpais de la Corona* und der Naturpark *Los Volcánes* ausgewiesen (→ Karte). Nach Einschätzung der UNESCO sind auf Lanzarote die „Vor-

Bitte nicht! Durch Fußtritte werden die zarten Flechtenkulturen geschädigt

aussetzungen für eine behutsame Weiterentwicklung unter Berücksichtigung der natürlichen Ressourcen in besonderem Maße gegeben". Diese Auszeichnung weist ein Ziel, ist mit konkreten Auflagen verbunden und will immer wieder neu erkämpft sein – denn letztendlich kann das Prädikat „Weltschutzgebiet" auch wieder aberkannt werden. Vor allem der 2000 zwar verhängte, aber nicht konsequent durchgesetzte Baustopp birgt Gefahren für den Status als Biosphärenreservat (→ S. 52). Lanzarote muss sich in Zukunft sehr anstrengen, diesem hohen Anspruch gerecht zu werden:

- Ein unabhängiges Kontroll- und Koordinationsbüro für das Biosphärenreservat muss eingerichtet werden.
- Die aussterbende Landwirtschaft verlangt Förderung in hohem Maß, EU-Subventionen müssen zielgerichtet eingesetzt werden.
- Der Umweltschutz muss in vielen Bereichen forciert werden, bestehende Bestimmungen müssen strikt umgesetzt werden.
- Die Energiegewinnung aus Sonne und Wind muss konsequent gefördert und ausgebaut werden.
- Das Bussystem muss weiter verbessert werden, um den motorisierten Individualverkehr zurückzudrängen.
- Der Naturschutz muss intensiviert und konkretisiert werden, die Besucher sollten zu Beginn ihres Aufenthalts umfassend aufgeklärt werden, was „erlaubt" ist und was nicht (z. B. kein Begehen oder Befahren der Lavafelder).
- Touristische Projekte, wie der Bau von Hotels, Straßen, Jachthäfen etc., müssen streng an ihrer Umweltverträglichkeit gemessen werden.

Bilder aus gefärbtem Meersalz zieren zum Fronleichnamsfest die Straßen

Kultur und Folklore

In der kanarischen Folklore haben sich viele Elemente vermischt. Einiges geht auf die vorspanischen Bewohner zurück, die verschleppten Berbersklaven wirkten prägend, von der spanischen Halbinsel und aus Europa erfolgten starke Einflüsse, dazu kam der Auswandererstrom in die Karibik, nach Mittel- und Südamerika, von wo Rückkehrer die lateinamerikanischen Bräuche mitbrachten. Am stärksten wirkte sich aber auch auf den Kanaren der rigorose Einfluss der katholischen Kirche aus, die alles inquisitorisch unterdrückte, was nicht christlich-religiösen Ursprungs war.

Feste, Feiertage und Veranstaltungen

Die Lanzaroteños feiern ihre zahlreichen Fiestas mit ausgelassener, südamerikanisch inspirierter Lebensfreude. Vor allem der wochenlange Karneval ist ein einziges großes Fest mit feurigen Sambarhythmen, gemeinsamem Gesang, farbenprächtigen Umzügen und fantasievollen Kostümen.

Jung und Alt verbindet das gleiche Temperament. Selbst betagte Inselbewohner tanzen die Nächte durch und auch die Allerjüngsten sind immer dabei. Vom Fasching abgesehen ist allerdings ein schwermütiger Grundton oft nicht zu übersehen. Die harte Geschichte der Kanarischen Inseln, die Kargheit des Bodens, die Armut und Ausbeutung durch die fremden Eroberer zieht sich durch die Folklore. Schmerzlich klagend ist oft der Gesang, getragen und mit leidender Grundnote berichten die Sänger von der Mühsal ihres Lebens.

Fast alle Fiestas haben religiösen, d. h. spanisch-katholischen Ursprung, zum geringen Teil gehen sie auch noch auf uralte vorspanische Anlässe zurück. So gut wie jeder Ort feiert einmal im Jahr eine ausgelassene Kirmes zum Namenstag seines

Schutzpatrons. Dazu kommt ein ausgeprägter Marienkult in verschiedener Gestalt. In der vielerorts gefeierten *Fiesta del Nuestra Señora del Carmen* (auch: Virgen del Carmen) wird die Muttergottes als Schutzheilige der Seeleute und Fischer verehrt, in Mancha Blanca erinnert die *Fiesta del Nuestra Señora de los Volcanes* an die Errettung vor den Lavaströmen der Timanfaya-Ausbrüche durch die heilige Dolores. Doch der religiöse Anlass bildet nur den Rahmen für das eigentliche Fest. Nach einer Prozession *(Romería)* mit geschmückten Karren und der Statue des Schutzpatrons durch die Straßen des jeweiligen Orts schließt sich alsbald der gesellige Teil an, der durch die traditionelle Folklore Lanzarotes bestimmt wird. Nicht zuletzt wegen des Interesses der Touristen gibt es mittlerweile Tanz- und Musikgruppen in fast jedem Dorf, am bekanntesten sind die Gruppen *Ajei* aus San Bartolomé und *Acative* aus Teguise. In ihren malerischen Trachten sind sie bei jeder Fiesta dabei und tragen mit Stolz und Freude ihre Lieder und Tänze vor, z. B. die fröhlichen und schnellen *Isas*, die schwermütigen und gefühlsstarken *Folías*, den Singtanz *Sorondongo*, der auf andalusische Wurzeln zurückgeht, inzwischen aber als typisch lanzarotenisch gilt, oder aber die *Berlina*, eine Art Polka. Begleitet werden die Tänzer mit Timple, Gitarre, Bandurria (eine Art Laute), Mandoline, Flöte, Kastagnetten, Tamburin, Trommel und verschiedenen Rhythmusinstrumenten. Bis tief in die Nacht dauern die Feste, oft spielen Musikgruppen bis ins Morgengrauen zum Tanz auf. Die großen Fiestas dauern oft bis zu einer Woche. Praktisch alles findet dabei im Freien statt, auch in den kühleren Monaten. Imbissbuden und Garküchen werden aufgebaut und bieten eine reiche Vielfalt an Speisen. Nicht zu übersehen ist allerdings auch das riesige Sortiment an harten Spirituosen, das hier an den Mann gebracht wird.

Höhepunkte im Festjahr

Wer in der winterlichen Hochsaison auf Lanzarote ist, sollte die beiden großen Umzüge in der Inselhauptstadt nicht versäumen: am 5. Januar das *Dreikönigsfest* und am Rosenmontag den turbulenten *Karnevalsumzug*. Im Sommer beherrschen dagegen große Volksfeste das Festgeschehen auf der Insel.

Wichtig: Erkundigen Sie sich bei der **Tourist Information** rechtzeitig nach den genauen Terminen aller Veranstaltungen und Fiestas, da diese oft von Wochenenden abhängig sind oder gemäß dem kirchlichen Kalender variieren.

Fiesta de Cabalgata de los Reyes: Das Dreikönigsfest beginnt am Abend des 5. Januar in Arrecife. Ein großer Zug mit Dromedaren und geschmückten Wagen zieht zum Festgelände „Recinto Ferial" westlich der Playa del Reducto – ein Riesenspektakel, an dem die ganze Stadt Anteil nimmt, sehr temperamentvoll und sehenswert. Anschließend findet die Bescherung der Kinder statt. In den nächsten Tagen ziehen die Könige weiter über die Insel, u. a. gibt es Umzüge in *Teguise* und *Haría*.

„El Carnaval": Mit dem weltberühmten Karneval von Teneriffa, der oft in einem Atemzug mit dem von Rio genannt wird, kann Lanzarote nicht konkurrieren, trotzdem ist auch die Vulkaninsel im Fasching eine Reise wert. Das ausgelassenste Fest der Insel wird auf Lanzarote nicht nur an einem Wochenende gefeiert, sondern viele Wochen lang – ein paar Tage im einen Ort, dann im anderen, danach im nächsten. Niemand soll etwas versäumen, jeder kann überall dabei sein. Und das Schönste: Der Karneval findet einfach kein Ende. Wenn bei uns der triste

Die großen Karnevalsumzüge fordern den Akteuren einiges ab

Aschermittwoch Einzug hält, geht auf Lanzarote das Feiern erst richtig los, die Nachwehen ziehen sich fast bis Ostern.

Bereits vor der Faschingswoche treiben die *Diabletes de Teguise* ihr (Un-)Wesen: In Overalls mit rotweißen Rauten, behängt mit Glocken und angetan mit einer behörnten Teufelsmaske laufen die jungen Männer durch die Inselorte, begleitet von Peitsche schwingenden Señores, die die bösen Geister austreiben. Ein weiterer Brauch sind die *Parrandas de los Buches*: Diese Spaßvögel ziehen unter Musikbegleitung durch die Straßen und dreschen mit großen Fischblasen auf Passanten ein.

Höhepunkte der Festivitäten sind dann die großen Umzüge in Arrecife, Puerto del Carmen und Haría. Das ganze Jahr zuvor ist man mit dem Anfertigen der prächtigen Kostüme und Umzugswagen beschäftigt. Fast jedes Dorf der Insel stellt eine in glitzernd-fantasievolle Gewänder gehüllte Straßenkapelle mit Trommeln und einfachen Blasinstrumenten, den sog. *Murgas*, die mit Spottversen und Katzenmusik harte Konkurrenzkämpfe liefern und anschließend in Arrecife prämiert werden. In den folgenden Auftritten in vielen verschiedenen Orten verausgaben sich die Akteure bis an die Grenzen der physischen Erschöpfung.

Arrecife: Das größte Festereignis Lanzarotes findet am *Rosenmontag* in der Hauptstadt statt. Ein kilometerlanger Umzug entlang der breiten Umgehungsstraße Via Medular beginnt am frühen Abend beim Sportstadion und endet erst spät in der Nacht am Festgelände Recinto Ferial bei der Playa del Reducto.

Doch schon in der Vorwoche liegt Arrecife im Karnevalsfieber: Drei Tage lang streiten die *Murgas* lautstark um den Einzug ins Finale, das schließlich auf einer Bühne am Recinto Ferial stattfindet.

Ein weiterer Höhepunkt ist die *Wahl der Karnevalskönigin* am Wochenende vor dem Rosenmontagszug, ihr Wagen wird dann das Zentrum des Umzugs bilden. Eine Reihe junger Damen bewirbt sich jedes Jahr um den begehrten Titel. Doch nicht ihre Schönheit ist ausschlaggebend, sondern die ihres Kostüms. Es ist so unglaublich aufwändig gestaltet, dass sie es alleine nicht anziehen kann und sich später darin kaum rühren kann, weil es zu eng und zu starr ist.

Am Sonntagabend folgt dann die Wahl der *Reina infantil*, der Faschingskönigin der Kinder. Dafür posieren die angehenden Damen, was das Zeug hält – ein liebenswerter Spaß, vor allem für Familien.

Endlich der *Rosenmontag*: Die Teilnehmer versammeln sich in langer Reihe beim Sportstadion und der Umzug beginnt. Vorweg

Das Brauchtum wird auf der ganzen Insel sorgsam gepflegt

tanzen die „Parrandas de los Buches", danach ziehen im Wechsel prachtvoll gestaltete Wagen und bunte Musikgruppen die Via Medular entlang. Jeder Wagen repräsentiert irgendein Thema – aus dem Inselalltag, aus der Weltpolitik etc. Menschen jeden Alters sitzen auf den Wagen, singen und tanzen, verteilen Bonbons, Schnaps und Ziegenkäse. Zwischen den Wagen präsentieren sich die musizierenden und tanzenden Gruppen der *Murgas* und *Comparsas* in farbenprächtigen Fantasiekostümen. Die Musikanten gehen mit ohrenbetäubenden Trommelwirbeln voran, die Gruppe folgt meist im Salsarhythmus. Inmitten dieses farbenprächtigen Umzugs zieht auch die Karnevalskönigin vorbei. Völlig bewegungslos steht sie stundenlang hoch aufgerichtet auf einem besonders pompösen Wagen.

Der Umzug endet beim Recinto Ferial, westlich der Playa del Reducto. Dort stehen schon die typischen Fressbuden *(chiringitos)* bereit, die ganze Nacht wird gefeiert und getanzt, Musikgruppen spielen.

Am Aschermittwoch folgt schließlich die *Beerdigung der Sardine*, ein wahrhaft „tieftrauriges" Schauspiel. Die Sardine, die als Symbol für das Leben steht, ist eine metergroße Pappmachéanfertigung. Begleitet von einem temperamentvollen, jedoch tiefschwarz gekleideten „Trauerzug" wird sie zum Westende der Playa del Reducto getragen und dort in riesigen Flammen verbrannt, dazu gibt es ein großes Feuerwerk. Erstaunlich, wie fantasievoll selbst die schwarzen Kostüme ausfallen. Besonders beliebt sind bei den jungen Männern schwarze Mädchenkleider mit Schleiern, bei den Damen männliche Bärte und Macho-Hüte.

Und nach der Beerdigung? Jetzt heißt das Motto: „Der Karneval ist vorbei – es lebe der Karneval!" und es wird munter weitergefeiert.

Puerto del Carmen: Eine Woche später findet der *Karnevalsumzug* in Puerto del Carmen statt. Der Zug über die Strandstraße beginnt am Hotel San Antonio und endet am Hotel Los Fariones. In etwas anderer Reihenfolge treten die Kapellen und Faschingswagen der Vorwoche auf – und etwas abgekämpft sind sie mittlerweile schon, denn zwischendurch gab es praktisch täglich Veranstaltungen. Doch tapfer lassen sie sich die Anstrengungen der letzten Tage oder Wochen nicht anmerken, tanzen über die lange Strandstraße, angefeuert und beklatscht von den Spalier stehenden Touristen. Nach dem Umzug geht es im alten Fischerhafen weiter. Zwei Nächte lang wird bis zum Morgen getanzt und gefeiert.

Haría: Wieder eine Woche später muss man Haría aufsuchen, um an dem bunten Tumult teilzunehmen. Dort fällt das Ganze zwar etwas kleiner aus, ist aber wegen der schönen Atmosphäre in dem hübschen Ort nicht weniger reizvoll und bietet eine ganz andere Stimmung als in den großen Küstenorten.

Día de Canarias: Am 30. Mai erinnert der größte Volksfeiertag der Kanarischen Inseln daran, dass der Inselgruppe 1982 von der Zentralregierung in Madrid der Status einer autonomen Provinz zuerkannt wurde. In allen größeren Gemeinden finden Feste mit Musik und Tanz statt, oft auch schon am Vorabend, dazu gibt es kanarisches Essen und sportliche Showeinlagen wie Lucha Canaria.

Fiesta de Corpus Cristi (Fronleichnam): Anfang Juni werden in vielen Orten kunstvolle Teppiche aus gefärbtem Meersalz ausgelegt, ganze Straßenzüge werden so in eine Abfolge fantasievoller Bilder und Ornamente verwandelt.

Fiesta de San Juan: Am 24. Juni wird in Haría die *Noche de San Juan* (Nacht des heiligen Johannes) gefeiert, das einzige bedeutende Fest, das auf vorspanische, also nichtchristliche Ursprünge zurückgeht. Die Majos entzündeten damals überall auf den Hügeln Feuer und dankten ihren Göttern für die Ernte. Nach der Eroberung verband man das Fest mit dem christlichen Anlass. So findet heute zunächst eine Prozession zu Ehren des Täufers vom Friedhof zur zentralen Plaza statt, danach gibt es im Ortszentrum ein großes Sonnwendfeuer (Hoguera de San Juan) mit Verbrennung des *Facundo*, einer überlebensgroßen Puppe, die das Böse symbolisiert. Eine Woche nach der Fiesta in Haría gibt es die *Fiesta de San Pedro* in Máguez und Mácher, Ortsfeste zu Ehren des Apostels Petrus.

Fiesta de San Marcial del Rubicón: In Femés wird am 7. Juli der französische Bischof Marcial (16. Jh.) als Schutzpatron Lanzarotes verehrt, dementsprechend ist die Fiesta eines der wichtigsten religiösen Feste der Insel. Gefeiert wird in dem kleinen Nest eine gute Woche lang.

Fiesta de la Nuestra Señora del Carmen: Zu Ehren der Schutzheiligen der Seeleute und Fischer finden am 16. Juli Festivitäten in vielen Inselorten statt, u. a. in Puerto del Carmen, Caleta del Sebo (La Graciosa), Teguise, Arrieta und Playa Blanca, am intensivsten auf der vorgelagerten Insel *La Graciosa*, deren Bevölkerung fast völlig vom Fischfang lebt. Viele Lanzaroteños fahren dann hinüber auf die kleine Insel und machen die sommerliche Nacht zum Tag (→ dort). Aber auch in *Puerto del Carmen* geht es in diesen Tagen rund.

Fiesta de San Ginés: großes, einwöchiges Volksfest bis zum 25. August zu Ehren des französischen Schutzheiligen von Arrecife. Es finden Regatten statt, simulierte Seeschlachten, Ringkämpfe, im Charco San Ginés werden Boots- und Fischerwettbewerbe ausgetragen. Musik, Buden und Imbissstände überall, nachts Feuerwerk.

Fiesta de la Nuestra Señora de los Remedios: um den 8. September in Yaiza, zehntägiges Fest zu Ehren der Ortsheiligen, die Yaiza vor den Zerstörungen der Vulkanausbrüche im 18. Jh. bewahrt haben soll. Die Figur der Heiligen wird in feierlicher Prozession durch die Straßen geleitet, begleitet von aufwändig dekorierten Eselswagen, festlich geschmückten Dromedaren und Folkloregruppen der ganzen Insel. Anschließend findet die Wahl der Festkönigin und ein großes Feuerwerk in Erinnerung an die Vulkanausbrüche statt. Zum Ausklang gibt es das traditionelle Sardinenessen auf der Montaña Bermeja.

Fiesta de la Nuestra Señora de los Volcanes: etwa Mitte September findet in Mancha Blanca eine der größten und bekanntesten Fiestas Lanzarotes statt. Die Schutzheilige Dolores rettete 1736 mit bloßer Hand das Dorf vor der Verwüstung durch Lava, auch bekannt als „El Milagro" (Das Wunder) von Mancha Blanca. Berühmt ist die Fiesta vor allem wegen der großen Kunsthandwerksmesse *Feria de Artesanía*, auf der Handwerker aller sieben Kanarischen Inseln ihre Arbeiten ausstellen (tägl. 10.30–22 Uhr). Des weiteren gibt es dann das Folklorefestival *Encuentro Folclórico „Nanino Díaz Cutillas"*, das größte Folklorefest Lanzarotes.

Weihnachten: wird etwas anders als in Mitteleuropa gefeiert. Am 24. Dezember arbeitet man bis abends, isst und feiert dann zwar zusammen im Familienkreis, doch Geschenke gibt es erst zum *Dreikönigstag*. In Teguise gibt es am Heiligabend ein öffentliches Weihnachtsfest mit Musik und Tanz, die *Fiesta de los Ranchos de Pascua* (Fest der Weihnachtshirten). Fröhlich und ausgelassen wird dabei ab Mitternacht die Nacht durchgetanzt, vorher Messe und Prozession. Viele lanzarotenische Tanz- und Musikgruppen treffen sich im Zelt auf dem Festplatz Gran Mareta. Der folgende 25. Dezember ist Feiertag, der 26. aber wieder normaler Werktag. Die eigentliche Weihnachtsfeier am 6. Januar wird eingeleitet durch den großen Umzug am Vorabend in Arrecife.

Silvester: Zur Jahreswende explodieren auch auf Lanzarote zahlreiche Feuerwerkskörper, Traditionsbewusste essen um Mitternacht die *„uvas de la suerte"* (Trauben des Glücks), anschließend wird bis zum Morgengrauen gefeiert.

Kanarischer Sport

Der kanarische Ringkampf *Lucha Canaria* ist ein eigentümliches sportliches Ritual, das so nur auf den Kanarischen Inseln ausgeübt wird – Parallelen gibt es allerdings in vielen Ländern von Island bis Ägypten. Ob er in seinen Ursprüngen auf die Altkanarier zurückgeht, ist umstritten, überliefert ist jedoch, dass es eine Art Ringkampf bei den vorspanischen Einwohnern gab. Die Lucha Canaria ist auf Lanzarote so populär wie bei uns der Fußball: Die beiden „Luchadores" stehen einander gegenüber, die linke Hand jeweils am aufgekrempelten Hosenbein des Gegners. Mit der rechten Hand fasst man zunächst die Rechte des Gegenübers, dann legt man sie ihm auf den Rücken. Nun geht es darum, den Kontrahenten hochzuheben und auf den Boden zu werfen. Ganz wichtig ist die Standfestigkeit, man muss mit beiden Beinen fest am Boden bleiben – sobald ein Bein den Kontakt zum Boden verliert, hat man meist verloren. Das Körpergewicht spielt dabei eine Rolle, aber auch Wendigkeit und schnelles Reaktionsvermögen. Arenen für Lucha Canaria gibt es in *Arrecife*,

Lucha Canaria: Wer fällt, hat verloren

San Bartolomé, *Tías*, *Tinajo*, *Tao* und *Haría*. Plakate weisen auf Veranstaltungen hin. Wer die Gelegenheit hat, sollte einmal zuschauen, der Eintritt kostet nur ein paar Cent. Die Lucha Canaria ist aber auch fester Bestandteil vieler Fiestas. Die siegreichen Champions genießen inselweites Ansehen und sind oft sogar professionell tätig.

Das Kugelspiel *Bola Canaria* kennen wir unter dem Namen Boccia. Jedes Dorf hat seine sandgedeckte Kugelbahn und die Herren der Schöpfung liefern sich allabendlich harte Gefechte. Die Bahn im Fischerhafen von Puerto del Carmen ist immer von Touristen umlagert. Hier wird der Freizeitsportler zum kleinen Star.

Der traditionelle Stockkampf *El Juego del Palo* ist eher eine Sache für Insider. Dabei dürfen sich die Kämpfer nicht vom Fleck bewegen und schlagen mit feuergehärteten Stöcken auf den Gegner ein, der Schlag wird allerdings – im Gegensatz zu früher – nur simuliert.

Kunsthandwerk

Ein gutes Auge braucht man schon, um zwischen dem Ramsch aus aller Welt, der in den Souvenirshops verkauft wird, wirklich echt lanzarotenische Ware aufzuspüren. Aber die Mühe lohnt, denn es handelt sich um originelle Stücke, unverfälscht vom internationalen Massengeschmack.

Größtes Handikap für die Ausbildung eines kunsthandwerklichen Markts war der Mangel an Rohmaterialien. Tonerde gibt es jedoch überall und wie auf allen Kanarischen Inseln ist auch auf Lanzarote die *Keramik* tragendes Element der Volkskunst. Dazu kommt die traditionelle *Rosettenstickerei*, die noch von vielen Frauen gepflegt wird. Fast ausgestorben ist dagegen die *Korbflechterei*. Lanzarote gilt außerdem als Ursprungsort der *Timples*, kleiner, gitarrenähnlicher Instrumente, die in der kanarischen und lateinamerikanischen Folklore weit verbreitet sind. Der grüne Halbedelstein *Olivin*, der als Einsprengsel in Lavabrocken sitzt, wurde früher in zahlreichen Schmuckstücken verarbeitet, wird aber mittlerweile fast vollständig aus Übersee eingeführt (→ Kasten, S. 63).

Erst mit dem Aufkommen des Tourismus in den letzten drei Jahrzehnten konnte sich das Kunsthandwerk wieder fest etablieren – ohne touristische Nachfrage wäre es mit Sicherheit über kurz oder lang ausgestorben. Inzwischen hat sich ein florierendes Geschäft daraus entwickelt, leider mit dem bedauerlichen Nebeneffekt, dass zusehends ausländische Billigimitationen auf dem Markt auftauchen. Einen guten Überblick über den Stand des kunsthandwerklichen Schaffens bietet alljährlich Mitte September die Kunsthandwerksmesse *Feria Insular de Artesanía Tradicional* in Mancha Blanca (→ dort). *El Mercadillo*, der große Sonntagsmarkt in Teguise, ist dagegen ein touristisches Spektakel, wo man nie sicher sein kann, was man erwirbt.

Traditionelle Keramik

Keramik: Die Töpfer des kleinen Örtchens *El Mojón* im Norden der Insel gelten als Bewahrer der archaischen Töpferkunst Lanzarotes. Sie reproduzieren noch heute die überlieferten Stücke der Ureinwohner – hauptsächlich Schüsseln, Schalen und Krüge, aber auch fantasievolle menschliche Skulpturen – nach eigenen Methoden: Die Rohlinge wurden ohne Töpferscheibe hergestellt, indem man sie im Sand drehte und schließlich in Erdlöchern und Öfen aus Naturstein brannte. Da vor dem Einsetzen des Tourismus kaum noch Nachfrage bestand, wäre das traditionelle Töpferhandwerk wohl ausgestorben, wenn sich nicht einige wenige Menschen für seinen Bestand eingesetzt hätten.

Traditionelle Keramik auf Lanzarote: Dorotea Armas und Juan Jesús Brito

Dorotea Armas aus El Mojón hat das Töpfern in ihrer Jugend von ihrer Mutter erlernt, diese wiederum von ihrer Großmutter. Die 1997 im Alter von fast hundert Jahren verstorbene Keramikerin galt als einzige Bewahrerin der alten Techniken auf Lanzarote. Vor allem wurde sie bekannt wegen ihrer Figuren „Die Verlobten von Mojón", eine männliche und weibliche Tonfigur von etwa 20 cm Höhe, deren Geschlechtsorgane übertrieben deutlich her

ausgehoben sind. Angeblich handelt es sich dabei um Figuren eines uralten Fruchtbarkeitskults. Verlobte auf Lanzarote schenken sie einander noch heute, sie sind auch in vielen Souvenirshops erhältlich. Doroteas Stücke erkennt man an dem Namenssignet „Dorotea" auf der Rück- oder Unterseite. Ihre Arbeit führen mittlerweile Tochter und Enkelin weiter, die Figuren werden weiterhin mit „Dorotea" gekennzeichnet.

Zweiter wichtiger Förderer der Töpferei ist der Volkstumsforscher *Juan Jesús Brito*. Durch sein starkes Interesse für die frühe Inselkultur brachte er Dorotea dazu, das Töpferhandwerk weiter zu pflegen, und ließ

Beliebtes Motiv:
„Die Verlobten von Mojón"

sich von ihr in die Technik einweihen. Nach alten Vorbildern hat er „El Brujo" (Der Zauberer) entwickelt: ein archaisches Männchen mit wildem Gesichtsausdruck, Hörnern und einem über dem Kopf geschwungenen Dreizack. Manrique nahm die Figur als Anregung für seine Lanzarote-"Teufelchen", die an der Durchgangsstraße die Grenzen des Nationalparks Timanfaya markieren. Juan Jesús Brito töpfert derzeit fast täglich mehrere Stunden lang in der „Casa-Museo del Campesino" (→ S. 190) und gibt auch Kurse.

Rosettenstickerei: In zahlreichen Souvenirshops findet man runde Deckchen verschiedener Größe, die aus mehreren kunstvoll gefertigten Rosetten zusammengesetzt sind. Sie sind entweder mit einem Faden oder zweifarbig gestickt und die Frauen von Lanzarote fertigen sie mit speziellen Klöppelgeräten. Vorsicht jedoch vor Imitationen aus Taiwan, Hongkong etc., die inzwischen zusehends den Markt überschwemmen.

Korbflechterei: *Eulogio Concepción Perdomo* ist der einzige Korbflechter Lanzarotes. Er lebt und arbeitet in Haría, dort wo die meisten Palmen stehen und er immer genügend Arbeitsmaterial findet. Für die Herstellung seiner stabilen Körbe benutzt er die kräftigen Stiele *(pírganos)* der Palmwedel. Eulogio ist mittlerweile über 80 und hat noch keinen Nachfolger für seine Arbeit gefunden.

In diesem Zusammenhang müssen auch die konisch geformten *Hüte* aus Palmblättern genannt werden, die fast ein Markenzeichen der kanarischen Folklore sind. Sowohl auf Lanzarote als auch auf La Graciosa werden sie von der Landbevölkerung noch häufig getragen. Die Hobbyhandwerkerin *Clotilde Hernández* fertigt sie ebenfalls in Haría.

Timples: Die kleinen, gitarrenähnlichen Timples mit fünf Saiten (tiefste Saite in der Mitte) sind ein wichtiger Bestandteil der kanarischen Folklore. Der Klang ist entsprechend ihrer Miniaturgröße hoch und hell. Die Vorläufer des Instruments stammen wahrscheinlich aus Nordwestafrika und kamen mit den Berbern auf die Kanaren. Durch auswandernde Canarios verbreitete es sich im ganzen südamerikanischen Raum. Die Timples gibt es in verschiedenen Qualitäten – von einfachen Touristensouvenirs (Kostenpunkt um die 50 € und oft im Ausland gefertigt) bis zu echten Kunstwerken aus wertvollen Hölzern, mit Einlegearbeiten und großartigen Klangqualitäten. In Teguise lebten früher die meister Timplebauer, heute arbeitet hier nur noch ein einziger. Im zentralen Palacio Spinola ist ein Timplemuseum eingerichtet (→ S. 240).

Smaragdgrüner Olivin: Schmuckstein aus höllischer Tiefe

Überall, wo es Vulkane gibt, gibt es auch das Mineral Olivin (auch Chrysolith genannt). Durch die heftigen Eruptionen wird es aus den Tiefen der Erde herausgeschleudert und man findet es überall auf Lanzarote als kristallin zerbröselte Einsprengsel in Lavabrocken. An den Stränden wäscht die Meeresbrandung die Körner heraus und schleift sie zu millimetergroßen, glänzenden Steinchen ab. Vor allem an der rauen Westküste sind sie ein beliebtes Fundobjekt und immer sieht man tief gebückte Urlauber auf der Suche nach den hübschen Souvenirs.

Der aus dem Olivin geschliffene Halbedelstein heißt *Peridot* und man fasst ihn gerne in Schmuckstücken ein, die Juwelierläden von Lanzarote sind voll damit. Jedoch Vorsicht, in der Regel sind die auf Lanzarote gefundenen Körnchen zu klein zum Schleifen. Bereits geschliffene Steine werden aus Arizona, Brasilien, Kolumbien und Indonesien eingeführt. Faustregel deshalb: Nur ungeschliffener Olivin stammt tatsächlich aus Lanzarote. In jedem Fall ist der Peridot-Schmuck aber ein schönes Mitbringsel, da er in Europa sehr selten getragen wird. Leider ist inzwischen sogar synthetisch hergestellter „Olivin" auf dem Markt aufgetaucht.

Geschichtlich „aktenkundig" wurde der Olivin erstmals bei den alten Ägyptern. Diese fanden ihn bereits vor 3500 Jahren im Roten Meer, verarbeiteten ihn in ihrem Schmuck und nannten ihn „Stein der Sonne". Über die Kreuzritter fand der Peridot seinen Weg nach Europa, wo er in höfischen Kreisen sehr beliebt wurde. Vor allem im sinnenfrohen Barock war er ein geschätzter Schmuckstein. Esoteriker schätzen seine beruhigende Wirkung und schreiben ihm Erfolg und Wohlstand zu.

Die farbenprächtige Mosaikmauer in der Fundación Manrique

Kunst auf Lanzarote

César Manrique hat sie durch seine Berühmtheit alle in den Schatten gestellt, es gibt aber eine ganze Reihe von einheimischen Künstlern, die sich hauptsächlich der Malerei und gestalterischen Aufgaben widmen. Sowohl thematisch als auch bezüglich der Materialien bleiben sie meist im Rahmen, den die Vulkaninsel vorgibt.

Aber auch international gilt Lanzarote wegen seiner vulkanisch-urtümlichen, klaren und meditativen Landschaften als „en vogue", so dass sich auch manch ausländischer Künstler ein Refugium aufgebaut hat. In der *Galería Yaiza* (→ Yaiza) des verstorbenen deutschen Malers *Veno* kann man einen kleinen Überblick über das Kunstschaffen auf Lanzarote erhalten.

Künstlerpersönlichkeiten (Auswahl): Ildefonso Aguilar (www.ildefonsoaguilar. com), der eigentlich vom spanischen Festland stammt, fertigt Landschaftsbilder mit Hilfe von Vulkanasche und verschiedenfarbigem Sand, ist aber auch im audiovisuellen Bereich aktiv. So hat er beispielsweise die einstige Audiovisionsschau in der Lavagrotte Jameos del Agua konzipiert.

Luís Ibáñez arbeitete früher eng mit César Manrique zusammen und hat bei vielen seiner Werke mitgewirkt. Er ist der wohl einflussreichste Architekt der Insel, hat viele Ferienanlagen und den Yachthafen Puerto Calero entworfen, in jüngster Zeit war er bei der Restaurierung des Palacio de Ico in Teguise tätig.

Jesús Soto (1928–2003) war vor drei Jahrzehnten ebenfalls im Team von Manrique. Er wirkte vor allem gestalterisch, hat u. a. den Innenbereich der Lavahöhle Cueva de los Verdes und die Casa Omar Sharif in Oasis de Nazaret konzipiert. Außerdem war er maßgeblich an der Ausgestaltung von Jameos del Agua sowie der Planung und Schaffung der Ruta de los Volcánes im Nationalpark Timanfaya beteiligt.

Treffpunkte für Kunstinteressierte

Arrecife:	Museo Internacional de Arte Contemporáneo
Tahiche:	Taro de Tahiche (Fundación César Manrique)
Haría:	Casa-Museo César Manrique
Las Breñas:	„Kunsthaus" Dieter Noss
Teguise:	Convento de Santo Domingo
Teseguite:	Galería Guttenberger/Schultz
Tinajo:	Atelier Christian Honerkamp
Yaiza:	Galería Yaiza

Paco Fuentes hat sich mit seiner Malerei und Dekorationskunst weit über die Grenzen von Lanzarote hinaus einen Namen gemacht.

Pedro Tayó aus Uga gehört zur neuen Malergeneration Lanzarotes, dessen Bilder im Stil der naiven Malerei u. a. in der Galería Yaiza zu sehen sind.

Juan Jesús Brito und die mittlerweile verstorbene **Dorotea Armás** haben die traditionelle Keramik der Altkanarier als Grundlage für ihre Tonskulpturen genommen (→ Kunsthandwerk).

Veno, der verstorbene Besitzer der Galerie in Yaiza, hatte sich in den letzten Jahren einem abstrakten Stil zugewandt, in seinen plakativen Ölgemälden werden die Farben der Vulkaninsel Lanzarote lebendig.

Anneliese Guttenberger (www.lanzarote-ceramic.eu), seit 1987 auf Lanzarote, stellt ihre collageartigen Werke und Radierungen zusammen mit ihrem Mann, dem Keramiker *Stefan Schultz*, in ihrer Galerie in Teseguite aus (→ dort).

Dieter Noss (www.dieternoss.de), der ehemalige Grafiker aus Deutschland hat sein Haus in Las Breñas in ein Gesamtkunstwerk verwandelt.

Christian Honerkamp (https://de-de.face book.com/honerkamp.arte) fertigt in Tinajo attraktive Acrylbilder, für die er auch Picón verwendet.

Weitere Künstler, deren Werke sich mit Lanzarote beschäftigen: **Gebhardt Binder** (www.gebinder.de), **Annelie Carlson** (www.annelie-carlson.com) und **Dieter und Regina Lott** (www.lott-art.de)

César Manrique

„Manrique ist Lanzarote, Lanzarote ist Manrique" – mit dieser kernigen Sentenz wird man häufig konfrontiert, wenn vom bekanntesten Mann Lanzarotes die Rede ist.

Tatsächlich hat der Maler, Architekt, Bildhauer, Designer und Umweltschützer Erscheinungsbild und Image der Vulkaninsel entscheidend geprägt und viele Denkanstöße für ihre Entwicklung gegeben. Auch die Kandidatur Lanzarotes zum „Weltschutzgebiet der Biosphäre" ging auf seine Initiative zurück. Bereits Anfang der 1970er Jahre, als andere Inseln Betonorgien feierten und ihre Küsten mit Hochhäusern zupflasterten, wandte sich Manrique konsequent der traditionellen Bauweise zu, entwarf Ferienanlagen, die nicht höher als drei oder vier Stockwerke waren und zahlreiche Elemente der alten insularen Architektur enthielten. Gleichzeitig begann er damit, an zahlreichen markanten Punkten die einzigartige Natur der Vulkaninsel behutsam zu Kunstwerken umzuformen und faszinierende Landmarken zu setzen. Die Symbiose von Kunst und Natur war ihm dabei immer das größte

Anliegen. Wie kein anderer hat er dazu beigetragen, dass Lanzarote seinen Charakter bewahrt hat. Ihm ist es aber auch zu verdanken, dass der Ruf der Insel einen unaufhörlichen Besucherstrom nach sich zog.

Ein Künstlerleben

César Manrique wird 1919 in *Arrecife* geboren und verbringt dort seine Schulzeit und Jugend. Seine Bilder sind damals noch ganz und gar gegenständlich. Er malt die typischen Inselszenen mit Fischern, Booten und insularen Motiven. Nach abgebrochenem Architekturstudium in Teneriffa zieht es ihn 1945 aus der Isolation der Inseln nach *Madrid*, dort lässt er sich zum Zeichen- und Mallehrer ausbilden. In der Metropole entdeckt er die abstrakte Malerei und wird überzeugter Anhänger dieser Stilrichtung. 1954 kann er zusammen mit anderen Malern die erste Galerie für abstrakte und surrealistische Kunst in Spanien eröffnen, ein großes Wagnis in der Zeit der reaktionären Franco-Diktatur (→ Geschichte). Doch der Staat duldet das Unternehmen und Manrique wird mit seinen abstrakten Werken in Kunstkreisen allmählich bekannt. 1964 lädt ihn der Kunstmäzen Nelson Rockefeller, der einige seiner Gemälde erworben hat, nach *New York* ein. Seine kraftstrotzende und expressive Malweise, sichtlich inspiriert von der vulkanischen Natur seiner Heimatinsel, bringt ihm jetzt den internationalen Erfolg und er lebt drei Jahre in den USA.

Doch 1968, mit knapp 50 Jahren, kehrt er nach Lanzarote zurück, das er in den zurückliegenden Jahren regelmäßig besucht hat. Der aufkommende Tourismus auf den Kanaren lässt damals für die abgelegenen Atlantikinseln völlig neue Perspektiven auftauchen. Manrique sieht in seiner Heimat ein großes Aufgabenfeld vor sich. Sein Anliegen: „Lanzarote in einen der schönsten Plätze der Welt zu verwandeln". Manriques Vision wird jetzt das „Gesamtkunstwerk Lanzarote": Er will die bislang verkannte, großartige Natur der Vulkaninsel Lanzarote ins rechte Licht rücken und künstlerisch bereichern, gleichzeitig die Architektur der geplanten Feriensiedlungen an der ländlich-traditionellen Bauweise orientieren. Natur, Architektur und Kunst sollen auf Lanzarote keine Gegensätze bilden, sondern ein harmonisches Miteinander. Für seine weit reichenden Pläne gewinnt Manrique die Unterstützung von Pepín Ramirez, dem Präsidenten der Inselregierung, mit dem er seit seiner Jugend befreundet ist. Eine der ersten Taten ist die vollständige Abschaffung von großflächigen Reklametafeln auf der gesamten Insel, ein Verbot, das bis heute aufrecht erhalten wird.

Farbenprächtiges Windspiel vor der Fundación César Manrique

Manrique-Kunstwerke
auf Lanzarote

Von 1968 bis Anfang der 90er Jahre geht Manrique daran, an zahlreichen Punkten Lanzarotes die natürlichen Gegebenheiten, die bisher unbeachtet und ungenutzt brachliegen, mit einfachen Mitteln zu teilweise faszinierenden Natur-Kunst-Objekten auszugestalten. Daneben restauriert er Bauruinen, die bis dato vor sich hin gammelten, entwirft aber auch richtungsweisende neue Architekturprojekte und erstellt optisch reizvolle Skulpturen und Metallwindspiele an exponierten Stellen auf der Insel. Teilweise ist er allein für die Objekte verantwortlich, z. T. arbeitet er mit anderen zusammen, vor allem der Architekt *Luís Ibáñez* wird ein enger Mitarbeiter. Mit diesem zusammen entwickelt Manrique auch die berühmte Idee der *Farbgebung:* Alle neuen Bauten der Insel sollen weiß gestrichen sein, die Holzteile dagegen in leuchtendem Dunkelgrün. Obwohl sich Widerstand gegen das allzu puristische Dogma erhebt, ist dieses farbliche Konzept bis heute ein wesentlicher Bestandteil der Inselarchitektur und mit dem Image Lanzarotes eine enge Beziehung eingegangen.

Die neue Feriensiedlung *Costa Teguise* nördlich von Arrecife wird für Manrique ein entscheidendes Pilotprojekt. Inmitten der kahlen Lavalandschaft plant er eine blühende subtropische Oase mit einigen Luxushotels und komfortablen Ferienanlagen im traditionellen Inselstil, die auch ökologischen Kriterien gerecht werden sollen. Ein Refugium für Ästheten (mit dem nötigen Kleingeld) soll hier entstehen, Vorbild für eine künftige touristische Erschließung Lanzarotes. Tatsächlich wird das Hotel Las Salinas (heute: Meliá Salinas) ein Traumhotel, das Maßstäbe setzt. Gekrönte Häupter, Jetset und Politiker verbringen hier Urlaubswochen, König Hussein

Die wichtigsten Manrique-Werke auf Lanzarote

- 1968 wird ein eingebrochener Lavatunnel zur meditativen Grotte mit Höhlensee und üppiger subtropischer Vegetation verwandelt, 1977 kommt noch ein unterirdischer Konzertsaal dazu. **Jameos del Agua** ist heute neben den Feuerbergen (→ Vulkanismus) die meistbesuchte Attraktion Lanzarotes.

- Im gleichen Jahr errichtet Manrique in der geografischen Inselmitte das **Monumento al Campesino**, ein Fruchtbarkeitsmonument für die lanzarotenischen Bauern – und erntet für die abstrahierte Darstellung viel Kritik. Im traditionellen Inselstil gehalten ist dagegen die benachbarte Finca mit Museum und einem Restaurant, in dem preiswerte traditionelle Küche serviert wird.

- 1970 bauen Manrique und Ibáñez eine baufällige Finca in Yaiza in das renommierte Landrestaurant **La Era** um. Im selben Jahr entsteht am Islote del Hilario mitten in den Feuerbergen das feuerfeste Restaurant **El Diablo** mit einem natürlichen Vulkangrill, aus dem geothermische Restwärme nach oben strömt.

- 1973 baut Manrique am spektakulären Steilhang des Famara-Gebirges, im äußersten Norden der Insel, den Aussichtspunkt **Mirador del Río**, der vorbildlich in die karge Gesteinswelt integriert ist.

- 1974 wird die 200 Jahre alte Festung **Castillo de San José** im Hafen von Arrecife geschmackvoll restauriert. Manrique richtet ein Museum für moderne Kunst darin ein und richtet zusätzlich ein nobles Restaurant ein.

von Jordanien erwirbt eine Villa ganz in der Nähe. Doch die stürmische touristische Entwicklung überrollt das Vorhaben: Der Finanzkonzern, der hinter dem Bauvorhaben steht, ändert sein Konzept. Die ursprüngliche Exklusivität wird aufgegeben, man braucht mehr Raum für die anbrandenden Touristenfluten und Costa Teguise wird in Eile mit stereotypen Apartmentanlagen zugepflastert.

In den 1980er Jahren zieht der Ruf Lanzarotes Jahr für Jahr Hunderttausende auf die Insel, der Tourismus boomt, immer mehr Autos befahren die wenigen Straßen, Hotelanlagen entstehen in Windeseile, ökologische Grundsätze bleiben unbeachtet. Manrique warnt vor der neuen Entwicklung, eifert gegen die Immobilienspekulanten, verlangt Eindämmung und strenge Kontrollen neuer Baulanderschließungen, protegiert Umweltschützer. Sein Widerstand zieht allmählich größere Kreise, einflussreiche Leute stellen sich auf seine Seite und erste Erfolge sind zu verzeichnen: So erhalten neue Ferienanlagen architektonische Auflagen bezüglich der traditionellen Inselbauweise, Bauland wird nicht mehr wahllos zugesprochen, eine inselweite Planungsverordnung wird eingeführt. 1990 kommt es sogar zur Verkündung eines Baustopps auf der ganzen Insel. Manrique und seine Mitstreiter haben es zumindest teilweise geschafft, Lanzarote vor dem zerstörerischen Zugriff des Tourismus zu bewahren. In der Begründung für die Ernennung Lanzarotes zum „Weltschutzgebiet der Biosphäre" weist die UNESCO 1994 auch auf die Bemühungen Manriques um die Umwelt hin.

1988 zieht Manrique vom zentralen Tahiche nach Haría im abgelegenen Inselnorden. Sein ehemaliges Haus wird in ein Museum umgewandelt und Anfang 1992 eröffnet. Am 25. September 1992 stirbt er mit 73 Jahren an den Folgen eines Autounfalls, wenige Meter von seinem ehemaligen Wohnhaus in Tahiche entfernt (→ S. 226). 2013 wird auch sein letztes Anwesen in Haría der Öffentlichkeit zugänglich gemacht.

- In Costa Teguise wird 1977 das kühne Hotel Las Salinas (heute: Meliá Salinas) eröffnet, ein für die damalige Zeit vorbildlicher Bau, in dem Manrique üppige Vegetation, Teiche und Wasserfälle integriert.
- 1978 folgt ebenfalls in Costa Teguise der **Pueblo Marinero**, eine Anlage im Stil eines traditionellen Fischerdorfs, natürlich nicht ohne die obligaten weißen Mauern und grünen Türen. Inzwischen ist die Anlage von Apartments umzingelt und relativ unansehnlich.
- Erst 1990 wird als letztes großes Werk Manriques der Kaktusgarten, **Jardín de Cactus**, eröffnet. In einer ehemaligen Picón-Grube sind Tausende von Kakteen angepflanzt und bilden eine märchenhaft-surreale Kulisse von Gewächsen, dazwischen recken sich Lavasäulen in die Luft.
- Bereits 1968 errichtete Manrique sein Wohnhaus **Taro de Tahíche** mitten in einem Lavafeld bei Tahíche. 1992 gibt er es als Museum für die Öffentlichkeit frei. Viel Beachtung finden die fünf unterirdischen Lavablasen, in denen ein Teil der Räume eingerichtet ist.
- Manriques **Windspiele** stehen z. B. vor der Fundación Manrique, bei Arrieta und am Abzweig nach Montaña Blanca (zwischen Tías und San Bartolomé).
- Seit 2013 ist das letzte **Wohnhaus und Atelier Manriques** in Haría zu besichtigen, es blieb so erhalten, wie es zu seinem Tod aussah.

Tipp: Die Hauptsehenswürdigkeiten der Insel werden spät vormittags bzw. mittags von zahlreichen Rundreisebussen angesteuert. Bei individueller Anreise empfiehlt es sich deshalb, erst nachmittags zu kommen.

Geschichte

Schon die antiken Schriftsteller Homer, Herodot, Hesiod, Pindar, Ovid, Plutarch und Plinius der Ältere besangen die sagenhaften „Inseln der Glückseligen" am Rand der bekannten Welt.

Trotzdem sind die Kanarischen Inseln für uns Mitteleuropäer geschichtlich bis heute ein weißer Fleck auf der Landkarte geblieben. Am Rande des europäischen Kontinents gelegen, hatten die Kanaren nie Bedeutung für Europa. Lediglich als willkommenes Ausbeutungsobjekt mussten sie jahrhundertelang herhalten: Zehntausende Inselbewohner wurden von den europäischen Eroberern versklavt oder ermordet, nahezu alle Spuren ihrer Kultur und ihres Lebensstils ausgelöscht.

Die Altkanarier

Nach heutigen Erkenntnissen gibt es keine steinzeitlichen Bewohner der Kanaren. Früheste Siedlungsspuren sind für das Jahr 240 v. Chr. erwiesen (auf La Palma), auf Lanzarote stammen die ältesten Funde aus dem 1. Jh. n. Chr. Es müssen Einwanderer gewesen sein, die die bis dahin unbesiedelten Inseln in Besitz nahmen. Im Folgenden werden sie *Altkanarier* bzw. *vorspanische Bewohner* oder *Majos* genannt.

Besiedlung der Inseln: Im Allgemeinen wird derzeit die These akzeptiert, dass die Altkanarier von den hellhäutigen *Berberstämmen* Nordafrikas abstammen. Auffällig sind vor allem zahlreiche Parallelen der Berberdialekte mit Ortsnamen auf den Inseln, so stammen die häufigen Vorsilben Te (z. B. Teguise, Teseguite), Ta (Tao) und Ti (Tiagua, Tinajo etc.) aus dem Kulturkreis der Berber. Erhärtet hat diese Theorie 1992 der sensationelle Fund des „*Zanata*"-Steins auf Teneriffa. Dieser Stein enthält deutlich die eingeritzten Schriftzeichen „Zanata" – und das ist ein

Martialisches Relikt der Vergangenheit vor dem Kastell von Arrecife

Berberstamm, der im 3. Jh. n. Chr. von den Römern aus den Bergen im heutigen Norden Marokkos in den südlichen Atlas verdrängt wurde. Von dort flüchteten sie vielleicht auf die Kanarischen Inseln. Rätselhaft ist allerdings, wie die Einwanderer die lange Seestrecke von Afrika überwanden, denn als im 13. Jh. die Europäer auf den Inseln eintrafen, trieben die Einwohner keinerlei Seefahrt und die Inseln hatten keine Verbindung miteinander, obwohl sie z. T. auf Sichtweite zueinander lagen. Die Vermutungen reichen von abenteuerlichen Fluchtunternehmen in behelfsmä-ßigen Booten bis zu Zwangsdeportationen auf römischen oder karthagisch/phöni-zischen Schiffen. Tatsächlich sind sowohl römische wie phönizische Expeditionen auf die Kanarischen Inseln überliefert: Die Phönizier sammelten damals im Norden Lanzarotes die begehrte *Orchilla-Flechte*, um daraus einen purpurroten Farbstoff zu gewinnen, von den Römern hat man verschiedene archäologische Funde auf Lanzarote gemacht. Andere historische Quellen vermuten, dass die besiegten Auf-ständischen in ruderlosen Booten auf dem Meer ausgesetzt wurden und die Strö-mung sie auf die Kanaren getrieben habe. Da zwischen den Inseln große kulturelle Unterschiede bestehen, ist es wahrscheinlich, dass jede Insel von verschiedenen Gruppen zu verschiedenen Zeiten besiedelt wurde. Während die Bewohner Teneriffas „Guanchen" genannt werden (übersetzt heißt das ungefähr: „Kinder Teneriffas") ist für die Besiedler Lanzarotes der Name *„Mahos"* oder *„Majos"* überliefert, seine Be-deutung ist bisher ungeklärt.

Lebensverhältnisse: Da die Europäer die Kultur der Inselbewohner fast ausrotte-ten, sind sehr wenige Fakten gesichert. Man kann sich nur auf die Berichte einiger europäischer Chronisten beziehen, die mit Sicherheit tendenziös sind und das Bild des „edlen, aber dummen Wilden" prägten. Danach lebten die Majos bis in unser Mittelalter hinein in fast steinzeitähnlichen Verhältnissen. Da die Inseln keine Erze besaßen, mussten sie ihre Werkzeuge aus Stein herstellen. Aus der Art der Bearbei-tung hat man jedoch geschlossen, dass den Altkanariern die Steinbearbeitung ei-gentlich nicht geläufig war. Wahrscheinlich stammten sie aus einer bereits Metall

Mit dem Schilffloß über den Atlantik

Aufsehen erregte 1970 der norwegische Forscher **Thor Heyerdahl**, der mit seinem Schilffloß „Ra II" von Marokko aus den Atlantik überquerte und zwei Monate später in der Karibik landete. Er wollte damit den Beweis erbringen, dass Südamerika möglicherweise schon früh von Afrika aus besiedelt wurde. Erstaunlicherweise trieben ihn nach seinem Start in Marokko die Strömungen an den direkt gegenüberliegenden Kanaren vorbei. Es zeigte sich, dass man die Inseln nur erreichte, wenn man weit im Norden startete und mit der Drift des Nordostpassats nach Süden getrieben wurde. Auch die Entdecker Amerikas nutzten diese Passatwinde. Christoph Columbus startete in Cádiz und machte auf den Kanaren Zwischenstation, um Vorräte und Wasser aufzunehmen. Man hat deshalb Überlegungen angestellt, dass die Besiedler in Portugal oder Südspanien gestartet sein müssten und vielleicht Nachfahren der dort in den vorchristlichen Jahrtausenden siedelnden Megalith-Kulturen waren. Doch gibt es keinerlei Belege dafür.

verarbeitenden Kulturstufe und mussten nur aus reinem Mangel an Rohstoffen auf Stein zurückgreifen. Nicht bekannt waren ihnen außerdem Rad, Töpferscheibe, Pfeil und Bogen und Schriftsprache. Als Behausung dienten halb in den Boden eingelassene, höhlenartige Räume aus Bruchsteinmauern, die *casas honda*s, die Schutz vor dem permanenten Wind boten. Der größte Komplex dieser Art auf Lanzarote ist der *Palacio del Zonzamas* zwischen Tahiche und San Bartolomé (→ Inselmitte S. 187). Ähnlich strukturierte Unterkünfte gibt es in ganz Nordafrika.

Rätselhaft geblieben sind bis heute die zahlreichen in Fels geritzten Linien, die *Petroglyphe*n, die man an verschiedenen Stellen Lanzarotes entdeckt hat, aber auch auf den anderen Kanarischen Inseln. Ähnliche Felszeichnungen hat man in Irland

Historische Seekarte der Kanaren

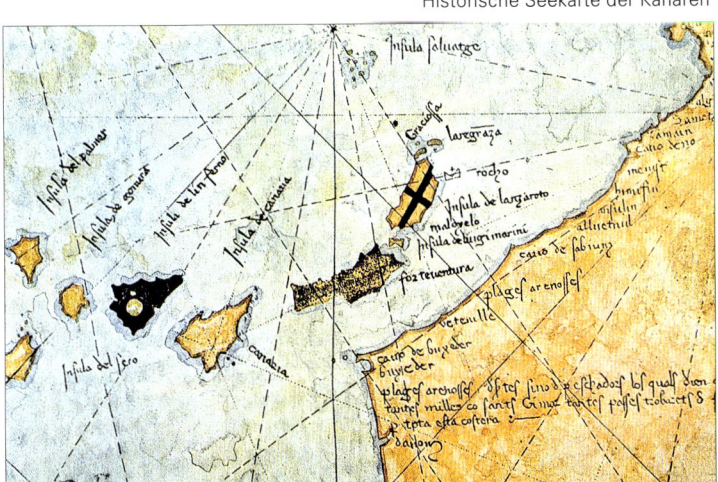

und Südfrankreich gefunden, was zeitweise Spekulationen über die Herkunft der Altkanarier genährt hat. Wichtiger noch sind die *Stelen von Zonzama*, das sind zwei Felsbrocken mit V-förmigen bzw. halbkreisförmigen Einritzungen, und die *Queseras*, eigenartige meterlange Längsrillen im Fels. Zu diesen Funden gibt es Parallelen im marokkanischen Raum, deren Funktion aber ebenfalls ungeklärt ist. Und auch die ohne Töpferscheibe hergestellte Keramik der vorspanischen Bewohner Lanzarotes ähnelt nordafrikanischen Stücken. Sie lebt heute weiter in der sog. *Cerámica del Mojón* (→ Kunsthandwerk).

Die Majos lebten vom Gerstenanbau, Ziegen- und Schafzucht, man hat steinerne Handmühlen entdeckt, mit denen sie das noch heute bekannte Röstmehl *Gofio* herstellten (→ Essen & Trinken). Fische fingen sie, indem sie Euphorbiengewächse in Lagunen warfen, wo der Wolfsmilchsaft die Fische kurzzeitig betäubte. Sie kleideten sich wahrscheinlich mit Ziegenfellen und hatten hölzerne Wurflanzen als Waffen. Die ersten europäischen Chronisten sprechen von höchstens 400 Menschen, die auf Lanzarote lebten. An der Spitze der Gesellschaftsordnung stand eine Art König (*Guanarteme*), es gab eine Adelsschicht, in die man durch persönliche Verdienste aufsteigen konnte, und das Volk, das im Gegensatz zum Adel das Haar kurz geschoren trug. Auffällig war, dass sich anscheinend mehrere Männer eine Frau teilen mussten. Man hat dies so interpretiert, dass die weiblichen Kinder zeitweise getötet wurden – die bescheidenen wirtschaftlichen Grundlagen ließen nur ein streng kontrolliertes Anwachsen der Inselbevölkerung zu.

Europäische Abenteurer und Eroberer (13.–15. Jh.)

Während im frühen Mittelalter die mangelhafte Seefahrttechnik keine weiten Reisen zuließ, drang man ab dem 12. Jh. immer wieder über die bekannten Grenzen Europas hinaus. Wiederholt starteten Expeditionen zu den „Islas tenebrosas", den geheimnisvollen Inseln im atlantischen Meer vor Afrika.

Triebfeder der Glücksritter, Kaufleute und Abenteurer, die meist aus Genua und Mallorca stammten, war die Gier nach Beute und Eroberungen. Zunächst stand die *Orchilla-Flechte* im Mittelpunkt des Interesses, doch wurde der *Sklavenhandel* bald die wichtigste Triebfeder. Die Inselbewohner waren von gutem Wuchs, kräftig und zunächst auch noch arglos, zudem waren die Inseln unbefestigt und leicht zu überfallen. Kein Besuch verging, bei dem nicht Inselbewohner in die Sklaverei verschleppt wurden.

1312 verschlug es den genuesischen Kaufmann *Lancelotto Malocello* in die kanarischen Gewässer. Er landete auf der nordöstlichsten der Inseln, die ein Vierteljahrhundert später in einer italienischen Seekarte mit seinem Namen verewigt wurde, woraus schließlich der Name Lanzarote entstand. (Eine andere Namensdeutung berichtet von der „lanza rotta", der zerbrochenen Lanze, die der Genueser bei seiner Ankunft den Insulanern vorwies, um seine friedlichen Absichten zu zeigen.) Lancelotto lebte 20 Jahre auf Lanzarote und errichtete einen ersten befestigten Bau an der Stelle des heutigen Castillo de Guanapay oberhalb von Teguise.

Die Kunde von der herrenlosen Inselgruppe drang natürlich auch in die politischen Machtzentren vor, im *mallorquinischen* (Aragon), *portugiesischen* und *kastilisch/ spanischen* Königreich regten sich Eroberungsgelüste. Auch das *Papsttum*, das damals im Exil in Avignon residierte, fasste die „ungläubigen Inseln" ins Auge und gab die übliche Rechtfertigung für die Eroberung: Man müsse den „Heiden das Evangelium bringen". Hier wurde vorexerziert, was später im großen Stile an den

Indianern Amerikas durchgeführt wurde: Unterwerfung und Taufe – oder grausamer Tod bzw. Sklaverei. Papst Clemens VI. ging sogar so weit, dass er 1344 die noch gar nicht eroberten Kanarischen Inseln dem kastilischen Adligen Don Luis de la Cera mit dem Auftrag der Eroberung zum Lehen gab und einen Bischof der Kanaren ernannte. Don Luis machte keine Anstalten, die Inseln zu besetzen, war jedoch ein enger Verwandter des kastilischen Königshauses, so dass die kastilische Krone den Anspruch auf die Inseln damit legitimieren konnte. Letztlich kam es im 14. Jh. noch zu keinen entscheidenden Schritten zur Unterwerfung der Inseln. Aber die Fremden mit der hellen Haut hatten bereits spürbar begonnen, Elend und Leid über die Inseln zu bringen.

Jean de Béthencourt: Der französische Adlige *Jean de Béthencourt* (1359–1426) aus der Normandie war es, der Anfang des 15. Jh. Lanzarote als erste der Kanarischen Inseln eroberte. Er hatte bei seinem König Karl VI. einen beachtlichen Schuldenberg angehäuft und der rettende Strohhalm schien ein Raubzug auf die Kanaren, die mittlerweile wegen der Färberflechte und des guten „Sklavenmaterials" in aller Munde waren. Von Lanzarote aus nahm die Unterwerfung des ganzen Archipels ihren Ausgang, doch trotz überlegener Waffentechnik und Organisation der Eroberer sollte sie fast hundert Jahre dauern.

Anfang Mai 1402 startet die 280 Mann starke Expedition im französischen Atlantikhafen La Rochelle, mit an Bord auch zwei Vertreter der päpstlichen Kirche. Beim Aufenthalt im Hafen von Sevilla, dem heutigen Cádiz, kommt es jedoch zu einer Meuterei, Béthencourt kann nur mit 63 Mann die Weiterfahrt antreten. Nach einer Woche erreicht er Lanzarote. Erobern kann er die Inseln mit seiner dezimierten Besatzung nicht, also verständigt er sich zunächst mit den Einheimischen, die den Chronistenberichten zufolge nur 200 wehrfähige Männer und einige hundert weitere Personen zählen. Er gewinnt das Vertrauen der Kanarier unter ihrem König *Guadarfía* (→ Kasten), verspricht ihnen Schutz vor Piratenüberfällen und lässt ein befestigtes Fort und ein Kirchlein im Hinterland der Papagayo-Strände am Rande der Ebene El Rubicón im Süden der Insel errichten (→ S. 364). Von dort versucht Béthencourt, auf die Nachbarinsel *Fuerteventura* vorzudringen, doch diese wird hart verteidigt. 1403 lässt er den Spanier *Gadifer de la Salle* als seinen Stellvertreter auf Lanzarote zurück und kehrt nach Spanien zurück, wo er dem kastilischen König den Vasalleneid schwört und dafür die Herrschaftsrechte auf den Kanaren („König der Kanaren") zugesprochen bekommt, einschließlich des Rechts, den fünften Teil der späteren Steuern für sich zu behalten. Auch das Handelsmonopol für den Export der Orchilla-Flechte wird ihm zugestanden. Zurück auf Lanzarote, hat sich die Situation dramatisch verändert. *Berthin de Berneval*, der Befehlshaber des Fort Rubicón, hat einen Aufstand angezettelt und sich schließlich von der

Jean de Béthencourt: erster Kolonisator der Kanarischen Inseln

Insel abgesetzt. König Guadarfía wollte er dabei als Gefangenen mitnehmen, doch dieser kann fliehen. Es kommt zu Kämpfen der Kanarier mit den zurückgebliebenen Europäern unter Gadifer de la Salle. Verstärkt durch die neue Expedition Béthencourts, gewinnen die Besatzer die Oberhand, König Guadarfía muss sich unterwerfen und lässt sich taufen, um die völlige Ausrottung seiner Untertanen zu verhindern.

In den folgenden Jahren kann mit Hilfe der unterworfenen Einheimischen auch *Fuerteventura* erobert werden, schließlich auch die kleine Insel *El Hierro*, deren Bewohner Béthencourt durch vorgetäuschte Friedensverhandlungen in Sicherheit wiegt. 1406 schifft sich Jean de Béthencourt wieder nach Europa ein, er hat drei Inseln unterworfen bzw. für den „christlichen Glauben gewonnen" und wird dafür von König und Papst hoch gelobt.

Die Nachfolger: Als Statthalter für die eroberten Inseln lässt Béthencourt seinen Neffen *Maciót de Béthencourt* auf Lanzarote zurück, dessen Regierung als grausame Willkürherrschaft, gepaart mit schwunghaftem Sklavenhandel, in die Geschichte eingeht. Maciót heiratet *Teguise*, die Tochter des unterworfenen Königs Guadarfías, und benennt die erste Hauptstadt Lanzarotes nach ihr. Die kulturelle Assimilierung der Kanarier mit den europäischen Eroberern beginnt.

1418 kommt die Misswirtschaft Macióts dem kastilischen Königshaus zu Ohren, der königliche Beauftragte *Pedro Barba* wird ausgesandt, um nach dem Rechten zu sehen (ein Dorf auf La Graciosa ist nach ihm benannt). Maciót wird zur Abdankung gezwungen, erhält aber für die Abtretung seiner Rechte Lanzarote zugestanden und verkauft die Insel an die *Portugiesen*. Diese besetzen 1448 die Insel, was von den Bewohnern zunächst noch hingenommen wird. Erst als sie versuchen, das Wirtschaftsleben umzustrukturieren und die portugiesischen Maß- und Gewichtseinheiten einzuführen, kommt es zum Aufstand. Die Portugiesen werden vertrieben und die

Die Rauchprobe: eine Legende um Prinzessin Icó

In der zweiten Hälfte des 14. Jh. lebt *König Zonzama* mit seiner schönen Gattin *Fayna* im „Palacio del Zonzamas" (→ S. 187). 1377 gerät der baskische Kapitän *Martín Ruiz de la Avendaño* vor Lanzarote in Seenot. Er wird von Zonzama in aller Gastfreundschaft empfangen, dabei bietet er dem Edelmann auch, wie es damals auf den Inseln Brauch war, seine Gattin als Bettgefährtin an. Neun Monate später gebiert Fayna ein blondes Mädchen mit heller Haut, *Icó* genannt.

Viele Jahre später soll nach dem Willen des Königs Icós Sohn *Guadarfía* sein Nachfolger werden. Doch mehren sich die Stimmen, die argwöhnen, Icó – und somit auch Guadarfía – seien nicht rein königlichen Geblüts. So kommt man auf den Gedanken, Icó der „Rauchprobe" zu unterziehen. Zusammen mit drei nichtadligen Frauen soll sie in eine Höhle gesperrt werden, die man vollständig mit Rauch füllen will. Nur wenn sie nicht ersticke, sei sie adliger Abstammung – was damals wohl gleichbedeutend war mit „göttlicher" Herkunft. Eine weise alte Frau rät Icó, einen nassen Schwamm vor das Gesicht zu drücken und durch diesen zu atmen. So bleibt Icó tatsächlich am Leben und ihr Sohn Guadarfía kann neuer König von Lanzarote werden. Glück hat ihm diese dramatische Episode allerdings nicht gebracht – in seine Regierungszeit fällt die Eroberung Lanzarotes durch den Normannen Jean de Béthencourt.

Lanzaroteños unterstellen sich direkt der kastilischen Krone, um die Ausbeutung durch skrupellose Feudalherren zu vermeiden. Doch der König lenkt die Geschicke der Insel rücksichtslos in die alten Fahrwasser. Neuer Herr der Insel wird der Adlige *Diego García de Herrera*. Dieser treibt den „Fünften" mit besonderer Härte ein und 1477 kommt es zu einem neuen Aufstand, der aber schnell niedergeschlagen wird.

Durch die Heirat von Isabella aus Kastilien und Ferdinand von Aragon entsteht das *Königreich Spanien*. 1479 teilt die neue Dynastie mit Portugal die kolonialen Interessensphären auf: Portugal darf Nordwestafrika „befrieden", Spanien erhält die Kanarischen Inseln zur freien Verfügung. Doch erst gegen Ende des Jahrhunderts können die bisher noch nicht eroberten Inseln *Gran Canaria*, *La Palma*, *Teneriffa* und *La Gomera* unterworfen werden. Die Kanarischen Inseln werden im Folgenden Zwischenetappe auf dem Weg zu den sagenhaften Schätzen *Mittelamerikas*. Kolumbus macht mehrfach Station auf La Gomera, auch auf seiner ersten Entdeckungsreise im Jahre 1492. Canarios sind bei den Expeditionen oft mit an Bord, sie gehören zu den ersten Siedlern im neuen Land und gründen eine Reihe von Orten, darunter Buenos Aires und Havanna. Die spanische Krone begünstigt die Auswanderung der Kanarier, um das Vordringen von Engländern und Franzosen in den Kolonien zu verhindern.

Mit der Unterwerfung beginnt die weitgehende Auslöschung der einheimischen Kultur. Ungezählte Canarios sterben in den verlustreichen Kämpfen, durch forcierte Mischehen wird die Identität des Adels untergraben, viele Einheimische werden als Sklaven nach Europa verkauft. Vor allem das leicht zugängliche Lanzarote wird zeitweise fast völlig entvölkert. Trotzdem haben sich bis heute überall kulturelle Relikte erhalten, was zeigt, dass die Altkanarier nicht restlos assimiliert wurden. Bekanntestes Beispiel ist *El Silbo*, die Pfeifsprache der Gomeros, aber auch das kanarische Stockfechten *El Juego del Palo*, der Hirtensprung *Salto del Pastor* und verschiedene Ernährungsgewohnheiten haben überlebt.

Feudale Willkürherrschaft, Sklavenfänger und Piraten (16.–17. Jh.)

Ab dem Ende des 15. Jh. sind die Kanaren fest in spanischer Hand. Während die fruchtbaren „grünen" Inseln Gran Canaria, Teneriffa und La Palma der spanischen Krone direkt unterstehen und dort relativ liberale Zustände herrschen (Kroninseln), werden die armen und wasserlosen Ostinseln Lanzarote und Fuerteventura von Feudalherren kontrolliert (Señorialinseln).

Diese pressen das Letzte aus der ohnehin armen Bevölkerung, lassen ihre Ländereien von Sklaven bewirtschaften oder verpachten sie an ausländische Unternehmer. Die Folge ist, dass viele Menschen die Insel verlassen, kaum neue Siedler zuziehen, die Erträge sinken und erheblicher Mangel an Sklaven besteht. In dieser Situation erreicht der Menschenhandel einen neuen Höhepunkt: Da das „Menschenmaterial" auf den Kanarischen Inseln jedoch weitgehend ausgeschöpft ist, verfallen Diego García de Herrera und seine Nachfolger auf die Idee, den nötigen Nachschub an Sklaven von der gegenüberliegenden Küste Afrikas zu holen. In Dutzenden von Raubzügen schaffen sie Tausende

Wappen von Teguise

von „Mauren" (Berber islamischen Glaubens) nach Lanzarote oder verkaufen sie nach Gran Canaria, von wo die Sklavenhändler Richtung Europa fahren. Tatsächlich soll nach Berichten des italienischen Festungsbaumeisters Torriani in der zweiten Hälfte des 16. Jh. die Bevölkerung von Lanzarote zum weitaus überwiegenden Teil aus afrikanischen Berbersklaven bestanden haben. Nach Diego de Herrera tut sich vor allem der *Marquis Agustín de Herrera y Rojas* mit seinen Überfällen auf die afrikanische Küste hervor.

Doch die Rache lässt nicht lange auf sich warten, denn in mehreren groß angelegten Beutezügen plündern und brandschatzen berberische und algerische Piraten im Auftrag der islamischen Herrscher Lanzarote, nehmen Hunderte von Gefangenen mit in die Sklaverei und brennen die Getreidevorräte nieder. Die Hafensiedlung Arrecife und die Hauptstadt Teguise sind dabei immer wieder Ziel der Angreifer: 1569 machen die Piraten *Calafats* 200 Gefangene, 1571 verschleppt der algerische Freibeuter *Dogali* 115 Lanzaroteños nach Afrika, 1586 stürmt der Algerier *Morato Arráez* im Auftrag des türkischen Sultans die Insel, zerstört das neue Fort San Gabriel in Arrecife und nimmt 200 Geiseln, darunter die Gattin und Kinder des Marquis Herrera y Rojas, die dieser gegen erhebliches Lösegeld freikaufen muss. 1618 schließlich brennen plündernde Berberhorden unter dem algerischen General *Tabac* die Hauptstadt Teguise nieder und gelangen durch Verrat sogar in die Cueva de los Verdes, das traditionelle Versteck der Inselbevölkerung, wo sie fast tausend Gefangene machen. Das Piratenmuseum im Castillo de Guanapay bei Teguise erinnert an diese gefahrvollen Zeiten (→ S. 247).

Damit ist das Kapitel des Sklavenfangs weitgehend zu Ende. Auf Lanzarote war man durch die Racheaktionen der Afrikaner klug geworden, zudem verbot ein königliches Dekret ab 1573 den Sklavenhandel. Was jedoch nicht aufhört, ist die prekäre wirtschaftliche Situation der Insel: Dürrejahre und Invasionen von Heuschrecken vernichten immer wieder die Ernte, die Steuerabgaben an die Feudalherren und ihre Beauftragten überschreiten die Grenzen des Zumutbaren und provozieren

Immer wieder von Piraten belagert: das Kastell von Arrecife

Hungerrevolten, 1601 bricht die Pest aus, die Überfälle zahlreicher europäischer Freibeuter tun ein Übriges. Wer kann, wandert auf die Zentralinseln aus, aber auch der neue Kontinent *Amerika* wird immer stärker ein bevorzugtes Ziel der Emigranten, die dort in den dünn besiedelten lateinamerikanischen Ländern und auf den Inseln der Karibik einen Neuanfang wagen.

Vulkankatastrophe und wirtschaftlicher Aufschwung (18.–19. Jh.)

Eine nachdrückliche Zäsur in der Inselgeschichte setzen 1730 die verheerenden Vulkanausbrüche in der Timanfaya-Region. Sechs Jahre wüten die Eruptionen und zerstören einen Großteil der Insel. Ein Viertel Lanzarotes wird unter einer meterdicken Decke aus Lava und Asche begraben, wertvolle Anbauflächen sind zerstört.

Die Not macht jedoch erfinderisch: Mit dem Prinzip des Trockenfeldbaus *Enarenado* kann die Kapillarwirkung des Lavagranulats optimal genutzt werden, vor allem intensiver Weinanbau wird jetzt auf den schwarzen Aschefeldern möglich. Bescheidene Exporte, hauptsächlich nach England und Spanien, bringen erste wirtschaftliche Erfolge, doch Konkurrenzprodukte verdrängen den Lanzarote-Wein bald vom europäischen Markt. Ähnliches passiert Ende des 18. Jh. mit der Sodapflanze *Barrilla*, deren Export zunächst gut anläuft, aber bereits 1810 durch Billigkonkurrenz ein abruptes Ende findet (→ Wirtschaft). Trotz der zeitweisen wirtschaftlichen Konsolidierung kommt es wegen anhaltender Dürre in den Jahren 1768–1771 zu einer weiteren Hungersnot und wieder ergießt sich ein Strom von Auswanderern nach Lateinamerika.

Die erste Hälfte des 19. Jh. ist am spanischen Festland wie auf den Inseln geprägt von den Kämpfen des Wirtschaftsbürgertums gegen den Feudalismus. Nach einem liberalen Zwischenspiel gelingt es der Restauration jedoch, bis 1836 am Ruder zu bleiben. Erst am 25. August 1836 tritt die neue Verfassung der Kanarischen Inseln in Kraft, die feudalen Machtstrukturen werden abgeschafft und die wirtschaftlich potenten Kräfte erhalten Rechte in Verwaltung und Gesetzgebung. Logische Konsequenz ist 1852 die Ablösung der alten feudalen Hauptstadt Teguise durch die dynamische Hafenstadt *Arrecife*. Im selben Jahr werden die Kanaren zur *Freihandelszon*e erklärt. Treibende Kraft der stürmischen Wirtschaftsentwicklung wird in der zweiten Hälfte des 19. Jh. auf Lanzarote die expansive Zucht der *Cochenille-Läuse*, doch mit der Entdeckung der Anilinfarben in Europa findet auch dieser Boom ein abruptes Ende (→ Wirtschaft).

Von der Jahrhundertwende bis heute

1912 wird den Inseln das Recht der Selbstverwaltung zugestanden. Die „*Cabildos Insulares*" (Inselregierungen) entstehen, die noch heute das Geschick der Inseln leiten. 1927 werden die Kanaren in die beiden Provinzen von *Gran Canaria* und *Teneriffa* aufgeteilt, Lanzarote gehört zusammen mit Fuerteventura zur Provinz Gran Canaria. Wenn auch Lanzarote allmählich Anschluss an die Moderne findet (Krankenhaus, Telefon, Elektrizität), bleibt die Insel nach wie vor das Armenhaus der Kanaren. Einen kleinen Aufschwung bringt lediglich in den Jahren des Ersten Weltkriegs der *Fischfang*, da die Fischflotten der Krieg führenden Länder gezwungen sind, in den Häfen zu bleiben, und die fischreichen Kanaren als Teil des neutralen Spanien weit abseits der Kriegsschauplätze liegen.

Franco-Diktatur: Nach dem Sieg der republikanischen Volksfrontregierung in Spanien wird 1936 mit der Versetzung des putschverdächtigen Generals *Franco* auf die Kanaren der *Spanische Bürgerkrieg* eingeleitet. In ihm entladen sich die Jahrzehnte alten Spannungen zwischen den gegensätzlichen Kräften des Landes: auf der einen Seite die Monarchisten, die Kirche, der Großgrundbesitz und das in der Mehrzahl antidemokratische Militär, auf der anderen die „Republikaner", d. h. der Großteil der Bevölkerung mit den sozialistischen und kommunistischen Teilen der Arbeiterschaft. Franco organisiert von Teneriffa aus die Erhebung der spanischen Afrika-Truppen gegen die Volksfront-Regierung. Im Sommer 1936 fallen Truppenverbände aus Spanisch-Marokko in Südspanien ein. Hitler-Deutschland, Italien unter Mussolini und Portugal unterstützen den Putsch, u. a. bombt die deutsche Flugzeugstaffel „Legion Condor" das baskische Städtchen Guernica in Schutt und Asche. Mit der Einnahme Barcelonas ist der blutige Krieg, dem über eine halbe Million Menschen zum Opfer fallen, 1939 zu Gunsten der Faschisten entschieden. Im Folgenden verordnet Franco, der als unumstrittener Diktator aus dem Krieg hervorgeht, den Spaniern eine vier Jahrzehnte dauernde „Kirchhofruhe" mit strenger katholischer Sittenlehre, Unterdrückung aller abweichenden Auffassungen und brutaler Zensur.

Spanien bleibt im Zweiten Weltkrieg neutral, doch die europäischen und amerikanischen Länder haben ihre Handelsbeziehungen zur Diktatur abgebrochen und Franco will eine *wirtschaftliche Autarkie Spaniens* durchsetzen. Für die völlig vom Außenhandel abhängigen Kanaren bedeutet das die Aufhebung der wichtigen Freihandelsgesetze, die eminent wichtigen Exportmärkte in Europa und Übersee sind verloren, Handel ist nur noch mit Spanien möglich. Es kommt zu erheblicher Nahrungsmittelverknappung, verbunden mit einer lang anhaltenden Dürreperiode auf den Ostinseln.

Bewegung kommt in die starre Isolation erst Anfang der 60er Jahre durch den expandierenden *Tourismus*. Das nationale und internationale Kapital entdeckt die spanischen Strände, zunächst die Mittelmeerküste und die Balearen, dann auch die Kanaren. Auf Lanzarote beginnt der Bauboom in *Puerto del Carmen*, wo die besten Sandstrände der Insel liegen.

Landwirtschaft im 19. Jh.

Demokratie und EU-Mitgliedschaft: Am 20. November 1975 stirbt Franco – und in Spanien knallen die Sektkorken. 1977 finden die ersten demokratischen Wahlen seit 40 Jahren statt, im Dezember 1978 tritt die neue spanische Verfassung in Kraft. Im August 1982 werden die Kanarischen Inseln eine von Spaniens 17 autonomen Gemeinschaften (*Comunidades Autónomas*), vergleichbar unseren Bundesländern, d. h. sie haben ein eigenes gewähltes Parlament und weitgehende Verwaltungshoheit. Der „Día de Canarias" erinnert seitdem alljährlich am 30. Mai an dieses epochale Ereignis. Zwar haben die beiden Provinzen damit eine gewisse Unabhängigkeit von der Madrider Zentralgewalt, doch werden die Geschicke der Inseln noch immer weitgehend auf dem Festland bestimmt. Vor allem die fehlende wirtschaftliche Unterstützung von Seiten Madrids lässt auf den Kanaren immer wieder *Unabhängigkeitsbestrebungen* laut werden, die sich vor allem im rechtsgerichteten PIL (Partido de Independientes) artikulieren.

1986 tritt Spanien der EU bei, jedoch erhalten die Kanarischen Inseln einen *Sonderstatus*, der ihre bisherigen Privilegien als Freihandelszone berücksichtigt (→ Zoll, S. 121). Die stufenweise Einführung des europäischen Binnenmarkts wird auf den Kanaren mit Argwohn gesehen, da dabei die bisherigen spanischen Importbeschränkungen für die südamerikanischen Bananen entfallen. Um die Wirtschaft anzukurbeln und internationale Kapitalströme auf die Kanaren zu lenken, erklärt man 1998 die Inseln für zehn Jahre zur Freihandelszone *ZEC* (Zona Especial de Canarias), was für Unternehmer erhebliche Steuererleichterungen mit sich bringt, z. B. geringere Einfuhr- und Mehrwertsteuersätze. Die ZEC wurde von der Europäischen Union zunächst bis Ende 2008 genehmigt, inzwischen aber bis 2019 verlängert.

Tourismus und Wohlstandsgrenze: Nach dem Beitritt zur EU beginnt in Spanien ein stürmisches Wirtschaftswachstum, auf den Kanaren fängt vor allem der Tourismus an zu boomen. Gleichzeitig kommt es zu ersten Versuchen, die hemmungslose Expansion des Tourismus zu kontrollieren. Auf Lanzarote wird 1990 ein Bebauungsplan verabschiedet und ein Baustopp für touristische Objekte ausgesprochen, später aber wieder aufgehoben. Die Abwertung der Pesete in den 90er Jahren bringt Rekordbesuche ausländischer Touristen, die auch nach der Einführung des Euro bis 2005 anhalten. Danach flaut der Urlauberstrom merklich ab, was sich auch in den Arbeitslosenzahlen widerspiegelt, die auf dem Kanarischen Archipel erschreckend hoch sind. Mittlerweile boomt der Tourismus jedoch wieder, da die Türkei und die arabischen Länder als Reiseziele gemieden werden.

Überdeutlich wurde aber auch in den letzten Jahren, dass zwischen den Kanaren und Nordwestafrika die „Wohlstandsgrenze" der Industriestaaten zur Dritten Welt verläuft. Trotz lebensgefährlicher Überfahrt wagten nach der Jahrtausendwende zahllose Afrikaner eine abenteuerliche Flucht, um auf den Kanarischen Inseln unterzutauchen oder Asyl zu beantragen. Im Krisenjahr 2006 zählte man im Monat bis zu 7000 Bootsflüchtlinge, wobei der Versuch, die EU zu erreichen, erschreckend oft eine Reise in den Tod wurde, denn viele der wackligen Holzboote, "Cayuco" oder „Patera" genannt, kenterten auf hoher See. Nach Schätzungen von Hilfsorganisationen kamen pro Jahr mindestens 2500 Menschen bei der Flucht ums Leben, wobei die Dunkelziffer wahrscheinlich ungleich höher liegt, denn viele der Leichen werden nie gefunden. Wegen der Wirtschaftskrise in Spanien kommen derzeit weniger Flüchtlinge auf die Östlichen Kanaren – bekanntermaßen ganz im Gegensatz zu den Routen übers Mittelmeer und über den Balkan. In Westafrika warten aber wohl noch immer Hunderttausende von Menschen auf eine Überfahrt unter Todesgefahr. Die derzeitige Reaktion der EU auf die Flüchtlingswellen ist erbärmlich und zutiefst beschämend.

Lanzarote aus der Dromedarperspektive

Anreise

120 km vor der nordwestafrikanischen Küste liegt die Vulkaninsel Lanzarote im Atlantik – auf gleicher Höhe mit der Sahara. 3000 km Luftlinie sind es von Frankfurt, 3400 km von Hamburg.

Was zu Zeiten von Kolumbus ein ungewisses und gefahrvolles Abenteuer war, ist heute eine Selbstverständlichkeit geworden. Täglich machen sich die Chartermaschinen von Mitteleuropa auf den Weg nach Lanzarote. Gerade mal vier Stunden Flugzeit und Sie sind in der Sonne des „Ewigen Frühlings". Eine Vorstellung von der Entfernung bekommt man so allerdings kaum. Die kennen eher Langzeit-Urlauber, die ihren eigenen Wagen mitnehmen wollen, die langwierige Autotour in die südspanische Hafenstadt *Cádiz* auf sich nehmen und von dort nach Lanzarote übersetzen.

Mit dem Flugzeug

Die konkurrenzlos schnellste und preisgünstigste Anreise, gut 95 % aller Lanzarote-Urlauber kommen mit dem Flugzeug. Alle großen Charterfluggesellschaften bieten Direktflüge nach Lanzarote, die reine Flugzeit ab Deutschland beträgt ca. 4–5 Stunden, je nach Flughafen. Die Preise für den Flug allein liegen um die 200–500 €, je nach Saison, Abflughafen und Fluggesellschaft. Absolute Hochsaisonzeiten sind *Weihnachten* und *Ostern*. Wer dann fliegen will, zahlt das die höchsten Preise und muss sehr frühzeitig buchen. Auch Billigflieger steuern die Kanaren und Lanzarote an, z. B. Ryanair von Frankfurt-Hahn, Karlsruhe/Baden Baden und Düsseldorf-Weeze – bei frühzeitiger Buchung kommt man so u. U. deutlich preiswerter zum Ziel.

Überlegenswerte Möglichkeit für Langzeiturlauber sind *One-Way-Flüge*, den Rückflug können Sie problemlos auf Lanzarote buchen.

Alternativen zum Direktflug nach Lanzarote: Sollten Sie keinen Lanzarote-Flug mehr bekommen, können Sie auch nach *Gran Canaria* fliegen und mit Inselhüpfern von *Binter Canarias* (www.bintercanarias.com) nach Lanzarote weiterfliegen (ab ca. 40 € einfach). Oder Sie buchen einen Flug auf die Nachbarinsel *Fuerteventura*, nehmen dort nach der Ankunft am Flughafen bei der Hauptstadt Puerto del Rosario ein Taxi nach *Corralejo* an der Nordspitze der Insel (ca. 50 €) und setzen mit einer der bis zu 16 x täglich verkehrenden Fähren nach *Playa Blanca* auf Lanzarote über (→ S. 348). Achtung: Sie sollten spätestens um 17 Uhr gelandet sein, da die letzte Fähre um 20 Uhr geht. Ansonsten eignet sich Corralejo auch gut für eine oder mehrere Übernachtungen – nicht zuletzt wegen der fantastischen Dünenlandschaft südöstlich vom Ort, die Sie mit dem Taxi durchqueren.

Transport von Sondergepäck

Sportausrüstung: Lanzarote ist die Insel der Taucher, Surfer, Radler und Drachenflieger. Gemeinsam ist diesen Sportarten, dass man dafür geeignetes Gerät braucht – und das nehmen immer mehr Urlauber mit in den Flieger, denn vor Ort mieten ist teuer. Pro Passagier wird nur eine Sportausrüstung transportiert, diese muss vorher angemeldet werden und sachgerecht verpackt sein. Für Fahrräder bedeutet das, dass der Lenker in Rahmenrichtung gedreht ist, die Pedale nach innen gestellt sind und die Kette abgedeckt ist. Als Verpackung kann man Pappe, Luftpolsterfolie oder eine Fahrradtasche verwenden. Unterm Strich sind die Transportkosten immer noch billiger, als auf Lanzarote ein Sportgerät für mehrere Wochen zu mieten.

Haustiere: Experten warnen davor, Tiere mit in den Urlaub zu nehmen, denn eine Reise im Gepäckraum, wo es laut, dunkel und kalt ist, ist ein traumatisches Erlebnis. In der Kabine darf der vierbeinige Liebling in der Regel nur mitfliegen, wenn er nicht schwerer als 6 kg ist und eine spezielle Transportbox gekauft wurde. Wegen der nötigen Impfungen und anderer Formalitäten müssen Sie Ihren Tierarzt spätestens einen Monat vor der Reise kontaktieren. Am besten aber lassen Sie Ihr Tier zu Hause betreuen, es gibt z. B. „Catsitter" und Tierpensionen (im Tierheim nachfragen).

Mit dem Schiff

Die einzige Schiffsverbindung vom europäischen Kontinent auf die Kanaren gibt es von der Hafenstadt Cádiz im äußersten Südwesten Spaniens.

Die strapaziöse Tour dorthin lohnt ausschließlich für Langzeiturlauber, die ihren Wagen oder sperriges Gepäck mitführen wollen. Alles in allem muss man ab Deutschland bis Lanzarote gut sechs Tage rechnen, zurück das Gleiche – zweifellos zu lang für einen dreiwöchigen Kanaren-Urlaub. Und das Ganze zu einem Preis, der weit über den Kosten für einen Flug liegt.

Die spanische Gesellschaft „Acciona Trasmediterránea" (www.trasmediterranea.es) hat das Monopol auf der Kanaren-Route, rund ums Jahr legt einmal wöchentlich eine Großfähre in Cádiz ab (Stand 2016: Di 17 Uhr) und läuft etwa 30 Stunden später (Mi 23 Uhr) *Arrecife* auf Lanzarote an. Die Überfahrt von Arrecife nach *Cádiz* findet ebenfalls einmal wöchentlich statt (Stand 2016: Abfahrt So 1 Uhr).

Information und Buchung Die Fähre von Cádiz nach Lanzarote fährt weiter nach Gran Canaria und Teneriffa und wird viel genutzt. Buchen Sie mindestens einige Wochen vorher bei **Voigt Seereisen-Agentur GmbH**, Herrenholz 10–12, 23556 Lübeck, ✆ 0451-88006-166, www.seereisen-agentur.de.

Kreuzfahrtschiff „Aida" vor Lanzarote

Ausstattung Unterbringung in Zwei- oder Vierbettkabinen (in Doppelkabinen auch Einzelbelegung möglich, in Vierbettkabinen Zweier- und Dreierbelegung). Alle Kabinen mit Du/WC.

Self-Service und **Restaurant** öffnen 3 x tägl. und bieten zufrieden stellendes Essen.

Ansonsten gibt es einen **Salon** mit Bar, diverse **TV-/DVD-Geräte** (gelegentlich englisch synchronisierte Spielfilme, sonst spanisches Programm), einen **Swimmingpool** mit Liegestühlen und einen **Duty-free-Shop**.

Ankunft auf/Abflug von Lanzarote

Mit dem Flugzeug: Der Flughafen *Aeropuerto de Lanzarote* liegt landeinwärts der Playa Guasimeta, genau zwischen der Inselhauptstadt Arrecife und dem Touristenzentrum Puerto del Carmen, jeweils etwa 7 km entfernt. Wegen des ständig steigenden Touristenaufkommens wurde er in den 90er Jahren komplett umgebaut und erweitert. Das ehemalige, von César Manrique gestaltete Abfertigungsgebäude, einst als Musterbeispiel für einen ästhetisch gelungenen Flughafenbau gewürdigt, liegt gleich daneben.

Die Ankunftsebene (*llegadas/arrivals*) befindet sich im Basement, die Abflugsebene (*salidas/departures*) mit Fluggaststeigen im ersten Stock. Ein großer, carportähnlich überdachter Parkplatz (gebührenpflichtig) liegt vor dem Terminal, rechts neben dem Terminal (wenn man herauskommt) fahren die Busse ab (→ Transport).

In der Ankunftsebene gibt es ein Informationsbüro (✆ 928-820704), außerdem sind einige Autoverleihfirmen vertreten. In der Abflugsebene (*salidas/departures*) findet man nach der Sicherheitsschleuse diverse Souvenirläden, darunter mehrere überteuerte Shops mit Lanzarote-Weinen und anderen kulinarischen Produkten der Kanaren, einen Manrique-Laden mit Reproduktionen seiner Bilder, Kunstkacheln, T-Shirts u. Ä., außerdem einen Laden mit internationaler Presse und eine Cafeteria.

Aeropuerto de Lanzarote, Apartado de Correos 86, E-35500 Arrecife de Lanzarote/Las Palmas, www.aena-aeropuertos.es. Flugauskunft ✆ 902-404704.

Museo Areonautico: Lanzarotes Tor nach Europa

An der Zufahrt zum Flughafen ist das Luftfahrtmuseum ausgeschildert, untergebracht im historischen Abfertigungsgebäude, das von 1946 bis 1970 in Betrieb war. Für Luftfahrtbegeisterte gibt es hier einiges über die Geschichte der Luftfahrt auf den Kanarischen Inseln und vor allem auf Lanzarote zu sehen, darunter zahlreiche Fotos, alte Gerätschaften, Navigationsinstrumente, Modelle, Karten und Pläne. Originell sind die Stücke, die bei Reisenden konfisziert wurden, darunter Attrappen von Schusswaffen, Messer und Schlagstöcke. Ein langes, farbenprächtiges Mural von Manrique mit dem Titel „Lanzarote" schmückt den Hauptraum, gemalt 1953. Im oberen Stockwerk sind der Kontrollturm und das Zentrum für Wetter und Kommunikation zu besichtigen.

Museo Areonautico, Mo–Sa 10–14 Uhr, deutschsprachige Führung möglich. ℡ 928-846365.

Transport Wer pauschal gebucht hat, wird von seinem **Reiseveranstalter** mit dem Bus ins Ferienquartier und wieder zum Flughafen gebracht.

Öffentliche Busse: Haltestelle rechter Hand der Ankunftshalle (wenn man herauskommt).

Bus 161/162: Mo–Fr alle halbe Stunde (ca. 7–22.30 Uhr), Sa/So stündlich (8–20 Uhr) über **Puerto del Carmen** nach **Playa Blanca**.

Bus 22: Mo–Fr alle halbe Stunde (ca. 7–22.30 Uhr) über Playa Honda nach **Arrecife**.

Bus 23: Sa/So etwa stündlich (ca. 7–21 Uhr) über Playa Honda nach **Arrecife**.

In Arrecife kann man am Stadtstrand **Playa del Reducto** in die häufig verkehrenden Busse nach **Costa Teguise** umsteigen.

Taxi: nach Arrecife ca. 16–17 €, nach Puerto del Carmen 20–22 €, nach Costa Teguise 25–28 €, nach Playa Blanca ca. 45–50 € (ungefähre Preise). Fragen Sie den Taxifahrer und lassen Sie sich vor der Abfahrt den Preis nennen.

Mit der Fähre: Der Hafen *Puerto de los Mármoles* liegt 2 km östlich von Arrecife. Mit dem Fahrzeug kommt man von dort nach wenigen hundert Metern zur Umgehungsstraße LZ-3 (*Circunvalación*) um Arrecife, von der Straßen nach Arrecife, Teguise, Costa Teguise und Puerto del Carmen abgehen. Die Busse zwischen Arrecife und Costa Teguise halten an einem Kreisverkehr in Hafennähe, von dort sind es noch einige Fußminuten zum Schiff.

Das von Manrique entworfene Lanzarote-Symbol

Im Tal von Femés im Süden Lanzarotes

Unterwegs auf Lanzarote

Lanzarote ist nicht allzu groß und ganz Eilige können mit einem Mietwagen in zwei Tagen alle Sehenswürdigkeiten „abhaken". Aber auch wer sich mehr Zeit lässt und genauer hinsehen will, wird für individuelle Touren ein Fahrzeug gut nutzen können. Diese werden in allen Touristenzentren vergleichsweise preisgünstig angeboten: Autos, Motorräder und Fahrräder. Aber auch das öffentliche Busnetz hat sich in den letzten Jahren verbessert, die wichtigsten Orte auf Lanzarote kann man mehrmals täglich erreichen.

Öffentlicher Verkehr

Mit 800 Autos auf 1000 Einwohner ist das Fahrzeugaufkommen auf Lanzarote außergewöhnlich hoch.

Die Verkehrsdichte ist allerdings sehr unterschiedlich: Während im Ballungsraum um Arrecife und Puerto del Carmen meist heftiger Verkehr tobt, geht es in den ländlichen Regionen fast immer gemächlich zu. Vor allem im dünn besiedelten Westen und Norden Lanzarotes sind selten mehr als vereinzelte Mietwagenfahrer unterwegs. Erfreulich: Wegen steuerlicher Subventionen sind die Spritpreise wesentlich günstiger als am Festland und liegen derzeit (2016) um die 0,90–1 € pro Liter, Diesel (Gasolio) kostet um die 0,77–90 €.

Das Netz der Straßen wurde im letzten Jahrzehnt auf der ganzen Insel stark ausgebaut. Der Straßenzustand ist in der Regel gut, allerdings sollte man Nachtfahrten auf Nebenstrecken vermeiden, da die Ränder nur ungenügend abgesichert und teils weder beleuchtet noch mit reflektierenden Pfosten versehen sind. Einige Straßen sind außerdem abenteuerlich schmal, z. B. die Serpentinenabfahrt ins Tal der tausend Palmen um Haría. Spezielle Vorsicht ist bei den vielen Inselkreuzungen geboten, die als Kreisverkehr eingerichtet wurden: *Der Verkehr im Kreis hat immer Vorfahrt, auch wenn eine vorfahrtsberechtigte Straße in ihn mündet!* Nahezu alle wichtigen Kreuzungen Lanzarotes hat man mittlerweile zum Kreisverkehr umgebaut und ihre Gefährlichkeit damit deutlich entschärft. 1992 ist der berühmte Inselkünstler César Manrique bei einem Autounfall an einer unübersichtlichen Kreuzung ums Leben gekommen, mittlerweile wurde sie zum Kreisverkehr umgebaut (→ S. 229). Achtung außerdem: Einfädelspuren auf Schnellstraßen sind oft zu kurz oder fehlen ganz. Und auch wenn die Touren durch Lanzarotes Weinanbaugebiete zum genüsslichen Probetrinken einladen, sollte man als Fahrer vorsichtig sein: Wie in Deutschland ist der erlaubte Grenzwert 0,5 Promille, für Fahranfänger (zwei Jahre Führerscheinbesitz) gar nur 0,2 Promille (!). Vor allem an den Wochenenden kontrolliert die Guardia Civil häufig, alkoholisierte Fahrer müssen mit Geldbußen ab 300 € und/oder Führerscheinentzug rechnen.

Höchstgeschwindigkeiten innerhalb geschlossener Ortschaften 40 km/h, auf Schnellstraßen 100 km/h, auf Landstraßen 90 km/h.

Tankstellen Viele Zapfstellen gibt es im Umkreis von **Arrecife**, die meisten sind von 6–24 Uhr oder sogar rund um die Uhr geöffnet. Selbstbedienung ist unüblich, man sagt dem Tankwart z. B. *„lleno, por favor"* (voll tanken, bitte) oder *„para diez/quince/ veinte Euros, por favor"* (für 10/15/20 € bitte).

Wichtige Verkehrsschilder Attencion, trabajos en la calzada = Achtung, Arbeiten an der Fahrbahn; cambio de sentido = Wechsel der Fahrtrichtung; carretera cortada por obras = Straße wegen Bauarbeiten unterbrochen; ceda el paso = Vorfahrt achten; desvío = Umleitung; desvío provisional = vorläufige Umleitung; peligro = Gefahr; zona de obras = Bauarbeiten.

Busse

„Guaguas" (ausgesprochen etwa „uha-uha") heißen die Linienbusse lautmalerisch auf Lanzarote, der Begriff stammt aus Kuba und wurde von Rückwanderern auf die Kanaren gebracht.

Dank der regen touristischen Nachfrage wurden die Verbindungen in den letzten Jahren ausgebaut, bis auf El Golfo an der Westküste sind alle wichtigen Inselorte mehrmals täglich zu erreichen, der berühmte Timanfaya-Nationalpark gehört allerdings nicht dazu. Die Preise sind günstig, Gepäck wird gratis transportiert.

Zentrum des Busnetzes ist der Busbahnhof („Estación de Guaguas") in Arrecife, außerdem starten von der Bushaltestelle am Stadtstrand Playa del Reducto (→ Karte, S. 132/133) häufig Busse nach Costa Teguise und über Playa Honda nach Puerto del Carmen, zum Flughafen und nach Playa Blanca im Süden Lanzarotes. Wenn Sie Tagestouren mit dem Bus planen, informieren Sie sich genau, ob am selben Tag noch ein passender Bus zurückfährt (da Lanzarote nicht groß ist, kann man sich im Notfall aber immer noch ein Taxi bestellen). Die Abfahrtstermine werden nicht immer genau eingehalten, seien Sie bei selten verkehrenden Bussen am besten immer eine Viertelstunde vorher an der Haltestelle und richten Sie sich auf Wartezeiten ein. An Wochenenden und Feiertagen verkehren deutlich weniger Busse. Die Bushaltestellen sind mit Bussymbolen ausgeschildert. Tickets gibt es beim Busfahrer.

Abfahrtszeiten Im Busbahnhof von Arrecife, am Stadtstrand Playa del Reducto und an vielen weiteren Stationen stehen Abfahrtszeiten. Sie erhalten aber auch aktuelle Busfahrpläne zum Mitnehmen (falls nicht vergriffen) im Busbahnhof und in den Büros der Tourist-Information. Aktuelle Daten finden Sie unter www.arrecifebus.com.

Preise Alle Busverbindungen kosten zwischen 1,40 € und 4 € (Stand 2016). Es gibt ein sog. **Bono Bus Ticket** (BBL), das als Normalvariante für wenige Euro in allen Bussen erhältlich ist und mit dem man Ermäßigung von 10 % bekommt. Mit Personalausweis und Passfoto kann man im Busbahnhof von Arrecife die Kartenvariante „Nominada" erwerben, die 20 % Ermäßigung bietet. Weitere Hinweise unter www. arrecifebus.com oder mit Smartphone unter GuaguApp.

Abfahrten ab Busbahnhof

Linie 1: Arrecife – Costa Teguise

Linie 2: Arrecife – Puerto del Carmen

Linie 3: Costa Teguise – Arrecife – Puerto del Carmen

Linie 5: Arrecife – Conil – La Asomada – Femés

Linie 7: Arrecife – Tahiche – Teguise – Teseguite – Arrieta – Punta Mujeres – Haría – Máguez

Linie 9: Arrecife – Tahiche – Teguise –Teseguite – Guatiza – Mala – Arrieta – Punta de Mujeres – Órzola

Linie 10: Arrecife – Teguise – Los Valles

Linie 11: Costa Teguise – Sonntagsmarkt in Teguise (nur So)

Linie 12: Puerto del Carmen – Sonntagsmarkt in Teguise (nur So)

Linie 13: Playa Blanca – Sonntagsmarkt in Teguise (nur So)

Linie 14: Arrecife – Sonntagsmarkt in Teguise (nur So)

Linie 16: Arrecife – La Vegueta – Los Dolores – Mancha Blanca – Tinajo – La Santa/La Santa Sport

Linie 19: Arrecife – Conil – La Asomada

Linie 20: Arrecife – San Bartolomé– Tiagua – Soó – La Caleta de Famara

Linie 21: Arrecife – Playa Honda

Linie 22 u. 23: Arrecife – Playa Honda – Flughafen (23 nur Sa/So)

Linie 24: Arrecife – Puerto del Carmen – Puerto Calero

Linie 25: Costa Teguise – Arrecife – Puerto del Carmen – Puerto Calero

Linie 26: Arrecife– Tahiche – Teguise – Teseguite – Arrieta – Punta Mujeres – Haría – Máguez – Yé

Linie 30: Playa Blanca innerorts (Busbahnhof – Faro Park – Las Coloradas)

Linie 31: Costa Teguise – Teguise – La Caleta de Famara

Linie 32: Playa Honda – San Bartolomé – Arrecife

Linie 52: La Santa – Tinajo – Mancha Blanca – Los Valles

Linie 53: La Santa – Tinajo – Mancha Blanca – Teguise

Linie 60: Arrecife – Tías – Macher – Uga – Yaiza –Playa Blanca

Linie 161/162: Flughafen – Puerto del Carmen – Yaiza – Playa Blanca

Busnetz auf Lanzarote

6 km

Taxi

Wer keinen Mietwagen hat, wird sicherlich gelegentlich ein Taxi in Anspruch nehmen wollen. Die Taxifahrer fahren alle mit Lizenz, sind in der Regel freundlich und gelten als relativ ehrlich.

Für längere Überlandfahrten gibt es Festpreise, ansonsten sind Taxameter vorgeschrieben. Insgesamt sind vier Tarife gültig: Tarif 1 für innerstädtische Fahrten, Tarif 2 für Fahrten hin und zurück, Tarif 3 für Überlandfahrten, Tarif 4 an Feiertagen. In allen größeren Orten gibt es Taxistandplätze. Fahrende Taxis können angehalten werden, wenn das grüne Dachlicht leuchtet.

Preise (Auswahl): vom **Flugplatz** nach Arrecife ca. 16–17 €, Puerto del Carmen 20–22 €, Costa Teguise 25–28 €, Playa Blanca 45–50 €; von **Puerto del Carmen** nach Arrecife ca. 19–23 €, Playa Blanca 40–45 €, Teguise 28–32 €, Jameos del Agua 40–45 €, Órzola 55–60 €; **Inselrundfahrten**: Lanzarote Nord ca. 120–180 € (6–10 Std.), Lanzarote Süd 100 € (4 Std.), Timanfaya 60 € (2 Std.).
Taxiruf: Flugplatz ☎ 928-520176, 630-207305, Arrecife ☎ 928-800806; Haría ☎ 620-315350; Tías/Puerto del Carmen ☎ 928-524220, San Bartolomé/Playa Honda ☎ 928-520176; Teguise/Costa Teguise ☎ 928-524223; Tinajo/La Santa ☎ 928-840049; Yaiza/Playa Blanca ☎ 928-524222.
Internet: www.lanzarotetaxi.com

Mietfahrzeuge

Viele Urlauber mieten sich irgendwann einmal ein Auto. In allen drei Ferienzentren, in Arrecife und am Flugplatz gibt es ein Riesenangebot. Marktführer ist die einheimische Firma Cabrera Medina (www.cabreramedina.com) mit über 20 Filialen, Mitbewerber sind z. B. Pluscar (www.pluscar-lanzarote.com), Felycar (www.felycar.es), Feber (www.autosfeber.es), Direct Car (www.directcar.es) und Cicar (www.cicar.com).

Erfreulicherweise sind wegen des Freihandelsstatus der Kanarischen Inseln die Preise deutlich günstiger als in allen anderen touristischen Gebieten Europas. Dazu kommt die scharfe Konkurrenzsituation – die Bewerber unterbieten sich gegenseitig. Fazit: Schon ab 10 €/Tag (!) kann man einen Kleinwagen leihen, Steuern und die Kosten für eine Vollkaskoversicherung (Franquida daños bzw. Collision damage waver) ohne Selbstbeteiligung inbegriffen. Letztere sollten Sie auf jeden Fall abschließen, da viele Wagen auf Lanzarote nur mit äußerst geringer Deckungssumme haftpflichtversichert sind (auch manche Mietwagen!) und bei einem unverschuldeten Unfall nicht immer Schadensdeckung gewährleistet ist.

Vergleichen Sie vor einer Anmietung unbedingt die verschiedenen Anbieter, denn die Preisunterschiede sind erheblich. Achten Sie dabei besonders auf die verschieden strukturierten Angebote: Manchmal sind nämlich im Preis Vollkasko und Steuern enthalten, manchmal nicht. Ein beliebter Trick ist auch, dass man die erste Benzinfüllung beim Vermieter bezahlen muss und das zu deutlich überhöhten Preisen – der vermeintlich supergünstige Anfangspreis entpuppt sich so als Köder (wir empfehlen die Firma Plus Car, die solche Praktiken ausdrücklich ausschließt). Faustregel: Je länger die Mietdauer, desto besser die Angebote. Versuchen Sie vor allem bei längerer Anmietung unbedingt zu handeln, ein Rabatt ist oft drin. Schließen Sie nur Verträge ab, deren Text auch auf Deutsch oder in verständlichem Englisch vorliegt (meist klein gedruckt auf der Rückseite).

Wichtig: Wer die Asphaltstraßen verlässt, verliert in der Regel den Versicherungsschutz. So ist es eigentlich nicht gestattet, mit dem normalen Miet-PKW zu den berühmten Papagayo-Stränden zu fahren, trotzdem ist der Parkplatz fast ausschließlich von Mietwagen belegt. Sollte dabei ein Schaden am Fahrzeug auftreten, sind die Reparaturkosten nicht von der abgeschlossenen Versicherung abgedeckt und dementsprechend aus eigener Tasche zu bezahlen. Für das Befahren von Erdpisten kann man Jeeps mieten, die allerdings gleich das Doppelte kosten. Wenn Sie vorhaben, nach Fuerteventura überzusetzen, müssen Sie unbedingt die Erlaubnis des Vermieters einholen, andernfalls ist der Versicherungsschutz nicht gewährleistet. Schäden an Reifen gehen zu Lasten des Mieters. Als Fahrer muss man in der Regel mind. 21 Jahre alt sein. Eine Kreditkarte dient zur Sicherheit des Vermieters und wird fast immer verlangt.

Machen Sie vor der Anmietung eine kurze Probefahrt und überprüfen Sie immer auch die Funktionstüchtigkeit des Lichts und der Blinker. Sollten Sie mit defektem Licht von der Polizei kontrolliert werden, ist mit einem Bußgeld zu Ihren Lasten zu rechnen. Lassen Sie sichtbare äußere Schäden protokollieren. Bei Pannen wenden Sie sich immer zuerst an die Verleihfirma, nicht etwa an eine Werkstatt, Abschleppdienst o. Ä., sonst müssen Sie unter Umständen selbst für die Kosten aufkommen. Strafzettel sollte man möglichst sofort bei einer Polizeistation bezahlen (fragen Sie Ihre Autovermietung, bei welcher). Dort ist man meist freundlich und bekommt bei Barzahlung bis zu 60% Rabatt.

Dieses schöne Verkehrsschild bei Uga gibt es leider nicht mehr

Bei allen Verleihfirmen ist es möglich, online schon von zu Hause aus zu buchen, ebenso können Sie das über Broker wie www.billiger-mietwagen.de tun, der Ihnen eine Reihe von Vermietern vorschlägt und auch die Versicherungsbedingungen transparent darstellt. Sie können dann den Wagen schon bei Ihrer Ankunft am Flughafen abholen und dort auch wieder abgeben. Man kann sich einen Wagen aber meist auch ohne zusätzliche Kosten ins Hotel bringen lassen und dort wieder zur Abholung abstellen.

In allen drei Urlaubszentren gibt es neben Autos verschiedene *motorisierte Zweiräder* und *Fahrräder* zu mieten (→ Infos unter den jeweiligen Orten). Das größte Angebot an Motorrollern und Motorrädern hat Direct Car, auch die Anmietung am Flughafen ist möglich.

Fahrrad

Der weltweite Bike-Boom im letzten Jahrzehnt hat auch vor Lanzarote nicht Halt gemacht. Die Insel ist großteils flach bis hügelig und das Klima ganzjährig günstig, somit bieten sich ideale Bedingungen, sowohl für Genießer als auch für sportlich ambitionierte Rennradfahrer. Immer mehr Urlauber bringen deshalb ihre Drahtesel im Flugzeug mit und nutzen die langen, geraden Asphaltstraßen für ausgedehnte Tourenfahrten.

Für Radsportler ist Lanzarote ein Dorado

Geeignet dafür sind fast alle Straßen. Sogar die mehrspurige und viel befahrene LZ-2 zwischen Arrecife und Tías besitzt befestigte Randstreifen, die Biker nutzen können. Größere Steigungen sind jedoch auch hier und dort zu überwinden, z. B. landeinwärts von Puerto del Carmen und Costa Teguise, im Gebirge Risco de Famara im Norden Lanzarotes und um Femés im Süden. Schöne Abfahrten für Rennradler bieten die abschüssigen Straßen um Hotel La Santa Sport an der Westküste und die „Carretera Local" durch den Nationalpark Timanfaya.

Auch für Mountainbiker sind die Bedingungen hervorragend. Da die Schwierigkeitsgrade auf den Pisten allerdings sehr unterschiedlich sind (von leicht bis sehr schwer) und auf keiner erhältlichen Inselkarte sämtliche Wege eingezeichnet sind, empfiehlt es sich anfangs, die eine oder andere Tour unter Führung Ortskundiger mitzumachen. Diese Touren werden von vielen Verleihstationen angeboten und bieten meist kurzweiliges Vergnügen zusammen mit Gleichgesinnten. Manche Verleiher vergeben gratis Karten mit eingezeichneten Mountainbike-Routen. Viele Pisten sind waschbrettartig planiert, breite Reifen mit grobem Stollenprofil sind dafür nötig. Im Internet findet man einige deutschsprachige Tourenbeschreibungen unter www.radtouren.de/lanzarote_infos.html.

Wer sich gezielt mit Radsport beschäftigen will, für den ist das Sporthotel *Club La Santa* an der Westseite Lanzarotes eine ideale Anlaufstelle. Die Umgebung des Hotels ist fast völlig flach und zum Radfahren bestens geeignet, auch für Rennräder. Zudem organisiert der Club La Santa mehrmals im Jahr Wettbewerbe für Radfahrer, darunter den berühmten *Ironman-Triathlon Lanzarote* im Frühjahr (3,8 km Schwimmen, 180 km Radfahren, 42 km Laufen).

Fahrradverleiher in Arrecife, Puerto del Carmen, Costa Teguise, Playa Blanca, Puerto Calero, La Caleta de Famara, Charco del Palo und La Santa, im Hotel La Santa Sport und auf der Insel La Graciosa. Die Vermieter sprechen oft Deutsch, Details in den jeweiligen Ortstexten.

Mountainbiker aufgepasst: Beachten Sie, dass man in den ausgedehnten Lavafeldern Lanzarotes keinesfalls von den Pisten und Straßen abweichen darf. Querfeldein-Fahrer schädigen nachhaltig den empfindlichen Flechtenbewuchs!

Abendsonne in Puerto del Carmen

Wissenswertes von A bis Z

Baden

Lanzarote verfügt über eine Reihe ausgezeichneter Strände, die z. T. geschützt und sehr kinderfreundlich liegen, z. T. wegen ihrer hohen Brandung und tückischen Unterströmungen aber als ausgesprochen gefährlich gelten.

Erfreulicherweise dominiert im Gegensatz zu anderen vulkanischen Inseln neben dunklen Stränden aus feinkörniger Lavaasche häufig heller Sand. Vielen Stränden sind allerdings ausgedehnte Flächen aus scharfkantigen Klippen vorgelagert, die bei Flut unter der Wasseroberfläche liegen und nur bei Ebbe erkennbar sind.

Außer den Stränden in *Puerto del Carmen*, *Costa Teguise* und *Playa Blanca* gibt es noch folgende exzellente Strände auf Lanzarote: den Stadtstrand von *Arrecife* (→ S. 141), die *Papagayo-Strände* im äußersten Süden (→ S. 362), den kilometerlangen Strand in der Bucht von *Famara* (→ S. 249), die nur zu Fuß oder per Boot erreichbare *Playa del Risco* (→ S. 290), die schneeweißen Dünenbuchten bei *Órzola* (→ S. 308) und die *Playa de las Conchas* auf der Insel La Graciosa (→ S. 322). Organisierte Strandüberwachungen in Form von hölzernen Wachtürmen gibt es an den Hauptstränden der drei großen Urlaubszentren und an der Playa del Reducto in Arrecife (allerdings nicht immer regelmäßig besetzt). An der Playa Grande in Puerto del Carmen und an der Playa Dorada in Playa Blanca sind sogar Rot-Kreuz-Stationen eingerichtet.

Generell sind die Ostküste und der Süden Lanzarotes deutlich weniger den Winden ausgesetzt als die stürmische Westküste und der Norden. Aufgezogene rote Fahnen signalisieren **Badeverbot**. Diese Hinweise sollte man unbedingt ernst nehmen, jedes Jahr gibt es Tote im Meer.

Diplomatische Vertretungen

Für Lanzarote sind die Konsulate bzw. Honorarkonsulate auf Gran Canaria zuständig, Deutschland hat aber auch ein Honorarkonsulat auf Lanzarote eingerichtet.

Deutsches Konsulat, Calle Albareda 3, E-35007 Las Palmas de Gran Canaria. Mo–Fr 9–12 Uhr. ✆ 928-491880, www.spanien.diplo.de.

Deutsches Honorarkonsulat Lanzarote, Dr. Roland Mager, Avda.de la Llegada / el Varadero 30, E-35580 Playa Blanca. Mo u. Do 10–13 Uhr. ✆ 928-519231.

Österreichisches Honorarkonsulat, Hotel Escorial, Avda. de Italia 6, E-35100 Playa del Ingles. Mo–Fr 10–13 Uhr. ✆ 928-761350, www.bmeia.gv.at, consuladodeaustria@gmail.com.

Schweizer Konsulat, Urbanización Bahía Feliz, Edificio de Oficinas, Local 1, E-35107 Playa de Tarajalillo, Gran Canaria. Mo–Fr 9–13 Uhr. ✆ 928-157979, www.eda.admin.ch/spain, laspalmasgc@honrep.ch.

Einkaufen

Bezüglich der Lebenshaltung gibt es auf Lanzarote kaum Probleme. Zahllose gut sortierte *Supermercados* führen alle erdenklichen Waren und sind bis spätabends und oft auch sonntags geöffnet. In den sog. *Centros Comerciales* findet man außerdem Läden für jeglichen touristischen Bedarf. Wegen des besonderen Status der Kanarischen Inseln als Freihandelszone „Zona Especial Canaria" (ZEC), die sich in konkurrenzlos niedrigen Steuern manifestiert, z. B. IGIC (entspricht der Mehrwertsteuer) von 7 %, gibt es ein Riesenangebot an preisgünstigen Spirituosen, Parfüms und Zigaretten.

> **Spartipp**: Die Einkaufspreise in den Urlaubszentren liegen etwa auf mitteleuropäischem Niveau. Günstiger sind die großen Supermärkte an der Peripherie von Arrecife sowie an der Schnellstraße zwischen Arrecife und Puerto del Carmen (Nähe Flugplatz), letztere sind allerdings z. T. nur für gewerbliche Kunden zugänglich.

Elektroartikel: Die Produkte aller wichtigen internationalen Firmen stehen in den oft von indischen Clans geführten „Basaren" zum Verkauf. Ohne genaue Kenntnisse der Materie raten wir jedoch vom Kauf von Elektrogeräten auf den Kanaren dringend ab, denn es wird häufig mit Tricks gearbeitet, z. B. dem heimlichen Vertauschen des Geräts, der Manipulation der Vorführqualität etc. Falls Sie trotzdem etwas kaufen wollen, sollten Sie sich bereits zu Hause über die aktuelle Preissituation informieren, denn auf den Kanaren wird vieles zu überhöhten Preisen angeboten. Bedenken Sie auch, dass Sie in aller Regel keine Garantiebestätigung erhalten.

Kunsthandwerk und Mitbringsel: Die Produktion von Kunsthandwerk war auf Lanzarote immer problematisch wegen des Mangels an Rohmaterialien. Authentische Stücke sind *Töpferware, Rosettenstickereien, Flechtkörbe* aus Palmwedeln und die typischen Musikinstrumente namens *Timple* (→ Abschnitt Lanzarote allgemein/ Kunsthandwerk). Schöne Mitbringsel sind aber auch die Samen und Setzlinge zahlreicher exotischer Pflanzen. Von den eigenständig kanarischen Gewächsen eignen sich die *Kanarische Palme* und der *Drachenbaum* zur heimischen Anzucht. Dazu kommen zahlreiche *Kakteenarten*, die ursprünglich meist aus Südamerika stammen. Seit einigen Jahren wird auch *Aloe Vera* auf Lanzarote kultiviert, in den diversen Shops gibt es davon die unterschiedlichsten Produkte. Aber auch sonst zeigen sich die Lanzaroteños mittlerweile höchst erfinderisch: Der in Traubenkernen enthaltene Wirkstoff Polyphenol ist z. B. die Grundlage für die sog. „Weintherapie", die als angenehm duftendes Peeling, Badezusatz und Körpercreme den Kreislauf und das Immunsystem stärken soll, die Durchblutung fördert, Gewebe strafft und Falten glättet – ein interessantes Nebenprodukt der Weininsel Lanzarote. Und auch schlichte Seife wird mit Meersalz, Algen oder Vulkanasche (!) versetzt zum reizvollen Lanzarote-Souvenir. Ganz und gar traditionell-authentische Produkte Lanzarotes sind schließlich *Gofio* und naturbelassenes *Meersalz* ohne chemische Zusätze.

Märkte: In *Teguise* findet sonntags der große Kunsthandwerks- und Souvenirmarkt *El Mercadillo* statt, das bedeutendste derartige Ereignis der Insel. Mindestens einmal sollte man dort gewesen sein, von allen Touristenorten starten Busse. In den letzten Jahren sind zusätzlich viele weitere Märkte entstanden.

Auch Bauern bieten ihre Produkte auf den Märkten an

Märkte

Arrecife: Mi und Do Kunsthandwerksmarkt am Charco San Ginés, Fr u. Sa in der Fußgängerzone, Sa Bauernmarkt vor der Kirche.

Costa Teguise: Di Bauernmarkt, Mi und Fr kleiner Kunsthandwerksmarkt.

Haría: Sa Kunsthandwerks- und Bauernmarkt.

Mancha Blanca: So Bauernmarkt.

Playa Blanca: Mi und Sa großer Kunsthandwerksmarkt in der Marina Rubicón.

Puerto del Carmen: Fr Kunsthandwerks- und Bauernmarkt im alten Hafen.

Teguise: So größter Kunsthandwerksmarkt Lazarotes.

Ein- und Ausreise

Deutsche, Österreicher und Schweizer benötigen einen gültigen *Personalausweis* oder *Reisepass*. Auch für Kinder unter 16 Jahren ist ein Kinderausweis bzw. Reisepass mit Lichtbild erforderlich, Eintragungen im Reisepass der Eltern werden nicht mehr anerkannt. Noch gültige Kinderausweise nach altem Muster ohne Foto (Kinderausweise werden seit 2006 nicht mehr ausgestellt) werden akzeptiert. Eine Kontrolle der Ausweise findet für deutsche und österreichische Ankömmlinge in der Regel nicht mehr statt (Schengener Abkommen).

Eintrittspreise

Die recht hohen Eintrittspreise zu den Attraktionen Lanzarotes können mit einem *Bono* (Gutschein) für vier oder sechs „Centros Turísticos" verbilligt werden: Der Gutschein für Montañas del Fuego, Jameos del Agua, Jardín de Cactus und Cueva de los Verdes kostet ca. 26 € (Kinder 7–12 J. 13 €). Und will man zusätzlich noch den Mirador del Río und das Museo Internacional de Arte Contemporáneo in Arrecife ansehen, kostet das 30 € (Kinder 7–12 J. 15 €). Die Gutscheine sind an den Kassen der Sehenswürdigkeiten erhältlich.

Essen und Trinken

Das ehemals entbehrungsreiche Leben auf den Kanarischen Inseln schlägt sich in der traditionellen Küche nieder: einfache und deftige Kost ohne große Raffinesse, viel Atlantikfisch – dafür wenig Fleisch, stärkehaltige, kalorienreiche und sättigende Grundnahrungsmittel, bescheidene Auswahl der Zutaten, große Portionen.

Doch typisch kanarisch essen ist heute auf Lanzarote schwer geworden – gibt es doch nur noch eine Handvoll Lokale, die man als authentisch bezeichnen kann. Die überwiegende Mehrzahl der über 400 Restaurants Lanzarotes ist ausschließlich für Touristen da. Und dort wird so ziemlich alles geboten, was unter Essen zu verstehen ist – nur nicht kanarische Küche.

Der Touristenboom der letzten 30 Jahre hat die kulinarische Landschaft der Insel einschneidend verändert – zum einen haben sich spanische Festlandsküche und Essgewohnheiten ausgebreitet, zum anderen dominiert häufig „internationale Küche", die vielen Geschmäckern gerecht wird: Chinesen und Inder, Pizza und Steaks, mexikanische Tacos und Döner Kebab, Hamburger und Pommes, Leberkäs und Bratkartoffeln ... Vor allem Puerto del Carmen hat stellenweise den Charakter eines überdimensionalen Schnellimbisses angenommen, wo man alles zu jeder Tageszeit essen kann.

Am ehesten kann man kanarische Atmosphäre in den Fischrestaurants schnuppern, die in den kleinen Küstenorten entstanden sind. Im einfachen rustikalen Ambiente werden dort reichhaltige Fischplatten serviert, dazu gibt es die typischen Schrumpelkartoffeln namens *papas arrugadas*, scharfe *Mojo-Soße* und eine Karaffe mit Inselwein – Meeresbrandung natürlich immer inklusive. Ganz sicher eine der schönsten Arten, sich Lanzarote kulinarisch zu nähern – wenn auch der rege touristische Zuspruch nicht gerade die billigsten Preise nach sich gezogen hat.

Strandkneipe im Fischerdorf El Golfo

Die Lokale Die meisten bezeichnen sich natürlich mit dem internationalen Wort Restaurante, gelegentlich mit dem Beiwort típico – dort werden dann traditionelle kanarische Gerichte serviert.

Die typischen „Fischlokale" namens Marisquería findet man vor allem in Arrecife. Der Name leitet sich von *marisco* (Schalentier, Muschel) ab. Hier gibt es alles, was das Meer an Essbarem zu bieten hat.

Parrilla, das traditionelle „Grilllokal" ist auf Lanzarote nicht weit verbreitet, zumindest dem Namen nach, Grillküchen gibt es aber überall.

In den schnellimbissähnlichen Cafeterias von Arrecife werden „platos combinados" geboten, manchmal mit südamerikanischem Einschlag (→ Spanische Küche).

Die zahlreichen **Bars** entsprechen in etwa unseren Kneipen, zu essen gibt es meist diverse Appetithappen, die sog. Tapas (→ Spanische Küche).

Im **Kiosko** schließlich gibt es Getränke und Snacks wie Bocadillos (belegte Brötchen) und Churros (Spritzgebäck).

Die Preise liegen in den Touristenzentren auf mitteleuropäischem Großstadtniveau. Für etwa 50–60 € kann man zu zweit gut speisen und trinken. Eine Flasche Lanzarote-Wein kostet im Lokal ca. 10–15 €.

Kanarische Küche

Die kanarische Küche besitzt einige Eigenheiten, die man sonst nirgendwo findet – die Nationalspeise Gofio, die kleinen Kartoffeln namens Papas arrugadas und die allgegenwärtige Mojo-Soße, die in zwei Varianten auf den Tisch kommt: rot und grün. Bis auf Kartoffeln, Zwiebeln, Tomaten und Fisch muss auf Lanzarote alles eingeführt werden, die Zutaten sind also traditionell beschränkt.

Salat fehlt nie auf der Speisekarte, Gemüsebeilagen gibt es dagegen so gut wie gar nicht, stattdessen werden kräftige Eintöpfe und Gemüsesuppen serviert. Die Fischauswahl ist naturgemäß groß, an Fleisch gibt es meist nur Huhn, Kaninchen, Zicklein und Lamm. Egal ob Fisch oder Fleisch – alles wird gegrillt oder auf der heißen Platte gebraten (*„a la plancha"*), allgegenwärtiges Gewürz ist Knoblauch.

Gofio: Das kanarische Grundnahrungsmittel reicht bis in die Zeit der Majos zurück. Für seine Herstellung werden zunächst Gersten-, Mais- oder Weizenkörner geröstet, anschließend zu feinem, extrem ballaststoffreichem Vollkornmehl vermahlen. Das so entstandene Produkt kann man wegen der vorher erfolgten Röstung zwar nicht mehr backen, aber trotzdem sehr vielseitig verwenden: Mit etwas Wasser, Milch oder Honig vermengt, wird es dem Canarios z. B. zu kleinen mundgerechten Kugeln geknetet, es wird zur Verdickung der Gemüsesuppe Potaje verwendet, man serviert es mit Hülsenfrüchten und roter Mojo-Soße, nimmt es für die Herstellung von Nachspeisen und Süßigkeiten, zum Panieren oder als Kleinkinderbrei und nascht es auch gern zum Wein. Für viele Canarios ist der preiswerte Gofio auch heute noch eine der wichtigsten Grundlagen der alltäglichen Ernährung – ganz ähnlich der Polenta in Oberitalien. Sein etwas fader, meist etwas süßlicher Geschmack ist allerdings Gewöhnungssache.

Das Mahlen der Körner übernehmen heute moderne Maschinen. Die alten, windbetriebenen Gofio-Mühlen aus vorelektrischen Zeiten stehen aber noch überall auf Lanzarote, meist zerbrochen und verwahrlost. Liebevoll restauriert kann man sie besichtigen im Freilichtmuseum *Museo Agrícola El Patio* in Tiagua und in der César-Manrique-Kreation *Jardín de Cactus* in Guatiza. In Restaurants wird Gofio eher selten serviert, aber in kleinen handlichen Päckchen liegt es in verschiedenen Souvenirshops und vielen Supermercados aus (*gofio de maíz* = Mais, *gofio de trigo* = Weizen).

Kartoffeln: Die kleinen, runzligen *papas arrugadas* (arrugado = runzlig) isst man praktisch zu jedem Fleisch- oder Fischgericht. Ihre Besonderheit ist die mit einer dünnen Salzkruste versehene Schale, die man stets mitisst. Zubereitung: Die Kartoffeln werden zunächst gründlich gesäubert, dann in stark gesalzenem Wasser bzw. in

Meerwasser gekocht. Das Wasser lässt man weitgehend verdunsten, bis nur das auskristallisierte Salz übrigbleibt, das sich auf der Schale absetzt. Ohne Wasser kurz auf kleiner Flamme weiterkochen lassen, bis sich die Schale runzelt, eventuell noch einmal Salz darüber streuen. Dazu serviert man immer die pikanten roten und milden grünen Mojo-Soßen.

Fisch: Atlantikfische sind große, widerborstige und zähe Gesellen mit reichlich Fleisch, aber auch vielen Gräten. Man spürt den Fischreichtum der Kanarischen Inseln und die Wirte gehen z. T. großzügig mit den Portionen um. Die Zubereitung funktioniert allerdings nach Schema F: ausnehmen, grillen *(a la plancha)*, fertig. Eher selten ist gekochter *(cocido)* oder panierter *(rebosado)* Fisch. Wer mit den Gräten nicht zurechtkommt, sollte Filet bestellen, das fast überall auf der Karte steht. *Pescado mixto* oder *pescado frito* sind gewaltige Fischplatten mit mehreren verschiedenen Fischarten, Tintenfisch etc. Ein besonders exquisites Gericht ist *pescado à la sal* – Fisch in einer Kruste aus Meersalz, im Backofen gegart und als Filet serviert (Vorbestellung meist nötig). Tipp: Bestellen Sie „pescado del día" (Fisch des Tages), um wirklich frischen Fisch zu bekommen. Ansonsten ist vieles „congelado" (tiefgefroren), was auch auf manchen Speisekarten vermerkt ist. Mit der Käfigaufzucht von Fischen (Aquakultur) kann man mittlerweile die touristische Nachfrage gut bewältigen.

Eine besondere Attraktion Lanzarotes sind die Lachsräuchereien in Uga und Macher, die Lachs aus nordeuropäischen Ländern importieren – *salmón* ist so mittlerweile eine gesuchte Vorspeisenspezialität in vielen Restaurants geworden.

Atún (oder **Bonito**): Ganze Schwärme von Thunfischen werden um den kanarischen Archipel aus dem Meer gefischt. Die etwa einen Meter langen, sehr schweren und äußerst kompakten Fische bieten einen enormen Fleischvorrat und werden meist als Filet serviert.

Kanarisch-spanische Küche: Atlantikfisch, Paella, Gambas und Papas arrugadas

Bacalao: Kabeljau bzw. Stockfisch, man sieht ihn oft zum Trocknen an Leinen hängen.

Boquerones: Sardellen werden in Bars oft als Appetithappen (Tapas) serviert.

Gallo: Die zierfischähnliche „Rotzunge" lebt fast ausschließlich in den kanarischen Gewässern. Ihr Geschmack ähnelt der Seezunge.

Lenguado: Die Seezunge stammt in der Regel nicht aus kanarischen Gewässern, ist aber ein beliebter Speisefisch.

Merluza: Der Seehecht, eine Schellfischart, gehört zu den am häufigsten angeboten Atlantikfischen.

Sama: Sachkundig zubereitet kommt das schmackhafte, zarte Fleisch der Rotbrasse erst richtig zur Geltung.

Sardinas: Sardinen gehen immer massenweise ins Netz, in den Fischhandlungen werden sie kiloweise für wenig Geld verkauft.

Vieja: der rote Papageienfisch, wörtlich übersetzt „Die Alte". Ein leuchtend roter karpfenähnlicher Speisefisch mit zartem, weißem Fleisch, der in den kanarischen Gewässern weit verbreitet ist.

Weitere Speisefische: **besugo** (Graubarsch), **cabrilla** (Ziegenfisch), **cherne** (Alter Wrackfisch), **chopa** (Streifenbrasse), **corvina** (Adlerfisch), **dentón** (Zahnbrasse), **dorada** (Goldbrasse), **emperador** (Schwertfisch), **lisa** (Meeräsche), **mero** (Zackenbarsch), **rape** (Seeteufel), **rubio** (Roter Knurrhahn), **sargo** (Große Weißbrasse), **chicharro** (Blauflaggenmakrele) und der **bocinegro**.

Schalentiere und Meeresfrüchte (mariscos): Muscheln, Garnelen, Tintenfisch, Langusten, Krebse und Hummer werden reichlich angeboten, sind allerdings im Gegensatz zum Fisch größtenteils tiefgefroren importiert, denn die kanarischen Vorkommen reichen für die Touristenmassen nicht mehr aus.

Calamares: Die kräftigen weißen Körper der Tintenfische werden traditionell als Ganzes serviert, nicht etwa in Ringe zerschnitten.

Lapas: Napfschnecken kleben wie Hütchen an den Riffen um Lanzarote und werden bei Ebbe geerntet, man führt sie aber auch ein. Gereicht werden sie mit „mojo verde".

Weiterhin sind auf Lanzarote vergleichsweise günstig zu haben: **langostinos** (Königskrabben), **langostas** (Langusten), **cangrejos** (Krebse) und **bogavante** (Hummer), außerdem **almejas** (Muscheln), **mejillones** (Miesmuscheln) und **pulpo** (Krake).

Eintöpfe und Suppen: Die reichhaltigen Gemüseeintöpfe Lanzarotes bilden oft eine Mahlzeit für sich, vor allem der üppige *puchero* und der *rancho Canario*. Vorsicht: Da in den deutschsprachigen Speisekarten oft undifferenziert von „Kanarischer Eintopf" die Rede ist, sollte man immer im spanischen Text erkunden, ob es sich um Potaje oder Puchero handelt – der Unterschied ist gravierend.

Puchero: Das typischste Eintopfgericht wird traditionell am Sonntag serviert und kommt in mächtigen Portionen auf den Tisch. Es besteht aus mindestens drei Sorten Fleisch – meist Huhn, Rind, Schwein – und Gemüse, u. a. Kichererbsen (Garbanzo), Mais, Weißkohl und Mohrrüben, die getrennt voneinander in Salzwasser gedünstet werden.

Sancocho Canario: traditioneller Eintopf aus gegartem Stockfisch, Kichererbsen, Zwiebeln und Süßkartoffeln. Wird wie der Puchero meist nur sonntags serviert.

Rancho Canario: deftiger Eintopf aus Kichererbsen und Nudeln, mit Fleischeinlage von Schweinerippchen oder Huhn.

Potaje Canario: kräftige Gemüse- und Kartoffelsuppe, die man meist als Vorspeise isst, für einen Imbiss zwischendurch reicht sie aber auch durchaus alleine.

Potaje de berros: leckerer Eintopf aus weißen Bohnen, Kartoffeln, Kürbisstückchen und gehackter Brunnenkresse, ebenfalls eher als Vorspeise zu betrachten.

Garbanza: sättigende Kichererbsensuppe, oft angereichert mit Bauchfleisch oder Speck, gewürzt mit Safran.

Zarzuela (oder **Casuela**): Fischfiletstücke, Kartoffeln, Tomaten und Zwiebeln werden zu einer Fischpfanne verarbeitet und kräftig mit Knoblauch gewürzt.

Die beste Adresse, um Puchero und Sancocho zu kosten ist die **Casa Gregorio** in Uga (→ S. 328).

Mojo-Soße: authentische kanarische Gaumenfreude

Ohne Mojo ist kein kanarisches Dinner perfekt. Egal ob dampfende Fischplatte mit Salatteller oder gegrilltes Zicklein mit Papas arrugadas – immer wird ein Töpfchen mit knallroter, eins mit spinatgrüner kalter Soße serviert, gelegentlich ergänzt durch einen Tiegel mit milchig weißer Tunke aus Mayonnaise und Knoblauch. Die rote Soße *mojo picón* besteht aus Chili- oder Peperonischoten, Essig, Salz, Pfeffer, Kümmel, Olivenöl und reichlich Knoblauch. Sie ist in der Regel scharf, manchmal höllisch scharf. Die milde grüne Soße *mojo verde* wird aus grünen Peperoni oder Paprikaschoten hergestellt, ergänzt durch verschiedene Gewürze und Kräuter, hauptsächlich Petersilie und Koriander. Puristen nehmen Mojo picón nur zu Fleisch und Papas arrugadas, die grüne Soße dagegen zu Fisch – doch ist das im Prinzip jedem Geschmack individuell überlassen. Traditionell kleckert man die Soße nicht auf den Teller, sondern tunkt die Bissen ins Töpfchen. Die Herstellungsrezepte sind fast so zahlreich wie die im Umlauf befindlichen Töpfchen, jeder Wirt schwört auf seinen ganz speziellen Mojo. Inzwischen wird Mojo auch im großen Maßstab produziert und in Supermärkten vertrieben – die Qualität ist mit den in Heimarbeit hergestellten Soßen aber nicht zu vergleichen.

Fleisch: muss weitgehend eingeführt werden, da Lanzarote außer seinen Ziegenherden über keinen nennenswerten Viehbestand verfügt. *Cabrito* (Zicklein), *conejo* (Kaninchen) und *cordero* (Lamm) gehören zu den Spezialitäten, im Herbst gibt es auch Wildkaninchen, *conejo salvaje*. Herausragende Qualität darf man nicht erwarten, oft ist das Fleisch ziemlich zäh. Zu den authentischen Gerichten zählen die *parrillada* (Grillplatte), *ropa vieja* (gegrilltes Fleisch oder Fisch mit Kichererbsen und Tomaten) und *pato de cordero* (Lammkeule). Serviert wird Fleisch auf Wunsch *poco hecho* (kurz angebraten), *medio hecho* (medium) oder *bien hecho* (durchgebraten).

Gemüse und Salat: Nur Zwiebeln werden auf Lanzarote im größeren Maßstab angebaut und für viele Zwecke verwendet. Ansonsten findet Gemüse hauptsächlich im Eintopfgericht *puchero* Verwendung, in erster Linie Mais, Kohl und Kichererbsen. Die Salate sind je nach Lokal mehr oder weniger fantasievoll angerichtet. Oft sind sie mit hart gekochten Eiern, Oliven, Spargel oder Avocados angereichert.

Käse: Der leckere Ziegenkäse Lanzarotes wird wegen seiner Farbe einfach „queso blanco" oder „queso de país" (Landkäse) genannt. Es gibt ihn in verschiedenen Reifegraden: *fresco* (frisch, 3–4 Tage alt), *tierno* (weich, 7–8 Tage alt), *semi curado* bzw. *semi seco* (halbtrocken, über 20 Tage alt) oder *curado* (mehr als zwei Monate alt), Letzteren in verschiedenen Härtestufen: *viejo* (alt), *duro* (hart) und *seco* (trocken). Der Käse kann auch ohne Kühlschrank bis zu einem Jahr und länger aufbewahrt werden – um Schädlings- und Pilzbefall zu vermeiden, sind die runden Laibe oft mit einer rostbraunen Paste aus Olivenöl und Paprikapulver bestrichen, *pimentón* genannt. In Restaurants und Tapas-Bars kann man den „queso blanco" als Vorspeise mit Oliven oder Brot ordern.

Süßspeisen: Bekanntestes Dessert auf den Kanaren ist *bienmesabe* („Schmeckt mir gut"), eine leckere Masse aus Honig, Mandeln und Eigelb. Es gibt davon zahlreiche Varianten, z. B. mit Zucker anstatt Honig, mit gerösteten Mandeln, Bananen, Kakaopulver, Schlagsahne und sogar Vanilleeis. Ansonsten kann man häufig *frangollo*

Der lokale Ziegenkäse wird auf allen Inselmärkten verkauft

(Maispudding mit Rosinen und Sirup) oder *torrijas* (Maismehlküchlein mit Anis) kosten, lecker ist auch der *flan* (Karamellpudding), der gerne mit Eis oder Mousse au chocolat serviert wird.

Spanische Küche

Die andalusisch-spanische Küche prägt auch auf den Kanaren weitgehend die allgemeine Esskultur. Jeder, der schon einmal in Spanien war, kennt *tapas*. Es gibt sie in drei Größen: „tapa" (klein), „media ración" (halbe Portion) und „ración" (große Portion). Auch die berühmten Spezialitäten *paella*, *gazpacho* und *tortilla* werden häufig zubereitet. *Platos combinados* schließlich werden in den Cafeterias serviert, außerdem *bocadillos* (belegte Brötchen) und die allseits beliebten *churros con chocolate* (Spritzgebäck mit Kakao).

Wirte vom Festland haben außerdem mittlerweile diverse regionale Varianten der spanischen Küche auf Lanzarote heimisch gemacht. Beliebt ist vor allem die Fleischküche des spanischen Kernlands Kastilien – vom zarten Kalbfleisch nach Madrider Art bis zu *cordero lechal à la Segoviana* (Milchlamm von Segovia) oder *cochinillo Castilla* (Spanferkel kastilischer Art) werden im Ofen gegrillte Bratengerichte häufig serviert. Daneben ist auch die reichhaltige galicische und baskische Meeresküche anzutreffen, z. B. *pulpo* (Krake), *calamar* (Tintenfisch) und *caldeirada* (Eintopf aus Fisch und Meeresfrüchten), dazu die üppig-leckeren baskischen Vorspeisen namens *pintxos*, die fertig vorbereitet sind und bei Bestellung erwärmt werden.

Und Einwanderer aus Südamerika haben ebenfalls ihre Küche mit nach Lanzarote gebracht. Bekannteste Spezialität sind die aus Kolumbien und Venezuela stammenden *arepas*, mit Fleisch, Käse oder Gemüse gefüllte Fladen aus Maisteig.

Tapas: täglich frisch zubereitete, leckere Kleinigkeiten aller Art, kalt und warm – Oliven, frittierter Fisch, Tintenfisch, Schinken, Käse, Kartoffeln, Fleischbällchen, Champignons, Bohnen, aber auch diverse fantasievoll angerichtete Salate … ideal, um tagsüber einen Imbiss einzunehmen.

Paella: die berühmte spanische Reispfanne, garniert mit Gemüse, Meeresfrüchten und Hühnerfleisch, steht vor allem in vielen Fischrestaurants auf der Speisekarte.

Gazpacho: andalusische Gemüsekaltschale mit viel Tomaten und Knoblauch. An heißen Tagen sehr zu empfehlen.

Tortilla: Die Tortilla Española, das spanische Omelett, ist ein zentimeterdicker Eier-/Kartoffelkuchen – recht reichhaltige und sättigende Angelegenheit.

Platos combinados: z. T. der typische Schnellimbiss"fraß" – fettreiche Zusammenstellungen von Wurst, Spiegelei, Pommes etc., aber auch Leckeres kann dabei sein.

Churros con chocolate: in Öl gebackene Teigrollen, dazu schlürft man dickflüssigen Kakao, wird gerne als Frühstück oder Vormittagsimbiss genommen.

Die Weine Lanzarotes

„Aus Asche geboren", „Das Erbe des Vulkans" – so und ähnlich werben die großen Bodegas Lanzarotes für ihre Weine. Unüberhörbar schwingt Stolz mit – zu Recht. Was die Weinbauern Lanzarotes in generationenlanger Arbeit ihrer von Lavaströmen verwüsteten Insel abtrotzten, ist bewundernswert.

Der Weinbau hat auf den Kanaren eine lange Tradition. Wahrscheinlich bereits im 15. Jh. wurde die *Malvasía-Traube* aus Kreta eingeführt. Da der vulkanische Lavaboden der Inseln die Fähigkeit besitzt, große Mengen an Feuchtigkeit zu speichern, wurde der Anbau im 17. Jh. so erfolgreich, dass der Wein sogar exportiert werden konnte. Hauptabnehmer war damals England, das wegen der türkischen Besetzung Kretas die beliebten Malvasía-Weine nicht mehr einführen konnte (im Islam ist der Weinanbau verboten). Sogar Shakespeare (1564–1616) äußerte sich in seinen Schauspielen mehrfach anerkennend über *Canary Wine*, den *Malmsey* (Malvasía) und den *Canary Sacke* – gemeint ist damit trockener („seco") kanarischer Wein. Erst die Einführung von Portwein und Sherry auf den Britischen Inseln verdrängte den kanarischen Wein weitgehend vom Exportmarkt.

Zur eigentlichen Geburtsstunde des Weinbaus auf Lanzarote wurden jedoch erst paradoxerweise die sechs Jahre dauernden *Vulkanausbrüche* im Timanfaya-Gebiet, die 1730–36 weite Teile der Insel völlig mit Lavaschlacke und Lapilli bedeckten. Als nach dem Inferno riesige Ackergebiete unwiderruflich zerstört schienen, wurde die geniale Idee des *Enarenado* (Trockenfeldbau) geboren – bis heute Garant für einen erfolgreichen Weinanbau (→ Wirtschaft, S. 46). Das beeindruckende Geflecht von zahllosen Trichtergruben und Mäuerchen, das sich im Tal von *La Geria* 5000 ha weit über die

Im Weinbaugebiet La Geria

lapillischwarzen Hügel im Randgebiet der Timanfaya-Ausbrüche zieht (→ S. 192), gehört zu den faszinierendsten Sehenswürdigkeiten der Insel. Ein zweites, deutlich kleineres Anbaugebiet liegt an den Hängen des Monte Corona im Norden Lanzarotes (→ S. 285).

Weinbau heute: Nach verschiedenen Krisen hat der Tourismus der letzten 35 Jahre dem Weinbau auf Lanzarote wieder starke Impulse gegeben. Eine Reihe großer und kleiner Bodegas, dazu viele private Weinbauern versorgen den boomenden Markt mit Nachschub. 1,5-3 Mio. Liter Wein werden jährlich produziert, je nach Niederschlägen. Nach Teneriffa ist Lanzarote damit der zweitgrößte Weinproduzent der Kanaren. Die Ernte wird bereits im frühen August eingebracht, denn die intensive Sonneneinstrahlung würde sonst den Wein zu süß und zu stark werden lassen.

Direktverkauf ab Bodega

Traditionell gibt es auf Lanzarote zwei Sorten von Wein, beide weiß bzw. honigfarben: den *Malvasía* (trocken und etwas herb) und den *Moscatel* (süß und schwer). Doch diese alkoholreichen Tropfen entsprechen nicht dem internationalen Geschmack, sind aufwändig in Herstellung und Lagerung, können zudem wegen ihrer Stärke nicht in größeren Mengen genossen werden. Die Bodegas produzieren des halb durch Beimischung anderer Traubenarten zusehends leichte trockene Weißweine und stellen sogar Rotwein und Rosé her – früher auf Lanzarote völlig unüblich.

Die Nachfrage durch die Touristen stellt die Weinmacher auf Lanzarote allerdings vor erhebliche Probleme: Die produzierten Mengen reichen nicht aus, vor allem nach schlechten Erntejahren – immerhin möchten regelmäßig fast sämtliche Supermärkte und Restaurants der Insel bestückt werden. Ein offenes Geheimnis ist deshalb, dass die Inselweine nicht selten mit importierten Festlandsweinen gestreckt werden. Und auch der in vielen Restaurants angebotene *vino de la casa* (Hauswein) ist oft kein echter Lanzarote-Wein. Mittlerweile haben sich die großen Bodegas im *Consejo Regulador Denominación de Origen* zusammengeschlossen. Dieser Verband stellt einer Reihe der Lanzarote-Weine ein Ursprungszeugnis aus und möchte so für ihre „ungepantschte" Qualität bürgen. Das von César Manrique entworfene Emblem findet sich jeweils auf der Flaschenrückseite, gegenüber dem Etikett des Weinproduzenten.

Weinverkostung und -kauf: Die großen Bodegas Lanzarotes liegen fast alle im Weinbaugebiet *La Geria* und Umgebung und besitzen Verkaufsshops, die älteste namens „El Grifo" betreibt in ihrem Anwesen an der Weinstraße von La Geria sogar ein Weinmuseum (→ S. 196). Den typischen lanzarotenischen Landwein *vino del país* erhält man bei Weinbauern, die ihre selbst gekelterten Tropfen mit kleinen Schildern („se vende vino" etc.) preiswert direkt auf ihren Haciendas anbieten. An dem schweren Aroma und der eigentümlichen Geschmacksnote merken

Weißwein = *vino blanco*; Rosé = *vino rosado*; Rotwein = *vino tinto*; Hauswein = *vino de la casa*; Landwein = *vino del país*; trocken = *seco*; halbtrocken = *semi seco*; süß = *dulce*; *tinto di verano* = Sommerwein (Gemisch aus Rotwein und Zitronenlimoade).

Sie sofort, wenn Sie einen solch „echten" Wein vor sich haben. Im Supermarkt kosten Lanzarote-Weine mittlerweile um die 7–12 €, sind also nicht gerade billig.

Sonstige Getränke

Wasser: Ganze Legionen von Plastikflaschen mit Mineralwasser reihen sich in jedem Supermarkt – *Firgas* wird aus Gran Canaria eingeführt, das Lanzarote-Wasser *Chafariz* wird aus entsalztem Meerwasser hergestellt. Auch 5-Liter-Kanister sind erhältlich. Neben kanarischem Wasser gibt es eine Reihe internationaler Firmen, deren Produkte ebenso in Deutschland die Regale füllen. Die ganze Riesenmenge an Plastik wird auf Lanzarote ohne Pfand angeboten und landet fast vollständig auf dem Müll oder in der Landschaft.

Bier (cerveza): Abgesehen von den beiden kanarischen Marken *Tropical* (Gran Canaria) und *Dorada* (Teneriffa), stammt das auf den Kanaren ausgeschenkte Bier bevorzugt aus Deutschland und Dänemark, darunter Warsteiner, „Köpi", Löwenbräu, Henninger, Tuborg usw. – teilweise in Lizenz auf Gran Canaria gebraut, z. T. als Importbier vom Fass. Auch alkoholfreies Bier ist erhältlich = *cerveza sin alcohol*. Tipp: Englische Kneipen schenken Bier meist am preiswertesten aus.

Caña = kleines Bier vom Fass; *jarra* = „großes" Bier vom Fass (meist 0,4 l)

Kaffee: Viele Touristen halten sich an *café con leche*, eine große Tasse halb mit Kaffee und halb mit Milch. Aromatischer und kräftiger ist *café solo*, ein kleiner schwarzer Espresso, oder *café cortado*, ein kleiner Schwarzer mit Milch. Ein *café americano* ist ein café solo mit mehr Wasser, er ist deshalb nicht so stark, schmeckt aber trotzdem noch aromatisch. Wenn man *café manchado* bestellt, erhält man die Milch extra serviert. Besonders lecker mundet der mit einem Schuss Cognac oder Rum veredelte *café carajillo*.

Spirituosen: Hochprozentiges ist sehr preisgünstig zu haben – vor allem nach großen Fiestas sind Schnapsleichen auch auf Lanzarote leider keine Seltenheit.

Fremdenverkehrsämter

Beim Spanischen Fremdenverkehrsamt kann man unter www.spain.info Prospekte und Broschüren bestellen. Die Adressen der Niederlassungen in Deutschland, Österreich und der Schweiz findet man auf derselben Website unter „Praktische Informationen", Informationsstellen auf Lanzarote → Arrecife, Puerto del Carmen, Costa Teguise, Teguise und Playa Blanca.

Geld

Die Kanarischen Inseln gehören zu Spanien und somit zur europäischen Währungsunion. Am 1. Januar 2002 wurde auch hier der Euro eingeführt.

Am besten holen Sie Ihr Geld aus den zahlreichen *Geldautomaten*. Es gibt sie vor allem in *Arrecife*, *Puerto del Carmen*, *Costa Teguise* und *Playa Blanca*, aber auch in anderen Orten wie *Tías* und *Yaiza*, meist zu erkennen am Logo „Telebanco". Mit Geheimnummer und Bankkarte können in der Regel täglich mindestens 250 € abgehoben werden, bei manchen Banken auch mehr. Der Betrag wird etwa eine Woche später von Ihrem heimischen Konto abgebucht, zuzüglich ca. 4,50 € Gebühr. Heben Sie möglichst nur an Banken ab, die gerade geöffnet haben. Im Fall eines Problems bei der Herausgabe der Karte sind Sie so auf der sicheren Seite.

Reiseschecks (z. B. American Express, Thomas Cook oder Visa) muss man schon vor der Abfahrt bei seiner Bank einkaufen, wobei 1 % des Werts als Gebühr erhoben wird. Beim Einlösen wird nochmals eine Gebühr fällig, die sogar noch höher ausfallen kann. Denken Sie daran, dass Sie beim Wechseln von Schecks Ihren Ausweis vorlegen müssen, meist wird auch nach Ihrer Adresse auf Lanzarote gefragt. Vorteil: Bei Verlust oder Diebstahl kann man die Schecks sperren lassen. Ersatz leisten viele große Banken, falls man die Kaufbestätigung für die Schecks vorzeigen kann. Ansonsten hilft ein spezieller Kurierdienst. Kaufquittung und Schecks immer getrennt aufbewahren, außerdem Nummern der Schecks notieren.

Öffnungszeiten der Banken: im Allgemeinen Mo–Sa 9–14 Uhr. Einige Banken in Puerto del Carmen haben zusätzlich 16–19 oder 17–20 Uhr geöffnet. In der Karnevalswoche schließen die Banken schon um 12.30 Uhr und von Juni bis September sind sie samstags geschlossen.

Die gängigen *Kreditkarten* wie Eurocard, Mastercard, Visa, American Express etc. werden auf Lanzarote von vielen Stellen akzeptiert, in Tankstellen jedoch nicht überall. In Verbindung mit dem Ausweis kann man per Kreditkarte bei Banken auch Geld abheben (mit PIN-Code auch vom Automaten), allerdings sind die Gebühren hoch (bis 4 % vom Betrag).

Wichtig: Bei Verlust einer Bank- oder Kreditkarte diese unbedingt sofort international sperren lassen, die zentrale Sperrnummer für Bank- und Kreditkarten ist 0049-116 116 (www.kartensicherheit.de), einzelne Institute nehmen daran allerdings nicht teil.

Gesundheit

„Die Bewohner der Kanarischen Inseln leben ohne Krankheiten zu kennen, bis sie 120 oder gar 140 Jahre alt werden...", so schildert ein Reisebericht aus dem 16. Jh. die paradiesische Situation auf den Inseln vor der nordwestafrikanischen Küste.

Heute ist dem nicht mehr ganz so, die Kanarier werden auch nicht älter als anderswo und auch sie brauchen Ärzte und Krankenhäuser. Doch das nahezu sprichwörtlich „gesunde" und ausgeglichene Inselklima („das beste der Welt") bietet uns gestressten und zivilisationskranken Mitteleuropäern fast ideale Bedingungen zur Regenerierung und kann sogar zur Heilung und Linderung verschiedener Krankheiten beitragen. Das Hochreizklima Lanzarotes kräftigt die Lungen und vor allem in den nasskalten europäischen Wintern bietet sich ein Aufenthalt für jeden an, der seiner Gesundheit etwas Gutes tun will:

- ganzjährig milde Temperaturen, die im Durchschnitt kaum unter 20 Grad C fallen und 30 Grad selten übersteigen,
- frische Meeresluft ohne jegliche Verunreinigung durch Großindustrie,
- keine Ozonbelastung in Bodennähe,
- der Ozonschutzmantel in der Atmosphäre über den Kanaren soll noch weitgehend intakt sein, UV-Strahlung wird also normal gefiltert,
- ganzjährig starke Lichtintensität,
- guter ph-Wert des Regenwassers (7,5).

Geeignet ist ein Aufenthalt auf den Kanaren und speziell auf Lanzarote bei Krankheiten der *Atemwege* (u. a. Asthma, chronische Neben- und Kiefernhöhlenentzündung, chronische Bronchitis, Pseudokrupp und Heuschnupfen), der *Herz-Kreislauforgane* (u. a. Hypertonie, Herzrhythmusstörungen, Angina pectoris, Herzinsuffizienz, Eisenmangelanämie), *Hautkrankheiten* (Neurodermitis, Allergien), *Infektanfälligkeit* und Depressionen. Lanzarote könnte also tatsächlich die ideale Kurinsel sein – doch leider werden Auslandskuren von den Krankenkassen bisher nur selten übernommen.

Gottesdienste

In den Ferienzentren Puerto del Carmen und Playa Blanca gibt es außer im Juli/August regelmäßig evangelische Gottesdienste in deutscher Sprache (www.ekd.de/international/auslandsgemeinden/europa). Beachten Sie auch die aktuellen Aushänge an den Kirchen oder fragen Sie Ihre Reiseleitung. Katholische Messen gibt es nur auf Spanisch.

Haustiere

Wer seinen Waldi liebt, möchte ihn vielleicht auch nach Lanzarote mitnehmen. Bedenken Sie jedoch, dass der Transport im Flieger für Tiere eine furchtbare Qual ist (Flug mit Tieren → S. 81). Auf Lanzarote lehnen viele Hotels und Ferienanlagen Hunde ab, außerdem ist ihnen der Zutritt zu den meisten Restaurants untersagt und auch an den Stränden stehen gelegentlich Verbotsschilder („Perros No"). Im Flughafen dürfen Haustiere nicht einmal den Boden berühren und müssen getragen werden. Falls Sie das nicht abschreckt, kontaktieren Sie Ihren Tierarzt mindestens einen Monat vor der Reise, damit er alles Nötige veranlasst. Maulkorb und Leine sind mitzuführen.

Tierärzte praktizieren u. a. in *Puerto del Carmen* und *Arrecife*, einschlägige Informationen erhält man auch im *Sara-Tierheim* (→ S. 189).

Nicht allen Haustieren auf
Lanzarote geht es gut

Kinder

Für Kleinkinder und Babys ist das milde Klima mit seiner frischen und unbelasteten Meeresluft nahezu ideal. Das hat sich herumgesprochen und fast jeder Flieger transportiert junge Familien auf die Vulkaninsel.

Die Insulaner sind sehr kinderfreundlich. Vor allem, wenn man mit Babys unterwegs ist, wird man überall interessiert angesprochen und oft lassen sich so Kontakte zu den Einheimischen herstellen. Ärgerlich sind lediglich – vor allem in der Hauptstadt Arrecife – die zu schmalen, zu hohen und oft zugeparkten Gehsteige, die ein Durchkommen mit Kinderwagen oft unmöglich machen. Viele Hotels und Apartmentkomplexe verfügen über Spielplätze und Planschbecken, in den großen Anlagen wird überall *Kinderanimation* geboten, oft gibt es auch Waschmaschinen. Auto- und Fahrradvermieter bieten in der Regel Kindersitze bzw. Fahrradhelme an.

Aktivitäten mit Kindern: Für Abenteuerlustige bietet sich die *Cueva de los Verdes* an – ein unterirdischer Lavatunnel mit einer überraschenden Attraktion zum Schluss (→ S. 305). Die gegenüberliegende Grotte *Jameos del Agua* ist für die Kleinen dagegen eher etwas langweilig.

Zu einem Ausflug in die *Feuerberge* kann man Kinder ebenfalls gut mitnehmen und sie werden sich, wenn nicht an der einmaligen Landschaft, sicherlich an der abenteuerlichen Busfahrt erfreuen (→ S. 209). Ebenfalls in den Feuerbergen befindet sich der absolute „Hit", nicht nur für kleine Leute: Der Ritt auf einem *Dromedar* begeistert alle Generationen (→ S. 204).

Ein wenig strapaziös könnte für Eltern ein Ausflug zum überfüllten Markt von *Teguise* werden, der dort jeden Sonntag stattfindet (→ S. 244). Wenn man die Kleinen aber ausreichend mit Eis, Kuchen und Waffeln versorgt hat, kann sich die Sache zu einem schönen Familienausflug entwickeln.

Schließlich gibt es in Puerto del Carmen den Vergnügungspark *Rancho Texas* (→ S. 154), wo man u. a. auf Ponys reiten kann.

Versorgung der Kleinsten: Dafür ist umfassend gesorgt. Gläschen, Brei und Windeln gibt es in Supermärkten, Milchpulver ausschließlich in Apotheken. Es werden ein, zwei internationale Produkte sowie einige spanische Sorten angeboten. Wer die Nahrung nicht umstellen möchte, sollte besser ein paar Tüten des vertrauten Milchpulvers mitnehmen. Die Preise liegen generell höher als in Deutschland.

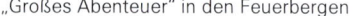

„Großes Abenteuer" in den Feuerbergen

Gefahren: Alle Eltern wissen, dass sie ihre Kleinen von jeglichen Pflanzen fernhalten müssen, da die guten Sprösslinge alles in den Mund stecken. Auf Lanzarote kommt erschwerend dazu, dass die überall wachsenden *Wolfsmilchgewächse*, die sog. Euphorbien, eine milchig-weiße Flüssigkeit enthalten, die auf Schleimhäute, Lippen und Augen ätzend wirkt. Gefährlich sind außerdem die allgegenwärtigen *Kakteen* mit ihren teilweise mehrere Zentimeter langen Stacheln, die überall am Wegrand wachsen.

Klima/Reisezeit

Der Traum vieler Mitteleuropäer wird auf den Kanaren Wirklichkeit. Den ganzen Winter sinken die Temperaturen kaum unter 20 Grad, die Niederschläge halten sich in Grenzen, für Abgehärtete ist auch das Meer mit 17–18 Grad noch badetauglich.

Die Kanarischen Inseln sind das beliebteste Winterreiseziel für Deutsche, Briten und Skandinavier. Viel falsch machen kann man tatsächlich nicht, wenn man im Zeitraum zwischen Weihnachtsmann und Osterhasen einen Flug nach Lanzarote bucht. Die kleinen Schönheitsfehler gibt es allerdings auch hier und das idyllische Bild vom „Ewigen Frühling", wie er von den Reiseprospekten gerne geprägt wird, trifft so nicht zu. Rechnen Sie bei Ihrer Winterreise mit Folgendem: fast durchweg milde bis warme Temperaturen, gelegentlich unterbrochen von Kälteeinbrüchen, die das Thermometer bis auf 12 Grad sinken lassen können. Bei strahlendem Sonnenschein kommt man schnell ins Schwitzen und kann sich am Strand aalen. Allerdings ist makellos blauer Himmel im Winter nicht alltäglich, oft treiben breite Wolkenbänke über die Inseln – und sobald die Sonne hinter einer Wolke verschwindet, wird es frisch. Lanzarote und die Ostkanaren verzeichnen deutlich weniger Niederschläge als die westlichen Inseln des Archipels. Es regnet selten, aber es regnet – und wenn man großes Pech hat, eine Woche lang am Stück (normal sind drei bis vier Tage im Monat), in den letzten Jahren kam das häufiger vor. Entschädigt wird man durch das zarte Grün und zahllose Blümchen, die fast binnen Stunden aus der Lava sprießen und der Insel eine erfrischende Atmosphäre geben. Tipp: Da die Apartments über keinerlei Heizung verfügen, nehmen Sie sich eine Wärmflasche mit, nachts kann es kühl werden. Bei längerem Aufenthalt kann auch ein elektrischer Heizofen gute Dienste leisten. Warme Kleidung in Form von wetterfesten Jacken und Pullovern sollte ebenfalls mit an Bord sein.

Ab April verziehen sich die Winterwolken – bis September strahlt die Sonne vom tiefblauen Himmel herunter, ab und an allerdings unterbrochen durch eine mehr oder weniger lange Abfolge wolkiger Tage. Lanzarote verwandelt sich in eine karge, braunschwarze Landschaft mit sporadisch fahlem Grün. Doch trotz der Nähe Afrikas und der Sahara – die Temperaturen bleiben tagsüber fast immer unter 30 Grad im Schatten und kühlen in der Nacht deutlich ab. Diese Zeit ist die beliebteste Reisesaison für die Festlandsspanier. Jetzt entfliehen sie dem kochenden Asphaltdschungel ihrer Großstädte und fliegen auf die angenehm frisch temperierten Inseln mitten im Atlantik. Die Wassertemperatur steigt bis auf 22 Grad und die Strände sind sehr voll.

Kanarisches Wetter

Stolz wird es immer wieder als „bestes Wetter der Welt" bezeichnet. Charakteristisch sind die wenig ausgeprägten Jahreszeiten und die relativ geringen Temperaturunterschiede zwischen Sommer und Winter, die den Inseln den Beinamen „Inseln der Glückseligen" gegeben haben. Dank ihrer ausgeprägt ozeanischen Lage ist auf den Kanaren nur selten zu spüren, dass die Sahara mit ihren extremen Temperaturschwankungen (tagsüber extrem heiß, nachts empfindlich kalt) nur wenige hundert Kilometer östlich auf derselben Breite liegt.

Kanarenstrom und Passatwinde: Zwei Faktoren sind verantwortlich für die ganzjährig stabilen Klimaverhältnisse. Zum einen dämpfen die geringen Temperaturschwankungen des *Atlantischen Ozeans* die jahreszeitlichen Temperaturschwankungen auf der Insel, wobei die kühle oberflächennahe Meeresströmung des *Kanarenstroms* dafür sorgt, dass es im Sommer nicht so heiß wird. Zum anderen (und noch wichtiger) sind die *Passatwinde* („Los Alisios"). Es handelt sich dabei um große Mengen erwärmter Luft, die über dem Äquator aufsteigen und dort ein permanentes Tiefdruckgebiet schaffen, in großer Höhe nach Norden (und Süden) abfließen, sich im Norden etwa bei den Azoren abkühlen, wieder absinken, dabei das berühmte „Azorenhoch" bilden und schließlich in das Tiefdruckgebiet am Äquator zurückwehen. Wegen der Erddrehung nach Osten blasen diese Passatwinde fast immer in leichter Schrägrichtung, also nicht direkt von Nord nach Süd, sondern diagonal von Nordost nach Südwest. Dieser *Nordostpassat* weht fast das ganze Jahr über und verhindert, dass ähnliche klimatische Verhältnisse wie in der Sahara entstehen – lediglich im Winter beeinträchtigt durch heftige Westwinde vom offenen Atlantik, im Sommer durch den Schirokko aus der Sahara (→ unten). Schon Kolumbus nutzte den zuverlässig wehenden Nordostpassat für seine Entdeckungsreisen, bei den Engländern waren die Passatwinde als „Trade winds" (Handelswinde) bekannt.

Bei seiner weiten Reise über das Meer lädt sich der Nordostpassat natürlich mit Feuchtigkeit auf. Wenn er auf die Kanarischen Inseln trifft, staut er sich an den Berghängen, steigt auf und kühlt sich dann ab. Die dabei entstehenden Wolken, die *Passatwolken*, sind charakteristisch für die westlichen Kanaren. Fast täglich hängen sie im Norden der Inseln und über den höchsten Erhebungen. Die Nässe, die sie abgeben, ist auf den bergigen Westkanaren verantwortlich für die üppige Vegetation. Über die weitgehend flachen Ostkanaren Lanzarote und Fuerteventura streicht der Passat dagegen ohne große Hindernisse hinweg und lässt nur einen Bruchteil des gespeicherten Wassers auf den Inseln. Lanzarote und Fuerteventura wirken deshalb auf weiten Strecken wüstenhaft öd und fast vegetationslos. Lediglich die *Famara-Berge* im Norden Lanzarotes sind mit 600 m annähernd hoch genug, um eine Wolkenbildung und Steigungsregen zu ermöglichen. Der Norden ist deshalb mit Abstand der grünste Teil der Insel und oft wolkenbedeckt. Trotz der geringen Größe Lanzarotes ist der Nord-Süd-Kontrast stark ausgeprägt – der Norden ist der niederschlagreichste Teil, Playa Blanca im Süden zählt dagegen die meisten Sonnentage. Während sich die Feuchtigkeit hauptsächlich im Norden Lanzarotes konzentriert, fegt der Passat ungehindert über große Teile der Insel hinweg. Lanzarote und Fuerteventura gelten so als windigste Inseln der Kanaren. Eine erfreuliche Ausnahme stellt Puerto del Carmen dar, das so geschützt liegt, dass der Passat meist hoch über den Ort hinwegbläst.

Westwinde: Im Winter verlagern sich die Passatwinde mit der tiefer verlaufenden Sonnenbahn weiter nach Süden. Heftige Westwinde vom offenen Atlantik können dann vorübergehend die stabile Wetterlage Lanzarotes beeinträchtigen und teilweise sogar Verwüstungen anrichten. Auch nördliche Tiefdruckgebiete fassen dann Fuß, bringen Regenfälle und Temperaturstürze mit sich.

	Ø Luft-temperatur (Min./Max. in °C)		Ø Niederschlag (in mm), Ø Tage mit Nieder-schlag ≧ 1 mm		Ø tägliche Stunden mit Sonnen-schein	Ø Wasser-temperatur (in °C)
Jan.	13,7	20,4	24	4	6,7	18
Febr	13,9	21,2	14	3	7,2	18
Mär	14,6	22,5	15	3	7,4	17
April	15,0	23,0	6	1	8,5	17
Mai	16,3	24,2	2	0	9,3	18
Juni	18,1	25,7	0	0	9,5	20
Juli	19,9	27,8	0	0	9,4	20
Aug.	20,7	28,8	0	0	9,3	21
Sept	20,4	28,4	2	0	7,9	22
Okt.	18,7	26,3	7	2	7,5	22
Nov.	16,8	23,9	12	3	7,1	20
Dez.	14,8	21,4	27	4	6,3	19
Jahr	16,9	24,5	110	20	8,1	19

Lanzarote

Schirokko: Vor allem im Sommer (aber auch schon im Februar oder März), macht sich die nahe Sahara bemerkbar. Knochentrockene und glühend heiße Wüsten-winde, auf den Kanaren *Calima* oder *Tiempo del Sur* (Südwetter) genannt, strei-chen übers Meer bis Lanzarote herüber, überziehen alles mit einer rötlichen Staub-schicht und treiben die Temperaturen bis über 40 Grad hinauf. Viele Einheimische kleben Tür- und Fensterritzen ihrer Häuser ab, da die mikroskopisch kleinen Staubpartikel überall eindringen. Empfohlen wird zudem das Tragen von Staub-schutz-Masken. In diesen Tagen flimmert die Luft trübe gelblich bis zum Horizont, kein Quäntchen Luftfeuchtigkeit ist vorhanden, drückend legt sich das Wüsten-klima wie eine lähmende Decke über alles. Diese Perioden halten aber selten länger als drei oder vier Tage an.

Landkarten

Im mitteleuropäischen Buchhandel werden mehrere Lanzarote-Karten vertrieben, detailliert und ansprechend gestaltet ist vor allem die des Kompass Verlags (www. kompass.de, Band 241) im Maßstab 1:50.000. Die auf Lanzarote erhältlichen Karten sind im Allgemeinen recht ungenau. Falls nicht Sparmaßnahmen die Neuauflage verhindern, kann man sich aber bedenkenlos mit der bei den Informationsstellen ausgegebenen Gratiskarte des „Patronato Insular de Turismo" begnügen (1.150.000), die trotz des etwas gröberen Maßstabs recht exakt ist. Ortspläne von Arrecife und den drei Ferienzentren sind dort ebenfalls kostenlos erhältlich. Gratis gibt es außerdem im Steinmuseum an der Kamelstation eine Karte des „National-parks Timanfaya".

》》 Mein Tipp: Eine hervorragende Wan-derkarte ist die 2016 in vierter Auflage er-schienene, sehr detaillierte Karte **Lanzarote** **Tour & Trail** der Discovery Walking Guides Ltd. aus England (1.40.000), erhältlich z. B. über Amazon. 《《

Tiefblauer Himmel, weiß gekalkte Häuser, Palmen im Wind

Langzeiturlaub

Wer träumt nicht davon, dem Winter ein Schnippchen zu schlagen: sich im sonnigen Süden am Pool aalen, während die zu Hause Gebliebenen jeden Morgen die gefrorenen Autoscheiben freikratzen müssen... Und wer sogar einen Weg findet, mehrere Monate von zu Hause wegzubleiben – Lanzarote bietet dafür gute Möglichkeiten.

Preiswerteste Lösung: einen Last-Minute-Flug buchen, sich zunächst irgendwo einquartieren und eine Langzeit-Unterkunft suchen. In mehreren Orten gibt es eine ganze Reihe von Apartments, die auch langfristig bzw. monatsweise vermietet werden. Besonders groß ist das Angebot in *Puerto del Carmen*, die Preise liegen dort meist um die 500–700 €/Monat für ein Apartment mit einem oder zwei Schlafzimmern. In *Playa Honda* kann man etwas günstiger unterkommen, ebenso in *Arrieta* oder *La Caleta de Famara*. Aber Achtung: Hochsaisonzeiten wie Weihnachten oder Ostern sind für den Beginn einer längerfristigen Anmietung ungünstig, oft wird man dann auf die Zeit nach den Feiertagen vertröstet. Wer auf Nummer Sicher gehen will: Auch die *Reiseveranstalter* haben in ihren Katalogen Angebote für Langzeiturlauber, doch damit fährt man in der Regel teurer als bei einer Anmietung auf eigene Faust.

Formalitäten Wenn man als EU-Bürger länger **als drei Monate** auf Lanzarote lebt, ist man verpflichtet, sich bei der Policia Nacional anzumelden. Dafür braucht man eine Anmeldebestätigung der Gemeinde, die man mit Mietvertrag oder Eigentumsnachweis an einer Immobilie erhält.

Ein aus dem Raum der EU eingeführtes **ausländisches Auto** darf auf den Kanaren bis zu 183 Tagen mit ausländischem Nummernschild fahren. Wenn Sie Ihr Auto länger fahren wollen, müssen Sie es ummelden oder innerhalb dieses Zeitraums nachweislich das Land verlassen haben (Flugschein/Schiffsticket), das Auto können Sie dabei auf Lanzarote lassen. Wenn Sie dann wieder einreisen, beginnt die Zählung der 183 Tage wieder von vorne. Die **Ummeldung** eines im EU-Raum zugelassenen Fahrzeugs nach Spanien ist relativ teuer und lohnt nur, wenn Sie wirklich für einen längeren Zeitraum einwandern wollen.

Lesetipps

Anspruchsvolle Literatur, die Lanzarote zum Thema hat, gibt es nicht allzu häufig. Das mit Abstand lesenswerteste Werk ist der Roman „Mararía" von Rafael Arozarena. Vieles ist vergriffen, doch die meisten Bücher kann man bei den bekannten Onlineanbietern antiquarisch/gebraucht bekommen.

Belletristik Mararía, von Rafael Arozarena, Konkursbuchverlag 2009. Die Ursprünge dieses im kleinen Weiler Femés spielenden Romans gehen bis in die 1940er Jahre zurück, als Arozarena in Femés als Fernmeldetechniker beschäftigt war. Angeblich wurden ihm damals die wesentlichen Elemente der Handlung von den Dorfbewohnern berichtet. 1973 erschien der Roman in Spanien und wurde ein riesiger Erfolg, auf den Kanaren ist er Schullektüre.

Der bildschönen Mararía verfallen in Femés reihenweise die Männer, doch keiner meint es wirklich ernst mit ihr. Als ein marokkanischer Händler sie heiraten will, erschlagen ihn die Dorfleute, sie erleidet eine Fehlgeburt, ihr einziger Sohn ertrinkt im Meer, einer drohenden Vergewaltigung setzt sie sich zur Wehr, indem sie sich anzündet. Der Roman schildert eine Reihe tragischer Einzelschicksale, verwoben mit der Natur und Einsamkeit der Vulkaninsel – sengende Sonne und glühender Wein, zügellose Gier und primitive Leidenschaften, Brutalität, Armut und Verzweiflung. Ein erschreckend düsterer Kontrast zum heutigen heiteren Gesicht der Ferieninsel.

Océano, von Alberto Vázquez-Figueroa, Goldmann 1998 (antiquarisch), aktuell als Kindle Edition. Ein spannender Krimi des spanischen Bestsellerautors, der in Teneriffa geboren wurde und heute in Madrid und auf Lanzarote lebt. Der Sohn eines Fischers aus Playa Blanca tötet den einzigen Sohn eines reichen Großgrundbesitzers. Dieser engagiert Killer vom Festland, um sich zu rächen. Die gesamte Familie muss schließlich Hals über Kopf Lanzarote verlassen und mit einer Nussschale über den Atlantik nach Südamerika flüchten. Die Natur der kargen, dünn besiedelten Vulkaninsel und ihrer Bewohner vor der Touristeninvasion wird auch in diesem Werk lebendig. Wer wissen will, wie es in Südamerika weitergeht, muss sich die Folgewerke Yaiza und Maradentro besorgen, erschienen ebenfalls bei Goldmann (ebenfalls nur antiquarisch oder als Kindle Edition).

Die Zeit ist schwer zu erzählen auf der Insel, von Silvia Volckmann, Konkursbuchverlag 2011. Ein literarischer Reiseführer zur Vulkaninsel – von A bis Z gibt es interessante Informationen zu Lanzarote, begleitet von Ausschnitten aus Romanen, die auf der Insel spielen, und ergänzt durch historische Fotografien.

Einmal Playa Quemada und zurück: Zu Fuß rund um Lanzarote, von Guido Block-Künzler, Books on Demand 2011, Kindle Edition. Eine interessante Wanderidee und ein sprachgewandter Reisebericht, dazu gute Fotos und viele Informationen über Lanzarote.

Kunst César Manrique – Maler und Bildhauer und Architekt, von Manfred Sack (Text) und Walter Fogel (Fotos), Verlag Ed. Braus, Heidelberg 1992 (nur antiquarisch). Das nicht gerade preiswerte Standardwerk zur Biografie des Künstlers, geschrieben von einem Mitarbeiter der „ZEIT".

Fundación César Manrique, Lanzarote. Text: Simón Marchán Fiz; Fotos: Pedro Martínez de Albornoz. Edition Axel Menges, Stuttgart 1997. 60 Seiten, zahlreiche Abbildungen. Das Werk wurde in Zusammenarbeit mit der Fundación César Manrique erstellt und gibt einen reich illustrierten Überblick über das Schaffen Manriques.

Natur Lanzarote – Blinde Krebse, Wiedehopfe und Vulkane, von Horst Wilkens, Naturalanza, 3. Aufl. 2015. Ein ansprechend illustriertes und fotografiertes Buch zu Flora, Fauna und Ökologie der Vulkaninsel. Der Autor ist Experte für die Evolution von Höhlentieren und hat lange die in Jameos del Agua lebenden Tierarten erforscht, darunter die berühmten weißen Tiefseekrebse.

Die Kanarischen Inseln und ihre Pflanzenwelt, Stuttgart 1993 (nur antiquarisch). Ein Standardwerk zum Thema, verfasst vom Botaniker Günther Kunkel. Neben der detaillierten botanischen Betrachtung der einzelnen Inseln und ihrer Besonderheiten werden auch geologische, klimatische, entstehungsgeschichtliche und ökologische Aspekte behandelt. Viele Pflanzen sind mit akkuraten Zeichnungen abgebildet, die von der Ehefrau Kunkels stammen, der bekannten Pflanzenmalerin Mary Anne.

Die Kosmos-Kanarenflora: Über 1000 Arten der Kanarenflora und 60 tropische Ziergehölze, Franckh Kosmos Verlag 2012. Ein neueres Buch zum selben Thema, verfasst von Prof. Peter Schönfelder und seiner Frau Ingrid, beide Spezialisten auf diesem Gebiet.

Bildband Lanzarote, die eigenwillige Vulkanschönheit, Rosenheimer Verlag 2005 (antiquarisch), Fotos Klaus G. Förg, Texte Eberhard Fohrer. Das Weihnachtsgeschenk für Lanzarote-Liebhaber.

DVD Timm Thaler Collector's Box, der Roman „Timm Thaler" von James Krüss wurde 1979 für die gleichnamige Fernsehserie im ZDF adaptiert, für Nostalgiker gibt es die komplette Serie auf DVD. Das „höllische" Domizil des Barons wird dabei aus dem Hotel Meliá Salinas in Costa Teguise, Mirador del Río und Jameos del Agua zusammengesetzt. Ebenfalls von Lanzarote stammen die Außenaufnahmen der mysteriösen Vulkaninsel Aravanadi, die dem Baron im Roman als Hauptquartier dient.

José Saramago: Nobelpreisträger auf Lanzarote

Geboren wurde er nicht auf der Vulkaninsel, sondern 1922 in Portugal. Doch sein streng katholisches Geburtsland konnte für den kirchenkritischen Literaten und überzeugten Kommunisten nicht Heimat bleiben. In seinem Buch „Evangelho segundo Jesus Christo" (Das Evangelium nach Christus) stellte er 1991 die These auf, dass Jesus' Opfertod lange vorher von Gott geplant gewesen sei, dass Jesus sozusagen von seinem despotischen und machthungrigen Vater „hinters Licht geführt" worden sei. Diese „ketzerischen Fantasien" brachten ihm so viele Widerstände ein, dass er 1992 nach Tías auf Lanzarote übersiedelte – in seinen nur auf Spanisch erhältlichen Tagebüchern „Cuadernos de Lanzarote 1993–1995" setzte er der Insel ein literarisches Denkmal. Im Herbst 1998 erhielt Saramago als bisher einziger portugiesischer Autor den Nobelpreis für Literatur. Seine ins Deutsche übertragenen Werke sind bei Rowohlt erschienen, später bei Hoffmann & Campe. 2010 verstarb er in seinem Haus in Tías, das besichtigt werden kann (→ S. 175). Im gleichen Jahr erschien sein letzter Roman „El viaje del elefante" (Die Reise des Elefanten).

Medien

Zeitungen/Zeitschriften: Lanzarotes Tageszeitung ist *La Voz* (www.lavozde lanzarote.com). Wer des Spanischen nicht mächtig ist, findet die Monatszeitschrift *„Lancelot"* (www.lancelot.es) in englischsprachigen Ausgaben, die sich vor allem mit der Kultur auf Lanzarote befasst. Mit Abstand am besten informiert ist man mit der zweimonatig erscheinenden Zeitschrift *„Lanzarote 37°"*, die auf Deutsch umfassend, detailliert und kritisch berichtet und auch heiße Eisen anfasst, z. B. Umweltskandale, Bauspekulation etc. Die Verlagswebsite www.lanzarote37.de bietet ebenfalls hervorragende Infos. Weiterhin gibt es noch die englischsprachige *„Gazette Live Lanzarote"* (http://gazettelive.com).

Internationale Presse: Eine Reihe von Verkaufsstellen, darunter auch Supermärkte, bieten ausländische Zeitungen und Zeitschriften an. Allerdings ist das Angebot in

Eine der vielen Folkloregruppen von Lanzarote

den letzten Jahren geschrumpft, da sich viele Urlauber zusehends über Internet informieren. Die Zeitdifferenz zur Heimat beträgt meist ein bis zwei Tage, nur die Bild-Zeitung, von der eine eigene kanarische Ausgabe auf Gran Canaria gedruckt wird, ist vom selben Tag. Den Spiegel gibt es meist schon am Montagabend. Die Auslandspreise sind auf den Zeitungen aufgedruckt und liegen deutlich höher als zu Hause. Oft gibt es eine Differenz zwischen dem Preis in Spanien und den viel weiter entfernten Kanarischen Inseln.

Radio: Auf Kurzwelle kann man zahlreiche europäische Sender empfangen, darunter natürlich die *Deutsche Welle* aus Bonn (www.dw.com). Auf Lanzarote selber senden zwei recht werbelastige deutschsprachige Sender: *Radio Atlantis* (www.atlantisfm.de) auf FM 98,0 und 101,7 und *Radio Europa* (www. radio-europa.fm) auf FM 99,4 und 102,5.

Fernsehen: Viele Apartmentanlagen und Hotels verfügen über Sat-TV in den Zimmern. Einige deutsche Kneipen an der Strandstraße in Puerto del Carmen bieten ebenfalls Satellitenfernsehen – hauptsächlich, um die Fußballspiele der englischen und deutschen Profiligen zu zeigen.

Internet: Wer mit dem eigenen Notebook oder Smartphone unterwegs ist, kann in vielen Hotels und Apartmentanlagen WLAN (WiFi) nutzen.

Musik: CDs der lanzarotenischen Folkloregruppen sind mit Sicherheit eine besonders schöne Erinnerung an die Vulkaninsel, z. B. die Werke der 1983 gegründeten und weit über Lanzarote hinaus bekannten Gruppe *Acatife* aus Teguise.

Medizinische Versorgung

Zahlreiche niedergelassene Ärzte sind in den touristischen Zentren bemüht, kränkelnden Urlaubern gegen Barzahlung Hilfe zukommen zu lassen.

Es gibt auf Lanzarote mehrere deutsche Ärzte, die anderen sprechen meist Deutsch oder Englisch, fast alle aber haben ausländische Sprechstundenhilfen und Krankenschwestern beschäftigt, die Deutsch oder Englisch sprechen. Rechnen Sie mit etwa 60–80 € für eine einfache Konsultation, auch wenn diese nur drei Minuten dauert und Ihnen lediglich ein Mittel gegen Durchfall verschrieben wird. Sie können die Kosten jedoch voll oder anteilig (je nach Höhe des Betrags und Kasse) nach der Reise von Ihrer Krankenkasse zurückerstattet bekommen. Lassen Sie sich eine detaillierte Rechnung vom Arzt ausstellen und scheuen Sie sich nicht, Ihrer Krankenkasse mitzuteilen, wenn Sie diese für überhöht halten.

Allgemeinärzte praktizieren in Arrecife, Puerto del Carmen, Costa Teguise und Playa Blanca. Die Öffnungszeiten der Praxen (oft Klinik oder „clínica" genannt) sind in der Regel 8–13 und 16–20 Uhr, manche bieten einen 24-stündigen Notdienst. Auf schwierige Fälle ist man kaum irgendwo eingerichtet – Problemfälle werden in der Regel umgehend an das Krankenhaus *Insalud* in Arrecife oder an das Privatkrankenhaus *Hospiten* bei Puerto del Carmen überwiesen (→ Details unter den jeweiligen Orten).

Tipp: Lassen Sie sich bezüglich der Arztwahl von auf Lanzarote ansässigen Residenten beraten. Nicht jeder Mediziner genießt einen guten Ruf auf der Insel. Wir empfehlen Herrn Dr. Karl Kunze in Arrieta (www.arzt-lanzarote.com), der nach der Deutschen Gebührenordnung abrechnet.

Auf jeden Fall empfehlenswert ist der Abschluss einer *Auslandskrankenversicherung*. Diese deckt auch einen aus medizinischen Gründen notwendig gewordenen Rücktransport nach Hause (auch Überführung) ab, den die gesetzlichen Kassen nicht übernehmen.

Behandlung auf Krankenschein Mit der **EHIC/European Health Insurance Card** (in der Regel die Rückseite Ihrer Versicherungskarte) können Sie sich direkt an das große **Insalud Hospital General de Lanzarote** in Arrecife (→ S. 134) oder eins der örtlichen **Centros del Salud** wenden und werden kostenlos behandelt.

Apotheken Mindestens eine **farmacia** (Betonung: farmácia) gibt es in jedem größeren Ort, zu erkennen an einem grünen Kreuz, meist in Form des Malteser-Kreuzes. Im Eingang ist vermerkt, welche Apotheke Not- bzw. Nachtdienst hat. Die Preise sind günstiger als bei uns und zahlreiche Medikamente werden ohne Rezept abgegeben. Bei vielen leichteren Beschwerden können Sie einen Apotheker um Rat fragen, ohne extra einen Arzt aufzu-suchen zu müssen. Die Apotheker sprechen in der Regel Englisch. Wenn Ihnen ein Arzt ein Medikament verschreibt, können Sie die entstehenden Kosten voll oder anteilig von Ihrer Krankenkasse zurückerstattet bekommen.

Im Notfall ✆ 112 wählen. Das **Cruz Roja Española** (Rotes Kreuz) in Arrecife, Calle Blas Cabrera Felipe, ist unter ✆ 928-812222 zu erreichen. Nach Beanspruchung eines Krankenwagens ist es üblich, eine angemessene Spende ans Cruz Roja zu geben (gegen Quittung).

Post

Briefe und Karten nach Hause benötigen in der Regel eine gute Woche – es kann aber auch ein ganzes Ende länger dauern. Wenn es schneller gehen muss: zum Flugplatz gehen und einem Heimkehrer seines Vertrauens die Post in die Hand drücken (vorher unbedingt Inhalt zeigen!) mit der Bitte, sie zu Hause frankiert in einen Briefkasten zu werfen.

Briefmarken (sello oder estampilla) gibt es auf der Post (geöffnet meist Mo–Fr 8.30– 14 und Sa 9–13 Uhr), außerdem in den meisten Läden, die Postkarten verkaufen. Dort bekommt man jedoch in der Regel nur soviel Marken, wie man Postkarten kauft.

Sport

Das flache und windreiche Lanzarote bietet mit seinem ganzjährig milden Klima ideale Gegebenheiten für verschiedene Sportarten und hat sich ein ausgesprochen sportliches Image erworben.

Neben dem allgegenwärtigen Meer ist dafür vor allem der Wind verantwortlich. Da die Berge nicht über 670 m Höhe ansteigen, können sich die Passatwinde hier weitgehend ungehindert entfalten und schaffen optimale Bedingungen für *Drachenflieger* und *Windsurfer*. Erstere kommen vor allem im Winterhalbjahr aus ganz Europa hierher gereist, um die Thermik an den Vulkanhängen zu nutzen, Letztere haben im Sommer ihre Hochsaison. Dazu kommen die reizvollen Unterwasserregionen vor Puerto del Carmen und Playa Blanca, die Lanzarote zu einem begehrten Ziel für *Taucher* gemacht haben. Wegen seiner geringen Steigungen ist Lanzarote außerdem gut geeignet für *Rennradler* (→ S. 89) und auch *Wanderer* finden ein umfangreiches Betätigungsfeld.

Alle großen Ferienanlagen bieten sportliche Animation, Aerobic, Tennisplätze und Fitnessräume. Das Clubhotel *La Santa Sport* an der Westküste Lanzarotes hat sich

Parasailing vor Puerto del Carmen

als eines der führenden Sport- und Aktivurlaubszentren der Welt profiliert: Rund ums Jahr werden dort Urlaubswochen unter sportlichem Vorzeichen offeriert, Spitzensportler und begeisterte Amateure treffen sich gleichermaßen, um Dutzende Sportarten auszuüben.

Angeln: Für Petri-Jünger ist auf Lanzarote viel zu tun, denn der Fischreichtum in den küstennahen Gewässern ist enorm. Mit etwas Glück kann man in wenigen Stunden seinen Wochenvorrat Fisch an Land ziehen – vorausgesetzt, man kennt die richtigen Stellen. In Arrecife lassen sich beispielsweise beim vorgelagerten Kastell San Gabriel wohlgenährte Meeräschen angeln, bei der Konservenfabrik im Fischerhafen Puerto de Naos fette Aale. Eine Angelgenehmigung wird beim Cabildo (Inselregierung) in Arrecife ausgestellt und zwar in der der Consejería de Pesca (Fischereidezernat). Sie ist für mehrere Jahre gültig.

Drachen- und Gleitschirmfliegen: Im Winterhalbjahr fegen die Passatwinde nicht so heftig wie im Sommer über die gerundeten Höhen von Lanzarote – optimale Voraussetzung für Drachenflieger und Gleitschirmsegler. Mit dem auf den kleinen Mietwagen geschnallten meterlangen Gestänge kurven sie hinauf zu den Startplätzen mit der besten Thermik, wo sie sich dann tollkühn in die Lüfte werfen und wie kleine Insekten hoch über die Berghänge hinwegsegeln. Das Gros der Fangemeinde kommt aus Deutschland und England. Saison ist von Oktober bis April, beste Flugzeit meist vormittags, wenn die Sonne allmählich die Luft erwärmt. Ohne Zweifel ein faszinierender Sport – zum Zuschauen gleichermaßen wie für die Akteure. Fliegen Sie jedoch nur, wenn Sie bereits zu Hause ausreichend Flugpraxis gesammelt haben, denn die häufig sich ändernden Thermik- und Wetterverhältnisse auf Lanzarote sind nicht für Anfänger geeignet. Die wichtigsten Start- und Landeplätze sind die *Montaña Tinasoria* hinter Puerto del Carmen (→ S. 177), der *Mirador del Río* im äußersten Norden Lanzarotes (→ S. 289), der *Risco de Famara* nördlich von Teguise (→ S. 254) und der Stausee oberhalb von *Mala* (→ S. 296).

Anbieter   Flugschule Ostalb, Fritz Christandl, Deutschordenstr. 31, D-73432 Aalen, ☎ 07367-922933, www.paragleiter.de.

Paragliding Lanzarote, Bernd Hoyer, Feldstr. 9a, D-21465 Reinbek/Neuschönning-stedt, ☎ 0170-2443903, www.paragliding-lanzarote.de.

Sail & Fly Tours, Dietrich Starke, Butendoor 18, D-28790 Schwanewede, ☎ 04261-1842903, www.sail-fly.de.

Gokart: Für den jungen Formel-1-Nachwuchs gibt es eine große Motorrennbahn an der *Carretera LZ-2* von Arrecife nach Tías, bei der Abzweigung nach Puerto del Carmen. Eine weitere liegt bei *San Bartolomé*, direkt unterhalb der Montaña Mina (→ dort).

Golf: Der schöne 18-Loch-Golfplatz „Costa Teguise Golf" liegt wenige Kilometer landeinwärts von *Costa Teguise*, einen weiteren 18-Loch-Platz namens „Lanzarote Golf" gibt es in *Puerto del Carmen*.

Tauchen: Lanzarote und speziell Puerto del Carmen hat sich im kanarischen Raum zu einem der beliebtesten Ziele für Taucher und Tauchschüler entwickelt. Mit der Farbenpracht und Vielfalt eines tropischen Meers ist der Atlantik zwar nicht zu vergleichen, doch vorgelagert vor Puerto del Carmen liegt der Unterwasserpark *Los Erizos*, wo man schöne Gelegenheiten findet, die reiche Unterwasserflora und -fauna zu beobachten sowie Höhlen und Schiffswracks zu erforschen. Ebenfalls reizvoll ist der Meeresgrund vor Playa Blanca, im Kanal zwischen Lanzarote und Fuerteventura. Ein gutes Dutzend Tauchschulen bietet in Puerto del Carmen Kurse im Gerätetauchen an, weitere gibt es in *Playa Blanca* und *Costa Teguise*. Es wird eine Reihe von Kursen angeboten, innerhalb derer man verschiedene Tauchscheine erwerben kann.

Tennis/Squash/Pádel: Praktisch alle Großhotels bieten Tennishartplätze, dazu gibt es in Puerto del Carmen das *Centro Deportivo Fariones*, einen großen öffentlichen Sportclub mit Tennisplätzen, Squash und Pádel, einer originelle Mischform aus Squash und Tennis.

Triathlon/Marathon (http://trilanzarote.com): Da sich das flache Lanzarote für diese Sportarten sehr eignet, gibt es mittlerweile mehrere populäre Wettbewerbe dieser Art. Seit 1992 findet einmal jährlich im Frühjahr der Triathlon *Ironman Lanzarote* (www.ironmanlanzarote.com) statt, der sich international bereits einen sehr guten Namen gemacht hat. Er besteht aus 3,8 km Schwimmen im offenen Meer, 180 km Radfahren und einem Marathonlauf (42,195 km). Tipp: Kein Fahrzeug an diesem Tag mieten, da Teile der Hauptverbindungsstraßen gesperrt sind. Weitere Wettbewerbe veranstaltet das große Sporthotel „Club La Santa" (www.clublasanta.com) an der Westküste, darunter den sog. *Volcano Triathlon* (1,5 km Schwimmen, 40 km Radfahren, 10 km Laufen).

Wellenreiten (Surfen): Was man braucht, ist ein kleines, handliches Brett – ansonsten nur noch die richtige Stelle, viel Wind und reichlich Wellen. Um letzteres braucht man sich auf Lanzarote keine Sorge zu machen, die Vulkaninsel wird auch gerne das „Hawaii Europas" genannt. Vor allem bei den jungen Lanzaroteños ist dieser Sport sehr beliebt. Noch Anfang der 80er Jahre war er auf Lanzarote praktisch unbekannt, doch damals kamen einige Brettsurfer von La Palma herüber, um neue Spots auszukundschaften. An der Playa de Famara zeigten sie ihre Kunststücke und die Demonstration fiel auf fruchtbaren Boden. An die 200 Könner gibt es mittlerweile auf Lanzarote. Unterricht geben mehrere Schulen in La Caleta de Famara (→ S. 251). Die Spots liegen alle im windigen Norden und Westen Lanzarotes. Tipp: Die ortsansässigen Surfer wissen Bescheid über Gefahren, z. B. Fel-

Tauchgang in Puerto del Carmen

sen knapp unter der Wasseroberfläche. Wichtig ist, dass man auf keinen Fall zu weit seewärts von der Brechungszone auf Wellen wartet – unvermutete Strömungen können einen auf offene See hinausziehen.

Die besten Spots: *Playa de Famara* (→ S. 249), *La Santa* (→ S. 220), *Jameos del Agua* (→ S. 305), *Playa la Garita* bei Arrieta (→ S. 298) und die *Playa de la Cantería* bei Órzola (→ S. 308).

Wind- und Kitesurfen: Lanzarote gilt neben Fuerteventura als bestes Surfrevier der Kanaren. Kräftige Passatwinde bestreichen die flache Insel das ganze Jahr über. Während die Drachenflieger die leichteren Winterwinde bevorzugen, liegt die Surfsaison vor allem in den Monaten *April bis September*. Dann wehen die Nordwinde regelmäßig mit der Stärke 5–6 und einer Geschwindigkeit von 25–30 Knoten, wobei sich im Lauf eines Tages die Windstärke kontinuierlich steigert. Im Winter kann man selbstverständlich auch surfen, allerdings weht der Wind dann nicht mit der sommerlichen Beständigkeit und wegen der relativ niedrigen Wassertemperatur ist ein isolierender Gummianzug nötig. Surfzentrum der Insel ist *Costa Teguise*, dort wurden bereits Surfweltmeisterschaften ausgetragen, außerdem mehrere spanische Wettbewerbe. Weitere Spots liegen auf der Insel verstreut, z. B. die *Playa de Famara* (→ S. 249).

Strom

Die Stromspannung auf Lanzarote beträgt 220 Volt. Die Stecker unserer Geräte sind etwas zu dick für die Löcher der kanarischen Steckdosen, passen aber oft trotzdem. In vielen Supermärkten und Elektroläden kann man *Adapter* kaufen (*enchufe intermedio*), auch an den Rezeptionen sind sie meist vorrätig. Die meisten großen Hotelanlagen sind aber mittlerweile mit Schuko-Steckdosen nach Euro-Norm ausgestattet. Kindersicherungen gibt es in der Regel nicht.

Telefon

Von jedem öffentlichen Kartentelefon kann man problemlos in alle Welt anrufen. Telefoniert wird mit Telefonkarten (tarjeta telefónica), die man für ca. 6 € bzw. 12 € in Estancos (Tabakläden), Kiosken, Tankstellen und bei der Post bekommt, das sind sog. *Calling Cards*, bei denen man die Zugangsnummern freirubbeln muss.

Einer der günstigsten Telefonanbieter auf den Kanaren ist die deutschsprachige „107082 Telecom" (www.107082.es) mit ebendieser Vorwahl. Am billigsten ist das Telefonieren von 22 Uhr bis 7 Uhr morgens.

Vorwahlen

Vorwahl **Deutschland** 0049, **Österreich** 0043; **Schweiz** 0041. Danach Vorwahl der gewünschten Gemeinde ohne Null, anschließend gewünschte Rufnummer.
Vom Ausland nach Lanzarote: 0034-928 und die volle Teilnehmernummer
Von Spanien nach Lanzarote: ebenfalls zunächst die 928 wählen.
Gespräche auf Lanzarote: Bei allen Nummern muss man zunächst die **928** (früher Vorwahl der Provinz Las Palmas de Gran Canaria) wählen, auch bei Ortsgesprächen.
Handys haben eine eigene Vorwahl, z. B. 608, die 928 entfällt dabei.

Mobiltelefone: Die Roaming-Gebühren für Handy- und Smartphone-Nutzer wurden mittlerweile stark gesenkt und sollen 2017 ganz wegfallen – dann soll jeder Bürger in der EU entweder zu Inlandspreisen telefonieren oder per Klick (bei Nutzung der gleichen SIM-Karte) den Anbieter wechseln können. Bis dahin lohnt sich für Handybesitzer bei längeren Aufenthalten der Kauf einer wieder aufladbaren spanischen Prepaid-Karte (tarjeta prepago), die es z. B. von MoviStar (www.movistar.es) oder Orange (www.orange.es) gibt. Tipp: SMS-Mitteilungen sind eine günstige Alternative zum Telefonieren. Viele weitere Hinweise zum Telefonieren im Ausland findet man unter www.teltarif.de/reise.

Telefonauskunft national 11818, international 11825 (Telefónica), **R-Gespräch** nach Deutschland: 900-990049 (von allen öffentlichen Telefonen).

Übernachten

Nach Gran Canaria und Teneriffa verfügt Lanzarote über die meisten Unterkünfte der Kanaren. Ganzjährig warten jede Menge Quartiere auf Sonnenhungrige aus Europa.

Seit den 70er Jahren hat Lanzarote einen ungeheuren Bauboom erlebt. Aus dem kleinen, schäbigen Hafen La Tiñosa entwickelte sich innerhalb weniger Jahre die riesige Ferienstadt *Puerto del Carmen* mit vielen hundert Unterkünften, die Urbanisation *Costa Teguise* wurde praktisch aus dem Nichts gestampft und das frühere Fischerdorf *Playa Blan*ca hat sich mittlerweile an der gesamten Südküste ausgedehnt. Bis zu hunderttausend Touristen pro Monat halten sich in Spitzenzeiten in den drei Urlaubszonen auf – vor allem an Weihnachten und Ostern gilt Lanzarote oft als nahezu ausgebucht.

Gut 90 % aller Lanzarote-Urlauber buchen ihren Aufenthalt pauschal über die einschlägig bekannten Reiseveranstalter. Die drei Ferienzentren bieten dafür hauptsächlich Viersternehotels und Apartmentanlagen aller Formen und Größen, der Standard ist durchweg recht passabel bis gut. Aufpassen sollte man allerdings bei der Standortwahl, der Entfernung zum Strand, zum Ortszentrum etc. – nicht jeder will schließlich an der äußersten Peripherie wohnen. Weitere Pauschalanlagen gibt es in *Arrecife*, *Puerto Calero*, *La Caleta de Famara* und *Punta de Mujeres*, an der Westküste steht außerdem das große Sporthotel „Club La Santa". Zur Erleichterung Ihrer Wahl finden Sie nachstehend einen kurzen Steckbrief der Urlaubsorte.

Apartmentanlage in Playa Blanca

Originelles „Vulkanhotel": THe Volcán Lanzarote in Playa Blanca

Neben den großen Urlaubsorganisationen gibt es noch eine Reihe von Spezial-
veranstaltern und Privatvermittlern, die individuelle Häuser und Ferienwohnungen
anbieten und zwar nicht nur in den Ferienzentren, sondern auch an den Küstenstreifen abseits der Touristenorte sowie im ländlich-ruhigen Inselinneren, das vom
massenhaften Pauschaltourismus weitgehend unberührt ist. Vielerorts sind dort
höherpreisige Landhotels, restaurierte Fincas und komfortable Apartmenthäuser
entstanden und sogar auf der abgelegenen Insel *La Graciosa* gibt es mittlerweile
zahlreiche Apartments. Diese Unterkünfte können fast immer online gebucht
werden (→ S. 121).

Auf Urlauber, die auf eigene Faust ohne fest gebuchtes Quartier anreisen, ist
Lanzarote nur bedingt eingerichtet. Günstige Pensionen (Hostales) gibt es nur in
Arrecife, eine einzige weitere existiert in *Puerto del Carmen*. In *Puerto del Carmen* kann man auch in vielen Apartmentanlagen unterkommen, muss sich allerdings u. U. auf eine längere Suche gefasst machen, da vieles nur über Reiseveranstalter zu buchen ist. Für den Rest der Insel sieht es ziemlich mager aus: In *Playa
Blanca* gibt es nur ein einziges Apartmenthaus für Individualreisende, weitere
einfache Apartments findet man in *Arrieta*, *Órzola*, *La Caleta de Famara* sowie
auf der Insel *La Graciosa*. Dort bieten auch zwei schlichte Pensionen ihre Zimmer an. Da mancherorts überhaupt keine Unterkünfte angeboten werden, sollte
man bei Inseltrips vorher genau checken, wo man übernachten kann (→ Prakti-
scher Reiseteil). Lanzarote ist aber klein genug, um von einem oder zwei Standor-
ten ausgedehnte Tagesausflüge zu unternehmen.

Hotels: Fast alle Hotels Lanzarotes stehen in den drei Urlaubszentren und *Arrecife*,
außerdem im Jachthafen *Puerto Calero*. Es handelt sich in der Hauptsache um
Großhotels mit vier oder fünf Sternen und gehobenem Standard, vor allem in Playa
Blanca gibt es eine ganze Reihe neu erbauter Komfortanlagen. So gut wie alle Hotels
in den Urlaubszentren verfügen über ausgedehnte Außenanlagen mit subtropischer

Vegetation, Palmen und großen Swimmingpools (einige besitzen sogar Hallenbä-der). Fast immer stehen ein oder mehrere Restaurants zur Verfügung, es gibt Tennisplätze und andere Sporteinrichtungen, Abendveranstaltungen und Anima-tion. Auch für Kinder sind oft Spielplätze, Planschbecken und Animateure vorhan-den. In den Zimmern gibt es oft TV mit Satellitenempfang. Die sog. *Aparthotels* besitzen in den Zimmern zusätzlich eine Küchenzeile bzw. Kochecke. Im prakti-schen Reiseteil sind viele Anlagen beschrieben.

Pensionen: Einfache Hostales für Traveller findet man fast ausschließlich in *Arre-cife* (DZ ab etwa 25 €/Nacht), ein weiteres in *Puerto del Carmen*. Im Inselinneren existiert mittlerweile eine ganze Reihe edler Landhotels, z. B. in *El Islote* im Wein-baugebiet La Geria, in *Mozaga* und in *Yaiza*, im Süden Lanzarotes.

Apartments: Wer auf den Service eines Hotels verzichten kann, findet im Apart-ment meist deutlich mehr Platz als im beengten Hotelzimmer. In allen drei Ferien-zentren gibt es ein Riesenangebot, vor allem aber in *Puerto del Carmen*, das fast vollständig aus Apartmentanlagen zu bestehen scheint. In beinahe jedem Komplex gibt es einen oder mehrere Swimmingpools, oft auch Gartenanlagen, einen Kinder-spielplatz, Sporteinrichtungen und Restaurant/Bar. Alle Wohneinheiten verfügen über eine integrierte Kochecke mit Herd und Kühlschrank, obligatorisch ist auch jeweils Balkon/Terrasse, oft ist auch TV vorhanden.

Weitere, meist einfach gehaltene Privatapartments findet man in *Arrieta*, *Playa Quemada*, *Guatiza*, *Mala*, *Charco del Palo* und *Órzola*, außerdem auf *La Graciosa* (Details in den jeweiligen Ortstexten). Über die u. g. Spezialveranstalter kann man auch im *Inselinneren* eine ganze Reihe von komfortablen Apartments mieten.

Folgende Variationen stehen zur Verfügung:

- **Studio** (kombinierter Schlaf- und Wohnraum mit Kochecke) → ca. 30–60 €;
- **Apartment mit 1 Schlafzimmer** (Wohnraum mit Kochecke und separatem Schlaf-zimmer) → 35–80 €;
- **Apartment mit 2 Schlafzimmern** (Wohnraum mit Kochecke und zwei zusätzliche Räume mit Betten) → 45–90 €.

Ferienwohnungen/-häuser: In den ländlichen Regionen Lanzarotes kann man weitab von jeglichem Touristenrummel in traditionellen Fincas, ehemaligen Zisternen, umgebauten Bodegas und anderen landwirtschaftlichen Gebäuden unterkommen. Die Zahl der angebotenen Wohnungen und Häuser hat in den letzten Jahren stark zugenommen, sie sind individuell konzipiert, oft ge-schmackvoll restauriert und gut eingerichtet. Selten befinden sich mehr als drei Wohnungen in einem Haus, manchmal gehört sogar ein Pool zur Anlage. Buchen kann man diese Unterkünfte über eine ganze Reihe von spezialisierten Vermitt-lern, aber auch z. B. über *TUI* oder direkt bei den Vermietern, die oft auslän-dische Residenten sind.

Saisonzeiten: Absolute Hochsaison herrscht auf Lanzarote in der Zeit zwi-schen *Weihnachten* und dem *Dreikönigsfest*, um *Ostern* und in den *spani-schen Sommerferien*. Die Apartments und Hotels sind dann gut gebucht und die Preise liegen hoch. Weniger ausgelastet sind die Monate November, Feb-ruar/März und Mai/Juni, in dieser Zeit sinken auch die Preise etwas.

Urlaubsstandorte auf Lanzarote

Das Urlaubsgeschehen konzentriert sich auf die drei Ferienzentren Puerto del Carmen, Costa Teguise und Playa Blanca. Doch auch in den kleinen Küstenorten und im ruhigen Inselinneren gibt es in zunehmendem Maße Unterkünfte, die über Reiseveranstalter gebucht werden können.

Puerto del Carmen: größter Ferienort der Insel, auf 8 km Länge zieht sich die riesige Urbanisation an der Küste entlang. Jede Menge Ablenkung und Vergnügen, die drei kilometerlangen Strände gehören zu den besten der Insel. Es gibt für jeden etwas: Rummel, Shopping, Sport, Nachtleben – aber auch Ruhe, für den, der sie sucht.

Costa Teguise: weitläufige Ferienstadt mit mehreren künstlich angelegten Stränden. Ruhiger Urlaub mit Niveau, wenn auch wenig attraktives Ortsbild. Im Gegensatz zu Puerto del Carmen kaum Rummel oder Nachtleben. Wegen der hervorragenden Windverhältnisse das Windsurfzentrum Lanzarotes.

Playa Blanca: im Süden der Insel. Seit der Aufhebung eines 1990 erlassenen Baustopps hat man im bislang beschaulichsten Urlaubsort der „großen Drei" nichts unversucht gelassen, in punkto Größe den Anschluss an Puerto del Carmen und Costa Teguise zu finden. In den letzten Jahren wurden entlang der Südküste ein gutes Dutzend komfortabler Großhotels und weiträumige Wohnanlagen errichtet, dazu ein neuer Yachthafen. Zwei geschützte Strände am Ortsrand sind gut geeignet für Familienurlaub mit Kleinkindern. Die berühmten Papagayo-Strände liegen in der Nähe, herrlicher Blick hinüber nach Fuerteventura.

La Caleta de Famara: Die etwas betagte Bungalowanlage „Playa Famara" liegt in urwüchsiger Natur am längsten Strand Lanzarotes. Sehr windig, weit abseits vom Rummel, für Individualisten, tolles Panorama.

Punta de Mujeres: Weitab vom Schuss liegt hier die kleine, recht angenehme Bungalowanlage „Caleta Campo", Urlaub unter Einheimischen.

Eine der vielen Anlagen in Puerto del Carmen

Club La Santa: Großhotel an der Westküste, die Nummer eins für sportliche Naturen, jede Menge Sportangebote von Surfen bis Leichtathletik. Einsame Lage, aber Ablenkung und Animation im Hotel.

Charco del Palo: Nudistenzentrum an wildromantischer Klippenküste im Osten, Nähe Costa Teguise. Ruhige Lage abseits vom Rummel, mehrere hübsche Apartment- und Bungalowanlagen.

El Golfo: Das Fischerdorf mit seinen beliebten Pinten liegt an der brandungsreichen Westküste. Das kleine Hotel „El Hotelito" ist ein Tipp für Individualisten, die die ursprüngliche Umgebung schätzen.

Im **Inselinneren** kann man in vielen Orten komfortable Landhotels und Ferienwohnungen in umgebauten Fincas buchen.

Spezialanbieter (Auswahl) www.auszeit-lanzarote.de; www.casas-lanzarote.de; http://ferienprofi-lanzarote.com; www.fincaferien.de; www.fincas-lanzarote.de; www.finca-kanaren.d; www.finca-selection.de; www.islas-aarias-reisen.de; www.narote-arrieta.de; www.lanzarote-individuell.de; www.lanzaroteisland.com; www.lanzarote-web.de; www.las-islas-reisen.de; www.rural-villas.com; www.vivaambiente.de.

Camping: Es gibt auf Lanzarote zwei Zeltplätze, einer liegt bei *La Caleta de Famara* (→ S. 251), der andere an den *Papagayo-Stränden* im Süden (→ S. 364). Beide sind jedoch seit einigen Jahren geschlossen, über eine eventuelle Wiedereröffnung ist nichts bekannt (gezeltet werden darf nur von Mai bis September). Einen weiteren, ganzjährig geöffneten Zeltplatz mit allerdings renovierungsbedürftigen Sanitäranlagen gibt es auf der Insel *La Graciosa* (→ S. 318). Aber trotz des Mangels an offiziellen Plätzen genießen die Canarios gerne die Natur und bauen vor allem an den Osterfeiertagen und in den Ferienwochen im August an vielen einsam gelegenen Stränden Zelte und Wohnmobile auf. Wer sich zum „Wildzelten" entschließt, sollte sich aber darüber im Klaren sein, dass dies nicht erlaubt ist. Meist kennzeichnen Verbotsschilder die entsprechenden Zonen.

Wer frei zelten will, muss unbedingt seinen Müll wieder mitnehmen. Hinterlassen Sie jeden Fleck der Insel so, wie Sie ihn vorgefunden haben!

Uhrzeit

Die Kanarischen Inseln gehören zur *westeuropäischen Zeitzone (WEZ)*, dort ist es eine Stunde früher als in Mitteleuropa (MEZ). Wie in der gesamten EU gilt auch auf den Kanaren die Sommerzeit (März bis September).

Zoll

Vor allem die spottbilligen Zigaretten sind es, die so manchen Lanzarote-Urlauber zum potenziellen Steuerhinterzieher werden lassen. Denn die Kanarischen Inseln gehören zwar zum Zollgebiet der EU, nicht aber zum Steuergebiet der Gemeinschaft. Für Waren von den Kanaren gelten deshalb bei der Einfuhr nach *Deutschland* und *Österreich* folgende Mengenbeschränkungen, deren Einhaltung bei der Einreise auf den Flughäfen ab und an durchaus kontrolliert wird (Gepäck wird bereits vor dem Laufband durchleuchtet und kommt im Verdachtsfall als Letztes aufs Band, damit die Besitzer beim Ausgang abgefangen werden können). Für die *Schweiz* bestehen ähnliche Quoten.

Tabakwaren (nur für Pers. ab 17 Jahre): 200 Zigaretten oder 100 Zigarillos oder 50 Zigarren oder 250 g Rauchtabak.

Alkoholische Getränke (nur für Pers. ab 17 Jahre): 1 Liter Spirituosen mit mehr als 22 %vol Alkoholgehalt oder 2 Liter Alkohol mit max. 22 %vol sowie 4 Liter Wein.

Andere Waren: bis zu einem Gesamtwert von 430 €.

Die Papagayo-Strände gehören zu den größten Attraktionen Lanzarotes

Ziele auf der Insel

Fahrt durchs Weinbaugebiet La Geria

Inselmitte

Die Inselmitte ist die am dichtesten besiedelte Region Lanzarotes. Ballungsgebiete sind die Hauptstadt Arrecife und Puerto del Carmen, das größte Touristenzentrum der Insel.

Im Inland liegen außerdem die historische Inselhauptstadt Teguise und eine Reihe größerer Landwirtschaftssiedlungen. Doch auch das weltberühmte Vulkangebiet der „Feuerberge" ist hier zu finden, heute als Nationalpark Timanfaya die faszinierendste Sehenswürdigkeit Lanzarotes. Weitere hochkarätige Anziehungspunkte sind das Weinbaugebiet La Geria und Taro de Tahiche, das ehemalige Wohnhaus von César Manrique.

Um die Inselmitte eingehend zu erkunden, wird man eine gute Woche benötigen. Von der quirligen Ferienstadt *Puerto del Carmen* an der Ostküste bis zur bizarren Einsamkeit des Nationalparks im Westen gibt es eine breite Palette von Attraktionen. Wer nur wenig Zeit hat, sollte bedenken, dass die Hauptstadt *Arrecife*, abgesehen von einigen bescheidenen Sehenswürdigkeiten, keinen längeren Aufenthalt lohnt. Keinesfalls auslassen sollte man jedoch *Teguise*, den sicherlich schönsten Ort der Insel, und die landschaftlich grandiose *Bucht von Famara* im Norden.

Im Folgenden, im Uhrzeigersinn von Arrecife ausgehend, die Beschreibung der einzelnen Regionen.

Inselmitte

Verbindungen

Arrecife ist das Zentrum des recht gut ausgebauten Busnetzes auf Lanzarote. Einige Orte werden allerdings selten oder gar nicht angefahren, der Transport dorthin funktioniert nur mit dem eigenen Fahrzeug oder Taxi. Besorgen Sie sich bei der Tourist-Information oder am Busbahnhof von Arrecife die aktuellen Busfahrpläne, an den Haltestellen sind die Abfahrtszeiten nicht immer angeschlagen. Weiteres auf S. 85 und unter Arrecife.

Informationen zum **Flughafen Guasimeta**, der zwischen Playa Honda und Puerto del Carmen liegt, auf S. 82, zum **Fährhafen Puerto de los Mármoles** östlich von Arrecife auf S. 83 und S. 150.

Eigener Transport

Für größere Touren abseits der Hauptorte braucht man unbedingt ein eigenes Transportmittel und auch in den berühmten Nationalpark Timanfaya fahren keine öffentlichen Busse. In Puerto del Carmen kann man Pkw, Mopeds, Motorräder und Mountainbikes mieten, in Arrecife nur Autos und Fahrräder. Die Hauptstraßen sind asphaltiert und in gutem Zustand. Viel befahrenes Rückgrat der Küstenregion ist die vierspurige Schnellstraße *LZ-2* von Arrecife nach Puerto del Carmen bzw. Tías. Die Circunvalación (Umgehungsstraße) *LZ-3* um Arrecife ist sehr nützlich, um das verwirrende Einbahnstraßennetz der Hauptstadt zu umgehen. Abzweige führen (von Ost nach West) nach Costa Teguise, nach Teguise/Haría bzw. Órzola, nach San Bartolomé/Tinajo/La Santa und nach Puerto del Carmen/Tías/Yaiza/Playa Blanca. Die früher sehr schmale Durchgangsstraße im Weinbaugebiet *La Geria* wurde neu ausgebaut. Den Nationalpark Timanfaya erreicht man auf der *Carretera Local* (LZ-67) zwischen Mancha Blanca und Yaiza. Im Gebiet des Nationalparks darf man nur asphaltierte Straßen befahren, Endpunkt ist das Besucherzentrum Islote de Hilario (→ Nationalpark Timanfaya).

Leihfahrzeuge Riesenangebot in **Puerto del Carmen**, in **Arrecife** spärlich, das Clubhotel **La Santa** bietet ebenfalls Mietfahrzeuge.

Das Netz an **Tankstellen** ist dicht, in der Umgebung Arrecifes sind sie entweder durchgehend oder von 6–24 Uhr geöffnet. Einige liegen an der Umgehungsstraße (Circunvalación) um **Arrecife**, weitere an der **Schnellstraße** nach Puerto del Carmen bzw. Tías sowie um und in Puerto del Carmen. Zapfstellen gibt es außerdem in **Tías**, **Mácher**, **Teguise**, **Tinajo**, **Yaiza** und beim **Monumento al Campesino**.

Fahrrad Parallel zur Schnellstraße **LZ-2** verläuft ein befahrbarer Seitenstreifen. So kann man schon am Flughafen mit dem (evtl. mitgebrachten) Rad starten. Hinter Puerto del Carmen steigen die Berge zum zentral gelegenen Hügelland von **La Geria** und zum benachbarten **Malpaís** an, bei der Auffahrt muss man kräftig in die Pedale treten. Oben angekommen, ist vor allem das Lavameer östlich vom Nationalpark fast völlig eben, die dortigen Straßen sind bestens geeignet für Radler.

Die **Carretera Local** durch den Nationalpark fällt etwa von der Dromedarstation Echadero de los Camellos (→ S. 204) bis Yaiza kontinuierlich ab und ist für Schussfahrten

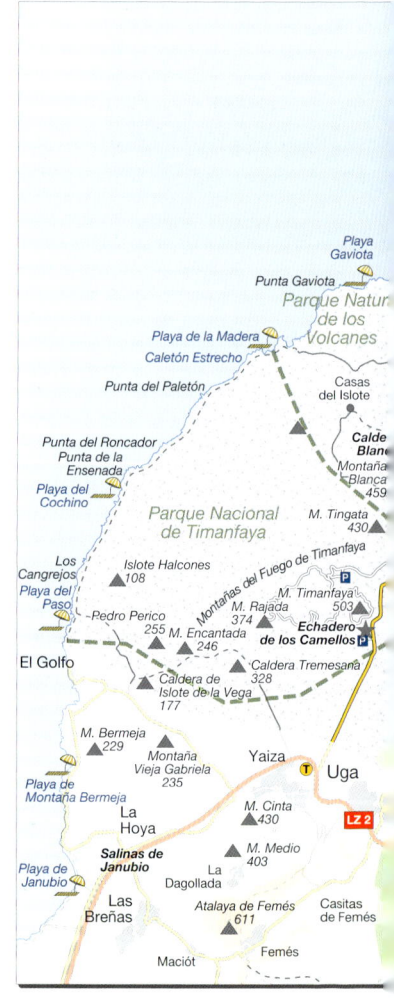

mit dem Rennrad bestens geeignet, ebenso ist die **Küste östlich vom Nationalpark** über lange, abfallende Straßen zu erreichen (→ Östlich vom Nationalpark, S. 213).

Die empfohlene Wanderstrecke durch **La Geria** ist auch für Mountainbikes geeignet (→ S. 387).

Wandern Von **Puerto del Carmen** kann man bequem die Küste in beiden Richtungen erkunden (→ S. 370/371).

Eine schöne Wanderung durchs Weinbaugebiet **La Geria** lässt sich von Uga aus unternehmen (→ S. 387).

Die **Zwei-Vulkane-Wanderung** (→ S. 372) und die Umrundung der **Caldera Blanca** (→ S. 374) bringen großartige Impressionen vom riesigen Lavafeld im Eruptionsgebiet Lanzarotes.

Von der **Playa de Famara** aus kann man auf den Kamm des Gebirges Risco de Famara hinaufsteigen und die herrlichen Ausblicke genießen (→ S. 377).

Lanzarote Mitte

2 km

Empfehlenswert sind auch die geführten Wanderungen im **Nationalpark Timanfaya** (→ S. 398). Die Küstenwanderung im Nationalpark darf auch ungeführt gemacht werden.

Übernachten

Puerto del Carmen ist das bedeutendste Urlaubszentrum der Insel und verfügt über zahllose Unterkünfte aller Preisklassen, Apartments stellen das Gros der Anlagen.

Die Inselhauptstadt **Arrecife** besitzt mehrere gute Mittelklassehotels und Apartments, außerdem einige günstige Pensionen. Mit dem wiedereröffneten Gran Hotel gibt es auch einen Vertreter der obersten Kategorie.

Eine große Apartmentanlage gibt es an der **Playa de Famara** im Norden, zahlreiche Privatapartments werden dort im Fischerort **La Caleta** angeboten. Ebenfalls an der Nordküste findet man das große Sporthotel **La Santa**.

Im Weinbaugebiet **La Geria** werden mehrere restaurierte Fincas als Ferienwohnungen/-häuser vermietet, im Örtchen **El Islote** wurde eine Finca zum komfortablen Hotel ausgebaut, weitere Landhotels haben in **Mozaga** ihre Pforten geöffnet.

Buchung von Ferienwohnungen im **Inselinneren** → Reisepraktisches/Übernachten.

Arrecife   55.000 Einwohner

Die Inselhauptstadt, etwa 55.000 Menschen leben hier. Urlauber kommen höchstens für einen Tagesausflug, die Stadt gehört ganz den Einheimischen. Doch die touristische Zukunft hat auch hier begonnen: Für Kreuzfahrtschiffe hat man kürzlich eine große Mole und eine nagelneue Marina mit Nobelboutiqen und Edelrestaurants errichtet.

Über die Maßen attraktiv ist Arrecife bislang nicht, ein Tag genügt in der Regel für eine ausgiebige Stadtbesichtigung. Doch das unverfälschte Leben einer kleinen kanarischen Metropole ist es, was Arrecife reizvoll macht. Und ein erfrischendes Bad am ausnehmend schönen und gepflegten Stadtstrand rundet einen Abstecher in die Inselhauptstadt angenehm ab.

Arrecife ist eine junge Stadt, in der kaum historische Substanz erhalten ist. Noch vor 200 Jahren lag hier nur der kleine Hafen der damaligen Hauptstadt Teguise im Inselinneren. In den vergangenen Jahrzehnten wurde zudem der alte Stadtkern weitgehend abgerissen – um die wirtschaftliche Entwicklung voranzutreiben, wie man damals dachte. Bis auf eine Handvoll Bürgerhäuser aus dem 18./19. Jh. dominieren deshalb heute moderne, für den Betrachter weitgehend nichts sagende Bauten. Apartmenthochhäuser und Bürokomplexe beherrschen Teile der Skyline, die Außenbezirke wuchern mit ausgedehnten Wohnsiedlungen weit ins Umland, heftiger Autoverkehr überschwemmt die Innenstadt. Umso erfreulicher ist es, dass vor einigen Jahren die zentrale Geschäftsstraße mit abzweigenden Gassen zum Fußgängerbereich umgestaltet wurde.

Einen Spaziergang lohnen in erster Linie die an der Meerseite verlaufende Uferstraße mit dem Strand, der hübschen *Promenade* und dem vorgelagerten *Castillo de San Gabriel*, die lebendige Geschäftsstraße und Fußgängerzone *León y Castillo* sowie das stille Viertel um die *Pfarrkirche* und die benachbarte Lagune *Charco San Ginés*. Interessant ist Arrecife aber auch, weil man hier das tatsächliche Alltagsleben der Insulaner miterleben kann ohne eine ausschließlich auf Urlauber ausgerichtete Infrastruktur. Arrecife ist in den letzten Jahrzehnten rasant gewachsen.

Blick vom Castillo de San Gabriel auf die „Skyline" der Inselhauptstadt

Verursacht durch den explosionsartig ansteigenden Tourismus auf Lanzarote, hat die Landflucht Zehntausende von Menschen auf der Suche nach Beschäftigung in die Hauptstadt getrieben. Fast die Hälfte der Inselbevölkerung lebt inzwischen hier und der Zuzug hält ungebrochen an.

Ein Bummel über die Geschäftsstraße, irgendwo ein einfaches, kleines Restaurant oder eine Bar besuchen, die freundliche und gelassene Mentalität der Einheimischen kennen lernen, eine Siestapause am Charco San Ginés oder am palmenbestandenen Stadtstrand – das macht die eigentliche Attraktivität Arrecifes aus. Und wer zur richtigen Zeit auf Lanzarote ist, sollte natürlich auch nicht die Höhepunkte im ansonsten eher ruhigen Kleinstadtleben versäumen: den kilometerlangen Umzug anlässlich des Dreikönigsfests im Januar, die temperamentvolle Karnevalsparade im Februar und das große Volksfest zu Ehren des Stadtheiligen San Ginés Mitte August.

Geschichte

Arrecife bedeutet „Riff" bzw. „Felsenbank". Der Name spielt auf die zahlreichen vorgelagerten Inseln und Klippen an, die den Küstenstrich um die heutige Stadt vor der Brandung des offenen Atlantiks schützen. Wegen dieser natürlichen Gegebenheiten war der Ort schon früh prädestiniert für die Anlage eines Hafens der im Inselinneren gelegenen Hauptstadt *Teguise*. Doch eine Siedlung entwickelte sich erst sehr viel später. Zunächst gab es hier nur eine einfache Hafenanlage mit dem kleinen *Kastell San Gabriel*, das den Anlegeplatz vor Piratenangriffen schützen sollte (→ Sehenswertes). Noch in der zweiten Hälfte des 18. Jh. standen außer der Burg im Hafen nur ein paar Lagerschuppen. Erst gegen Ende des 18. Jh. bildete sich eine bescheidene Siedlung, die Pfarrkirche *San Ginés* wurde errichtet und 1798 erhielt Arrecife das Gemeinderecht. Als sich im 19. Jh. der Außenhandel Lanzarotes verstärkte (Soda, Cochenille u. a.), wurde der wirtschaftlich aufstrebende Hafenort immer wichtiger und die Bedeutung des alten Adelssitzes Teguise sank. Um die Mitte des 19. Jh. zählte Arrecife etwa 2300 Einwohner, 1852 wurde es zur neuen Hauptstadt Lanzarotes erklärt, blieb allerdings bis weit ins 20. Jh. hinein ein Kleinstädtchen mit wenigen tausend Einwohnern. Erst der Touristenboom und die damit verbundene Landflucht ließen die Stadt zur heutigen Größe anwachsen.

Anfahrt, Verbindungen und Stadtverkehr   → Karte S. 132/133

Arrecife ist Dreh- und Angelpunkt des gesamten Inselverkehrs. Hier legen die Fährschiffe vom Festland an und hier starten alle Inselbusse.

Eigenes Fahrzeug/Leihfahrzeug Wer als Selbstfahrer in die Stadt kommt, sollte auf den großen Hauptstraßen bleiben, denn die verwirrende Einbahnstraßenregelung durchschauen nur Einheimische. Parken Sie am besten auf den unten beschriebenen Parkplätzen und gehen Sie zu Fuß auf Erkundungstour.

Anfahrt von Puerto del Carmen Von der vierspurigen Schnellstraße LZ-2 biegt man bei Erreichen der Stadt am besten nach rechts ab in Richtung „Centro Urbano". Beim Stadtstrand trifft man auf die Uferstraße, fährt sie der Länge nach entlang und kann südlich vom Charco San Ginés parken (→ Parken).

Alternative: Falls man von der Schnellstraße nicht abbiegt, kann man versuchen die Parkplätze im Bereich der Calle Manolo Millares anzusteuern, das ist wegen der Einbahnstraßenregelung allerdings ein wenig unübersichtlich. (→ Stadtplan)

Anfahrt von Costa Teguise (→ Inselnorden): In Hafennähe kreuzt man die Umgehungsstraße (Circunvalación), die Arrecife weiträumig umgeht. Im Folgenden sollte man sich immer dicht am Wasser halten und die Straße am Castillo de San José vorbei durch den Fischereihafen nehmen. So gelangt man ebenfalls auf die Uferstraße und kann den großen Parkplatz südlich vom Charco San Ginés anfahren (→ Parken).

Parken Ein großer Parkplatz liegt, vom Zentrum aus gesehen, kurz nach der Brücke über den Zulauf zum Charco San Ginés (→ Stadtplan).

Außerdem passiert man auf der Uferstraße von Westen kommend kurz vor dem Kreisverkehr an der Marina Lanzarote (→ Stadtplan) die Einfahrt zu einem gebührenpflichtigen Parkplatz (Mo–Fr 7.30–21, Sa 7.30–15 Uhr, ca. 2 €).

Überlandbusse Arrecife ist Zentrum des gesamten Busverkehrs auf Lanzarote. Besonders gut sind die Verbindungen zum **Flughafen** und in die Touristenzentren **Puerto del Carmen**, **Costa Teguise** und **Playa Blanca** sowie ins nahe **Playa Honda**, aber auch alle anderen größeren Inselorte werden mehrmals täglich angefahren.

Es gibt zwei große Busstationen in Arrecife: Der Busbahnhof **Estación de Guaguas** liegt am inneren Stadtring Via Medular, nicht weit vom Sportstadion (→ Stadtplan). In diesem eher unattraktiven Stadtteil landeinwärts vom Zentrum starten die Busse der Linie 1 ins Urlaubszentrum **Costa Teguise** (Mo–Fr alle 20 Min., nachts stündl., Sa/So etwa halbstündl.). Weitere Linien verbinden die Hauptstadt mit allen Inselregionen und am Sonntag fährt Bus 14 zum großen **Markt** in Teguise.

Zweite wichtige Busstation ist die Haltestelle **Intercambiador Playa del Reducto** am Westende des gleichnamigen Stadtstrands. Hier laden die Busse aus Puerto del Carmen, Costa Teguise und Playa Blanca den Großteil ihrer Urlauberfracht aus und sammeln sie auch wieder für den Rückweg ein. Mit einem etwa 15-minütigen Spaziergang am Wasser entlang kommt man ins Zentrum (→ Sehenswertes) und muss für die Rückfahrt auch wieder hierher zurück – ein wenig unbequem, aber die Taxifahrerlobby will es so.

Verbindungen ab Playa del Reducto:

Nach **Puerto del Carmen** fahren die Busse 2 und 3, zur **Costa Teguise** fährt Bus 3 (beide Linien verkehren Mo–Fr alle 20 Min., nachts stündl., Sa/So etwa halbstündl.).

Nach **Playa Blanca** fährt Bus 60 über **Tías**, **Mácher**, **Uga** und **Yaiza** (Mo–Fr stündl., Sa/So alle 2 Std.).

Weitere Verbindungen: **Femés** (Linie 5), **Playa Honda** (Linien 21 und 23), **Flughafen** (Linien 22 und 23) und **Puerto Calero** (Linien 24 und 25).

Eine Übersicht über alle Buslinien finden Sie im allgemeinen Teil dieses Führers unter „Unterwegs in Lanzarote", im Web unter www.arrecifebus.com.

Schiff Eine Großfähre mit Autotransport von „Trasmediterránea" fährt 1 x wöch. nach **Cádiz** am spanischen Festland und umgekehrt. Weitere Verbindungen gibt es nach **Las Palmas de Gran Canaria**, **Santa Cruz de Tenerife** und **Santa Cruz de la Palma (La Palma)**. Zusätzlich fährt „Naviera Armas" nach **Las Palmas de Gran Canaria** und **Santa Cruz de Tenerife**. Abfahrt ist jeweils im Stadthafen **Puerto de los Mármoles.**

Buchung Überfahrten von Trasmediterránea (www.trasmediterranea.es) und Naviera Armas (www.navieraarmas.com) kann man im Büro **8** der beiden zusammenge- hörigen Linien buchen, nämlich an der Calle Manolo Millares 90 (früher: Avda. José Antonio), ✆ 928-824930 (Trasmediterránea), ✆ 902-220225 (Naviera Armas).

Taxi Standplätze u. a. vor dem **Gran Hotel** und bei der Brücke **Puente de las Bolas** zum vorgelagerten Kastell San Gabriel. **Funktaxi** (24-Std.-Service) unter ✆ 928-806211, 928-800806. Ungefähre Preise ab Arrecife (Werktag/Feiertag): Flugplatz 16/17 €, Puerto del Carmen 22/24 €, Costa Teguise 17/19 €, Teguise 22/24 €, Playa Blanca 50/54 €.

◖Basis-Infos

→ Karte S. 132/133

Information Eine touristische Auskunfts- stelle ist im hübschen Pavillon **Kiosco de la Música** im Stadtpark untergebracht, nicht weit vom Damm zum Castillo de San Gab- riel. Mo–Fr 10–17, Sa 10–13 Uhr. ✆ 928-813174.

Eine weiteres großes Informationsbüro wurde in der neuen **Marina Lanzarote** eröff- net. Mo–Fr 8–19, Sa 9–14/15 Uhr, So geschl. (außer Kreuzfahrtschiffe liegen vor Anker).

Apotheken Farmacia Mercedes Martín Capote, historisches Haus in der Calle Fa- jardo 7; weitere Apotheken in der Calle León y Castillo 13 und 41 und Calle Pedro Barba 4. Falls geschlossen, ist ein Hinweis zu finden, welche Apotheke Bereitschaft hat („Farmacia de Guardia").

Baden Der Sandstrand **Playa del Reducto** erstreckt sich am Westrand des Zentrums von Arrecife (→ Sehenswertes) und bietet die ideale Möglichkeit, um sich nach der Stadtbesichtigung zu erholen. Es gibt einen Überwachungsturm, für Erfrischungen sorgt ein Kiosk an der Strandmitte, daneben ste- hen Süßwasserduschen und an der Straße

Die einheimische Jugend badet gerne beim Castillo de San Gabriel mitten in der Stadt

Inselmitte → Karte S. 126/127

Arrecife

120 m

gegenüber gibt es mehrere große Cafeterias (→ Essen & Trinken). Bequemerweise liegt außerdem der Busstopp nach Puerto del Carmen, Costa Teguise und Playa Blanca am westlichen Strandende.

Parque Deportivo Municipal Puerto del Arrecife, das moderne Hallenbad, das auch gerne von Sportlern zum Training genutzt wird, liegt mit seinem 25-m-Becken an der Rambla Medular in der Nähe vom Busbahnhof. Mo–Fr 7–23, Sa 8–20, So 9–14 Uhr. ✆ 928-818039.

Fahrrad Mehrere Verleiher findet man im Umfeld des Gran Hotels.

Infinity Lanzarote 21, Calle Canalejas 55, ✆ 667-344949.

Goldy Rent 17, Avda. de la Mancomunidad 5, ✆ 928-077501.

Vadebicis 16, Calle Almirante Boado Endeiza 9, ✆ 928-817535, www.vadebicis.es.

Medizinische Versorgung Hospital General de Lanzarote, das große Krankenhaus Lanzarotes liegt etwas außerhalb an der Straße nach San Bartolomé. Die Einrichtung ist auf relativ modernem Stand. Die Ärzte sind in der Regel freundlich und kompetent, sprechen allerdings höchstens Englisch, kein Deutsch. Ein deutsch-spanisches Wörterbuch ist aber griffbereit. ✆ 928-801636.

Dr. Wolfgang Burkhardt 7, deutscher Zahnarzt in der Nähe vom Grand Hotel. Calle Mexico 1, ✆ 928-816661, 669-452248 (Notfall).

Notfall Feuerwehr, ✆ 928-816312;

Policía Local (Städt. Polizei), Calle Vargas 3, ✆ 928-811317;

Policía Nacional, Avda. de Coll 5, ✆ 928-597107;

Rotes Kreuz, ✆ 928-812222.

Notruf (Feuerwehr, Polizei, Rotes Kreuz) ✆ 112.

Post an der Uferstraße, vis-à-vis vom Info-Pavillon an der Uferpromenade, Avda. de la Marina 8.

Übernachten   → Karte S. 132/133

Die Hotels in Arrecife liegen zum großen Teil an der Uferstraße und bieten dementsprechend schönen Meer- und Strandblick. Da die Urlauber meist in den großen Touristenzentren Lanzarotes unterkommen, gibt es immer freie Zimmer, selbst in der Hochsaison. Wer viel auf der Insel herumreisen will und an einem Aufenthalt in den Touristenhochburgen wenig interessiert ist, kann Arrecife gut als Ausgangspunkt für Ausflüge nutzen, mit dem Auto erreicht man in weniger als einer Stunde alle Punkte der Insel. Der Busbahnhof ist zudem zentraler Punkt des Busnetzes.

***** **Arrecife Gran Hotel 27**, 2004 wurde das neue Schaustück der Hotellerie im 17-stöckigen Hochhaus neben der Playa del Reducto eröffnet (S. 141). 52 DZ, 104 Suiten und vier Imperial Suiten (zwei Schlafzimmer, zwei Bäder, Wohnzimmer, Arbeitszimmer, Jacuzzi und Whirlpool) bieten den Gästen jeglichen Komfort. Außen ist das Hotel komplett in Glas gekleidet, innen stilvoll klassisch eingerichtet. Die Zimmer sind mit edlen Parkettböden und Marmorbädern ausgestattet. In der Lobby befindet sich eine Einkaufszeile mit Boutiquen und Schmuckgeschäften. Im zweiten Stock liegen das Spa Centre mit Sauna, türkischem Bad, Thermal- und Erlebnisbad, Jacuzzi und Massageräumen (Eintritt 15 €), außerdem die Fitness-Abteilung sowie eine Sonnenterrasse mit überdachtem und beheiztem Pool (9–19 Uhr) und Poolbar (warme Küche 12–16 Uhr). Aus den Zimmern in den oberen Stockwerken kann man den Blick endlos in die Ferne schweifen lassen, aber auch die Cafébar „Star's City" und das Restaurant „Altamar" im obersten Stockwerk bieten einen unvergleichlichen Ausblick (→ Essen & Trinken). Ein weiteres Büffet-Restaurant liegt mit Terrasse und schönem Meerblick im ersten Stock. Neben dem Hotel wurde ein neuer Park mit Strandpromenade angelegt. WLAN gratis im ganzen Haus. DZ/F ab ca. 100 €, Suite ab 140 €, Imperial Suite ab 500 €. Auch über Reiseveranstalter. Parque Islas Canarias s/n, ✆ 928-800000, www.ag hotelspa.com.

*** **Miramar 42**, gutes Stadthotel vis-à-vis vom Castillo de San Gabriel, dort wo die Einkaufsstraße von der Uferstraße abzweigt. Der sechsstöckige Kasten mit 85

Zimmern stammt aus den Siebzigern, wurde aber zum wiederholten Mal mit fröhlichen Farben dem Stil der Zeit angepasst. In den Zimmern Sat-TV, geräumige Wandschränke und Betten mit festen Matratzen, nach vorne schöner Blick auf Hängebrücke, Castillo und Meer, es gibt aber auch Zimmer nach hinten. Auf der Dachterrasse Snackbar und Tische im Freien. DZ je nach Blick ca. 70–80 €, Frühstück ca. 8 €/Pers. Avda. Coll 2, ☏ 928-812600, www.hmiramar.com.

*** Lancelot , modernes und freundlich geführtes Haus mit 110 Zimmern direkt am Stadtstrand El Reducto. Wenn man durch die Panoramascheiben des gepflegten Restaurants blickt, kann man mit den windzerzausten Palmen und dem schönen, weißen Sandstrand sogar ein bisschen Karibikflair empfinden. Die Lobby ist mit glänzendem Marmor gefliest, Gänge und Zimmer sind vollständig mit Teppichboden ausgelegt. Mobiliar und Türrahmen bestehen aus Holz in warmen Naturfarben, die Badezimmer sind geräumig und gut ausgestattet, jeweils mit Badewanne. Nach vorne haben die Zimmer Balkon mit herrlichem Blick aufs Meer. Abends Livemusik im Restaurant. Auf dem Dach gibt es sogar einen kleinen Swimmingpool. WLAN gratis im ganzen Haus. DZ/F ca. 85–110 €. Avda. Mancomunidad 9, ☏ 928-805099, www.hotellancelot.com.

*** Diamar, das dritte im Bunde an der Playa del Reducto, zum Strand hin geräumige und helle Zimmer mit Balkon, großem TV und guten Bädern, die Zimmer auf den Innenhof sind dagegen besonders günstig. Gutes Frühstücksbuffet, alles sehr sauber, hilfsbereites Personal. DZ/F ca. 60–95 €. Avda. Fred Olsen 8, ☏ 928-072481, www.hoteldiamarlanzarote.com.

** Pensión Cardona, das Hotel der unteren Mittelklasse liegt etwas versteckt in einer schmalen Seitengasse der Avda. Mancomunidad, nicht weit vom Gran Hotel. Die Eingangshalle glänzt in spiegelndem Granit, per Lift geht es zu den einfach möblierten Räumen. Die Zimmer zur Straße haben kleine Balkone, aber es gibt auch welche zum tristen Innenhof, die Bäder besitzen eine Badewanne. Achtung: Nur wenige Meter entfernt liegt das Nachtviertel von Arrecife (→ S. 138), an Wochenenden kann es laut werden. DZ ca. 30–35 €. Calle Democracia 11, ☏ 928-811008, www.hrcardona.com.

≫ **Mein Tipp:** * Hostal Residencia San Ginés, ein paar Meter abseits der langen

Erstrahlt in neuem Glanz:
das Gran Hotel von Arrecife

Calle León y Castillo, dort, wo sie an den Charco San Ginés trifft. Vor einigen Jahren renoviert und in der unteren Preisklasse derzeit die beste Wahl. Einfach, aber sauber, kleine Zimmer mit dunkel-rustikalem Mobiliar, jeweils Bad mit Sitzbadewanne, Zimmer z. T. zum Innenhof, Dachterrasse, nette Besitzer. DZ um die 28–30 €, günstiges Frühstück extra. Calle El Molino 9, ☏ 928-811863, www.pensionsangines.com. ≪

Apartments ** Islamar, an der Uferstraße, schräg gegenüber vom Gran Hotel. Hoher Betonbau mit großen Balkonen, die Apartments schlauchförmig, Küche durchschnittlich, moderne und geräumige Badezimmer, sehr schöner Blick auf den Park des Gran Hotels und das Meer. Rabatt in einer nahen Tiefgarage. Für 2 Pers. ab ca. 35 €. Avda. Dr. Rafael González Negrín 15, ☏ 928-811500, www.apartamentos-islamar.com.

Essen & Trinken

→ Karte S. 132/133

Zum Essen nach Arrecife zu fahren, lohnt sich. Hier ist man mal völlig abseits vom Rummel in den Urlaubszentren, speist in der Regel unter Einheimischen und meist auch noch günstig, vor allem etwas entfernt vom unmittelbaren Zentrum.

Innenstadt und Strandnähe   Die Vielzahl an Tapas-Bars und sympathischen Cafés lässt die Wahl schwer fallen.

Museo del Vino 33, in einer ruhigen Gasse zwischen Fußgängerzone und Charco San Ginés hat Familie Peña ein über 200 Jahre altes Haus restauriert. In der hübschen Taverna (kein Museum!) gibt es Tapas und komplette Gerichte, dahinter liegen einige separate Räume, wo man im gemütlich-stilvollen Rahmen essen kann. Angeschlossen ist eine Vinoteca mit Weinen aus Lanzarote und vom Festland. Mo–Sa 10–24 Uhr, So geschl. Calle García de Hita 8, ✆ 928-806344.

La Recova 37, in der Nähe der Kirche San Ginés. Große, originell eingerichtete Bar mit Holzdecke und Gemälden, serviert werden hausgemachte Tapas. So geschl. Calle Ginés de Castro y Alvarez 5.

El Notario 39, gleich gegenüber, angenehme Tapas-Kneipe, auch zum draußen sitzen, netter Service. So geschl. Calle Ginés de Castro y Alvarez 6.

>>> Mein Tipp: Andalucia 1960 41, ruhige und liebevoll aufgemachte Tapas-Bar in zentraler Lage, nur wenige Tische, alles frisch und sehr lecker, auch Fisch, z. B. *atun plancha* (Thunfisch) und *sepia frita* (Tintenfisch), dazu freundliche Bedienung und günstige Preise. So geschl. Calle Inspector Luis Martin 5. **<<<**

La Despensita 30, vor der kleinen Bar in einer Nebengasse sitzt man gemütlich um Fässer herum. Calle Emilio Ley 2.

Café La Unión 40, klassizistisch gestyltes Café an der beliebten Plaza de la Constitución, Stuckverzierungen, Säulen und Kronleuchter, auch Außenplätze. Sa bis 14 Uhr, So geschl.

La Plazuela 38, wenige Meter weiter, hier kann man z. B. „Smoothies" aus frisch gepressten Früchten kosten, angeblich nach traditionellen kanarischen Rezepten, dazu gibt es kleine Gerichte, Tapas und Bocadillos. So geschl.

Chef Nizar 22, nett eingerichtetes Restaurant ohne Außenbereich in einer Seitengasse beim Gran Hotel. Neben der üblichen spanischen Küche gibt es hier auch libanesische Küche, z. B. Humus, Falafel, Mutabbel und

Beliebter Treffpunkt: die Tapas-Bar „La Recova"

Tabbouleh-Salat. So geschl. Calle de Luis Morote 19, ✆ 928-801260.

La Lupe 🔟, farbenfroh gestaltetes Mexiko-Restaurant in einem schön restaurierten Natursteinhaus, nette Atmosphäre und traditionelle mexikanische Gerichte wie *quesadillas, chilaquiles, tacos, fajitas, enchiladas, burritos* etc. So geschl. Calle Coronel Bens 9/Ecke Calle La Porra, ✆ 828-086120.

Punto Sabroso 🔟, gemütliche Cafeteria mit südamerikanisch/kolumbianischer Auswahl – *hamburguesas, arepas, chorizos, platos combinados*. Keine Touristen, alles preiswert. Calle José Antonio Primo de Rivera 50/Ecke Calle Coronel Bens, ✆ 648-024874.

El Rincón Granaino 🔟, in dieser beliebten Tapas-Bar treffen sich die jungen Einheimischen, draußen sitzt man ein wenig dem Verkehr ausgesetzt, aber fast touristenfrei, die Tapas sind frisch und preislich günstig. Calle Manolo Millares 93, ✆ 928-812285.

Pasteleria Jonay 🔟, an der Uferstraße gegenüber vom Info-Pavillon, Konditorei-Café mit eine Vielzahl lecker belegten Törtchen. Avda. La Marina 6, ✆ 928-801862.

El Patio 🔟, originell und gemütlich eingerichteter Italiener an der Uferstraße beim Gran Hotel, über die Qualität gehen die Meinungen auseinander. Avda. Dr. Rafael González Negrín 5.

Bodegón Los Conejeros 🔟, gut sortierte Weinkneipe, wo man zum Wein im gemütlichen Rahmen Tapas und einige frisch zubereitete Fleisch- und Fischgerichte essen kann. Nur abends ab 20 Uhr. So geschl. Avda. Dr. Rafael González Negrín 9. ✆ 928-817195.

Gambrinus u. a. 🔟, die großen Cervecerías an der Playa del Reducto sind sowohl tagsüber wie auch abends gut besucht. Englisches Frühstück wie bacon and eggs, Tapas, Fleisch und Fisch, Cocktails und Bier – und dank der Palmen ein Hauch Karibik. Avda. Fred Olsen, ✆ 928-820030.

Altamar 🔟, im 17. Stockwerk des Gran Hotel genießt man den fantastischen Ausblick und die meist feine Küche zu höheren Preisen, z. B. Seehecht von La Santa, Jakobsmuscheln oder Steinbutt, aber auch schwarzes Schwein von Lanzarote. Um hinaufzukommen, einen der Aufzüge hinter der Rezeption nehmen – der ganz rechts liegende fährt verglast an der Außenseite des Hotels hinauf. ✆ 928-800000.

Alternativ kann man mittags auch die **Pool-bar** mit schöner Terrasse im ersten Stock besuchen (Küche 12–16 Uhr).

≫ Mein Tipp: Star's City 🔟, ebenfalls im obersten Stockwerk des Grand Hotels, aus 75 m Höhe kann man seinen Blick über den Strand, die Stadt und Lanzarote schweifen lassen. Erfreulich: Die Preise im Café sind normal, kein „Gran-Hotel"-Aufschlag. Tägl. 9–1 Uhr nachts, abends oft Pianomusik live. **≪**

Charco San Ginés Zum Essen sicherlich die schönste Ecke Arrecifes.

Casa Ginory 🔟, an der Nordostecke des Charco San Ginés, allerdings ohne Blick auf den Charco. Alteingesessenes Fischlokal, das in zwei nebeneinanderstehenden Häusern untergebracht ist: das eine volkstümlich, eng und gemütlich, wo man hautnah neben der Küche sitzt, das andere etwas größer und formeller. Viele Einheimische treffen sich hier, Fischgerichte zu normalen Preisen. Calle Juan de Quesada 7, ✆ 928-804046.

Leito de Proa 🔟, gleich um die Ecke der Casa Ginory sitzt man unter Sonnenschirmen zwischen kleinen Palmen und genießt den Blick auf den Charco. Eigentlich nur eine Bar, trotzdem gute Meeresküche mit Grillfisch und *pulpo con mojo* (Oktopus), nicht teuer. ✆ 928-802066.

Tasca La Raspa 🔟, beliebte Weinbar am Nordufer des Charco, netter Service, gute und leckere Auswahl an frisch zubereiteten Tapas, Wein auch glasweise. ✆ 928-808405.

Naia 🔟, das neu eröffnete Lokal von Mikol Otaegui aus San Sebastian im Baskenland kommt in Arrecife gut an, eingezwängt zwischen weitere Lokale ist die Lage am Charco zwar nicht die beste, aber die innovative spanische Küche, die in leckeren kleinen Portionen auf den Tisch kommt, überzeugt. Avda. César Manrique 33, ✆ 928-805797.

≫ Mein Tipp: La Puntilla 🔟, aufmerksam geführtes Lokal an der ruhigen Südseite des Charco, mit viel Holz eingerichtet, hübscher Platz in der Abendsonne. Bei José Rodriguez kann man ganz ausgezeichnet essen, z. B. frischen Fisch, Garnelen, *sepia* und *pulpo* (auch in halben Portionen), dazu gibt es eine gute Auswahl einheimischer Weine. Etwas teurer, aber es lohnt sich. So geschl. Avda. Cesar Manrique 52, ✆ 928-816042. **≪**

Inselmitte → Karte S. 126/127

Lemón **31**, Tages- und Abendcafé an der Südfront des Charco. Hübsch sitzt man draußen zwischen Palmen auf gemütlichen Korbstühlen, die Tapas sind gut und günstig.

Marina Lanzarote   Die großen, neuen Restaurants in der Marina sind bislang nicht sonderlich gut besucht.

Lilium **1**, das viel gelobte Gourmetrestaurant von Orlando Ortegas, der aus Arrecife stammt, aber bei Köchen in aller Welt gelernt hat, ist vom Stadtzentrum in die Marina umgezogen. Man sitzt in modern-gemütlichem Ambiente mit Blick auf die Jachten, die Küche ist komplett einsehbar. Das dreigängige Degustationsmenü bietet innovative kanarische Küche und kostet ohne Wein ca. 38 € (Mittagsmenü günstiger). Der Service ist aufmerksam. Mittags und abends geöffnet, So geschl. ✆ 928-524978.

Kopas Lounge **2**, schick gestyltes Lokal am Beginn der Marina, vom Frühstück bis zu Kuchen, Tapas, Pizza und Cocktails bekommt man alles, geöffnet ist bis 2 Uhr nachts. So geschl. ✆ 658-450183.

Weiter außerhalb QuéMUAC, das Restaurant mit Bar im Untergeschoss des Castillo de San José (→ Sehenswertes) wurde wie die gesamte Inneneinrichtung des Kastells in den frühen Siebzigern von César Manrique konzipiert: ein weitläufiger Rundbau mit schwerem Parkettboden, Sitzgelegenheiten und Tischen in Schwarz, dazu herrlicher Blick durch die raumhohen Panoramafenster. Die Tapas und das Degustationsmenü werden allgemein gelobt, die Preise sind nicht überhöht. Cafeteria tägl. 10–20 Uhr, Restaurant Di–Sa 12–16, Fr/Sa auch 19–23 Uhr. ✆ 928-812321.

Nachtleben
→ Karte S. 132/133

Das Nachtleben ist noch weitgehend den Einheimischen überlassen. Eine ganze Reihe von Disco-Bars findet man Tür an Tür landeinwärts vom Gran Hotel entlang der Calle Manolo Millares. Dort wird viel spanische Musik gespielt und an Wochenenden die Nacht zum Tag gemacht, was oft Probleme mit den Anwohnern mit sich bringt.

Diskotheken/Disco-Bars   Jet Set, Platinum, Glamour, Baracoa und weitere Disco-Bars drängen sich nebeneinander an der Calle Manolo Millares **5**. Lebhaft wird es erst ab 1 Uhr in der Nacht, dafür wird bis morgens um 7 Uhr getanzt.

Aqua **25**, großes Discozelt mit Meerblick hinter dem Westabschnitt der Playa del Reducto, am Ende der Avda. Fred Olsen. Freitag und Samstag ab Mitternacht geht es hier rund, Platz für 2000 Leute, mehrere Bars (auch im Freien), Shows, internationale DJs. ✆ 928-824198.

Kopas **3**, am Beginn der neuen Marina Lanzarote (→ Sehenswertes) liegt die neueste und schickste Disco der Stadt, bekannte DJs legen auf, gelegentlich Livemusik. Fr/Sa 11–6 Uhr.

Kino   Multicines Atlantida **29**, Großkino direkt am Charco San Ginés. In vier Filmsälen laufen die gängigen internationalen Filmhits, meist spanisch synchronisiert, gelegentlich mit spanischen Untertiteln.

Shopping
→ Karte S. 132/133

Die meisten Geschäfte findet man im Umfeld der baumbestandenen Fußgängerzone Calle León y Castillo, die durch die Krise bedingten Leerstände sind allerdings nicht zu übersehen. Die Siesta wird meist streng eingehalten (ca. 13.30–17 Uhr).

> **Tipp**: Auf das Schild „Rebaja" achten, beim „Schlussverkauf" gibt es hier Schnäppchen.

Lebensmittel   Die großen Supermärkte an der Peripherie der Innenstadt gehören

zu den preiswertesten der Insel. Lassen Sie sich bei Bedarf die Adressen dieser Läden von Residenten oder Ihrer Rezeption geben. Weitere günstige Supermärkte liegen in Playa Honda entlang der LZ-2 (→ dort).

Pescadería Municipal **34**, saubere, kleine Fischhalle in der Parallelgasse zum Obst- und Gemüsemarkt, Calle Liebre. Mo–Sa 8–13.30 Uhr.

Stratvs 35, zentral in der Fußgängerzone liegt der Laden der umstrittenen Großbodega im Weinbaugebiet La Geria (→ S. 197) – derzeit die einzige Stelle, wo man die recht teuren Stratvs-Weine erwerben kann, dazu Käse aus Uga. Calle León y Castillo 12.

Mercado Gastronómico La Pepa 4, am Beginn der neuen Marina Lanzarote (→ Sehenswertes) hat sich im ersten Stock ein „Foodmarkt" mit einer Reihe von Gourmetständen etabliert – Fisch, Fleisch, Wein, iberischer Schinken, Käse etc. Mo–Fr 10–22 Uhr, Sa/So geschl.

Märkte **Textil-/Kunsthandwerksmarkt**, jeden Mi und Do 9–14 Uhr am Charco San Ginés, am Fr u. Sa 10–14 Uhr in der Fußgängerzone (nur wenige Stände).

Bauernmarkt, Sa 9–14 Uhr kleiner Markt vor der Kirche San Ginés, verkauft werden Backwaren, Käse, Mojo-Soßen, Honig und Biosäfte.

La Recova 36, der traditionelle Obst- und Gemüsemarkt im Innenhof neben der Kirche San Ginés (→ Sehenswertes), wo seit dem 19. Jh. die Bauern ihre Produkte verkauften, ist seit einigen Jahren wieder als kleines Einkaufszentrum in Betrieb. Einige Kleinläden mit Flohmarktatmosphäre, urig und nett. Mo–Sa 8–13.30 Uhr.

Auf dem Bauernmarkt am Samstag vor der Kirche San Ginés

Feste

Arrecife ist die Festmetropole der Insel. Wer zur richtigen Zeit auf Lanzarote ist, sollte sich die farbenfrohen und temperamentvollen Umzüge nicht entgehen lassen. Vor allem die drei unten genannten Feste lohnen den Besuch. Tipp: Eine große Parkzone findet man im Gebiet des Fischerhafens *Puerto de Naos*.

Fiesta de Cabalgata de los Reyes, Zehntausende säumen die Straßen, wenn am Vorabend des 6. Januar die „Heiligen Drei Könige" in einem fröhlichen Umzug die Uferstraße entlangziehen. Beginn des Zugs ist beim *Ayuntamiento* (Rathaus) an der Avda. Vargas, Ende beim *Recinto Ferial* (→ Sehenswertes). Im strahlenden Glanz bengalischer Lichter schaukelt ein gutes Dutzend Dromedare eine Reihe aufwändig kostümierter „Könige" durch das lachende Spalier, diese schaufeln derweil Hände voll Bonbons in die Menge. Zwischen den Dromedaren fahren farbenprächtige Wagen, in denen Szenen aus der Weihnachtsgeschichte dargestellt sind, das Ganze ist umrahmt von den typischen lanzarotenischen Folkloregruppen. Halb Arrecife versammelt sich zu diesem Umzug, es geht laut und turbulent zu. Am Recinto Ferial angelangt, löst sich der Zug auf, doch das Fest ist noch nicht beendet. Dort warten nämlich die aufgeregten Kinder auf die Geschenke, die ihnen die Könige mitbringen. Die Eltern haben sie vorher bei den Akteuren abgegeben und die Kinder werden jetzt namentlich aufgerufen.

Carnaval (Fasching), vor allem während der letzten Tage bis zum Aschermittwoch wird Arrecife zur Faschingshochburg der Insel. Beim Cabildo westlich der Playa del Reducto sind Kinderkarussells, Imbissbuden und Bars aufgebaut, wo es nächtelang feucht-fröhlich hergeht. Zunächst steht der große *Wettstreit der Murgas* (Straßenkapellen) an, am Wochenende wird die *Karnevalskönigin* gewählt, am Tag darauf die

Königin der Kinder mit großem Rahmenprogramm. Höhepunkt des Faschingstreibens ist schließlich der Rosenmontagszug, das *Gran Desfile de Carrozas*. Der kilometerlange Umzug beginnt spät nachmittags beim *Deportivo Ciudad* (Sportstadion) und zieht, flankiert von tausenden von Zuschauern, die breite *Via Medular* entlang zum Festgelände *Recinto Ferial* westlich der Playa del Reducto. Achtung: An diesem Tag ist die Bushaltestelle an der Playa del Reducto nicht in Betrieb!

Und noch einmal geht es hoch her: Am Aschermittwoch wird die Sardine begraben, genannt *entierro de la Sardina*. In einem gewaltigen Scheiterhaufen geht an der Playa del Reducto eine metergroße Pappsardine in Flammen auf. Tausende von schwarz gekleideten „Trauergästen" begleiten die Sardine unter fetzigen Samba- und Salsaklängen auf ihrem letzten Weg (→ Lanzarote allgemein/Feste und Feiertage).

Fiesta de San Ginés, zu Ehren des Schutzheiligen Arrecifes findet um den 25. August eins der großen volkstümlichen Feste der Insel statt. Ess- und Trinkbuden werden aufgebaut, Musikgruppen spielen, es gibt Umzüge mit geschmückten Wagen (Las Romerías), mehrere Regatten, darunter die originelle „Regate de las Chalanas" der Stadtjugend mit selbst gebauten Bötchen im Charco de San Ginés, außerdem Misswahlen, Ringkämpfe und ein Fußballturnier, für Kinder Autoscooter, Karussells, Hüpfburgen und so manches mehr.

Sehenswertes

Was in Arrecife sehenswert ist, kann man in ein, zwei Spaziergängen leicht bewältigen. Von der historischen Substanz des 19. Jh., als sich der kleine Ort allmählich zur Stadt entwickelte, sind nur noch Fragmente erhalten.

Am Westende des Stadtstrands El Reducto, etwa 15 Fußminuten außerhalb vom Zentrum, halten die Busse aus Puerto del Carmen und Playa Blanca. Von hier kann man einen Bummel entlang der *Uferstraße* bis zur beschaulichen Lagune *Charco San Ginés* unternehmen. Größte Sehenswürdigkeit auf dieser Strecke ist das male-

Dominospieler an der Promenade

risch vorgelagerte *Castillo de San Gabriel*. Gegenüber vom Kastell zweigt die zentrale Geschäftsstraße und Fußgängerzone *León y Castillo* ab, wo die meisten Shops der Stadt liegen. Östlich davon findet man die Pfarrkirche, den Markt *La Recova* und die Fischhalle. Östlich außerhalb kann man schließlich die neue *Marina Lanzarote*, den großen Fischerhafen *Puerto de Naos*, die Ruinen der dortigen Salinen und das malerische *Castillo de San José* mit seiner Kunstausstellung besuchen.

- Bei schönem Wetter lohnt es, Badesachen mitzunehmen und an der **Playa del Reducto** die Siesta zu verbringen (→ Baden).
- Von **Samstagnachmittag** bis **Montagvormittag** sind alle Geschäfte geschlossen – Shopping am Wochenende fällt also aus und ein wichtiges Element der Stadtbesichtigung fehlt dann.
- Sonntags sind auch viele **Restaurants** in der Stadt geschlossen.

Inselmitte → Karte S. 126/127

Uferstraße (von West nach Ost)

Vom Stadtstrand El Reducto am äußersten Westende des Zentrums bis zur Lagune Charco San Ginés im Osten sind es etwa 1,5 km. Dem Verkehr entlang der Uferstraße kann man an der breiten Promenade im Parque Municipal (Stadtpark) entgehen. Sonntags geht es deutlich ruhiger zu.

Cabildo Insular de Lanzarote: Wer aus Westen kommend auf der LZ-2 Arrecife erreicht, erblickt als erstes den großzügigen Palast der Inselverwaltung nahe dem Strand El Reducto. Der imponierende Bau wurde erst Anfang 1997 eingeweiht und löste das alte Regierungsgebäude an der Calle León y Castillo ab (→ dort).

Recinto Ferial: Westlich vom Cabildo liegt eine weite, freie Fläche, die während der großen Stadtfeste genutzt wird. Beim *Dreikönigsfest* im Januar und während des *Karnevals* wird dort eine große Bühne installiert, auf der nächtelang Musikgruppen spielen. Davor sind Imbissbuden und Kinderkarussells aufgebaut.

Parque Temático: Die windexponierte Landzunge westlich vom Strand wurde vor einigen Jahren zu einem großzügigen Palmenpark mit einigen Kunstobjekten umgestaltet, außerdem gibt es eine Skateboard-Rampe und einen Kinderspielplatz. Wer will, kann von hier aus nach Puerto del Carmen wandern, denn eine breite Uferpromenade führt etwa 1,2 km nach Westen bis in die Urbanisation *Playa del Cable* (→ S. 181), danach weiter über *Playa Honda* (→ S. 179) bis Puerto del Carmen (Wanderung → S. 370).

Playa del Reducto: Der erfreulich hübsche und aufmerksam gepflegte Sandstrand liegt am Westrand des Zentrums (→ Baden). Auf gut 400 m Länge zieht sich der breite, weiße Sandstreifen um eine flach geschwungene Bucht, eine Umfassungsmauer verhindert größere Verwehungen. Eine Reihe von Palmen vermittelt einen Hauch von Karibikstimmung. Bei Ebbe zieht sich das Wasser weit zurück und der klippendurchsetzte Boden der Bucht wird sichtbar.

Gran Hotel: Unmittelbar östlich neben dem Stadtstrand erhebt sich das 17-stöckige Gran Hotel, die markanteste Landmarke Arrecifes – man sieht es von vielen Punkten der Insel und auch vom Flugzeug aus ist es ein auffallender Fixpunkt. Das mit Abstand höchste Bauwerk der Insel wurde in den 70er Jahren errichtet. Im Zuge des

Ein wenig Karibik-Feeling: an der Playa del Reducto

beginnenden Tourismus wollte man auch in Arrecife ein Stück vom Kuchen abbe-
kommen. Angeblich weilte der berühmte Inselkünstler César Manrique damals gerade in Amerika und bekam von dem Bau nichts mit. Für ihn, der sich stets für eine
naturverträgliche und harmonische Architektur auf Lanzarote eingesetzt hatte, war
der völlig deplatzierte Hochbau ein Schlag ins Gesicht. Immer wieder griff er später
den hässlichen Bunker in Schuhschachtelform heftig an. Tatsächlich sollte dem Gran
Hotel nur eine kurze Zukunft beschieden sein, denn Arrecife war einfach nicht attraktiv genug und die Gäste blieben aus. 1991 schloss das Vier-Sterne-Haus seine Pforten.
Ganz überraschend fiel es im November 1994 einer Brandkatastrophe zum Opfer
und brannte völlig aus. Über das Schicksal der Ruine wurde danach jahrelang gestritten: Abriss und Einbeziehung des Geländes in den benachbarten Parque Islas Canarias, Umbau in einen modernen Wohn- und Geschäftskomplex oder wiederum eine
Nutzung als Hotel. Letztere Lösung hat sich durchgesetzt, das „Gran Hotel Arrecife"
wurde vollständig und ansprechend restauriert und bietet jetzt sogar luxuriösen
Fünf-Sterne-Service (→ Übernachten, S. 134). Restaurant und Café im obersten
Stockwerk sind auch für Nichthotelgäste ein Tipp (→ Essen & Trinken, S. 137).

Islote de Fermina: Unmittelbar neben dem Gran Hotel führt eine Mole zu dieser
vorgelagerten Insel. Ein schweres Tor versperrt bislang den Zugang, geplant ist die
Einrichtung eines Wassersportzentrums.

Avenida Mancomunidad und Avenida Doctor Rafael González Negrín: Gegenüber
und östlich vom Gran Hotel dominieren moderne Büro- und Apartmentkästen –
keine Augenweide. An der Meerseite der Straße liegt die Parkanlage Parque Islas Canarias, die im Zuge der Restrukturierung des Gran Hotels völlig neu gestaltet wurde.

Avenida Doctor Ruperto González Negrín: kurze Straße mit langem Namen. An
dem rechtwinklig zum Meer verlaufenden Abschnitt der Uferstraße findet man
einige Cafeterias und Bars. Unmittelbar gegenüber steht der „Club Náutico" (Jacht-

club), der ausschließlich Mitgliedern vorbehalten ist. An der Ecke passiert man den Palast der *Delegación del Gobierno*, die Zweigstelle der Regierung der Provinz Gran Canaria, zu der Lanzarote gehört.

Avenida de la Marina: Das Herzstück der Uferstraße wird seeseitig von einer großzügigen Promenade flankiert, dem *Parque José Ramírez Cerdá*, auch *Parque Municipal* (Stadtpark) genannt. Mit Bougainvillea überwachsene Galerien, Palmen und subtropische Gewächse vermitteln kanarisches Flair, dazu kommt der schöne Blick aufs Meer und das malerisch vorgelagerte *Castillo de San Gabriel* (→ unten). An der baumbeschatteten Straße entdeckt man noch einige Bürgerhäuser aus dem 19. Jh. mit filigran verzierten Balkonen und Erkern. Die renovierungsbedürftige *Casa de Cultura Agustin Hoz* (Nr. 7) ist allerdings seit Längerem geschlossen.

Avenida Coll: Östlich der Einmündung der Geschäftsstraße León y Castillo und der beiden Dämme, die zum Castillo de San Gabriel führen, kann man neben dem Hotel Miramar die *Casa de los Arroyo* aus dem 18. Jh. besichtigen. Sie ist heute Sitz des Forschungsinstituts „Centro Científico-Cultural Blas Cabrera", benannt nach dem lanzarotenischen Physiker *Blas Cabrera Felipe* (1878–1945), der sich in den 20er Jahren auf dem Gebiet der Magnetismusforschung einen Namen machte. Im Innenhof kann man das hölzerne Treppenhaus mit Empore bewundern, außerdem einen hölzernen Brunnen und einen traditionellen Wasserfilterstein (→ S. 29). In den kleinen Räumen des Erdgeschosses ist das *Museo de Ciencia y Técnica* untergebracht. Anhand verschiedener Versuchsanordnungen, die mittels Knopfdruck ausgelöst werden können, werden Phänomene wie Induktion und Magnetismus erklärt. Im Obergeschoss liegen zwei schöne *Bibliotheksräume* mit Erinnerungsstücken an Blas Cabrera und seinen Kollegen Julio Palacios. Gelegentlich finden im Haus auch Ausstellungen statt.

Casa de los Arroyo, Mo–Fr 8–15 Uhr, Eintritt frei. ✆ 928-802779.

Der Puente de las Bolas (Kugelbrücke), das Wahrzeichen von Arrecife

Inselmitte → Karte S. 126/127

Avenida Vargas: Im folgenden Abschnitt der Uferstraße liegen die administrativen Gebäude Arrecifes wie die Polizeiwache, das Rathaus und die Hafenbehörde. Der *Ayuntamiento de Arrecife* (Rathaus) wurde erst 1998 fertig gestellt und besitzt zwei oktogonale Ecktürmen mit hölzernen Laternen an der Spitze. Gleich dahinter liegt der kleine Markt *La Recova* in einem Innenhof. Nach dem Rathaus kommt man an der kleinen Fischmarkthalle *Pescadería Municipal* vorbei. Dahinter erstrecken sich die ruhigen Gassen um die *Pfarrkirche San Ginés* (Markt, Fischmarkt und Kirche → Calle León y Castillo und Umgebung).

Die Uferstraße überquert schließlich den schmalen Kanal, wo die Lagune Charco San Ginés ins Meer mündet, und führt als Avenida Olof Palme weiter zum großen Fischereihafen *Puerto de Naos* (→ unten).

Castillo de San Gabriel

Die Küstenlinie vor Arrecife besteht aus vorgelagerten Inselchen, seichten Lagunen und Klippen. Auf einer der Inseln direkt vor der Uferpromenade steht das kleine, bullige Kastell San Gabriel – ein reizvoller Blickfang, der die „Skyline" der Hauptstadt sehr aufwertet. Durch zwei Fußgängerdämme ist es mit dem Festland verbunden. Ein neues Museum zur Stadtgeschichte wurde kürzlich eingerichtet.

In Auftrag gegeben wurde das Kastell 1571 vom Marquis Agustín de Herrera y Rojas, dem damaligen Lehnsherren Lanzarotes. Vorausgegangen waren heftige Angriffe des Seeräubers Dogali (genannt: der „Türke") aus Algier, der den Hafen eingenommen und das kleine Verteidigungsfort, das weitgehend aus Holz bestand,

Vor dem Castillo de San Gabriel

zerstört hatte. Der Marquis beauftragte den königlichen Gefängnisdirektor und Baumeister Don Gaspar de Salcedo mit dem Neubau. Dieser errichtete eine Festung mit quadratischem Grundriss und vier Ecktürmen. 1573 war sie fertig gestellt, doch bereits 1586 überrannte der algerische Freibeuter Morato Arráez, der im Dienst des türkischen Sultans stand, das Kastell und zerstörte es völlig. Daraufhin beauftragte Philipp II. den italienischen Festungsbaumeister Leonardo Torriani mit dem Wiederaufbau (ebenso wie mit der Errichtung des ebenfalls zerstörten Castillo de Guanapay in Teguise). Torriani zog parallel zu den alten Mauerresten neue Verstärkungswälle ein und füllte die Zwischenräume mit Sand und Schutt auf. Auf dem Dach ließ er ein Wachhäuschen erbauen, außerdem entstanden eine Zisterne und ein Verlies. Trotz weiterer Piratenüberfälle steht die Burg in dieser Form noch heute. Bis Ende der 1950er Jahre wurde sie vom Militär genutzt, 1967 erwarb sie die Stadtverwaltung.

Puente de las Bolas: Neben dem breiten Hauptdamm führt die malerische „Brücke der Kugeln" hinüber zum Kastell – so genannt, weil die Brückenpfeiler mit zwei schweren Steinkugeln besetzt sind. Die Zugbrücke konnte früher bei drohenden Angriffen hochgezogen werden. Junge Einheimische treffen sich hier gerne zum Baden, denn Stufen führen ins Wasser. Die Brücke gilt als ein Wahrzeichen Arrecifes und schmückt viele Werbefotos der Insel. Das Glockengestell auf dem Flachdach ist dem Kugeltor des Puente de las Bolas nachgebildet.

Museo de la Historia de Arrecife: Zwei gut erhaltene Kanonen vom Ende des 19. Jh. bewachen den Eingang des Castillo. 2015 wurde das lange geplante Museum für Stadtgeschichte im labyrinthisch anmutenden Innenbereich endlich eröffnet, war aber 2016 schon wieder vorübergehend (?) wegen „Reparaturen" geschlossen.
Di–Fr 10–17, Sa 10–14, Eintritt ca. 3 €.

Calle León y Castillo und Umgebung

Die Calle León y Castillo ist die Hauptgeschäftsstraße Arrecifes. Sie wurde zur Fußgängerzone umgestaltet und mit Begrünung versehen, was sie optisch sehr aufgewertet hat. Während der Geschäftszeit pulsiert hier das Leben.

Etwa 400 m landeinwärts vom Meer trifft die Straße auf den Westzipfel der Lagune *Charco San Ginés*. Hier endet die Fußgängerzone mit ihren Ladenzeilen ziemlich abrupt und die Straße zieht sich langsam ansteigend einen Hügel hinauf. Zwischen Charco und Uferstraße liegt das ruhige Viertel um die Pfarrkirche San Ginés.

La Casa Amarilla: Wenn man von der Uferstraße kommt, fällt gleich am Anfang der León y Castillo ein schmuckes Gebäude mit einer Fassade aus glasierten, dunkelgelben Kacheln auf. Das „gelbe Haus" wird es von der Bevölkerung traditionell genannt, erbaut wurde es 1929. Ganze 69 Jahre lang, bis 1997, hatte hier der *Cabildo Insula*r (Inselverwaltung) seinen Sitz, dann bezog er einen großen, neuen Palast am Westrand von Arrecife (→ oben). Im Inneren der Casa Amarilla finden wechselnde Fotoausstellungen statt. Am Gebäude daneben ist ein prächtiger, hölzerner Eckbalkon erhalten.
Ausstellung, Mo–Fr 10–14, 16–20 Uhr, Sa 10–14 Uhr, ℡ 928-839782.

Inselmitte → Karte S. 126/127

El Mercadillo: Einen Blick wert ist die nostalgische Ladenpassage in der Nr. 14, wo man um einen überdachten Innenhof auf zwei Stockwerken eine Reihe von kleinen Shops findet.

Plaza de la Constitución: Westlich der Calle León y Castillo liegt dieser kleine Platz, auch „La Plazuela" genannt, mit zwei netten Cafés (→ Essen & Trinken).

Iglesia de San Ginés: Östlich der Calle León y Castillo erreicht man diese dreischiffige Basilika im schlichten, neuromanischen Stil an der kleinen, aber stimmungsvoll mit Lorbeerbäumen und Palmen bestandenen *Plaza de las Palmas*. Erbaut wurde sie im frühen 19. Jh. an Stelle einer von französischen Seefahrern gestifteten Kapelle, die 1569 durch Berberangriffe zerstört worden war. Die Verehrung des *San Ginés de Arles* als Schutzheiliger geht bis in die Zeit der Eroberung Lanzarotes durch die Franzosen unter Jean de Béthencourt zurück. Ihr Glockenturm ragt mit seiner weiß gekalkten Basalthaube weit über die Häuser, die ihn umgeben, heraus und bildet einen markanten Punkt in der städtischen Silhouette. Die drei Portale sind mit grauem Basalt eingefasst. Auch im Innenraum dominieren Basaltsäulen, auffallend sind außerdem die schönen Holzdecken. Eindrucksvoll ist das Gemälde „Jüngstes Gericht" an der linken Wand, am Altar stehen zwei kubanische Barockskulpturen. In einem Nebenraum sind lebensgroße Prozessionsfiguren für Umzüge untergebracht. Vor der Kirche bieten lanzarotenische Bauern jeden Samstag von 9 bis 14 Uhr ihre Produkte an.

9–13, 17–20 Uhr. Messen Mo–Fr 19.30 Uhr, Sa 13.15 und 19.30 Uhr, So 10.30, 12 und 19.30 Uhr.

La Recova: Wenn man vor der Kirchenfront rechts geht, erreicht man in der Calle Manuel Miranda einen der drei Zugänge zu einem Innenhof mit Lorbeerbäumen, wo sich einige kleine Geschäfte und Ateliers eingerichtet haben

▲ Der malerische Charco San Ginés liegt mitten in der Stadt

▼ Walskelett am Charco

▼▼ Die Iglesia de San Ginés in der Altstadt

(→ Shopping). Historische Fotos erinnern daran, dass hier bereits im 19. Jh. ein Obst- und Gemüsemarkt stattfand.
Mo–Fr 9–14 Uhr.

Pescadería Municipal: In der Nachbargasse Calle Liebre (Ecke Uferstraße) liegt die penibel saubere Fischmarkthalle.
Mo–Sa 8–13.30 Uhr.

Casa Fermin Rodriguez: In dem schönen klassizistischen Haus in der Calle Fajardo 5 ist ein Archäologisches Museum geplant, die Fertigstellung verzögert sich jedoch wegen Finanzierungsproblemen.

El Almacén: Das von Manrique konzipierte Kulturzentrum El Almacén in der Calle José Betancort soll nach langer Restaurierung „demnächst" wieder eröffnet werden, ein genauer Termin ist allerdings noch nicht bekannt.

Charco San Ginés

In vieler Hinsicht der schönste Fleck Arrecifes. Die große Lagune wirkt wie ein See mitten in der Stadt, da der Verbindungskanal zum Meer fast unsichtbar ist. Bunte Fischerboote schaukeln auf dem Wasser oder liegen bei Ebbe am flachen, sandigen Ufer.

Nach Plänen César Manriques hat man den Charco in den 80er Jahren umgestaltet. Abgesehen vom Großkino „Atlantida" umgeben niedrige, weiße Häuschen die Lagune. Nicht alle sind sie attraktiv, doch zum Teil wurden sie geschmackvoll renoviert, vorherrschend ist dabei die blaue Farbe der hübschen Balkone und Fenster.

Collejon Luiz Hernández Fuentes: An der Südseite des Charco wurde dieses alte Gässchen, genannt „El Agnaresío", im alten Stil restauriert.

Walskelett: Bei der Brücke am Westende des Charco ist ein Walskelett ausgestellt. Es handelt sich dabei um einen 11 m langen Brydewal (wiss.: Balaenoptera edeni, span.: Rorcual Tropical), der 1995 in Teneriffa angeschwemmt wurde.

Der alte Mann und das Meer

Das weltberühmte, mit dem Pulitzerpreis ausgezeichnete Werk von Hemingway (veröffentlicht 1953) hat wohl einen echten Lanzaroteño als „Geburtshelfer". Gregorio Fuentes aus Arrecife (Spitzname „Goyo"), der Anfang des 20. Jh. nach Kuba auswanderte, war zwanzig Jahre lang Kapitän auf Hemingways Motorjacht „Pilar". Er gab dem amerikanischen Schriftsteller zahlreiche thematische Anregungen und stand gewissermaßen Modell für ihn – nach seiner eigenen Aussage ist aber die Novelle „Der alte Mann und das Meer" nicht ausschließlich auf ihn (er war damals erst 54 Jahre alt), sondern auf eine Vielzahl von Vorbildern zurückzuführen. 1996 kehrte er im Alter von 99 Jahren noch einmal kurzzeitig nach Arrecife zurück und lebte am Charco de San Ginés, ging dann aber wieder nach Kuba, wo er im Januar 2002 mit 104 Jahren verstarb.

Inselmitte → Karte S. 126/127

Marina Lanzarote

Das Neueste in der Inselhauptstadt: Auf einer seit Jahrzehnten brachliegenden Mole im Fischereihafen hat die Stadtverwaltung in den letzten Jahren mit Millionenaufwand einen hypermodernen Jachthafen mit mondänen Restaurants, schicken Cafés und teuren Boutiquen erbauen lassen.

Grund dafür sind die Kreuzfahrtschiffe, die Lanzarote in zunehmendem Maß anlaufen. Mit Bussen werden die Passagiere für den Landurlaub in die Marina gebracht, damit sie dort bummeln und ihre Euros lassen können – die Stadt selber hätte es wohl an der nötigen Attraktivität missen lassen. Ob dieses Konzept aufgeht, bleibt abzuwarten. Obwohl in Fußentfernung zur Innenstadt, wird die Marina von den Einwohnern als Flanierzone nur sehr bedingt angenommen und wenn keine Kreuzfahrer vor Anker liegen, herrscht oft gähnende Leere.

In der neuen Marina Lanzarote

Fischereihafen Puerto del Naos: Im ausgedehnten Hafengebiet lag einst die größte Fischereiflotte der östlichen Kanaren (siebtgrößte Spaniens). Heute befindet sich die Fischereiwirtschaft in der Krise, doch nach erfolgreichen Fangzügen werden immer noch Sardinen und andere Fische tonnenweise mittels Schlauchleitungen aus den Schiffsbäuchen herausgepumpt. Ein Teil des Fanges wird dann umgehend in der benachbarten Konservenfabrik verarbeitet und eingedost, schwerer Fischgeruch hängt dann oft in der Luft.

Salinen: Oberhalb der Straße vom Fischereihafen zum Castillo de San José liegt ein großes Areal stillgelegter Salinen. In ihren Ursprüngen gehen sie bis ins Jahr 1775 zurück. Bis Ende des 19. Jh. war die Salzgewinnung ein bedeutender Wirtschaftszweig auf Lanzarote (→ S. 44). Heute verfallen die Anlagen zusehends, trotzdem erlauben sie noch immer einen guten Einblick in die frühere Salzgewinnung. Gut zu erkennen sind die auf Terrassen angelegten, schachbrettartig angeordneten „Felder", in denen das Salzwasser verdunstete. Auch ein großer Teil der Windräder steht noch, mit deren Hilfe das Salzwasser aus tiefen Brunnen hoch gepumpt und auf die Terrassen geleitet wurde, wo es dann unter der Sonneneinstrahlung verdampfte. Die Pumpmechanismen und Rohrleitungen sind ebenfalls noch erhalten.

Arrecife/Umgebung

Wenn man Lust hat, kann man die folgenden Ziele östlich der Stadt vom Zentrum aus ebenfalls zu Fuß erreichen. Bis zum Castillo de San José sind es knapp 2 km.

Castillo de San José

Oberhalb des Hafens Puerto de los Mármoles thront das zweite Kastell Arrecifes direkt an der felsigen Küste, eine kleine malerische Burg mit Rundenkern, Zugbrücke und Schießscharten. Es beherbergt heute ein Museum für zeitgenössische Kunst. In der nüchternen Hafenumgebung wirkt das pittoreske Kastell wie ein Fremdkörper aus längst vergangener Zeit.

Das Castillo de San José wurde über 200 Jahre später als das Castillo de San Gabriel erbaut, nämlich 1776–79. Damals gehörten die gefürchteten Piratenüberfälle auf Lanzarote bereits der Vergangenheit an. Stattdessen litt die Bevölkerung unter Hungersnöten, hervorgerufen durch Dürreperioden und die Folgen der Timanfaya-Ausbrüche 1730–36. Angeblich ließ der spanische König Carlos III. das Kastell nur deswegen erbauen, um den einheimischen Baumeistern Arbeit zu verschaffen, es wurde deshalb *Fortaleza del Hambre* (Hungerfort) genannt. Seine Verteidigungsfähigkeit musste es nie unter Beweis stellen und bald wurde es nur noch als Lagerhalle und Pulvermagazin genutzt. Seit Ende des 19. Jh. stand es leer. Anfang der Siebziger legte César Manrique auch hier Hand an, ließ das völlig verfallene Gemäuer behutsam restaurieren und zum Museum umbauen. Im Souterrain, einst die Zisterne der Burg, baute er zusätzlich ein gediegenes Restaurant mit Panoramablick auf Meer und Hafen an (→ Essen & Trinken).

Museo Internacional de Arte Contemporáneo (MIAC): Bereits vor der Zugbrücke bilden abstrakte Metallplastiken einen interessanten Kontrast zum alten Gemäuer aus vulkanischem Basalt. Man betritt die Burg und gelangt nach einem kleinen Vorraum sofort in einen lang gestreckten *Gewölbesaal* (1) mit drei *Nebenräumen* (2–4), wo die meist großformatigen Kunstwerke hängen und stehen. Es handelt sich ausschließlich um spanische und kanarische Werke der Moderne, darunter auch einige Stücke von Manrique selbst. Wer kein Faible für diese Art des Kunstschaffens hat, wird allerdings vielleicht eher die trutzige Festung mit ihren meterdicken Mauern bewundern, die mit ihrer ruhigen Ausstrahlung den denkbar besten Rahmen für die Ausstellung bildet.

Inselmitte → Karte S. 126/127

Pittoresker Blickfang: das Castillo de San José

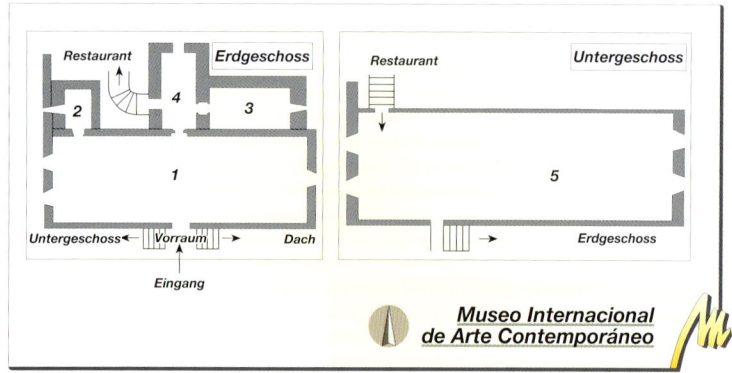

Über eine geschwungene *Treppe* – wunderschön das Wechselspiel der indirekten Beleuchtung mit der weiß gekalkten Mauer – steigt man vom Gewölbesaal schließlich ins untere Stockwerk, wobei eine elegante Holzskulptur die Aufmerksamkeit auf sich zieht, bevor man das *Panoramarestaurant* mit seiner mächtigen Glasfront betritt. Linker Hand ist jetzt der Aufstieg zum zweiten Ausstellungssaal bzw. zum Ausgang möglich. Einen Blick wert sind aber vorher die *Toiletten* des Restaurants, unverkennbar ein Manrique-Werk: schön begrünt, ansprechend gefliest und mit großzügigen Spiegeln versehen, dazu hat man einen herrlichen Hafen- und Meerblick.

Den zweiten *Ausstellungssaal* (5) erreicht man vom Restaurant aus über Lavastufen, dort sind oft wechselnde Ausstellungen zu sehen, zuletzt war das eine Schau zu dem neuen Unterwasserskulpturenpark „Museo Atlántico" des Künstlers Jason de Caires Taylor in Playa Blanca (→ S. 359). Auf einer Treppe steigt man nun zu dem kleinen Vorraum vom Beginn des Rundgangs hinauf und kann von dort das *Flachdach* besteigen und auch hier den Blick auf Hafen und Meer genießen.

Tägl. 10–20 Uhr, Eintritt ca. 4 €, Kind 7–12 2 €, Ermäßigung mit „Bono" (→ S. 92). ✆ 928-807929.

Puerto de los Mármoles: Wer Lanzarote für einen Langzeitaufenthalt mit dem eigenen Wagen besucht, wird hier erstmalig den Inselboden betreten. Der Passagierhafen Lanzarotes ist jedoch in erster Linie ein gewaltiger Container-Umschlagplatz. Denn fast alles muss auf Lanzarote eingeführt werden: Lebensmittel, Bau- und Industriestoffe, Konsumgüter jeglicher Art, Kraftstoffe. In den letzten Jahren wurde der Hafen stark ausgebaut und außerhalb des eigentlichen Hafenbeckens gibt es nun auch eine Mole für Kreuzfahrtschiffe. Ein in den 80er Jahren auf Grund gelaufener und völlig verrosteter Frachter bietet ein bizarres Bild.

Punta de los Vientos: In der Nähe des Hafens steht diese mit Dieselöl betriebene Meerwasserentsalzungsanlage, die seit 1964 immer wieder erweitert wurde und mittlerweile einer gewaltigen Fabrik gleicht. Sie funktioniert nach dem Prinzip der „Umkehrosmose" (→ S. 28), war die erste Anlage ihrer Art in Spanien und weltweit eine der ersten überhaupt. Heute produziert sie täglich über 60.000 Kubikmeter Trinkwasser und versorgt den größten Teil Lanzarotes sowie La Graciosa. Erforderlich ist dafür allerdings ein immens hoher Energieaufwand. Benachbart sieht man das Elektrizitätswerk und Kraftstofftanks, die die Energieversorgung Lanzarotes und seiner Kraftfahrer sicher stellen.

Mitten in Puerto del Carmen: Badestrände vom Feinsten

Puerto del Carmen

ca. 10.300 Einwohner

Mit Abstand wichtigster und größter Touristenort der Insel. Auf mehr als 7 km Länge zieht sich die gigantische Ferienmaschine an drei ausgedehnten Stränden entlang.

Hunderte von Apartmentanlagen und Komforthotels bieten Platz für über 30.000 Gäste. Ohne Pause trifft sich hier rund ums Jahr sonnenhungriges Publikum aus ganz Europa, ganze vorne die Briten, gefolgt von Deutschen, Skandinaviern und Spaniern. Saisonflauten sind im Ortsbild kaum auszumachen, die Strandstraße *Avenida de las Playas* ist eigentlich immer belebt von flanierenden Menschen. Restaurants, Boutiquen, Banken, Supermärkte, Immobilienbüros, Cafés und Bars ballen sich in dichter Abfolge, wenngleich mittlerweile auch etliche durch die Wirtschaftskrise bedingten Leerstände auffallen. Wer den ganzen Ort kennen lernen will, muss gut zu Fuß sein. Bestens kann man aber auch mit dem Fahrrad auf Erkundungstour gehen, denn vor einigen Jahren wurde im Bereich der Playa Grande ein breiter Radweg entlang der Avenida angelegt und vom östlichen Ortsteil Matagorda kann man am Flugplatz vorbei bis Playa Honda und sogar weiter bis Arrecife fahren. Für größere Distanzen sind aber auch die Linienbusse geeignet, die die Strandstraße in ihrer ganzen Länge von Ost nach West entlang fahren.

Trotz seiner riesigen Ausdehnung wirkt Puerto del Carmen nicht unfreundlich oder unpersönlich, denn dank einer relativ streng eingehaltenen Bauverordnung, die noch auf das Wirken von César Manrique zurückgeht (→ S. 65), wurden die Häuser in der Regel nicht höher als vier Stockwerke gebaut. Bis auf einige Großhotels ragt kaum eine Anlage merklich über Palmenhöhe hinaus. Und auch der Geräuschpegel hält sich in den Wohnbereichen in Grenzen. Da die meisten Apartments ein

Stück landeinwärts der Strandstraße liegen, dringt der Verkehrslärm kaum bis dorthin vor. Wer in Puerto del Carmen also Urlaub macht, muss keine Angst vor schlaflosen Nächten haben. Tatsächlich kann man hier tagsüber in aller Ruhe am hauseigenen Pool relaxen und sich nachts, so man möchte, ins Nachtleben stürzen oder eine der zahlreichen Kneipen aufsuchen – in vieler Hinsicht eine ideale Kombination für die vielen Pauschalurlauber im Ort.

Erfreulich ist, dass Puerto del Carmen kein reines Urlauberghetto ist. Sehr viele Einheimische wohnen ebenfalls hier, finden Arbeit im Fremdenverkehrsgewerbe oder pendeln täglich in die Büros von Arrecife. Das bringt ein gewisses Kolorit in den Ort, am ehesten noch zu spüren im „alten" Ortskern um den *Fischerhafen*. Ein malerisches Stadtzentrum mit verträumten, engen Gassen oder altehrwürdigen Bauten darf man dort allerdings keinesfalls erwarten. Auch Sehenswürdigkeiten im klassischen Sinne gibt es nicht, kein Museum oder etwa eine alte Kirche. Die Strandstraße ist dagegen trotz ihres ausgeprägt kommerziellen Zuschnitts eine attraktive Flanierzone mit Palmen, Kakteen, bunten Sukkulenten und Geranien. Die Aussicht auf Meer, Strand und die Berge im Süden Lanzarotes kann man hier fast durchgehend genießen, denn die meerseitige Straßenhälfte ist beinahe unbebaut und über die Armee von bunten Sonnenschirmen schweift der Blick an klaren Tagen bis zur Nachbarinsel Fuerteventura.

Geschichte

Puerto del Carmen ist ein junger Ort. Bis vor 40 Jahren gab es hier buchstäblich nichts außer ein paar schlichten Fischerhütten und Lagerschuppen um den kleinen Hafen. Dieser hieß bezeichnenderweise *La Tiñosa*, „die Schäbige". Dahinter erstreckten sich riesige Tomatenfelder, während an den Stränden von Los Pocillos und Matagorda Salinen lagen. Die Fischer waren oft monatelang auf See, während sich die Frauen auf den Feldern ihr Brot verdienten. Im Juli kamen die Männer zurück und dann wurde die große *Fiesta de la Virgen del Carmen* gefeiert (→ Feste). Erst als Anfang der 70er Jahre der Touristenboom auf den Kanaren begann, erkannte man das einzigartige Kapital Puerto del Carmens: seine großartigen Strände, die zu den längsten und besten der Insel zählen. Insgesamt sind es gut 5 km reinster Sand, dazu kommen diverse kleine Badebuchten zwischen Felszungen. Ein weiteres großes Plus ist die windgeschützte Lage Puerto del Carmens, denn die Winde aus Nordost werden durch die Berge im Norden abgelenkt und fegen hoch über der Ostküste hinweg. Kein Wunder also, dass die touristische Entwicklung fast explosionsartig vor sich ging. Die Tomatenfelder und Salinen wurden zu wertvollem Bauland, die Investoren standen Schlange und man baute entlang der Prachtstrände, was nur ging. Vor allem in den 1990er Jahren wuchs Puerto del Carmen unglaublich schnell. Heute ist die Wachstumsphase weitgehend abgeschlossen, die Investoren sind nach Playa Blanca im Süden Lanzarotes weitergezogen (→ S. 347).

Orientierung

Auf den ersten Blick wirkt Puerto del Carmen oft völlig unüberschaubar. Tatsächlich besteht Puerto del Carmen aus mehreren Ortsteilen, die hinter den drei Stränden und um den Fischerhafen entstanden und allmählich zusammengewachsen sind. Roter Faden ist die *Avenida de las Playas*, im Folgenden „Strandstraße" genannt, die sich, abgesehen vom alten Ortskern und der neuen Flanierpromenade an der Playa Matagorda, fast die gesamte Länge der Urbanisation entlangzieht.

Böse Zungen sprechen auch manchmal von der „Plastikmeile". Hier spielt sich fast vollständig das öffentliche Leben ab – von frühmorgens bis spät nachts. An der Meerseite der Strandstraße liegen die drei langen Strände, landeinwärts zweigen teils recht steile Straßen ab, an denen der Großteil der Apartmentanlagen liegt. Einige hundert Meter weiter oben endet die Bebauung. Eine *Umgehungsstraße* bietet dort dem Verkehr Entlastung.

Im Folgenden ein Überblick über die verschiedenen Ortsteile von Puerto del Carmen.

Puerto del Carmen   Der eigentliche Ortskern gruppiert sich um den **Fischer- und Sporthafen**. Abgesehen vom unmittelbaren Hafenbereich ballen sich aber auch hier die obligaten Ladenzentren (Centros Comerciales) mit Restaurants, Kneipen und Shops. Reizvoll ist der gut ausgebaute **Spazierweg** am Meer entlang, wobei man auch die hübsche Sandbucht **Playa de la Barrilla** passiert (→ Baden).

Playa Grande   Hinter dem mehr als 1 km langen Hauptstrand, der früher Playa Blanca hieß, wegen der Namensgleichheit mit dem Touristenort im Süden Lanzarotes aber umbenannt wurde, liegt der zentrale Abschnitt der Strandstraße. Ihre Enden sind markiert durch die beiden Großhotels **Los Fariones** und **San Antonio**. Hier befinden sich die meisten Einrichtungen, Restaurants, Shops etc. und hier herrscht der meiste Trubel – die touristische Flanierzeile von Puerto del Carmen. Es macht Spaß, hier zu schlendern: landeinwärts jede Menge Geschäfte, Restaurants und Kneipen, auf der anderen Seite gut gepflegte Palmen, viele Bänke, der Strand und das Meer. Achtung: Die Straße ist nur als Einbahnstraße von Ost nach West befahrbar, ein breiter Fahrradweg führt parallel dazu.

Playa de los Pocillos   Der zweite Strand ist noch ein Stück länger und breiter als die Playa Grande. Hier sind Bebauung und touristische Durchdringung aufgelockert, es dominieren Großhotels und Apartmentanlagen, Läden und Restaurants sind in der Minderzahl. Das ansprechende Hotel **Los Jameos Playa** beherrscht das Ostende der Bucht.

Playa Matagorda   Der dritte Strand wurde als letzter erschlossen. Hier hat man die Durchgangsstraße am Strand gesperrt und stattdessen eine schöne neue **Uferpromenade** angelegt, auf der es sich entspannt bummeln und Radfahren lässt. Der relativ nahe Flughafen kann allerdings zu einer gewissen Lärmbelästigung führen.

Basis-Infos

Information Oficina de Información Turística, kleines Informationsbüro zwischen Playa Grande und Hotel San Antonio. Busfahrpläne, Inselkarten und Stadtpläne sowie Prospektmaterial. Tägl. 10–18 Uhr. ☎ 928-513351, www.puertodelcarmen.com.

Apotheken (Auswahl, West nach Ost):

Gómez López, Calle Roque Nublo 9, im alten Ortskern, etwas unterhalb der zentralen Kreuzung;

Rosario Salas Nuez, Avda. de las Playas 7.

Correa Rija, Avda. de las Playas/Ecke Calle Palangre;

Centro Comercial Aquarium, Avda. de las Playas;

Centro Comerical Jameos Playa, vor Hotel Los Jameos Playa.

Abends und an Wochenenden übernimmt oft eine Apotheke in **Tías** den Notdienst (→ S. 174).

Gottesdienst   Evangelischer Gottesdienst in deutscher Sprache jeden Sa um 17 Uhr in der Pfarrkirche am Hafen (außer Juli/August). ☎ 928-511600.

Medizinische Versorgung Für Ärzte ist Puerto del Carmen ein Dorado. Dementsprechend herrscht heftige Konkurrenz. **Lesen Sie bitte auch S. 112**. Von den folgenden Adressen akzeptiert nur die erste die europäische Krankenversicherungskarte, bei allen anderen heißt es: Barzahlung (die heimische Krankenkasse ersetzt jedoch meist die Kosten).

Consultorio Local de Salud ⁊, das staatliche Gesundheitszentrum befindet sich neben dem Postamt am Kreisverkehr beim Centro Comercial Biosfera. Calle Juan Carlos I 17, ☎ 928-512711.

Hospiten Lanzarote, modernes Privatkrankenhaus oberhalb von Puerto del Carmen im Ortsteil Lomo Gordo, seitlich der Ausfall-

straße nach Tías. 24-Std.-Notdienst, Sprech-stunden für ambulante Patienten, Klinik-betten, moderne Technologie, mehrere medizinische und chirurgische Fachbereiche, drei Operationssäle, ein Kreißsaal. Tägl. 10–22 Uhr. ☎ 928-596100, www.hospiten.com.

Dr. Porrúa 52, der erfahrene Allgemeinarzt führt seine Praxis seit über 20 Jahren. Bei unserem Check einer der günstigsten Me-diziner vor Ort. Mo–Fr 9–13, 17–20, Sa 9–12 Uhr. Calle Palangre 3, ☎ 928-212057.

Zahnarzt: ein schwedischer Dentist prakti-ziert in Tías (→ S. 176).

Kinderaktivitäten   Minigolf 52, auf dem Dach des Centro Comercial Aquarium und   gegenüber vom Hotel San Antonio (→ Sport 25).

Spielpark für Kleinkinder (kostenpflichtig) im Centro Comercial Biosfera Plaza.

Polizei   Guardia Civil 6, oberhalb vom Kreisverkehr, hinter der Post. ☎ 928-510336.

Post   Das Postgebäude mit Postbank steht oberhalb vom Kreisverkehr zwischen Alt- und Neu-Puerto (Avda. Juan Carlos I/ Calle Timanfaya). Mo–Fr 8.30–14.30, Sa 9.30–13 Uhr.

Wäscherei   Smartie Pants Launderette 3, oberhalb vom alten Ortskern, seitlich der Ausfallstraße nach Tías. Auch Reini-gung mit 24-Std.-Service. Mo–Fr 9–18, Sa 9–13 Uhr, So geschl. Calle Los Sabandeños 47, ☎ 928-515557.

Rancho Texas: Freizeitpark im Hinterland von Puerto del Carmen, es finden verschiedene Tiershows statt, außerdem gibt es einen Wasserpark, eine Kinder-farm und Indianer-Tipis, Kanufahren und Ponyreiten sind ebenfalls möglich. Drei Restaurants sorgen für das leibliche Wohl. Eintritt ca. 22 € (Kinder 2–14 J. 17 €). Zubringerbusse von/nach Puerto del Carmen (gratis), Costa Teguise (4 €) und Playa Blanca (4 €). Tägl. 9.30–17.30 Uhr. Calle Alcalde Cabrera Torres (Verlänge-rung der Calle Noruega), ☎ 928-516897, www.ranchotexaslanzarote.com.

Rancho Texas Park

Carretera Las Playas

Matagorda

Rambla de las Islas Canarias

Los Pocillos

C. Lapa

Av. Francia

C. Alcalde Cabrera Torres

C. Noruega

Av. de las Playas

Playa de Los Pocillos

Av. Italia

Alemania

Hotel
San Antonio

Calle   Marte

Hotel
Jameos Playa

Agonal

C. Alpahor

Playa Matagorda

250 m

**Puerto del Carmen
Übersicht**

Inselmitte → Karte S. 126/127

Anfahrt/Verbindungen/Ausflüge

→ Karte S. 156/157

Der alte Ortskern von Puerto del Carmen liegt 16 km westlich von Arrecife und 9 km westlich vom Flugplatz. Die Busverbindungen zum Flughafen, nach Arrecife, Costa Teguise und Playa Blanca sind gut (aktuelle Fahrpläne unter www.arrecifebus.com).

Busse Busse der Linie 2 und 3 pendeln Mo-Fr etwa alle 20 Min. (Sa/So 30/60 Min.) zwischen **Puerto del Carmen** und **Arrecife**, Bus 3 fährt nach **Costa Teguise** weiter (und in umgekehrter Richtung). Die Busse fahren dabei im alten Ortskern am Kreisverkehr beim C.C. Biosfera Plaza durch die rückwärtigen Straßen von Puerto del Carmen und erreichen die Strandstraße erst nach den beiden Stopps Cañada Alta und Rambla Islas Canarias beim Hotel San Antonio. In umgekehrter Richtung wird Puerto del Carmen jedoch von Ost nach West der Länge nach durchfahren (Stationen: Arrecife → Playa Honda → Matagorda Hotel → Los Jameos Playa → C.C. Costa Mar → Hotel San Antonio → C.C. Welcome Sea → Casinó → C.C. Atlántico → Apts. Caletón Bianco → C.C. Biosfera Plaza → Apts. Balcón del Mar). Die Station in Arrecife liegt am Stadtstrand **Playa del Reducto**, etwa 15 Fußminuten vom Zentrum.

Bus 161 fährt Mo–Fr halbstündlich 7.30–22.30 Uhr (Sa stündlich, So alle 2 Std.) vom **Flughafen** nach Puerto del Carmen und weiter über **Puerto Calero** und **Yaiza** nach **Playa Blanca** im Süden Lanzarotes.

Mehrere Busse der Linie 12 starten sonntags zwischen 9 und 11 Uhr zum **Markt in Teguise**, zurück geht es zwischen 12 und 14 Uhr. Zusteigen ist an allen Haltestellen in Puerto del Carmen möglich.

Taxi   Standplätze gibt es u. a. an der **zentralen Kreuzung** im alten Ortskern, vor den Hotels **Los Fariones** und **San Antonio**, beim Hotel **Los Jameos Playa** und vor dem **Centro Comercial Atlántico**, wo sich der Großteil des Nachtlebens abspielt. Die Taxis kann man auch im innerörtlichen Verkehr gut nutzen, z. B. nach einer langen Disconacht für die Heimfahrt. Für eine Fahrt von einem Ortsende zum anderen zahlt man etwa 7–10 €, von und zum Flughafen ca. 16–22 €. ✆ 928-524220, www.lanzarotetaxi.com.

Leihwagen findet man an jeder Ecke, oft lohnt es, nach Sonderangeboten zu schauen.

Cabrera Medina, Marktführer auf der Insel, mehrere Filialen in Puerto del Carmen, z. B. in der Avda. de Las Playas 80, ☎ 928-511126, www.cabreramedina.com.

Feber, u. a. an der Avda. de las Playas 42 und in der Ladenzeile vor dem Hotel Los Jameos Playa. ☎ 928-510421, 928-511588, www.autosfeber.es.

Plus Car, mehrere Büros an der Avda. de las Playas. ☎ 928-827055, www.pluscar-lanzarote.com.

Motorräder/-roller Direct Car, Avda. de las Playas 103, Centro Comercial Matagorda (Loc. 25). ☎ 928-822002, 928-510892, www.directcar.es.

Scootme Lanzarote 57, Scooter ab 20 €/Tag. Calle Anzuelo 12, ☎ 928-513387, www.scootmelanzarote.com.

Papa Rent → Fahrräder

Fahrräder (West nach Ost) Mountainbikes gibt es ab etwa 12 €/Tag, Straßenräder ab 10 €, Kinderräder ab 7 €.

Renner Bikes 43, gegenüber vom Centro Aquarium im ersten Stock. Geführt vom Österreicher Eduard Renner, der schon lange im Geschäft ist. Tägl. 10–17 Uhr (Mai bis Okt. So geschl.). Avda. de las Playas 25, Centro Comercial Maritimo, ☎ 928-510612, 629-990755, www.mountainbike-lanzarote.com.

Papa Rent, Centro Comercial Los Pocillos, landeinwärts vom Hotel Jameos

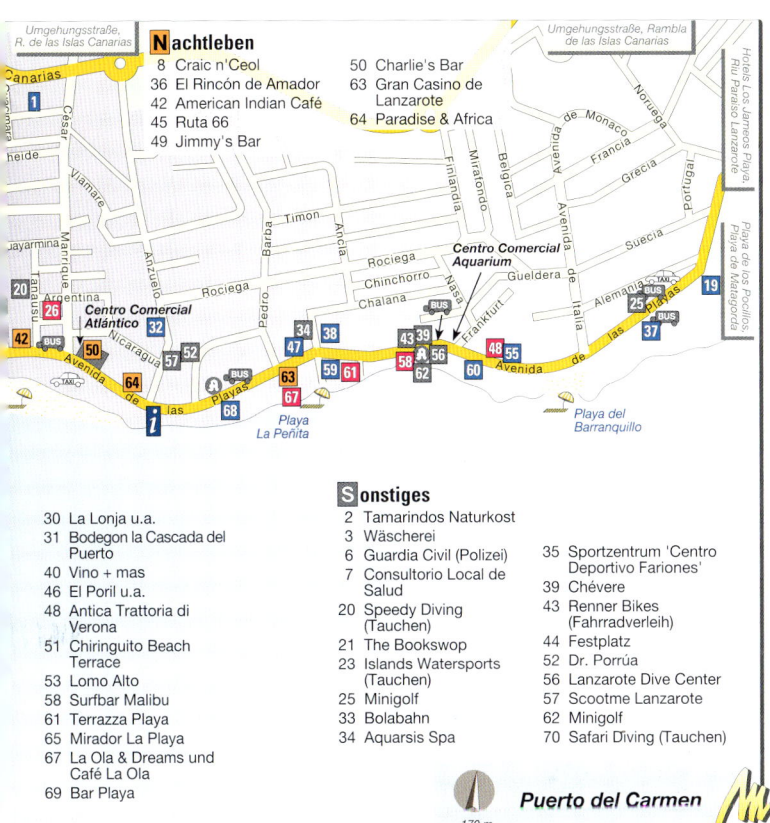

Inselmitte → Karte S. 126/127

Nachtleben

8 Craic n'Ceol
36 El Rincón de Amador
42 American Indian Café
45 Ruta 66
49 Jimmy's Bar
50 Charlie's Bar
63 Gran Casino de Lanzarote
64 Paradise & Africa

Sonstiges

30 La Lonja u.a.
31 Bodegon la Cascada del Puerto
40 Vino + mas
46 El Poril u.a.
48 Antica Trattoria di Verona
51 Chiringuito Beach Terrace
53 Lomo Alto
58 Surfbar Malibu
61 Terrazza Playa
65 Mirador La Playa
67 La Ola & Dreams und Café La Ola
69 Bar Playa

2 Tamarindos Naturkost
3 Wäscherei
6 Guardia Civil (Polizei)
7 Consultorio Local de Salud
20 Speedy Diving (Tauchen)
21 The Bookswop
23 Islands Watersports (Tauchen)
25 Minigolf
33 Bolabahn
34 Aquarsis Spa

35 Sportzentrum 'Centro Deportivo Fariones'
39 Chévere
43 Renner Bikes (Fahrradverleih)
44 Festplatz
52 Dr. Porrúa
56 Lanzarote Dive Center
57 Scootme Lanzarote
62 Minigolf
70 Safari Diving (Tauchen)

Puerto del Carmen

170 m

Playa. Motorräder, Scooter und Fahrräder. ☏ 928-516823, http://paparentlanzarote.weebly.com.

Fliston's Bike, Centro Comercial Matagorda, Verleih von Fahrrädern, Fahrraddroschken (Limousine Bike) und Segways an der Promenade von Matagorda. ☏ 928-512046, www.flistonbike.com.

Schiff Ab Fischerhafen **Ausflugs- und Tauchfahrten** vor der Küste von Puerto del Carmen. Bitte erkundigen Sie sich bei den Anbietern direkt im Hafen.

Übernachten

→ Karte S. 156/157

Riesenauswahl an Apartments und Hotels, die fast alle mit Reiseveranstaltern zusammenarbeiten. Bei der Auswahl im Prospekt sorgfältig auf die Lage achten, sonst findet man sich vielleicht an der Peripherie wieder, wo man eigentlich gar nicht hin wollte. Bei der Masse an Unterkünften muss man auch als Spontanbucher vor Ort keine Bedenken haben, denn auch für Individualtouristen sind noch häufig Kontingente frei, einfach herumfragen. Die Preise sind in der Nebensaison sehr günstig, 30–40 € für ein Zwei-Pers.-Apartment sind keine Seltenheit. Daneben gibt es zahlreiche Apartments und Ferienhäuser, die privat vermietet werden und per Internet gebucht werden können.

Hotels und Aparthotels Eine Reihe von Komforthotels bieten ihre Dienste an und können über viele Reiseveranstalter gebucht werden. Weitläufige Gartenanlagen mit Palmen und Pool sind ein Muss. In der unteren Preisklasse gibt es allerdings nur ein einziges Hostal.

**** La Isla y el Mar **4**, ein Stück oberhalb vom alten Ortskern neu erbaut, hypermoderne Anlage aus Basalt und Glas, Styling etwas unterkühlt. Von vielen der hochwertig ausgestatteten Suiten Blick bis hinüber nach Fuerteventura. Schicker kleiner Meerwasserpool und „Activitypool" mit Massagedüsen (im Winter beheizt), gut ausgestatteter Fitnessraum und Sauna (Gebühr), optisch anspruchsvolles Restaurant mit durchsichtigen Sitzgruppen und herrlichem Blick, Frühstück reichhaltig. Ruhige Atmosphäre, da keine Animation, Personal sehr freundlich. Suite/F über 250 €/Nacht. Calle Reina Sofia 23, ☎ 928-596290, www.laislayelmar.com.

**** Los Fariones **66**, zentrale Lage am Westende der mehr als 1 km langen Playa Grande, direkt am Strand und nur wenige Schritte von der Uferstraße, trotzdem ruhig. Das Haus selbst ist keine Schönheit, es stammt aus den 70er Jahren, als funktionelle Klotzbauweise noch keinen Anstoß erregte. Prächtig dagegen ist der üppige Palmengarten mit Süß- und Meerwasserpool, gleich davor die schwarze Klippenküste mit der sandigen Badebucht Playa Chica. Die Zimmer sind freundlich eingerichtet, von den Balkonen kann man das herrliche Meerespanorama genießen, in den unteren Stockwerken verwehren allerdings die Palmen den Blick. Restaurant, Salon, Frisör, Sauna, Tennis, Minigolf, Tischtennis. Das Essen wird gelobt, insbesondere das Frühstück lässt keine Wünsche offen. DZ/F ca. 120–160 €. Calle Roque del Este 1, ☎ 928-510175, www.farioneshotels.com.

**** Fariones Playa **54**, die moderne Dependance des Los Fariones, gleich daneben, ebenfalls sehr schöne Lage, allerdings optisch wenig attraktiv, eine Trutzburg aus grauen Basaltplatten. Doch wenn man drinnen wohnt, merkt man das nicht und der unverbaute Meerblick ist herrlich. Nach der etwas sterilen Eingangshalle trifft man auf schöne Apartments mit geräumigen Bädern. Vor dem Haus liegt eine ausgedehnte Sonnenterrasse mit Süßwasserpoolanlage. Apt./F für 2 Pers. ca. 150–230 €. Calle Acatife 1, ☎ 928-513400, www.farioneshotels.com.

**** Lani's Suites de Luxe **59**, die neue, kleine Komfortanlage in strahlendem Weiß liegt direkt unterhalb der Avda. de las Playas am Meer, gleich daneben die Badebucht Playa la Peñita. 25 Suiten (Deluxe mit eigenem Whirlpool auf der Terrasse!) gruppieren sich in Hufeisenform um den zum Meer hin offenen Pool, gediegenes Restaurant über dem Meer, hervorragendes Fühstück. Alles vom Feinsten, noch dazu sehr aufmerksamer Service. Adults only (ab 16 J.). Suite/F über 300 €/Nacht. Avda. de las Playas 26, ☎ 928-596068, www.lanissuites.com.

**** San Antonio **37**, das zweite Großhotel aus den 70er Jahren gehört zur VIK-Gruppe und liegt am Westende der kilometerlangen Playa de los Pocillos, des längsten Strands in Puerto del Carmen. Vor einigen Jahren wurde es umfassend renoviert. Nette Eingangshalle mit etwas Grün. An der Rezeption ist man freundlich, ebenso das Personal, das z. T. schon lange hier arbeitet. Gut eingerichtete, nicht hellhörige Zimmer (Standard, renovierte Zimmer, Familienzimmer, Junior Suite, Suiten), jeweils mit Sat-TV und Badewanne mit Dusche, fast immer Meerblick. Park mit Süß- und Meerwasserpool, direkt davor der Strand, in dessen Sand Palmen gepflanzt wurden, im Wasser Klippen. Tennisplätze, Kinderzone mit Planschbecken, Friseur, Gymnastikraum, Sauna und Massage gegen Gebühr. Restaurant, Bar, Abendunterhaltung. DZ/F ca. 100–150 €. Avda. de las Playas 84, ☎ 928-514200, www.vikhotels.com.

≫ Mein Tipp: **** Los Jameos Playa, das zur Seaside-Gruppe gehörige Großhotel am Ostende der Playa de los Pocillos ist eins der Prunkstücke der Hotellerie von Puerto del Carmen. Die hohe Eingangshalle ist im spanisch-kanarischen Stil sehr ansprechend gestaltet und von Holzgalerien umgeben, in der Mitte kann man unter Palmen sitzen. Danach betritt man eine großzügige Badelandschaft mit mehreren Pools, künstlichen Bächen und Wasserläufen. Der Innenbereich ist mit Palmen und Kakteen begrünt, eine Bar bildet den kommunikativen

Das brandneue Hotel „La Isla y el Mar" steht oberhalb vom alten Ortskern

Mittelpunkt. Die geräumigen und hochwertig ausgestatteten Zimmer mit Balkon bzw. Terrasse befinden sich in mehreren Häusern, die sich um die Bade- und Liegezone gruppieren. Geboten sind Tennis, Minigolf, Squash, Bogenschießen, Boccia, Tauchkurse, Spa- und Wellness-Center mit Sauna und Fitness-Area. Das Essen in den Seaside-Hotels genießt einen guten Ruf, u. a. Frühstücksbuffet mit Vollwertkost. DZ/F ca. 150–230 €. Zu buchen direkt oder über viele Reiseveranstalter. Playa del los Pocillos, ✆ 928-511717, www.los-jameos-playa.de. ⋘

**** Riu Paraíso Lanzarote, große, familienfreundliche All-Inclusive-Anlage hinter der Playa de los Pocillos. Die 600 Zimmer sind gut ausgestattet und selbstverständlich klimatisiert. Großzügiger Garten mit vier Süßwasserpools und zwei Kinderbecken, Kinderclub, Wellnesscenter, Fitnessraum, mehrere Restaurants, Disco. Originelle „Swimup"-Bar im Pool, umfangreiche Sportmöglichkeiten. Zu buchen über Reiseveranstalter.

Calle Suiza 4, ✆ 928-512400, www.riu.com.

**** Las Costas 🔟, schöne Lage unmittelbar an einer Promenade an der Playa de los Pocillos – aus der Tür raus und man steht am Strand. Die Anlage gruppiert sich U-förmig um den Pool mit Kinderbecken (beide im Winter beheizt) und ist zum Strand hin offen. Die Zimmer sind neu und solide eingerichtet, Klimaanlage und Heizung, schöne Badezimmer mit Badewanne/Dusche, Terrasse. Mit hellem Restaurant. Freundliche, deutschsprachige Rezeption. Apt./F ca. 90–140 €. Avda. de las Playas 88, ✆ 928-514346, www.hibiscus-hotels.com.

⟫ Mein Tipp: ** Hostal Magec 🔟, die einzige Pension in Puerto del Carmen liegt mitten im alten Ortskern, Individualreisende kommen hier zu günstigen Tarifen unter, 14 Zimmer, Meerblick und nachbarschaftliche Atmosphäre, sehr sauber, täglicher Roomservice. DZ mit Bad ca. 30–37 €, mit Etagendusche ca. 25–32 €. Calle Hierro 11, ✆ 928-515120, www.pensionmagec.com.

Apartments Kaum zu glauben, aber wahr, hier gibt es mehr als 200 Anlagen – voll belegt sind sie nie, so dass man irgendwo immer Platz findet. Im Folgenden nur eine kleine Auswahl. Außenanlage mit Pool ist fast überall geboten, oft gibt es Sat-TV im Zimmer und WLAN. Man hat die Wahl: Will man etwas abseits wohnen, direkt am Meer oder so richtig „mitten drin" im Geschehen.

Playa Grande und Umgebung Oberhalb der langen Strandstraße erstrecken sich viele Dutzend Apartmentkomplexe aller Art und Größen.

*** Los Fariones 🔟, gehört zur renommierten Fariones-Gruppe (Hotels und Aparthotels), zentrale Lage an der Hauptstraße von Puerto del Carmen, kurz unterhalb vom

Kreisverkehr im alten Ort, trotzdem ruhig, da nur vier der 138 Apartments zur Straße liegen. Im Außenbereich schöne Poolanlage mit Kinderbecken. Hervorzuheben ist das opulente Frühstücksbuffet. Apt./F mit einem Schlafzimmer ca. 90–130 €. Calle Timanfaya 8, ☎ 928-510010, www.farioneshotels.com.

>>> Mein Tipp: ** Playamar 🔟, wenige Schritte oberhalb der Playa Grande, gepflegte Anlage unter deutscher Leitung, viele Stammgäste, freundliche Atmosphäre, guter Service. Die ordentlich eingerichteten Apartments mit Sat-TV (breite Auswahl an deutschsprachigen Sendern) besitzen jeweils große Terrassen bzw. Balkone und sind zum Innenbereich ausgerichtet, dort eine schöne Gartenanlage mit kleinem Süßwasserpool, beliebter Poolbar und Kinderbecken unter Palmen. Waschmaschine und Trockner vorhanden. Apt. für 2 Pers. um die 45–70 €, mit zwei Schlafzimmern für 4 Pers. 68–90 €. Calle Doramas 13, ☎ 928-510070, www.apartamentosplayamar.com. **<<<**

** Las Palmeras 🔟, kleine, zentral gelegene Anlage mit 20 einfachen Apartments, sauber und gepflegt, auch der Poolbereich, Reinigung mehrmals wöch. Kein Meerblick, dafür günstig. Apt. 35–55 €. Calle Princesa Guayarmina 2, ☎ 928-510495, www.laspalmerasapartments.com.

** Parque Tropical 🔟, freundlich geführte Anlage, 100 m zum Strand, z. T. Meerblick, hübsch begrünter Innenbereich mit Pool, häufige Reinigung. Apt. ca. 42–67 €. Calle Anzuelo 7, ☎ 928-510577, www.parquetropical-lanzarote.com.

>>> Mein Tipp: ** La Peñita 🔟, nur wenige Meter von der Avenida, trotzdem ruhig, etwas ältere, aber gepflegte Anlage mit sehr großem Pool, auch die Apts. sind geräumig, Sat-TV mit mehreren deutschen Programmen, Personal aufmerksam. Apt. ca. 45–65 €, Rabatt bei längerem Aufenthalt. Calle Chalana 2, ☎ 928-514262, www.lapenitalanzarote.com. **<<<**

Casa Jazmin 🔟, privat geführte Unterkunft mit vier schönen Wohnungen in zwei Doppelhäusern im ruhigen oberen Teil von Puerto del Carmen. Liebevoll angelegter Kakteengarten, freundliche Betreuung durch Frau Gisela Leypoldt. Schlafgelegenheiten für bis zu 3 Pers., Wochenpreis ab ca. 450 €. Calle Princesa Teguise 42, ☎ 928-513838, www.fewo-direkt.de, www.airbnb.de.

Zwischen Playa Grande und Playa de los Pocillos Interessante Lage, denn hier findet man einige Anlagen direkt an der Klippenküste, in der versteckte Sandbuchten eingelagert sind.

>>> Mein Tipp: ** Las Velázques 🔟, ansprechende Bungalowanlage unterhalb der Uferstraße, perfekte Lage an der niedrigen Klippenküste, zwei reizvoll angelegte Pools mit Meerblick, Palmen setzen Akzente. Gut ausgestattete Apartments mit einem oder zwei Schlafzimmern, tägliche Reinigung. Apt. mit einem Schlafzimmer ca. 80–100 €. Auch über Reiseveranstalter. Avda. de las Playas 8, ☎ 928-513800, www.bungalowsvelazquezlanzarote.com. **<<<**

*** Playa Club 🔟, beliebte Anlage mit 145 Apartments (ein und zwei Schlafzimmer) um einen großen Pool mit Kinderbecken, schöne Gartenanlage, angeschlossen ist das Thermalbad/Wellness-Center Aquarsis (→ S. 168), Gäste erhalten 15 % Rabatt. Apt. mit einem Schlafzimmer ca. 50–70 €, mit zwei Schlafzimmern 75–95 €. Calle Pedro Barba 3, ☎ 928-513764, www.playaclublanzarote.com.

>>> Mein Tipp: ** Cabrera 🔟, gegenüber vom Barcarola Club (→ unten), eins der ersten Häuser an diesem Küstenstreifen, seitdem kontinuierlich ausgebaut und verbessert. Die von Señor Cabrera freundlich geführte Anlage besitzt 28 Apartments direkt an der felsigen Küste mit Sandbuchten, vom Lärm auf der Straße bekommt man nichts mit, dafür hört man ständig das Meer vor dem Apartment rauschen. Die Wohneinheiten sind gut ausgestattet und werden täglich gereinigt, Terrassen und Balkons mit herrlichem Blick, Sat-TV, WLAN. Apt. mit einem Schlafzimmer ca. 60–80 €, mit zwei Schlafzimmern ca. 70–90 €. Avda. de las Playas 70, ☎ 928-513694, www.apartamentoscabrera.com. **<<<**

*** Barcarola Club 🔟, große, zentral gelegene Anlage an der Landseite der Uferstraße, in den geschützt gelegenen Apartments mit einem und zwei Schlafzimmern bekommt man vom Rummel an der Strandstraße aber kaum etwas mit. Aufmerksam geführt und gepflegt, tägliche Reinigung, viele Stammgäste. Weitläufiger Garten mit schattigen Bäumen, Süßwasserpool und Kinderbecken, netter Kinderspielplatz. Schräg gegenüber eine kleine Badebucht. Apt. für 2 Pers. ca. 80–98 €, Frühstück möglich, keine

HP. Avda. de las Playas 53, ☏ 928-510750, www.barcarolaclub.com.

Playa de los Pocillos *** Club del Carmen, schöne und ruhige Anlage, Apartments sauber und gut ausgestattet, am Pool ein Restaurant/Poolbar, nur über die Straße zum Strand, 10–15 Fußmin. ins Zentrum. Apt. ab ca. 90 €. Calle Noruega 2, ☏ 928-512745, www.diamondresorts.com/Club-del-Carmen.

Playa Matagorda Die folgenden Unterkünfte sind kilometerweit vom Zentrum entfernt, das mit Bus oder Taxi zu erreichen ist. Ein schöner Strand liegt aber quasi vor der Haustür, auch sonstige touristische Einrichtungen wie Restaurants, Shops, Autovermietungen etc. sind vorhanden.

*** **Las Gaviotas,** einfache Bungalowsiedlung an der Playa Matagorda, nur über die Uferpromenade zum Strand. Schmale Wege und viel Grün, mehrere kleine Pools, kleines Restaurant. Apartments mit einem oder zwei Schlafzimmern. Kaum Straßenverkehr, allerdings hört man die Düsenclipper, die auf den nahen Airport einschweben. Apt. mit einem Schlafzimmer für 2 Pers. ca. 40–70 €. Calle Mato 1, ☏ 928-514884, www.lasgaviotas.es.

*** **Costa Sal,** gepflegte Anlage etwas erhöht hinter der Playa Matagorda, prächtiger Meerblick, ruhig. Die Apartments gruppieren sich um den weitläufigen Innenbereich mit zwei großen Pools (Salz- und Süßwasser), einer davon beheizt. Restaurant, Wäscherei, Supermarkt. Tennis, Sauna und Kinderspielplatz. Auch Suiten und Villen sind zu haben. Bei vielen Reiseveranstaltern Apt. mit einem Schlafzimmer ab ca. 70 €, mit zwei Schlafzimmern ab ca. 110 €. Calle Agonal 16, ☏ 928-514242, www.costasal.com.

Alter Ortskern und Hafen Auch hier gibt es diverse Unterkünfte, oft sind es allerdings nur Einzelapartments in Anlagen oder Ferienhäusern, die über spezielle Vermittler zu buchen sind (z. B. über www.lanzaroteferien.de, www.vivaambiente.de oder www.ferienprofi-lanzarote.com). Hautnah am Wasser wohnt man in den Reihenhäusern an der Calle Teide, unmittelbar oberhalb der niedrigen Klippenküste (www.fewo-direkt.de) – der Fischerhafen ist nur wenige Schritte entfernt, zur hübschen, kleinen Playa de la Barrilla läuft man etwa 10 Min., etwas länger zur Playa Grande.

*** BelleVue Aquarius **10**, weitläufige Anlage mit über 160 einfachen und etwas älteren Apartments oberhalb vom Fischerhafen, schöner Blick auf Hafen und Meer, großer Pool mit Sonnenterrasse. Apt. mit einem Schlafzimmer (2 Pers.) ca. 40–80 €, Frühstück extra, auch HP und all inclusive möglich. Calle Teide 6, ☏ 928-514940, zu buchen über zahlreiche Anbieter.

*** Club Agua Marina **22**, Anlage am Ende der Calle Teide, geführt von einer spanischen Familie, alles in Hellblau gehalten, große Sonnenterrasse, Pool, Blick auf Meer und Hafen. Apartments mit einem Schlafzimmer, einige auch mit zwei, außerdem ein Studio. Apt. mit einem Schlafzimmer ca. 40–70 €. Calle Teide 35, ☏ 928-514930, www.aguamarinalanzarote.com.

*** Centro de Terapia Antroposófica **2**, die deutsch geführte Anlage des anthroposophischen Therapiezentrums liegt in der Anlage Tamarindos im rückwärtigen Ortsbereich, etwas oberhalb vom alten Ortskern. 50 Apartments, schöner Innenbereich mit zwei Pools und Planschbecken, außerdem ein kleines Salzwasserhallenbad, Kinderbetreuung, Restaurant und Bioladen sowie Kurangebote mit einer Reihe von medizinischen und künstlerischen Therapien. Apt. mit einem Schlafzimmer ca. 68–84 €, Frühstück ca. 12 € pro Pers. Calle Salinas 12, ☏ 928-516954 (aus Deutschland ☏ 02921-3549305-1), www.centro-lanzarote.de.

Inselmitte → Karte S. 126/127

Essen & Trinken   → Karte S. 156/157

Über 400 Restaurants gibt es auf Lanzarote, mehr als die Hälfte davon warten in Puerto del Carmen auf Gäste. Das Angebot an weitgehend standardisierter „internationaler Küche" überwiegt, mittlerweile ergänzt durch eine Reihe teils sehr großer asiatisch-chinesischer Lokale, daneben gibt es italienische Pizzerien, Inder, Steaklokale, deutsche Küche, Festlandspanier, Franzosen und Mexikaner. Echt kanarische Küche bekommt man nur noch vereinzelt, hauptsächlich im alten Ortskern.

An der Strandstraße Die „Plastikmeile" wirkt manchmal wie ein einziges großes Restaurant. Die Lokalitäten reihen sich wie an einer Perlenkette, unterbrochen nur von Cafés, Supermärkten und Boutiquen. In vielen kann man den ganzen Tag über essen und es wird alles serviert, vom Frühstück bis zum Abenddinner.

Zwischen Hotel Los Fariones und Hotel San Antonio (West nach Ost) La Casa del Parmigiano **29**, guter und gepflegter Italiener im Sportzentrum Fariones (→ S. 168), kreiert werden einige spezielle Gerichte mit Parmesan (auch glutenfrei), aber natürlich gibt es auch Pizza, Pasta, Fleisch und Fisch. Hinten kann man mit Blick auf das Sportzentrum auch draußen sitzen. Mo geschl. Calle Allegranza 1, ✆ 928-512731.

≫ Mein Tipp: Vino + mas **40**, Restaurant, Bar und kulinarischer Delikatessenshop in einem, versteckt gelegen im Centro Comercial Playa Blanca beim Hotel Fariones (Ecke Avda. de las Playas/Calle Timanfaya). Miguel Santos aus Cordoba ist sicher einer der besten Kulinarik-Experten im Ort, hier gibt es vom edlen andalusischen Olivenöl über zarten Iberico-Schinken bis zu den leckersten Tapas alles, was

Bei Miguel im „Vino + mas"

das Herz begehrt. Große Auswahl und kompetente Beratung in Deutsch. Tägl. 12–24 Uhr, So geschl. ✆ 928-516959. ≪

La Cañada **26**, renommierte Adresse mit bekannt feiner Küche, geführt seit 1986 von Familie Cabrera, hauptsächlich Fleisch vom großen offenen Grill, besonders lecker ist auch Fisch in Salzkruste. Fragen Sie nach der jeweiligen Tagesspezialität. Nur Innenplätze, etwas höhere Preise. So geschl. Calle César Manrique 3, ✆ 928-510415.

La Ola & Dreams **67**, die zwei zusammengehörigen Restaurants mit **Café La Ola** (→ Cafés) liegen in Bestlage am Wasser, recht schick und immer gut besucht. Im gediegenen La Ola kann man frischen Fisch, Hummer und Schalentiere kosten, das Dreams ist orientalisch dekoriert – von Pizza über Pasta, Paella, Burger, Falafel und Kebab gibt es alles. ✆ 928-515500.

≫ Mein Tipp: Terrazza Playa **61**, gemütliches Lokal mit Korbstühlen, gut verborgen unterhalb der Strandstraße. Man sitzt unter Palmen auf einer Terrasse mit Kieselsteinmosaik an der Sand- und Klippenküste, schöner Meerblick, direkt davor kann man baden. Zu erreichen über eine schmale Treppe neben „Lani's Suites de Luxe". ✆ 928-515417. ≪

Antica Trattoria di Verona **48**, „Italia in casa" heißt das Motto des gemütlichen Italieners vor dem Barcarola Club, geführt von Einwanderern aus Verona. Gute italienische Küche und angenehmes Ambiente, preislich etwas höher und stets voll (Reservierung empfohlen). ✆ 928-511953.

Playa de los Pocillos In der Ladenzeile vor dem Hotel Los Jameos Playa haben sich einige kleine Restaurants und Bars etabliert, von denen aus man einen schönen Blick auf Meer, Strand und den abendlichen Sonnenuntergang genießt.

Café Wunderbar, deutsch geführtes Lokal im ersten Stock, schöner Meerblick, u. a. hausgemachter Eintopf, Frikadellen, Bratkartoffeln und Kuchen aus eigener Herstellung. ✆ 928-841123.

Caballito del Mar, nettes Tapas-Lokal, ein paar Schritte weiter. ✆ 928-514494.

Im alten Ortskern Hier sitzt man etwas weniger „touristisch" an der „Plastik-meile". Einige besonders nette Adressen liegen in der Calle Teide, oberhalb vom Fischerhafen.

El Golfo 17, familiengeführtes Lokal seit Jahrzehnten direkt an der Calle Juan Carlos I, nur Plätze im Innenraum, Ambiente bürgerlich, Service aufmerksam, von Stammgästen geschätzt. Beste Seezunge und weitere Fisch- und Fleischgerichte zu angemessenen Preisen. So geschl. ✆ 928-512460.

Bodegon la Cascada del Puerto 31, der Platzhirsch im alten Ortskern – eine typisch spanische Festlandsbodega mit mehreren rustikalen Räumen, über der Theke Schinkenkeulen, dazu dekorative Weinfässer. Das Konzept kommt an, es ist immer voll – reiche Auswahl (auch Sushi), kompetente Bedienung. Ab mittags durchgehend geöffnet. Calle Roque Nublo 5. ✆ 928-512953.

Lomo Alto 53, seit zwei Jahren erst gibt es das kleine rustikale Lokal mit Meerblick. Eine Familie aus Paraguay hat sich auf das Grillen von Fleisch spezialisiert, danach mundet der leckere Mojito. Calle Hierro 2, ✆ 928-512277.

Mario's Pizzeria 9, im hoch gelegenen Centro Montaña Tropical, gemütliche Terrasse mit Meerblick und etwas Baumschatten, gute und reichhaltig belegte Pizzen, trotz der etwas abseitigen Lage recht beliebt, mittlere Preise. Calle El Toscon 5, ✆ 928-513494.

🌿 **Centro de Terapla Antroposotica 2**, das Restaurant des anthroposophischen Therapeutikums liegt im oberen Ortsbereich. Kleines Lokal mit etwa zehn Tischen im Freien, ruhiges Ambiente, Blick auf Bäume, Sträucher und den Swimmingpool. Es gibt vegetarische und traditionelle kanarische Gerichte, aber auch Fleisch und Fisch, die Mehrheit aller verwendeten Produkte stammt aus biologisch-dynamischem Anbau. Außerdem wird Frühstück mit Bio-Vollwertprodukten serviert. Tägl. 8–21 Uhr. Calle Salinas 12, ✆ 928-516956. ∎

Quintins 5, an der Ausfallstraße nach Tías, modernes Ambiente, die Küche einsehbar, französisch inspirierte Speisekarte. Hat seit langem einen guten Ruf, kürzlich hat zwar der Pächter gewechselt, doch Küchenchef Joseph ist sehr bemüht, die Qualität zu halten. Etwas teurer. Nur abends ab 19 Uhr. Avda Juan Carlos I 25, ✆ 928-515755.

Calle Teide Bozena's **14**, schönes kanarisches Haus mit viel Holz und Galerien im oberen Stockwerk, direkt oberhalb vom Hafen. Geführt vom polnisch-irischen Paar Bo und Deco, geschmackvoll eingerichtet, stimmungsvolles Ambiente, dazu gemütliche und kommunikative Atmosphäre. Gute Palette von interessanten Gerichten, darunter auch polnische und irische Speisen sowie vegane Angebote. Nur abends. Calle Teide 6, ✆ 928-511463.

TJs Caribbean Tapas Bar 13, kleines Lokal mit karibischer Küche, keine besonders schöne Lage, wird aber gelobt, netter Service und preislich erfreulich. Calle Teide 8, ✆ 689-815806.

Mardeleva 18, Terrassenlokal mit schönem Hafenblick an der Calle los Infantes, die zwischen Calle Teide und Hafen verläuft. Ruhige Lage und gute Auswahl, preislich etwas höher. ✆ 928-510686.

»» Mein Tipp: La Chalana **12**, seit Jahren hat sich in dem einfachen kanarischen Lokal von Antonio nichts verändert – und das ist gut so. Viel Stammkundschaft, große Portionen, auch Pizza. Von 13 bis 17 Uhr kostet ein Menü ohne Getränk ca. 8,50 €. Nur Innenplätze. Mo geschl. Calle Teide 38, ✆ 928-513992. **««**

🌿 **Blooming Cactus 15**, schräg gegenüber vom El Puerto, vegetarische (v) und vegane (v+) Küche im netten, rustikalen Ambiente, von griechischen Fasulákia (Bohnen) über Falafel bis zu Currygerichten. Nur Innenplätze. Mo geschl. Calle Teide 35, ✆ 608-293873. ∎

Inselmitte → Karte S. 126/127

Im Fischerhafen Zum Essen war dies einst die stimmungsvollste Ecke in Puerto del Carmen, doch die in der letzten Jahren errichteten, stereotypen Großlokale haben der authentischen Atmosphäre nicht gut getan (→ Sehenswertes). Die Einheimischen treffen sich aber nach wie vor allabendlich an der stets dicht umlagerten Bolabahn **33**.

Im Fischerhafen La Tiñosa

La Lonja **30**, die frühere Fischmarkthalle wurde zum maritim dekorierten Fischrestaurant umgebaut, in der „Pescaderia" (Fischhandlung) daneben kann man frischen Fisch fürs Kochen im eigenen Apartment kaufen. Die einheimische Männerwelt trifft sich hier ebenfalls gerne. Schöne Atmosphäre, Qualität eher mittel. ✆ 928-511377.

》》 Mein Tipp: Cofradia de Pescadores La Tiñosa **28**, das neue Restaurant der Fischereigenossenschaft findet man direkt unten an der Hafenmole, vis-à-vis der Boote. Nette Lage abseits vom Rummel, gepflegtes Ambiente, zuvorkommender Service, gute und frische Meeresküche. ✆ 660-433578. 《《

La Casa Roja **24**, das unter Denkmalschutz stehende „Rote Haus" ist das älteste Haus am Hafen und besitzt eine stimmungsvolle Terrasse direkt am Wasser, das Innere ist elegant gehalten. Die Essensqualität ist durchschnittlich, die Preise sind recht hoch. ✆ 928-515866.

El Poril **46**, das familiengeführte Restaurant liegt seit Jahrzehnten etwas erhöht über dem Festplatz am alten Hafen. Tipp für Familien mit Kindern, da der Spielplatz gleich davor liegt. Chef spricht gut Deutsch. Sa geschl.

Los Marineros, Beluga, Sal y Pimiento, Mar Casa Benito u. a. **46**, vom El Poril noch ein paar Stufen hinauf, mehrere Lokale nebeneinander am höchsten Punkt des Hafens, deshalb auch ein besonders schöner Ausblick – ideal gegen Abend kurz vor Sonnenuntergang, allerdings auch ein ziemlicher Spießrutenlauf, da man von den Türstehern überall penetrant angesprochen wird.

》》 Mein Tipp: Bar Playa **69**, schöne Alleinlage an der Mole beim „Baby-Beach" (Playa de la Barrilla), schattige Terrasse mit herrlichem Meer– und Küstenblick, relaxte Atmosphäre, sehr ruhig. Ordentliche kanarische Küche, gegrillter Fisch und leckerer Tintenfisch, dazu erfreuliche Preise – alles ein wenig wie Lanzarote vor Jahrzehnten. Direkt vor dem Lokal steigen häufig Taucher ins Wasser. Paso Barrilla 2, ✆ 928-511876. 《《

Außerhalb Einige gute Restaurants liegen im landeinwärts liegenden Ort Macher (→ S. 176), den man auch zu Fuß erreichen kann. Und der Jachthafen Puerto Calero (→ S. 181) ist ebenfalls nicht weit.

Hoyo19 (19 Loch), im Restaurant am Golfplatz (→ S. 168) können nicht nur Golfer bei

herrlichem Terrassenblick bis Fuerteventura die kanarisch-internationale Küche von

Koch Sven Freitag versuchen, der hauptsächlich auf Lanzarote gezogenes Gemüse verwendet. Das Lokal wird sehr gelobt.

Tägl. 9–20 Uhr (mit Reservierung ist späteres Abendessen möglich), auch ein gutes Frühstück wird serviert. ✆ 928-515264.

Cafés und Tageskneipen gibt es wie Sand am Meer, doch die wenigsten liegen besonders schön.

Chiringuito Beach Terrace **51**, kleines Café direkt am Strand beim Hotel Fariones Playa, von der Avda. de las Playas ein paar Stufen hinunter (von der Straße aus nicht zu sehen).

Mirador La Playa **65**, gemütliches Freiluftcafé mit Strandblick unterhalb der Strandstraße, etwas westlich vom Centro Atlántico. Daneben ein Spielpatz.

Café La Ola **57**, schicke Chill-Out-Bar unterhalb der Avenida auf Klippen am Meer, seine Drinks schlürft man auf Liegen am Hang, auf Bali-Betten oder um den kleinen Pool. Preislich befindet man sich allerdings in der Oberliga.

Surfbar Malibu **58**, im Untergeschoss des Centro Comercial Aquarium, schöner Meerblick, weich gepolsterte Korbstühle und zahlreiche leckere Tapas. Abends Gitarrenmusik live und gelegentlich Latino Parties.

Nachtleben

→ Karte S. 156/157

Neben Arrecife bietet Pueto del Carmen das einzige nennenswerte Nachtleben der Insel, wenngleich in den letzten Jahren eine gewisse Stagnation eingekehrt ist. Das *Centro Atlántico* an der Strandstraße ist das Zentrum der Nacht. Vor Mitternacht geht es zunächst ganz relaxed los, doch bald strömen Vergnügungswillige in die Discobars im Hinterbau des Centro, an Samstagen unterstützt durch die jungen Inselbewohner aus Arrecife. Weiterhin gibt es gut zwei Dutzend British und Irish Pubs (die meisten im alten Ortskern), oft mit kostenloser Livemusik.

Paradise **64**, östlich des Centro Atlántico gelegene Disco im Souterrain, vor wenigen Jahren eröffnet, cooles und modernes Flair, Fischaquarien an den Wänden, ein amerikanischer Oldtimer als Blickfang. Falls viel los (nicht immer der Fall), ist schon mal bis 6 Uhr offen.

Africa **04**, direkt über dem Paradise. Halb offene Terrasse mit zwanglos verstreuten Sitzgruppen, zu fortgeschrittener Stunde wird auch getanzt.

American Indian Café **42**, große, zur Straße hin offene Bar, in der sich in Saisonzeiten britische Coverbands redlich bemühen, das Publikum zu unterhalten.

Ruta 66 **45**, gestylte Bar mit Videowänden westlich vom Centro Atlántico. Nach Mitternacht wird hier zu den Videos von Michael Jackson & Co. wild geshaked.

»» Mein Tipp: Charlie's Bar **50**, die einzige wirkliche Rockkneipe Lanzarotes liegt auf der Dachterrasse des Centro Atlántico – Gitarristen, Rock- und Folkrockbands erfreuen allabendlich die meist englischen Gäste. Beim letzten Check (2016) war leider schon seit Längerem geschlossen (www.charlieslanzarote.com). **«**

Gleich benachbart bilden die Discos **Nikki Beach** und **Empire** das Herzstück der Nacht im Centro Atlántico. Man pendelt hin und her, tanzt mal hier und tanzt mal dort oder weilt an den luftigen Stehtischchen vor der Tür.

»» Mein Tipp: Craic n'Ceol **8**, schön gestalteter und sehr angesagter Irish Pub im alten Ortskern, täglich hervorragende Livemusik. Calle Jameos (neben Centro Biosfera Plaza). **«**

Spanische Kneipe El Rincón de Amador **36**, kleine Eckkneipe im Centro Comercial Playa Blanca, spätestens ab 22 Uhr gibt es hier spanische und kanarische Livemusik, gespielt von Emilio. Das Centro Comercial Playa Blanca liegt gleich beim Hotel Fariones (Ecke Avda. de las Playas/Calle Timanfaya).

Deutsche Kneipe Jimmy's Bar **49**, ebenfalls im Centro Comercial Playa Blanca, geführt vom langjährigen Lanzarote-Gastronomen Jürgen aus Thüringen, der auch einen großen Bratwurststand auf dem Sonntagsmarkt von Teguise betreibt. Leckeres vom Grill, z. B. Steak und Thüringer Bratwurst, Currywurst und Leberkäs, außerdem die legendären „fangfrischen Frikadellen" mit Kartoffelsalat ... Tägl. ab 11 Uhr.

Glücksspiel Gran Casino de Lanzarote 63, an der Strandstraße, das einzige Casino der Insel, tägl. 19–4 Uhr, Ausweis muss vorgelegt werden, kein Garderobenzwang. Avda. de las Playas 12, ☎ 928-515000, www.orenesgrupo.com/casinos/lanzarote/index.html.

Shopping
→ Karte S. 156/157

An der „Plastikmeile" dominieren übergroße Parfümerien im urbanen Stil, ergänzt durch Duty-free-Shops mit japanischen Elektronikgeräten. Ansonsten kann man wählen zwischen italienischer Designermode, Kinderspielzeug, Badebekleidung, Schmuck und Souvenirs. Bezüglich des Kaufs von Elektronikgeräten lesen Sie bitte S. 91 im Vorspann dieses Buches.

Am Freitagsmarkt

Fisch Preiswert gibt es fangfrischen Fisch etwas oberhalb vom alten Hafen in der **Pescadería Chano** (Fischgeschäft), Calle Roque Nublo 4, wo auch die Einheimischen kaufen (Mo–Sa 8–14 Uhr). Die Fischhandlung in der ehemaligen Fischhalle La Lonja 30 (→ Essen & Trinken) ist hingegen teurer.

Internationale Presse und Bücher Gute Presseauswahl im Fariones Shop an der Straßenseite des Hotels Fariones Playa.

The Bookswop 21, englischsprachiger Buchladen in der Nähe des Hotels Los Fariones, Bücher neu und gebraucht. Calle Timanfaya 4.

Kunsthandwerk Chévere 39, Avda. de las Playas 111 (gegenüber vom Centro Aquarium). Einiges an Schmuck, aber auch Stücke aus natürlichen Materialien wie Stein, Lava und Holz, z. T. handgefertigt von kanarischen Kunsthandwerkern.

Naturkost Tamarindos 2, Bioladen des „Centro de Terapia Antroposófica" in der Apartmentanlage Tamarindos (→ Übernachten), Gemüse und Obst aus biologischem Anbau, Vollkornbrot, Backwaren und Naturkosmetik, auch Angebote für Allergiker, Unverträglichkeiten etc. Tägl. 8.30–13, 17–19 Uhr. Calle Salinas 12. ∎

La Tiñosa, el Sabor de la Tradición: Markt im Hafen
Eine hübsche Abwechslung bietet der Markt, der am Freitagvormittag (11–14 Uhr) im Hafen El Varadero stattfindet. Kanarische und ausländische Händler bieten ihre Waren an, darunter auch Käse, Wein und Fisch von Lanzarote, manchmal gibt es Livemusik und kanarische Musik vom Band. Im Gegensatz zum großen Markt in Teguise geht es hier noch recht überschaubar und persönlich zu.

Supermärkte Der nächste Supermarkt liegt garantiert nur ein paar Ecken von Ihrer Anlage entfernt. Viele haben auch an Sonn- und Feiertagen geöffnet. Das Angebot ist reichhaltig, die Preise sind relativ hoch. Günstiger kauft man in Arrecife und in den großen Supermärkten von Playa Honda an der Schnellstraße nach Arrecife.

Feste

Die Feste in Puerto del Carmen gehören zu den populärsten der Insel. Der große Karnevalsumzug hat sich vor allem aufgrund der massiven touristischen Entwicklung etabliert, doch die *Fiesta de la Virgen del Carmen* ist ein authentisches Ereignis mit langer Tradition geblieben.

Dreikönigsfest, im Fischerhafen bescheren die Drei Könige die Kinder, anschließend spielen einheimische Musikgruppen zum Tanz bis in die Morgenstunden.

Carnaval, Höhepunkt ist der kilometerlange Umzug auf der Avda. de las Playas, zwischen Hotel San Antonio und Hotel Los Fariones. Ganz Puerto del Carmen versammelt sich an der Strandstraße, um die aufwändig geschmückten Wagen und fantasievoll gekleideten Straßenkapellen vorbeiparadieren zu sehen. Danach wird im Fischerhafen weitergefeiert – zwei Nächte Salsamusik und Tanz bis zum Morgengrauen.

Fiesta de la Virgen del Carmen, um den 16. Juli, mehrtägiges Fest zu Ehren der Schutzpatronin der Seeleute und Fischer. Festlich geschmückte Boote fahren mit der Statue der Heiligen aufs Meer hinaus, um für den guten Fang und die glückliche Heimkehr zu danken. Außerdem feierliche Straßenprozession, musikalisch begleitet vom städtischen Orchester. Anschließend Festessen im Fischerhafen, wo zahlreiche Essensstände mit Tapas, gegrilltem Fisch und *sancocho* (getrockneter Fisch mit Gemüse) aufwarten. Großes musikalisches Rahmenprogramm mit Folkloregruppen, auch viele Aktivitäten für Kinder.

Sport

→ Karte S. 156/157

Da Puerto del Carmen in einer weitgehend windgeschützten Inselecke liegt, sind Windsurfer – im Gegensatz zu Costa Teguise – kaum anzutreffen. Dagegen finden Taucher ihr Dorado. Fast ein Dutzend Tauchschulen bietet Kurse im vorgelagerten *Unterwasserpark*. Und auch der beliebteste Startplatz für Drachenflieger auf Lanzarote liegt in Ortsnähe.

Tauchen Vor Puerto del Carmen liegt der Unterwasserpark *Los Erizos*. Ein langes Riff zieht sich wenige Meter unter dem Meeresspiegel entlang, dort kann man die reichhaltige Flora und Fauna des hier noch weitgehend sauberen Atlantiks bestens beobachten, u. a. sieht man große Barrakudaschwärme, Moränen, Zackenbarsche, Tintenfische, Rochen und Engelhaie. Noch dazu liegt ein gutes Dutzend Schiffswracks im Umkreis, auch eine 15 m hohe und 20 m tiefe Höhle („Große Kathedrale") gibt es.

Im Angebot der meisten Tauchschulen sind Anfänger- und Fortgeschrittenenkurse, für letztere auch Wracktauchen, Tieftauchen, Nachttauchen und Höhlentauchen.

Beliebtestes Tauchrevier ist die fischreiche Region um das alte Hafenbecken. Tauchgänge starten meist an der Mole neben der kleinen *Playa de la Barrilla* oder am westlichen Ortsende von Puerto del Carmen, vor den Apartmentanlagen *Buena Pesca/El Rincón*.

Lanzarote Dive Center **56**, im 2. Stock des Centro Comercial Aquarium (unter Minigolf), geführt von Paul mit nettem internationalen Team. Avda. de las Playas 38, ℡ 928-514290, https://.lanzarotedivecentre.com.

Safari Diving 🔟, an der kleinen Playa de la Barrilla, neben dem Hotel Los Fariones, geführt von Steve und Wendy Hicks mit internationalem Team. ✆ 928-511992, www. safaridiving.com.

Island Watersports 🔢, Gerhard aus Franken und Gertraud aus Österreich führen die Basis direkt im Fischerhafen. ✆ 928-511880, www.divelanzarote.com.

Speedy Diving 🔢, in der Apartmentanlage Arena Dorada oberhalb der Uferstraße, geführt von Stephan, Alex und Karin. Calle Tanausu 5, ✆ 928-511402, http://tauchen-lanzarote.de.

Parasailing Wer sich an einem Fallschirm hängend von einem Motorboot übers Meer ziehen lassen will, findet den Startplatz von *Paracraft Lanzarote* an der Mole neben der kleinen Playa de la Barrilla. 10 Min. kosten ca. 50 €. Auch Jet Ski wird angeboten. ✆ 928-512661, www.watersports-lanzarote.com.

Reiten Ein Reitstall liegt an der LZ-2 nach Yaiza (→ S. 183).

Im Hinterland von Puerto del Carmen gibt es außerdem den Vergnügungspark *Rancho Texas*, wo Kinder auf galicischen Ponys reiten können (→ S. 154). Tägl. 9.30–17.30 Uhr. Calle Noruega s/n (Abzweig von der Avda. de las Playas am Westende der Playa de los Pocillos). ✆ 928-516897, www.ranchotexaslanzarote.com.

Golf Die attraktive 18-Loch-Anlage *Lanzarote Golf* liegt oberhalb der Umgehungsstraße an der Straße nach Tías (Verlängerung der Calle Juan Carlos I). Für Greenfees bezahlt man ca. 70 €. Im Clubbüro werden aber auch ermäßigte Greenfee-Pakete angeboten, in manchen Hotels gibt es ebenfalls Preisnachlässe. Ein gutes Restaurant gehört zum Platz (→ Essen & Trinken). ✆ 928-514050, www.lanzarotegolfresort.com.

Tennis Die großen Hotels und mehrere Apartmentanlagen in Puerto del Carmen verfügen über Tennis-Hartplätze. Ansonsten kann man im *Centro Deportivo Fariones* Tennisplätze und Spielzeiten reservieren (→ Kasten). Tipp ist der In-Sport „Pádel", eine Mischung aus Tennis und Squash.

Drachenfliegen Puerto del Carmen ist von Okt. bis April für Drachenflieger und Gleitschirmsegler ein wichtiges Standquartier, da die *Montaña Tinasoria*, einer der beliebtesten Startpunkte, nur wenige Kilometer entfernt liegt (→ Puerto del Carmen/Umgebung).

Minigolf Eine Minigolfanlage 🔢 mit 18 Löchern liegt gegenüber vom Hotel *San Antonio*, eine weitere 🔢 auf dem Dach des *Centro Comercial Aquarium*.

Wellness Das *Aquarsis Spa* 🔢 in der Calle Chalana 1 bietet u. a. Wasserstrahlmassagebecken, Jacuzzi, türkisches Dampfbad und Kneippgang, Schokoladenmassage und Weinwickel gehören ebenfalls zum Angebot. Ein kompletter Thermalrundgang dauert ca. 1:30 Std. Tägl. 10–20 Uhr. ✆ 928-511337, www.aquarsis.es.

Centro Deportivo Fariones 🔢: Das Sportzentrum von Puerto del Carmen liegt schräg gegenüber vom Hotel Los Fariones, an der Ecke der Calle Alegranza. Zu erkennen ist es an dem 15 m hohen Leuchtturm, der von der Strandstraße aus weithin sichtbar ist. In der mit Rasen, Blumenrabatten und Palmen ausgestatteten Anlage gibt es Tennis-, Squash- und Pádelplätze (letzteres eine Mischform aus Squash und Tennis), außerdem Pelota (Rückschlagspiel gegen eine Wand), Tischtennis, Fitnessräume, Sauna, Whirlpool, Massage, einen Kinderspielplatz und eine Swimmingpool. In den zur Straße hin liegenden Anbauten befindet sich ein italienisches Restaurant namens „La Casa del Parmigiano" (→ Essen & Trinken). ✆ 928-514790, http://www.farioneshotels.com/centro-deportivo-fariones.

An dieser Stelle werden im Fischerhafen die Boote ins Wasser gelassen

Sehenswertes

Sehenswürdigkeiten im eigentlichen Sinn besitzt Puerto del Carmen nicht. Das lebhafte Treiben und der schöne Meerblick an der attraktiv gestalteten Strandstraße sind aber immer wieder erlebenswert. Und man muss nur ein paar Schritte gehen und schon kann man sich im weichen Sand aalen.

Einzig wirklich reizvolle Ecke – wenn man von den Stränden absieht – ist der alte Ortskern und der dortige große *Fischerhafen*. Im Rahmen eines ausgedehnten Spaziergangs kann man diesen Teil Puerto del Carmens bequem kennen lernen. Einen kurzen Rundgang mag dabei das architektonisch eigenwillige Einkaufszentrum *Biosfera Plaza* wert sein, das 2002 eröffnet wurde. Man flaniert auf spiegelndem Granit und über moderne Rolltreppen, es gibt einige gute Lokale, teils recht noble Boutiquen und Einrichtungen für Kinder. Von den Terrassen hat man einen unverbauten Blick bis Fuerteventura.

Spaziergang von der Playa Grande zum Fischerhafen: Man startet an der Strandstraße und bewegt sich in westlicher Richtung, parallel zum bis zu 150 m breiten Hauptstrand *Playa Grande*. Dominanter Blickfang ist das auffallende Aparthotel *Fariones Playa*, eine Trutzburg aus grauen Basaltplatten, die das Westende des Strands markiert. Hier steigt man hinunter auf den Sand, geht am Strandcafé „Chiringuito Beach Terrace" vorbei und an der grauen Abgrenzungsmauer des Hotels entlang, bis man auf einen Durchgang zwischen den Hotels „Fariones Playa" und „Los Fariones" trifft. Wenn man diesen hinter sich hat, kann man die Calle Roque del Oeste oder Calle Alegranza entlanggehen und durchquert ein ruhiges Wohnviertel mit kleinen Gärten, wo überall große Kakteen, Gummibäume, Geranien, Hibiskus, Bougainvillen und Palmen gedeihen. Hält man sich kurz darauf links, hat man das Hotel umgangen und kommt zur hübschen, von zwei scharfkantigen

Felszungen eingefassten Sandbucht *Playa de la Barrilla* (→ Baden). An ihrem rechten (westlichen) Rand trifft man auf eine gemauerte Mole mit dem ruhigen Fischlokal „Bar Playa" (→ Essen & Trinken).

Weiter Richtung Westen geht es jetzt auf einer Promenade über einen Erdhügel immer dicht am Wasser entlang in Richtung Fischerhafen. Hier hat man einen herrlichen Panoramablick auf die Küste westlich von Puerto del Carmen bis zu den Bergen von Los Ajaches im Hintergrund. Man erkennt den Jachthafen Puerto Calero und kurz vor den Bergen das Örtchen Playa Quemada (→ Puerto del Carmen/Umgebung). Unterhalb des Wegs sind mehrere Lapilliflächen mit Fächerpalmen hübsch in die Klippen gebaut. Vorbei an Fischrestaurants mit recht penetranten Anwerbern steigt man allmählich zum Fischerhafen hinunter.

Fischerhafen La Tiñosa

Der Hafen ist die eigentliche Keimzelle Puerto del Carmens. „La Tiñosa", die Schäbige, hieß er früher, heute wird er „El Varadero", wörtlich: der Stapelplatz, genannt.

Eine windgeschützte Bucht, wo die Fischer ihre Boote vertauen konnten, ein paar armselige Hütten und Lagerräume, an den Hängen rundum Tomatenfelder – vor 50 Jahren war das alles, was hier zu sehen war. Die Lagerräume sind seit langem abgerissen, stattdessen wurden moderne Großlokale erbaut, die durch ihr „genormtes" touristisches Outfit den typisch kanarischen Charme des Hafens stark beeinträchtigt haben.

Mitten im Hafen gibt es eine *Bühne* mit Tanzfläche, wo u. a. der turbulente „Carnaval" und das Fest der Heiligen Drei Könige mit Musikgruppen und Tanz bis in die Morgendämmerung gefeiert wird. Daneben liegt der allabendlich dicht umlagerte Treffpunkt der Männerwelt, die *Bola-Bahn*. Die Spieler genießen es sichtlich, sich hier im Scheinwerferlicht der Öffentlichkeit zu präsentieren.

Tipp: Einen Besuch wert ist der Hafen am Freitagvormittag, wenn hier ein netter *Markt* stattfindet (→ Shopping).

Abenddämmerung an der Playa de la Barrilla

Nuestra Señora del Carmen: Der Schutzheiligen der Seeleute und Fischer ist die kleine, weiße Kirche geweiht, die in der Gasse hinter den Großlokalen liegt. Über der Eingangstür erkennt man eine schlichte Rosette, die die Jungfrau mit dem Kind über den stilisierten Häusern von Puerto del Carmen zeigt. Das große Fest der Señora del Carmen findet um den 16. Juli herum statt (→ Puerto del Carmen/Feste).

Bummel im Hafen: Eine lange *Mole* grenzt das schlauchförmige Hafenbecken, in dem zahlreiche Schiffe und Boote festgemacht sind, zum offenen Meer hin ab. Wer will, kann hinaufsteigen, sich den Wind um die Nase wehen lassen und frische Seeluft schnuppern. Unterhalb des Restaurants Casa Roja wurde vor einigen Jahren ein breiter *Holzsteg* ins Wasser gesetzt – eine gute Idee. Hier lässt es sich schön flanieren, dabei kann man die teils sehr gepflegten Anwesen betrachten, die direkt auf die schwarzen Klippen gebaut sind. An manchen Stellen sind liebevoll Kakteen und Palmen gepflanzt, was dem Ganzen einen malerischen Anstrich gibt. Über *Treppenwege* kann man zur oberhalb verlaufenden Calle Los Infantes hinaufsteigen (→ Spaziergang vom Fischerhafen zum westlichen Ortsende von Puerto del Carmen).

Spaziergang vom Fischerhafen zum westlichen Ortsende von Puerto del Carmen: Neben dem Tauchcenter „Island Watersports" steigt man die Treppe aus *Tonziegeln* hinauf und folgt der *Calle los Infantes*, die sich immer geradeaus etwas oberhalb vom Meer zwischen niedrigen Häusern hindurchzieht, in denen noch hauptsächlich Einheimische wohnen. Eine hübsche Alternative dazu ist der Holzsteg im Hafen (→ Bummel im Hafen). Am Ende der Straße durchquert man die Anlage „Buena Pesca" und gelangt zu den Studios „El Rincón". Dort kann man auf einer stufenlosen Rampe, die auch für Mountainbikes geeignet ist, auf den niedrigen Hügel hinaufsteigen und genießt von oben den herrlichen Postkartenblick auf den Hafen.

Tipp: Wer auf den Geschmack gekommen ist und weiterlaufen will, kann die Rundwanderung von Puerto del Carmen nach Puerto Calero und zurück anschließen (→ S. 371).

Puerto del Carmen/Baden

Die drei kilometerlangen Sandstrände von Puerto del Carmen bilden die größte Badezone der Insel. Selbst in touristischen Stoßzeiten gibt es hier genügend Platz, man kann sich leicht von den obligaten Liegestuhl- und Sonnenschirmreihen fern halten und findet sicher irgendwo ein ruhiges Fleckchen. Meist geht es sehr flach ins Wasser. Ganz besonders hübsch ist außerdem die kleine Sandbucht *Playa de la Barrilla* östlich vom Fischerhafen.

Verantwortlich für die Entstehung der großen Strände ist das ausgedehnte Sanddünengebiet *El Jable* an der entgegengesetzten Küste um Famara (→ El Jable, S. 224). Von dort haben die nördlichen Passatwinde über Jahrmillionen feinen Sand herübergetragen, der sich an der windgeschützten Ecke um Puerto del Carmen ablagerte. An stürmischen Tagen kann man das selbst erleben – wenn man dann auf den Straßen zwischen Teguise, Mozaga, San Bartolomé und Tahiche unterwegs ist, fährt man manchmal durch einen richtigen Sandsturm. Dass der Sand bei Puerto del Carmen aus der Sahara stammt, gehört in den Bereich der Kanaren-Legenden.

Die drei großen Strände

Playa Grande: Der schönste und gepflegteste Strand in Puerto del Carmen liegt unmittelbar unterhalb der Avda. de las Playas. Feiner, hellbrauner Sand, gut 1 km lang

Inselmitte → Karte S. 126/127

und bis zu 150 m breit, zur Straße hin durch einen sorgfältig mit Sukkulenten, Geranien und schattigen Palmen bepflanzten Lavahang begrenzt. Im Westen markiert das Komforthotel „Los Fariones" mit der markanten Basaltburg des „Fariones Playa" das Strandende, im Osten setzt sich der Strand in Klippen fort, zwischen denen mehrere Sandbuchten eingelagert sind (→ Kleine Strände und Badebuchten). Ganz markant zeigt sich im Westen die Kulisse der kahlen *Los-Ajaches-Berge*, hinter deren Silhouette abends postkartenreif die Sonne untergeht.

Auf Hunderte von Metern zieht sich in mehreren Reihen gestaffelt eine farbenfrohe Parade von Liegestühlen und Sonnenschirmen, die tageweise gemietet werden können. Es werden Tretboote verliehen und im Seichtwasser des östlichen Abschnitts wurde eine große Plastikspiellandschaft für Kinder eingerichtet. Es gibt außerdem Toiletten, Umkleidekabinen, Duschen, einen Spielplatz und eine Rot-Kreuz-Station. Das Strandcafé „Chiringuito Beach Terrace" liegt beim Hotel „Fariones Playa", das Caférestaurant „Mirador La Playa" in der Strandmitte (→ Essen & Trinken).

Playa de los Pocillos: Der längste und breiteste der drei großen Strände ist ein riesiges Sandareal von fast 2 km Länge und bis zu 200 m Breite. Er wird von der Uferstraße weiträumig umfahren, so dass am Meer keinerlei Verkehrgeräusche zu hören sind. Am westlichen Strandende stehen die Hotels „San Antonio" und „Las Costas", auf der Promenade davor kann man sich an Fitnessgeräten vergnügen. Das Ostende wird durch das Großhotel „Los Jameos Playa" begrenzt, an dessen Meerseite eine Fußgängerzone mit kleinen Restaurants, Bars und Läden entstanden ist. Hier wie dort ziehen sich die obligaten Sonnenschirm- und Liegestuhlreihen inkl. Tretbootverleih, in der Strandmitte ist aber viel Platz für Individualisten.

Die große *Plaza de las Naciones* liegt im westlichen Strandbereich zwischen Fußgängerpromenade und Strand, sie ist mit auffallenden, bizarr-dünnen Metallskulpturen dekoriert, besitzt eine Bühne und wird zum Flanieren und für Veranstaltungen genutzt.

Playa Matagorda: Der vom Zentrum am weitesten entfernte Strand ist etwa 1 km lang und 50–100 m breit. Hier wurde die Uferstraße komplett für den Verkehr gesperrt und in eine breite Promenade umgewandelt, auf der man schön flanieren

Lang und schattenlos: die Playa de los Pocillos

und Rad fahren kann. Einige Fitnessgeräte laden zum kostenlosen Training
ein. Gleich dahinter stehen diverse große
Hotel- und Apartmentanlagen. Platzbe-
herrschend sind die riesigen, halbmond-
förmigen Flügel des „Sol Lanzarote" und
das „Beatriz Playa" am Ostende, letzteres
markiert gleichzeitig das Ortsende von
Puerto del Carmen, östlich davon liegt
der Flugplatz.

Die Playa Matagorda geht nahtlos in das
Sandband der *Playa Guasimeta* über, die
sich direkt vor dem Flugplatzgelände bis
zur Playa Honda erstreckt – flankiert von
einer neu angelegten Promenade, die
sich ohne Unterbrechung bis Arrecife
zieht und von Fußgängern wie Radfahrern gleichermaßen genutzt wird,
aber auch immer viele Schaulustige anzieht, denn hier brausen oft mehrmals
stündlich die Düsenclipper bei ihrer
Landung nur wenige Meter über die
Köpfe hinweg (→ Wanderung von Puerto del Carmen über Playa Honda nach Arrecife).

Palmen an der Playa Grande

Kleine Strände und Badebuchten

Zwischen Playa Grande und Playa de los Pocillos im Osten erstrecken sich schwarze Basaltklippen, in denen sich mehrere Sandbuchten verbergen, darunter die
Playa del Baranquillo und die *Playa la Peñita* – vor allem bei Einheimischen und
spanischen Urlaubern und das beliebte Badestellen, die von der Straße aus uncin
sehbar sind und wo z. T. schattige Palmen direkt in den Sand gepflanzt wurden.
Von der Avenida erreicht man sie über Treppenwege, z. B. gegenüber der Einmündung der Calle Chalana und neben den Apartamentos „Las Rocas" (Restaurant
„Terrazza Playa"). Eine weitere sandige Bucht liegt an einem unbebauten Land-
streifen, direkt westlich vom Hotel San Antonio.

Playa de la Barrilla: Diese sandige, von Basaltzungen eingefasste Badebucht mit
einigen Palmen liegt unterhalb vom alten Ortskern, drei Gehminuten östlich vom
Fischerhafen. Der Strand besitzt zwar auch einige raue Klippenflächen, die bei Ebbe
sichtbar werden, ist aber besonders bei Familien mit Kleinkindern beliebt, die hier immer eifrig planschen und sich mit Sand beschmieren, er heißt deshalb auch „Baby-
Beach". Eine Ecke weiter liegt die „Bar Playa", ein nettes Fischlokal (→ Essen & Trinken), am Strand selbst hat die Tauchschule „Safari Diving" ihren Sitz (→ Sport).

Playa Chica: Von der Playa de la Barrilla kann man zu dieser geschützten Strand-
bucht direkt vor dem Palmengarten des Hotels „Los Fariones" hinüberklettern. Wie
alle Strände ist auch dieser öffentlich, also nicht im Privatbesitz des Hotels.

Puerto del Carmen/Wandern

Von Puerto del Carmen kann man in beiden Richtungen die flache Küste entlang wandern und so die nähere Umgebung des Ferienorts erkunden: nach *Osten* über Playa Honda bis in die Hauptstadt Arrecife, im *Westen* bis zum neuen Jachthafen Puerto Calero und weiter bis zum Fischerörtchen Playa Quemada.

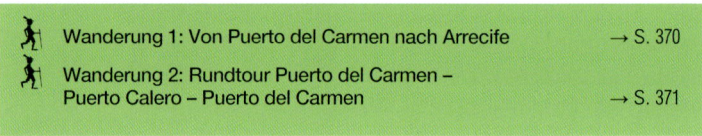

Wanderung 1: Von Puerto del Carmen nach Arrecife   → S. 370

Wanderung 2: Rundtour Puerto del Carmen –
Puerto Calero – Puerto del Carmen   → S. 371

Puerto del Carmen/Umgebung

Hinter Puerto del Carmen steigen die Hänge ins Inselinnere an. Dort erstrecken sich das berühmte Weinbaugebiet La Geria und ein riesiges, flechtenüberwuchertes Lavameer, entstanden durch die Ausbrüche der Feuerberge im 18. Jh.

Roter Faden für alle Touren ist die viel befahrene Durchgangsstraße *LZ-2* von Arrecife über Tías und Mácher in Richtung Yaiza und Inselsüden. Von dieser Straße aus sind alle wichtigen Ziele zu erreichen.

Puerto del Carmen/Hinterland

Mit dem Auto braucht man nur knapp 10 Min. in die Orte Tías und Mácher, mit dem Rad gestaltet sich die Anfahrt etwas mühseliger. Dort hält man sich in der Regel nicht weiter auf – entweder Richtung Süden die Straße nach Yaiza nehmen oder geradeaus ins Weinbaugebiet La Geria. Von Oktober bis April lohnt bei den richtigen Windbedingungen der Ausflug zu den Drachenfliegern auf der Montaña Tinasoria, allerdings muss man dazu eine holprige Piste fahren (→ S. 177).

Tías   Municipio ca. 19.000, Ort 5300 Einwohner

Der Hauptort des Bezirks Municipio de Tías, zu dem auch Puerto del Carmen gehört, liegt weit ausgedehnt auf den Hügeln oberhalb der Ferienstadt. Administration und Polizei haben hier ihren Sitz.

Touristisch ist Tías kaum von Bedeutung, denn besonders reizvoll ist es nicht. Trotzdem wohnen neben den Einheimischen auch viele Zugereiste hier oben, denn die Mieten sind günstiger als in Puerto del Carmen und vor allem findet man mehr Ruhe. Von manchen Ecken hat man zudem einen wunderschönen Blick auf die Küste, z. B. vom Haus des portugiesischen Schriftstellers *José Saramago*, der 1998 den Nobelpreis für Literatur erhielt (→ S. 110). Bereits 1992 übersiedelte er nach Tías und lebte hier bis zu seinem Tod im Juni 2010. Sein Anwesen kann besichtigt werden.

Stilisierter Olivenbaum beim Haus des Nobelpreisträgers Saramago

Casa José Saramago

Das Wohnhaus des Nobelpreisträgers für Literatur wird von einer Stiftung verwaltet, die Saramago noch selbst gegründet hat. Es steht von Puerto del Carmen kommend wenige Meter vom ersten Kreisverkehr entfernt in der Calle Los Topes 3. Am Kreisverkehr macht ein stilisierter Olivenbaum aus Metall darauf aufmerksam, darunter steht Saramagos Sentenz „Lanzarote no es mi tierra, pero es tierra mia" (übersetzt in etwa: „Lanzarote ist nicht meine Heimat, aber mein Zuhause.").

Obwohl der Eintrittspreis nicht niedrig ist, lohnt der Besuch, erhält man doch einen wunderbaren Einblick in das private Umfeld des Nobelpreisträgers, der hier fast 20 Jahre lang mit seiner dritten Frau, der spanischen Journalistin Pilar del Río, lebte. Das Haus wurde so erhalten, wie es zu seinen Lebzeiten war – Wohn- und Arbeitszimmer, Besprechungsraum, Küche, Schlafzimmer und Garten. Zur Ausstattung gehören zahlreiche Stücke, die er von Reisen in alle Welt mitbrachte. Im Garten, von dem man einen weiten Blick zur Küste hinunter hat, bilden zwei kräftige Olivenbäume einen Blickfang – Saramago hat sie vor vielen Jahren höchstpersönlich als kleine Pflanzen aus Portugal im Flieger herübergeholt. Im Nachbarhaus kann man außerdem die umfangreiche Bibliothek Saramagos besuchen, die nach Autoren und Sprachen sortiert ist. Ein Audioguide gibt während des gesamten Rundgangs detaillierte Informationen auf Deutsch. Im angeschlossenen Shop kann man Werke Saramagos und Souvenirs erstehen, z. B. den Lieblingskaffee des Literaten.

Öffnungszeiten Casa José Saramago, Mo–Sa 10–14.30 Uhr (letzter Eintritt 13.30 Uhr), Eintritt ca. 8 €. ☎ 928-833053.

Essen & Trinken Hier isst man preiswerter als unten in Puerto del Carmen.

Tapas La Ermita, zentral an der Hauptstraße, gemütliche Tapas-Bar mit freundlicher Atmosphäre und großem Angebot, man kann an der Theke selber auswählen. Viele Einheimische treffen sich hier. Mo–Sa 14–0 Uhr, So geschl. Avda. Central 63. ☎ 928-524076.

Meson El Pueblo, auch in diesem kleinen Lokal verkehren hauptsächlich Ortsbewohner. Calle Libertad 28.

Feste Ende Januar/Anfang Februar feiert Tías seine Schutzheiligen **Nuestra Señora de Candelaria** und **San Blas** mit Prozession, Folklore, Konzerten und dem Sportturnier „Torneo de la Candelaria".

Sonstiges Zahnklinik, Dr. Erik Prem aus Schweden: Kronen, Brücken, Implantate, Zahnmedizin. Mo und Mi 9–15, Di und Do 9–13, 16–19, Fr 9–13, Sa 11–12 Uhr (nur Notfälle). Calle Libertad 44, ✆ 928-834016.

Der Hundertwasser-Gaudí von Lanzarote

Antonio Gaudí und Friedensreich Hundertwasser scheinen vereint Pate gestanden zu haben für die eigenwillige Apartmentanlage „Los Villareales", die in Tías an der autobahnähnlichen LZ-2 steht. Die märchenhaft wirkende Zuckerbäckerkonstruktion aus runden, organischen Formen unterscheidet sich deutlich von der üblichen, mehr oder minder stereotypen Inselarchitek-

tur. Kreativer Kopf hinter dieser einmaligen Wohnstatt mit ihren markanten Türmchen und Balkongeländern ist *Antonio Padrón Barrera*. 1946 auf El Hierro geboren, erhielt er auf Gran Canaria eine Ausbildung als Bauzeichner und lernte 1982 César Manrique kennen, der ihn in Hinblick auf Ökologie und Einbeziehung der Natur sehr beeinflusste. Doch architektonisch wollte er sich nicht wie Manrique an der traditionellen Bauweise orientieren, sondern etwas ganz Neues und Einmaliges schaffen – sozusagen eine Darstellung der weltweiten Einzigartigkeit der Vulkaninsel. Dies ist ihm hier wohl gelungen.

Mácher

Der Ort erstreckt sich weit verstreut seitlich der Straße von Arrecife nach Yaiza (LZ-2), die wichtige Ausfallstraße von Puerto del Carmen Richtung Süden mündet hier. Von den meisten Urlaubern wird er kaum wahrgenommen, einzig die Tankstelle und der große Supermarkt „La Lonja" beim Kreisverkehr sind von Bedeutung, aber auch die Restaurants sind den Abstecher wert.

Wer sich etwas Zeit nehmen will: Die Dorfkirche an der LZ-2 ist recht hübsch und 200 m weiter in Richtung Yaiza reckt eine fast hundert Jahre alte Gofiomühle ihre Holzflügel in den Wind.

In Mácher zweigt eine Straße über *La Asomada* ins Weingebiet La Geria ab (wenn Sie von Puerto del Carmen heraufkommen, bei der Einmündung auf die Hauptstraße rechts und nach wenigen Metern gleich wieder links). Auf diesem Weg gelangt man auch zu den Drachenfliegern, die an günstigen Tagen in den Wintermonaten auf der nahen *Montaña Tinasoria* starten.

Übernachten Finca Lomos Altos, das ausgeglichene Klima Lanzarotes, aber auch die pollenfreie Luft, die starke Lichtintensität und der intakte Ozonmantel bieten ideale Bedingungen für Asthmatiker und Allergiker, aber auch für Erholungssuchende und Rekonvaleszenten. Seit den 80er Jahren bietet die Finca Lomos Altos in den sanft gewellten Hügeln von Mácher ein idyllisches Urlaubsquartier. Zur Vermietung stehen fünf Häuser mit 17 ansprechend eingerichteten Fewos (Einzel, Studio, Apartment) und zwei Häusern. Auf dem Gelände der Finca werden Gemüse und Früchte in biologisch-dynamischem Anbau gezogen und sind im Laden und vegetarischen Restaurant des Centro de Terapia Antroposófica in Puerto del Carmen erhältlich. Studio für 2 Pers. ca. 60–80 €/Tag, Apt. für 2 Pers. ca. 68–84 €, Ferienhaus (2 Pers.) ca. 90–126 €, Frühstücksbuffet ca. 12 €/Pers. Zusätzlich stehen für Patienten und Urlauber Apartments im Centro de Terapia Antroposófica in Puerto del Carmen zur Verfügung. Information und Reservierung im Centro de Terapia Antroposófica in Puerto del Carmen (→ S. 163).

Essen & Trinken Die Restaurants liegen alle entlang der LZ-2 (Carretera Tías – Mácher). Mit dem Mietwagen braucht man von Puerto del Carmen aus nur wenige Minuten. Aber auch für einen verlängerten Abendspaziergang ist der Ort gut, Fußweg siehe Wanderung von Uga nach Puerto del Carmen → S. 387.

La TeGaLa, von der Einmündung aus Puerto del Carmen ein kleines Stück nach rechts fahren. Im modernen und gepflegten Ambiente bietet der bekannte Koch Germán Blanco feine spanisch-kanarische Küche auf hohem Niveau. Schöne, verglaste Panoramaterrasse, etwas teurer. Mo–Sa mittags und abends, So geschl. Carretera Tías – Mácher 60, ☎ 928-524524, www.lategala.com.

La Asomada: Der kleine Durchgangsort am Weg ins Weinbaugebiet liegt am Hang oberhalb von Mácher. Viele Residenten wohnen hier oben und genießen die Ruhe und den weiten Blick aufs Meer, vermieten aber auch ihre Unterkünfte.

Kurz nach der kleinen Kirche zweigt links der *Camino la Caldereta* zum Startplatz der Drachenflieger ab. Zunächst geht es auf Asphalt bis zum

La Cabaña, etwas zurück von der Hauptstraße nach Yaiza neben der Tankstelle, sehr kleines Lokal im Bistrostil, geführt vom britischen Ehepaar Spurr. Darren bereitet in seiner offenen Küche raffinierte Fleisch- und Fischgerichte, dazu gibt es eine gute Weinauswahl (Lanzarote, Spanien, Italien). Etwas teurer. Nur abends ab 19 Uhr, So/Mo geschl. Carretera Tías – Mácher 84, ☎ 650-685662, lacabanamacher.com.

El Asadero de Macher, noch ein Stück weiter östlich, von Pablo und Nancy zuvorkommend geführt, leckere kanarische Küche, nicht zu teuer. Man sitzt hinter großen Glasfenstern oder auf einer offenen Terrasse und genießt den herrlichen Blick weit übers Meer bis hinüber nach Lobos und Fuerteventura. Di–Sa 12–23 Uhr, So bis 18 Uhr, Mo geschl. Carretera Tías – Mácher 110, ☎ 928-527260.

Shopping Ahumadería de Macher, Lina Rademacher betreibt diese Fischräucherei, in der neben Lachs auch Thun- und Schwertfisch geräuchert wird, der Lachs wird mehrmals wöchentlich frisch aus Norwegen eingeflogen. Viele Hotels und Restaurants sind bei Frau Rademacher Kunden. Ihre Familie räuchert bereits seit Generationen Fisch – beste Qualität also für die Zubereitung im eigenen Apartment. Carretera Tías – Macher 69, ☎ 928-512285.

Feste Fiesta de San Pedro, der Ortsheilige wird Ende Juni geehrt – u. a. Folkloregruppen, kanarischer Ringkampf und Wettbewerbe im Kartenspielen.

Drachenflieger oberhalb von La Asomada

Inselmitte → Karte S. 126/127

Ortsende, danach auf holpriger, teils sandiger Schüttelpiste steil den Hang hinauf und nach links. Oben auf dem Sattel zwischen Montaña Guardilama und Montaña Tinasoria muss man auf eine Piste links abbiegen, zwischen zwei Steinpfeilern hindurch. Nach ein paar hundert Metern kommt man auf das flache, grasbestandene Plateau, das den Drachenfliegern als Startplatz dient.

Übernachten　Casa Roco, Casa Feliz, **Casa de Niro** und **Casa Cora**, Familie Baur vermietet eine 200-jährige Finca sowie zwei weitere Anwesen in ruhiger Hanglage. Herrlicher Meerblick weit über die Hänge hinunter, mehrere gut ausgestattete Ferienwohnungen, harmonisch und stilvoll konzipiert, große Terrassen, Swimmingpool, aufmerksame Betreuung. Kleines Apt. ab 490 €/Woche, größeres Apt. ab 695 €/Woche. ✆ 928-513215, www.lanzarotefincas.de.

Nirvana Lanzarote, Georg Schneider, der seit Jahrzehnten auf Lanzarote lebt, vermietet drei großzügige und elegant eingerichtete Bungalows und ein Apt., alle in ruhiger Lage mit traumhaftem Blick. Der Clou sind die Wohnküchen mit sehr schöner Ausstattung. Apt. ca. 55–75 €/Tag, Bungalow ca. 155–195 €. Calle Caldereta 76, www.nirvana-lanzarote.com.

»» Mein Tipp:　Castillo-Schlaraffenland, vier malerisch in die Lavafelsen des Valle de las Cuevas (Höhlental) gebaute Ferienhäuser für 2–3 Pers., einzigartige Lage in völliger Ruhe mit herrlichem Blick, alle unabhängig voneinander mit viel Privatsphäre, individuell und gut ausgestattet, schöner Pool und ebensolcher Garten, freundlich geführt von Familie Firsching. Wochenpreis ca. 650–900 €. ✆ 928-511159, www.castillo-schlaraffenland.de. **««**

Weitere Angebote in La Asomada z. B. über www.ferienprofi-lanzarote.com.

Shopping　Bodegas Castillo de Guanapay, 1997 von fünf Lanzaroteños gegründet, mittlerweile werden mit moderner Technik jährlich 160.000 Flaschen produziert, Malvasía Blanco, Tinto und Moscatel-Likör. Calle La Asomada 39, ✆ 629-039750.

Montaña Tinasoria: 503 m hoch ist dieser markante Berg, von der Straße nach Yaiza ist der langsam ansteigende Kamm deutlich zu sehen. In den Wintermonaten umschwirren an schönen und windreichen Tagen die Drachenflieger den Bergkopf wie lästige Insekten. Hinauffahren und zuschauen lohnt sehr – ein beeindruckendes Erlebnis, wenn sich die Jungs und Mädels mit nur wenigen Schritten Anlauf in

Montaña Tinasoria
(Startplatz für Drachenflieger)

die glasklare Luft stürzen und nach Sekunden nur noch ein kleiner Punkt am blauen Himmel sind.

Montaña Guardilama: sehr eindrucksvoller Bergkegel, exakt 100 m höher als der Tinasoria. Der Aufstieg ist einfach zu machen und oben liegt das gewaltige Panorama von halb Lanzarote in Sichtweite. Beschreibung des Aufstiegs im Rahmen der Wanderung von Uga durchs Weinbaugebiet La Geria nach Puerto del Carmen (→ S. 387).

Conil: ruhiges Örtchen in den Hügeln hinter Puerto del Carmen. Hier wohnen Residenten und Einheimische. An sich wenig erwähnenswert, aber 1 km außerhalb vom westlichen Ortsausgang in Richtung Weinbaugebiet La Geria steht die *Casa Tegoyo*, eins der schönsten historischen Herrenhäuser der Insel, erbaut 1801 – von außen ist allerdings nicht viel davon zu erkennen und eine Vermietung findet derzeit nicht statt.

Östlich von Puerto del Carmen

Die viel befahrene Schnellstraße LZ-2 mit zwei Spuren in jeder Richtung verbindet Puerto del Carmen mit der nahen Hauptstadt Arrecife. In einer Viertelstunde kann man die Entfernung überwinden.

Seitlich der Straße haben sich riesige Einkaufsmärkte, Lagerhallen der großen Autovermieter und etwas Industrie angesiedelt. Nicht gerade eine Augenweide, aber sehr wichtig für die Infrastruktur der Insel. Auch mehrere Tankstellen gibt es hier, in der Regel mit 24-Stunden-Service.

Unmittelbar östlich von Puerto del Carmen liegt der Flugplatz *Guasimeta*, gleich anschließend die ausgedehnte Strandstadt *Playa Honda*, danach folgt die gepflegte Urbanisation *Playa del Cable*. Kurz vor Arrecife kommt man durch unbebautes Gebiet. Zwischen Schnellstraße und Meer stehen hier zwei restaurierte Windräder, die einst Meerwasser zur Salzförderung heraufpumpten. Im Rahmen einer Wanderung von Puerto del Carmen nach Arrecife kann man sie näher betrachten (→ S. 370).

Gran Karting Club Lanzarote: Die große Gokart-Bahn liegt südlich der Carretera LZ-2 von Arrecife nach Tías, nicht weit vom Flughafen, zu erreichen ist sie von der ersten Abzweigung nach Puerto del Carmen. Es gibt eine Piste für Erwachsene (ca. 18 €), eine für Jugendliche von 10 bis 16 (ca. 12 €) und eine für Kids ab fünf Jahren (ca. 8 €). Mit Cafeteria. Eine weitere Gokart-Bahn liegt bei San Bartolomé (→ S. 186). Tägl. 10–21 Uhr. ☎ 928-524956, 673-139101, www.lanzarote.com/grankarting.

Informationen zum Flughafen **Guasimeta** unter „Ankunft auf Lanzarote" auf S. 82.

Playa Honda   ca. 10.500 Einwohner

Ein eigenartiger Ort, praktisch der Nachbar von Puerto del Carmen und doch ganz anders. Von der Fläche her riesig, endlos lange, schnurgerade Straßenzeilen, die sich rechtwinklig kreuzen und zum langen und sehr breiten Sandstrand Playa de Guasimeta mit Bummelpromenade hinunterführen.

Hauptsächlich Einheimische und spanische Urlauber wohnen hier – letztere allerdings oft nur für wenige Wochen im Sommer, im Winter steht vieles leer. Warum in Playa Honda kein ähnlicher Rummel herrscht wie in Puerto del Carmen? Die Startschneise des Flughafens führt fast direkt über den Ort – so etwas lässt sich als Urlaubsort nicht verkaufen. Doch auf diese Weise haben die Einheimischen ihr sicheres Refugium. Und noch etwas anderes macht Playa Honda für Einheimische und Residenten attraktiv: Landeinwärts der Schnellstraße nach Arrecife liegen die größten und preiswertesten Einkaufsmärkte Lanzarotes, die allerdings z. T. nur Gewerbetreibenden offen stehen. Von Gastronomen werden sie gerne zu Großeinkäufen aufgesucht.

Inselmitte → Karte S. 126/127

An der Playa de Guasimeta

Die *Playa de Guasimeta* erstreckt sich am Flugplatz vorbei bis zum Ostende von Playa Honda, wo die geschützte Sandbucht *La Concha* liegt. Bei Niedrigwasser kommen allerdings überall am Strand die vorgelagerten schwarzen Lavaklippen zum Vorschein. Die gut ausgebaute Promenade wird auch eifrig zum Joggen und Radfahren genutzt, dazu gibt es die obligatorischen Fitnessgeräte.

Anfahrt/Verbindungen   Busse fahren häufig von und nach **Puerto del Carmen**, **Arrecife** und **Flugplatz**. Die Haltestelle „Cruce Playa Honda" liegt seitlich der Schnellstraße, wenige Meter vom Einkaufszentrum Deiland.

Übernachten   **Casa Jardin**, gut eingerichtetes Ferienhaus mit Terrasse direkt an der Promenade. Bis zu 6 Pers. können hier unterkommen, Preis 600–800 €/Woche, www.lanzarote-virtual.com/playa-honda/casa-jardin.

Essen & Trinken   **La Caleta & Las Gaviotas**, nebeneinander an der Strandpromenade, optimal zum Sonnetanken, gute Auswahl an Tapas, oft sehr voll mit Einheimischen.

»» Mein Tipp: **Emmax**, das Café/Restaurant von Max (Koch) und Moritz (Service) liegt im östlichen Bereich der Promenade und bietet mediterran/italienische Küche mit asiatischen Einflüssen, lecker und innovativ mit täglich wechselnden Gerichten (keine Pizza). 10–23 Uhr, Di geschl. ✆ 928-820917. **««**

La Marea, ein Stück weiter westlich, Fischlokal mit Muscheln, Garnelen, Krebsen und Hummer im Angebot, nettes Plätzchen in der Abendsonne.

Aguaviva, an der westlichsten der langen Straßen, die zum Strand hinunterführen, direkt in einem Wohnviertel und nicht am Meer. Gemütlich-warmes und gepflegtes Ambiente, dazu die erstklassige „Haute cuisine"-Küche von Javier Bartolome und Luis Tamargo aus Asturien. Nur 14 Tische, Reservierung erbeten, keine Shorts. Gehobenes Preisniveau, aber der Qualität angemessen. Mittags ab 13 Uhr, abends ab 20 Uhr, So-Abend u. Mo geschl. Calle Mástil 31. ✆ 928-821505.

Shopping   **Deiland** (www.deilandplaza.com), in dem weitläufigen Shoppingcenter fühlt man sich in eine Großstadt versetzt. Auf 28.000 qm befinden sich zahlreiche Läden, Bars und Cafeterias sowie ein Kino mit fünf Sälen (✆ 928-821735) und ein Kinderpark (✆ 928-820993) – alles unter einem Dach und schön zum Bummeln. Parkplätze in der Tiefgarage sind gratis.

Bodega Lanzarote: Weine zum Großhandelspreis für jedermann gibt es unmittelbar seitlich der Schnellstraße, an der Einmündung der Straße nach San Bartolomé. In Fässern und Metallbehältern unterschiedlicher Größe lagern offene Weine aus Lanzarote und Nordspanien, die Preise sind nach Menge gestaffelt: je mehr man kauft, desto preiswerter. Auch Zubehör wie Fässchen, Ballonflaschen, Zapfhähne und Weinschläuche kann man erwerben. Mo–Fr 9–14.30 Uhr. ☎ 928-819502.

Playa del Cable: schmucke Urbanisation mit zahlreichen, gepflegten Villen. Hauptsächlich Bewohner Arrecifes wohnen hier den Sommer über oder ständig. Auf einer breiten, gepflasterten Uferpromenade kann man bequem in 15 Min. nach Arrecife gehen, in der anderen Richtung nach Playa Honda. Tipp ist hier das Komforthotel Villa Vik, das nur 2 Fußminuten landeinwärts vom Meer entfernt liegt. Das einzige Restaurant am Ort liegt direkt am Meer, ist aber seit Jahren geschlossen und verfällt allmählich.

Übernachten/Essen ***** **Villa Vik**, die einstige Privatvilla eines Architekten wurde zum gediegenen Boutiquehotel umgebaut, 14 elegante Zimmer, schöner Pool, hervorragende Küche, bester Service. Keine Abendanimation, sehr ruhig, kostenloser Fahrradverleih. DZ mit HP ab ca. 170 €. Calle Hermanos Díaz Rijo 3, ☎ 902-160 630, www.vikhotels.com.

Westlich von Puerto del Carmen

Die wichtige Durchgangsstraße von Arrecife nach Yaiza führt oberhalb von Puerto del Carmen über sanfte Hügel.

Man genießt schöne, weite Ausblicke auf die scharf geschnittene Bergfront Los Ajaches im Süden. Außer ein paar hohen Palmen an der Straße gibt es hier kaum auffallende Vegetation. Stattdessen dominieren kahle, windgebürstete Hänge und große, verstoppte Flächen.

Wenige Kilometer westlich von Mácher passiert man einen großen Kreisverkehr mit Abzweig hinunter nach Puerto Calero. Direkt unterhalb der Kreuzung steht das weithin sichtbare Gymnasium „Instituto de Bachillerato Yaiza" des Municipio de Yaiza.

Puerto Calero

Der nobel anmutende Sporthafen liegt westlich von Puerto del Carmen, etwa auf halbem Weg zum Fischernest Playa Quemada. Konzipiert hat die elegante Anlage Stararchitekt Luis Ibañez, ein enger Freund César Manriques. Wer ein Faible für stolze Jachten hat, kommt hier sicher auf seine Kosten.

Wer mit dem Auto anreist, kann an einem unbesetzten Wärterhäuschen mit Schlagbaum vorbei zum Parkplatz im Hafen fahren. Wenige Schritte sind es von dort noch bis zu den Anlegepiers mit ihren schmuck vergoldeten Tauhaltern und 250 Liegeplätzen. Parallel zur Wasserfront erstreckt sich eine Restaurantzeile mit dunkelblau gestrichenen Holz- und Glasfronten und auch im östlichen Hafenbereich gibt es mehrere Restaurants in zwei Galerien übereinander.

Inselmitte → Karte S. 126/127

Im westlichen Hafenbereich zeigt gegenüber vom Restaurant „Amura" eine von Hermann Weisweiler kreierte *Sonnenuhr* die Zeit nach dem Motto: „Der Himmel ist mein Gesetz". In mehreren Sprachen, u. a. in hispanisiertem Latein, kann man darunter nachlesen, dass hier im Mai 1991 „Helmuto Kohl, Primo Germaniae Foederatae Reconciliatae Cancellario" und „Philippo Gonzales, Praeside Ministrorum Publicorum Hispaniae" zu Beratungen zusammengetroffen sind.

Etwas erhöht führt eine schöne, teils mit Palmen bestandene Promenade um den Hafen. Nach Westen kommt man hier zum großen Hotel „Hesperia Lanzarote" und weiter nach Playa Quemada, in Richtung Osten erreicht man auf diesem Weg eine Werft, wo der Wanderweg nach Puerto del Carmen beginnt (→ S. 371).

Hinweis: Das an der Durchgangsstraße ausgeschilderte Wal- und Delfinmuseum *Museo de Cetáceos* ist geschlossen.

Anfahrt/Verbindungen Puerto Calero ist Zwischenstopp von **Bus 161** und **162** auf der häufig befahrenen Route von **Puerto del Carmen** nach Playa Blanca und zurück. Außerdem pendelt mehrmals tägl. ein „Express Water Bus" zwischen dem Fischerhafen in Puerto del Carmen und Puerto Calero (einfach ca. 6 €, hin/zurück 10 €), ✆ 928-596107. Taxis kosten ca. 5 €.

Übernachten ***** **Hesperia Lanzarote**, 2003 eröffnetes Großhotel an einer ruhigen Bucht am Westrand vom Puerto Calero, Blick auf das schöne Küstenpanorama, vier Außenpools und ein Hallenbad. Hohe Eingangshalle im kühlen Designerstil, ruhig und sachlich-elegant. 274 sorgfältig eingerichtete Zimmer und über 50 Suiten, dazu zwei Präsidentensuiten. Spa- und Wellness-Center mit Sauna, Whirlpools und türkischem Bad gegen Gebühr, mehrere Restaurants und Bars (Essen wird gelobt), Disco, Tennis und Squash. DZ/F ca. 130–180 €. ✆ 828-080800, www.hesperia-lanzarote.com.

**** **Costa Calero**, Großresort direkt an der Zufahrt zum Hafen, nicht zu übersehen. Von außen strikte Betonarchitektur, innen großzügige Poollandschaft auf mehreren Ebenen mit zwei Süßwasser- und einem Salzwasserpool, tropische Gartenanlage und eine schöne Liegewiese unter Palmen. Mehrere Bars/Restaurants, besonders attraktiv die Pianobar im Haupthaus mit Terrasse und herrlichem Blick, Wellness-/Thalasso-Center und Fitnessstudio, dazu Tauchschule und die Bikestation von Michael

Mondäne Ecke: der Sporthafen Puerto Calero

Albrecht (→ Sport). Über 324 angenehme, teils schmale Zimmer mit kleinen Terrassen und etwas breitere Suiten, weitgehend Meerblick. DZ/F ca. 130–180 €. ✆ 928-849595, www.hotelcostacalero.com.

Auf den Wellen daheim: **Vientos del Sur** ist ein gepflegtes Wohnsegelboot, das in Puerto Calero vor Anker liegt. Es wird als Ganzes vermietet, hat zwei Schlafzimmer und moderne Duschen. Für 4 Pers. ab ca. 80 € (www.booking.com).

Essen & Trinken Sushi Bar Minato, im ersten Stock im östlichen Hafenbereich, frisches Essen von bester Qualität, dazu schöner Blick auf die Marina. Mo geschl. ✆ 928-944190.

Purogusto, dieselbe Lage, kleine Speisekarte mit frischen Salaten, leckerer Focaccia und Pizza vom Blech, alles sehr gut. ✆ 689-082645.

La Porteña, ebenfalls in dieser Hafenecke, argentinisches Filetsteak vom offenen Grill, ausgezeichnet zubereitet. ✆ 928-841281.

Taberna del Puerto, in der Restaurantzeile unten im Hafen, frischer Fisch, Paella und spanische Festlandsküche in erfreulicher Qualität. Di geschl. ✆ 928-512882.

Café Milla, wenige Schritte weiter, Caférestaurant mit Kuchen, Eis und Tapas, Pasta, Paella und Fisch, zum Brunch großes englisches Frühstück. Tägl. 10–17 Uhr. ✆ 928-511641.

Amura, an der Westfront des Hafens, elegantes Restaurant im Kolonialstil. Auf der großen, von Palmen gesäumten Terrasse kann man exquisite Küche in gemütlicher Atmosphäre genießen. War 2015 im Michelin aufgeführt. Gehobene Preisklasse. Tägl. 10–24 Uhr. ✆ 928-513181.

Ausflüge/Sport Es existiert ein reiches Tourenangebot.

Catlanza, Halbtagesfahrten mit dem eindrucksvollen Katamaran „Taiti" zu den Papagayo-Stränden, Bustransfer nach Puerto Calero, auf Wunsch Jet-Ski-Fahrt. Pro Pers. ca. 59 €, Kinder 39 €, jeweils inkl. Essen und Getränke. Positive Leserkommentare. ✆ 928-513022, www.catlanza.com.

Submarine Safaris, mehrmals tägl. Tauchfahrten rund um Puerto Calero, bei schönem Wetter bis über 30 m Tiefe. Dauer 45 Min., gestartet wird direkt an der Mole. Pro Pers. 55 €, Kind 34 €, 15 % Rabatt bei Onlinebuchung. ✆ 928-512898, www.submarinesafaris.com.

Mizu Sport Fishing, Hochseefischen mit Tino Garcia (spricht auch Deutsch), seit über 30 Jahren in den Gewässern um die Insel unterwegs. Fischer ca. 75 €, Begleitperson ca. 50 €. ✆ 636-474000.

Lanzarote Bike, Bikestation im Hotel Costa Calero. Geführt von Michael Albrecht. Sehr gutes Material, Karten mit eingezeichneten Strecken, Radkeller, Werkstatt, 50 % Rabatt im Thalasso-Center des Hotels. ✆ 670-799089, www.lanzarotebike.es.

Shopping Jeden Di u. Fr 10–14 Uhr findet im Hafen ein kleiner **Kunsthandwerksmarkt** statt.

Ebenfalls im Hafen liegt ein moderner **Supermarkt**, der auch internationale Presse führt.

Wandern Puerto Calero ist Zwischenstopp der Küstenwanderung von Puerto del Carmen nach **Playa Quemada** bzw. umgekehrt (→ S. 394).

Von Puerto Calero nach **Puerto del Carmen** (→ S. 371).

Inselmitte → Karte S. 126/127

„Lanzarote a caballo": Lanzarote zu Pferd

Landeinwärts der Carretera LZ-2 nach Yaiza, kurz vor dem Abzweig nach Playa Quemada, liegt der einzige Reitstall der Insel. Eine Reitstunde mit Führer kostet ca. 40 €, ein zweistündiger Ausritt 60 €, 1 Std. Reitunterricht ca. 45 €. Auch auf Dromedaren kann man seine Runden drehen. Die Buggys sollten allerdings mal überholt werden.

Fr–Mi 10–16 Uhr, Do geschl., ✆ 928-830038, www.lanzaroteacaballo.com.

Kurz bevor sich die Straße in Richtung Yaiza nach rechts durch die Berge zieht, kommt linker Hand der Abzweig nach Playa Quemada (3,2 km). Zunächst geht es schnurgerade über eine weite, leicht abfallende Ebene, anschließend in Serpentinen hinunter zum Meer. Weiterer Verlauf der Straße nach Yaiza im Kapitel Inselsüden, S. 327.

Playa Quemada

Winziges Nest direkt an einem schwarzen Strand aus groben Kiesbrocken, landschaftlich ein hübscher Fleck mit schroffer Klippenküste und eindrucksvoller Bergkulisse – dazu viel Ruhe und ein wunderschöner Sonnenuntergang.

Der „verbrannte" Strand (span. *quemar* = brennen) ist auf einen Lavastrom des Timanfaya-Ausbruchs im 18. Jh. zurückzuführen. Abgesehen von einigen Fischern, die ihre bescheidenen Boote hier liegen haben und hauptsächlich für den Eigenbedarf fischen, sind es vor allem ruhebedürftige Ausländer, die die kleine Oase für sich entdeckt haben (darunter auch der bekannte investigative Jounalist, der seinerzeit als „Türke Ali" viel Aufsehen erregte), am Meer entlang Richtung Puerto del Carmen zieht sich eine ganze Reihe von teilweise noblen Villen. Außer vier Fischlokalen gibt es keinerlei Einrichtungen. In ursprünglicher Umgebung speist man hier weit abseits vom Trubel des nahen Puerto del Carmen. Busse kommen keine, man nimmt das Auto oder läuft zu Fuß, schöne Wanderung ab Puerto del Carmen.

Im Meer vor Playa Quemada sieht man eigenartige Gebilde, die sich nicht auf den ersten Blick deuten lassen: Es handelt sich hier um Zuchtkäfige für Fische (sog. Aquakultur), womit die Fischerei Lanzarotes in den letzten Jahren viele Erfolge erzielt hat.

Essen & Trinken   Beste Essenzeit ist der späte Nachmittag, wenn sich die Sonne senkt und die Restaurantterrassen in warmes Licht taucht. Aber auch um die Mittagszeit ist es hier schön – und immer wunderbar ruhig. Preislich speist man allerdings nicht sonderlich günstig.

Salmarina, das erste Lokal an der improvisierten Uferpromenade, das großflächige Bild eines Windjammers schmückt den Innenraum, serviert werden z. B. *lapas, mejillones* (Miesmuscheln), Oktopus und *zarzuela*, aber auch Kaninchen auf lanzarotenische Art. ☎ 928-173562.

Casa Tino – Playa Quemada, ein paar Meter weiter stehen die Tische direkt im Lavasand, das zieht Touristen an und täglich ist der Laden voll. Ordentliche Küche zu höheren Preisen, Paradestück ist die *parrillada de mariscos* (2 Pers.) für ca. 48 €. ☎ 928-173707.

El Pescador, noch ein Stück weiter, das dritte Strandlokal hat eine windgeschützte Terrasse, etwas erhöht hinter einer Mauer. Service und Qualität sind hier gut und die Preise günstig, doch die meisten Besucher bleiben im Lokal davor hängen. ☎ 659-985918.

Sette Islas, alteingesessen im Ortskern, große Terrasse mit schönem Blick, die Küche von José und Anna wird gelobt. ☎ 928-173249.

Playa Quemada/Baden: Westlich von Playa Quemada liegt – durch ein Kap vom Ortsstrand getrennt – die *Playa de la Arena*, ein langer Strand aus dunkelbraunem Feinkies, durchsetzt mit groben Steinen, wo man gut baden bzw. sich sonnen kann. Am hinteren Ende türmt sich der Kies sogar zu meterhohen Dünen auf. Um hinzukommen, kann man bei Ebbe einfach unten über die Felsen am Wasser laufen. Bei Flut kann dieser Weg versperrt sein, dann muss man den Fußpfad über das Kap nehmen.

Wer gut zu Fuß ist und es ganz einsam will: eine halbe Fußstunde ab Playa Quemada liegt in derselben Richtung das breite Trockental *Barranco de la Higuera*, das

Ruhe pur: in Playa Quemada

zum Meer hin vom braunen Kies-/Sandstrand *Playa del Pozo* begrenzt wird. Außer ein paar Einheimischen, die an Wochenenden mit ihrem Jeep den Barranco herunterkurven, gibt es hier kaum Menschen.

Playa Quemada/Wandern: leichte Küstenwanderung nach Osten zum Jachthafen *Puerto Calero*, von dort weiter bis *Puerto del Carmen* (→ Beschreibung im kleinen Wanderführer, S. 394 u. S. 371).

San Bartolomé und Umgebung

In San Bartolomé kann man ein ethnografisches Museum besuchen. Ein weiterer Anziehungspunkt ist das nahe gelegene Denkmal *Monumento al Campesino* mit der benachbarten *Casa Museo* und einem Restaurant. Der zentral gelegene Monumento ist außerdem Ausgangspunkt für Touren in verschiedene Regionen Lanzarotes, z. B. ins Weinbaugebiet *La Geria* oder in die ehemalige Inselhauptstadt *Teguise*.

San Bartolomé   Municipio ca. 18.000, Ort 5700 Einwohner

Großes Landwirtschaftsdorf im Zentrum der Insel, in vorspanischer Zeit „Ajei" (Kleine Stadt) genannt. Im Umkreis erstrecken sich weite Felder mit Zwiebel- und Süßkartoffelanbau, vor allem an der Straße in Richtung Tahiche.

Von Tías kommend fällt am südwestlichen Ortseingang linker Hand am Hang die *Casa Mayor Guerra* auf, ein stolzes Anwesen mit roten (Schein-)Ecksteinen und elegantem Balkon. Das einstige Haus des Militärgouverneurs der Insel wurde 1765 erbaut, vom Balkon konnte man den Hafen von Arrecife sehen. Obwohl die Zufahrt ausgebaut ist und Hinweisschilder aufgestellt wurden, ist eine Besichtigung derzeit nicht möglich.

Zentraler Platz in San Bartolomé ist die terrassierte *Plaza León y Castillo* mit zahlreichen dekorativen Palmen und einem hübschen Brunnen. An der Oberseite der Anlage steht der *Ayuntamiento* (Rathaus) mit einem minarettähnlichen Turm, daneben erheben sich das Stadttheater und die Pfarrkirche *Iglesia de San Martín* mit schwarzen Schmuckquadern aus Lava an der Fassade. Den Seiteneingang der Kirche überschattet ein kräftiger Eukalyptusbaum. Im schlichten Inneren des Gotteshauses findet man eine dunkle Holzdecke im typischen Mudéjarstil und ein gut 5 m hohes Altargemälde, das die Errettung der Sünder aus dem Fegefeuer thematisiert.

Nicht weit hinter dem Rathaus liegen in der Calle Guadarfia 2 die Räumlichkeiten der *Bodegas Barreto*, gegründet 1959 von Ángel Barreto, damals mit einer Kapazität von 200 Litern pro Jahr – mittlerweile sind es 800.000 Liter. Man kann hier die Weine mit dem Etikett "El Campesino" verkosten (✆ 928-520717), ebenso in der neueren Niederlassung im Weinbaugebiet La Geria (→ S. 195). Geht man dagegen durch den Torbogen an der östlichen Unterseite der Platzanlage und überquert die Straße, erreicht man eine Fußgängergasse mit der historischen *Casa Cerdeña*.

Museo Etnográfico „Tanit": Das Museum wurde in einem über 200 Jahre alten Anwesen der Familie Perdomo eröffnet, etwas südlich der zentralen Plaza. Sein Name bezieht sich auf die karthagische Fruchtbarkeitsgöttin, deren Name man in Stein graviert in der Ebene von Rubicón entdeckt hat. Zunächst betritt man einen Patio mit landwirtschaftlichen Geräten, einem Brunnen und hübschen Bänken aus farbigen Keramikkacheln. Der große Innenraum, einst Weinkeller der Besitzer, ist kunterbunt ausstaffiert mit allem, was zur Tradition und Geschichte Lanzarotes gehört: Keramikscherben und versteinerte Muscheln aus der archäologischen Ausgrabung von Zonzamas (→ S. 187), alte Musikinstrumente, Trachten, Mühlsteine, Stickereien, Flechtarbeiten, Keramikkacheln usw. Linker Hand wurde ein Teil des Weinkellers restauriert, rechter Hand stehen altertümliche Landwirtschaftsmaschinen. Vorbei an einer Reihe von Themenfenstern steigt man im rückwärtigen Raumbereich zur Empore hinauf, wo historische Fotos und altes Mobiliar Erinnerungen an das Lanzarote der letzten Jahrhunderte wecken. Eine Cafeteria bietet Erfrischungen.

Öffnungszeiten Museo Etnográfico „Tanit", Mo–Sa 10–14 Uhr, So geschl., Eintritt ca. 6 €. ✆ 928-802549, www.museotanit.com.

Übernachten Casa Claddagh, Patricia (Trish) und Frank Foye aus Irland haben in ruhigen Örtchen Güime, südlich von San Bartolomé, eine alte Taverne zu einer gemütlichen Herberge umgebaut. Die Zimmer sind liebevoll eingerichtet, es gibt einen üppigen Garten und sogar einen kleinen beheizten Pool. DZ/Woche ca. 500 €, zu verschiedenen Jahreszeiten Rabatt möglich, nach Vereinbarung auch tageweise Anmietung. ✆ 928-522244, www.casacladdagh.com.

Feste Auf Lanzarote ist San Bartolomé bekannt wegen seiner Musik- und Volkstanzgruppen, „Rondallas" genannt. Beste Gelegenheit, sie zu sehen, sind die **Fiestas de San Bartolomé** in den Tagen bis zum 24. August.

Montaña Mina: In unmittelbarer Nähe zu San Bartolomé erhebt sich die Montaña Mina. Optischer Fixpunkt auf dem 444 m hohen Berg sind die fünf Windrotoren, die fast täglich ihre Kreise drehen. Zu erreichen sind sie auf der Straße von Arrecife nach San Bartolomé, in der Nähe eines Kreisverkehrs, dort kann man auf einer Schotterpiste in ca. 15 Min. leicht hinaufsteigen. Die Rotortürme sind etwa 30 m hoch, die Rotorblätter haben etwa 26 m Durchmesser.

Go Karting San Bartolomé: Direkt unterhalb der Montaña Mina liegt eine Gokart-Bahn. Von der Barterrasse kann man den angehenden Formel-1-Piloten zusehen.

Ein Ticket entspricht 8 Min. Fahrzeit und kostet 4 € (Kinder), 10 € (Junior) und 12 bzw. 15 € (für die schnelleren Karts). Kostenloser Transfer von allen Urlaubsorten. April bis Okt. tägl. 10–20 Uhr, übrige Zeit bis 18 Uhr. ✆ 928-520022, http://lanzarotego karting.com.

Von San Bartolomé zur Fundación César Manrique

Die Straße von San Bartolomé zur Fundación César Manrique, dem früheren Haus César Manriques, mündet auf die wichtige Verbindungsstraße Arrecife–Teguise. Die Ausläufer der Treibsandebene *El Jable* reichen bis hierher, in den sandigen Feldern reifen riesige Süßkartoffeln.

Complejo Arqueológico de Zonzamas (auch „*Palacio del Zonzamas*" genannt): Etwa auf halbem Weg zur Straße Arrecife–Teguise weist linker Hand ein Schild „Palacio de Zonzamas" zur wichtigsten archäologischen Fundstelle Lanzarotes. Direkt an der Straße hat man hier auf einer kleinen Anhöhe eine Anzahl halb in den Boden eingelassener Behausungen der vorspanischen Einwohner Lanzarotes entdeckt, der so genannten *Majos* (auch Mahos). Angeblich lebte hier der legendäre König Zonzama mit seiner Gattin Fayna, aus deren Verhältnis mit dem baskischen Kapitän Martín Ruiz de la Avendaño die blonde Prinzessin Icó hervorging (→ Geschichte). Es handelt sich bei diesen Behausungen um höhlenartige Räume mit Zwischenmauern aus aufgeschichteten Steinen, auch eine natürliche Höhle wurde mit Mauern unterteilt und als Wohnraum genutzt. Da diese „Casas Hondas" jahrelang ungeschützt der Witterung und neugierigen Touristen ausgesetzt waren, hat man Mitte der 90er Jahre zu einer unorthodoxen Lösung gegriffen, um das Gelände zu schützen. Die Höhlen wurden mit isolierenden Kunststoffbahnen überzogen und darüber hat man Picón geschüttet. Seitdem sind sie praktisch unsichtbar und warten gut konserviert auf bessere Zeiten. Bedeutendste Funde waren zwei etwa 1 m hohe, mit eingeritzten Rillen bedeckte *Stelen*, weiterhin fand man Keramik und Schmuckstücke aus Muscheln, z. T. zu sehen im Ethnografischen Museum von San Bartolomé (→ S. 186).

Windspiel von César Manrique

Inselmitte → Karte S. 126/127

Quesera de Zonzamas: rätselhaftes Relikt der vorspanischen Bewohner

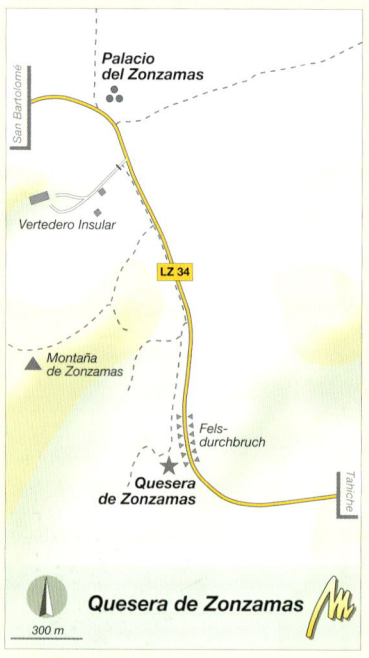

Quesera de Zonzamas

300 m

Wenn man vom Palacio del Zonzamas in Richtung Tahiche fährt, tritt die Straße nach etwa 1 km in einer weiten Kurve aus den Felsen heraus. Genau hier liegt rechts oberhalb der Straße eine markante Steinformation mit fünf meterlangen Längsrillen, tief eingegraben in den Basalt und einst wohl umgeben von einem Ringkanal. Achtung: Man sieht das nicht ausgeschilderte Gebilde von der Straße aus nicht, man muss hinaufklettern, parken kann man am Straßenrand.

Sinn und Zweck dieses eigenartigen Objekts sind völlig unbekannt. Seine Bezeichnung als „Quesera" (Käserei) rührt daher, dass man auf Gran Canaria ebenfalls in den Fels gehauene Kanäle gefunden hat, in denen die Majos Milch opferten, um damit Regen zu erflehen. Die länglichen Kammern auf der vegetationsreicheren Insel Gran Canaria sind allerdings wesentlich kleiner und schmäler – und warum sollte man auf der kargen und eher tierarmen Insel Lanzarote Milch in solch großen Mengen opfern? Ein anderer Deutungsversuch sieht die Queseras als Mörser, in denen die Altkanarier ihr Getreide zerstampften – die Rillen könnten aber auch durch große Räder entstanden sein, die hier Getreide zermahlten. Möglich ist aber auch, dass Wolfsmilchpflanzen zerquetscht wurden, um den betäubenden Saft zu gewinnen, mit dem man auf Fischfang ging. Schließlich gibt es noch die These, dass in den Kanälen nicht Milch, sondern das Blut geschlachteter Tiere geopfert wurde. Die exponierte Lage mit dem herrlichen Blick zur Küste hinunter scheint jedenfalls darauf hinzuweisen, dass diese Anlage für die Majos etwas Besonderes darstellte. Eine zweite Quesera liegt im Norden Lanzarotes (→ S. 307) und in Marokko hat man ebenfalls eine Quesera gefunden, was Rückschlüsse auf die Abstammung der vorspanischen Bewohner Lanzarotes zulässt.

Vertedero Insular Zontamas: Gleich gegenüber vom Palacio del Zonzamas erblickt man ein großes Tor mit der Aufschrift „Vertedero Insular". Hier liegt der Eingang zur größten insularen Mülldeponie, denn der Vulkankrater *Caldera Herrera* wird als überdimensionaler Abfalleimer genutzt und ist mittlerweile schon zu zwei Dritteln mit Abfall gefüllt. Allerdings wird nur der Restmüll so endgelagert, Wertstoffe werden dagegen getrennt und zu Recyclingfirmen auf Gran Canaria oder dem spanischen Festland gebracht. In Zukunft soll außerdem in einer bereits vorhandenen Biogasanlage organischer Restmüll zu Biogas umgewandelt werden, das die Energieversorgung der gesamten Deponie sicherstellt.

SARA: Tierschutz auf Lanzarote

Etwa 500 m westlich der Fundación César Manrique liegt SARA, das einzige Tierheim Lanzarotes, das vielen herrenlosen Tieren einen Zufluchtsort bietet (→ S. 38). Entstanden ist es auf Privatinitiative wegen der schrecklichen Zustände vieler von ihren Herrchen nicht mehr erwünschter Hunde, die einfach ausgesetzt oder in der Lava angebunden werden und erbärmlich umkommen. Das Tierheim ist fast immer überbelegt, im Schnitt befinden sich etwa 170 Hunde und 80 Katzen dort. Es kann Mo–Sa von 10.30 bis 13 Uhr besichtigt werden, ein englisch- oder deutschsprachiger Ansprechpartner ist meist vor Ort. Da man mit dem Desinteresse der offiziellen Stellen zu kämpfen hat, ist man für Spenden und unentgeltliche Mitarbeit jederzeit dankbar. Auch Flugpaten werden gesucht, die Hunde mit nach Deutschland nehmen, Kosten entstehen dabei keine (dafür aber einige Wochen vorher mit SARA in Verbindung setzen).

Kontakt: Sara, Asociación Protectora de Animales, Carretera Tahiche – San Bartolomé s/n, E-35509 Tahiche-Lanzarote, ✆ 928-173417, http://saraprotect ora.org/deu, www.tierhilfe-sara-lanzarote.de.

Informationen zur *Fundación César Manrique* auf S. 226.

Inselmitte → Karte S. 126/127

Monumento al Campesino

Das weithin sichtbare, fast ein wenig futuristisch wirkende Denkmal steht an einer zentralen Straßenkreuzung, ca. 2 km außerhalb von San Bartolo-

mé. Gewidmet ist es der harten Arbeit der Bauern auf Lanzarote. Seine vollständige Bezeichnung lautet „Monumento Fecundidad al Campesino Lanzaroteño", also „Denkmal der Fruchtbarkeit für den lanzarotenischen Bauern".

Das eigentümliche Abstraktum wurde 1968 unter der Schirmherrschaft der Provinzregierung von Las Palmas de Gran Canaria errichtet, entworfen hat es *César Manrique*, für die Realisierung zeichnete *Jesús Soto* verantwortlich. 15 m hoch türmen sich die weiß lackierten Wassertanks ehemaliger Fischerboote zu einer Art aufrecht stehender Figur. Mit viel Fantasie kann man vielleicht erkennen, wofür der Metallturm steht: Dargestellt sind ein Bauer mit seinem Hund und den traditionellen Arbeitstieren Esel und Dromedar. Die eigentümlichen Materialien hat Manrique bewusst ausgewählt: Mit den Wassertanks wird auf die unschätzbare Bedeutung des Wassers und der Seefahrt für die Kanaren hingewiesen.

Auffallend, aber künstlerisch umstritten: Monumento al Campesino

Casa-Museo del Campesino

Das Landgut neben dem Monumento al Campesino wurde ebenfalls von César Manrique restauriert und zu einer Art landwirtschaftlichem Museumsdorf umgestaltet. Mit dieser Anlage wollte er der bäuerlichen Architektur Lanzarotes ein Denkmal setzen. Seit 1999 gibt es einen teilweise unterirdischen Erweiterungsbau.

Wenn man das Anwesen betritt, steht man zunächst oberhalb eines amphitheaterähnlichen, weiß gekalkten Patios. Eindrucksvoller Blickfang ist der gut 7 m hohe Kamin in seiner minarettähnlichen Form. Im Patio liegt der Eingang zum traditionellen Restaurant, das mit seinen Tischen einen Teil des Hofs einnimmt. Blendend weiße Wände, leuchtend grüne Tische und Fensterrahmen sorgen für ein anregendes Ambiente. Rechts vom Patio kommt man in den unterirdischen Erweiterungsbereich (Zugang auch durch das Restaurant). In einem mit schwarzem Lavagestein dekorierten, nach oben mit Segeltuchplanen geschützten Rundbau steht ein Großteil der Restauranttische, die Platz für 500 Personen bieten. Meditatives Wasserplätschern und dekorative Grünpflanzen sorgen für Stimmung in dem optimal gegen die Sonnenhitze abgeschirmten Saal.

Ein künstlicher Lavatunnel führt weiter zu einem Häuserkomplex, der sich um einen Hof gruppiert. Dort kann man das traditionelle Handwerk und Kunsthandwerk Lanzarotes kennen lernen: Es gibt eine Keramikwerkstatt, in der seit 2015 der bekannte Künstler Juan Jesús Brito fünf Tage die Woche arbeitet, Rosettenstickerei und Arbeiten am Webstuhl werden gezeigt und in einem Raum erfährt man allerlei über die Weinproduktion und die Bodegas von Lanzarote. Im Obergeschoss gibt es Guanchenkeramik, vor allem aber kunstvolle Getreide- und Gofiomühlen mit ihren Mühlsteinen, außerdem sind dort die wichtigsten Kirchen Lanzarotes als kleine Modelle ausgestellt. Im angeschlossenen Laden werden die üblichen Souvenirs angeboten, dazu gibt es eine Auswahl an Inselweinen sowie diverse Kulinaria von Lanzarote.

Öffnungszeiten tägl. 10–18 Uhr, Eintritt frei. In der Nebensaison (April bis Juni und Sept./Okt.) ist allerdings manches geschlossen.

Essen & Trinken   Das Restaurant im Casa-Museo del Campesino wird von der Inselregierung geführt und bietet seit vielen Jahren eine gute Auswahl typisch lanzarotenischer und kanarischer Speisen zu nicht überteuerten Preisen. In einer großen Glasvitrine im oberen Restaurantbereich ist das Angebot zu begutachten. Restaurant tägl. 13–16 Uhr, Bar/Cafeteria 10–18 Uhr.

Mozaga: ruhiges Dorf beim Monumento al Campesino, an der Straße nach Tiagua. Hier hat die *Bodega Mozaga* ihren Sitz, eine der ältesten Weinkellereien auf Lanzarote (seit 1880). Man findet sie rechter Hand direkt an der Straße. Im traditionellen Weinkeller ist noch eine historische Kelter zu sehen. Mitten im Ort gibt es außerdem ein stilvolles Landhotel und eine Finca mit Apartments.

Ruhepause im Patio der Casa-Museo del Campesino

Öffnungszeiten Bodega Mozaga, Carretera Arrecife – Tinajo (LZ-20), km 8, Mo–Fr 8.30–18 Uhr. ☎ 928-520485.

Übernachten Caserío de Mozaga, restaurierte Finca vom Ende des 18. Jh. Die acht Zimmer (zwei davon sind Suiten, d. h. sie besitzen ein separates Wohnzimmer) gruppieren sich um einen schön begrünten Patio und sind z. T. mit historischem Mobiliar eingerichtet. Sie verfügen über Sat-TV, Minibar, Föhn und kostenloses WLAN. Es gibt einen großzügigen Salon mit Kamin, daneben liegt das Frühstückszimmer, der reich bepflanzte Garten ist mit Vulkanasche (Picón) bedeckt. In den ehemaligen Stallungen ist ein edles Restaurant eingerichtet, in dem vorzügliche kanarische und spanische Küche serviert wird (Di geschl.). Eigentümerin Maria Luisa Rodríguez-Bethencourt ist eine Nachfahrin des normannischen Eroberers Jean de Bethencourt, ihrem Bruder gehört die renommierte Bodega El Grifo (→ S. 195). DZ/F ca. 80–120 €, Suite ca. 100–150 €, drei Nächte Mindestaufenthalt. Calle Malva 8 (vor der Weinkellerei Mozaga rechts abbiegen, nach wenigen Metern an der rechten Straßenseite), ☎ 928-520060, www.caseriodemozaga.com.

Finca Isabel, wenige Schritte nach dem Caserío de Mozaga, weiteres Herrenhaus des 18. Jh., ansprechend restauriert, gute Ausstattung. In einer nach oben offenen Lavasteingrotte wurde ein kleiner Pool angelegt, daneben Jacuzzi. Großes Grundstück mit Weinreben, Gemüseanbau und Grillzone. Vermietet werden zwei Apartments und drei Studios, jeweils mit Sat-TV. Hilfsbereit ist die Hausherrin Clara. Ab ca. 500 €/Woche. Calle Malva 11, ☎ 928-520142, www.fincaisabel.com.

Casa Sandra, gegenüber der Bodega Mozaga, geführt von Elke, Sandra und Jürgen. Vier unterschiedlich große Apartments mit Picóngarten und kleinem beheiztem Indoor-Pool, jeweils Sat-TV und Internet, Blick auf La Geria. 2 Pers. ca. 33–41 €, auf Wunsch Frühstück für ca. 8 €/Pers. ☎ 928-522876, www.lanzaroteservice.de/weiter.htm.

Straße nach Tao und Tiagua → S. 221.

La Geria

Das berühmte Weinbaugebiet Lanzarotes liegt in den Hügeln oberhalb von Puerto del Carmen. Eine lange, schmale Straße führt vom Monumento al Campesino bis Uga quer durch die faszinierende Kulturlandschaft, die so völlig anders aussieht, als man sich üblicherweise eine Weinregion vorstellt.

La Geria ist etwa 15 km lang und 2-3 km breit. Einzige Ortschaften sind *Masdache, El Islote* und *La Vegueta*, das Örtchen *La Geria* besteht nur aus wenigen verstreuten Häusern. Dicke, schwarze Lapillischichten bedecken im Umkreis von vielen Kilometern alle Hügel. Zigtausende von Weinstöcken ziehen sich die Hänge hinauf, die meisten von ihnen einzeln zum Schutz gegen die austrocknenden Passatwinde von einer halbkreisförmigen Mauer umgeben. Teilweise wurde dieses extrem zeit- und kosten-

La Geria: über viele Quadratkilometer ein Netz von ummauerten Rebstöcken

aufwändige Trichtersystem in den letzten Jahren durch rechtwinklig verlaufende Mauern abgelöst, denn so kann man die Weinstöcke etwas dichter pflanzen und sogar kleine Traktoren einsetzen – doch so oder so bietet sich dem Beobachter ein faszinierendes Muster von eindrücklicher Ästhetik. Geschaffen wurde das großartige Gesamtkunstwerk in mühevoller Arbeit durch Generationen von Weinbauern, die hier nach den verheerenden Eruptionen im Timanfaya-Gebiet (1730-36) das System des Trockenfeldbaus *Enarenado* entwickelten (→ Kasten). Schon in den 60er Jahren hat das New Yorker Metropolitan Museum of Modern Art La Geria als eindrucksvolles Beispiel für „Ingenieurskunst ohne Ingenieur" ausgezeichnet.

Angebaut wird in erster Linie die *Malvasía-Traube*, die bereits im Mittelalter aus Kreta eingeführt wurde. Traditionell wird daraus der *Malvasía* gewonnen, ein schwerer, goldgelber Tropfen mit hohem Alkoholgehalt, außerdem der süße, sherryähnliche *Moscatel*. Seit der touristischen Erschließung der Insel produzieren die großen Bodegas auch Rot- und Roséweine, die hier aber ursprünglich nicht heimisch waren. Ab März beginnen die Weinblätter zu wachsen, im Juli kann man im Rahmen eines Weinfests schon die ersten Trauben kosten – und Ernte ist bereits Anfang August, denn später würde der Wein aus den sonnendurchglühten Trauben zu süß und zu schwer werden.

Ein Großteil der über 20 großen Bodegas Lanzarotes befindet sich unmittelbar an der Straße (LZ-30) oder in der Nähe, z. T. sind sie bereits seit dem 18. Jh. in Familienbesitz. In nicht wenigen davon kann man die Weine verkosten und kaufen, z. T. werden handliche Mitnahmepackungen für zwei oder drei Flaschen angeboten. Erfreulicherweise wurde die alte, holprige Fahrbahn vor einigen Jahren neu angelegt und ist jetzt problemlos zu befahren. Trotzdem sollte man als Fahrer natürlich auf allzu intensive Kostproben verzichten, die zulässige Promillegrenze liegt bei 0,5.

„Enarenado": Weinbau ohne Regen

Üblicherweise ist in Gebieten mit weniger als 200 mm Niederschlag im Jahr keine Landwirtschaft möglich. La Geria beweist das Gegenteil: Verantwortlich für die Entstehung des Phänomens waren die schweren *Vulkanausbrüche* von 1730-36 im Timanfaya-Gebiet. Damals wurde die gesamte nähere Umgebung der neu entstandenen Vulkane von gewaltigen Lavaströmen nie-

dergewalzt, die bis heute ein riesiges, erkaltetes Meer bilden. Im weiteren Umkreis ging dagegen ein *Asche- und Lapilliregen* nieder, der wegen seines leichteren Gewichts kilometerweit durch die Luft getragen wurde und sich wie eine Haut meterdick über die Hügel legte. Jegliche Felderwirtschaft in dem früher sehr fruchtbaren Gebiet kam dadurch zum Erliegen.

Das versteinerte Lavameer war für den Anbau vollständig verloren, da das Erdreich darunter unerreichbar tief lag. Doch

Ein Trichter für jeden Rebstock

die Lapillischicht nutzten die Lanzaroteños mit dem einzigartigen System des *Enarenado* (= Trockenfeldbau) für die Weinkultivierung: Für jeden Rebstock, den sie anpflanzten, gruben sie einen Trichter *(Geria)* in die Picónschicht, bis die Wurzeln das darunter liegende Erdreich erreichten. Gegen die ständigen Winde errichteten sie außerdem um jeden Stock eine Schutzmauer, den *Zoco*. Der Clou bei diesem System ist jedoch die *Bewässerung*, denn diese besorgt die Picónschicht selbst: Das poröse Lavagranulat ist nämlich ein hervorragender Speicher für das allnächtlich anfallende Kondenswasser (Tau), das wegen der starken Kapillarwirkung nur nach und nach in den Boden abgegeben wird. So bleibt die Erde den ganzen Tag über gut angefeuchtet, was auf der fast wasserlosen Insel sonst kaum zu bewerkstelligen wäre. Weitere Details zum Enarenado → Wirtschaft.

Bodegas an der Weinstraße (von Ost nach West)

Die Bodegas sind in der Regel von Vormittag bis zum Nachmittag oder frühen Abend geöffnet, die meisten täglich. Ein Flasche (0,75 l) kostet ca. 8–11 €, z. T. auch mehr.

Bodegas La Florida: Die erst kürzlich eröffnete Weinkellerei ist vom Monumento al Campesino aus die erste. Sie wird freundlich geführt, im Hof kann man mit einem Glas Wein verweilen und die Ruhe genießen. Produziert werden Malvasía Seco,

Tinto und ein süßer Moscatel. Ein kleiner Mustergarten zeigt, was alles im Picón gedeihen kann – Tomaten, Zwiebeln, Chili, Paprika, Mohrrüben, grüne Bohnen, Lauch, Mais und Mangold.

Bodegas La Florida, LZ-30, Carretera de la Geria, km 1,4, Calle La Florida 89. Mo–Sa 11–16 Uhr. ℡ 928-593001, www.bodegaslaflorida.com.

Bodegas Los Bermejos: Nicht weit vom Monumento al Campesino liegt die Bodega von Ignacio Valderas und Carmelo Gonzáles Clavijo einige hundert Meter abseits der Weinstraße (vom Monumento al Campesino kommend die zweite, spitzwinklig rechts abzweigende Piste nehmen, dort nach etwa 300 m linker Hand, zu erkennen an den hohen Araukarien). Bermejo bedeutet rot, womit die Farbe des hiesigen Mutterbodens gemeint ist, der dank seines Nährstoffreichtums für den Weinanbau optimal ist. Produziert werden mit modernster Technologie diverse Malvasía (darunter ein Brut), außerdem Rosado, Tinto (einer im Holzfass ausgebaut), ein süßer Moscatel und Diego Seco, ein biologisch angebauter Weißwein (der einzige Lanzarotes), alle abgefüllt in hübschen, vasenartigen Flaschen. Im Jahr produziert Los Bermejos 250.000 Flaschen und mehr.

Bodegas Los Bermejos, Camino a Los Bermejos 7, La Florida. Mo–Fr 8–15 Uhr. ℡ 928-522463, www.losbermejos.com.

Bodegas El Grifo: Der Stammsitz der ältesten Kellerei Lanzarotes ist zu erkennen am Wappentier, dem von Manrique entworfenen *Grifo* (Greif) im Tor. Die Palme, die die Finca überragt, ist etwa von 1750 und gehört zu den ältesten und höchsten Lanzarotes. Das Anwesen wurde in ein anschauliches *Weinmuseum* mit Verkaufsstelle umgestaltet. Die durchschnittliche Jahresproduktion liegt bei 400.000–600.000 Flaschen. Angeboten werden zum Preis von ca. 12–15 € u. a. ein trockener, halbtrockener und lieblicher weißer Malvasía, ein Rotwein, ein Rosé, der Naturschaumwein „Malvasía Brut Nature" und der süße *Moscatel del Ana*, der einen Anteil des sog. Mutterweins (*solera*) von 1881 enthält. Neben Wein kann man auch hübsche, wenngleich nicht ganz billige Flaschenöffner und andere Accessoires rund um den Rebsaft erwerben.

Bodegas El Grifo, LZ-30, Carretera de la Geria, km 11. Tägl. 10.30–18 Uhr, Eintritt zum Museum ca. 4 €/Pers., Kostprobe von sechs Weinen mit Käseteller ca. 15 €/2 Pers., Führung durch Weinberge, Museum und moderne Kellerei mit vorheriger Reservierung ca. 15 €/Pers. ℡ 928-524036, www.elgrifo.com.

Bodegas Barreto: Die große Bodega im Ort Masdache wurde 1959 gegründet und gehört mit einem Ausstoß von 800.000 Litern im Jahr zu den größten Lanzarotes. Allerdings wurde hier schon lange nichts mehr modernisiert. Verkauft werden die Weine der bekannten Marke „El Campesino", die in vielen Supermärkten erhältlich

Ein Ort mit Tradition: Bodega und Museo del Vino „El Grifo"

„JHS Grifo 1775", so lautet die Mauerinschrift, anhand derer man das Alter der Bodega El Grifo definiert. Sie gilt damit nicht nur als älteste Bodega der Insel, sondern der ganzen Kanaren, spanienweit belegt sie immerhin noch einen Platz unter den ältesten zehn. 1880 wurde das Weingut umgebaut und erweitert, stand im 20. Jh. lange leer, war schließlich völlig verfallen und wurde erst 1995 als Museum wieder zum Leben erweckt. Der zu besichtigende Teil besteht im Wesentlichen aus drei Bereichen: Verkaufsraum und Bibliothek, das Lager sowie der Pressraum mit Laboratorium.

Verkaufsraum: Der kleine Raum ist mit Fässern und Verkaufstisch ausgestattet. Durch die Tür, durch die man ihn betritt, wurde früher der Wein direkt an die Bauern verkauft. Im Außenbereich gibt es eine Zisterne, außerdem einen großen Weinkeller, in dem lange Reihen von Fässern lagern (nicht zugänglich).

Bibliothek: Hinter dem Verkaufsraum schließt sich eine gediegene Bibliothek mit mehr als 3000 Bänden an. Schwerpunkt der Literatur ist der Weinbau des 19. Jh. im Übergang zur Moderne. Dieser Raum kann nur durch die Tür betrachtet werden.

Lager: In der lang gestreckten Halle reihen sich gemauerte Tanks mit Kachelwänden, in denen einst der Malvasía und Moscatel reiften. Heute stehen darin und außerhalb verschiedene Gerätschaften: Abfüllpumpen, Pressen, Säuberungsmaschinen etc. Man kann auf das Dach der Tanks klettern, wo man die (heute verglasten) Löcher sieht, durch die früher der Wein eingefüllt wurde.

Pressraum: Ihn betritt man zum Schluss. Untergebracht sind hier eine traditionelle Balkenpresse arabischer Herkunft, *Almazara* genannt, deren Pressarm nach außen führt, außerdem eine neuere senkrechte Presse, die erst ab 1910 verwendet wurde. Von den Kelterbecken aus Kalk und Stein führt eine Mostrinne zu einem unterirdischen Speicher, der *Lagareta*. An der Decke hängen Kisten zum Traubentransport mit Dromedaren.

Laboratorium: Über eine Treppe steigt man ins Obergeschoss des Pressraums hinauf, wo Utensilien zur Mostanalyse aufgebaut sind.

Außenbereich: Draußen kann man sich noch die Anbautechnik der Weinreben anschauen und einen Kaktusgarten besuchen.

sind. Im Angebot sind weißer Malvasía (trocken und halbtrocken), Rosado, Tinto und Moscatel (dulce).

Bodegas Barreto, LZ-30, Carretera de la Geria, km 11,3. Tägl. 10–18 Uhr. ℡ 678-753133. Stammhaus in San Bartolomé, Calle Guadarfía 2.

Bodegas Vega de Yuco: Die 1997 gegründete Bodega liegt nicht an der LZ-30, sondern südlich von Masdache auf einem Hügel am Fuß der *Montaña Blanca* (556 m). Sie füllt im Jahr etwa 250.000 Liter ab und fällt durch ihre spitz zulaufenden, tiefblauen Flaschen mit orangefarbenem Etikett auf, die auf ganz Lanzarote als Dekorationsobjekte verwendet werden. Produziert werden Malvasía (trocken und halbtrocken), Tinto, und Moscatel dulce. Im Umfeld wurde ein *Jardín Botanico* mit den autochthonen Pflanzen Lanzarotes angelegt.

Bodegas Vega de Yuco, Camino del Cabezo s/n, Masdache. Mo–Fr 10–15.30 Uhr. ℡ 928-524316, www.vegadeyuco.es.

Bodegas La Querencia: Das kleine, familiengeführte Gehöft liegt kurz vor der großen Bodega Stratvs und kann über eine kurze, holprige Zufahrt erreicht werden (ausgeschildert mit „Vino, Wine"). Auf der schattigen Terrasse sitzt man ruhig und kann hausgemachte Tapas kosten, der schlichte Malvasía kostet um die 10 €.

Bodegas Stratvs: Die exquisite und hochmoderne Bodega des inselweit bekannten Großunternehmers Juan Francisco Rosa wurde erst 2008 eröffnet – und ist seit 2013 schon wieder geschlossen. Von der Straße aus ist nicht viel zu sehen, denn die Hightech-Anlage wurde im *Barranco del Obispo* weitgehend unterirdisch angelegt. Doch der 18 Mio. Euro teure Bau mitten im Naturschutzgebiet La Geria wurde zum großen Teil auf Land erbaut, das 1) unter Naturschutz steht und 2) gar nicht in Besitz von Rosa ist. Die Genehmigung dafür – und für eine Reihe von illegal errichteten Hotels in Playa Blanca, die ebenfalls Rosa erbauen ließ (→ S. 347) – wurde von wahrscheinlich bestochenen Beamten und Politikern erteilt und die ganze Angelegenheit ist nun gerichtsanhängig. „Stratvs" – das v ist ein lateinisches u, also „Stratus" – bedeutet „Schicht", denn im Gelände seitlich der Bodega sind die verschiedenen Gesteins- und Erdschichten unter dem allgegenwärtigen Picón sichtbar gemacht, dort sieht man auch, wie tief die Weinstöcke wurzeln.

Weinprobe in den Bodegas Rubicon …

Bodegas Stratvs, LZ-30, Carretera de la Geria, km 18. ℡ 928-809977, www.stratvs.com.

Bodegas Antonio Suarez: Gleich gegenüber von Stratvs liegt die alteingesessene Privatbodega. Im Angebot sind recht preiswert Tinto, Malvasía, Rosado und Moscatel, die in den Supermärkten der Insel nicht zu kaufen sind. Auch einige Tapas werden serviert.

Bodegas Antonio Suarez, LZ-30, Carretera de la Geria, km 18. Mo–Sa 10–18 Uhr, So 10.30–15 Uhr. ℡ 928-173101.

Inselmitte → Karte S. 126/127

… und in den Bodegas La Florida

Finca El Chupadero: In der Nähe der kleinen Kirche *Ermita de la Caridad*, die rechts der Straße steht, geht es auf der gegenüber liegenden Straßenseite etwa 150 m einen Fahrweg hinein (ausgeschildert), ca. 4 km vor Uga. Ein ehemaliger Weinbauernhof wurde von der deutschen Besitzerin Barbara Hendriks zu einem Ausflugslokal umgebaut – es handelt sich hier also nicht um einen weinproduzierenden Betrieb. Man sitzt vor dem Haus wunderbar ruhig und genießt den herrlichen Blick in die Weinberge, das Innere wurde in klaren, einfachen Linien gestaltet, im rückwärtigen Raum ist eine alte Weinpresse zu betrachten. Angeboten werden zu nicht ganz niedrigen Preisen Tapas und Salate, dazu Weine verschiedener Bodegas aus La Geria (Glas ab ca. 3,50 €). Hin und wieder gibt es auch Live-Konzerte. Für Übernachtungsgäste steht eine große Ferienwohnung zur Vermietung (→ Übernachten).

 Bodega El Chupadero, LZ-30, Carretera de la Geria, km 18,8. Di–So 11–22 Uhr, Mo geschl. ✆ 928 173115, www.el-chupadero.com

Bodegas La Geria: Die große, ganz auf Ausflugsbusse eingerichtete Bodega wurde Ende des 19. Jh. gegründet und bietet das übliche Angebot – Malvasía (seco, semidulce und dulce), Rosado, Tinto und Moscatel. Produziert werden bis zu 450.000 Flaschen im Jahr. Der nostalgische Verkaufsraum ist mit Fässern und Boden aus Vulkanasche hübsch gestaltet, eine Kostprobe wird mit 1,50 € berechnet. Vom Parkplatz hat man einen herrlichen Blick in die Weinberge. Angeschlossen ist ein Bistro. Geführte Touren werden angeboten.

 Bodegas La Geria, LZ-30, Carretera de la Geria, km 19. Tägl. 10–18 Uhr. ✆ 928-173178, www. lageria.com.

Bodegas Rubicón: Die stilvolle Bodega liegt gegenüber von La Geria und wurde 2008 nach fast zehnjähriger Renovierung neu eröffnet. Das historische Haupthaus aus dem 17. Jh., das die Vulkanausbrüche von 1730-36 überstanden hat, besitzt einen großen Holzbalkon im altspanischen Stil. Unter dem repräsentativen Verkaufsraum liegt ein Weinkeller mit über 300 Schaufässern, den man gerne besichtigen darf. Auch die übrigen Räume, die sich um den Patio gruppieren, stehen zur Besichtigung offen. Produziert werden u. a. Malvasia seco und semidulce, Rosado, Tinto und Moscatel. Der süße Moscatel „Sweet Gold" ist nur in limitierter Auflage erhältlich.

Ein wirkliches Highlight ist das Restaurant mit einer alten Weinpresse im Innenraum, im Hof davor sitzt man hübsch unter Eukalyptusbäumen und kann die traditionelle kanarische Küche versuchen, z. B. „Sancocho" (Fischeintopf) oder „Garbenzas (Kichererbseneintopf).

Bodegas Rubicón, LZ-30, Carretera de la Geria, km 19. Shop tägl. 10–20, Restaurant 11–21 Uhr. ℡ 928-173708, www.bodegasrubicon.com.

Übernachten in La Geria

Es gibt mittlerweile eine ganze Reihe von Unterkünften im Weinbaugebiet, meist ehemalige Fincas, die völlig allein in den Weinbergen stehen. Wer Ruhe sucht und auf Ablenkung verzichten kann, wird sich hier sicher wohl fühlen.

Finca de la Florida, das kleine Örtchen El Islote liegt ein wenig abseits der Durchgangsstraße durchs Weinbaugebiet. 1995 hat hier das erste Landhotel Lanzarotes seine Pforten geöffnet, eine große Finca wurde dafür vollständig umgebaut. Das geschmackvoll ausgestattete Haus besitzt 15 ansprechend möblierte Zimmer mit Laminatboden, vorhanden sind jeweils Sat-TV, Video, Klimaanlage und Föhn. Ein geräumiges und komfortables Apartment mit zwei Schlafzimmern ist in einem Nebenbau untergebracht. Im gemütlich mit Polstermöbeln ausgestatteten Aufenthaltsraum gibt es für etwas kühlere Tage einen Kamin. Vom Speisesaal aus hat man einen weiten Blick über die schwarzen Weinberge. Neben dem Haus liegen ein kleiner Süßwasserpool und ein Planschbecken für Kinder. Weiterhin geboten sind: Minigolf, Tennis (tagsüber gratis, mit Flutlicht gegen Gebühr), Fitnessraum, Sauna und Mountainbikes. WLAN in allen öffentlichen Räumen gratis. DZ/F ca. 72–120 €. Calle El Parral 1, ℡ 928-521124, www.hotelfincalaflorida.com.

》》》 Mein Tipp: **Casa Tomaren**, eine Finca aus dem 18. Jh. wurde in dieses einladende Landhotel umgebaut, bestehend aus sechs stilvoll und individuell eingerichteten Häusern, jeweils mit Terrasse, Garten und Sat-TV. Auch geeignet für Familien und Gruppen, Möglichkeiten für Seminare oder Kurse. Reizvolle Poolarea, dazu Yogaraum und Massagen. Der zurückgetretene englische Premierminister David Cameron hat hier vor Kurzem einen Urlaub verbracht. Je nach Größe 105–220 €. Calle El Parral 144, ℡ 928-522618, 660-404079, www.tomaren.es. 《《

Casa Calma, Claudia Driess, die seit Jahrzehnten auf Lanzarote lebt, vermietet in der Nähe der Bodegas Los Bermejos (→ oben) zwei schön eingerichtete Ferienwohnungen für 2–3 Pers. Für 2 Pers. ca. 65 €, für 3 Pers. 70 €, Weihnachten und Ostern 10 % Aufschlag. La Florida 18, ℡ 928-522047, www.casa-calma.com.

》》》 Mein Tipp: **Ecofinca La Buganvilla**, ruhige Lage in der Nähe der Bodegas La Florida (→ oben), hübsch gestaltete Anlage mit drei sorgfältig ausgestatteten Apartments, jeweils Terrasse, Patio mit kleinem Pool, deutsches Sat-TV, WLAN, Blick in die Vulkanberge. Apt. ca. 90–125 €. La Florida 45, ℡ 662-333133, www.ecofincalabuganvilla.com. 《《

Finca Malvasia, gepflegte Finca in den Weinfeldern bei Masdache, mit ruhige Lage, freundlich geführt von Tarnya und Richard aus England. Üppig begrüntes Grundstück mit schönem Pool im Manrique-Stil, vier stylish eingerichtete Apartments für bis zu 4 Pers. Nicht billig, aber etwas Besonderes. 2 Pers. ab ca. 120 €. ℡ 692-155981, www.fincamalvasia.com.

El Chupadero, etwa 4 km östlich von Uga vermietet Barbara Hendriks mitten in der Ruhe und Abgeschiedenheit der Weinberge eine große Ferienwohnung über zwei Stockwerke (105 qm) mit Terrasse bei der gleichnamigen Bodega. Da es hier oben in den Hügeln frischer wird als an der Küste unten, gibt es einen offenen Kamin und kleine elektrische Heizöfen für die kühle Jahreszeit. Etwa 700 €/Woche. La Geria 3, ℡ 928-173115, www.el-chupadero.com.

Die Feuerberge: faszinierender Mittelpunkt der Vulkanregion

Nationalpark Timanfaya

(Parque Nacional de Timanfaya)

Die Weltsehenswürdigkeit von Lanzarote. Auf 167 qkm erstreckt sich das gewaltige Lavafeld, das während der sechs Jahre dauernden Ausbrüche von 1730-36 entstanden ist. Eine bizarre Wüste aus bedrohlichen Vulkankegeln, riesigen Aschefeldern und erstarrter Lava bedeckt seitdem fast ein Viertel Lanzarotes.

Das Zentrum der Eruptionen lag im mittleren Westen der Insel. Hier entstanden damals etwa 30 Vulkankegel, die *Montañas del Fuego* (= Feuerberge). 1974 wurden sie zum Nationalpark erklärt. Strenge Vorschriften regeln den Besuch der einzigartigen Landschaft, die auf einer gut ausgebauten Straße von Yaiza oder Mancha Blanca aus zu erreichen ist – für jeden Gast auf Lanzarote ein unbedingtes Muss.

Der 51 qkm große „Parque Nacional" ist vom Erscheinungsbild her der eigenartigste der vier Nationalparks auf den Kanarischen Inseln. Man fühlt sich in eine Mondlandschaft versetzt: weit geschwungene und völlig kahle Hänge, die mit Lapilli und Asche übersät sind, unheimliche Kraterlöcher in allen Formen und Größen, von den kleinen spitzen *Hornitos* bis zu gewaltigen Kratern mit mehreren hundert Metern Durchmesser. Überall ragt und krümmt sich scharfkantige Lava in allen erdenklichen Formen, darunter verbergen sich Lavablasen und Tunnel. Mit am beeindruckendsten ist zweifellos die Farbvielfalt der „Feuerberge" – je nach Konsistenz des Eruptivmaterials schimmern sie in allen Farben von schwarz bis rostrot.

Die Assoziation „Mondlandschaft" kommt nicht von ungefähr. Tatsächlich hat das Gebiet große Ähnlichkeit mit der von Vulkanen übersäten Oberfläche unseres Erdtrabanten. Vor den Apollo-Flügen der US-Astronauten wurden hier die 1969 bei der Mondlandung eingesetzten Fahrzeuge getestet. Und auch Sciencefiction-Filme, die auf fremden Welten spielen, fanden auf Lanzarote bereits eine perfekte Kulisse.

Die Vulkanausbrüche

Über die Eruptionen von 1730-36 wissen wir heute gut Bescheid, da der Pfarrer von Yaiza die Ereignisse in einem Tagebuch beschrieb, bis auch er vor der heftigen Naturgewalt fliehen musste (→ Kasten, S. 204/205).

In den Abendstunden des 1. September 1730 öffnet sich zwischen Yaiza und Tinajo im Westen Lanzarotes die Erde. In mehreren langen Reihen bilden sich nach und nach mehr als zwei Dutzend Vulkane, die über Jahre hinweg immer wieder riesige Mengen von Eruptivmaterial aus dem Boden pumpen. Anfangs „wie sprudelndes Wasser, später zähflüssig wie Honig" ergießen sich todbringende Lavaströme in die fruchtbare Kulturlandschaft, in der damals vor allem Getreide angebaut wurde. Glühende Fontänen spritzen Hunderte von Metern hoch in den Himmel und tragen Lapilli und Asche bis zu 5 km weit durch die Luft. Die Lava bildet ein gewaltiges Meer (*Mar de Lavas*), fließt bis zur flachen Westküste und formt dort eine neue Küstenlinie. Elf Dörfer werden niedergewalzt, verschwinden in tiefen Spalten oder werden unter den meterdicken Ascheschichten verschüttet, ein weiteres Dutzend wird fast völlig zerstört. Die Menschen können sich retten, doch das Vieh wird von Lärm und Hitze der Eruptionen wahnsinnig und verendet an giftigen Dämpfen – und die Kornkammer der Insel verschwindet vom Erdboden. Die neu entstandenen Vulkane hat man treffend „Feuerberge" genannt. Höchste Erhebung ist mit 510 m der *Pico del Timanfaya* (auch: Pico del Fuego), benannt nach dem ehemals größten Dorf der Region, das vollständig verschüttet wurde und auch dem gesamten Nationalpark seinen Namen gegeben hat.

1824 kommt es zu neuerlichen Ausbrüchen, die aber nicht mehr so heftig sind wie die im 18. Jh. und nur zweieinhalb Monate dauern. Es entstehen drei neue Vulkane, von denen nur ein einziger im Gebiet des heutigen Nationalparks liegt. Hauptsächlich dünnflüssige Lava und Salzwasser entweichen und zerstören viele der neu

Inselmitte → Karte S. 126/127

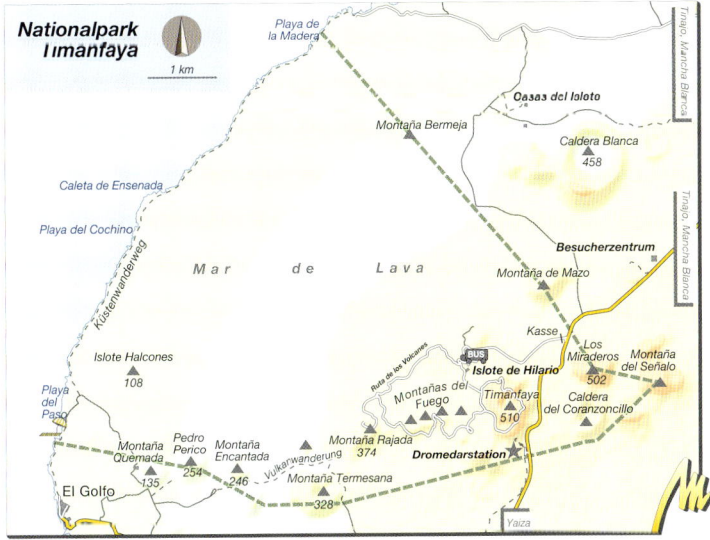

geschaffenen Felder. Die *Montaña del Clerigo Duarte* ist das Zentrum der neuerlichen Eruptionen (→ Tao). Das große Dorf Mancha Blanca wird wie durch ein Wunder verschont (→ S. 213).

Bis heute ist die Timanfaya-Region nicht zur Ruhe gekommen. In etwa 4 km Tiefe brodeln noch immer Magmareste der Eruptionen vom 18. Jh. – ein gewaltiges Energiepotenzial, das für geothermische Anomalien im Zentrum des Nationalparks verantwortlich ist. Dort steigen die Gase durch Spalten auf und erhitzen die darüber liegenden Bodenschichten. Noch unmittelbar unter der Oberfläche misst man fast 150 Grad Celsius, in 6 m Tiefe sind es 400 Grad, in 20 m rund 700 Grad.

Besichtigung des Nationalparks

Der Nationalpark kann nur in einzelnen, genau festgelegten Bereichen besucht werden. Individuelle Touren durch den Park sind nicht möglich.

Die Wächter passen genau auf, dass sich niemand von den kontrollierten Wegen entfernt und Streifzüge auf eigene Faust durch den Malpaís unternimmt, denn jeder Fußtritt abseits der vorgeschriebenen Wege zerstört empfindliche Flechtenkulturen und verhindert auf Jahrhunderte weiteren Pflanzenwuchs. Außerdem ist der Boden weitgehend unterhöhlt und immer wieder gähnen gefährliche Spalten in der Lava. Drei Programmpunkte gibt es, die alle über die Straße von Yaiza nach Mancha Blanca zu erreichen sind:

Echadero de los Camellos: Hier lassen sich die Urlauber von Dromedaren über die mit Asche und Lavasand bedeckten Hänge der Feuerberge schaukeln.

Montañas del Fuego: Im Zentrum der Feuerberge liegt das Besucherzentrum „Islote de Hilario", wo man zu einer Rundfahrt per Bus auf der „Ruta de los Volcanes" startet.

Centro de Visitantes e Interpretación de Mancha Blanca: Das informative Besucher- und Informationszentrum des Nationalparks beinhaltet eine Ausstellung über den Nationalpark und den Vulkanismus auf Lanzarote.

Tipp: Als zeitlichen Rahmen sollte man einen **knappen Tag** einkalkulieren: vormittags Dromedarreiten, gegen Mittag bzw. am frühen Nachmittag Bustour durch die Feuerberge, im Anschluss Besuch des Informationszentrums. Wichtig: Wählen Sie für eine Besichtigungstour unbedingt einen **sonnigen Tag**, denn wenn Nebel oder Wolken in den Bergen hängen, wird es ziemlich kalt und die Sicht ist entsprechend schlecht.

Eine interessante Ergänzung zur üblichen Besichtigungstour stellen die **geführten Wanderungen** durch den Park dar, die von der Nationalparkbehörde angeboten werden (→ weiter unten).

Anfahrt/Verbindungen Öffentliche Linienbusse fahren nicht zum Nationalpark.

Am besten erreicht man den Park von **Yaiza** oder **Mancha Blanca**. Zwischen beiden Orten verläuft die 14 km lange Straße LZ-67, „Carretera Local" genannt, sie führt mitten durch den Malpaís und durchquert die Montañas del Fuego. Besonders faszinierend ist der erste Anblick der „Feuerberge", wenn man aus Richtung Yaiza kommt. Ein leichter rötlicher Schimmer überzieht die Hänge, die bei guten Lichtverhältnissen wirken, als leuchteten sie von innen her.

Vorschriften im Nationalpark

- Man darf nur auf den asphaltierten Straßen fahren, Endpunkt ist das Besucherzentrum Islote de Hilario.
- Auch wenn Sie es sicherlich mehrfach sehen werden: Außerhalb von Parkplätzen darf man nicht aus dem Fahrzeug aussteigen und die Straße verlassen. Das gilt auch für die Hauptachse Yaiza–Mancha Blanca.
- In den Lavafeldern darf man nur auf den Wegen wandern, die von der Parkbehörde eingerichtet wurden.
- Das Sammeln von Pflanzen, Steinen und Mineralien (Olivin etc.) ist verboten.
- Übernachten im Park ist verboten.
- Jeglicher Abfall muss wieder mitgenommen werden.

Etwa 5 km von Yaiza entfernt liegt die **Dromedarstation** direkt an der Straße am Fuß der Montaña Timanfaya.

Um zum Besucherzentrum **Islote de Hilario** zu gelangen, müssen Sie noch etwa 2 km weiterfahren und in eine beschilderte Seitenstraße abbiegen, die Sie schnell zum Parkplatz des Zentrums hinaufbringt. Gleich am Abzweig steht das Kassenhäuschen. Vom **Islote de Hilario** darf man mit eigenem Fahrzeug nicht mehr weiterfahren, weiter geht es per Rundfahrtbus auf der Ruta de los Volcanes, die Fahrt ist im Eintrittspreis inbegriffen (Ticket beim Einsteigen in den Bus griffbereit haben).

Das **Besucher- und Informationszentrum** von Mancha Blanca erreicht man schließlich auf der Carretera Local, etwa 2 km vor Mancha Blanca.

Tipp für **Radfahrer**: Die Straße ist von der Dromedarstation bis Yaiza abschüssig und man kann eine 5 km lange Abfahrt genießen – wie geschaffen für Rennradler, die man hier tagtäglich in ganzen Rudeln sieht.

Fantastische Szenerie: Lava und Krater bis zum Horizont

Der große Knall

Vor mittlerweile gut 290 Jahren kam es zu dem Ereignis, das die ganze Insel veränderte. *Don Andrés Lorenzo Curbelo*, der Pfarrer von Yaiza, hat die Katastrophe schriftlich festgehalten:

Am 1. September 1730, zwischen 9 und 10 Uhr abends, öffnete sich plötzlich die Erde bei Timanfaya, zwei Wegstunden von Yaiza. Ein gewaltiger Berg bildete sich bereits in der ersten Nacht und Flammen schossen aus seinem Gipfel, die 19 Tage lang weiter brannten. Wenige Tage später brach ein neuer Schlund auf und der Lavastrom ergoss sich über Timanfaya, Rodeo und einen Teil der Mancha Blanca. Die Lava floss nach Norden, anfangs wie sprudelndes Wasser, später zähflüssig wie Honig. Doch am 7. September stieg mit unheilvollem Donnern ein riesiger Fels aus der Tiefe und zwang die Lava dazu, ihren Fluss nach Westen und Nordwesten zu wenden. Dort zerstörte sie die Orte Maretas und Santa Catalina.

Am 11. September erneuerte sich die Gewalt der Lava. Sie bedeckte und verbrannte das Dorf Mazo und stürzte danach acht Tage lang als feuriger Katarakt unter furchtbarem Tosen ins Meer, so dass tote Fische in riesigen Mengen an der Oberfläche schwammen oder ans Ufer geworfen wurden. Danach beruhigte sich alles und die Eruptionen hörten auf.

Jedoch am 18. Oktober brachen direkt über dem verbrannten Santa Catalina drei neue Schlünde auf, aus denen schwere Rauchwolken quollen, die sich über die ganze Insel verbreiteten. Sie trugen Unmengen an Asche und Sand mit sich und überall fielen dicke Wassertropfen nieder. Die dadurch verursachte Finsternis, Asche und Rauch vertrieben mehrfach die Einwohner von Yaiza und Umgebung. Doch kehrten sie wieder zurück, als auf die Eruptionen keine weiteren Ausbrüche mehr folgten. Am 28. Oktober, als diese Ereignisse zehn Tage angedauert hatten, fiel in der ganzen Region das Vieh tot um, erstickt vom stinkenden Dunst.

Vom 1. bis 20. November brachen unaufhörlich Rauch und Asche aus den Kratern hervor und am 27. wälzte sich mit enormer Geschwindigkeit ein Lavastrom die Hänge hinunter. Am 1. Dezember erreichte er das Meer und bildete dort eine erstarrende

Echadero de los Camellos

Direkt an der Straße von Yaiza nach Mancha Blanca liegt die bekannte Dromedarstation, die verantwortlich zeichnet für eine ganze Reihe von Titelfotos auf Reiseführern.

Ein fast unwirklicher Anblick bietet sich hier am Fuß der Montaña Timanfaya: Mehr als 200 Dromedare drängen sich in langen Karawanen durch tiefen, schwarzen Aschesand den Hang hinauf und wieder hinunter. Auf einem festgelegten Rundkurs von ca. 15 Min. Länge werden so bis zu tausend Touristen täglich durch die „schwarze Wüste" geschaukelt, je zwei pro Dromedar. Zweifellos ein Vergnügen besonderer Art – nach dem Ritt weiß man, warum Dromedare „Wüstenschiffe" genannt werden. Hinzu kommt die überraschende Tatsache, dass diese Tiere ein Gebrüll von sich geben können, das man nur einem ausgewachsenen Grizzlybären zutrauen würde. Die Dromedare werden hauptsächlich in *Uga* (→ dort) am Südrand des Malpaís gezüchtet und kommen täglich herübergestapft, einige hundert gibt es mittlerweile und etwa 50 Besitzer sind es, die dieses Geschäft betreiben. Die

Insel. Am 16. Dezember änderte die Lava plötzlich ihren Lauf, floss nicht mehr ins Meer, sondern verschüttete das Dorf Chupadero und vernichtete die fruchtbare Ebene von Uga.

Am 7. Januar 1731 kam es zu neuen Ausbrüchen, die die früheren Krater wieder zerstörten. Aus zwei Öffnungen brach Lava heraus, begleitet von dichten Rauchwolken, in denen rote und blaue Blitze tobten. Dazu donnerte es wie bei Gewittern, was für die Bewohner sehr erschreckend war, da sie auf ihrer Insel keine Gewitter kannten.

Am 10. Januar türmte sich ein hoher Berg auf, der noch am selben Tag wieder in sich zusammenstürzte. Steine und Asche regneten auf die Insel und Lavaströme flossen über den Malpaís ins Meer.

Am 7. März entstanden gleich mehrere Vulkane, die sich in einer Reihe von Ost nach West erhoben.

Am 4. Juni öffneten sich in der Timanfaya-Region drei Krater auf einmal. Sie verbanden sich schnell zu einem einzigen Vulkankegel, aus dem ein Lavastrom ins Meer floss. Aus einem Nebenkrater schossen Asche und Blitze heraus, aus einem anderen entwich weißer Dampf, wie man ihn bisher nicht gesehen hatte. Ende Juni waren alle Küsten an der Westseite der Insel mit riesigen Mengen von toten Fischen bedeckt, von denen man viele Arten noch nie gesehen hatte. Nordwestlich von Yaiza stiegen mit heftigen Detonationen Rauch und Flammen aus dem Meer empor.

Im Oktober und November verstörten neue Eruptionen die Einwohner. Am 25. Dezember bebte die Erde und am 28. schoss ein Lavastrom aus einem neu entstandenen Kegel, zerstörte ein weiteres Dorf und eine Kapelle bei Yaiza …

An dieser Stelle brechen die hier verkürzt wiedergegebenen, chronologischen Notizen des Priesters ab. Don Andrés Lorenzo Curbelo konnte wahrscheinlich nicht mehr länger im bedrohten Yaiza bleiben, er floh mit vielen anderen Inselbewohnern nach Gran Canaria. Die Eruptionen sollten noch fünf Jahre dauern. Sie gehören zu den gewaltigsten Ausbrüchen, die in geschichtlicher Zeit bekannt sind.

Treiber, „Camelleros" genannt, haben z. T. sichtbar afrikanische Gesichtszüge und stammen oft aus Mauretanien. Inzwischen gibt es aber auch schon lanzarotenische Treiber und oft wird der Beruf vom Vater auf den Sohn vererbt.

Fünf oder sechs Tiere sind jeweils hintereinander gebunden, tragen Maulkörbe (obwohl sie nicht beißen) und ein dachförmiges Holzgestell mit Sitz an jeder Seite des Höckers. Zum Aufsteigen der Touristen knien sie nieder, wenn ein „Passagier" deutlich schwerer ist als sein Gegenüber, wird das Gleichgewicht durch Sandsäcke stabilisiert. Auf ein Kommando des Treibers richten sie sich auf – oft nur widerwillig, wie es scheint, mit lautem Gurgeln und Röhren – und man wird mit einem plötzlichen Ruck nach oben gehievt. Das Dromedar erhebt zuerst sein Hinterteil, stützt sich dabei vorne mit den gut gepolsterten Knien ab und plötzlich hängt man mit starker Schräglage nach vorne. Erst dann stemmt es sich mit Mühe auf den Vorderbeinen hoch und los geht es den Hang hinauf, bei jedem Schritt wird man ordentlich durchgeschüttelt. Beim Absteigen knickt das Dromedar zuerst vorne ein, dann hinten. *Achtung: Beim Aufstehen bzw. Niederknien des Tieres gut festhalten!* Die Sitze verfügen zwar über ein Seil, das als eine Art „Sicherheitsgurt" vor dem Bauch gespannt werden kann, im Ernstfall wird das jedoch nicht ausreichen, um den überraschten Passagier bei einem heftigen Ruck im „Sattel" zu halten. Bei eventuellen Verletzungen der Touristen springt eine Unfallversicherung ein, die jeder Tierbesitzer abgeschlossen haben muss. Ob dieses tägliche Ritual – bis zu sieben Mal am Tag muss jedes Tier den anstrengenden Parcours bewältigen – für die Dromedare Routine oder tierquälerische Tortur ist, wage ich nicht zu beurteilen. Wenigstens arbeiten die Tiere nur halbtags und bekommen einmal im Jahr Urlaub.

Nach dem Ritt kann man sich in einer *Bar* mit Souvenirladen erfrischen, weiterhin gibt es ein kleines Museum, das *Museo de Rocas*, das mitten in die Lava hineingebaut ist. Es präsentiert Informationstafeln und Anschauungsobjekte zum Nationalpark. Gezeigt werden u. a. die unterschiedlichen Formen der Lava, die reichen Flechtenvorkommen, die mineralischen Einsprengsel im Vulkangestein (Olivin u. a.), der Vulkanismus und der Trockenfeldbau auf Lanzarote.

Öffnungszeiten Tägl. etwa 9.30–13 Uhr, kostenloser Parkplatz, Preis ca. 12 € pro Dromedar (2 Pers.). Auch nachmittags bis 16 Uhr bleiben meist einige Tiere zurück, um verspäteten Besuchern Gelegenheit für einen Ritt zu geben. Für ca. 5 € kann man sich beim Kamelritt fotografieren lassen.

Das Dromedar: Wüstenschiff und Lavataxi

Für die Landschafts- und Lebensbedingungen auf Lanzarote ist das Dromedar hervorragend geeignet. Das beginnt schon bei den Füßen. Zwei breite Fettpolster bilden die Zehen und verhindern das Einsinken in Sand und Asche. Die Beine sind extrem lang, um den Körper vom weichen und oft unsicheren Boden fernzuhalten. Wenn Sandstürme toben, können die Nasenlöcher völlig verschlossen werden. Der große Buckel bildet ein natürliches Reservoir – bei Wasser- und Futtermangel kann das Dromedar von diesem Fettlager zehren. Bis zu acht Tagen können Dromedare problemlos ohne Nahrung und einem einzigen Wassertropfen auskommen. Und wenn sie endlich Flüssigkeit finden, saufen sie innerhalb von wenigen Minuten bis zu 100 Liter!

Bis in unser Jahrhundert hinein wurden Dromedare auf Lanzarote als Last-, Reit- und Zugtiere in der Landwirtschaft verwendet. Sie zogen Pflüge durch die lapillibedeckten Felder, transportierten Waren und Menschen. Die Vorteile dabei: Im Gegensatz zum Pferd kann ein Dromedar zum Be- und Entladen niederknien. Es ist das einzige Tier, das während der Arbeit nicht trinken muss. Und es kann sich von Kaktusfrüchten und Disteln ernähren, ohne sich an den Stacheln zu verletzen. Sein Dung kann als Brennstoff verwendet werden und die Milch ist nährstoffreich, besitzt dreimal mehr Protein und Vitamin C als Kuhmilch.

Schaukliges Vergnügen:
Auf dem Dromedar durch die Lava

Montañas del Fuego

Östlich der Dromedarstation liegt direkt an der Straße von Yaiza nach Mancha Blanca die Einfahrt ins eigentliche Zentrum des Nationalparks. Wenn großer Andrang herrscht, stauen sich hier die Autos bis auf die Durchgangsstraße, denn an einem Kassenhäuschen muss Eintritt gezahlt werden. Etwa 1 km weiter kommt man zum Besucherzentrum und wird von Parkwächtern eingewiesen.

Tägl. 9–17.45 Uhr, Restaurant 12–15.45 Uhr, Bar 9–16.50 Uhr, der letzte Rundfahrtbus startet um 17 Uhr (Anfang Juli bis Ende Sept. alle Zeiten um eine Stunde verlängert, letzter Bus um 18 Uhr). Eintritt ca. 9 €, Kind von 7–12 J. 4,50 €.

> **Tipp**: Die Inselregierung empfiehlt Urlaubern, die individuell unterwegs sind, ihren Besuch auf den Morgen oder Nachmittag zu legen, da die Montañas del Fuego vormittags (ab ca. 10.30 Uhr) wegen der zahlreichen Ausflugsbusse überfüllt sind.

Inselmitte → Karte S. 126/127

Islote de Hilario

Das Besucherzentrum thront als gläserner Rundbau auf einer natürlichen Anhöhe mitten im Lavameer.

Großartig ist der Blick von hier oben über den Nationalpark. Die Parkangestellten bieten einige eindrucksvolle Vorführungen zur enormen Erdhitze. Man kann einen natürlichen Vulkangrill besichtigen, der ausschließlich mit vulkanischer Thermik funktioniert, und das von César Manrique gestaltete Restaurant „Del Diablo" besuchen. Außerdem starten hier die Busse zur Rundfahrt auf der Ruta de los Volcanes.

Unter „Islote" versteht man Millionen Jahre alte, vulkanische Anhöhen im Lavameer der Ausbrüche von 1730–36, die von der vergleichsweise jungen schwarzen Eruptivmasse nicht bedeckt wurden und wie helle Inseln herausragen. Auf den Islotes hat sich die Lava bereits teilweise in Erde zersetzt und oft sind sie mit Pflanzen bedeckt. Auf dem Islote de Hilario soll laut einer Legende ein Eremit namens Hilario 50 Jahre lang mit seinem Dromedar gelebt haben. Man sagt, er habe einen Feigenbaum gepflanzt, der allerdings nie Blüten trug – der kahle Stamm, der verglast in

Demonstration der Erdhitze

der Mitte des Restaurants steht, erinnert an die Episode. Ein paar Dromedarknochen sind effektvoll in der Lapillischicht drapiert.

Demonstration der Erdhitze: Kaum am Islote angekommen, versammeln die Parkangestellten alle Neuankömmlinge und veranschaulichen mit einigen Demonstrationen die ungeheure Hitze im Boden. Diese Vorführungen werden alle paar Minuten wiederholt.

Zunächst wird ein Haufen trockener *Dornlattich* in einer Erdspalte platziert. Schon nach wenigen Sekunden steigt Rauch auf und wieder einige Sekunden später geht der Strauch in Feuer auf. Mit den Händen darf man danach in verschiedene Spalten greifen, um die Wärme zu spüren. Die Lapillisteinchen vom Boden kann man kaum in der Hand halten, so heiß sind sie.

Danach der große Überraschungseffekt: In *Röhren*, die bis zu 10 m tief in den Boden eingelassen sind, wird eimerweise Wasser geschüttet. Binnen Sekunden verdampft das Wasser – und schießt explosionsartig zischend und fauchend als hohe Dampffontäne aus dem Rohr in die Luft.

Zu guter Letzt kann man den kleinen natürlichen *Vulkangrill* betrachten, der sich (mit Blick auf das Restaurant) an der rechten unteren Außenmauer des Restaurants befindet. Heiße Luft strömt einem aus einer Felsspalte entgegen. Der hier angebrachte Grillrost darf auch benutzt werden. Wer sich ein paar Stücke Fleisch mitbringt, kann ein sicherlich amüsantes Picknick veranstalten.

Vulkangrill und Restaurante El Diablo: Der berühmte *Vulkangrill* befindet sich schräg hinter dem Restaurant. In einem Rundbau aus Lavagestein gähnt ein großes, brunnenartig eingefasstes Loch, überdeckt mit einem schweren Grillrost. Wenn man sich über die Öffnung beugt, schlägt einem der heiße Dampf aus der Felsspalte darunter entgegen. Bei optimalen Gartemperaturen brutzeln hier Hähnchenschenkel, Fleischspieße *(Brochetas mixtas)* und Fisch, immer umringt von staunenden Besuchern. Ohne einen Cent für Stromkosten oder Heizmaterial auszugeben, wird hier ein ganzes Restaurant allein von Mutter Erde versorgt.

Der Küchenchef empfiehlt: Fleischspieß vom Vulkangrill

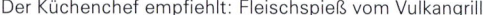

El Diablo ist ein interessant konzipierter Rundbau mit verglasten Panoramawänden und herrlichem Blick in die Montañas del Fuego und über das Mar de Lavas bis hinunter zur Westküste. Die Einrichtung besteht aus feuerfestem, schwerem Metall und Steinboden. Ein bisschen fühlt man sich wie auf dem Pulverfass, denn die Erdwärme heizt den Boden an und die Raumtemperatur ist hoch. Die Speisenqualität wird leider gelegentlich kritisiert und ist saison- und tagesformabhängig.

Ruta de los Volcanes

Zweifellos der Höhepunkt der Nationalpark-Besichtigung. Eine faszinierende Fahrt durch eine fremdartige, gespenstische Welt.

Etwa alle halbe Stunde (letzte Abfahrt: 17 Uhr, im Sommer 18 Uhr, Parkeintrittskarte ist beim Fahrer vorzuzeigen) kurvt ein komfortabler, allerdings stets rappelvoller Panoramabus eine Dreiviertelstunde lang auf schmaler, 14 km langer Piste durch die lebensfeindliche Öde. Zu sphärenhafter Musik gibt es erklärende Durchsagen in Englisch, Spanisch und Deutsch vom Band. So erkennt man bald, dass die Lava- und Aschewüste keineswegs so eintönig ist, wie man auf den ersten Blick vielleicht denkt, sondern durchaus signifikante Unterschiede aufweist. An markanten Punkten hält der Bus kurz für Fotostopps, man erhascht dabei u. a. einen spektakulären Einblick ins Innere eines Kraterkessels. Tipp: im Bus rechts sitzen, denn dort liegen so gut wie alle markanten Punkte.

Inselmitte → Karte S. 126/127

Neues Leben aus der Lava

Die Explosionen im Timanfaya-Gebiet gehörten zu den größten und längsten Vulkanausbrüchen der Welt. Für Lanzarote bedeuteten sie einen Schicksalsschlag, der die Insel bis heute entscheidend geprägt hat. Ein riesiges Lavameer, *Malpaís* (= schlechtes Land) genannt, überzieht seitdem fast ein Viertel der Insel. Das Rad der Geschichte wurde abrupt zurückgedreht, denn sämtliche Vegetation verschwand auf einen Schlag und wird sich erst im Jahrtausende währenden Zersetzungsprozess der Laven wieder regenerieren. Für Geologen und Botaniker gilt die Timanfaya-Region als nahezu idealer Ort, um die Entstehung von Pflanzenwuchs fast unter Laborbedingungen zu beobachten. Im ersten Stadium wachsen nur karge, millimeterhohe Flechten auf der toten Lava. Sie spielen eine wichtige Rolle bei der Umwandlung der Lava in fruchtbare Erde und überziehen mittlerweile über viele Kilometer hinweg den Malpaís (→ auch weiter unten „Quer durchs Lavameer"). Im augenfälligen Kontrast dazu gedeihen auf den Millionen Jahre alten Laven aus der Erdfrühzeit, die auf Lanzarote ebenfalls offen liegen, bereits höhere Pflanzen und Sträucher (→ Lanzarote allgemein/Flora).

Streckenbeschreibung: Erster Haltepunkt ist ein spitzer Vulkanhügel (Hornito) mit dem poetischen Namen *Manto de la Virgen*, also Mantel der Jungfrau. Der pyramidenförmig aufgewölbte Krater ist an der Spitze seitlich aufgerissen, was tatsächlich den Eindruck eines Umhangs vermittelt.

Nächster markanter Blickfang ist der *Barranco de Fuego* (Feuertunnel). Hier fährt der Bus ein Stück weit einen Tunnel entlang, der durch strömende Lava gebildet wurde und dessen Decke eingestürzt ist.

An einer weiteren Stelle der Strecke führt die Piste mitten durch einen Kraterkessel hindurch, die *Caldera Quemada*.

Kurz darauf folgt das *Valle de la Tranquilidad*. Hier im „Tal der Stille" sind die Vulkanhänge auf viele hundert Meter mit gewaltigen Asche- und Lapillischichten bedeckt, was der Szenerie einen weichen, „stillen" Charakter gibt.

Nun geht es steil hinauf zum Gipfel der *Montaña Timanfaya* mit herrlichem Panoramablick über die Feuerberge. Tief unten erkennt man die Dromedarstation, nach Osten über die Straße hinüber hat man einen kilometerweiten Blick über die Vulkane. Am eindrucksvollsten ist die riesige *Caldera de los Cuervos*, einer der größten Krater im Nationalpark.

Kurz vor Ende der Fahrt kann man schließlich noch den Pflanzenwuchs auf dem *Islote de Hilario* beobachten.

Besucher- und Informationszentrum Mancha Blanca

Das „Centro de Visitantes e Interpretación de Mancha Blanca" liegt an der Straße durch den Nationalpark, etwa 2 km westlich von Mancha Blanca. Der weiße, lang gestreckte Flachbau wurde mitten in die Lava gesetzt, sein Besuch ergänzt sinnvoll die Tour durch den Nationalpark.

Auf mehrere Ebenen verteilt, findet man in den locker und luftig konzipierten Räumen umfangreiche Informationen zum Nationalpark Timanfaya, aber auch zu Lanzarote allgemein und zu den Kanaren: Entstehung der Inseln, Vulkanismus, Meteorologie, Flora und Fauna, Wirtschaft, Energiegewinnung und Tourismus sind einige der Themengebiete. In Form von großformatigen Lichtbildern, Schautafeln und Modellen werden die diversen Aspekte erläutert, auch Computer mit Bildschirmen stehen zur Selbstbedienung bereit. Über eine Verbindung zum Wettersatelliten Meteosat kann man die Oberfläche aller kanarischen Inseln beobachten.

Im Filmsaal laufen zwei Dokumentarfilme, einer über Vulkanismus, der andere über Flora und Fauna (Kopfhörer mit deutschsprachigem Kommentar sind gegen Gebühr erhältlich). Im Anschluss daran lässt sich im *Eruptionssaal* die Simulation eines Vulkanausbruchs hautnah erleben. Ohrenbetäubender Lärm, unheilvolles Wändeknirschen und rotes Lichtflackern versetzen einen für Sekunden in die Welt der Ausbrüche im 18. Jh. Vor allem Kinder sind hier beeindruckt. An zwei *Aussichtsplätzen* kann man schließlich ins Freie hinaustreten und den Blick über die Lava ringsum gleiten lassen. Durch das Lavameer wurde außerdem ein hölzerner *Stelzenpfad* angelegt, am Ende stehen Tafeln mit Erläuterungen zu den umliegenden Vulkankegeln.

Öffnungszeiten Tägl. 9–16 Uhr, Eintritt frei. Parkplatz vorhanden.

Beim Souvenirladen am Eingang des Zentrums kann man Informationen über die von der Nationalparkbehörde angebotenen geführten Wanderungen einholen, www.reservasparquesnacionales.es.

Wanderung 17: Zur Caldera Tremesana (Ruta de Tremesana)   → S. 398

Wanderung 18: Entlang der Küste des Nationalparks (Ruta del Litoral)   → S. 400

Kilometerweit reicht der Blick, im Hintergrund das Dorf Yaiza

Inselmitte → Karte S. 126/127

Straßen quer durchs Lavameer

Um den Timanfaya-Nationalpark erstreckt sich eine gewaltige Lavawildnis, die auf mehreren Straßen durchquert werden kann.

Von der „Weinstraße" durch La Geria zweigen Richtung Norden zwei Asphaltstraßen durch den „Malpaís de Tizalaya" ab: eine nach Mancha Blanca, die andere nach La Vegueta. Beide bieten großartige Impressionen. Kilometerweit türmen sich zerfurchte und zerbröselte Lavabrocken und -ströme, unterbrochen von tiefen Spalten und Klüften, gelegentlich klammern sich schlanke Palmen ins Gestein, weiße Gehöfte setzen Farbtupfer.

Auf den ersten Blick erscheint die Gesteinswüste völlig leblos und öde. Doch wer näher hinsieht, wird bald bemerken, dass praktisch alle Blöcke mit einer millimeterdünnen Schicht überzogen sind. Ein grüngrauer Schimmer überzieht das Gestein, fast wirkt es wie ein fantastisch geformter Meeresgrund. Es handelt sich dabei um riesige Flächen von *Flechten*, die als einzige in der Lage sind, auch auf nackter Lava zu gedeihen. Sie haben eine unglaublich wichtige Funktion: In Jahrtausenden verwandeln sie das scharfkantige Eruptivmaterial in Erde und ermöglichen so, dass auch andere, „höhere" Pflanzen hier wachsen können. Wie schon oben ausgeführt (→ Parque Nacional de Timanfaya), gilt Lavagestein als idealer Ort, um die Entstehung der Flora von Anfang an zu beobachten, denn nach der Eruption ist das aus großer Erdtiefe ausgestoßene Vulkangestein völlig keimfrei. Als erstes setzen sich auf der frischen Lava verschiedene Arten von Flechten fest, die durch Bildung von Säuren die Lava zersetzen und allmählich zu fruchtbarem Boden machen (→ „Pflanzenwuchs" im Vorspann). Die weitaus häufigsten sind die hellgrünen und grauen Flechten namens „Stereocalum vesuvianum". Noch auffallender sind die zentimeterhohen Büschel von „Ramalina bourgeana", die überall zwischen den Stereocalum-Flechten wachsen.

Wichtig: Der gesamte Malpaís steht unter Naturschutz. Bitte laufen Sie nicht querfeldein durch die Lava. Ihre Fußspuren können unter Umständen für Jahrzehnte die Ansiedlung von Flechten und so den Umwandlungsprozess von Lavagestein in Erdboden an dieser Stelle verhindern!

Montaña del Cuervo

Unmittelbar westlich der Straße von La Geria über Tinguatón nach Mancha Blanca ragt dieser bizarre Krater empor, dessen Seitenflanke bei der Eruption bis zum Boden aufgerissen wurde. Von La Geria kommend liegt etwa 200 m nach dem Steintor, das die Grenze der Gemeinden von Tías und Tinajo markiert, linker Hand ein Parkplatz. Von hier führt ein markierter Weg mit informativen Schautafeln zur Umgebung quer durch das bizarre Lavafeld direkt zum Krater, wo man sogar in die Caldera einsteigen kann – ein nachdrückliches Erlebnis. Hin und zurück läuft man ca. 1:15 Std.

Caldera Colorada

Fährt man nur wenige hundert Meter weiter die Straße entlang, erreicht man rechter Hand einen Parkplatz am Fuß der rötlich schimmernden Caldera Colorada. Diesen Vulkan kann man ebenfalls umrunden, wobei man vielfältige Impressionen von der wilden Lavawüste hat und auch einige große vulkanische „Bombas volcanicas" sieht. Dieser Spaziergang dauert ebenfalls etwa 1 Std.

Tipp: Beide Touren kann man zu einer eindrucksvollen Wanderung durch die Lavalandschaft verbinden.

Wanderung 3: Zwei-Vulkane-Wanderung
um Montaña del Cuervo und Caldera Colorada   → S. 372

Tao und Tiagua → S. 221.

Der Krater der Montaña del Cuervo ist seitlich aufgerissen

Östlich vom Nationalpark

Die Region östlich vom Nationalpark ist von Touristen noch wenig entdeckt, denn hier gibt es keine spektakulären Manrique-Werke, die ganze Buskarawanen anlocken. Nur ein großes Sporthotel liegt einsam an der Küste.

Lanzarote zeigt sich hier ländlich ruhig und unverbraucht – eine Ecke der Insel, wo man sich Zeit nehmen muss, um die Details zu entdecken: die Architektur der Dörfer, die üppige Felderwirtschaft, die Windmühlen und den herrlichen Blick hinüber zur Steilküste von Famara. Die Vulkanausbrüche von 1730–36 zerstörten die Dörfer der Region nicht. Die Anbauzonen wurden durch die Lavaströme allerdings weitgehend verschüttet und auch die Sandstürme aus dem Flugsandgebiet *El Jable* vernichteten immer wieder wertvolles Ackerland.

Nordwestlich von Tao senkt sich die Landschaft ganz allmählich zur Küste hin und die Straße ist, ebenso wie die durch den Nationalpark Timanfaya, begehrt bei Rennradlern. Für Mietwagentouren sind zwei Richtungen möglich: über Tinajo zum Clubhotel La Santa und von Mozaga über Tiagua und Sóo nach La Caleta de Famara.

Zum Clubhotel La Santa

Von Puerto del Carmen kommend, erfolgt die Anfahrt durch den riesigen *Malpaís*, der 1730–36 bei den Ausbrüchen im Timanfaya-Gebiet entstanden ist (→ Nationalpark Timanfaya).

Mancha Blanca

Der Ort erstreckt sich unmittelbar am Rand der Lavafelder, in der Umgebung wird Wein angebaut, einige kleine Bodegas bieten Direktverkauf.

Größte Sehenswürdigkeit ist die schmucke Wallfahrtskirche *Ermita de los Dolores,* Schauplatz des „Wunders von Mancha Blanca", die etwas außerhalb, an der Straße nach La Vegueta und Tiagua steht. Im späten 18. Jh. wurde sie als Dank dafür errichtet, dass Mancha Blanca 1730–36 von der Zerstörung durch Vulkanausbrüche verschont geblieben war – nur wenige Kilometer südlich droht die markante *Caldera Quemada* mit weit geöffnetem Auswurfkrater. Von außen besonders hübsch sind die schrägen Stützmauern der Kirche mit ihrem Wechselspiel von dunklem Basalt und weißem Kalk. Die Ermita ist aber auch eine der wenigen Kirchen Lanzarotes, die zur Besichtigung ständig offen stehen. Auf dem Altar steht die Gestalt der von Tränen überströmten, schmerzensreichen *Virgen de los Dolores*, durch eine Kuppel über dem Altar strömt Licht herein. Auf einem schlichten *Holzkreuz* neben der Kirche erkennt man das Datum „16. April 1736": An diesem Tag stoppte hier der Lavafluss kurz vor Mancha Blanca.

Anfahrt/Verbindungen Busse der Linien 16, 52 und 53 fahren vom Busbahnhof in Arrecife über San Bartolomé, Mozaga, Tao, Tiagua nach Mancha Blanca und weiter über Tinajo nach La Santa und La Santa Sport.

Essen & Trinken El Restaurante Dolores, Abfütterungslokal für Reisebusse gegenüber der Kirche, es verkehren dort aber auch Einheimische und die Preise sind günstig. ℡ 928-840452.

Tinguatón, im gleichnamigen Ort südlich von Mancha Blanca liegt dieses im altkanarischen Stil hübsch dekorierte Restaurant mit Bar abseits der Durchgangsstraße, aber gut

Inselmitte → Karte S. 126/127

ausgeschildert. Man isst hier recht ordentlich und mangels Alternativen finden auch täglich Touristen den Weg. ✆ 625-692009.

Shopping Am Sonntagvormittag von 9 bis 14 Uhr findet auf dem Platz bei der Kirche ein **Agrarmarkt** mit landwirtschaftlichen Produkten statt, der auch von Einheimischen besucht wird.

Bodegas Reymar, die unscheinbare und nicht beschilderte Bodega liegt genau gegenüber der Kirche, zu erkennen an den beiden Tanks auf dem Grundstück. Sie wird von Francisco Perdomo Pérez geführt. Wenn jemand anwesend ist, kann man hier die hauseigenen Weine kaufen (ca. 6–9 €). Francisco produziert etwa 40.000 Flaschen im Jahr, darunter einen vorzüglichen Malvasía, Moscatel und einen Tinto, der in Eichenfässern ausgebaut wird. Plaza Virgen de Dolores 19, ✆ 649-993096, www.bodegasreymar.com.

Bodegas Finca Las Quemadas, 150.000 Liter produziert diese Bodega – Malvasía seco, Moscatel dulce, Diego Malvasía seco, Rosado und Tinto. Verkauf findet nur samstags nach Voranmeldung statt. Camino Las Quemadas 12, La Vegueta, ✆ 619-469734.

El Milagro de Mancha Blanca: Das Wunder von Mancha Blanca

Als 1736 die glühende Lava der nahen Caldera Quemada bis unmittelbar an Mancha Blanca heranfloss und den Ort massiv bedrohte, schleppten die Einwohner in ihrer Verzweiflung die Statue der Schutzheiligen *Virgen de los Dolores* aus der nahen Kirche San Roque in Tinajo (→ dort) unter Führung des Franziskaners Esteban de la Guardia bis unmittelbar an den Lavafluss. Sie rammten ein Holzkreuz in den Boden und schworen, der Schmerzensjungfrau hier eine Kapelle zu bauen, wenn sie die Lava stoppen würde. Und tatsächlich geschah das Wunder, die Lavaströme kamen zum Stehen, Mancha Blanca und die umliegenden Ackerflächen entgingen der Vernichtung. Seitdem wird die Virgen de los Dolores „Nuestra Señora de los Volcanes" genannt. Sie ist heute Schutzpatronin der Insel und man sieht sie auf Lanzarote oft, begleitet von Vulkaneruptionen, Blitz und Donner, auf Keramikkacheln abgebildet.

Zu Ehren der Virgen wurde auch tatsächlich die noch heute existierende Ermita erbaut. Die Legende berichtet allerdings, dass dies wegen prekärer Finanzierungsprobleme erst über 40 Jahre später geschah, nachdem Dolores einer Ziegenhirtin erschienen war und nachhaltig die Errichtung der Kapelle gefordert hatte, anderenfalls mit weiteren Vulkanausbrüchen drohte. 1781 wurde der Sakralbau endlich fertig gestellt.

Heute ist die Ermita de los Dolores eins der bedeutendsten Zentren der Marienverehrung auf den Kanarischen Inseln. Alljährlich am 15. September – an diesem Datum war Dolores der Hirtin erschienen – wird das Wunder von Mancha Blanca mit einer großen Fiesta gefeiert. Zunächst findet die feierliche Prozession *La Romería* mit festlich geschmückten Wagen statt, auf denen die Produkte Lanzarotes der Heiligen dargeboten werden. Anschließend folgt die große *Feria Insular de Artesanía Tradicional*, eine Kunsthandwerksmesse, zu der Künstler von allen Kanarischen Inseln anreisen.

Hier hat die „Jungfrau der Schmerzen" ihre Wunder vollbracht

Bodegas Tinache, an der Straße nach Tiagua kann man einen Abstecher zu dieser Kellerei am Fuße der Montaña Tinache machen. Sie liegt in einem großen Weinanbaugebiet und ist 1972 durch die Verschmelzung zweier Winzerfamilien entstanden. Erst 1998 stieg man auf Flaschenabfüllung um, heute werden in der modernen Abfüllanlage Malvasía secco, Moscatel dulce (im Fass gelagert) und Tinto produziert. Mo–Fr 9–14, 16–20 Uhr. Cortijo de La Vegueta, Calle La Vegueta 73, ☎ 928-840849.

Bodegas Finca Fajardo, nicht weit von der Bodega Tinache liegt die Finca Fajardo, die schon seit dem Ende des 19. Jh. Wein produziert, aber nur in relativ kleinen Mengen (derzeit ca. 60.000 Liter). In einem Museum kann man landwirtschaftliche Werkzeuge und Gerätschaften für die Weinproduktion besichtigen. Nur Sa 10–12 Uhr. Calle La Vegueta 82, ☎ 928-840891.

Caldera Blanca

Die 458 m hohe Caldera Blanca liegt etwa 6 km westlich von Mancha Blanca und gehört zu den imposantesten Vulkanen der Insel, der riesige Krater sieht aus wie mit Zuckerguss übergossen. Im Rahmen einer Wanderung kann man ihn von der Straße aus relativ leicht erreichen.

Kurz nach dem Ortsausgang von Mancha Blanca in Richtung Yaiza zweigt in einer Linkskurve der Straße LZ-67 rechts ein unbefestigter Weg ab, der mit mehreren Hinweisschildern groß markiert ist und nach ca. 700 m an einem kleinen Parkplatz am Rand des Lavafelds endet. Hier beginnt der aufgeschüttete Weg quer durch den Malpaís zur Caldera Blanca. Man steigt zum Kraterrand hinauf, einmalig ist dabei der Blick in den riesigen, kreisrunden Krater von 1200 m Durchmesser, aber auch der atemberaubende Rundblick über den Nationalpark bis zum Meer lohnt den Aufstieg. Dauer hin und zurück ca. 3:30 Std.

Inselmitte → Karte S. 126/127

Blick in den mächtigen Krater der Caldera Blanca

> 🚶 **Wanderung 4: Umrundung der Caldera Blanca**   → S. 374

Tinajo

Municipio ca. 5700, Ort 2800 Einwohner

Der lang gestreckte Ort ist mit Mancha Blanca fast zusammengewachsen. Linker Hand der Straße liegt eine große Ringkampf-Arena, gleich dahinter das Büro der Nationalpark-Behörde.

Einen Blick wert ist die hübsche Kirche *San Roque* aus dem 18. Jh. Ihr Dach ist aus pyramidenförmigen Aufsätzen gebildet, den Innenraum überzieht wie in vielen Kirchen Lanzarotes eine typische Mudéjardecke. Den Altar schmückt eine Christusstatue des bekannten Bildhauers Luján Pérez aus Teneriffa. Bis zum „Wunder von Mancha Blanca" hatte die Statue der Dolores hier ihren Platz. Schöner, großer Vorplatz mit üppiger Vegetation aus Drachenbäumen, Palmen und Lorbeerbäumen.

Anfahrt/Verbindungen Busse der Linien 16, 52 und 53 fahren von Arrecife über San Bartolomé, Mozaga, Tao, Tiagua und Mancha Blanca nach Tinajo und weiter nach La Santa und La Santa Sport.

Übernachten El Rancho Grande Rural, vom Briten Thomas Goosens liebevoll restauriertes Landhaus. Sieben individuell eingerichtete Zimmer, Patio, Sonnenterrasse, Gemeinschafts- und Frühstücksraum. DZ/F ca. 80 €. Calle Seguidilla 1, ☎ 686-603626, www.el-rancho-grande.es.

⟫ Mein Tipp: Villa El Inti, Inge und Till haben ein altes kanarisches Landhaus unter baubiologischen Gesichtspunkten restauriert und in ein komfortables Landhotel umgewandelt. Es gibt zwei Suiten, eine Juniorsuite und zwei Apartments, alle geschmackvoll und hochwertig eingerichtet, zudem einen Garten mit chlorfreiem Pool, beste Küche (Till kocht hervorragend) und einen exzellenten Weinkeller. Suite mit Frühstück ca. 125 €, Apt. für 2 Pers.ca.80–95 €. Calle La Costa 6, ☎ 928-838980, www.elinti.com. ⟪

Essen & Trinken Grillen, am Ortsausgang in Richtung Küste, nettes rustikales Lokal im modernen Stil, verglaster Innenraum mit Blick zum Meer um La Santa. In der offenen Küche wird täglich ab 13 Uhr ausschließlich Fisch und Fleisch vom Grill zubereitet, die Qualität ist dabei ausgezeichnet, auch die Gemüsebeilagen überzeugen (Vegetarier finden Angebote) und das Brot wird stets frisch gebacken. Preislich recht gehoben (Hauptgericht ca. 20 €, Wein ab 18 €). Avda. Lomo De Los Señores 9, ☎ 619-239095.

Mezza Luna, alteingesessener Italiener, ebenfalls am Ortsausgang Richtung Küste, netter Innenraum, die Terrasse davor halb verglast, halb offen. Antipasti, Pasta und große leckere Pizzen zu erfreulichen Preisen. Avda. La Cañada 22, ☎ 928-840141.

Gulliver, etwas verkehrsbeeinträchtigte Lage an der Durchgangsstraße (Nähe Ringkampfarena), aber man isst gut. Angeboten werden viele Tapas und Raciones, die auch als halbe Portionen bestellt werden können. An der Bar treffen sich die Einheimischen. Tägl. 12–21 Uhr. Avda. de los Volcanes 20, ☎ 928-838278.

Café Pura Vida, das neue „Kulturcafé" gegenüber der Kirche wird von zwei griechischen Schwestern geführt, nette Terrasse, Boquadillos und leckerer Kuchen, dazu Kunstausstellungen und viel Lesestoff. Mo–Fr 8–19, Sa 9–14 Uhr. Plaza de San Roque 3.

Feste am 16. August Kirchenfest von San Roque.

Kunst Christian Honerkamp hat sein Atelier in der Calle Tinguatón 19. Seine farbenprächtigen Acrylbilder mit Picón sind von den Vulkanen und der Unterwasserwelt inspiriert. Geöffnet ist So 14–18 Uhr. Christian vermietet auch zwei Apartments ab ca. 300 €/Woche. ☎ 679-771661.

Bola-Bahn direkt am Meer

Westlich von Tinajo

Eine gute Asphaltstraße (beschildert: Calle La Laguneta) führt von Tinajo Richtung Westen vorbei an der *Montaña Teneza* (368 m) bis zum einsamen Küstenörtchen Playa Teneza. Nach etwa 4 km macht die Straße eine 90-Grad-Kurve nach rechts – geradeaus geht es auf langer Staubpiste weiter zur Playa de la Madera, Einstieg für eine Küstenwanderung entlang des Nationalparks.

Playa Teneza: auf die schwarzen Uferklippen geklebtes Fischernest, eine Handvoll Gassen und kubische, weiße Häuser, nur z. T. bewohnt oder als Ferienhäuser genutzt. Eine Bola-Bahn direkt am Wasser sorgt an Wochenenden für etwas Unterhaltung. Rechter Hand ragt eine Felswand vom Meer empor. In Richtung Süden kann man eine bequeme Küstenwanderung zur *Playa de la Madera* unternehmen (etwa 3:30 Std. hin/zurück).

Von Tinajo zur Playa de la Madera: Vom rechtwinkligen Abzweig der Asphaltstraße nach Playa Teneza führt eine etwa 6 km lange „Wellblechpiste" Richtung Westen bis an die Grenze des Nationalparks. Landschaftlich eintönig geht es durch kilometerweite Lavafelder, an der weißen *Caldera Blanca* (458 m) mit ihrem riesigen Krater vorbei (Aufstieg → S. 375). Auffallend sind unterwegs immer wieder die mit hellgrüner Tabaiba bewachsenen *Islotes*, die zum Schwarz der Lava kontrastieren. Diese Flecken sind zwar vulkanischen Ursprungs, stammen allerdings aus vorgeschichtlicher Zeit. Von den Lavaströmen der Ausbrüche im 18. und 19. Jh. wurden sie nicht überrollt und so konnten sich dort schon wieder höhere Pflanzen ansiedeln. Gegen Ende des Wegs kommt man an einem schwarzen Strand vorbei, der *Playa de las Malvas*, wo die Einheimischen gelegentlich wild zelten oder angeln. Kurz darauf endet die Piste an der *Playa de la Madera*, einer kleinen Bucht mit Lavasand, eingefasst von schwarzen Felsen. Links vorne erkennt man ein kleines Tor im Fels. Einige Hütten sind hier aus Steinen aufgeschichtet, in kleinen Felsteichen kann man sich erfrischen. Das Meer ist meist aufgewühlt, deshalb vorsichtig sein mit Baden.

An der Playa de la Madera trifft man auf die Grenze des Nationalparks Timanfaya, ein schmaler Pfad führt die gesamte Küste des Parks entlang bis kurz vor El Golfo (→ Kleiner Wanderführer, S. 400).

La Santa

Das unscheinbare Fischernest ist unmittelbar an die niedrigen, schwarzen Klippen gebaut, auf einer bescheidenen Promenade kann man ein wenig schlendern. Der kleine Hafen wird durch eine gemauerte Mole geschützt, hier kann man zusehen, wie die Fischer ihre Boote ins Wasser lassen, und wenn man Glück hat, wie sie ihren Fang anlanden. Ansonsten besteht La Santa aus unverhältnismäßig vielen leerstehenden und verfallenen Häusern, die wenig Freude aufkommen lassen. Wegen der Nähe zum Clubhotel La Santa haben sich aber einige Lokale etablieren können und für Wellenreiter gibt es im Umkreis einige der besten Spots der Insel.

Anfahrt/Verbindungen Busstopp neben dem Restaurant Río Azul, Busse der Linien 16, 52 und 53 fahren von und nach Arrecife.

Übernachten Die Lokale und Shops entlang der Durchgangsstraße Avenida El Marinero vermieten Apartments, z. B. **Kalufa Surf** (→ Sport).

Essen & Trinken An der Durchgangsstraße wartet eine Reihe von z. T. überraschend guten Restaurants auf Kundschaft.

Direkt am Meer gibt es kein Lokal.

Bike Stop Café, am Ortseingang links, frisch gepresste Säfte für die gesundheitsbewussten Sportler aus dem nahen Großhotel (beim letzten Check geschl.).

》》 Mein Tipp: Mama Africa, neben dem Bike Stop Café, geführt von Monica und Mark aus London. Ansprechendes Ambiente, bester Service und internationale Küche mit frischen Produkten. ✆ 686-620521. 《《

Weitab vom Schuss: Fischerboote und Hafenmole in La Santa

Los Delfines, auf der Terrasse Plastikstühle, dahinter eine recht schmucke Gaststube. Tapas, Pizza und Fisch. Mo geschl. ☎ 928-840094.

»> Mein Tipp: **Amêndoa**, innovative Fusionküche bester Qualität, dazu jungen und freundlichen Service bietet Lucila Freire mit Küchenchefin Gaby Passante in ihrem modernen, kleinen Terrassenlokal. Die Speisekarte wird regelmäßig erweitert, dazu gibt es eine ansprechende Weinkarte und den begehrten Schokoladen-Volcano zum Abschluss. Mo nur abends, sonst mittags und abends geöffnet. Preislich etwas höher. ☎ 928-838252. **«**

Alma Tapas & +, benachbart zum Amêndoa und unter derselben Leitung, man sitzt im gepflegten Innenraum oder auf einer Terrasse hinter dem Haus. Tagsüber bis 18 Uhr sehr gute Tapas (auch glutenfrei), abends wird à la carte gespeist. Sehr gute Qualität und aufmerksame Bedienung. Mo geschl. ☎ 928-838252.

»> Mein Tipp: **Verde Mar**, großes gemütliches Lokal im Ortszentrum, geführt von Debbie aus England. Gute und kreative Speisekarte mit Risotto, Falafel, Fisch und Fleisch, dazu offener Lanzarote-Wein. Keine Plätze im Freien. So geschl. ☎ 928-840858. **«**

El Barquillo, sehr günstige Tapas-Bar im Souterrain unter Verde Mar, fangfrischen Fisch bekommt man hier täglich, Einheimische sind häufig zu Gast. ☎ 928-840136.

El Quemao, schlichte Bar im Ortskern, auch hier guter Fisch, Tapas und offener Wein aus Tinajo. Calle El Quemao 5, ☎ 619-263728.

Sport **Kalufa Surf**, die Surfschule an der Durchgangsstraße organisiert einwöchige Surfcamps mit Unterricht und Unterkunft in der Villa „Surf House", internationales Team, Ausrüstungsverleih. Avda. El Marinero 28, ☎ 661-050966, www.kalufasurf school.com.

Pro Bike, ebenfalls an der Durchgangsstraße, Fachgeschäft für Rennräder und Zubehör, auch Verleih. Ideale Lage für die Sportler aus dem Club La Santa, Produkte im absoluten Profi-Bereich, entsprechend hoch sind die Preise der Straßenflitzer. Geführt von einem sehr freundlichen Ehepaar aus England. Mo–Fr 10–19, Sa 10–16 Uhr. Calle Encarnacion 14, ☎ 928-840103, www.probike lanzarote.com.

Club La Santa

Wie eine moderne Trutzburg steht der weit verschachtelte Komplex an der ansonsten völlig leeren Küste. Erbaut wurde das Großhotel bereits in den 70er Jahren und ist mittlerweile in einigen Bereichen etwas in die Jahre gekommen, wurde aber kürzlich um eine Reihe freistehender Apartmentbauten und mehrere Schwimmbecken erweitert.

Nach einer Krise in den Anfangsjahren hat La Santa inzwischen eine ideale Marktnische gefunden und sich als das bekannteste Sporthotel der Kanaren profiliert – „Urlaub, der Spaß macht und fit macht, in dem wohl vielfältigsten Sporthotel seiner Art auf der Welt". Internationale Spitzensportler wie Michael Groß, der Olympiasieger und Sprint-Weltmeister Linford Christie oder der britische Formel-1-Pilot Jenson Button haben hier schon ebenso konzentriert trainiert wie Amateursportler und interessierte Urlauber. Oft kommen sogar ganze Fußball- oder Basketballmannschaften. Britische und skandinavische Urlauber stellen das Gros der Gäste.

Die Sportmöglichkeiten sind umfangreich, u. a. *Volleyball, Handball, Basketball, Fußball, Badminton, Tennis, Squash, Minigolf, Golf* (Übungsplatz), *Boccia, Aerobic, Krafttraining, Windsurfen* und *Tauchen* – das meiste zum Nulltarif. Es gibt außerdem ein *Fitnessstudio*, wo Experten auf Wunsch ein individuelles Trainingsprogramm erstellen, ein 50 m langes *Olympiaschwimmbecken* und eine große *Leichtathletikanlage* mit Tartanbahn, wo alle olympischen Disziplinen außer Hammerwerfen ausgeübt werden können. Das ganze Jahr über finden sportliche Veranstaltungen

Inselmitte → Karte S. 126/127

statt, an denen man nach Vorbereitung im Club La Santa teilnehmen kann, darunter alljährlich im Frühjahr der populäre Lanzarote-Ironman (→ S. 115), der Lanzarote-Marathon und die Lanzarote-Mountainbike-Woche.

Die reine Schönheit ist La Santa allerdings nicht. Der ganze Betonbau ist verwirrend groß und zunächst wird man vielleicht etwas hilflos durch die Gänge und Stockwerke irren. Die alten Apartments sind mittlerweile renoviert, doch vor allem die neu gebauten sind modern und gut ausgestattet (wenn möglich, dort buchen). Doch spielt das alles nur eine Nebenrolle, denn die Hauptsache ist hier der Sport. Baden kann man in einer schönen Poollandschaft mit weitläufigen Liegeterrassen, im großen Sportbecken oder außerhalb der Anlage an einer winzigen Badebucht inmitten scharfkantiger Lavaklippen. Ebenfalls zum Hotel gehört die benachbarte Lagune *Ria de la Santa*, die nach touristischen Bedürfnissen eingerichtet wurde und als Surf- und Badezone dient (→ unten). Das flache Land im Umkreis bietet sich zum Wandern, Joggen und Radfahren an. Es werden Mountainbikes, Kinderräder, Touren- und Rennräder, aber auch Autos vermietet.

Auch abends wird man sich wohl nicht einsam fühlen. Die Räumlichkeiten gruppieren sich um den Square, einen zentralen Innenhof, in dem Shows, Kinderveranstaltungen und Animation stattfinden, es gibt mehrere Restaurants, eine Pizzeria und das beliebte Sports Café, außerdem eine Disco.

Anfahrt/Verbindungen Von und nach Arrecife fahren Busse der Linien 16, 52 und 53.

Taxi nach Arrecife kostet ca. 38–40 €.

Buchung *** Club La Santa, vermietet werden im großen Sporthotel Apartments verschiedener Größe, mit ein, zwei oder sogar vier Schlafzimmern (bis zu 10 Pers.), die neu gebauten sind besser. Buchen bei Club La Santa, Sperberhorst 11, D-22459 Hamburg. ℘ 040-5510034, www.club lasanta.de.

Ria de la Santa: seichte Lagune zwischen Hotel und der Halbinsel La Isleta. Vom offenen Meer abgetrennt, deshalb sehr ruhiges Wasser, ideal für Anfänger zum Windsurfen. Aufgeschüttet wurde ein gelber, künstlicher Sandstrand, der von halbrunden und runden Steinbauten unterteilt ist.

La Isleta: Die flache, kahle Halbinsel westlich vom Club La Santa ist durch die Lagune weitgehend vom „Festland" getrennt. Durch eine Rundstraße ist sie für den motorisierten Verkehr erschlossen, eine Zufahrt gibt es nördlich vom Hotel, im Süden führt außerdem ein Brückendamm von der Hauptzufahrtsstraße hinüber. Bei geeignetem Wind treffen sich am Pointbreak *La Derecha* die jungen Wellenreiter von Lanzarote, denn der Nordwestpassat treibt ständig schwere Wellen an Land.

Von La Santa über La Costa nach La Caleta de Famara: Kurz vor dem Hotel zweigt von der Zufahrtsstraße rechts eine Asphaltstraße ab, die in wenigen Minuten zum einsamen Küstendörfchen *La Costa* an der Bucht Caleta del Caballo führt (→ S. 225). Von dort kann man ins nahe Sóo fahren, wo man Anschluss an die Straße nach La Caleta de Famara hat.

Vom Clubhotel La Santa kann man über La Costa auch problemlos auf Sicht nach La Caleta wandern, das dauert knapp 2 Std. Man lässt die Kette der Vulkanberge bei Sóo landeinwärts liegen und läuft entlang der leicht hügeligen Küste, dort gibt es eine Staubpiste und mehrere Wege.

Von Mozaga nach La Caleta de Famara

Die Fahrt führt durchs hügelige Inselzentrum, knapp vorbei an den Ausläufern der Lavafelder. Man passiert die Dörfer Tao und Tiagua. Diese eigentümlichen Namen stammen wahrscheinlich noch aus dem Sprachschatz der vorspanischen Bewohner. Anschließend geht es durch das Treibsandgebiet *El Jable* zur Westküste.

Tao

Hübsches, weißes Dorf in den Hügeln der Inselmitte, jedes Haus hat seinen Gemüsegarten, herrlicher Blick hinüber zur Steilküste von Famara. Kurz vor dem Ort ragt linker Hand die 550 m hohe *Montaña Tamia* empor. In einem von der Straße her sichtbaren Steinbruch wird Picón abgebaut, die rabenschwarzen Abbauflächen geben ein eindrucksvolles Bild ab. Berühmt ist Tao für seine Ringkämpfer. Am Ortseingang steht die große *Ringkampf-Arena*, in der oft Meisterschaftskämpfe der „Lucha Canaria" ausgetragen werden.

Die Katastrophe von 1824

Am 31. Juli 1824 bricht in unmittelbarer Nähe von Tao, rechter Hand der Straße nach Tiagua, auf dem Anwesen des Priesters Duarte ein Vulkan aus, später *Montaña del Clerigo Duarte* (303 m) genannt. Damit beginnen die vorerst letzten Vulkanausbrüche auf Lanzarote. Sie pflanzen sich in einer 14 km langen Eruptivkette in den heutigen Nationalpark fort, wobei insgesamt drei Vulkane mit jeweils mehreren Trichtern entstehen. 76 Tage dauern die Ausbrüche, zu Schaden kommt dabei niemand. Die im Gebiet des Clerigo Duarte entstandene Lavazone (Malpaís) wird heute zum Weinanbau genutzt, auf dem Vulkankegel selbst steht ein fürstliches Anwesen.

Tiagua

Wegen seiner fruchtbaren Umgebung früher einer der Hauptorte der Insel. Doch Vulkanausbrüche und Verwehungen aus El Jable zerstörten die Lebensgrundlage der Bewohner.

Heute ist Tiagua ein ruhiges Landwirtschaftsdorf mit Wein- und Zwiebelanbau, in dem zwei restaurierte *Windmühlen* auffallen. Eine befindet sich am Ortsausgang Richtung Muñique, die zweite ist Teil des großen Freilichtmuseums *Museo Agrícola El Patio*, das gut beschildert mitten im Ort liegt.

Anfahrt/Verbindungen Busse der Linien 16, 52 und 53 fahren von Arrecife über San Bartolomé, Mozaga und Tao nach **Tiagua** und weiter nach **Tinajo**, auf derselben Strecke weiter nach **La Santa** und **La Santa Sport**. Haltestelle an der zentralen Kreuzung.

Essen & Trinken El Tenique, am Abzweig nach Sóo. Orlando und Franzisco bieten gute spanisch-kanarische Küche in großer Auswahl, Kaninchen und Zicklein, aber auch fangfrischen Fisch. Auf der überdachten Terrasse sitzt man recht hübsch. So-Abend und Mo geschl. Carretera Arrecife-Tinajo, ✆ 928-529856.

Museo Agrícola El Patio:
„Die Vergangenheit bewahren, um die Zukunft zu sichern"

Als in den 70er Jahren der Tourismus auf Lanzarote die Landwirtschaft zu verdrängen begann, verwendete der damalige Besitzer Dr. José Barreto, ein ehemaliger Kinderarzt, einen Großteil seiner Zeit und seines Einkommens dafür, seinen brachliegenden Landwirtschaftsbetrieb zu einem *Heimat- und Landwirtschaftsmuseum* zu gestalten und Zeugnisse der Wirtschaftsgeschichte zusammenzutragen. Im Dezember 1993 starb der Arzt und die Familie beschloss, das Anwesen der Öffentlichkeit zugänglich zu machen. Seitdem wurde die Sammlung ständig erweitert, wirkt aber derzeit teilweise ein wenig vernachlässigt. So fehlt der großen Mühle ein Flügel und viele Pflanzen sind fast vertrocknet.

Mo–Fr 10–17, Sa 10–14 Uhr, So geschl., Eintritt ca. 6,50 €. ☎ 928-529134, www.museoelpatio.com.

Rundgang: „El Patio" besteht aus einer Reihe von traditionellen Gebäuden mit zahlreichen Ausstellungsobjekten, außerdem gibt es Stallungen, Windmühlen und einen Kaktusgarten. Nach der Kasse wendet man sich zunächst nach rechts, wo das *Haupthaus* mit Nebengebäuden steht. In den restaurierten Innenräumen sind historische Fotos, Trachten, eindrucksvoll geformte Lavasteine und Keramik ausgestellt – letztere ist römischen Stücken aus dem 1. Jh. n. Chr. nachgebildet, die man auf dem Gelände der Finca gefunden hat. Außerdem werden anhand von Fotos und Zeichnungen Trachten, Vulkanismus und traditionelle Architektur auf Lanzarote dokumentiert. Im *Hinterhaus* lebte früher der Vorarbeiter des Landguts. Um einen

Windmühle im Landwirtschaftsmuseum Agrícola El Patio

kleinen Patio mit Wasserfilterstein gruppieren sich das schlichte Schlaf- und Wohn-/Esszimmer, das Plumpsklo und die Küche mit rußgeschwärzter Decke. Dahinter betritt man einen großen *Hof*. Rechts steht das klassizistisch anmutende *Wohnhaus* der früheren Besitzer, die linke Seite nimmt der ehemalige *Lagar* (Weinkeller mit Kelterei) des Guts ein. Daran schließen sich eine *Tahona*, d. h. eine von Tieren gezogene Mühlvorrichtung, sowie die schlichte *Kapelle* des Anwesens und ein kleiner *Kaktusgarten* an. Beim Zurückgehen kommt man am alten Backofen und dem ehemaligen Haupteingang der Finca vorbei.

Im Anschluss begibt man sich auf die gegenüberliegende Seite des Anwesens, im Außenbereich sind dort Ziegen, ein Esel und ein Dromedar untergebracht. Die *Molina*, die kleinere der beiden Windmühlen, ist ein 6 m hoher, drehbarer Holzturm, in dessen Mahlwerk geröstete Maiskörner zu Gofiomehl vermahlen wurden. Gleich daneben findet man eine kleine Sammlung von restaurierten *Getreidemühlen*, die von Tieren oder von Menschen angetrieben wurden (Zug- und Handmühlen). Da gibt es z. B. eine große Mühle mit zwei senkrecht zueinander stehenden Zahnrädern, die von Eseln angetrieben wurde, aber auch einige handbetriebene Mühlen, die alle die Kreativität und Fantasie verdeutlichen, mit der das Mahlhandwerk auf Lanzarote betrieben wurde.

Danach betritt man das lang gestreckte Gebäude daneben, in dem eine umfangreiche *Fotogalerie* mit vielen historischen Aufnahmen die Entwicklung der Landwirtschaft auf Lanzarote und die Lebensgrundlagen seiner Bewohner zeigt. Deutlich werden hier z. B. die frühere Bedeutung des Dromedars als Nutztier, die verschiedenen

Inselmitte → Karte S. 126/127

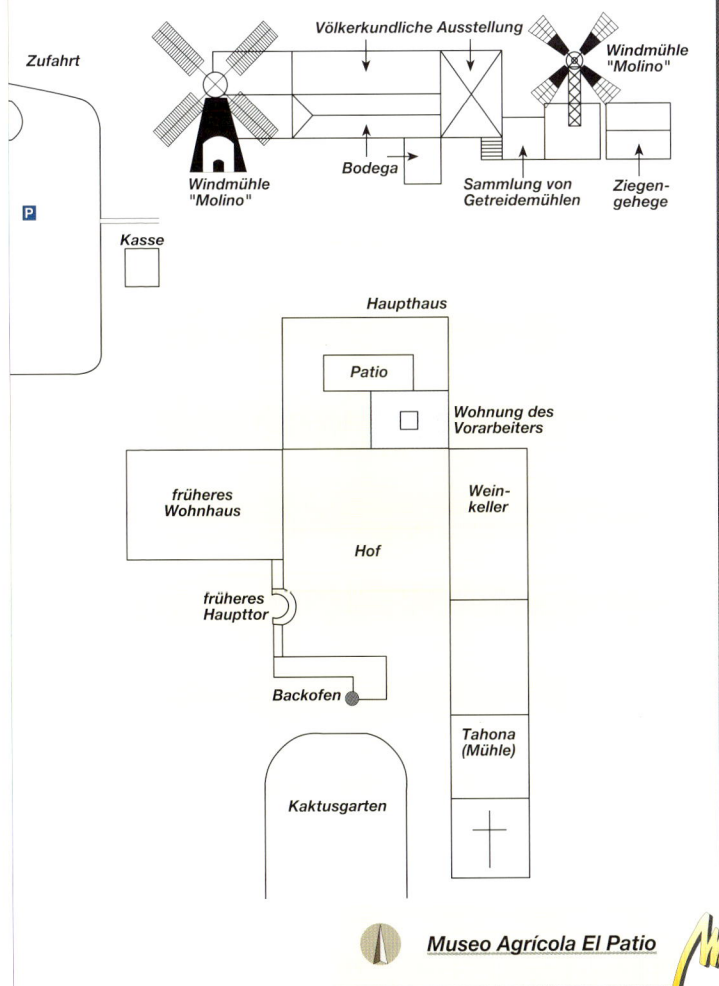

Zufahrt

Völkerkundliche Ausstellung

Windmühle "Molino"

Windmühle "Molino"

Bodega

Sammlung von Getreidemühlen

Ziegengehege

P

Kasse

Haupthaus

Patio

Wohnung des Vorarbeiters

früheres Wohnhaus

Weinkeller

Hof

früheres Haupttor

Backofen

Tahona (Mühle)

Kaktusgarten

Museo Agrícola El Patio

Varianten der Mühlen bzw. Windräder (Gofio- und Salzgewinnung), aber auch die schwierige Nutzbarmachung des Bodens der Vulkaninsel und die unterschiedlichen Vegetationsarten. In denselben Räumlichkeiten illustrieren zahlreiche alte *Landwirtschaftsgeräte*, *Flechtarbeiten* sowie *Keramik* von Dorotea (→ Muñique) Leben und Arbeit der Lanzaroteños.

Der Rundgang durch dieses Gebäude endet in einer stilecht aufgemachten *Bodega* mit gemütlichem Außenbereich, wo man die „El Patio"-Weine aus eigener Herstellung kosten und erwerben kann (Malvasía, Vino tinto und Moscatel dulce).

Zu guter Letzt geht man noch an der großen Windmühle namens *Molino* vorbei, in der Mais und anderes Getreide zur Gofioherstellung gemahlen wurden. Im Inneren kann man bis zum Mahlwerk hinaufsteigen.

Mancha Blanca und Tinajo → S. 213 und 216

Von Tiagua nach La Caleta de Famara

Die Straße führt in sanftem Gefälle entlang des versteppten Sandgebiets *El Jable*. Die Straßenränder sind mit Beeten aus Sukkulenten bepflanzt und bilden einen farbigen Kontrast zur fahlen Staub- und Sandlandschaft. Einige Pisten führen mitten hinein in die Wüste. Früher wurde hier *Barrilla* (Salzkraut) zur Sodagewinnung (→ Lanzarote allgemein/Wirtschaft) angebaut, heute sind es vor allem Wassermelonen.

Muñique: In dem kleinen Dorf lebte jahrzehntelang *Doña Dorotea Armas*, die als eine der letzten die alte Keramiktechnik der Majos noch kannte und ausübte. Schon ihre Urgroßmutter beschäftigte sich intensiv mit der Töpferkunst. 1997 starb sie im biblischen Alter von fast hundert Jahren. Vor allem wurde sie bekannt wegen ihrer Figuren „Die Verlobten von Mojon", einer männlichen und einer

Im ruhigen Küstenörtchen La Costa

weiblichen Tongestalt von etwa 20 cm Höhe, deren Geschlechtsorgane deutlich herausgehoben sind – angeblich Figuren eines alten Fruchtbarkeitskults. Doroteas Arbeit führen Tochter und Enkelin weiter, die Figuren werden weiterhin mit „Dorotea" gekennzeichnet.

Sóo: unscheinbares Dorf am Rand der Wüste, die Häuser stehen am Hang des gleichnamigen Vulkans (293 m), der wegen seiner intensiven rostbraunen Farbe auch *Pico Colorado* genannt wird. Eine Reihe kleinerer Vulkane schließt sich nordöstlich davon an. Die kleine Dorfkapelle *Ermita San Juan Evangelista* stammt von 1772 und ist hübsch anzusehen. Die Bewohner leben großteils von Landwirtschaft und Ziegenhaltung, mittlerweile gibt es aber auch ausländische Residenten, die Ferienwohnungen vermieten. Eine putzige Stehbar liegt an der Durchgangsstraße.

Man sagt, dass die Häuser hier früher keine Fenster hatten und die Umrisse nur als Dekor auf die Wand gepinselt waren. Einerseits entspricht das der andalusisch-maurischen Tradition, denn in Sóo lebten im 16. und 17. Jh. arabische Sklaven. Andererseits hatte es auch einen sehr praktischen Grund, da die Westküste das ganze Jahr über heftigen Winden ausgesetzt ist. Heute gibt es von dieser Tradition allerdings keine Spuren mehr.

Anfahrt/Verbindungen Busse der Linie 20 fahren von Arrecife Mo–Fr 5 x tägl. nach **Sóo** und weiter nach **La Caleta de Famara**. Haltestelle an der zentralen Kreuzung.

Übernachten La Casa Blanca, die nette Pension am Ortsrand wird seit Kurzem von Lydia aus London geführt. Fünf Zimmer bieten Platz für bis zu 10 Pers., Gemeinschaftsraum/-küche, Garten mit hübschem Pool. DZ ca. 55 €, Vierbettzimmer ca. 85 €, jeweils mit Frühstück. Calle de los Parrenderos 3, ✆ 645-233596, www.lacasablanca.org.

La Costa: kleines Nest an der flachen Klippenküste, auf asphaltierter Straße zu erreichen ab Sóo oder vom Clubhotel La Santa. Die niedrigen Häuschen schmiegen sich an die Bucht *Caleta del Caballo* und werden von Einheimischen als Ferienquartiere genutzt. Winziger, weißer Sandstrand, herrliche Brandung, Jungs angeln auf den Klippen – schön für eine verträumte Stunde.

Von Sóo nach La Caleta de Famara: Die Asphaltstraße führt mit wunderschönen Ausblicken auf das Famara-Massiv im sanften Bogen flach hinüber zum kilometerlangen Strand in der Famara-Bucht. Zum Wandern lohnen die Feldwege und Pisten, die nördlich der Reihe von kleinen Vulkanen parallel zur Küste laufen (→ Bucht von Famara/Wandern).

Zwischen Arrecife und Teguise

Eine viel befahrene Straße führt von der heutigen zur ehemaligen Hauptstadt, der Abzweig an der Circunvalación um Arrecife ist beschildert. Auf dieser Straße kam 1992 César Manrique zu Tode, wenige Meter vor seinem ehemaligen Haus *Taro de Tahiche* – heute eine der großen Sehenswürdigkeiten Lanzarotes. Es liegt 2 km vor Tahiche mitten in einem tiefschwarzen Lavafeld. Mit „Taro" bezeichnete man auf Lanzarote früher Hirtenhütten aus Lavagestein.

Ganz in der Nähe, an der Straße von Taro de Tahiche nach San Bartolomé, findet man den *Palacio del Zonzamas*, den wichtigsten archäologischen Fundort der Insel mit einer Reihe traditioneller Höhlenbauten, den *Casas Hondas*, sowie ein rätselhaftes Relikt der vorspanischen Bewohner, die *Quesera de Zonzamas* (→ S. 188).

Der Eingangsbereich der Fundación César Manrique

Fundación César Manrique (Taro de Tahiche)

Eine moderne Legende: Als Manrique 1968 aus New York nach Lanzarote zurückkehrte, wollte er sich auf der Insel dauerhaft niederlassen. So machte er sich auf die Suche nach einem geeigneten Grundstück. Als er dabei eines Tages am großen Lavafeld bei Tahiche vorbei kam, fiel ihm die Spitze eines Feigenbaums auf, der ein Stück über die Lavafläche herausragte.

Beim Nähertreten sah er, dass der Baum in einem unterirdischen Hohlraum, einer Lavablase, stand und dort Wurzeln geschlagen hatte. Weitere vier Lavablasen lagen gleich benachbart. Manch anderer hätte damit nichts anzufangen gewusst, aber César wäre nicht er selbst gewesen, hätte es bei ihm nicht sofort „gezündet" – hier wollte er sein Haus bauen! Er machte die Eigentümer ausfindig und wollte ihnen das Land abkaufen. Doch diese fühlten sich geschmeichelt und schenkten ihm das in ihren Augen völlig wertlose Stück Lavaboden.

So setzte Manrique also sein Haus und Atelier mitten in die pittoreske Lavawüste, verband die fünf darunter liegenden Hohlräume durch Gänge und integrierte den so entstandenen Wohnraum in sein oberirdisches Anwesen. Damit war ihm eine vorbildhafte Konstruktion geglückt: Nicht nur, dass er sein Haus nach Art der nahen „casas hondas" der vorspanischen Bewohner in den Boden versenkt hatte. Gleichzeitig zeigte er auch, wie kreativ man mit dem natürlichen Potenzial Lanzarotes umgehen kann – Lava nicht als totes, lebensfeindliches Material, sondern als architektonische und künstlerische Herausforderung. Bis 1987 lebte er hier und machte im März 1992, kurz vor seinem Tod, Taro de Tahiche in Form einer Stiftung als Museum der Öffentlichkeit zugänglich. Seitdem ist es einer der größten Anziehungspunkte der Insel.

Das große Anliegen im Schaffen César Manriques, Natur und Kunst unauflösbar miteinander zu verknüpfen, wird hier besonders deutlich. In den oberirdisch

liegenden Räumen, durch deren flächendeckende Fensterfronten das Licht herein-
flutet und man herrliche Panoramablicke über das Lavameer hat, ist eine moderne
Kunstausstellung eingerichtet. Doch mit wenigen Schritten taucht man buchstäblich unter und findet sich in einer anderen Welt wieder. Abgeschirmt von der
gleißenden Sonne durchschreitet man kühle Rundräume und Lichthöfe aus dunkler Lava. Alles ist blendend weiß gekalkt, behutsam beleuchtet, sparsam, aber
effektvoll möbliert und mit Bäumen versehen, die in das obere Stockwerk ragen.
Eine weiße Poolanlage mit kleinem Wasserfall bildet den Höhepunkt der Unter-
welt. Leise, meditative Musik untermalt während des gesamten Rundgangs die
starke Raumwirkung.

Anfahrt Die Fundación César Manrique liegt etwa 2 km südlich von Tahiche. An einem **Kreisverkehr** (→ Kasten, S. 229) zweigt man nach Westen ab und nimmt die Straße nach San Bartolomé. Etwa 200 m weiter trifft man auf den großen Parkplatz der Anlage. Ein abstraktes, weißes Großdenkmal steht davor an der Straße. Am Kreisverkehr selber fällt das silberne Windspiel auf.

Öffnungszeiten Tägl. 10–18 Uhr, Eintritt 8 € (mit Casa-Museo in Haría 15 €, → S. 282), Kinder bis 12 J. frei, Ermäßigung mit „Bono" (→ S. 92). ✆ 928-843138, www.fcmanrique.org. Fotografieren ist nur in den Außenanlagen erlaubt.

Besichtigung: Durch ein schmiedeeisernes Tor mit den Initialen Manriques betritt man das mit Lapilligärten umgebene und reich bepflanzte Anwesen. Vorbei an einem kleinen Glockenstuhl geht man zur Kasse, noch vorher zieht rechter Hand das in seiner Farbenpracht besonders gelungene Windspiel „La energía de la Pirámide" die Aufmerksamkeit auf sich. Markant ragt dahinter die nahe *Montaña Tahiche* in die Höhe.

Um in den Innenbereich zu gelangen, nimmt man eine seitliche Tür und kommt in einen kleinen *Innenhof* mit der Öffnung einer darunter liegenden Lavablase, aus der eine Palme emporwächst. Von hier aus betritt man das oberirdisch angelegte, ehemalige *Wohnzimmer* Manriques, das dank der hellen Farben, großflächigen Fenster und der gelungenen Raumkomposition eine großartige Wirkung vermittelt. Durch eine im Boden ausgesparte Öffnung ragt der legendäre Feigenbaum aus dem Untergeschoss herauf. An den Wänden findet sich hier Manriques private Sammlung moderner Kunst, deren Urheber hauptsächlich spanischer Herkunft sind. Mit Blick auf den Pool im tiefer gelegenen Lavabereich geht man anschließend ein Stück im Freien, um in den *Espacios* genannten Raum zu gelangen, wo Skizzen und Fotografien von Manriques Naturprojekten ausgestellt sind. Ein weiterer separater Raum, das ehemalige *Schlafzimmer*, ist dem Kunstschaffen Manriques gewidmet. Von den naturalistischen Anfängen mit Buntstift-, Aquarell- und Kohlezeichnungen in den 1940er Jahren über die Originalskizzen für die überall auf Lanzarote kursierenden Fischkacheln bis zu architektonischen Plänen für realisierte und nicht realisierte Objekte ist alles vertreten. Besonders hübsch sind die Entwürfe für die zahlreichen Windspiele, die man an vielen Stellen Lanzarotes sieht.

Nun steigt man hinunter in den unterirdischen „Trakt der Lavablasen". Die Basalttreppe mündet zunächst in der so genannten *Brunnenblase*, in der ein Papayabaum steht. Äußerst wirkungsvoll sind die Höhlenböden, Wände und niedrigen Verbindungsgänge halbhoch weiß gestrichen, die obere Hälfte ist naturbelassen schwarz. Verstreut sind einige kleine Kunstwerke und Skulpturen angeordnet. Den Anfang bildet eine Grotte mit *weißer Ledersitzgarnitur*, aus der eine Palme in den darüber liegenden kleinen Innenhof im Eingangsbereich des Anwesens ragt. Danach folgt ein Raum mit *knallroter Garnitur* und dem Feigenbaum, der nach oben in das

Das Fenster zur Lava

Wohnzimmer wächst. Bevor man jetzt in den Hof gelangt, kommt man am *Bade-zimmer* vorbei, das sehr gelungen in eine schräge Nische des Lavagesteins platziert ist. Schmuckstück im großen, offenen Hof mit Drachenbaum, Palmen und Kakteen ist der weiße *Pool*, den man auf einem Steg aus scharfkantigen Lavablöcken über-queren kann. Aus einer Röhre plätschert Wasser ins Becken. Unter einem Felsvor-sprung ist eine gemütliche Sitzgruppe untergebracht, in einem traditionellen Grill-ofen konnte man früher Fisch und Fleisch braten. Durch die *schwarze Blase* mit vier soliden Eckpfeilern und die *gelbe Blase* mit gelb-weiß gemusterten Sitzmöbeln steigt man schließlich zum weiträumigen *Ausstellungssaal* hinauf, in dem mehr als zwei Dutzend großformatige Werke von Manrique und Künstlerkollegen hängen. In teils düsteren Farben, erdverbunden und schwer, sind die abstrakten Gemälde analog zur umgebenden Lavawüste gestaltet. Ein ganz besonders schöner Platz im Haus ist hier das große Fenster, das wie ein Bilderrahmen wirkt für die wild ge-formte Lava dahinter – man genießt den Blick auf die *Montaña Maneje*, effektvoll platziert ist im Vordergrund eine schlanke Palme.

Als letztes kommt man in den Hof der Fundación. Ein opulenter Blickfang be-herrscht hier das Bild: eine lange und sehr bunte Mosaikmauer, von Manrique 1992 gestaltet, die ganz abstrakt Landschaft und Menschen Lanzarotes thematisiert. Da-vor liegt ein Teich, reich bepflanzt mit verschiedenfarbigen Sukkulenten. In den ehemaligen Garagen Manriques sind Service-Einrichtungen untergebracht: eine *Cafeteria* und ein *Laden* mit den typischen Manrique-Souvenirs – farbige Kacheln, T-Shirts mit Manrique-Logos, Bücher und Postkarten zum Thema, Poster u. Ä. Durch das Tor mit den Initialen CM verlässt man das Anwesen, kann aber beim Hinausgehen noch in einem großen Saal rechter Hand wechselnde Ausstellungen kanarischer Künstler bewundern.

Los Aljibes: An der Kreuzung mit dem silbernen Windspiel (→ Fundación César Manrique/Anfahrt), wo die Straße zur Fundación César Manrique abzweigt, geht es

Manriques letzter Tag: Der Unfall

Am Freitag, dem 25. September 1992, bricht der 73-jährige César Manrique gegen 14 Uhr von der Fundación zu seinem Haus in Haría auf. Dazu muss er zunächst zur knapp 200 m entfernten Kreuzung mit der Hauptstraße von Arrecife nach Teguise fahren und nach links einbiegen. Genau sind die letzten Sekunden vor dem Unfall nicht mehr zu rekonstruieren – entweder rollt Manrique ohne anzuhalten auf die gefährliche Kreuzung oder er stoppt kurz und fährt dann in die vorfahrtsberechtigte Straße hinein. So oder so übersieht er den schweren Toyota Land Cruiser, der in schneller Fahrt auf der Hauptstraße in Richtung Arrecife unterwegs ist. Der mächtige Jeep bohrt sich in die Fahrertür des Jaguars. César Manrique wird durch die total zertrümmerte Tür im Sitz eingekeilt. Erst eine Stunde nach dem Unfall kann der noch lebende Künstler in die Klinik „Insalud Hospital General" von Arrecife eingeliefert werden. Kurz nach drei Uhr versagt sein Herz. Wiederbelebungsversuche bleiben ohne Erfolg, Manrique stirbt um 15.20 Uhr.

Manrique hatte immer wieder vor der gefährlichen Kreuzung gewarnt und die Einrichtung eines Kreisverkehrs gefordert, um eine Gefährdung der Besucher der Fundación auszuschließen. Mittlerweile gibt es ihn endlich – doch erst der Tod des Künstlers öffnete den Verantwortlichen die Augen. Manrique ist auf dem Friedhof von Haría begraben, das schlichte Erdgrab kann besucht werden.

Richtung Osten nach Costa Teguise – ein weiteres kleines Windspiel markiert diese Straße. Nur wenige hundert Meter weiter trifft man rechter Hand auf Los Aljibes. Es handelt sich dabei um zwei parallel zueinander im Erdboden liegende Zisternen, die etwa 200 Jahre alt sind. César Manrique hatte sie zu einem Restaurant umgebaut, das nach längerer Schließung seit einigen Jahren wieder geöffnet ist (→ Tahiche/Essen & Trinken). Man kann die mit Kakteen schön bepflanzte Anlage aber auch ohne Einkehr besichtigen (Wirt Hernan führt interessierte Besucher gerne herum), ein Tunnel wird für Kunstausstellungen genutzt.

Tahiche

Größerer Ort unterhalb der Montaña Tahiche, in erster Linie Domizil für Einheimische, die in Arrecife arbeiten. Da hier die Straße in den Norden nach Arrieta und Órzola abgeht, ist Tahiche ein wichtiger Kreuzungspunkt.

Übernachten Casa Teiga, drei geschmackvoll ausgestattete Apartments in einem hübschen Anwesen mitten in der Lava, das Manrique mitgestaltet hat. Schmucke Sonnenterrasse mit kleinem Pool, subtropischer Garten, sehr ruhig und sauber, deutscher Eigentümer. Je nach Apt. ca. 90–150 € für 2 Pers. Calle Teofilio Gautier 45, ☎ 699-051013, http://casateiga.com.

Alegranza, zwei Doppelhausvillen mit jeweils drei Schlafzimmern und der kleine Bungalow „Casita" für 2 Pers. gruppieren sich um einen hübschen Pool. Sehr gepflegt, schönes Ambiente. Die Villa ist ab 130 € (2 Pers.), die Casita ab 89 € zu mieten. ☎ 6201-507484 (Deutschland), www.viva ambiente.de.

Essen & Trinken Los Aljibes de Tahiche, das gemütliche Lokal über den Zisternen Los Aljibes (→ oben) wird vom freundlichen Hernan geführt. Die Küche ist direkt an den Gastraum angeschlossen und kann eingesehen werden. Das Angebot wird sorgfältig zubereitet und hat einen gewissen

Gourmetanspruch – Fleisch und Fisch vom Grill bzw. aus dem Steinofen, leckere Quiches und frisch gebackenes Brot. Als Hauswein wird ein guter Rosado serviert. Hinten gibt es auch eine Außenterrasse. Preislich etwas höher. Tägl. 12–23 Uhr. ☎ 674-351289.

Shopping El Pastelito, die Bäckerei mit angeschlossenem Café an der Straße nach Guatiza (etwa 100 m Kreisverkehr) wurde früher sehr gelobt. Nach einem Besitzerwechsel ist das nicht mehr ganz so. Große Auswahl an Brot und Backwaren, Törtchen und Torten. Avda. Nestor de la Torre 22, ☎ 928-843316.

Las Cabreras: Die ruhige Siedlung liegt etwas abseits der Straße nach Teguise. Über Elke Janke Reisen kann hier eine ansprechende Ferienwohnung mit Gemeinschaftspool gemietet werden.

Oasis de Nazaret: größere, ebenfalls sehr ruhige Urbanisation kurz vor Teguise, fast eine reine Residentensiedlung, eine der ersten auf Lanzarote. Einige pompöse Villen fallen ins Auge, doch auch die „Mittelklasse" ist vertreten.

Im Mittelpunkt des Interesses steht das *Centro de Cultura LagOmar*. Das blendend weiße Anwesen schmiegt sich architektonisch reizvoll eng an und in einen rostroten Berghang, wo einst Steine gebrochen wurden. Es besteht aus der *Casa Omar Sharif*, dem einstigen Haus des Weltstars Omar Sharif („Doktor Schiwago"), das heute als „Museo LagOmar" zu besichtigen ist, und dem daneben liegenden Restaurant *LagOmar* mit einem künstlichen See. Ein Teil der Casa Omar Sharif steht außerdem zur Vermietung (→ Übernachten).

Nach der Museumskasse betritt man das Anwesen durch einen Wassertunnel, kommt an Vogelvolieren und einem Wasserfall vorbei und steigt über Stufen hinauf zur Casa Omar Sharif. Es ist wohnlich eingerichtet, wobei die Handschrift César Manriques nicht zu verkennen ist, und mit Fotos und Plakaten zur Hausgeschichte und zum Film „La Isla Misteriosa" dekoriert. Im oberen Stockwerk findet sich ein grün bespannter Spieltisch mit Bridgekarten (→ Kasten). Herrlich ist der Blick

Im Centro de Cultura LagOmar

Wie gewonnen, so zerronnen …

Das später „Casa Omar Sharif" genannte Anwesen wurde in den 70er Jahren vom bekannten Inselkünstler und Architekten Jesús Soto (1928–2003) entworfen. 1973 kam Omar Sharif nach Lanzarote, um den Film „La Isla Misteriosa" („Herrscher einer versunkenen Welt" oder „Die Todesinsel des Kapitän Nemo") nach einem Roman von Jules Verne zu drehen. Er wurde von einem Immobilienmakler in das Haus eingeladen und war so begeistert von Architektur, Lage und Blick, dass er es spontan kaufte. Noch am selben Tag forderte ihn der Makler zu einem Bridgespiel auf, Wetteinsatz sollte die „Casa Omar Sharif" bzw. der Gegenwert in bar sein. Sharif war ein leidenschaftlicher und geübter Spieler, manche sagen auch Zocker, und meinte, problemlos gewinnen zu können – er wusste allerdings nicht, dass sein Gegenspieler mehrfacher europäischer Bridgemeister war … Es kam, wie es kommen musste: Am selben Tag, an dem er das Haus gekauft hatte, verspielte er es wieder und ward seitdem auf Lanzarote nie mehr gesehen.

Der Makler beauftragte daraufhin den berühmten César Manrique, das Haus künstlerisch umzugestalten. 1989 erwarben es die deutschen Architekten Dominik v. Boettinger und Beatriz v. Hoff. Sie beschlossen, einen kulturellen Anziehungspunkt daraus zu machen, und erbauten im restlichen Teil des Steinbruchs das heutige Restaurant LagOmar.

Inselmitte → Karte S. 126/127

über Lanzarote bis nach Arrecife, bei klarer Sicht sogar bis Fuerteventura. Ein mehrsprachiges Tonband erläutert während des Rundgangs die Geschichte des Anwesens, dazu ertönt die wunderbare Titelmusik von „Doktor Schiwago".

Danach geht man hinüber zum Restaurant, das sich mit Grotten, Tunnelgängen und Treppen dekorativ um einen kleinen, künstlichen See gruppiert. Hier kann man noch eine kleine Kunstgalerie mit wechselnden Exponaten ansehen und sich dann gegebenenfalls stärken. Unternehmungslustige lockt abends die Höhlenbar „La Cueva".

Verbindungen Die Busse von und nach Teguise halten an der Kreuzung an der Durchgangsstraße, von dort sind es noch ca. 1,5 km zum Museum/Restaurant LagOmar.

Öffnungszeiten Museo LagOmar, tägl. 10–18 Uhr (laut Leserzuschrift wird saisonal erst um 12 Uhr geöffnet), Eintritt ca. 6 €. ☎ 672-461555, www.lag-o-mar.com.

Übernachten Lagomar Apartments, mehrere gut eingerichtete Wohnungen mit herrlichem Blick über Lanzarote bis zum Meer, dazu gehört ein kleiner Gemeinschaftspool. Für 2 Pers. ab etwa 540 €/Woche. Buchen über casa@lag-o-mar.com.

Casa Olympica, kleine Anlage in der nahen Urbanización Las Cabreras, vermietet werden fünf Apartments/Studios mit Gemeinschaftspool, gute Matratzen. Deut-sche Leitung, Brotchenservice. Studio ca. 36 €, Apt. ca. 44 €. ☎ 928-845195, www.casa-olympica.de.

Essen/Unterhaltung LagOmar, das reizvolle Restaurant mit Cafébar liegt direkt unterhalb der Casa Omar Sharif am Berghang. Wer will, kann direkt am kleinen See sitzen. Die Essensqualität wird derzeit als sehr gut beurteilt, die Preise sind relativ hoch. Di–So 12–23.30 Uhr (tagsüber muss man den Eintritt zum Museum bezahlen, abends ist der Besuch gratis), Mo geschl. Calle Los Loros 2, ☎ 928-845665.

La Cueva, die Höhlenbar mit ihren lauschigen Sitzecken ist an das Restaurant angeschlossen, hier trifft man sich zu entspannter Chill-out-Musik, gelegentlich auch live. Di–So 18.30–2 Uhr, Mo geschl.

Blick vom Castillo de Santa Barbara auf Teguise

Teguise

Municipio ca. 20.000, Ort 1700 Einwohner

Die ehemalige Hauptstadt – offiziell „Villa de Teguise", volkstümlich „La
Villa" genannt – wurde im 15. Jh. aus Furcht vor Piratenüberfällen mitten im
Inselinneren erbaut, unmittelbar am Fuß der markanten Montaña de Guanapay. Wie kein anderer Ort auf Lanzarote hat sie ihr historisches Erscheinungsbild bis heute bewahrt.

Im spanischen Kolonialstil erbaut, präsentiert sich ein großartiges Ensemble aus
stilvollen Kirchen und Klöstern, harmonischen Plätzen, prächtigen alten Häusern
und ruhigen Straßen. Die Altstadt Teguises steht seit über zwanzig Jahren komplett
unter Denkmalschutz und ist das Schmuckstück Lanzarotes. Sie gilt als einer der
besterhaltenen Siedlungskerne der Kanaren. Für einen Bummel sollte man sich
allerdings einen wirklich sonnigen Tag aussuchen, denn Teguise liegt in einer relativ ungemütlichen Inselecke, nämlich auf einer kalten und zugigen Hochebene. Von
November bis Februar fällt mehr Regen als in den tiefer gelegenen Küstenzonen im
Süden und die Temperaturen liegen fast immer ein Stück niedriger als an der
windgeschützten Ostküste um Puerto del Carmen.

Während der Woche ist Teguise ein stiller Ort, ideal für einen beschaulichen Streif-
zug durch die Gassen. Ganz anders der Sonntag: Er steht ganz im Zeichen des
riesigen folkloristischen *Markts*, der hier allwöchentlich stattfindet. In der gesamten Altstadt stehen Stände dicht an dicht, dazwischen drängen sich Besu-
cherströme von der ganzen Insel, die Bars und Lokale bersten vor Menschen in
ausgelassener Stimmung (→ Kasten). Auffallend in Teguise ist die ausländische

Künstler-, Kunsthandwerks-, Öko- und Esoterikszene. Diverse Shops um die beiden zentralen Plätze bieten Naturprodukte, Schmuck, Antiquitäten usw. – sicher nicht nur, weil Teguise so „schön" ist, sondern vor allem aus handfesten kommerziellen Gründen, denn während des großen Sonntagsmarkts ist die Stadt stets sehr gut besucht. Aber auch die kanarische Kultur hat in Teguise einen Schwerpunkt. So gilt die ehemalige Inselhauptstadt als Ursprungsort der *Timples*, der traditionellen gitarreähnlichen Saiteninstrumente der Canarios (→ Kasten, S. 238), wovon mittlerweile auch eine Ausstellung im Palacio Spinola am zentralen Platz von Teguise zeugt.

Geschichte

Bereits in vorspanischer Zeit lag an der Stelle der heutigen Stadt eine kleine Siedlung der Majos – dies vor allem deshalb, weil der Standort ein ausgezeichnetes Reservoir für die Regenwassermassen darstellte, die von der Montaña de Guanapay herunterströmten. In späterer Zeit wurde deshalb mitten in der Stadt ein großes Zisternensystem angelegt (→ Sehenswertes). Nach der Eroberung Lanzarotes im Auftrag der kastilischen Krone unter Jean de Béthencourt im Jahr 1402 gründete sein Stellvertreter und Neffe *Maciót de Béthencourt* Teguise und machte es zur ersten Hauptstadt und zum Bischofssitz der Insel. Da Lanzarote als erste der Kanarischen Inseln eingenommen worden war, gilt Teguise neben Betancuria auf Fuerteventura (→ dort) als älteste Stadt im Archipel. Der Legende nach rührt ihr Name von der gleichnamigen Tochter des letzten Königs der Ureinwohner her. Angeblich hatte Maciót sie geheiratet und die Stadt nach ihr benannt. Der vollständige Name der Stadt lautete damals *Real Villa San Miguel de Teguise*, also „Königliche Stadt des heiligen Michael von Teguise". Dem heiligen Michael war die Hauptkirche an der zentralen Plaza geweiht, die heute Nuestra Señora de Guadalupe heißt (→ Sehenswertes). Die neue Stadt wurde mit streng geometrischen Straßenzügen erbaut und galt lange Zeit als stilbildende Mustersiedlung für andere Kolonialstädte, hauptsächlich in Südamerika. Doch obwohl die strategische Lage der neuen Stadt günstig war – nach Norden geschützt durch das Famara-Riff, dazu hatte man vom über der Stadt thronenden Castello de Santa Bárbara einen weiten Überblick in alle Richtungen –, waren die folgenden Jahrhunderte von zahlreichen blutigen Piratenüberfällen geprägt, zweifellos Reaktionen auf die brutalen Raubzüge der Feudalherren von Teguise, die zuvor an der afrikanischen Küste Tausende von Berbern in die Sklaverei verschleppt hatten (→ S. 75). Teguise durchlebte schwere Zeiten und soll zeitweise nicht mehr als ein armseliges Dorf mit strohgedeckten Hütten gewesen sein. 1586 stürmten algerische Piraten unter ihrem berüchtigten Anführer Morato Arráez die Stadt und machten alles nieder, was sich ihnen in den Weg stellte. Der *Callejón de Sangre* (Blutgasse) hinter der Pfarrkirche erinnert an diese schreckliche Tragödie. 1618 schließlich brannten plündernde Berberhorden die Stadt völlig nieder, ein Großteil der Inselbevölkerung wurde versklavt. So kommt es, dass die historischen Gebäude Teguises fast alle erst aus dem späten 17. und 18. Jh. stammen. Trotz des Wiederaufbaus sank die Bedeutung der geplagten Stadt in diesen Jahrhunderten ständig. Vor allem die isolierte Inlandslage war es, die Teguise seit dem 18. Jh. wirtschaftlich zunehmend unattraktiv machte. 1852 wurde deshalb die aufstrebende Hafenstadt Arrecife zur neuen Inselhauptstadt ernannt. Teguise entwickelte sich zu dem Freilichtmuseum, das es auch heute noch darstellt.

Inselmitte → Karte S. 126/127

Basis-Infos

Information Oficina Municipal de Teguise, im Palacio Spinola. Tägl. 9–14 Uhr. ℡ 928-845398, www.turismoteguise.com.

Anfahrt/Verbindungen Bus, vom Busbahnhof in Arrecife fahren die Linien 7, 9, 10 und 26 mehrmals tägl. nach Teguise, außerdem ab Costa Teguise die Linien 31 und 33. Der Busstopp in Teguise liegt vor dem Convento de San Francisco.

Am Sonntagvormittag kommen Busse aus den Touristenzentren Costa Teguise (Bus 11), Puerto del Carmen (Bus 12) und Playa Blanca (Bus 13) sowie aus Arrecife (Bus 14) zum berühmten **Sonntagsmarkt** in Teguise (→ Kasten). Rückfahrt zwischen 12 und 14 Uhr.

Taxi vor dem Convento de San Francisco de Miraflores (→ Sehenswertes). ℡ 928-524223.

Tankstelle an der Ausfallstraße nach Mozaga.

Feste Fiesta de Carnaval, die „Danza de los Diabletes", der Tanz der kleinen Teufel von Teguise, ist eine der ältesten Traditionen Lanzarotes (→ S. 57).

Día de la Cruz, großer religiöser Umzug Anfang Mai, vorbei an den auffallend vor Hausfronten postierten Holzkreuzen, etwa zwölf an der Zahl. Sie symbolisieren die Stationen des Kreuzwegs Jesu und werden zum Fest über und über mit Blumen geschmückt.

Fiesta del Corpus, das Fronleichnamsfest wird am zweiten Donnerstag nach Pfingsten gefeiert, Straßen und Plätze der Innenstadt werden dabei mit farbigen Salzteppichen bedeckt.

Fiesta de la Nuestra Señora del Carmen (oder: Virgen del Carmen), Mitte Juli großes Fest zu Ehren der populären Heiligen, die an der Küste als Schutzhelferin der Seeleute und Fischer verehrt wird (→ La Graciosa, Puerto del Carmen). Die Ursprünge gehen zurück bis 1729, als zu Ehren der Heiligen im Kloster San Francesco die „Bruderschaft der Carmen" (Cofradía del Carmen) gegründet wurde. Die Original-Statue der Carmen wurde zwar beim Brand der Pfarrkirche von 1909 zerstört (→ Sehenswertes), doch eine neue Statue wird heute in großer Prozession durch die Stadt getragen.

Fiesta Rancho de Pascua (Fest des Weihnachtshirten), populäres Weihnachtsfest in der Nacht vom 24. auf den 25. Dezember. Zunächst die traditionelle Mitternachtsmesse „Misa del gallo" und eine Prozession, danach spielen bis zum frühen Morgen Musikgruppen in einem großen Zelt auf dem Platz der ehemaligen Zisterne, Imbissbuden sind aufgebaut, es wird getanzt.

Sport Nördlich und nordwestlich von Teguise liegen zwei Startplätze für **Drachenflieger**, die wunderbar entlang der Famara-Berge bis zum Strand von Famara gleiten können und dort landen (→ Bucht von Famara/Sport S. 254).

Am Sonntagsmarkt

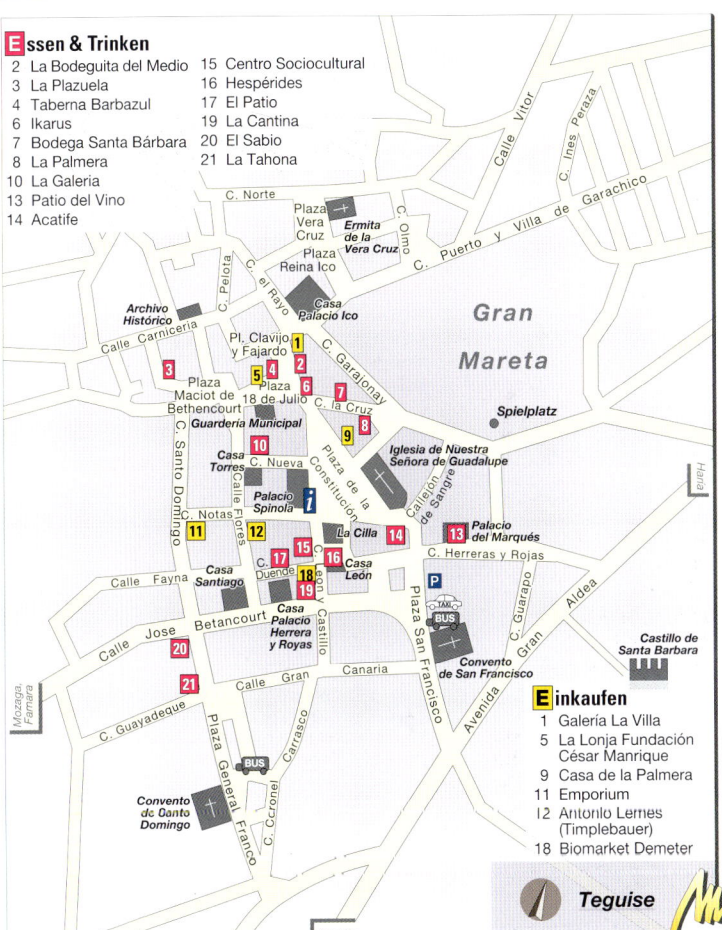

Essen & Trinken

2 La Bodeguita del Medio
3 La Plazuela
4 Taberna Barbazul
6 Ikarus
7 Bodega Santa Bárbara
8 La Palmera
10 La Galeria
13 Patio del Vino
14 Acatife
15 Centro Sociocultural
16 Hespérides
17 El Patio
19 La Cantina
20 El Sabio
21 La Tahona

Einkaufen

1 Galería La Villa
5 La Lonja Fundación César Manrique
9 Casa de la Palmera
11 Emporium
12 Antonio Lemes (Timplebauer)
18 Biomarket Demeter

Übernachten

In Teguise und Umgebung existieren bisher keinerlei Hotels oder größere Apartmentanlagen, dafür mehrere kleine exklusive Einheiten.

Taro de Chimida, Luxus pur in einer 150 Jahre alte Finca. Neben dem Haupthaus für 6 Pers. sind zwei interessant gestaltete Wohneinheiten zu mieten, eine für 6 Pers., die andere für 2 Pers. Die früheren Wasserzisternen wurden von einem mit Manrique befreundeten Architekten exklusiv umgebaut und sind mit Kunstwerken stilvoll eingerichtet, die Decken bestehen aus alten Steinrundbögen. Ein Swimmingpool mit Wasserfall gehört zur Anlage. Preise auf Anfrage. Calle Dulcinea 34, www.tarodechimida.com.

Casa Banana, originelles Haus mit geräumigem Wohnraum und zwei Schlafzimmern auf einem großen Grundstück am

Ortsrand, z. T. in einer alten, restaurierten Aljibe (Zisterne), geschmackvoll koloriert. Küche, Bad, Terrasse und Garten vorhanden. Leserkommentar: „Ein außergewöhnlich schönes Feriendomizil fernab des touristischen Treibens". Zu buchen z. B. über www.finca-selection.de.

Finca Malvarrosa, gut 200-jährige Finca unterhalb von Teguise, ca. 1 km entfernt. Die österreichischen Eigentümer wohnen in der Anlage und vermieten zwei reizvolle Apartments für 2–4 Pers., Gemeinschaftspool. Tagespreis für 2 Pers. ca. 95 €. Calle Malvarossa 41, ✆ 928-593017, www.fincamalvarrosa.com.

Finca Mimosa, 200-jähriges Schmuckstück in einem 2000 qm großen Gartengrundstück

mit vielen Palmen. Vermietet werden zwei Wohneinheiten, die große Casa Principal (140 qm) und das Apartment Panama (70 qm), jeweils mit großer und gut sortierter Bibliothek. Besonders reizvoll ist der große, stilvoll angelegte Innenhof mit Pool. Casa Principal ca. 80 € pro Nacht, Apt. Panama ca. 65 € (Mindestaufenthalt eine Woche, zuzügl. eine Tagesmiete für Endreinigung). Vor-Ortbetreuung durch ein deutsches Ehepaar, Buchung beim deutschen Inhaber unter ✆ 0621-414974, helmut.benze @brecht-benze.de.

Estudio Chimida, ansprechend gestaltetes Studio von 56 qm Größe, Teil eines Bauernhauses am Ortsrand, herrlicher Blick. Calle Jaime Balmes 14, http://estudiochimida.com.

Essen & Trinken   → Karte S. 235

Die Restaurants und Tapas-Bars der Stadt sind fast alle in historischen Häusern untergebracht. Ambiente und Qualität der Küche gehen meist eine glückliche Verbindung ein. Allerdings herrscht eine relativ hohe Fluktuation der Wirte, denn nur zur Marktzeit am Sonntag sind alle Lokale gut besucht bzw. oft überfüllt. Wer dann kommt, sollte sich auf erhebliche Wartezeiten und viel Trubel einstellen.

Acatife 14, eins der ältesten Lokale in einem der ältesten Häuser Lanzarotes, direkt an der zentralen Plaza, gegenüber der Kirche. Wird seit über 50 Jahren als Restaurant geführt. Man speist in mehreren altehrwürdigen Räumen mit schweren Holzböden und -decken, auch ein schöner Patio mit Bar ist vorhanden. Ordentliche kanarische Küche mit internationalem Einschlag, z. B. *parrillada del pescados y mariscos* (grillte Fischplatte mit Meeresfrüchten), *sama a la sal* (Sama-Fisch in Salzkruste), *zarzuela* (Fisch und Meeresfrüchte, im Tontopf gegart) oder *entrecôte con cebollas fritas de Lanzarote* (Filet mit Zwiebelringen). Di–Sa 12–22, So 9–15 Uhr. Mo geschl. ✆ 928-845037.

🌿 Hespérides 16, um die Ecke vom Hauptplatz, hübsch aufgemachtes Lokal in einem traditionellen Haus mit Innenhof. Hier wird mit Bioprodukten gekocht, es gibt Tapas und gute Salate, aber auch leckere Kuchen und Eis. Sogar Veganer und Glutenallergiker werden fündig. Zum Trinken stehen u. a. Biokaffee und -cola, dutzende von Teesorten, Ökobiere und Organic Lemon bereit. Mo–Sa 12–23, So 10–22 Uhr, Calle León y Castillo 3, ✆ 928-593159. ∎

Centro Sociocultural 15, wenige Schritte weiter, im traditionellen Gemeindezentrum von Teguise kann man gut und günstig essen. Calle León y Castillo 4. Mo geschl. ✆ 928-845523.

La Cantina 19, gemütlich-verwinkeltes Ambiente mit mehreren netten Speiseräumen, dazu ein intimer Innenhof und ein „secret garden". Benn und sein englisches Team bieten leckere Tapas, die ansprechend serviert werden, aber auch die Burger sind zu empfehlen. Tägl. 10–23 Uhr. Calle León y Castillo 8, ✆ 928-845536.

Ikarus 6, das zentral gelegene Restaurant in einem historischen Haus mit Innenhof haben seit Kurzem Carlos und Luisa als Pächter übernommen. Gespeist wird in romantisch-schickem und farbenfrohem Ambiente, die kanarisch-spanische Küche wird allgemein als gut beurteilt, die Preise liegen im höheren Bereich. Sonntags Livemusik im Innenhof. So 8.30–17, Di/Mi 11–19, Do/Fr 11–23, Sa 11–19 Uhr. Mo geschl. Plaza Clavijo y Fajardo, ✆ 928-845701.

Taberna Barbazul 4, ebenfalls an der Plaza Clavijo y Fajardo, geführt von Südspaniern vom Festland. Im schönen Innenhof und im stilvoll-authentischen Innenbereich werden Tapas, gefüllte Teigtaschen und andere Leckereien serviert, dazu Weine von der hauseigenen Kellerei Huerta da Albalá in Andalusien. Mi/Do 11–14.30, Fr 20.30–0.30, So 9.30–17.30 Uhr, Mo/Di u. Sa geschl. ✆ 928-593105.

La Bodeguita del Medio , die berühmteste Kneipe Kubas stand Pate für diese Weinstube im traditionellen kanarischen Stil, seit vielen Jahren geführt von Freddy aus Holland. Hier ist alles so, wie es die Urlauber mögen, vor der Tür sitzt man hübsch in der Sonne, drinnen locker um einige große Fässer, ein weiterer Raum ist im ersten Stock. Serviert werden Tapas, Hausspezialität sind die *albóndigas* (Fleischklößchen). Mo–Sa 10–20, So 8–15.30 Uhr. Plaza Clavijo y Fajardo 5., ✆ 928-845680.

La Galería 🔟, Cafélokal in einer Seitengasse vom Hauptplatz neben dem Spinola-Palast. Serviert werden bei Martina und Susanne Tapas, aber auch Kaffee und Kuchen, relaxte Stimmung, gelegentlich Livemusik. Tägl. 10–24 Uhr. Calle Nueva 8, ✆ 646-404593.

La Plazuela 🔳, kleines kanarisches Restaurant, ein paar Schritte abseits vom Trubel. Im Innenhof mit Zisterne sitzt man bei ruhiger traditioneller Inselmusik vom Band, genießt die authentische Küche und die nette Bedienung durch das junge Personal. Calle Restinga, ✆ 680-633751.

»» Mein Tipp: El Sabio 🔟, etwas abseits vom unmittelbaren Zentrum, große leckere Pizzen und kreative Pastaangebote zu günstigen Preisen. Das i-Tüpfelchen bietet die hervorragende Sangria, dazu ist die herzliche Bewirtung hervorzuheben. Calle Santo Domingo 13, ✆ 665-355551. **«**

La Tahona 🔳, neben dem Convento de Santo Domingo, gemütliches, schön restauriertes Haus mit Bar. Hier gibt es noch echte kanarische Gerichte, z. B. *compuesto de la abuela* (Eintopf nach Großmutterart), *bizcochón de batata* (Küchlein aus Süßkartoffeln), *sancocho* (Fischeintopf) und *ropa vieja* (Eintopf mit Kichererbsen). Auch Einheimische kommen gerne mal vorbei. Freitagabend kanarische Musik live. Tägl. 7–23 Uhr, Mi erst ab 16 Uhr. Calle Santo Domingo 3, ✆ 928-845892.

Bars und Cafés El Patio 🔟, versteckt in einer Seitengasse, in der sympathischen Kneipe mit einer Handvoll Tische davor werden Crêpes, Salate und Mojitos serviert, dazu gibt es lateinamerikanische Musik und Salsa, oft auch live. Di–Sa 17–23, So 11–17 Uhr. Mo geschl. Calle Duende s/n, ✆ 928-845859.

Inselmitte → Karte S. 126/127

Mojo, Marmelade, Wein – Teguise hat mehrere hübsche Ladengalerien

Bodega Santa Bárbara 7, ruhige, kleine Hofbar mit Wein und Kaffee, schöner Blick auf das Castillo gleichen Namens. So–Fr 10–16.30 Uhr, Sa geschl. Calle la Cruz 5, ✆ 928-594841.

La Palmera 8, in dieser schlauchförmig-engen Bar (Durchgang zur Ladenzeile Casa de la Palmera am Hauptplatz) trifft man sich nach Marktende am Sonntagnach-mittag und feiert, auch schon mal mit Live-musik – locker-fröhliche Stimmung, güns-tige Preise. ✆ 690-824501.

Patio del Vino 13, ein deutsches Paar (Antje Schindler und Jürgen H. Jacobs) bewirt-schaftet den 1455 erbauten Palacio del Mar-qués, eins der ältesten Gebäude Lanzarotes. Im blumenüberrankten Innenhof werden Ta-pas serviert, dazu gibt es einfache Tafelwei-ne zu sehr gehobenen Preisen (meist über 20 €). Auch wenn Sie nur zwei Gläser trinken wollen, wird trotzdem die ganze Flasche berechnet, die Sie dann aber mitnehmen können. Besucherkommentare können Sie z. B. unter www.tripadvisor.de nachlesen. Mo–Fr 12–19 Uhr, So 10–15 Uhr, Sa geschl. Calle Herrera y Rojas 9, ✆ 928-845832.

Shopping
→ Karte S. 235

Teguise quillt mittlerweile über vor Läden mit Kunsthandwerk, Souvenirs und Schnickschnack jeglicher Art. Daneben gibt es alles für den gesundheitsbewuss-ten Haushalt, vor allem Biokost und Naturkosmetik, natürlich auch Aloe Vera. Ei-nige historische Häuser wurden zu hübschen kleinen Ladenzentren umgebaut – jedes Zimmer ein Shop.

Vor bzw. nach dem anstrengenden Sonntagsmarkt sind viele Läden samstags oder montags geschlossen, manche haben sogar nur ausschließlich sonn-tags zur Marktzeit geöffnet.

Casa de la Palmera 9, in dem Haus am Hauptplatz findet man Lederartikel, Schmuck und Kunsthandwerk.

Galería La Villa 1, das geschmackvoll res-taurierte Haus mit seinem idyllischen Innenhof liegt neben der Bodeguita del Me-dio an der Plaza Clavijo y Fajardo und bietet Platz für mehrere Boutiquen. Im Hinterhof liegt das kleine Studio von Suzette Talbot. Die englische Künstlerin lebt seit 1994 auf Lanzarote und hat sich mit ihren Delfinbil-dern und -büchern einen Namen gemacht (http://suzette-lanzarote.com).

La Lonja Fundación César Manrique 5, Kunsthandwerk, Zeichnungen, T-Shirts u. Ä. mit Motiven des berühmten lanzarote-nischen Künstlers. Mo–Fr 11–14, So 9–14 Uhr, Sa geschl. Plaza Clavijo y Fajardo 6.

Biomarket Demeter 18, neben dem Re-staurant „La Cantina", umfassendes Ange-bot an Biokost. Calle León y Castillo.

Emporium 11, die Halle in einem ehemali-gen Kino ist voll mit asiatischen Souvenirs und Kunsthandwerk. Mo–Fr 12–20, Sa/So 10–15 Uhr. Calle Notas 15.

Timplebauer in Teguise

In der Calle Flores 8 arbeitet Antonio Lemes Hernandez 12, der letzte noch lebende Timplebauer Lanzarotes, genannt „Lolo". Er steht mittlerweile hoch in den Siebzigern und seine Werkstatt ist nicht regelmäßig geöffnet. Die kleinen, kompakten Timple-Gitarren sind tragender Bestandteil der kanari-schen Folklore. Antonio hat schon viele Musikgruppen ausgestattet, auch auf anderen kanarischen Inseln.

Die Plaza de la Constitución ist das Herz der Stadt

Sehenswertes

Die kleine Altstadt bildet ein kompaktes Ganzes, das in seiner Einheitlichkeit beeindruckt. Der andalusische Stil Südspaniens ist tonangebend. Die äußerlich schlichten, weißen Häuser besitzen hohe, geschnitzte Holzportale und große Klappläden vor den Fenstern.

Zwar sind noch eine ganze Reihe Herrensitze von wohlhabenden Adligen erhalten, aber nur selten zugänglich. Oft verbergen sich hinter den abweisenden Mauern wunderschöne kleine *Patios* (Innenhöfe) – bestens zu beobachten in den Restaurants und Ladenzentren, die sich in manchen der alten Gemäuer eingerichtet haben. Die Kirchen der Stadt sind meist nur vormittags geöffnet.

> Geführte Touren durch die Stadt finden auf Spanisch und Englisch jeweils mittwochs und sonntags um 10 Uhr statt, Treffpunkt ist vor dem Palacio Spinola (www.teguise.es/visitas-guiadas).

Plaza de la Constitución und Umgebung

Der leicht abfallende Hauptplatz, traditionell auch Plaza de San Miguel genannt, bildet mit der großen Pfarrkirche und den benachbarten Nebenplätzen eine Komposition, wie sie schöner und harmonischer kaum sein kann.

Rundum gruppieren sich alte Herrschaftshäuser, die öffentliche und kommerzielle Einrichtungen beherbergen: der Spinola-Palast (früher Regierungssitz, heute

Museum), das ehemalige Zehnthaus (heute Bank), die Polizei, ein Lehrinstitut der Fernuniversität, ein traditionelles Restaurant und mehrere Souvenir- und Kunsthandwerksläden. Ein weißes Mäuerchen mit dekorativ geschwungenen Vasen umgrenzt ein Geviert mit Ruhebänken und zwei dekorativen Brunnen. Zum Portal vom Spinola-Palast richten sich die Blicke zweier stolzer Löwen.

Iglesia Nuestra Señora de Guadalupe

Die Hauptkirche dominiert mit ihrem massiven Baukörper und dem mächtigen Turm den Platz und das gesamte Stadtbild. Speziell der Turm bietet mit seinem rotem Tuffgestein, den alten hölzernen Balkonen und den nistenden Tauben einen wunderschönen Anblick. Über dem fotogenen Portal des Kirchenschiffs ist eine Schrifttafel von 1680 angebracht, die besagt, dass hier bereits bei Stadtgründung unter Maciót de Béthencourt im 15. Jh. eine kleine Kirche für San Miguel erbaut wurde. Doch mindestens viermal wurde sie im 16. Jh. von Piraten geplündert, 1608 dann vollständig von einem Feuer zerstört. 1680 baute man die Kirche größer wieder auf, doch 1909 brannte sie, verursacht durch Fahrlässigkeit, noch einmal ab.

Heute stammen nur noch die unteren drei Stockwerke des Turms aus rotem Tuff vom Originalbau aus dem 17. Jh., der schwarze Basalt und die achteckige Kuppel darüber wurden im 20. Jh. aufgesetzt. Eine umfassende Restaurierung des dreischiffigen Innenraumes wurde 1995 abgeschlossen. Doch das Ergebnis belegt die wiederholten Katastrophen, da kaum noch Historisches vorhanden ist. Eher unpassend wirken die neugotischen Spitzaltäre in blendendem Weiß, ebenso die Stuckverzierungen der Decke im Altarraum, wo die *Jungfrau von Guadalupe* thront, eins der wenigen erhaltenen Stücke aus der Vergangenheit.

Im linken Kirchenschiff fällt die *Christusstatue* des kanarischen Künstlers Luján Pérez auf, denn echtes Menschenhaar hängt dem Gottessohn fast bis zur Hüfte herab. Die Legende berichtet, dass die Statue in der Bucht von Famara in einer Holzkiste angeschwemmt wurde. Sie war eigentlich auf einem portugiesischen Schiff mit Ziel Karibik unterwegs gewesen, das aber Schiffbruch erlitten hatte. Eine andere Version besagt, dass das Haar von einem gläubigen Mädchen aus La Graciosa stammt

Callejón de Sangre: Hinter der Kirche verläuft die schmale „Blutgasse", deren Name auf einer Gedenktafel an das Massaker von 1586 erinnert (→ Geschichte).

Palacio Spinola/Casa-Museo del Timple

Die Hauptsehenswürdigkeit von Teguise steht vis-à-vis der Pfarrkirche, ein Herrschaftshaus mit mächtigem Portal und sechs hohen Fenstern.

Das reichhaltige Innenleben ist von außen kaum zu erahnen und vermittelt einen hervorragenden Eindruck von der Wohnkultur des Adels im 18. Jh. Knarrende Holzböden, historisches Mobiliar, die interessante Architektur und die gediegene Atmosphäre machen den Besuch lohnend. Seit kurzem ist in den 5 m hohen Räumen ein sehenswertes Timple-Museum untergebracht, das an die Tradition des Instrumentenbaus in Teguise erinnert. Neben vielfältigen Timples sind hier auch instrumentale Verwandte ausgestellt wie indische Sitar, türkische Sas, Ukulele und diverse afrikanische Instrumente, dazu gibt es historische Fotos, leise Musikuntermalung und Videos von populären Timple-Gruppen. In einem der Räume wurde auch eine Timple-Werkstatt nachgebaut.

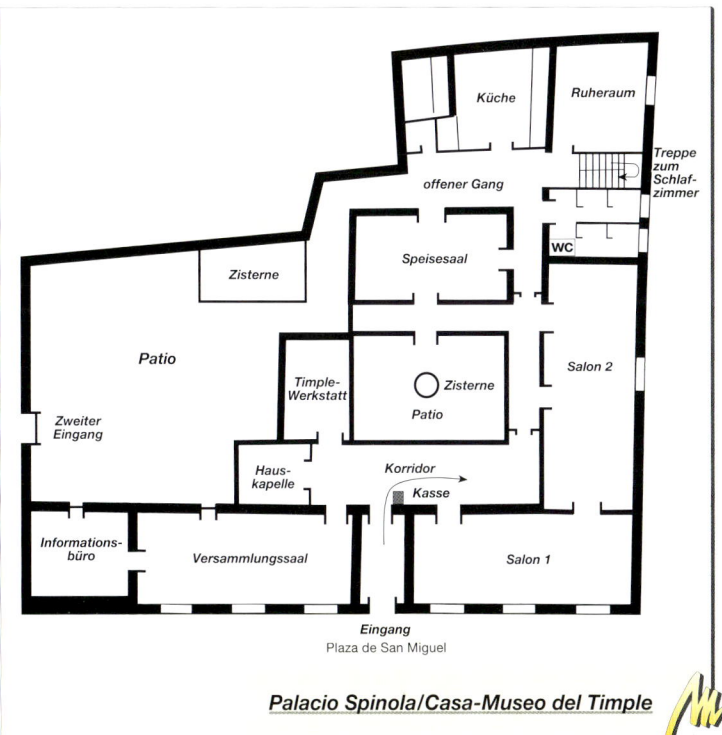

Palacio Spinola/Casa-Museo del Timple

Der Stadtpalast wurde zwischen 1730 und 1780 von *Don José Feo Peraza* erbaut. Bis 1895 blieb er im Besitz der Adelsfamilie Feo, die einige wichtige Persönlichkeiten in der Geschichte Lanzarotes stellte. Durch Heirat kam er Ende des 19. Jh. an den genuesischen Kaufmann *Vicente Spinola*, unter dessen Namen der Palast bis heute firmiert. 1974 erwarb der spanische Konzern Rio Tinto den Bau und ließ ihn vom madrilenischen Architekten Fernando Higueras vollständig restaurieren, der damals auch das berühmte Hotel Meliá Salinas in Costa Teguise entwarf (→ dort), César Manrique beriet ihn dabei. 1984 kaufte die Stadt das Anwesen und richtete es als Kulturzentrum und Museum ein, 1989 wurde es mehr oder minder symbolisch zum Sitz der Kanarischen Regierung auf Lanzarote ernannt.
 Mo–Sa 9–16, So 9–15 Uhr, Eintritt ca. 3 €.

Rundgang: Durchs hohe *Portal* mit seiner massiven Kassettentür betritt man zunächst eine Diele und gelangt in den breiten *Korridor*, hinter dessen Glasfenstern der Innenhof liegt. Hier wendet man sich nach rechts und gelangt in einen großzügigen *Salon* mit schweren Leuchtern, Wandschrank und historischem Mobiliar. In den drei Fenstern zum Platz hin sind hölzerne Sitznischen eingelassen.

Eine Tür führt direkt in den zweiten *Salon*, der im rechten Winkel zum ersten liegt. Auffallend ist hier die hölzerne *Empore*, hinter der früher eins der beiden Schlafzimmer des Herrschaftshauses lag. Durch ein Flechtwerk von engen Holzleisten ist es vor neugierigen Blicken abgeschirmt. Hier konnte sich z. B. bei Herrenbesuch die Hausherrin ungesehen aufhalten und doch genau verfolgen, was sich unten im Salon abspielte.

Hinter dem Salon liegt der ehemalige Lieferanteneingang des Anwesens. Über eine Treppe kann man hier zu zwei Räumen hinaufsteigen, die mit ihren Holzböden äußerst gemütlich und heimelig wirken und früher wahrscheinlich ebenfalls als *Schlafzimmer* dienten. Die einfache Decke im traditionellen Stil besteht aus Balken und Steinbrocken.

Wasserfilterstein im Palacio Spinola

Vom Korridor, der entlang des zweiten Salons führt, erreicht man den *Innenhof* mit einer brunnenartigen Zisterne. Daneben liegt der große Speisesaal mit einer langen, gedeckten Tafel. In den beiden Fensternischen zum offenen Gang hinter dem Speisesaal sind zwei traditionelle *Wasserfiltersteine* untergebracht. Vom schön begrünten Gang aus kann man sie genau betrachten, dort steht auch noch ein dritter Stein. Hinter dem Gang liegt die *Küche* des Anwesens mit einem Kamin im typischen minarettähnlichen Stil, der sich 7 m hoch in die Luft erhebt.

Jetzt kommt man in den *großen Hof* des Anwesens, der durch eine Mauer nach außen abgeschirmt ist. Eine Zisterne findet man hier, außerdem zwei Palmen und einen weiteren großen Filterstein.

Man geht nun wieder ins Haus zurück und kann beim Eingang noch die *Hauskapelle* und den großen *Versammlungssaal* („Rittersaal") mit seinem langen Konferenztisch betrachten.

Andere Sehenswürdigkeiten in Platznähe

La Cilla: Wenn man von der Plaza de la Constitución aus auf den Spinola-Palast blickt, liegt der rustikale, zweischiffige Bau vom Ende des 17. Jh. unmittelbar linker Hand. Er diente früher als Speicher für den zehnten Teil der Ernte, der der Kirche abgetreten werden musste. Die unter Manrique durchgeführte behutsame Restaurierung macht den Charakter der ehemaligen „Kornkammer" deutlich. Schwarze Basaltsteine markieren die Außenkanten der Vorderfront, das mit schweren Nägeln beschlagene Holzportal ist mit roten Tuffblöcken eingefasst. Im schlicht gehaltenen Innenraum hat heute die „Caja de Canarias" ihren Sitz, die auch für die Restaurierung aufkam.

Casa Torres: Geht man rechts neben dem Spinola-Palast die Gasse hinein, findet man am Ende links dieses typische Herrschaftshaus, das im 18. Jh. als Pfarrei diente. Besichtigung nur von außen, da in Privatbesitz.

Palacio del Marqués: Der 1455 unter Maciot de Béthencourt erbaute Palast in der Calle Herrera y Rojas gilt als eins der ältesten Gebäude Lanzarotes und diente lange als Regierungssitz der Insel. Ein geheimer Gang führte damals hinüber ins Castello di Santa Bárbara, durch den sich die adligen Damen und Herren bei Piratenüberfällen in Sicherheit bringen konnten. Heute ist im pflanzenbedeckten Patio ein hübsches Weinlokal untergebracht (→ Essen & Trinken).

Convento de San Francisco: Wenn man aus Richtung Arrecife in die Stadt hineinfährt, kommt man direkt an dieser Klosterkirche vorbei. 1588 erstmals erbaut, wurde sie beim Piratenüberfall von 1618 niedergebrannt und musste völlig neu errichtet werden. Besonders schön ist das mit einem geschwungenen Relief geschmückte Portal. Der hohe, zweischiffige Innenraum wird von einer Holzdecke mit verzierten Querbalken im andalusischen Mudéjar-Stil abgeschlossen. Auch die große Empore besteht ganz aus dunklem Holz. Die Altarwand besitzt eine reiche Ornamentik und drei Ölgemälde, in der kleinen Seitenkapelle links steht ein schöner Altar aus hellem Stein. Eine Ausstellung mit Kruzifixen, Jesus-Bildnissen und anderen religiösen Artefakten wird als *Museo Diocesano de Arte Sacro* apostrophiert. Di–Sa 9–16, So 10–14 Uhr, Mo geschl., Eintritt ca. 2 €.

Plaza del 18 de Julio und Plaza Clavijo y Fajardo: Nur wenige Schritte vom Hauptplatz schließen sich diese beiden Plätze an. Die Bürgerhäuser an der dreieckigen *Plaza del 18 de Julio* bilden heute das Zentrum der Kunsthandwerksszene, rundum gibt es zahlreiche Boutiquen und Shops. In der Platzmitte steht die dekorative Skulptur eines jungen Bauernmädchens mit Wasserkrug. Die benachbarte *Plaza Clavijo y Fajardo* ist benannt nach einem einheimischen Literaten aus dem 18. Jh., der durch Goethes Trauerspiel „Clavigo" Aufnahme in die Weltliteratur fand.

Casa Palacio Ico: Eine ehemalige Kaserne aus dem 18. Jh. (früher: *Casa de los Cuarteles)* wurde mit hochwertigen Materialien liebevoll restauriert, der bekannte Inselarchitekt Luís Ibáñez hat daran mitgearbeitet. Sie besitzt einen großen, gediegenen Innenhof mit einer ehemaligen Zisterne und schönen Holzbalkonen, im Inneren gibt es mehrere Ladenlokale (www.palacioico.com).

Weitere historische Bauten im Stadtgebiet

Convento de Santo Domingo: Das große ehemalige Kloster an der Plaza Santa Domingo im unteren Ortsteil stammt vom Anfang des 18. Jh. Es beherbergt heute das Rathaus der Stadt. Die Klosterkirche wurde zu einem *Centro de Arte* umgebaut, in dem wechselnde Ausstellungen zeitgenössischer Kunst stattfinden. Der zweischiffige Innenraum ist mit Rundsäulen abgeteilt, im linken Schiff steht ein hoher, reich verzierter Holzaltar. Mo–Fr 9–15, So 10–14 Uhr, Sa geschl., bei Ausstellungen gelegentlich Eintrittsgebühr.

Palacio Herrera: Dieser geschmackvoll restaurierte Stadtpalast steht an der Calle José Betancort (Ausfallstraße nach Mozaga). An der Front ist noch das Wappen des Grafen Agustín Herrera y Rojas zu sehen, der sich seinen Platz in den Chroniken vor allem durch wiederholte Sklavenjagden an den afrikanischen Küsten gesichert hat – nicht zuletzt dies war der Grund für die spätere völlige Zerstörung Teguises. Der Vorraum ist durch einen gemauerten Rundbogen vom dahinterliegenden Bereich getrennt, im hohen Innenhof verläuft eine Galerie aus dunklem Holz. Gelegentlich werden Ausstellungen veranstaltet. Mo–Fr 8–15 Uhr

Inselmitte → Karte S. 126/127

El Mercadillo: Sonntagsmarkt in Teguise

Jeden Sonntag von 9 bis 14 Uhr wird das stille Teguise zum überquellenden Rummelplatz und verwandelt sich in einen riesigen Trödel- und Kunsthandwerksmarkt mit hunderten von Ständen, ergänzt durch Straßenmusiker an jeder Ecke. Ganze Buskarawanen und zahllose Mietwagen aus allen Touristenorten überschwemmen dann die Stadt. Der größte Markt Lanzarotes ist ein Erlebnis, das kaum ein Urlauber auslässt –

sicherlich zu Recht, denn das Spektakel ist ein anregendes und farbenprächtiges Schauspiel. Die Idee dazu hatte Mitte der Achtziger der Bürgermeister von Teguise, der mit den Standgebühren die chronisch leere Gemeindekasse füllen wollte. Da es damals auf Lanzarote kein vergleichbares Ereignis gab, wurde es dankbar angenommen. Der Sonntagsmarkt von Teguise war geboren.

Neben jeder Menge Ramsch findet man Lederwaren und Klamotten aller Art, originelles und weniger originelles Kunsthandwerk aus aller Welt, afrikanische Trommeln und Schnitzereien, marokkanische Ledersitze, blütenweiße Häkeldecken und Tischtücher, Aquarelle und Ölbilder, Modeschmuck und natürlich Olivin. Die Anbieter vermitteln internationales Ambiente – malerisch gekleidete Schwarzafrikaner aus dem Senegal und anderen Staaten von der nahen Westküste Afrikas, Araber und Berber aus Marokko, Sinti- und Romafrauen, deutsche und britische Kunsthandwerker, Ökos und Freaks jeglicher Couleur, einheimische Produzenten von Ziegenkäse und Inselwein, deutsche Vollkornbäcker und Wurstbrater ... Dazu bieten zahlreiche Imbissstände verschiedenen Gaumenschmaus: vom frisch gepressten Orangensaft über Brat- und Currywurst, Hot Dogs und Leberkäse bis zu heißen Waffeln, Crêpes und Paella. Auf dem Platz der ehemaligen Zisterne „La Mareta" hinter der Pfarrkirche befindet sich das kulinarische Zentrum, z. B. der Stand von Jürgen aus Puerto del Carmen mit „original" Thüringer Bratwurst. Fragen Sie jedoch immer vorher nach dem Preis, denn so mancher Anbieter will mit der Laufkundschaft den schnellen Euro machen.

Doch Kaufen und Verkaufen ist nur die eine Seite der Medaille – der Markt von Teguise ist vor allem auch ein soziales Ereignis. Hier trifft man sich und lässt sich sehen, die bekannten Folkloregruppen Lanzarotes spielen auf mit Timple und Gitarre, in den Kneipen geht es hoch her, Straßen- und Kneipenmusiker finden reichlich Betätigung.

Wer ernsthaft und in Ruhe die Stände durchstöbern will, sollte unbedingt bereits um 9 Uhr früh vor Ort sein. Ab 11 Uhr beginnt der ganz große Massenbetrieb, dann geht es rettungslos eingekeilt oft nur noch im Schritttempo vorwärts.

Anfahrt/Verbindungen Pkw, an den Einfallstraßen sind große, improvisierte Parkplätze eingerichtet, die meisten sind kostenpflichtig (ca. 1,50–2 €). Wer aber bereits gegen 8 Uhr vor Ort ist, findet leicht noch einen kostenlosen Parkplatz nahe am Zentrum.

Busse, von Puerto del Carmen, Playa Blanca und Costa Teguise fahren jeden Sonntagvormittag mehrere Linienbusse zum Markt nach Teguise. Abfahrt ist an den normalen Haltestellen. Details unter den jeweiligen Orten.

Archivo Histórico: Das städtische Archiv in der Calle Carniceria steht eigentlich nicht zur Besichtigung frei, doch niemand hat etwas dagegen, wenn man mal einen Blick riskiert. Schöne, alte Türen und eine prächtige Holzdecke im Mudéjar-Stil prägen die Innenräume.
Mo–Fr 9–16 Uhr.

La Mareta: Der große, freie Platz nordöstlich der Plaza de la Constitución war bereits seit dem 15. Jh. Standort einer gewaltigen *Zisterne* mit einer Kapazität von 40 Mio. Litern. In der kühlen Jahreszeit wurde hier das Regenwasser aufgefangen, das von den Hängen der Montaña de Guanapay reichlich herunterströmte. In Trockenzeiten konnte so mittels Lastdromedaren die ganze Inselbevölkerung mit dem kostbaren Nass versorgt werden. Heute ist die Zisterne stillgelegt, ein großes Zelt wird für Veranstaltungen genutzt. Während des Sonntagsmarkts stehen hier hauptsächlich Imbissstände.

Ermita de San Rafael: Die windumtoste, kleine Landkirche steht auf einem plateauartigen Hügel nordwestlich der Stadt, neben der Piste nach La Caleta de Famara (LZ-403) und nahe dem unteren Startplatz für Drachenflieger. Schwere, weiß gekalkte Mauern bilden den schlichten Baukörper, der (verschlossene) Eingang an der Westseite ist durch eine Windschutzmauer abgeschirmt.

Inselmitte → Karte S. 126/127

Don Pillimpo und seine Kunst

An der Einfallstraße von Mozaga kommend, liegt schräg gegenüber der Tankstelle ein Haus mit einem Garten voller originell aufbereiteter Skulpturen, Alltags- und Kunstgegenständen, Kinderspielzeugen, Teddybären und Puppen. Pillimpo, der eigentlich José García Martin heißt, erweitert und ändert seine ungewöhnlich Sammlung ständig, die Kinder von Teguise bringen ihm ihre ausrangierten Spielzeuge, neue Farbanstriche beleben die großen Skulpturen, ungewöhnliche Zusammenstellungen fordern den Betrachter.

Teguise/Umgebung

Direkt über der ehemaligen Inselhauptstadt erkennt man auf dem Kraterrand der Montaña de Guanapay (447 m) das markante *Castillo de Santa Bárbara*, auch Castillo de Guanapay genannt. Eine bequeme Asphaltstraße führt hinauf. Nach der Besichtigung der Festung hat man die Qual der Wahl, denn Teguise liegt zentral im Inselinneren und man kann Ausflüge in alle Himmelsrichtungen unternehmen:

- Nach Südost führt eine wenig befahrene Verbindungsstraße (LZ-404) zur wichtigen In-selroute in den Norden von Tahiche nach Órzola (→ S. 247);

- an der Straße nach Mozaga (LZ-30) liegt der stillgelegte Landwirtschaftsbetrieb „Complejo Agro-Industrial de Teguise" (→ S. 248);

- Richtung Norden schnelle Fahrt auf der LZ-402 zur nahen Playa de Famara mit dem spektaku-lären Gebirge Risco de Famara (→ S. 249);

- Piste zum Drachenflieger-Startplatz über der Bucht von Famara (→ S. 254);

- Richtung Nordost reizvolle Route (LZ-10) über Los Valles und Haría in den äußersten Norden Lanzarotes (→ S. 273).

Castillo de Santa Bárbara

Weithin sichtbar thront die Festung Santa Bárbara auf einem kahlen Kraterrücken über Teguise. Eine richtige Mini-„Ritterburg" mit massivem Mauerwerk, Zugbrücke und kleinen Rundtürmen erwartet den Besucher. Im Inneren ist seit einigen Jahren ein Piratenmuseum untergebracht.

Die ersten Anfänge eines befestigten Stützpunkts auf dem Berg von Guanapay reichen bis zum Anfang des 14. Jh. zurück, als der Genueser Kaufmann *Lancelotto Malocello*, nach dem Lanzarote benannt wurde, hier das kleine Fort Guanapay errichten ließ. Die normannischen Eroberer unter Jean de Béthencourt sollen hundert Jahre später noch Ruinen davon gefunden haben. Anfang des 16. Jh. ließ *Sancho de Herrera* auf den Mauerresten einen einfachen Turm erbauen, 1551 zog man die noch heute bestehende rautenförmige Mauer hoch, ergänzt durch zwei Rundtürme und verschiedene neue Räumlichkeiten. Von der exponiert stehenden Burg aus sollte die Stadtbevölkerung rechtzeitig vor den ständig drohenden Überfällen nordafrikanischer Piraten gewarnt werden. Im Gefahrenfall diente sie den Adligen der Insel auch als Fluchtburg, die Armen mussten sich in die Cueva de los Verdes zurückziehen (→ Inselnorden). Wie man noch heute unschwer feststellen kann, war der Standort optimal gewählt, denn der Rundblick ist einzigartig: Sowohl West- als auch Ostküste sind zu sehen, der Blick reicht weit hinunter bis Arrecife, im Süden bis zu den Bergen von Timanfaya, im Norden bis La Graciosa. Doch trotz dieses „Frühwarnsystems" konnte nicht verhindert werden, dass der algerische Freibeuter Morato Arráez 1586 die Festung zerstörte, nachdem er vorher bereits das Castillo de San Gabriel im Hafen von Arrecife dem Erdboden gleichgemacht hatte. Ab 1588 baute der italienische Festungsbaumeister *Leonardo Torriani* im Auftrag Philipps II. das Kastell nochmals auf, fügte dabei Schießscharten, Abdachungen und die beiden noch heute existierenden Rundtürmchen auf dem Dach hinzu.

Trutzburg mit Piratenmuseum

Museo de la Piratería (Piratenmuseum): Die Ausstellung behandelt ein für Teguise geradezu existenzielles Thema (→ Geschichte) und ist auch mit Kindern gut zu machen. Mit plakativ-comicartigen Figuren, Bildergeschichten, Dioramen, historischen Hinweistafeln und musealen Relikten werden die schweren Zeiten der Stadt wieder lebendig, Ausschnitte aus Piratenfilmen ergänzen das bunte Sammelsurium. Ausführlich thematisiert ist der Piratenangriff mit sechs Galeeren von 1586 unter Morato Arráez – er erobert das Kastell und verlässt Teguise mit 200 Gefangenen, darunter Frau und Tochter des Stadtbefehlshabers Marquis Agustín Herrera y Rojas, für die er schließlich 20.000 Dukaten Lösegeld erhält.

Mo–Sa 9–16, So 10–16 Uhr, Juli bis Sept. tägl. 10–16 Uhr. Eintritt ca. 3 €, Kinder bis 11 J. frei. 📞 928-845001, www.museodelapirateria.com.

Montaña de Guanapay: Nach der Besichtigung des Castillo kann man auf einem gut begehbaren Fußpfad einmal um den benachbarten Krater herumgehen. In der Caldera neben der Festung sind noch Reste einer Zisterne aus dem 18. Jh. zu erkennen. Am Abhang Richtung Teguise hat ablaufendes Regenwasser tiefe Gräben in die trockene Erde gefressen. Das Wasser wurde in der großen Zisterne „Gran Mareta" von Teguise gesammelt. Achtung: Um 16 Uhr wird die Zufahrtsstraße geschlossen.

Über Teseguite zur Straße nach Órzola

Nördlich vom Castillo de Santa Bárbara zweigt von der LZ-10 nach Los Valles und Haría die LZ-404 in Richtung Teseguite ab.

Teseguite: Das kleine Dorf liegt abseits aller touristischen Routen, weit verstreut stehen die Ruinen alter Fincas und neu renovierte Bauernhäuser. Die Malerin *Anneliese Guttenberger* betreibt mit ihrem Mann, dem Keramiker *Stefan Schultz* („Stefano"), in ihrem liebevoll restaurierten Haus eine Galerie, in der sie ihre Werke ausstellen und verkaufen. Frau Guttenberger malt Öl- und Aquarellbilder, beschäftigt sich aber auch mit Radierungen, illustriert Kinderbücher und bietet Kurse an, Stefan Schultz fertigt ansprechende Gebrauchs- und Schwarzbrandkeramik.

Übernachten Finca Luna, zwei Apartments in einem über hundertjährigen Bauernhaus bei Teseguite, dazu Garten und Terrasse. Sehr ruhig gelegen, herrlicher Blick, deutsche Besitzer. Preis für 2 Pers. ca. 60 €. Calle Gamona 21, ✆ 626-743754, http://fincaluna-lanzarote.com.

Shopping Atelier Guttenberger, von Teguise kommend linker Hand, etwas zurück von der Straße, zu erkennen an der lebensgroßen, blauen Figur auf der Mauer. Mo–Fr 11–17 Uhr. Avda. Acorán 45, ✆ 928-845650, www.aguttenberger.com.

El Mojón: Das bescheidene Dörfchen abseits der Durchgangsroute ist Ursprungsort der traditionellen lanzarotenischen Keramik, die im 20. Jh. neu belebt wurde und die auch nach dem Ort benannt ist (→ Lanzarote allgemein/Kunsthandwerk). Die Töpfer von El Mojón orientierten sich an den Methoden der Ureinwohner und arbeiteten ohne Töpferscheibe, gebrannt wurde in Erdlöchern. Heute ist hier allerdings kein Töpfer mehr anzutreffen. *Dorotea*, die 1997 verstorbene, bekannteste Keramikerin der Insel, stammte aus El Mojón, lebte aber später in Muñique (→ dort). Hübsch anzusehen ist die kleine Kapelle *San Sebastián* mit einem Glockenstuhl aus Basalt.

Kurz bevor man auf die Straße LZ-1 von Tahiche nach Órzola trifft, passiert man die Montaña de Guenia mit eindrucksvoll erodiertem Landschaftsbild. Direkt an der Straße ragen steile Felszinken in die Höhe, die den Eindruck einer gespenstischen Mondlandschaft vermitteln. Früher wurde hier Picón abgebaut.

Von Teguise nach Mozaga

Die schnurgerade LZ-30 führt durch die leicht ansteigenden Ausläufer der Sandebene El Jable. Nach 3 km erreicht man den Abzweig zur Playa de Famara (→ unten) und nach 4 km trifft man auf den einstigen Landwirtschaftsbetrieb *Complejo Agro-Industrial de Teguise*, der als isolierter Fremdkörper allein auf weiter Flur steht. 1990 war er von der Gemeindeverwaltung von Teguise mit dem erklärten Ziel eröffnet worden, den Bauern auf Lanzarote einen zuverlässigen Abnehmer für ihre Produkte zu sichern. Doch bereits kurz nach der Eröffnung traten erhebliche Unregelmäßigkeiten bei der Finanzierung (u. a. Veruntreuung von EU-Subventionen) zutage, die Don José Dimas Martín, damals Bürgermeister von Teguise, das Amt kosteten und eine Strafe von 2,4 Mio. Euro. So kam es schon wenige Jahre später zur Schließung, die bis heute anhält.

Mit Direktverkauf: Käserei El Faro

Shopping Quesería El Faro, neben dem agro-industriellen Komplex liegt eine der ältesten Käsereien der Insel. Mehr als tausend Ziegen leben in den Pferchen neben den Fertigungsgebäuden und man kann wunderbar aromatischen Ziegenkäse in allen Reifegraden kaufen, der Kilopreis liegt bei etwa 7–10 €. Auch beim Sonntagsmarkt von Teguise ist immer ein Verkaufsstand von „El Faro" vertreten. Falls der Verkaufsladen nicht besetzt ist, klingeln Sie, im benachbarten Büro ist meist jemand anwesend. Mo–Fr 8–15, Sa 8–13 Uhr. ✆ 928-521408, http://queseriaelfaro.es.

So weit das Auge reicht: Sanddünen am Strand von Famara

Bucht von Famara

Die Szenerie vor der mächtigen Kulisse des steil aufragenden Famara-Massivs zeigt sich landschaftlich grandios. Ein langer, wilder Dünenstrand zieht sich die ganze Bucht entlang, die voll den Nordwestwinden ausgesetzt ist. Fast immer herrscht heftige Brandung.

Die *Playa de Famara* ist ein populäres, aber nicht überlaufenes Tagesziel. Badeausflügler, Wellenreiter, Drachenflieger und Windsurfer genießen die ungebändigte Natur am längsten Strand Lanzarotes. Wer allerdings zum Schwimmen kommt, sollte extrem vorsichtig sein, denn Famara ist berüchtigt für seine tückischen Unterströmungen, die einem mit plötzlicher Gewalt die Füße wegziehen und unter Wasser saugen – jedes Jahr gibt es Tote.

Der lange Dünenstreifen der Playa de Famara ist verantwortlich für die knochentrockene Steppe *El Jable*, die direkt hinter dem Strand beginnt. Sie wurde durch die ständigen Sandverwehungen gebildet, die von Nordwinden über die Insel getragen werden. Auch die Strände bei Puerto del Carmen liegen in dieser „Schusslinie" und sollen so entstanden sein.

Im Westen der Bucht liegt der Fischerort *La Caleta*, im Osten, unterhalb des Famara-Massivs, eine große Bungalowanlage für Pauschaltouristen, gebucht meist von Individualisten, die ganz bewusst abseits vom Massentourismus wohnen möchten. Falls Sie hier Ihren Urlaub planen, sollten Sie bedenken, dass Famara wegen der exponierten Nordwestlage oft kühl und fast immer stürmisch ist. Ein längerer Aufenthalt ist nur robusten Naturen zu empfehlen. Erfreulich ist, dass die Schönheit Famaras auch in Zukunft erhalten bleibt: Bereits seit 1987 ist die Bucht als Naturpark ausgewiesen und darf nicht mehr bebaut werden.

Playa de Famara: Der mit 5 km längste Strand Lanzarotes ist vor allem bei Ebbe breit und flach, die Flut überspült dagegen große Teile. Zwischen La Caleta und der Bungalowanlage „Playa Famara" (→ Übernachten) erstreckt sich feiner, hellbrauner Sand mit bewachsenen Dünenhügeln, die weit ins Inselinnere reichen. Aus Felsbrocken

Grandiose Landschaft,
Wind und Wellen

aufgeschichtete Steinburgen, sog. *Zocos*, schützen die Badeurlauber vor dem heftigen Wind von See. Unterhalb der Bungalows krümmt sich der Strand nach Norden, zieht sich unterhalb der Famara-Berge entlang und wird zusehends steiniger und schmaler. Schwere, abgeschliffene Felskiesel und Sand wechseln sich ab, oft türmen sich meterdicke Algenanschwemmungen auf. Eine Sandpiste umgeht die Bungalowanlage und stößt dahinter zum Strand hinunter. Hier kann man noch gut 2 km am Wasser entlangfahren und sich ein ruhiges Plätzchen suchen. In diesen wenig besuchten Zonen am Nordende ist Nacktbaden üblich und wird toleriert.

Risco de Famara: „Klippe von Famara", so heißt der gewaltige Bergzug, der sich von der Famara-Bucht bis zur äußersten Nordspitze Lanzarotes zieht. Wie gewaltige Bärentatzen ziehen sich die gefurchten Hänge zur Bucht herunter. Mit 670 m liegt hier die höchste Erhebung Lanzarotes, die *Peñas del Chache*. Gleich daneben erkennt man von der Famara-Bucht aus die kugelförmige Radaranlage einer Militärstation. Hinter dem Bungalowkomplex zieht sich die tiefe Einkerbung des *Barranco de la Poceta* bis zum Kamm hinauf – hier kann man eine schöne, wenngleich anstrengende Bergauf-Wanderung unternehmen (→ S. 377). Wenn man an einem der seltenen windstillen Tage von der Playa de Famara nach Norden blickt, erkennt man gegenüber der Insel La Graciosa einen winzigen, weißen Klotz im Meer: das Trafohäuschen an der schönen Playa del Risco (→ S. 290).

Im Risco liegen die einzigen größeren Wasservorkommen Lanzarotes. Mit kilometerlangen Stollen, sog. *galerías*, hat man hier in den 50er Jahren versucht, das Grundwasser anzuzapfen. Doch ist der Wasserspiegel in den letzten Jahrzehnten stark gesunken, nachdringendes Meerwasser verunreinigt zudem den bescheidenen Rest. Wenn man genau hinsieht, erkennt man in halber Höhe der Steilwand den ehemaligen Wanderweg zur Playa del Risco im äußersten Norden Lanzarotes als dünnen, weißen Strich (→ S. 254). Man kann ihn ein kleines Stück hinaufwandern und kommt am einzigen Wasserstollen vorbei, der noch in Betrieb ist. An der alten Pumpstation hört man es rauschen, eine Rohrleitung führt hinunter zum Strand und mündet an einer restaurierten Windmühle direkt an der Asphaltstraße, früher der Waschplatz der Frauen aus La Caleta.

Weitere Infos zum Risco de Famara → S. 272 ff.

La Caleta de Famara

Inselmitte → Karte S. 126/127

Uriges Fischerdorf auf den Lavaklippen im Westteil der Bucht, direkt am Rand der Sandsteppe El Jable. Abseits der breiten Durchgangsstraße erinnert der Ort an einsame Wildwest-Szenerien. Zwischen den Häusern verlaufen breite, staubige Sandwege, hier und dort sitzen die Bewohner in den Türen und mustern die Besucher.

Viele Leute aus Teguise haben in La Caleta Ferienwohnungen. Doch nur im Hochsommer wird es voll, ansonsten übernachten in den einfachen Apartments im Ort Sportler und Langzeiturlauber auf der Suche nach dem ursprünglichen Leben. Ein kleiner Hafen liegt im westlichen Ortsbereich, mittlerweile ergänzt durch eine gepflasterte Promenade. Eine Handvoll Fischrestaurants bietet gute Küche und mehrere Surfshops führen alles, was Wellenreiter, Windsurfer und Kiteboarder benötigen.

Wenn man die holprige Piste westlich aus dem Ort herausfährt und nach ca. 300–500 m rechts abbiegt, kommt man zur Sandbucht *Playa de San Juan*, wo sich einige Residenten niedergelassen haben und sich vor allem Surfer treffen. Ein einfaches Campinggelände gibt es hier auch (derzeit geschlossen).

Anfahrt/Verbindungen

Bus 20 fährt Mo–Fr (jeweils 5 x), von und nach Arrecife, Bus 31 6–7 x tägl. von und nach Costa Teguise.

Mit dem eigenen Fahrzeug fährt man am besten über Teguise, ansonsten ist die Playa de Famara auch bequem über Sóo zu erreichen.

Übernachten

→ Karte S. 252

Außer der großen Bungalowanlage „Playa Famara" im Ostteil der Bucht gibt es zahlreiche einfache Apartments in La Caleta. So vermieten z. B. alle Surfanbieter Apartments und Studios, ebenso der Supermarkt „Otilia" **14** neben der Bar El Chiringuito (→ Essen & Trinken). Weitere Apartments kann man über www.lacaleta.net, www.lanzarote-fkk.com und andere Anbieter buchen, Preise für 2 Pers. ab ca. 40 €/Tag (auch Langzeitvermietung, dann pro Monat ab ca. 400 €).

** Playa Famara **19**, große, etwas betagte Bungalowanlage im östlichen Buchtbereich, angeblich die erste Anlage überhaupt auf Lanzarote. Die fast 200 halbrunden Bungalows (etwa 60 davon werden vermietet) ducken sich an den leicht ansteigenden Hang, herrlicher Panoramablick über die Bucht, ruhig und viel Privatsphäre, da um die geräumige Terrasse bei jedem Häuschen eine Mauer aus Lavagestein gezogen ist, die die kräftigsten Winde abhält. In der Anlage stehen zur Verfügung: das Restaurant Buenavista, ein kleiner Supermarkt, Autovermietung, eine internationale Leihbibliothek und ein Massagesalon. In der Rezeption spricht man gut Deutsch. Zu mieten sind einfach eingerichtete Bungalows mit einem, zwei oder drei Schlafzimmern für ca. 55–60, 65–80 bzw. 75–90 €, außerdem gibt es Apts. und „Luxury Villas", z. T. mit eigenem Pool. Calle Cascabelillo 2, ✆ 928-845132, www.bungalowsplayafamara.com.

»» Mein Tipp: Casa Dominique **1**, einsam gelegenes Anwesen mit pittoreskem Meerwasserpool in der Nähe der Playa de San Juan, freundlich geführt von Dominique Ferrand mit Familie. Drei individuell eingerichtete Gästezimmer in Einzelhäu-schen, jedes Zimmer mit Bad, Terrasse und Meer-/Buchtblick. Vom verglasten Gemeinschaftssalon genießt man einen herrlichen Blick auf das Famara-Kliff. Gutes Frühstück und zuvorkommender Service. Anfahrt über Schotterpiste. DZ/F für drei Tage ab ca. 360 €. Diseminado Bajamar 20, ✆ 928-173268, www.casadominique.com. **««**

Casa Beatriz **20**, geräumiges Ferienhaus mit zwei Schlafzimmern und einem Pool im Patio, zum Strand 5 Min., Wochenpreis ca. 700 €, http://lanzarote24.info.

Essen & Trinken

La Caleta besitzt eine Handvoll Restaurants und Bars, aber nur zwei liegen direkt am Meer und sind entsprechend teuer. Frischer Fisch ist überall zu haben.

El Risco **5**, Fischlokal mit schmaler Außenterrasse in herrlicher Lage direkt auf den niedrigen Klippen, die den Strand begrenzen, wunderbarer Blick auf Meer und Famara-Massiv. Im Innenraum ist alles in hellem Blau gehalten, Schmuckkacheln und ein großes, farbiges Gemälde von Manrique zieren die Wände, denn das Lokal gehört seiner Familie. Schmackhafte Küche mit Fisch- und Fleischgerichten, dank der schönen Lage sind die Preise allerdings hoch. So-Abend geschl. Calle Montaña Clara, 30, ✆ 928-528550.

Sol **4**, das mittlerweile nicht mehr ganz kleine Fischlokal liegt im Ortskern direkt an der Uferpromenade, Tische und Stühle stehen auf der Mole an der Meerseite und

S onstiges
2 La Santa Surf
7 Famara Surf
12 Lanzarote Kite Surf
13 Clandestino Surf
14 Supermarkt Otilia
15 Calima Surf
16 Costa N-Oeste
17 Redstar Surf
18 Zoopark Famara

E ssen & Trinken
3 La Esquina
4 Sol
5 El Risco
6 Centro Sociocultural Famara
8 Grill La Posada
9 El Tertulia
10 El Chiringuito
11 Hamburgueseria Famara
13 Clandestino Surf Bar

Ü bernachten
1 Casa Dominique
19 Playa Famara
20 Casa Beatriz

La Caleta de Famara

landeinwärts mitten im weichen Sand. Ein schönes Plätzchen, das vor allem an Wochenenden stark frequentiert wird. Die Küche wird im Allgemeinen positiv beurteilt, vor allem der frische Fisch. Calle Salvavidas 48, ☎ 928-528788.

>>> Mein Tipp: La Esquina **3**, das sympathische Lokal von Tony liegt mit seinen Plastiktischen unscheinbar an der staubigen Sandstraße, doch die originelle peruanische Küche ist lecker und preisgünstig – ausprobieren. Calle Rociega 12, ☎ 928-528809. **«**

Grill La Posada **8**, auch in diesem kleinen Lokal isst man gut und nicht teuer, Empfehlung für die Fischplatte. Avda. El Marinero 30, ☎ 928-528740.

>>> Mein Tipp: Hamburguesería Famara **11**, nettes, kleines Lokal etwas zurück von der Durchgangsstraße, schneller, freundlicher Service und gute kanarische Küche zu wirklich günstigen Preisen, bekannt für

seine Snacks, Tapas und Hamburger, besonders begehrt ist der „Famara Burger". Calle El Callejon 17, ☎ 928-528766. **«**

Centro Sociocultural Famara **6**, im Gemeindezentrum an der Calle San Borondón kann man einfach und günstig essen, auch Fisch wird angeboten. Di geschl. ☎ 928-528805.

Bars/Snacks   El Chiringuito **10**, an der sandigen Nordseite der Durchgangsstraße, Sitzplätze im Sand. Kuchen, Sandwichs, Salate und Tapas – aber nicht immer ist alles verfügbar. ☎ 626-627813.

Clandestino Surf Bar **13**, gegenüber vom El Chiringuito, beliebter Surfertreff, es laufen Surfvideos und man kann Dart spielen, Essen ganz gut, auch die Pizza. Avda. El Marinero 25, ☎ 928-528617.

El Tertulia **9**, die Croissanteria mitten im Ort ist bekannt für ihr gutes Frühstück – leckere Croissants, Kuchen, Bocadillos und Baguettes. Avda. El Marinero 22.

Sport

Für Sportler, die mit den rauen Bedingungen umgehen können, bietet die Playa de Famara eine ganze Palette von Möglichkeiten. Etliche Surfschulen bieten ihre Dienste an.

Schwimmen   Früher, als noch keine Touristen nach Famara kamen, hielten sich die Einheimischen in respektvoller Entfernung zum Meer. Doch die Urlauber sind immer wieder leichtsinnig, was dem Strand zu trauriger Berühmtheit verholfen hat, jedes Jahr gibt es hier Tote. Generell gilt: Keine Gefahr besteht beim Plantschen in der Brandung. Jedoch sollte man sich keinesfalls vom Strand entfernen und in die offene See hinausschwimmen! Als einzige Vorsichtsmaßnahmen gibt es ständig aufgezogene rote Fahnen und einige mehrsprachige Warnschilder.

Wellenreiten (Surfen), Windsurfen und Kiteboarden   Die Bucht von Famara ist Geburtsort des Wellenreitens auf Lanzarote, täglich rollen schwere Brecher auf diesen nach Norden hin offenen Strand. Wellenreiter treffen sich nicht nur am langen Sandstrand, sondern auch vor der Hafenmole von La Caleta und westlich vom Ort, an der Playa de San Juan. Windsurfen ist nur Könnern anzuraten. Die Famara-Bucht hat zwar in der Regel (nicht immer!)

anlandigen Wind, jedoch extrem hohe Brandung.

Die zahlreichen Surfshops verleihen und reparieren Material, bieten Surf- und Windsurfkurse (ca. 40–50 €/Tag) sowie Kurse für Kiteboarder (ca. 90 € pro Tag, das sind ca. 3 Std. Unterricht), z. T. auch Stand-Up-Paddling und Mountainbiking. Ein Anfängerkurs dauert zwei Tage, Fortgeschrittenenkurse bis zu fünf Tagen.

Zoopark Famara **18**, Avda. El Marinero 5, ☎ 634-884068, www.zooparkfamara.com.

Redstar Surf **17**, Avda. El Marinero 9, ☎ 928-528808, www.redstarsurf.com.

Costa N-Oeste **16**, Avda. El Marinero 11, ☎ 928-528597, www.costanoroeste.com.

Calima Surf **15**, Avda. El Marinero 13, ☎ 928-528528, 626-913369, www.calimasurf.com.

Clandestino Surf **13**, Avda. El Marinero 25, ☎ 635-038684, http://clandestino-surf-adventure.com.

Famara Surf **7**, Avda. El Marinero 39, ☎ 616-107621, www.famarasurf.com.

Inselmitte → Karte S. 126/127

Drachenflieger auf der Montaña de Chimia

La Santa Surf **2**, Avda. El Marinero 55, ☎ 928-528733, http://lasantasurfprocenter.com.

Lanzarote Kite Surf **12**, Calle San Borondon 28, ☎ 928-945638, 678-380014, www.lanzarote kite.com.

Drachenfliegen Famara ist das spektakulärste Fluggebiet Lanzarotes. Hier an den steilen Famara-Bergen ist die Thermik besonders effektiv. Man kann fast stundenlang über den Bergen und im Hinterland der Bucht kreisen. Vorsicht ist aber geboten, denn über den Bergen können schnell Wolkenbänke auftauchen, in denen keinerlei Orientierung mehr möglich ist. Wer solche Unternehmungen vorhat, sollte unbedingt einen Kompass mitnehmen, außerdem nie in tiefe Einschnitte der Felswände hineinfliegen, die dortigen starken Strömungen haben schon schwere Unfälle verursacht. Der Startplatz liegt in etwa 330 m Höhe auf der **Montaña de Chimia**, nördlich von Teguise, eine Piste führt von der Stadt aus hinauf auf das große Plateau mit einer betonierten Absprungtrasse. Gelandet wird äußerst effektvoll und sicher direkt am **Strand von Famara.**.

Anfahrt ab Teguise: am nördlichen Ortsrand gegenüber der Straße nach Teseguite die Calle Gadifer de la Salle nehmen, nach ca. 600 m an einem ummauerten Dreieck in der Straße rechts in die Calle Jaime Balmes abbiegen, die Steigung hinauf und danach an einer Ecke, die von einem Haus gebildet wird, rechts die Calle Dulcinea nehmen. Der Asphalt endet nach einigen hundert Metern und man fährt auf einer Erdpiste weiter, die direkt zum Startplatz führt, Orientierungspunkt ist eine Gruppe von Bäumen, auf die man zuhält.

Für weniger erfahrene Flieger gibt es einen **zweiten Startplatz** auf einem Hügel nordwestlich von Teguise, der nur 90 m hoch liegt. Anfahrt: gegenüber der Tankstelle in Teguise an der Straße nach Mozaga rechts abbiegen und die zweite links (Calle Malvarosa) nehmen. Wenige Meter nach dem Abzweig endet der Asphalt, bald folgt eine Rechtskurve mit Palmen und einem Gehöft, jetzt auf der rechten Seite zwei Häuschen passieren, 20 m danach links ab auf den Hügel. Auf der Anhöhe rechter Hand steht einsam die Ermita de San Rafael (→ Teguise).

(Wandern

Die Playa de Famara ist Startpunkt für eine Reihe von Wanderungen. Vom berühmten Weg, der auf halber Höhe des Famara-Massivs bis zur Nordspitze Lanzarotes unterhalb vom Mirador del Río führt, ist allerdings abzuraten, denn er ist mittlerweile in Teilen verschüttet und abgerutscht, zudem auch wegen Steinschlag zur Begehung zu gefährlich geworden.

Rundwanderung an der Famara-Küste

Einfache Wanderung von der Bungalowanlage Playa de Famara aus am Berghang ein Stück nach Norden und am Strand entlang wieder zurück (siehe unten).

Von La Caleta de Famara zum Risco

hinauf Von der Südostecke der großen Bungalowsiedlung Playa Famara steigt man durch den **Barranco de la Poceta** steil hinauf zur Militärstation. Von dort geht es über die einsame Kirche **Ermita de las Nieves** mit schönen Panoramablicken allmählich wieder hinunter und auf dem **Camino Las Laderas** (LZ-403) zurück zum Ausgangspunkt (siehe unten).

Wanderung nach Haría Von der Militärstation aus kann man mit mehreren Ab- und Aufstiegen immer an der Kliffkante entlang bis zum Picknickplatz **Bosquecillo** wandern (→ Inselnorden/S. 276). Von dort führt eine Piste zu einer Sendestation auf der **Montaña Ganada**. Unterhalb davon liegt der **Barranco de Fenesía**, der nach Haría führt. Zurück von Haría am besten mit dem Taxi, per Bus muss man in Teguise umsteigen. Dauer ca. 3–4 Std.

Wanderung nach Sóo und zurück Zunächst nimmt man von der Südostecke der Bungalowanlage Playa Famara die breite Piste **Camino Las Laderas** (LZ-403) bis zu den wenigen Häusern von **Las Laderas**, dann geht man auf dem Camino de Famara und dem Camino Diseminado Las Laderas quer durch das versteppte Sandgebiet El Jable nach **Sóo**, dort gibt es kleine Läden mit Verpflegung und Wasser. Im Anschluss wandert man nördlich der Krater zwischen Sóo und Playa de San Juan parallel zur Küste zurück nach La Caleta. Dauer ca. 5–6 Std.

Montaña de Chimia
(Startplatz für Drachenflieger)

Wanderung nach Teguise Der **Camino Las Laderas** (LZ-403) führt Richtung Süden bis **Las Laderas**, trifft dabei auf die Asphaltstraße nach Teguise (LZ-402) und führt als breite Piste weiter direkt in die alte Inselhauptstadt. Unterwegs hat man herrliche Rückblicke über die Famara-Bucht bis La Graciosa. Kurz vor der Stadt passiert man rechter Hand die **Ermita de San Rafael**, westlich davon liegt der niedrigere der beiden Startplätze für Drachenflieger (→ Sport). Dauer bis Teguise ca. 2–3 Std., zurück immer bergab und etwas schneller.

 Wanderung 5: Rundwanderung an der Famara-Küste → S. 376

 Wanderung 6: Von La Caleta de Famara zum Risco hinauf → S. 377

Das spektakuläre Famara-Kliff im Nordwesten Lanzarotes

Inselnorden

Der grünste und fruchtbarste Teil Lanzarotes. In den Famara-Bergen steigt die Insel zu ihren höchsten Gipfeln an, häufig hängen Passatwolken in den Bergen und Niederschläge fallen deutlich mehr als an der geschützten Ostküste um Puerto del Carmen und im Inselsüden. Nirgendwo anders auf Lanzarote könnte es ein „Tal der tausend Palmen" geben.

Aber auch Costa Teguise, das zweitgrößte Touristenzentrum Lanzarotes, liegt im Norden. Seine exzellenten Windverhältnisse ziehen Surfer an, doch eins der besten Hotels der Insel ist dort ebenfalls zu finden und auch Familien mit Kindern sind häufige Gäste.

Ansonsten zeigt sich der Norden landschaftlich vielseitig: die wilden Steilabstürze des *Famara-Kliffs*, das *Palmental* von Haría, der vorgelagerte *Archipel Chinijo* mit der Wüsteninsel *La Graciosa*, der majestätische Vulkanberg *Monte Corona*, das Lavameer *Malpaís de la Corona* im Nordosten mit seinen prächtigen Dünenstränden und die *Cueva de los Verdes*, ein Lavatunnel von mehreren Kilometern Länge – Natur vom Feinsten, noch dazu mit erheblicher ökologischer Bedeutung. Ein Großteil des Nordens steht unter Naturschutz und César Manrique hat hier einige seiner bedeutendsten „Natur-Kunstwerke" platzieren können: den eingebrochenen Lavatunnel *Jameos del Agua*, den Aussichtspunkt *Mirador del Río* und den Kaktusgarten *Jardín de Cactus*.

Wichtig: Für Touren in den Inselnorden sollte man sich nur sonnige Tage aussuchen. Die Panoramen können durch die tief hängenden Passatwolken erheblich getrübt werden.

Inselnorden

Verbindungen

Die Orte im Inselnorden sind von Arrecife aus mehrmals täglich mit Bussen zu erreichen, Costa Teguise 2 x stündlich. Die der Nordspitze vorgelagerte Insel La Graciosa ist mit Lanzarote per Schiff verbunden.

Busse Zwischen dem Busbahnhof in Arrecife und **Costa Teguise** pendeln Busse der Linie 1 Mo–Fr alle 20/40 Min., Sa/So 30/60 Min.

Vom Busbahnhof in **Arrecife** fahren Busse über Teguise nach Los Valles, über Teguise, Teseguite, Guatiza, Mala, Arrieta, Punta de Mujeres und Haría nach Máguez und Ye, außerdem nach **Órzola** im äußersten Norden, wo man Anschluss an die Boote nach La Graciosa hat.

Nicht angefahren von Bussen werden u. a. **Mirador del Río, Cueva de los Verdes, Jameos del Agua, Tabayesco, Charco del Palo** und **Los Cocoteros**.

Schiff Vom Hafenort **Órzola** pendeln bis zu 20 x täglich flotte Motorschiffe hinüber nach **La Graciosa**. Sie bieten mehreren Dutzend Personen Platz, Pkw-Mitnahme ist nicht möglich. Die Überfahrt ist häufig rau, Spaß am „Achterbahn-Feeling" empfehlenswert.

Eigener Transport

Für Touren in den Norden gibt es zwei Varianten: über Teguise in die *Famara-Berge* oder die *Ostküste* entlang über Arrieta nach Órzola. Für beide Routen nimmt man von der Circunvalación (Umgehungsstraße) um Arrecife zunächst die Straße LZ-1 in Richtung Tahiche bzw. Órzola (beschildert mit „Lanzarote Norte"):

- in die Famara-Berge geht es geradeaus weiter nach Teguise und auf derselben Straße über Los Valles nach *Haría*
- zur Ostküste biegt man in Tahiche nach Norden in Richtung *Arrieta* ab.

Querverbindungen gibt es zwischen Teguise und Guatiza, Arrieta und Haría bzw. vom hoch gelegenen Mirador del Río am Monte Corona entlang hinunter nach Órzola. Es besteht die Möglichkeit, eine umfassende Rundtour zu machen: Teguise → Haría → Mirador del Río → Órzola → Arrieta → Guatiza → Tahiche oder umgekehrt.

Eine weitere Anfahrtsvariante ist die Strecke über *San Bartolomé* (von Puerto del Carmen über Tías) und von dort quer durch das Sanddünengebiet El Jable hinüber nach *Teguise*. Eine eigene Zufahrtsstraße nach *Costa Teguise* zweigt von der Circunvalación in Nähe des Hafens von Arrecife ab.

Alle Hauptstraßen sind asphaltiert und in gutem Zustand. Einige wenige Ziele können jedoch nur auf Erdpisten erreicht werden, z. B. der Picknickplatz *Bosquecillo* im Famara-Kliff.

Auf der Insel *La Graciosa* gibt es keine einzige Asphaltstraße, nur ein Netz von Sandpisten, was aber für Besucher kaum von Bedeutung ist, da man den PKW weder auf der Fähre mit hinübernehmen, noch auf der Insel einen mieten kann.

Leihfahrzeuge umfassendes Angebot (Leihwagen, Mopeds, Motorräder, Rennräder, Mountainbikes und Fahrraddroschken) in *Costa Teguise*. Auf *La Graciosa* werden Mountainbikes verliehen.

Eine **Tankstelle** gibt es lediglich in Arrieta, bei der Anreise kann man in Teguise oder an der Circunvalación um Arrecife tanken.

Fahrrad Das steile Famara-Kliff im Norden Lanzarotes fordert Radfahrern Kondition ab. Wer jedoch die Bergstrecke über **Teguise** nimmt und einmal die Steigungen bei Los Valles überwunden hat, fährt auf dem Hochplateau weitgehend eben, um dann eine tolle Serpentinenabfahrt nach Haría zu erleben! Nördlich von Haría steigt die Straße über Máguez dann wieder an. Wer will, kann hier aber östlich von Haría die Abfahrt hinunter nach **Arrieta** nehmen.

Die Ostküste ist dagegen durchweg flach – von Tahiche bis Órzola im äußersten Norden gibt es kaum nennenswerte Steigungen.

Für **Mountainbiker** gibt es reichlich Erdpisten, z. B. die lange Piste, die von Teguise zur Ermita de las Nieves hinaufführt, im Weiteren (mit Asphaltbelag) an der Militärstation vorbeigeht und kurz vor den Serpentinen nach Haría wieder auf die Hauptstraße mündet.

Besonders beliebt bei Radlern (aber nicht einfach zu fahren) ist außerdem die Wüsteninsel **La Graciosa** mit ihren sandigen Pisten und schönen Stränden.

Wandern Während die flache Ostküste für Wanderer nicht allzu viel hergibt, bietet das **Famara-Massiv** einige der reizvollsten Touren auf Lanzarote, speziell der Abstieg zur herrlichen **Playa del Risco** gehört zu den schönsten Wandererlebnissen. Auf der vorgelagerten Insel **La Graciosa** bietet es sich geradezu an, zu Fuß auf Erkundungstour zu gehen, einige Wege führen zu Traumstränden.

Übernachten

Costa Teguise besitzt eine Vielzahl von Unterkunftsmöglichkeiten in Hotels und Apartments. Die Hotels gehören weitgehend der

4- bis 5-Sterne-Kategorie an, darunter das legendäre Meliá Salinas, an dessen Gestaltung César Manrique mitwirkte. Hauptsächlich

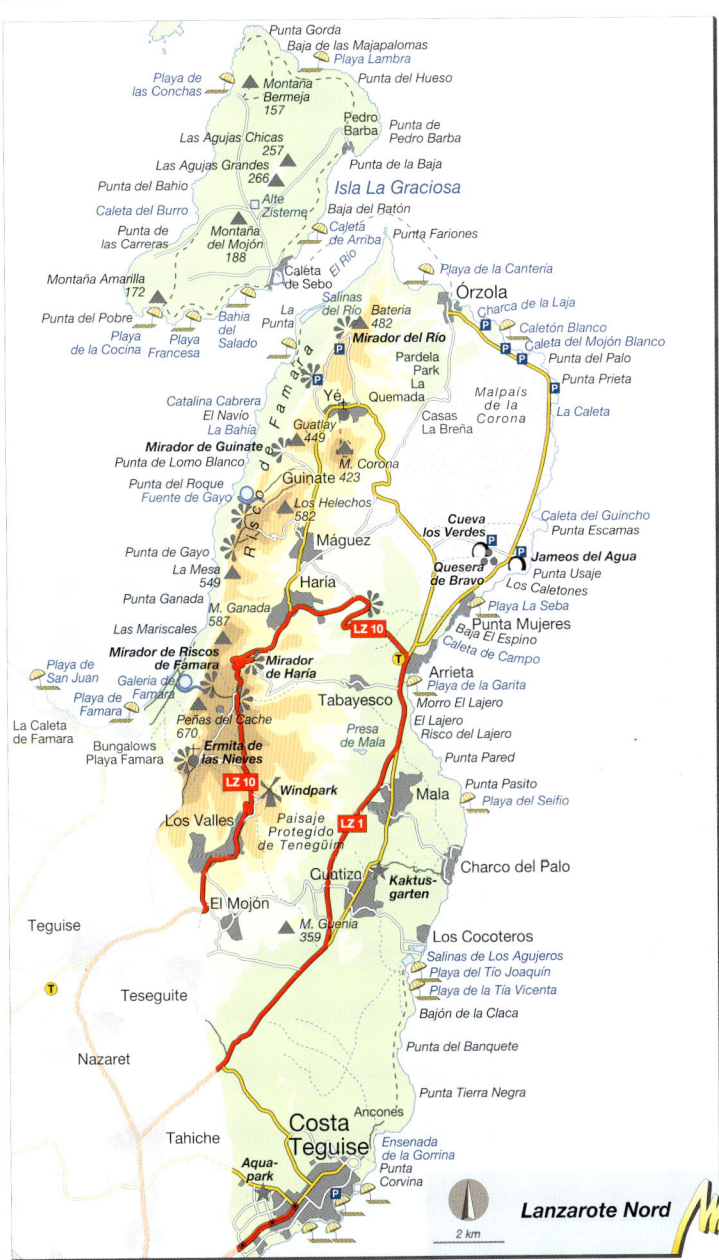

Punta Gorda
Baja de las Majapalomas
Playa Lambra
Punta del Hueso
Playa de
las Conchas
Montaña
Bermeja
157
Pedro
Barba
Punta de
Pedro Barba
Las Agujas Chicas
257
Punta de la Baja
Las Agujas Grandes
266
Isla La Graciosa
Punta del Bahío
Alte
Zisterne
Caleta del Burro
Baja del Batón
Punta de
las Carreras
Montaña
del Mojón
188
Caleta
de Arriba
Punta Fariones
Montaña Amarilla
172
Caleta
de Sebo
El Río
Playa de la Cantería
Órzola
Salinas
del Río
Punta del Pobre
Batería
482
Charca de la Laja
Bahía
del
Salado
La
Punta
Caletón Blanco
Mirador del Río
Caleta del Mojón Blanco
Playa
de la Cocina
Playa
Francesa
Punta del Palo
Pardela
Park
Punta Prieta
Catalina Cabrera
El Navío
La Bahía
Yé
La
Quemada
Malpaís
de la
Corona
La Caleta
Guatlay
449
Casas
La Breña
Mirador de Guinate
Punta de Lomo Blanco
M. Corona
423
Punta del Roque
Fuente de Gayo
Guinate
Los Helechos
582
Cueva
los Verdes
Caleta del Guincho
Punta Escamas
Punta de Gayo
La Mesa
549
Máguez
Jameos del Agua
Quesera
de Bravo
Punta Usaje
Los Caletones
Punta Ganada
Haría
M. Ganada
587
Playa La Seba
Punta Mujeres
Baja El Espino
Las Mariscales
LZ 10
Caleta de Campo
Mirador de Riscos
de Famara
Mirador
de Haría
Playa de
San Juan
Galería de
Famara
Arrieta
Playa de la Garita
Playa de
Famara
Tabayesco
Morro El Lajero
La Caleta
de Famara
Peñas del Cache
670
Presa
de Mala
El Lajero
Risco del Lajero
Bungalows
Playa Famara
Ermita de
las Nieves
Punta Pared
Punta Pasito
LZ 10
Windpark
Mala
Playa del Seifio
Los Valles
Paisaje
Protegido
de Tenegüim
LZ 1
Charco del Palo
El Mojón
Guatiza
Kaktus-
garten
Teguise
M. Guenia
359
Los Cocoteros
Salinas de Los Agujeros
Playa del Tío Joaquín
Teseguite
Playa de la Tía Vicenta
Bajón de la Claca
Nazaret
Punta del Banquete
Punta Tierra Negra
Anconés
Tahiche
Costa
Teguise
Ensenada
de la Gorrina
Punta
Corvina
Aqua-
park
Lanzarote Nord
2 km

Pauschalreisende sind hier anzutreffen, Individualreisende können sich aber außerhalb der saisonalen Stoßzeiten (Weihnachten, Ostern) problemlos in vielen Apartmentanlagen einmieten.

Charco del Palo ist eine landschaftlich reizvolle FKK-Kolonie, wo ein Aufenthalt entweder über Reiseveranstalter oder direkt vor Ort gebucht werden kann.

Apartments werden in **Mala, Guatiza, Arrieta, Tabayesco** und **Órzola** vermietet und auch in **Haria** stehen einige schöne Unterkünfte zur Verfügung. Eine kleine Anlage, die vor allem von Pauschalurlaubern genutzt wird, liegt in **Punta de Mujeres.** Auf **La Graciosa** vermietet eine Pension Zimmer im Hafenort Caleta del Sebo, weiterhin gibt es eine ganze Reihe von neuen Apartments. Am Ortsrand liegt außerdem ein Strand, an dem das Zelten erlaubt ist.

Costa Teguise ca. 7200 Einwohner

Eine Urlauberstadt aus der Retorte. Noch vor 40 Jahren gab es hier buchstäblich nichts außer kahler, schwarzer Lavaküste. Heute zieht sich die am Reißbrett konstruierte Stadt bereits kilometerweit, 10 qkm sind schon bebaut – und noch immer führen manche Wege ins Nichts. Fünf weitgehend künstlich angelegte Sandstrände laden zum Baden ein.

Costa Teguise war ursprünglich geplant als gehobenes Ferienressort, in dem der Trubel Puerto del Carmens außen vor bleiben sollte. César Manrique war dabei federführend, er wirkte beim Bau des Nobelhotels *Meliá Salinas* mit und gestaltete den Musterbau des *Pueblo Marinero* (→ Sehenswertes). Anfangs schien es, als ob dieses Vorhaben gelingen sollte. Doch die rasante touristische Entwicklung überholte schnell alle gut gemeinten Konzepte. Ende der 70er Jahre ging auch hier das große Bauen los und die Costa Teguise expandierte in alle Richtungen. Die anhaltende Nachfrage versprach reiche Profite und bald begannen die Planer, aus dem ursprünglichen Feriendorf mit überschaubarer Größe eine Riesenferienstadt zu machen – 40.000 Gäste sollten hier einmal unterkommen können. So sind die Dimensionen gewaltig und auf den ersten Blick nicht unbedingt einladend: lange, leere

An der Playa de las Cucharas

Straßen, weit auseinanderliegende Hotel- und Apartmentanlagen, das Fehlen eines urbanen Zentrums und die so gut wie nicht vorhandene Einheimischenkultur machen aus Costa Teguise das Ferienzentrum mit der kühlsten Atmosphäre auf Lanzarote.

Beliebt ist Costa Teguise für Familienurlaub mit Kindern, einige Anlagen haben sich ganz darauf spezialisiert (→ Übernachten). Dank der optimalen Windverhältnisse gilt Costa Teguise jedoch auch als *der* Surfspot der Kanarischen Inseln! Fast immer weht eine steife Brise aus Nordost und an vielen Tagen im Jahr ist das aufgewühlte Meer gesprenkelt von bunten Segeln. An der *Playa de las Cucharas* ist sogar ein ganzer Strandabschnitt ausschließlich für Surfer reserviert.

Anfahrt/Verbindungen

→ Karte S. 262/263

Costa Teguise liegt nur wenige Kilometer nördlich von Arrecife. Die Zufahrtsstraße zweigt in der Nähe des Hafens von der Circunvalación ab. Alternative zu dieser Anfahrt: von Arrecife in Richtung Teguise fahren und in Tahiche in Richtung „Urbanisación Costa Teguise" abbiegen. Nach wenigen Kilometern zweigt rechter Hand die Straße nach Costa Teguise durch ein auffallendes, weißes Tor ab.

Busse Zwischen **Costa Teguise** und der Inselhauptstadt **Arrecife** pendeln Busse der Linie 1 täglich alle 20 Min. fast rund um die Uhr. Ankunft und Abfahrt in Arrecife ist der Busbahnhof (→ Stadtplan Arrecife). Die Stopps der Linie 1 im Einzelnen: Hotel Meliá Salinas, Aparthotel Lanzarote Gardens, Pueblo Marinero, Playa Bastián, Apartments Playa Roca, Hotel Oasis (Playa del Ancla), Las Caletas, Inalsa, Los Mármoles (Hafen Arrecife), Ikea, Los Alonso, Busbahnhof Arrecife.

> Busse der Linie 11 starten sonntags zwischen 9 und 11 Uhr zum **Markt in Teguise**, zurück geht es zwischen 12 und 14 Uhr.

Linie 3 pendelt fast ebenso häufig zwischen Costa Teguise und Puerto del Carmen, Stopps in Arrecife sind dabei u. a. der Busbahnhof und die Playa del Reducto.

Linie 25 fährt 1–2 x tägl. über Arrecife und Puerto del Carmen nach Puerto Calero.

Die Linien 31 und 33 fahren 7 x tägl. über Tahiche und **Teguise** nach **La Caleta de Famara** und zurück.

Autoverleih Cabrera Medina, Centro Comercial Los Charcos, Local 1, Avda. de las Islas Canarias s/n, ✆ 928-592209, www.cabreramedina.com.

Guayre, Centro Comercial Punta Jablillo, Local 2, Avda. el Jablillo, ✆ 928-591021, www.autosguayre.com.

Feber, Apartamentos Tahiche, Calle Las Olas, Local 10, am Westrand der Playa de las Cucharas. ✆ 928-591594, www.autosfeber.es.

Plus Car, Centro Comercial Las Cucharas (Nahe Hotel Meliá Salinas) und weitere Stationen. ✆ 928-591742, www.pluscar-lanzarote.com.

Taxi Standplätze gegenüber vom **Hotel Be Live Experience Grand Teguise Playa**, beim **Hotel Meliá Salinas** und an der **Avda. de Mar**, etwas landeinwärts der Playa Bastián, ✆ 928-524223. Ungefähre Preise: innerhalb von Costa Teguise 4–8 €, nach Arrecife ca. 12–15 €, Puerto del Carmen ca. 25–30 €, Jameos del Agua 24–28 €, Teguise 20–22 €, Flughafen 22–26 €.

Basis-Infos

→ Karte S. 262/263

Information Oficina de Turismo de Costa Teguise, Avda. de las Islas Canarias s/n, nahe beim Eingang zum Pueblo Marinero. Mo–Fr 9–16.30, Sa/So 9–14.30 Uhr. ✆ 928-592542, www.turismoteguise.com.

Apotheken am Beginn der Avda. de las Islas Canarias, neben Pueblo Marinero, zwei weitere an der Avda Jablillo und im Eingangsbereich der Apartmentanlage Lanzarote Gardens.

Übernachten

- 2　Residencia Golf y Mar
- 4　H 10 Suites Lanzarote Gardens
- 7　Apartments El Molino de Guatiza
- 12　Apartments Guarapo
- 19　Apartments Nazaret und Mansión Nazaret
- 23　Club Allsun Albatros
- 26　Sands Beach
- 29　Hotel Meliá Salinas
- 31　Apartments Barceló Teguise Beach
- 34　Hotel Be Live Experience Grand Teguise Playa
- 41　Apartments Neptuno
- 42　Apartments Nautilus

Essen & Trinken

- 3　Lanzerote Wine and Cheese
- 5　Isla Bonita
- 8　El Cochino Cojo
- 10　Txapela
- 13　Poco Loco
- 14　Brown Deli
- 21　Peskera
- 22　Surf Corner
- 24　Mama's & Papa's
- 25　Surfwings
- 27　Beach Bar
- 28　Villa Toledo
- 30　Helga's Café
- 32　The Cutty Sark & The Dolphin Inn
- 36　Bodegas Marcelo
- 40　Vesubio & Doña Lola

Sonstiges

- 1　Spa Hotel Beatriz
- 6　Tommy's Bikes Bike Station
- 9　Pro Center Antxon Otaegui
- 11　Volcano Surf
- 15　Aquatis Divingcenter
- 16　Windsurfing Club Las Cucharas
- 17　Kite Lanzarote
- 18　Centro Médico Jorgani (Arzt)
- 20　Windsurf Paradise (Windsurfen)
- 33　Evolution bikes
- 35　Planet Bikes
- 37　Native Diving (Tauchen)
- 38　Lavanderia El Dandy
- 39　Daivoon (Tauchen)

Medizinische Versorgung Centro Médico Jorgani 🔟, gegenüber vom Pueblo Marinero, breitgefächertes Behandlungsspektrum, eigener Krankenwagen. Avda. de las Islas Canarias 5. ✆ 928-346868 (24 Std.).

Post im Centro Comercial Maretas, Avda. de las Islas Canarias. Mo–Fr 10–13, Sa 10–12 Uhr.

Shopping Das Einkaufsangebot zeigt sich an der Costa Teguise unterentwickelt. Es dominiert touristischer Allerweltstand wie Textilien aller Art, Badeutensilien, Souvenirkitsch etc.

Märkte: Im Pueblo Marinero (→ Sehenswertes) findet jeden Di 9–14 Uhr ein **Bauernmarkt** statt, Mi u. Fr 18–22 Uhr ein **Kunsthandwerksmarkt** – zwar sind es meist nicht viele Stände, aber die Atmosphäre ist nett und relaxt.

Supermärkte: Davon gibt es mehrere, z. B. „Superspar" im Albatros Club Ressort an der Avda. del Jablillo (auch sonntags geöffnet).

Wäscherei Lavanderia El Dandy 🔟, Calle La Goleta, ✆ 928-827015, www.lavanderiaeldandy.com.

Wellness Spa Center im Hotel Beatriz 🔟, auch für Nichthotelgäste zugänglich.

Costa Teguise

200 m

Inselnorden → Karte S. 259

Übernachten

Die meisten Apartmentanlagen und Hotels arbeiten mit Reiseveranstaltern zusammen, können aber auch direkt gebucht werden. Die Hotels sind hauptsächlich Großanlagen der höheren Preiskategorien, allen voran das berühmte Meliá Salinas. Auch Spontanbucher können getrost einen Abstecher zur Costa Teguise machen: Abgesehen von den absoluten Hochsaisonzeiten wie Ostern und Weihnachten/Neujahr findet man in vielen Apartmentanlagen zu fairen Preisen (ab 40 €) problemlos Platz. Mindestaufenthalt ist in der Regel drei Tage, manchmal eine Woche.

***** Meliá Salinas **29**, das legendäre, mittlerweile etwas in die Jahre gekommene Paradehotel der Costa Teguise (→ Sehenswertes) liegt an der Ostseite der Playa de las Cucharas, 1977 wurde es vom Madrider Stararchitekten Fernando Higueras unter Mitarbeit von César Manrique errichtet. Äußerlich zunächst nicht so viel versprechend.

zeigt es sich im Inneren großartig – ein nach oben offener Atriumhof, in dem sich eine subtropische Pflanzenwelt ausbreitet und Vögel zwitschern. Über fünf Stockwerke ranken sich Hängepflanzen und Efeu, im Nebenhof wuchert eine üppige Urwaldoase, die man auf Holzstegen überquert. Papyrusstauden und Wasserpflanzen aller Art gedeihen im feuchten Biotop – ein großartiger Kontrast zur trockenen Vulkanlandschaft, der allerdings mit erheblichem Wasserverbrauch erkauft werden muss. Mehrere Restaurants sorgen für das leibliche Wohl. Der Garten ist mit riesigen Gummibäumen und Palmen verschwenderisch angelegt, die 1800 qm große, lagunenartige und beheizte Poollandschaft hat César Manrique entworfen. Die Zimmer sind anheimelnd gestaltet, haben Marmorböden, gediegenes Mobiliar, Sat-TV, WLAN, Minibar und Klimaanlage. Die Junior Suiten sind deutlich geräumiger als normale Doppelzimmer, von den Balkonen hat man überall einen herrlichen Meerblick. Außerdem gibt es neun luxuriöse „Garden Villas" mit Privatpools. Zahlreiche Einrichtungen: Friseur, Sauna, Tennisplätze, Fahrradverleih, Minigolf und viele weitere Sportmöglichkeiten. Von Manrique stammen mehrere Wandreliefs, z. B. gegenüber der Rezeption und im Restaurant Spices. Adults only (ab 16 J.). Avda. de las Islas Canarias s/n, ℡ 928-590040, www.solmelia.com.

**** Be Live Experience Grand Teguise Playa **34**, das Großhotel in perfekt zentraler Lage, direkt an der hübschen Playa del Jablillo. Teguise Playa ist in mancher Hinsicht eine Kopie des Meliá Salinas und auch hier ist manches renovierungsbedürftig (Tipp: Superiorzimmer ab dem vierten Stock aufwärts sind neu). Herzstück des Hotels ist die riesige Halle, von deren angeschrägten Galerien meterlange Hängepflanzen herunterwachsen. Zwei Treppen führen hinunter in den Servicebereich, wo inmitten einer üppigen Wasser- und Grünlandschaft eine elegante Bar eingerichtet ist. Hier geht es auch hinaus in die großen Außenbereich mit zwei Pools und einer Poolbar, direkt davor liegt der Sandstrand. Sportmöglichkeiten: Tennis, Tischtennis, Squash, Fitnesscenter mit Sauna. Avda. del Jablillo s/n, ℡ 928-590654, www.belivehotels.com.

**** Sands Beach **26**, großzügiges Resort an der Playa del los Charcos, schöne Lage an einer künstlichen Lagune mit Sandstrand. Einige der über 300 Wohneinheiten grenzen direkt an den Strand, die anderen gruppieren sich um mehrere Pools (einer beheizt). Zwei Restaurants sorgen fürs leibliche Wohl, von denen das Mai Tai reizvoll auf einer Insel in der Lagune liegt. Sportmöglichkeiten: Stand-Up-Paddling und Kanufahren in der Lagune, außerdem Tauchen, Tennis und große Fitnessarea. Weiterhin gibt es einen Kids Club, Wellness und einen Supermarkt. Direkt buchen oder über Reiseveranstalter. Avda. de las Islas Canarias 18, ℡ 928-595820, www.sandsbeach.eu.

≫ Mein Tipp: **** Barceló Teguise Beach **31**, zentral gelegene, komplett renovierte und modernisierte Anlage, wenige Meter von der Playa de las Cucharas. Die hochwertig ausgestatteten DZ und Suiten habe sehr gute, neue Betten und liegen z. T. windgeschützt mit Blick auf den schön gestalteten Innenbereich mit einem langen Süßwasserpool, ein Teil hat aber herrlichen Meerblick, z. T. Whirlpools auf den Terrassen. Drei Bars, beim Abendessen Live cooking und gute Küche. Adults only. Paseo Maritimo s/n, ℡ 928-590551, www.barcelo.com. **≪**

**** Club Allsun Albatros **23**, große All-inclusive-Anlage in zentraler Lage, konzipiert für Familien mit Kindern, alles gut in Schuss und freundlicher Service. Die 276 Apartments liegen um einen weiträumigen Innenbereich mit drei Pools und viel Grün, teils nach außen mit Meerblick. Umfangreiches Animations- und Freizeitangebot, u. a. Kinderspielplatz und Planschbecken, außerdem Aerobic, Spa-/Fitnesscenter, Tennis, Tischtennis, Volley-, Basket- und Wasserball. Morgens und abends großes Büffet, Restaurant, Cafeteria und Pizzeria, der hauseigene Supermarkt ist täglich (auch sonntags) geöffnet. Exklusiv buchbar über Alltours. Die Playa de las Cucharas ist ca. 400 m entfernt, die Playa del Jablillo ca. 200 m. Avda. del Jablillo 7, ℡ 928-590000.

≫ Familientipp: *** H 10 Suites Lanzarote Gardens **4**, kurz vor dem Hotel Meliá Salinas, weiträumige, sehr familienfreundliche Anlage, die sich um einen ansprechend gestalteten Innenbereich gruppiert. Im Zentrum zwei große Pools mit Schilfhütten-Bars im Hawaii-Stil, neu ist das Piratenboot mit fünf Rutschen. Alle 240 Apartments haben Schlaf- und Wohnzimmer und sind neu renoviert, jeweils schöner Blick auf den Pool, Meerblick nur vom obersten Stockwerk. Gutes Restaurant, Filmraum,

Billard, Tennis, Tischtennis, Kinderspielplatz, Miniclub und Kinderdisco, sehr nette Animation und aufmerksames Personal. Zur Playa de las Cucharas sind es ca. 150 m, ins Zentrum 1 km. Über Reiseveranstalter oder direkt buchbar, DZ/F HP oder All inclusive. Avda. de las Islas Canarias 13, ℡ 928-590100, www.hotel10lanzaro tegardens.com. «

** **Nazaret** 19, zentrale Lage genau an der Ecke der beiden wichtigsten Straßen Avda. del Jablillo und Avda. de Islas Canarias, visà-vis vom Pueblo Marinero. Schöne Anlage im leuchtenden Lanzarote-Grün, an jedem Balkon üppige Blumenpracht, im Innenhof kleiner Pool. Ausstattung der Apartments allerdings schon etwas älter. Zur Playa de las Cucharas etwa 200 m. Apt. ab ca. 45 €.

Nebenan liegt das neuere Aparthotel *** **Mansión Nazaret** mit schönem, großem Pool und Restaurant (2-Pers.-Apt. ab ca. 50 €). Avda. de las Islas Canarias 1, ℡ 928-590868, www.apartamentosnazaret.com.

** **Neptuno** 41, einfache Anlage am Ende der Avda. del Jablillo, direkt auf der Halbinsel El Jablillo, herrlicher Blick auf den gleichnamigen Strand und aufs Meer, zum Baden läuft man nur 50 m, auch ein kleiner Pool ist vorhanden. In den letzten Jahren wurden die Apts. weitgehend modernisiert. Adults only. Apt. ab ca. 70 €. Avda. del Jablillo s/n, ℡ 928-590900, www.neptunosuites.com.

** **Nautilus** 42, diese Anlage mit schönem Pool liegt unmittelbar neben Neptuno und hat dieselben Vorzüge der Lage, liegt sogar noch exponierter, allerdings auch bezüglich Wind. Ein Apartment mit einem Schlafzimmer wird z. B. vermietet von Señor Zarza von Olita Treks (→ Wandern, www.olitatreks.com), aber auch bei fewo-direkt wird man fündig. Avda. del Jablillo s/n.

* **Guarapo** 12, nett geführte und ruhig gelegene Anlage an der Zufahrt zur Playa Bastián, 50 Apartments mit Sat-TV, kleiner Pool. Apt. ab ca. 60 €. Calle Tabaibas 10, ℡ 928-590507, www.elguarapo.com.

* **El Molino de Guatiza** 7, ebenfalls bei der Playa Bastián, einfache, aber saubere und ruhige Anlage mit Pool, im obersten (dritten) Stock Meerblick. TV gegen Gebühr. Apt. ab ca. 45 €. Calle La Rosa 6, ℡ 928-590270, www.elmolinodeguatiza.com.

Residencia Golf y Mar 2, einige hundert Meter landeinwärts der Playa Bastián, gepflegte Wohnanlage mit schöner Terrasse und kleinem Pool. Vermietet werden acht gut eingerichtete Suiten von 65 und 85 qm, jeweils ein oder zwei Schlafzimmer, Sat-TV mit zahlreichen Programmen, WLAN gratis. Apt. ab ca. 54 €. Calle de las Piteras 6, ℡ 678-921920, www.golfymar.com.

Ferienhäuser an der **Playa de las Cucharas** kann man über www.ivv-sl.de mieten.

Essen & Trinken → Karte S. 262/263

Große Auswahl mit meist erfreulicher Qualität, leider sind lauschige Fleckchen mit Meerblick oder direkt am Strand deutlich in der Minderzahl – am Hauptstrand Playa de las Cucharas gibt es aber ein paar nette Strandkneipen.

Pueblo Marinero und Umgebung Das Zentrum des geselligen Lebens, abends herrscht teilweise ziemlicher Trubel.

Mercado Diecisiete, im Innenhof des Pueblo an der Ostseite, schönes, neues Lokal mit internationaler, spanischer und kanarischer Küche, gute Auswahl, die viel gelobt wird, leider bislang kaum Lanzarote-Weine. ℡ 928-346226.

El Pescador, alteingesessenes Restaurant an der Südseite des Innenhofs. Herausragend sind hier die von Schülern der Kunsthandwerksakademie in Arrecife gestalteten Holzschnitzereien zum Bauern- und Fischerleben der Insel, die alle Wände des Speiseraums bedecken. Durchschnittliche Küche ohne große Raffinessen, nicht teuer. So geschl. ℡ 928-590874.

Ticino, in einem Seitenhof des Pueblo. Das Schweizer Besitzerpaar serviert traditionale Gerichte aus der Schweiz und Österreich, wie z. B. Rösti und Wiener Schnitzel, aber auch Cordon Bleu, Stroganov und Pasta. Keine große Karte, aber lecker und frisch zubereitet. Plaza del Pueblo Marinero, Di geschl. ℡ 928-591441.

Patio Canario, vom Ticino ein paar Schritte weiter. Spanisches Lokal in einem schönen kanarischen Haus. Draußen sitzt man unter einer Palme und einem weit ausladenden

Inselnorden → Karte S. 259

Gummibaum (der größte Lanzarotes!) und kann eine Vielzahl von Tapas, frischen Fisch, Pasta, Pizza und üppige Paella genießen, dazu gibt es z. B. Wein von der Bodega Los Bermejos. Nicht billig, aber schön. Plaza del Pueblo Marinero, ✆ 928-346234.

Txapela **10**, bei den Apartamentos Celeste an der Avda. de las Islas Canarias, ein wenig zurück von der Straße. Nette Bar mit baskischen und spanischen Tapas in ordentlichen Portionen, dazu freundlicher Service. Hinweis für Eltern: ein neu gebauter Spielplatz liegt davor. ✆ 616-300926.

El Cochino Cojo **8**, gleich benachbart, authentische Tapas-Bar mit ebenfalls ordentlicher Küche, wird auch viel von Spaniern besucht. Avda. de las Islas Canarias, ✆ 928-590935.

Avda. del Jablillo Vesubio und Doña Lola **40**, zwei ansprechend aufgemachte Pizzerias unmittelbar nebeneinander am Ende der Avda. del Jablillo, wenige Schritte vom gleichnamigen Strand. Von der Terrasse genießt man einen unverbauten Blick weit übers Meer Richtung Arrecife und sogar bis Fuerteventura. Die Küche ist gut und reichhaltig – keine Pizzen gibt es kanarisch inspirierte Fleisch- und Fischküche (im Doña Lola angeblich Fisch aus eigenem Fang), Eisbecher und Kuchen. ✆ 928-590090 (Vesubio), ✆ 928-591113 (Doña Lola).

Playa de las Cucharas Peskera **21**, schöne Lage direkt am Uferweg der Playa und große Auswahl, allerdings zu recht hohen Preisen und das meiste vorgefertigt von der Stange. ✆ 928-592044.

Bodegas Marcelo **36**, einladendes Lokal am Paseo, schöner Strandblick, freundliche Bedienung, gute Tapas, oft Livemusik durch Wirt Marcelo (Gitarre) und Freund Lucio (Harfe). Paseo Maritimo, Local 7, ✆ 928-592222.

Nähe Playa Bastián Mama's & Papa's **24**, hinter der Playa Bastián, gleich beim Kinderspielplatz. Nette Idee: eine „Café-Ludoteca" für Familien mit Kleinkindern – wird gut angenommen, die schattige Terrasse ist voll mit Spielzeug und plaudernden Mamis, auch Internetcafé. Man trinkt Cola und Kaffee, isst Kuchen und Tapas. Calle la Rosa 1, ✆ 928-592371.

»› Mein Tipp: Villa Toledo **28**, die einstige Privatvilla aus den 60er Jahren liegt am östlichen Ende der Playa Bastián direkt am Meer, große Terrasse mit herrlichem Blick,

auch ein Pool gehört dazu. Gute einheimische und internationale Gerichte, großer Pizzaofen im Freien. Abends diniert man bei Kerzenschein. Preislich angemessen und immer gut besucht. ✆ 928-590626. **《**

Isla Bonita **5**, so ziemlich das einzige Restaurant am Ort, wo man kanarische Küche erleben kann, wenngleich mittlerweile das spanische Festlandsangebot überwiegt. Der große Innenbereich ist mit farbigen Folkloregemälden ausgestattet. Avda. del Mar. ✆ 928-591526.

Lanzarote Wine and Cheese 3, Fernando bietet in seiner exquisiten Vinoteca eine riesige Auswahl an Weinen aus In- und Ausland, dazu Tapas, Käse von Lanzarote, Paella, Meeresfrüchte und Fleisch. Nicht ganz billig, aber gute Qualität. Avda. de las Palmeras 15, ✆ 928-825148.

Außerhalb Getaria, das Restaurant am Golfplatz wird von Fernando Nuñez aus dem Baskenland geführt, Blick auf englischen Rasen und Palmen, schön zum Sitzen. Baskische Grillküche mit internationalen Einflüssen, Fisch und Fleisch aus Nordspanien. Für jedermann zugänglich. Avda. de Golf s/n, ✆ 928-826789.

»› Mein Tipp: Casa Tomas, verstecktes Einheimischenlokal in der kleinen Küstensiedlung Las Caletas, einige Kilometer in Richtung Arrecife, zwischen Playa del Ancla und der großen Entsalzungsanlage direkt am Meer. Verglaster Innenraum, aber auch einige Tische draußen, davor gleich die schwarzen Klippen, auf denen man Lapas (Napfschnecken) sammeln kann. Gute Fisch- und Muschelgerichte, dazu freundlicher Service. Di geschl. Bambilote 2, Las Caletas (Arrecife), ✆ 928-591046. **《**

Cafés/Snacks Bei den meisten der folgenden Adressen kann man auch vollständige Mahlzeiten erhalten.

Brown Deli **14**, Café mit Feinkostladen gegenüber vom Pueblo Marinero, geführt von Tracy und Derek aus England. Salate, Quiches, Pasta, Gebäck, hausgemachte Kuchen u. m. 9–16.30 Uhr, So geschl. Centro Comercial Calipso (Local 2), ✆ 928-591983.

Helga's Café **30**, nette Adresse für guten Kaffee, leckeren Kuchen und selbst gemachte Torten. Im Centro Comercial Punta Jablillo, neben dem Hotel Be Live Experience Grand Teguise Playa, Avda. Jablillo 5.

Treffpunkt am Strand: Bar Surfwings

Casa Matilde, im schattigen Seitenhof des Pueblo Marinero, gegenüber vom Restaurant Patio Canario (→ oben). Geführt von Pietro und Francesca aus Italien, Kuchen und italienischer Kaffee. Plaza del Pueblo Marinero 8.

Beach Bar ⚋, die Bar von Torsten aus dem Ruhrpott liegt an der Westseite der Playa de las Cucharas, schöner Strandblick und deutsches Fußballfernsehen (!), dazu typische Kneipenküche wie Riesenrostbratwurst, Schnitzel, Steaks und Burger. An der Tür gibt es eine Webcam (http://beachbar-lanzarote.com).

Surfwings ⚋, die windgeschützte Bar mit Palmendach an der Westseite der Playa de las Cucharas war die erste, die am Strand aufmachte.

Surf Corner ⚋, etwa an der Strandmitte, geführt von einem deutschen Paar, nette

Stimmung und gemütlicher Treff, ein Platz zum Relaxen. Leckerer Kuchen mit Kaffee, aber auch warme Küche, Veggi Burger, Wraps etc. Tägl. 10–19 Uhr. ✆ 928-592515.

The Cutty Sark ⚋ und **The Dolphin Inn** ⚋, zwei English Pubs nebeneinander an der Westseite der Playa de las Cucharas. Die Einrichtung ist ganz im maritimen Seefahrerstil gehalten, schöner Meerblick.

≫ Mein Tipp: Poco Loco ⚋, die Bar der deutsch geführten Windsurfschule „Windsurf Paradise" (→ Sport) liegt hinter dem Centro Comercial Maretas mit der Post. Zu günstigen Preisen werden hier u. a. Salate, Fajitas, Falafel, Tzatziki, Wraps und Quiches serviert, das Angebot wechselt häufig. Man sitzt an langen Holztischen, lockere Atmosphäre. Tägl. 9–20 Uhr. ≪

Nachtleben

→ Karte S. 262/263

Das Nachtleben von Costa Teguise ist eher von der gemütlichen Art. Man trifft sich hauptsächlich in den kleinen Kneipen und Bars im Innenhof des Pueblo Marinero, im Pavillon in der Mitte gibt es abends oft Livemusik, meist Alleinunterhalter.

Pueblo Marinero Hook, zentral im Pueblo, aufwändig dekorierte Bar (ein Seeräuber klettert die Fassade hinauf), Terrasse mit Korbstühlen, leckere Cocktails, etwas teurer.

Las Brasas Yolé, kommunikative Bar an der Westseite des Innenhofs, man sitzt

um Weinfässer herum und genießt den Aperitivo.

David's Cocktail Bar, an der Ostseite, die Cocktails werden gelobt.

Chispas, beliebter Treffpunkt der Surfer, Drinks zu günstigen Preisen, oft sehr voll.

Sport → Karte S. 262/263

Wer von Costa Teguise spricht, meint häufig Windsurfen, denn die *Playa de las Cucharas* ist der Windsurf-Spot Lanzarotes. Dies im Wesentlichen aus zwei Gründen: Zum einen kann Costa Teguise im Gegensatz zu Puerto del Carmen mit beständig guten Windverhältnissen aufwarten. Die Passatwinde aus Nordost werden am hohen Famara-Massiv im Norden Lanzarotes umgelenkt und pfeifen stetig die Ostküste entlang (4–7 Beaufort). Für Costa Teguise heißt das: Sideshore-Wind vom Feinsten, nicht ablandig. Zum anderen liegt in 300 m Entfernung ein Riff vorgelagert, das die Wellen aufbaut (bis zu 3 m Höhe) – ideal zum Springen. In der Bucht ist flaches Wasser, das zum Speedfahren animiert. Slalomfahrer kommen ebenfalls auf ihre Kosten. Aber auch Einsteiger brauchen keine Bedenken zu haben, denn die Bucht von Cucharas ist durch zwei Molen geschützt, die die größten Wellen abhalten.

Windsurfen Für Windsurfer ist ein Abschnitt im östlichen Strandbereich reserviert, damit das übrige Badegeschehen nicht gestört wird.

Windsurf Paradise 20, in der Mitte der Playa de las Cucharas neben Surf Corner, geführt von Marie und Carsten. Mitglied im VDWS, deutschsprachiges Team, täglich Kurse und Materialvermietung, auch Wellenreiten. Die Bar „Surf Corner" gehört dazu. Calle La Corvina 8, ☎ 635-054110, www.windsurflanzarote.com.

Windsurfing Club Las Cucharas 16, Surfschule mit internationalem Team neben der Bar „Poco Loco". Centro Comercial Las Maretas, Calle Marajo, ☎ 928-590731, www.lanzarotewindsurf.com.

Pro Center Antxon Otaegui 9, bei der Bar „Poco Loco" um die Ecke, geführt vom Dritten der Weltrangliste im Freestyle. Centro Comercial Las Maretas, Calle Marrajo 9, ☎ 928-346730, www.procenterlanzarote.com.

Kite Lanzarote 17, Centro Comercial Las Maretas, Local 11, ☎ 629-268640, www.kitelanzarote.com.

Surfen (Wellenreiten) Volcano Surf 11, ebenfalls im Centro Comercial Las Maretas (Local 5) bei der Bar „Poco Loco", geführt von Sebastien (Seb). Kurse und Verleih. ☎ 616-022739, www.volcanosurflanzarote.com.

Tauchen Aquatis Divingcenter 15, PADI-Ressort mit engagiertem Tauchteam an der Mitte der Playa de las Cucharas, Local 6. ☎ 928-590407, www.diving-lanzarote.net.

Daivoon 39, beim Hotel Galeon Playa, geleitet vom engagierten Goetz Schäfer, PADI, CMAS und SSI werden breviert, schöne Ausflüge zu Wracks und Unterwassergrot-

ten. Avda. del Jabillo s/n. ☎ 928-346861, www.daivoon.com.

Native Diving 37, kanarische Tauschschule mit mehrsprachigen Lehrern an der Playa del Jablillo (Hotel Be Live Experience Grand Teguise Playa). ☎ 928-346096, www.nativediving.com.

Fahrräder Alle genannten Bikecenter (es gibt noch mehr) verleihen Mountainbikes und Rennräder und veranstalten Touren.

Tommys Bikes Bike Station 6, neben der Post, seit 1992 auf Lanzarote. Verleih und geführte Touren. Tägl. 10–12, 18–19 Uhr. Avda. de las Islas Canarias 12, Centro Comercial Maretas 20b. ☎ 628-102177, www.mylanzarote.com, www.tommys-bikes.com.

Planet Bikes 35, unterhalb vom Hotel Barcelo La Galea, seitlich vom Strand Las Cucharas, geführt von Bernd und Roland, weitere Verleihstation in Playa Blanca. Verleih und geführte Touren. Paseo Maritimo, Local 5. Mo–Sa 10–13, 15.30–18 Uhr, So geschl. ☎ 644-581474, www.planet-bikes.de.

Evolution Bikes 33, neben Planet Bikes, seitlich der Playa de las Cucharas, geführt von Gavin und Claire. ☎ 672-330251, www.evolution-bikes.com.

Golf Costa Teguise Golf, der anspruchsvolle 18-Loch-Platz liegt bestens beschildert wenige Kilometer landeinwärts der Ferienstadt. Das frische Grün zeigt, welch Mengen Wasser für den Luxussport verbraucht werden – laut gesetzlicher Vorschrift darf aber nur Abwasser zum Rasensprengen verwendet werden. Ein gutes Restaurant gehört dazu (→ Essen & Trinken). Avda. El Golf s/n, ☎ 928-590512, www.lanzarote-golf.com.

Minigolf in den Hotels **Be Live Experience Grand Teguise Playa**, **El Trébol**, **Barceló Lanzarore Resort** und **Beatriz**.

Wandern **Olita Trek & Bike**, geführte Touren auf Lanzarote und La Graciosa mit José Ignacio Zarza, der hervorragend Englisch spricht. Professionelle Abwicklung und Abholung vom Hotel. Centro Comercial Maretas, Local 1, ☏ 928-592148, 619-169989, www.olita-treks.com.

Wassersport Der **Aquapark Costa Teguise** liegt etwa 2 km landeinwärts in Richtung Golfplatz. Hauptsächlich Kinder haben auf den großen Rutschen ihren Spaß. Allerdings ist der Park mittlerweile in die Jahre gekommen, manches ist renovierungsbedürftig, es gibt keinen Schatten und das Wasser kann sehr frisch sein. Eintritt für Erw. ca. 22,50 €, Kinder 16 €, Sonnenliegen kosten ca. 3 € zusätzlich (es gibt keine anderen Sitzmöglichkeiten), auch für andere Extras wie Trampolinspringen muss bezahlt werden. April bis Okt. tägl. 10–18 Uhr, in den Wintermonaten geschl. ☏ 928-592128, www.aquaparklanzarote.es.

Sehenswertes

Keine Altstadt, kein Museum, keine Kirche, kein Kastell … Was kann es in einem reinen Badeort an Sehenswertem geben? Natürlich: ein Hotel.

Hotel Meliá Salinas: Das Großhotel steht am östlichen Ortsende direkt an der Playa de las Cucharas, nicht weit von den ehemaligen Salinen. Es wurde in den frühen 70er Jahren als erstes Hotel am Ort errichtet und galt als richtungsweisend für die geplante noble Zukunft der Ferienstadt. Kein Geringerer als César Manrique wirkte damals bei der Gestaltung mit und noch heute ist es mit seinen grün überwucherten Innenhöfen und dem herrlichen Garten eins der schönsten und markantesten Hotels Lanzarotes, wurde deshalb sogar in die Liste des künstlerischen und kulturellen Erbes von Lanzarote aufgenommen. Hinein

Villa Toledo: Logenplatz am Meer

Inselnorden → Karte S. 259

schauen kostet nichts und macht dank der wunderschönen Vegetation viel Spaß
(→ Übernachten).

Pueblo Marinero: Ebenfalls seine Hand im Spiel hatte César Manrique beim
Entwurf dieses zentral gelegenen Baus mit Innenhof an der Avda. de las Islas Canarias. Ganz im Stil der traditionellen Architektur Lanzarotes konzipierte Manrique
Ende der 70er Jahre ein Feriendorf, wie es ihm für die weitere Entwicklung der
Insel vorbildlich schien: im weiten Viereck um einen offenen Innenbereich gebaut,
die Häuser nicht höher als zwei Stockwerke, alles in Weiß mit grünen Fenstern,
Türen und Balkonen aus Holz, dazu die typischen Kamine, ein Pavillon und andere
schmückende Details. Ein programmatischer Bau also, der jedoch kaum Wirkung
zeigte, denn als der Tourismus in den folgenden Jahren fast explosionsartig an-
schwoll, ging der Pueblo Marinero schnell in einer Flut von nüchternen Apartment-
komplexen unter.

Heute spielt sich im Innenhof mit seinen vielen Restaurants und Cocktailbars rund
um einen zentralen Pavillon ein Großteil des touristischen Lebens ab und mehrmals in der Woche findet ein kleiner Markt statt.

Lanzarote Aquarium: Das Aquarium im Centro Comercial El Treból an der Avda.
las Acacias zeigt in teils recht kleinen Aquarien die Unterwasserwelt an den kanarischen Küsten, im offenen Meer und an tropischen Riffen, u. a. sieht man Haie, Muränen, Rochen und Seeschildkröten. In einem (kurzen) Wassertunnel läuft man unter Haien hindurch, in Streichelbecken kann man u. a. Seegurken und Seesterne
anfassen und im letzten Becken ist der Zivilisationsmüll „ausgestellt", der an Lanzarotes Küsten zu finden ist. Ein Rundgang dauert ca. 40 Min.
Tägl. 10–18 Uhr (April bis Okt. 10–19 Uhr), Eintritt ca. 12,50 €, Kinder 4–12 J. 8 €. ☏ 928-590069,
www.aquariumlanzarote.com.

Palacio Real „La Mareta": Etwas außerhalb in Richtung Arrecife steht direkt an der
Küste hermetisch abgeriegelt die ehemalige Ferienvilla des jordanischen Königs
Hussein. Es handelt sich dabei um einen kleinen Palast inmitten einer subtropi-
schen Gartenanlage, entworfen vom madrilenischen Architekten Higueras in Zusammenarbeit mit César Manrique. Früher war der orientalische Monarch oft auf
Lanzarote anzutreffen, doch schenkte der Jordanier das gute Stück seinem spanischen Amtskollegen Juan Carlos I., als die Skyline der nahe gelegenen Meerwasserentsalzungsanlage immer größer und massiver wurde. Dieser nutzt es seitdem für
sich und seine umfangreiche Familie oder für Aufenthalte ausländischer Staats-
gäste. Auch Ex-Kanzler Kohl und Gorbatschow haben hier bereits gewohnt.

Strandspaziergang: Um die schönsten Ecken von Costa Teguise kennen zu lernen,
empfiehlt sich ein ausgedehnter Spaziergang entlang der Strände, denn vier der
fünf Ortsstrände sind durch einen Fußweg miteinander verbunden. Man startet
entweder an der *Playa Bastián* im Westen oder an der *Playa de los Charcos* im Osten
(→ Baden) – insgesamt ein reizvoller, wenn auch teils etwas windiger Spaziergang,
denn besonders auf der ungeschützten Halbinsel Jablillo weht oft eine heftige Brise.
Die sporadisch aufgestellten Windräder weisen auf die Vergangenheit Costa
Teguises als Salinengebiet zurück, als mit Hilfe der Windkraft das Meerwasser in
die Verdunstungsbecken gepumpt wurde.

Wer schließlich noch die Umgebung Costa Teguises erkunden will, kann Richtung
Norden ein Stück die menschenleere Küste entlangwandern oder per Mountain-
bike erkunden – je nach persönlicher Lust und Kondition bis zur nächsten Siedlung
Los Cocoteros oder noch weiter bzw. in umgekehrter Richtung (→ S. 292).

Costa Teguise/Baden

Costa Teguise liegt an einer flachen, steinigen Küste, die fast ausschließlich aus schwarzen Lavaklippen besteht. Trotzdem gibt es fünf Strände, die weitgehend künstlich angelegt wurden. Bis auf die etwas abgelegene Playa del Ancla sind sie alle durch Fußwege und Promenaden entlang der Küste verbunden. Beschreibung der Strände im Folgenden von West nach Ost.

Playa del Ancla: etwas außerhalb vom Ort, direkt unterhalb des riesigen Hotels „Be Live Lanzarote Resort". Die Skyline mit Hafen und Meerwasserentsalzungsanlage von Arrecife ist nicht berauschend, aber der Strand ist hübsch. Kleine, zum offenen Meer hin durch eine Mole geschützte Bucht mit zwei winzigen, weißen Sandstränden, in der Mitte durch ein Anwesen getrennt. Flacher Einstieg, erfreulicherweise auch unter Wasser Sandboden. Schattenlos, keine Einrichtungen.

Playa Bastián: etwa 200 m langer Strand aus etwas dunklerem Sand, unterbrochen von Klippen. Sandiger Einstieg nur an einer einzigen Stelle. Um den Strand Einfassungen mit Mauern aus Lavastein, etwas erhöht eine lange Reihe von Palmen. Direkt am Strand gibt es keine Einrichtungen, aber im Umkreis eine Handvoll Restaurants und Bars, darunter die reizvoll gelegene Villa Toledo (→ Essen & Trinken).

Playa del Jablillo: ganz zentral gelegener Strand mit weißem Sand und schwarzen Klippen, wegen der exponierten und oft windigen Lage durch zwei Molen zum offenen Meer hin geschützt, mehrere sandige Einstiege. Direkt dahinter der exponierte Bau des Hotels „Be Live Experience Gran Teguise Playa". Tretboote, Liegestuhl- und Sonnenschirmverleih, Restaurants mit Strand- und Meerblick in unmittelbarer Nähe (→ Essen & Trinken). Ein weiterer kleiner, sandiger Strand liegt an der Westseite der Halbinsel El Jablillo (→ Stadtplan).

Playa de las Cucharas: Hauptstrand von Costa Teguise in einer lang gezogenen, teils windreichen Bucht, etwa 700 m lang, heller Sand, schön angelegte Promenade mit viel Vegetation, eine vorgebaute Mole mit auffallender Metallskulptur hält die Brandung ab. Der Ostteil ist für Windsurfer reserviert (→ Sport), ganz am Ostende liegt das Nobelhotel „Meliá Salinas". Es gibt verschiedene Surf- und Tauchschulen und diverse Strandbars, verliehen werden Liegestühle, Sonnenschirme und Tretboote.

Playa de los Charcos: runde Sandbucht, östlich benachbart zum Hauptstrand und mit diesem fast übergangslos verbunden. Ebenfalls beliebter Windsurfertreff. Großer Parkplatz, Liegestühle, Sonnenschirme, im westlichen Strandbereich die große Anlage des Hotels „Sands Beach" (→ Übernachten) mit einer künstlichen Lagune.

Inselnorden → Karte S. 259

Was haben Sie entdeckt?

Haben Sie den Strand Lanzarotes gefunden, ein freundliches Restaurant, eine originelle Tapas-Bar, eine reizvolle Apartmentanlage, einen schönen Wanderweg?

Wenn Sie Ergänzungen, Verbesserungen oder Tipps zum Lanzarote-Buch haben, lassen Sie es uns wissen!

Schreiben Sie an: Eberhard Fohrer, Stichwort „Lanzarote" | c/o Michael Müller Verlag GmbH | Gerberei 19, D – 91054 Erlangen | eberhard.fohrer @michael-mueller-verlag.de

Blick auf Los Valles und sein Tal

Nordwesten und Famara-Berge

(Risco de Famara)

Im äußersten Nordwesten ballen sich die höchsten Erhebungen Lanzarotes. Das Kliff von Famara, Risco de Famara, zieht sich als 15 km langer und bis 670 m hoher Bergrücken parallel zur Küste und bricht in einem spektakulären Steilhang zum Meer hin ab.

Neben den Feuerbergen ist dies eine der faszinierendsten Ecken der Insel, die immer wieder einzigartige Panoramablicke bietet und vor allem für Wanderer ein Dorado ist. 1987 wurden die Famara-Berge zusammen mit den nördlich vorgelagerten Inseln zum geschützten Naturpark erklärt.

Der Risco de Famara ist ein etwa 12 Mio. Jahre altes Bergmassiv vulkanischen Ursprungs. Durch Eruptionen bildete sich eine Landbrücke zu den noch älteren Bergen von Los Ajaches im Süden – so entstand Lanzarote. Da das Massiv in weiten Teilen unzugänglich ist, hat es sich zu einem bedeutenden Biotop entwickelt. An den Steilhängen wachsen eine Vielzahl von seltenen Pflanzen, darunter zahlreiche Endemiten. 12 % der endemischen Flora der Kanaren sollen hier angeblich gedeihen. Außerdem nisten hier zahlreiche Vogelarten, die in anderen Regionen der Insel kaum noch Lebensraum finden. Das Famara-Gebiet ist die einzige Region Lanzarotes, die über natürliche Wasservorkommen verfügt. Man hat lange Stollen, so genannte *Galerías*, in die Steilhänge gebohrt, um das hoch liegende Grundwasser anzuzapfen, und ganz im Norden trifft man als Wanderer sogar auf ein, zwei spärlich tröpfelnde Quellen.

Wegen ihrer relativen Höhe fallen auf den Famara-Höhen die meisten Niederschläge Lanzarotes. In den oberen Lagen des oft in den tief hängenden Passatwolken verschwundenen Massivs gedeihen deshalb reichlich Kartoffeln, Zwiebeln und Gemüse. Große Felder erstrecken sich seitlich der Straßen und Pisten. Was für den gesamten Norden gilt, ist hier besonders anzuraten: Für eine ausgedehnte Tour sollte man sich unbedingt einen strahlend klaren Sonnentag aussuchen – schon allein der Panoramen wegen. Trotzdem kann es zu raschen Wetterumschwüngen kommen, eine wasserdichte Jacke sollte deshalb immer im Gepäck sein.

Verbindungen Vom Busbahnhof in **Arrecife** fährt ein Bus der Linie 10 Mo–Fr 1 x tägl. über Teguise nach **Los Valles**, Linie 7 fährt 6 x tägl. über Tahiche, Teguise, Teseguite, Arrieta, Punta Mujeres und Haría nach **Máguez** und Linie 26 fährt Mo–Fr 1 x tägl. über Teguise, Teseguite, Mala, Arrieta, Haría und Máguez nach **Ye**. Außerdem fährt Bus 52 Mo–Fr 4 x tägl. von La Santa (Westküste) über Teguise nach **Los Valles**.

Von Teguise nach Haría (und weiter zum Mirador del Río)

Diese großartige Bergstrecke gehört zu den schönsten der Insel. Sie überquert parallel zur Küste das lang gestreckte Famara-Gebirge, das zur Ostküste in langen, fruchtbaren Barrancos mit Terrassenanbau abfällt. Auf der gesamten Fahrt genießt man immer wieder spektakuläre Blicke bis hinunter zur Ostküste Lanzarotes.

Von der Ebene um Teguise steigt die Straße bei Los Valles in steilen Serpentinen hinauf zum Kamm des Massivs. Auf der Hochfläche verläuft sie weitgehend eben und passiert, kaum wahrnehmbar, linker Hand den *Peñas del Chache*, mit 670 m der höchste Berg Lanzarotes. Leider blockiert eine militärische Radarstation den Gipfel. Kurz vor Haría geht es dann in kurviger Serpentinenstrecke hinunter ins „Tal der tausend Palmen". An fünf Stellen kann man von der Durchgangsstraße bis zum westlichen Rand des Famara-Kliffs vordringen, wo das Massiv in steilem Gefälle zur tief unten liegenden Westküste jäh abfällt. An klaren Tagen erlebt man hier die atemberaubendsten Panoramen Lanzarotes!

Los Valles: Die ruhige Landwirtschaftssiedlung zwischen Teguise und Haría erstreckt sich in schöner Lage in einem Tal am Fuß des Famara-Massivs. Gegründet wurde Los Valles von Flüchtlingen aus dem Dorf Santa Catalina, das bei den Ausbrüchen von 1730–36 im Timanfaya-Gebiet verschüttet worden war. Die hübsche, weiße Dorfkirche *Ermita de Santa Catalina* steht am Talboden seitlich der Durchgangsstraße. Unmittelbar an der Straße passiert man die restaurierte *Casa de los Perazas*, die zu den ältesten Gebäuden Lanzarotes gehört. Danach beginnt die Straße in Steilkehren den Hang hinaufzusteigen, dabei kommt man am „Mirador Los Valles" vorbei (Aussichtspunkt mit Restaurant), der nach längerer Schließung wieder geöffnet ist.

Übernachten **Peña Bonilla**, zwei Studios (40 qm für 2 Pers. und 50 qm für 4 Pers.) mit separatem Eingang in einem restaurierten Dorfhaus, schöne Höhenlage mit herrlichem Blick. Swimmingpool kann Mo–Fr mitbenutzt werden. Für 2 Pers. ca. 40–60 €/Tag. ✆ 609-742163, www.teguise.com/slaviva/.

Casa Catalina, 200 Jahre alte Finca, bei der Restaurierung in zwei Wohneinheiten aufgeteilt, die um einen Patio angelegt sind. Gut ausgestattet, mit beheizbarem Pool (zusammen mit El Aljibe). Pro Einheit ab etwa 140 € (4 Pers.). ✆ 619-231904, www.rural-villas.com.

Inselnorden → Karte S. 259

»> Mein Tipp: El Aljibe, der Wasserspeicher einer 4500 qm großen Finca, umgebaut zu einem einzigartigen und höchst komfortablen Ferienhaus. 215 qm Wohnfläche auf drei Ebenen, Terrasse, Whirlpool, beheizbarer Pool (zusammen mit Casa Catalina). Für 2 Pers. ab ca. 160 €/Tag, Mindestmietzeit eine Woche. ☎ 0208-663325 (Deutschland), www.finca-kanaren.de. **«**

Essen & Trinken Mirador Los Valles, verglaster Innenraum und schöne Terrasse mit weitem Blick über das Tal von Los Valles und Teguise bis zu den Feuerbergen. Gute kanarische Küche und zuvorkommender Service. Mo geschl. ☎ 928-528114.

Windpark (*Parque Eólico de Lanzarote*): kurz nach dem Mirador del Valle auf der leicht Richtung Ostküste abfallenden Hochebene. Etwa zehn Windrotoren drehen hier donnernd und knatternd ihre Flügel im scharfen Wind, der fast immer über die kahle Hochfläche pfeift. Der mit Blumenbeeten hübsch angelegte Windpark stammt von Luis Ibañez, einem engen Freund César Manriques. Die Rotoren kann man auch von der Straße von Tahiche nach Órzola aus gut erkennen, vor einigen Jahren waren es allerdings noch wesentlich mehr.

Noch unterentwickelt: Windkraft

Ermita de las Nieves

Kurz nach dem Windpark zweigt eine gut befahrbare Asphaltstraße zu diesem bildhübschen Kirchlein ab, wo man seit alters um Regen für die wasserarme Insel betet.

Die Ermita steht seitlich oberhalb der Straße auf einem windumtosten Kap am höchsten Punkt der Insel – fantastisch ist die Sicht auf die Bucht von Famara, an klaren Tagen einer der großartigsten Rundblicke Lanzarotes. Im Frühjahr wirkt die hoch gelegene Stelle mit zahllosen gelben und lila Blümchen fast wie eine üppige Alpenweide. Die blendend weiße Kirche ist von einer Mauer umgeben, Palmen und ein paar Kiefern sind rundum gepflanzt. Vor dem Eingang erkennt man eine Zisterne. Der schlichte Innenraum wird von einer hohen hölzernen Altarwand dominiert, in der Mitte ist eine Öffnung für die hier verehrte *Virgen de las Nieves* ausgespart, auf Holzsäulen stehen filigrane Silberleuchter.

Mit wenigen Schritten kommt man von der Kirche zum Ende der Felsnase – und steht urplötzlich vor einem senkrechten Steilabfall, der 600 m tief zur Ebene von Famara abbricht. Rechter Hand frisst sich der gewaltige Einschnitt des *Barranco de la Poceta* ins Massiv. Vom Strand tief unten führt ein Kletterpfad herauf, der ganz in der Nähe der Militärstation am Peñas del Chache mündet (→ Wanderung, S. 377). Ein spektakulärer Blick öffnet sich hier. Über den lang gezogenen Sandstrand von Famara schweift der Blick hinüber zu den Feuerbergen im Nationalpark Timanfaya, im Süden erkennt man Teguise und am Horizont sogar Arrecife mit dem markanten Gran Hotel, im Norden lugt ein Zipfel der *Isla La Graciosa* hinter dem Felsvorsprung hervor.

Anfahrt Neben der oben erwähnten Anfahrt ist die Ermita de las Nieves auch auf langer Schotterpiste von **Teguise** aus zu erreichen. Dafür muss man etwas nördlich von Teguise von der Straße nach Haría links abbiegen (gegenüber der Abzweigung nach Teseguite), die Calle Gadifer de la Salle nehmen und bei der Oberschule an der nächsten Kreuzung rechts fahren. Die Piste führt über lange, kahle Bergrücken mit Kartoffel- und Zwiebelanbau hinauf zur Kapelle. Kurz vor der Ermita passiert man ein Militärgebäude hinter Stacheldraht (→ Kasten weiter unten). Von der Kirche verläuft die Piste asphaltiert Richtung Norden weiter, führt an der alten Militärstation vorbei und mündet kurz vor der Serpentinenabfahrt nach Haría wieder auf die Hauptstraße (→ Karte Inselnorden, S. 259). Durch diese vielfältigen Wegführungen eröffnen sich diverse Kombinationsmöglichkeiten: z. B. die asphaltierte Zufahrt hinauf und die Schotterpiste nach Teguise zurück oder umgekehrt – oder von der Ermita die Straße weiter nach Norden und dort den Abzweig zum Picknickplatz **Bosquecillo** nehmen (→ weiter unten).

Ermita de las Nieves: die „Schneekapelle"

Der poetische Name rührt vielleicht daher, dass es hier oben 1852 tatsächlich einmal geschneit haben soll, auf Lanzarote eine absolute Rarität. Die hier verehrte „Jungfrau vom Schnee" ist allerdings auch in anderen Regionen unter diesem Namen bekannt. Sie ist überall auf den Kanaren für die ersehnten Niederschläge zuständig.

Zurück auf der Hauptstraße nach Haría, hat man rechts einen Blick bis zur Ostküste hinunter, links dominiert die Militärstation auf dem Peñas del Chache das Bild. Kurz vor dem Anfang der Steilserpentinen nach Haría hinunter kann man links auf schlechtem Weg zu einem Picknickplatz direkt an der Steilküste abbiegen.

Peñas del Chache: Der Gipfel der Famara-Berge ist mit 670 m gleichzeitig auch der höchste Berg Lanzarotes. Da er nur wenige Meter über den übrigen Bergkamm hinausragt, ist er mit dem bloßen Auge kaum eindeutig zu lokalisieren. Eine *Militärstation* mit markantem, kugelförmigem Radar überwacht von hier aus den Luftraum über Lanzarote.

Naturschutz versus Staatsgewalt: Militärstationen an der Steilküste von Famara

Der Gebirgszug von Famara ist eine der landschaftlich reizvollsten, aber auch sensibelsten Stellen der Insel und steht unter Naturschutz. Aus ökologischer Sicht ist es tragisch, dass er als nördlichster Höhenrücken der Kanaren auch militärstrategische Bedeutung besitzt. Schon seit vielen Jahren beherrscht die große Militärstation auf dem Peñas del Chache das Erscheinungsbild. Zusätzlich errichtete das spanische Verteidigungsministerium 1995 nur wenige Meter unterhalb der Ermita de las Nieves, an der Piste nach Teguise, ein neues Militärgebäude, das als Unterkunft für Offiziere dient. Umweltgruppierungen liefen damals Sturm gegen diesen Bau, der ohne Berücksichtigung geltender Bauvorschriften und Naturschutzgesetze hochgezogen wurde. Durch die Anlage wurde eine der drei letzten Kolonien der Roten Yesquera (Rote Strohblume, *Helichrysum monogynum*), eine auf Lanzarote endemische Pflanzenart, vernichtet, außerdem eine Begräbnisstätte der vorspanischen Bewohner vollständig zerstört.

Inselnorden → Karte S. 259

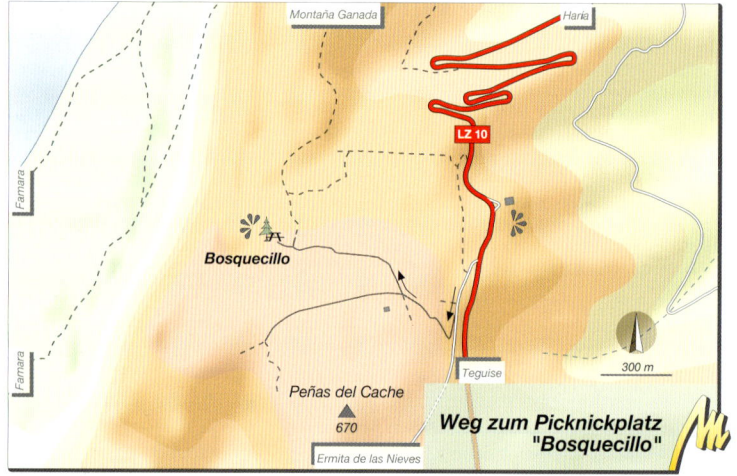

Weg zum Picknickplatz "Bosquecillo"

Bosquecillo *(Mirador Risco de Famara)*: versteckter Picknickplatz in herrlicher Lage direkt am Steilabfall der Famara-Felsen, es gibt Holzbänke, Tische und ge-mauerte Grillplätze auf mehreren Ebenen, außerdem einen Spielplatz. Die Militär-station liegt in Sichtweite, gerade 500 m entfernt. Großartig ist der Blick hinunter auf den Strand von Famara, hinüber bis zu den Feuerbergen und nach La Graciosa. Landeinwärts ragt in der Ferne der stolze *Monte Corona* empor (→ weiter unten). Ortsfremde finden nur selten die holprige Zufahrtspiste, denn sie ist auf kaum einer Inselkarte eingezeichnet und die schwarzen Holzschilder, die den Weg zum „Mirador Risco de Famara" weisen, sind leicht zu übersehen und z. T. schon ver-schwunden. Im letzten Teil wird der Fahrweg sehr schlecht und ist mit einer Kette versperrt, hier muss man zu Fuß gehen (ca. 10 Min.).

Montaña Ganada: Eine holprige Piste mit zementierten Teilstücken führt vom Picknickplatz auf dem welligen Bergkamm weiter Richtung Norden, parallel zur Küstenlinie. Sie endet bei der Sendestation einer Telefongesellschaft auf dem expo-nierten Plateau der 585 m hohen *Montaña Ganada*, direkt oberhalb von Haría. Dort wo der Fels zum „Tal der tausend Palmen" abbricht, steht ein Gipfelkreuz – herrlich ist hier der Blick auf den nördlich unterhalb liegenden *Barranco de Fenesía*, ins Tal der tausend Palmen und auf Haría.

Serpentinenstrecke nach Haría

Die Straße ist abenteuerlich in den Fels gesprengt, eine enge Haarnadelkurve folgt der anderen. Unbedingt Fuß auf die Bremse! So schön und spektakulär die Abfahrt ist, so gefährlich ist sie auch. Die Kurven unbedingt ganz ausfahren, keinesfalls schnei-den, gegebenenfalls hupen. Wenn ein Reisebus entgegenkommt, wird es sehr eng.

Am Beginn der bergab führenden Serpentinen liegt der „Mirador Los Helechos" mit dem gleichnamigen Restaurant, das kürzlich wieder eröffnet wurde. Hier trifft man häufig auf Radler, denn dies ist der höchste mit dem Rad zu erreichende Punkt der Insel. Herrlich ist der Blick auf Haría und den plateauförmig abgestumpften Vulkan Monte Corona, tief unten führt der lange *Barranco de Chafaris* zur Ostküste.

Ein Stück weiter die Serpentinen hinunter passiert man den seit langem geschlossenen „Mirador de Haría". Auch hier ist der Blick großartig, einige Drachenbäume zieren den Außenbereich.

Essen & Trinken Mirador Los Helechos, großer, verglaster Innenraum mit Hängefarnen, beim letzten Check noch keine Außenplätze, aber die Terrasse mit ihrem herrlichen Blick ist dafür prädestiniert. Die kanarische Küche ist lecker, auch Verkauf von Produkten. Großer Parkplatz, der auf Busse eingerichtet ist.

Tal der tausend Palmen (Valle de las diez mil palmeras)

Das von den umliegenden Bergrücken gut geschützte Tal von Haría ist mit Hunderten von Palmen bestanden. Doch was auf anderen Kanareninseln selbstverständlich sein mag, ist auf Lanzarote eine Rarität: So viele Palmen findet man an keinem anderen Fleck der Insel – ein wunderbarer Kontrast zu den oft kargen, menschenfeindlichen Vulkanlandschaften.

Dank der schützenden Barriere des Famara-Kliffs fegen kaum Winde durch das fruchtbare Tal, doch die Niederschläge sind hier häufiger als in allen anderen Inselecken. Der reiche Blumenschmuck und der kräftige Baumbestand in Haría weisen auf diesen Wasserreichtum hin. Die vielen Palmen der Art *Phoenix Canariensis* (Kanarische Palme) sind auch der Grund dafür, dass in Haría der einzige Korbflechter Lanzarotes lebt, der die stabilen Körbe aus den Stilen der Palmwedel fertigte. In den nächsten Jahren wird man allerdings großes Augenmerk darauf verwenden müssen, neue Palmen zu pflanzen, um abgestorbene Bäume zu ersetzen, da dies ist bisher nicht geschehen ist.

Die zuckersüßen Dattelfrüchte der Palmen sind übrigens nicht genießbar, es wird jedoch ein Likör daraus hergestellt und ihr Extrakt wird gegen Bronchialerkrankungen verwendet.

Inselnorden → Karte S. 259

Haría   Municipio ca. 5300, Ort 1100 Einwohner

Mit Abstand der schönste Ort im Inselnorden. Haría liegt in einem Meer von Palmen und hat den Charme einer kleinen, behüteten Oase – ein Ort zum Relaxen, in dem die Einheimischen noch tonangebend sind. Nicht von ungefähr hat sich César Manrique im Alter hierher zurückgezogen. Hier liegt er auch begraben.

Haría hat viele Qualitäten, z. B. eine prächtige Vegetation und reichlich Baumbestand, Überschaubarkeit und Ruhe – seit 2013 aber auch eine echte Sehenswürdigkeit, nämlich das letzte Wohnhaus César Manriques. An der lang gestreckten Hauptplaza sitzt man gemütlich unter weit ausladenden Bäumen.

Im 19. Jh. war Haría vorübergehend Sitz einer gesetzgebenden Versammlung, aus dieser Zeit stammen die klassizistischen Bauten an der benachbarten Plaza de la Constitución. Seit den 1950er Jahren hat sich die Einwohnerzahl wegen der starken Landflucht fast halbiert. Vor allem während der Franco-Diktatur wanderten viele Familien nach Südamerika aus. Etliche ließen ihre Häuser einfach verfallen, manche wurden von ausländischen Einwanderern günstig gekauft und wieder renoviert, andere stehen noch immer leer.

Blick auf Haría, im Hintergrund der Monte Corona

Basis-Infos

Anfahrt/Verbindungen   Tagesausflüge mit öffentlichen Bussen sind ab Arrecife möglich – Abfahrt vormittags, Rückkehr nachmittags oder gegen Abend. Dabei aber unbedingt die Busfahrpläne studieren und vor Ort noch mal nachfragen, die Verbindungen sind nicht sehr häufig.

Eigenes Fahrzeug: Für die individuelle Anfahrt gibt es zwei Routen – die bergige Strecke über **Teguise** oder die Straße an der flachen Ostküste entlang bis **Arrieta** und dort nach Haría abzweigen. Landschaftlich spektakulärer ist zweifellos die erste Variante, jedoch auch unangenehmer zu fahren wegen der steilen Serpentinen von den Famara-Bergen ins Tal der tausend Palmen. Die nächsten Tankstellen liegen in **Arrieta** und **Teguise.** Das Restaurant „El Cortijo" am Ortseingang besitzt einen großen Parkplatz, wo das Abstellen bisher toleriert wird.

Busse: Zwischen **Arrecife** und **Haría** verkehren Inselbusse der Linien 7 (6–7 x tägl.) und 26 (Mo–Fr 1 x tägl.). Die Fahrt geht dabei über Tahiche, Teguise, Teseguite, Arrieta und Punta Mujeres. Bus 7 hat **Máguez** als Endstation, Bus 26 fährt bis **Ye.**

Taxi: ✆ 620-315350. Preis von Arrecife ca. 45 €.

Feste   **Karneval,** er wird hier besonders stimmungsvoll gefeiert, ist aber kleiner und intimer als in Arrecife und Puerto del Carmen. Am Hauptplatz vor der Kirche wird eine große Bühne aufgebaut: Kinderveranstaltungen, Musikbands und die „Murgas" (→ Lanzarote allgemein/Feste) wechseln sich mehrere Tage lang ab.

Día de las Islas Canarias, der Tag der Kanarischen Inseln wird am 30. Mai in vielen Inselgemeinden gefeiert, so auch in Haría.

Fiesta de San Juan, am 24. Juni und an den folgenden Tagen, Sonnwendfeier und großes Erntedankfest, gleichzeitig auch Geburtstag Johannes' des Täufers. Freudenfeuer werden entzündet und eine Puppe wird verbrannt, die das Böse symbolisiert. Abends wird die Statue des Täufers aus seiner Kapelle in die Hauptkirche gebracht. Die nichtchristlichen Ursprünge der Fiesta sind uralt und gehen schon auf die vorspanischen Bewohner zurück.

Fiesta de la Santa Rosa de Lima, Kirchenfest am 30. August.

Shopping   Tenesía **5**, kleiner Manrique-Shop in der Calle La Hoya beim Hauptplatz; gegenüber **8** liegt der Souvenirladen **La Bodeguita 8** mit schöner hölzerner Einrichtung, verkauft werden u. a. Hülsenfrüchte, Likör und Wein.

Mercadillo Artesanía, jeden Sa 10–14 Uhr Kunsthandwerks- und Bauernmarkt auf der zentralen Plaza León y Castillo. Bauern verkaufen Biogemüse, Bäcker Brot und Gebäck, Kunsthandwerker ihre selbst herge stellten Souvenirs – sehr hübsch sind z. B. die Stücke des Steinmetz Aurelio Pérez de la Cruz.

Mercado Municipal de Abastos 11 → Sehenswertes.

Übernachten

Nur einige private Unterkünfte stehen zur Verfügung, Reservierung ist notwendig.

Finca La Crucita 14, 7500 qm große Finca am Ortsausgang nach Arrieta, umgeben von Palmen, behindertengerecht ausgebaut. Vermietet werden in der architektonisch reizvollen Anlage acht gepflegt-rustikal eingerichtete Häuser mit zwei oder drei Schlafzimmern (eines mit vier Schlafzimmern), jeweils behagliche Holzböden und -decken, Sat-TV, gut ausgestattete Küche und Waschmaschine. Es gibt eine Sonnenterrasse mit Gemeinschaftspool, das größte Haus besitzt sogar ein Hallenbad. Haus mit zwei Schlafzimmern ab ca. 80 €, mit drei Schlafzimmern ab 86 €. Calle San Juan 63, ☎ 649-488551, www.villasdelanzarote.com.

Villa Lola y Juan 2, Casa Rural in zentraler Ortslage, sechs nette Wohneinheiten, wunderbar ruhiger Garten mit kleinem Pool, Terrasse mit schönem Blick, Sat-TV, WLAN und Föhn. Frau Marisol Bethencourt spricht gut Englisch und ist freundlich und hilfsbereit. DZ ab ca. 50 €, Apt. mit einem Schlafzimmer 80 €, Apt. mit zwei Schlafzimmern 90 €, Frühstück ca. 8 €/Pers. Calle Fajardo 16, ☎ 928-835256.

Arte de Obra 10, Bettina Bork, die seit über 20 Jahren auf Lanzarote lebt und zeitweise Schülerin César Manriques war, hat vor Jahren an der Ausfallstraße nach Arrieta ein altes Haus gekauft und mit eigenen Mitteln restauriert. Individualreisende, Studenten und Kunstinteressierte aller Altersklassen kommen bei ihr unter. Vermietet werden drei Zimmer (eins mit eigenem Bad, die beiden anderen teilen sich ein Bad), dazu

Inselnorden → Karte S. 259

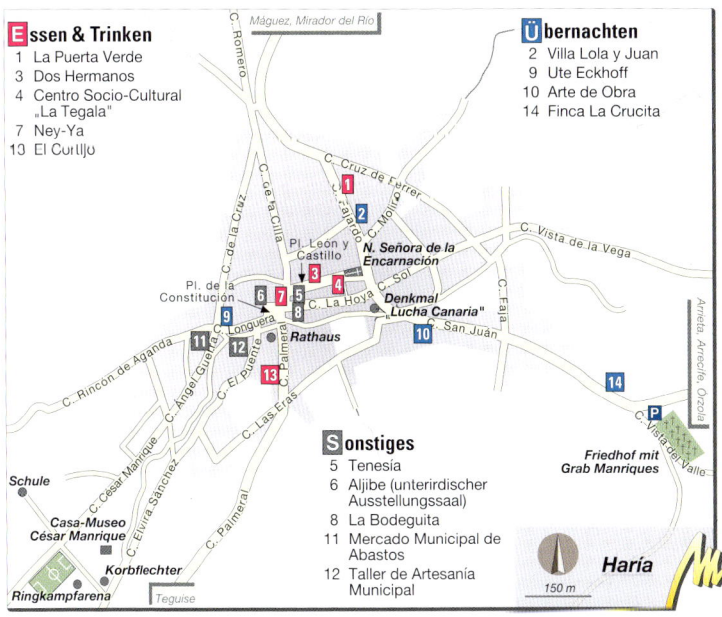

einige Apartments. Die Einrichtung ist schlicht in Weiß gehalten, die Betten sind gut. Es gibt eine Gemeinschaftsküche (um Sauberkeit muss man sich selbst kümmern), ansonsten gruppiert sich alles um den zentralen Patio – Lust auf Kontakte und ein wenig Offenheit sollte man also mitbringen. Hinten gibt es einen etwas erhöhten Garten, wo auch mal Bettinas lanzarotenischer Ehemann den Grill aufbaut. Bettina engagiert sich sehr für die ländliche Entwicklung Lanzarotes und kämpft gegen die Bauspekulation. DZ ca. 30–47 €, Apt. für 1–4 Pers. ca. 60–63 €, kleiner Aufpreis bei Mietzeit unter einer Woche. Calle San Juan 12, ℘ 928-835405, www.artedeobra.com.

Ute Eckhoff 🆅, preiswerte Übernachtungsmöglichkeit mitten in Haría. Frau Eckhoff aus Hamburg lebt seit 1990 in Haría und vermietet ein DZ mit eigenem Bad, Terrasse und Frühstück. Gemütliche Atmosphäre – wie bei Muttern. Preis ca. 25–37 €, je nach Verweildauer. Calle de la Longuera 22, ℘ 928-835761.

Casa Amalia, über hundert Jahre altes Bauernhaus am Dorfrand, von Sergio und Petra Piñero-Brüning liebevoll restauriert und lange als Töpferwerkstatt genutzt. Wohnzimmer, zwei Schlafzimmer, Patio und kleiner Garten. Für 2 Pers. ca. 72 €. Bei Aufenthalt ab einer Woche Rabatt. Zu buchen über diverse Internetanbieter.

Essen & Trinken
→Karte S. 279

Die Restaurants von Haría besitzen das inseltypische Ambiente, das man in den Touristenzentren Puerto del Carmen, Playa Blanca und Costa Teguise oft vermisst.

El Cortijo 🆅, gleich am Ortseingang. Eine große ehemalige Hacienda, in der auch eine Bodega untergebracht war, wurde zu einem hübschen, schneeweiß gestrichenen Lokal im traditionellen Stil umgebaut. Man sitzt in mehreren Speiseräumen mit historischem Mobiliar, Mühlsteinen und einer Weinpresse, in der die Trauben einst mit den Füßen gepresst wurden. Draußen ist ein Grill aufgebaut, auch ein Backofen und alte Viehtränken sind zu sehen. Bei gutem Wetter kann man schön unter Sonnenschirmen im Freien sitzen. Die Küche ist gut, vor allem das Fleisch vom Grill. Dazu gibt es die typischen Inselweine, aber auch den Palmenlikör des Hauses sollte man probieren. Parkplatz direkt vor dem Haus. Tägl. 10–17 Uhr. Calle El Palmeral 6, ℘ 928-835686.

Ney-Ya 🆅, einfache Bar mit Restaurantbetrieb direkt an der Ecke vom Hauptplatz, gegenüber der Bank. Treffpunkt von Einheimischen und Touristen gleichermaßen. Authentische Küche, z. B. Tapas wie *ropa vieja* und *sancocho canario*. Günstige Preise. Sa geschl.

Dos Hermanos 🆅, zentral am lang gestreckten Hauptplatz mitten im Zentrum, hier kann man an einer Handvoll Tischen schön in der Sonne sitzen. Leider hört man immer wieder Klagen über Qualität und überzogene Preise. Plaza León y Castillo 2, ℘ 928-835409.

»» Mein Tipp: Centro Socio-Cultural „La Tegala" 🆅, seit 1963 rechts vor der Kirche. Keine Sitzgelegenheiten im Freien, aber drinnen sitzt man gemütlich, z. B. im überdachten Innenhof oder im Speisesaal mit seiner alten Holzdecke. David Romero Rodriguez bietet unverfälschte Hausmannskost in reichhaltigen Portionen. Und hier zahlt man vielleicht die Hälfte von dem, was man in den Touristenzentren ausgeben muss. Täglich 11–24 Uhr, Mi ab 17 Uhr. Plaza León y Castillo 14. **««**

Mercado Municipal de Abastos 🆅, in der Markthalle werden Mo–Sa mittags günstige Tapas zubereitet (→ Sehenswertes).

»» Mein Tipp: La Puerta Verde 🆅, nettes und sehr sauberes Bistrolokal mit gemütlicher Außenterrasse in Zentrumsnähe, geführt vom engagierten Mediziner Dr. Karl Kunze (→ Arrieta). Sympathische Kombination von spanischer und internationaler Küche, von Koch Diego ambitioniert und stets frisch zubereitet – Kaninchen, Lamm- und Rindfleisch perfekt gegrillt, aber auch Vegetarisches, Kartoffelrösti mit Lachstatar, hausgemachtes Eis, leckere Süßspeisen u. v. m., häufig wechselnde Karte, alles sehr lecker zu etwas höheren Preisen. Kinderstühle und Spielzeug sind vorhanden. Tägl. 13–22, Sa ab 12 Uhr. Calle Fajardo 24, ℘ 928-835350. **««**

Plaza de la Constitución mit Rathaus

Sehenswertes

Haría ist ein Örtchen, das man in aller Ruhe durchbummeln kann. Das winzige Zentrum erstreckt sich um zwei benachbarte Plätze. Einige herrschaftliche Häuser im andalusischen Stil weisen auf das 19. Jh. zurück, als Haría zeitweise eine wichtige Rolle in der Inselpolitik spielte. Der Rest des Städtchens ist eher ländlich geprägt.

Plaza León y Castillo: Der lang gestreckte Fußgängerplatz beherrscht das kleine Zentrum. Unter dicht belaubten Lorbeerbäumen und gusseisernen Laternen stehen Bänke, spielen Kinder und treffen sich die Senioren, ein Freiluftlokal zieht vor allem Urlauber an. Am rückwärtigen Ende der Plaza steht die moderne Pfarrkirche *Nuestra Señora de la Encarnación*. Die alte Kirche aus dem 17. Jh. wurde in den 50er Jahren durch Sturmböen zerstört. Im Inneren des Gotteshaus stützen fünf großzügig geschwungene Bögen die Decke. Rechts vor der Kirche liegt das Kulturzentrum „La Tegala" (→ Essen & Trinken), ein über hundert Jahre altes Haus, das schon als Kaserne, Laden und Werkstatt gedient hat.

Plaza de la Constitución: Am kleinen Platz neben der Plaza León y Castillo steht das klassizistische *Rathaus* mit der örtlichen Polizeidienststelle. Um die Ecke ist die bildhübsche *Stadtbibliothek* untergebracht mit einer reichen Auswahl zu Geschichte und Kultur der Kanaren. Auf dem Platz gibt es eine kleine Ruheanlage mit Sitzbänken, die große Zisterne *Aljibe* **6** darunter wurde zu einem schmucken Veranstaltungs- und Ausstellungssaal umgebaut.

Taller de Artesanía Municipal 12: Vom Rathaus die Straße hinauf, kommt man nach etwa 100 m zum *städtischen Kunsthandwerkszentrum*. Den einen oder anderen Kunsthandwerker trifft man hier bei der Arbeit und die einheimische Frauen stellen manchmal ihre selbst gefertigten Stücke aus, u. a. Rosettenstickereien, Keramik und hübsche Puppen. An manchen Vormittagen kann man ihnen ein wenig bei der Arbeit zusehen.
Di–Sa 10–13.30, 16–19, Mo 10–13.30 Uhr.

Inselnorden → Karte S. 259

Lanzarotes einziger Korbflechter

Wenn man Glück hat, kann man in einer Art Garage bei Manriques Haus *Don Eulogio Concepción Perdomo* bei der Arbeit erleben, ausgeschildert mit

„Cesteria". Der einzige Korbflechter der Insel ist mittlerweile über 80. In geduldiger Handarbeit fertigt er hier aus den festen Wedeln der Kanarischen Dattelpalme (*Phoenix Canariensis*) stabile Körbe verschiedener Größen und die bekannten konisch geformten Hüte Lanzarotes. Ein kleiner Obstkorb, für dessen Herstellung er länger als eine Stunde braucht, kostet ca. 15–20 €.

Mercado Municipal de Abastos 🔟: Eine kleine Markthalle mit Bioladen, Obst-, Gemüse-, Fleisch- und Fischtheke liegt benachbart zum Kunsthandwerkszentrum (Mo–Sa 9–14 Uhr). Auch eine Garküche gibt es hier, wo sich die Einheimischen Tapas schmecken lassen.

Grab César Manriques: Der *Friedhof* Harías liegt an der Ortsausfahrt nach Arrieta auf einem niedrigen Hügel. Das schlichte Grab Manriques befindet sich links hinten vor der kleinen Kapelle. Es unterscheidet sich grundsätzlich von den anderen, die alle aus kleinen Steinplatten mit Kreuzen bestehen: Ein flaches, mit Lavasteinen eingefasstes Oval unter einer Palme, geschmückt mit Sukkulenten, Kakteen und dem eingeritzten „C. Manrique 1919–92", zeugt von der Naturverbundenheit des Künstlers. Vom Vorplatz des Friedhofs hat man einen schönen Blick auf das Tal.

Casa-Museo César Manrique

Die große neue Sehenswürdigkeit von Haría ist das letzte Wohnhaus Manriques, das erst im Sommer 2013 der Öffentlichkeit zugänglich gemacht wurde.

Umgeben von einem imposanten Palmenpark auf Picónboden liegt das Haus ein wenig versteckt und zurück von der Straße, ein paar Schritte abseits das große und helle Atelier. Der Eintrittspreis ist hoch, doch gut angelegt, denn selten erlebt man eine solch stimmiges Wohnambiente mit hohem Wohlfühlfaktor. Es ist ein Genuss, in aller Ruhe durch das geräumige Anwesen zu streifen und die vielen Details in sich aufzunehmen. Man hat versucht, das Haus und das benachbarte Atelier so zu erhalten bzw. wiederherzustellen, wie es bei Manriques plötzlichem Unfalltod ausgesehen hatte. So findet man im Rahmen der behaglichen und geschmackvollen Einrichtung viele persönliche Dinge, im Atelier liegen noch die Malutensilien und unfertige Werke. Das Wohnzimmer mit großem Kamin und schwerer Holzdecke, das lichtdurchflutete Esszimmer, das Schlafzimmer mit hoher Deckentäfelung und, wie immer bei Manrique, das extravagante Bad, das sich mit Glasfronten zum

Außenbereich öffnet – mit viel Liebe und Blick für das Ganze hat Manrique sein Haus gestaltet und war damit noch lange nicht am Ende, als er 1992 starb. Ein Informationsblatt auf Deutsch gibt Hinweise zu Haus und Einrichtung.

Hinkommen PKW, von der Zufahrtsstraße nach Haría links in die Calle Las Eras einbiegen (→ Stadtplan), bis zum Ende fahren und links in die Calle del Puente einbiegen, diese wird zur Calle Elvira Sanchez und führt zum Wohnhaus Manriques, dort kann man parken.

Zu Fuß, beim Kunsthandwerkszentrum (→ Sehenswertes) links die Calle Angel Guerra nehmen und kurz darauf schräg links in die Calle Elvira Sanchez einbiegen (→ Stadtplan).

Öffnungszeiten Tägl. 10.30–18 Uhr (letzter Einlass 17.10 Uhr), Eintritt ca. 10 € (Kinder 5 €), zusammen mit Fundación César Manrique (Taro de Tahiche) 15 €, Ermäßigung mit „Bono" (→ S. 92). ✆ 928-843138, www.fcmanrique.org.

Lanzarotes bester „Lucha Canaria"-Kämpfer

Haría besitzt eine der größte Ringkampfarenen Lanzarotes, der kanarische Ringkampf „Lucha Canaria" (→ S. 60) hat hier eine lange Tradition. Einer der besten Kämpfer der Insel war Toni Martín, genannt „Pollo del Puerto". 2005 starb der 31-Jährige völlig überraschend in seinem Wohnort Mala. Zu seinem Begräbnis kamen 8000 Menschen. Von Arrieta kommend, steht am Ortseingang an der Calle San Juan eine oft blumengeschmückte Bronzestatue für Toni.

🚶 **Wanderung 7: Von Haría nach Teguise**   → S. 379
Reizvolle Wanderung durch reiche Vegetation, danach Aufstieg zur steppenartigen Famara Hochebene

Inselnorden → Karte S. 259

Von Haría zum Mirador del Río

Durch das fruchtbare Tal von Haría und den Nachbarort Máguez geht es vorbei am Monte Corona. Eine üppig grüne Region, die mit Palmen und Anbauterrassen viel fürs Auge bietet.

Máguez

2 km nördlich von Haría und mit diesem fast zusammengewachsen, steht Máguez im Schatten des populären Nachbarn und ist touristisch reiner Durchgangsort. Die weißen Würfelhäuser liegen in einer fruchtbaren Senke am Fuß der Vulkane *Los Helechos* und *La Quemada*, umgeben von weitläufigen Kartoffel- und Zwiebelfeldern.

Die schmucke Dorfkirche namens *Iglesia de Santa Bárbara* verdankt ihre Existenz César Manrique. Als nämlich die alte Kirche Mitte der 70er Jahre wegen Baufälligkeit abgerissen wurde, ließ sie Manrique nach den Originalplänen ganz in der Nähe wieder neu aufbauen. Auch das eindrucksvolle Altarbild, eine 7 m lange und 4 m hohe Wand aus rotem Vulkangestein, stammt von ihm. Es ist das einzige religiöse Werk, das Manrique je geschaffen hat. Zwei symmetrisch angeordnete Engel halten darauf das zentrale „Sagrario", das der bekannte Keramiker Juan Brito geformt hat, ebenso wie die Leuchter, die zu beiden Seiten des Altars hängen.

Verbindungen Bus 7 kommt von Arrecife etwa 6–7 x tägl., Bus 26 Mo–Fr 1 x tägl.

Öffnungszeiten Um die Kirche zu besichtigen, muss man in der Sociedad (Bürgerhaus) fragen.

Essen & Trinken Centro Socio-Cultural, einfaches Lokal an der Durchgangsstraße,

auch Tische im Freien, günstig.

Feste Fiesta de Santa Bárbara, ab dem 4. Dezember mehrtägiges Fest zu Ehren der Schutzheiligen von Máguez.

Shopping Urige Töpferwerkstatt an der zentralen Kreuzung.

Guinate und Umgebung (Mirador und Tropical Park)

Das unscheinbare Dorf zwischen Monte Corona und dem grandiosen Steilabfall der Famara-Felsen besitzt einen Aussichtspunkt, der dem berühmten Mirador del Río kaum nachsteht.

Guinate Tropical Park: Auf dem Weg zum Mirador kommt man an diesem 1990 eröffneten Park vorbei. In Dutzenden von Volieren und Freigehegen werden hier u. a. Papageien, Pinguine, Adler und Pelikane gehalten, aber auch Affen, Ottern, Wüstenfüchse usw. Der Park wirkt seit einigen Jahren äußerst ungepflegt, viele der Wasserbecken sind unsauber oder leer und die Tiere werden oft einzeln in zu engen Käfigen gehalten. Beim letzten Check war der Park geschlossen.

Frühling im Famara-Gebirge

Mirador de Guinate: Kurz nach dem Vogelpark endet die Straße an einem kleinen, von einer Steinmauer begrenzten Parkplatz direkt über dem Steilabfall der Famara-Berge. 600 m fallen hier die bizarren Hänge zum Meer ab. Gleichsam zwischen Himmel und Erde schwebend, hat man hier einen der spektakulärsten Ausblicke Lanzarotes – und noch dazu zum Nulltarif: tief unten die flache Küstenlinie, die sich bis zum Strand *Playa del Risco* (→ S. 290) und zu den benachbarten Salinen am Río zieht, zum Greifen nah davor liegt die lang gestreckte Insel *La Graciosa*. Im Dunst erkennt man außerdem die Inseln *Montaña Clara* und *Roque del Oeste*. Im Gegensatz zum überlaufenen Mirador del Río kann man die atemberaubende Sicht hier fast immer alleine genießen.

Camino de Guatifay: Etwa 1 km nördlich von Guinate weist an der Straße zum Mirador del Río ein großer Felsbrocken diese Beschriftung auf. Es handelt sich dabei um einen früher viel begangenen Weg hinunter zur Meerenge El Río, wo damals die Boote nach La Graciosa übersetzten. Heute wird er nur noch von Wanderern benutzt (→ Wanderung vom Famara-Kliff zur Playa del Risco, S. 383).

Monte Corona

Majestätisch beherrscht der 609 m hohe, fast kreisrunde Vulkan den Norden Lanzarotes. Wenn man gut zu Fuß ist, sollte man sich eine Besteigung nicht entgehen lassen. In der feuchten Jahreszeit sind seine Hänge mit zahllosen Blümchen übersät.

Vor etwa 3000 Jahren explodierte der Monte Corona, riesige Mengen von Lava flossen in Richtung Ostküste und bildeten an der Nordspitze von Lanzarote den ausgedehnten *Malpaís de la Corona*. Verursacht durch die Lavaströme bildeten sich riesige unterirdische Höhlensysteme. Das berühmteste ist die *Cueva de los Verdes*, ein bizarrer Lavatunnel, der sich kilometerweit bis zur Küste fortsetzt und teilweise besichtigt werden kann (→ S. 305). Weitere Lavazungen fraßen sich nach Westen vor und strömten den Steilabhang des Famara-Kliffs hinunter.

Seit 1987 sind Vulkan und Malpaís als „Monumento Natural" ausgewiesen. An den Hängen des vergleichsweise jungen Vulkans wachsen bisher, abgesehen vom kurzen, regenbedingten Vegetationsschub im Winter und Frühjahr, nur Flechten und Euphorbien. Jedoch ist hier neben La Geria (→ Inselmitte) das zweite *Weinbaugebiet* Lanzarotes entstanden. Für die Kultivierung der Reben ist man einen höchst verblüffenden Weg gegangen. Da Kakteen die Fähigkeit haben, mit ihren starken Wurzeln die Lavadecke zu durchbrechen und bis zum darunter liegenden Erdreich zu gelangen, hat man die Weinstöcke direkt neben Kakteen gepflanzt. Sie benutzen die bereits vorhandenen Löcher und können so ihre Wurzeln ebenfalls in den fruchtbaren Boden versenken. Der Landwein „Vino del País" wird hauptsächlich von kleinen, privaten Bodegas produziert.

La Torrecilla del Domingo: schlossartiges Anwesen am Hang des Monte Corona, an der Straße von Arrieta zum Mirador del Río. Wie es sich für ein solches Gemäuer gehört, soll es hier spuken.

Ye: Das einsame Dorf liegt hoch oben direkt am Fuß des Monte Corona. Blickfang ist die repräsentative Kirche mit dem prächtigen Panorama des Vulkans dahinter. Ye liegt weit vom Schuss und ist nur noch von wenigen Menschen bewohnt, doch immerhin gibt es ein Restaurant in der Einsamkeit. Früher wurde in Ye die

Am Kraterrand des Monte Corona

leuchtend rote Orchilla-Flechte geerntet, die an den Steilhängen des Famara-Massivs wächst und zur Farbstoffherstellung diente.

Verbindungen Mo–Fr fährt 1 x tägl. Bus 26 von Arrecife nach Ye und zurück. Die Abfahrtszeiten sind auf örtliche Pendler eingerichtet, ab Ye 6.50 Uhr, ab Arrecife 18.30 Uhr.

Übernachten Finca La Corona, das große Anwesen mit seinem 17.000 qm umfassenden Grundstück liegt mutterseelenallein an der schmalen Straße LZ-202, die oberhalb vom Risco zum Mirador del Río führt (gegenüber vom Abzweig zum Parkplatz Las Rositas), spektakuläre Natureindrücke und Ruhe sind hier garantiert. Vermietet werden drei Ferienwohnungen (2 bzw. 4 Pers.) und drei Ferienhäuser mit je zwei Schlafzimmern (4 Pers.) und einer schönen Veranda, alles bestens eingerichtet. Sehr angenehm ist auch der beheizte (!) Swimmingpool. Preis für 2 Pers. ca. 120–140 €. ✆ 619-231904, www.rural-villas.com.

Essen & Trinken Volcán de la Corona, einfaches Landgasthaus im traditionellen Stil am Ortsausgang Richtung Mirador del Río, serviert werden Tapas und Fleisch vom Grill (Zicklein, Rippchen etc.). Di–Sa 10–18, So 10–19 Uhr, Mo geschl. ✆ 928-526516.

Shopping Im Gemeindezentrum an der Durchgangsstraße bietet ein Weinbauer weißen Malvasía aus eigener Produktion an. Der Wein ist stilecht und hat den typischen Geschmack der in Fässern gelagerten lanzarotenischen Landweine.

Bodega Los Almacenes, 600 m östlich von Ye, an der Straße nach Arrieta. Eine holprige Zufahrt führt zu den Gemäuern einer urigen Bodega hinauf, wo fünf Weinsorten verkauft werden: Rot, Weiß, Rosé, Moscatel und Malvasía (diese Vielfalt erklärt sich daraus, dass die Bodega ihre Trauben an andere Weinhersteller verkauft und dafür deren Wein erhält). Außerdem gibt es Ziegenkäse, Kaktusprodukte (Likör, Marmeladen) und Souvenirs. Tägl. 11–18 Uhr.

🥾 **Wanderung 8: Besteigung und Umrundung des Monte Corona** → S. 381
Panoramareicher Aufstieg zum größten Vulkan im Norden

Mirador del Río

An der äußersten nördlichen Inselspitze bricht das Famara-Gebirge in einem grandiosen Steilhang zur Meerenge von El Río ab, hinter der die kleine Nachbarinsel La Graciosa liegt.

Wie ein Adlerhorst klammert sich der Aussichtspunkt Mirador del Río in 480 m Höhe in den bizarr mit Flechten bewachsenen Basaltstein des Felshangs. Dank der perfekten Natursteinfassade hebt sich der Mirador von der Umgebung kaum ab, nur die riesigen Panoramascheiben verraten ihn. Der Blick ist zweifellos einer der schönsten, den man auf den Kanaren erleben kann.

Der Mirador del Río war eines der ersten großen Werke César Manriques auf Lanzarote. Auf die Idee brachte ihn der Madrider Stararchitekt Fernando Higueras. Dieser wollte hoch über der Bucht von Famara ein luxuriöses Feriendorf in die Felsen bauen. Per Aufzug sollten die Gäste zum Strand gekarrt werden, sogar eine Straße sollte im Fels hinaufführen. Der kühne Entwurf wurde glücklicherweise nie verwirklicht und würde heutigen Umweltschutzgedanken wohl auch kaum mehr standhalten. Doch Manrique entwickelte daraus sein Mirador-Projekt, dem bis heute großer Erfolg beschieden ist. 1973 wählte er den exponierten Standort an der Inselspitze an der *Batería del Norte*. Ende des 19. Jh. war hier während des amerikanisch-spanischen Krieges eine Kanonenbatterie stationiert. Auch früher war die strategisch ideal gelegene Felsenhöhe bereits als Ausguck verwendet worden, konnte man doch von hier oben hervorragend jede Annäherung von Piratenschiffen erkennen, für die La Graciosa ein idealer Ankerplatz war und als Versteck diente. Manrique ließ den Fels von oben aufgraben, platzierte eine Cafeteria hinein und schüttete das Ganze wieder mit Erde zu. Kennzeichnend für die gesamte Anlage ist das Fehlen jeglicher rechter Winkel, denn der Mirador sollte der Natur ringsum so weit wie möglich angepasst sein – eine grundlegende Idee Manriques, wie sie in allen späteren Werken auf Lanzarote zur Anwendung kam.

Tägl. 10–17.45 Uhr (Juli bis Sept. bis 18.45 Uhr), Eintritt ca. 4,50 €, Kinder 7–12 J. 2,25 €. ℘ 928-526548.

Besichtigung: Wer mit dem Auto anreist, erkennt zunächst vom Mirador so gut wie gar nichts. Nach einer

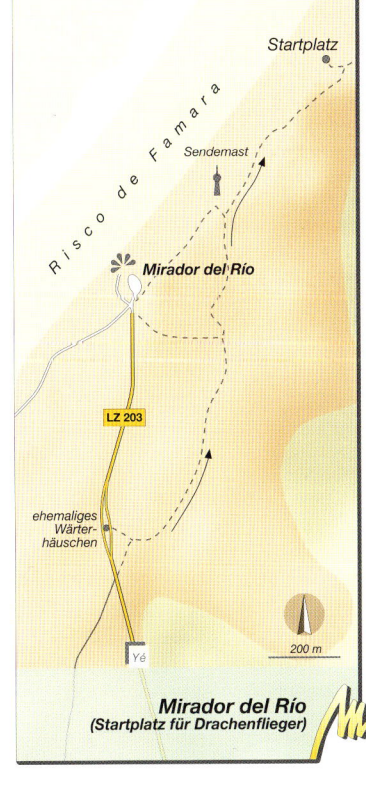

Startplatz

Risco de Famara

Sendemast

Mirador del Río

LZ 203

ehemaliges Wärterhäuschen

Yé

200 m

Mirador del Río
(Startplatz für Drachenflieger)

Phantastischer Blick vom Mirador

stilisierten *Metallskulptur* fährt man auf einen halbrunden Parkplatz, an dessen Ende sich eine säuberlich aus Naturstein aufgeschichtete Mauer türmt. Nach Passieren der Kasse geht man zunächst einen elegant geschwungenen, weiß gekalkten Gang mit schweren Holzdielen und Runddecke entlang. Als effektvoll platzierter Schmuck dienen Keramikobjekte, dazu auf dem Boden drapierte Basaltsteine und die traditionellen Filtersteine Lanzarotes. Der Gang endet in einem großen, höhlenartigen Raum, in dem die *Cafeteria* untergebracht ist. Abgerundete Panoramafenster geben einen Blick frei, so fantastisch und unwirklich wie aus einer anderen Welt: Tief unten liegt flach ausgebreitet die Insel *La Graciosa* im Meer, dahinter erkennt man den schroffen Klotz der Isleta *Montaña Clara* und weit hinten im Dunst das abgelegene *Alegranza*, wo riesige Kolonien von Seevögeln leben. Für die sparsame Ausschmückung des Raums wurde höchstes Augenmerk auf die Verwendung ausschließlich natürlicher Materialien verwendet. Kräftige Farne hängen von der Decke, dazu zwei riesige Metallkunstwerke, von Manrique höchstpersönlich aus Alteisen und sonstigen Metallresten zusammengeschweißt. Man sitzt an einfachen Tischen, die Bar ist in einer Aussparung der hinteren Wand untergebracht, im Angebot sind kleine Gerichte, Sandwichs, Kuchen und Kaffee etc. Eine Wendeltreppe windet sich auf das *Dach* hinauf, unterwegs passiert man einen Souvenirshop. Fast fühlt man sich wie in einem U-Boot, wenn man aus dem Dämmerlicht der Halle kommt und oben aus dem glasgefassten Ausguck ins Freie tritt.

Seitentüren der Cafeteria führen hinaus auf die *Panoramaterrasse* und hier kann man den fantastischen Ausblick auf die Meerenge und La Graciosa in voller Schönheit genießen. Das Famara-Kliff fällt in einem spektakulären Steilhang fast 500 m tief zum flachen Küstenstreifen ab. Unten erkennt man gut den hellen Sandstrand *Playa del Risco* – ein Strand der Superlative, der nur durch einen langwierigen Abstieg per Fuß zu erreichen ist, der Trampelpfad ist deutlich zu erkennen (→ Wanderung S. 383). Unmittelbar nördlich davon erstrecken sich die stillgelegten *Salinas del Río* in der Sonne. Tiefrosa leuchten die Salzbecken herauf – eine ungewöhnliche Farbgebung, die durch winzige rote Algen verursacht wird. Ein kleines, weißes Trafohäuschen steht ebenfalls unten am Ufer. Dort wird der Strom per Unterwasserkabel hinüber nach La Graciosa transportiert. Die vorgelagerte Insel erscheint wie eine große Sandwüste mit mehreren Vulkanbergen, diverse Pisten durchziehen die Einöde. Wie Spielzeug wirken die kleinen Würfelhäuschen des Hafenorts *Caleta del Sebo*, kein Asphalt verunstaltet das unter Naturschutz stehende Eiland (→ S. 311).

Aussichtspunkte an der LZ-202: An der schmalen Straße LZ-202, die von Guinate oberhalb vom Risco zum Mirador del Río führt (kurz vor Ye links abzweigen), kann man ebenfalls den Ausblick genießen, hier aber kostenfrei. Parken ist allerdings nur bedingt möglich.

Startplatz für Drachenflieger: Kurz bevor man auf der Asphaltstraße von Ye den Mirador erreicht, zweigt rechter Hand eine Piste ab, etwa 50 m vor einem unbesetzten Wärterhäuschen. Vorbei an dem großen, weithin sichtbaren Radiomast und den Resten der Geschützbatterie vom 19. Jh., kommt man zu einer kleineren Radioantenne. Hier ist der Startplatz, gelandet wird auf dem Sportplatz von Órzola (→ S. 308).

Unterhalb des Famara-Kliffs

Das Kliff bricht in einem jähen Steilabfall ab und läuft im Bereich der Meerenge El Río in einer schmalen Küstenebene aus. Zwei markante Anziehungspunkte liegen hier: der Sandstrand Playa del Risco und die benachbarten Salinen.

Es gibt allerdings keine Straßenverbindung dorthin, nur ein steiler Fußweg zieht sich in engen Serpentinen das Kliff hinunter und bietet eine schöne Wandertour. Außerdem kann man sich per Bootstaxi von der gegenüberliegenden Insel La Graciosa übersetzen lassen (→ S. 316). So wird der lange Strand auch an heißen Tagen nur von einer Handvoll Menschen bevölkert.

Früher war der Trampelpfad ein viel genutzter Verbindungsweg für die Bewohner von La Graciosa, die hier an der engsten Stelle des Río übersetzten, wenn die Schiffsfahrt nach Órzola wegen rauer See nicht möglich war. Die Anlegestelle *El Embarcadero* lag am Südende des Strands, in einer guten Stunde war man von dort oben im Dörfchen *Ye* oder im weiter südlich gelegenen *Máguez*. Auch Maulesel wurden für den Transport in der Steilwand eingesetzt.

Anfahrt: Von Máguez kommend zweigt kurz vor *Ye* links die sehr schmale Asphaltstraße LZ-202 ab (Vorsicht bei Gegenverkehr!) und führt parallel zum Abbruch des Famara-Kliffs bis zum Mirador del Río. Nach etwa 500 m kann man vor einem Steinwall links in einen holprig gepflasterten Weg einbiegen und diesen (langsam) bis zum *Parkplatz Las Rositas* fahren. Hier den Wagen abstellen und weiter geradeaus laufen. Nach wenigen Metern öffnet sich ein großartiger Blick auf die Meerenge tief unten. Deutlich sieht man den Fußpfad, der in Serpentinen hinunter führt.

Inselnorden → Karte S. 259

Wanderung 9: Vom Famara-Kliff hinunter zur Playa del Risco   → S. 383
Abstieg zum einsamsten Strand Lanzarotes

Playa del Risco

Ein Traumstrand, etwa 700 m lang und sanft geschwungen aus fast weißem Sand der feinsten Sorte. Teilweise bis zu 100 m breit, sehr flacher Einstieg ins helltürkise Wasser, landeinwärts ziehen sich bewachsene Dünen.

Einrichtungen gibt es keine, nur einige aufgehäufte Steinburgen schützen vor dem ständigen Wind. Gelegentlich gibt es unternehmungslustige Urlauber, die hier unten übernachten. Dazu genügend Proviant und vor allem Wasser mitnehmen. Bitte lassen Sie aber keinesfalls Ihren Abfall liegen!

Salinas del Río: Nördlich vom Strand erstrecken sich die seit langem aufgegebenen Salinen samt einiger Hausruinen. Der leuchtend rosa See mit seinen schweren Salzschlacken in den Naturbecken aus Tonerde bietet ein eigentümliches Bild. Unter den Salzkrusten im Umkreis liegt ein zäher, pechschwarzer Matsch, in dem man leicht einsinkt. Zum Meer hin grenzt ein stark teerverschmutzter Streifen aus groben Steinbrocken die Salinen ab. Hier wird alles angeschwemmt, was der Atlantik zu bieten hat – darunter auch immer wieder tote Seeschildkröten, die schwer unter der Umweltverschmutzung leiden. Hoch oben auf der Kuppe des Steilhangs kann man mit etwas Glück den *Mirador del Río* an den Lichtreflexen in den großen Scheiben erkennen.

Wie man anhand archäologischer Funde vermutet, gewannen hier bereits die Römer Salz. „Aktenkundig" sind die Salinen aber erst seit 1590. Damals vermerkte sie der Festungsbaumeister Leonardo Torriani erstmals in einer Landkarte. 1764 erwähnt sie der Handelsreisende George Glas in seinen Aufzeichnungen. Das gewonnene Salz wurde von der Schiffsanlegestelle *El Embarcadero* am Südende des Strands verschifft, vor allem nach Teneriffa und La Palma. Zu Beginn des 19. Jh. sollen es 500.000 kg jährlich gewesen sein. Im 20. Jh. begann man sogar ein Straßenbauprojekt von der südwärts gelegenen *Bucht von Famara* (→ Inselmitte, S. 249) zu den Salinen, die man wirtschaftlich besser nutzen wollte. Wegen Zerstörung durch Steinschlag und nachlassendem Interesse an dem Projekt wurde die Piste aber nie fertiggestellt. Stattdessen gibt es einen Wanderweg, der sich in halber Höhe die gesamte Famara-Steilküste entlangzieht, aber ebenfalls stark steinschlaggefährdet und mittlerweile teilweise verschüttet ist.

Die Playa del Risco kann nur zu Fuß oder mit dem Boot erreicht werden

Nördliche Ostküste

Ein überwiegend flacher Küstenstreifen, anfangs steppenhaft karg, später geprägt durch erkaltete Lavaströme, den sog. Malpaís.

Costa Teguise, der zweitgrößte Badeort Lanzarotes, ist ein guter Ausgangspunkt für eine Erforschung der Region. Abgesehen von den Caletones bei Órzola (→ S. 308) und La Garita bei Arrieta (→ S. 298) gibt es nur wenige wirkliche Strände, aber eingelagert in der Lava findet man viele Buchten. Das Meer ist oft aufgewühlt und rau.

Roter Faden ist die Asphaltstraße von Arrecife nach Órzola, dem nördlichsten Ort Lanzarotes. Anfangs verläuft sie quer durchs Landesinnere, ab Arrieta fast durchweg dicht an der Küste entlang. Unterwegs trifft man auf einige interessante Sehenswürdigkeiten, darunter die Manrique-Kreationen *Jameos del Agua* und *Jardín de Cactus*. Zwischen Guatiza und Mala durchquert man die Region der Cochenille-Läuse, die auf Feigenkakteenfeldern gezüchtet werden. Man kann die Lavahöhle *Cueva de los Verdes* besuchen und kurz vor dem Zielpunkt eine Rast an den wunderschönen, weißsandigen *Caletones* mitten im schwarzen Malpaís einlegen. In *Órzola* besteht die Möglichkeit, mehrmals täglich auf die vorgelagerte Insel *La Graciosa* überzusetzen.

Von Arrecife nach Órzola

Man nimmt zunächst die Straße Richtung Teguise (Abzweig von der Circunvalación) und biegt in *Tahiche* in den Inselnorden ab. Bis Arrieta sind es von hier noch 17 km auf der LZ-1, die unterwegs die Orte Guatiza und Mala landeinwärts elegant umrundet. Achtung: Bis Órzola gibt es nur eine einzige Tankstelle, nämlich in Arrieta.

Anfangs geht es in welliger Fahrt durch dürre, unbebaute Regionen, in denen nur ab und an ein Vulkankegel aufragt. Nach wenigen Kilometern kann man nach Costa Teguise abfahren, dabei passiert man ein markantes, weißes Tor, durch das man zum Touristenzentrum an der Küste hinunterfahren kann.

Kurz vor Guatiza fährt man zwischen den beiden Vulkanen *Montaña de Guenia* und *La Caldera* hindurch. Durch Erosion sind große Teile der Flanken abgerutscht, so dass sich tiefe Löcher gebildet haben. Hier zweigt auch die Straße über *Teseguite* nach Teguise ab (→ S. 247). Etwa 1 km vor Guatiza erblickt man den Windpark von Los Valles (→ S. 274).

Pures Meersalz …

Verbindungen Busse der Linie 9 pendeln Mo–Fr 5 x tägl. und Sa/So 3 x zwischen Arrecife und Órzola, Stopps gibt es dabei in Tahiche, Guatiza, Mala, Arrieta und Punta de Mujeres.

Dazu kommen noch 6 x tägl. Busse der Linie 7 von Arrecife nach Máguez, die unterwegs Tahiche, Teguise, Teseguite, Guatiza, Mala, Arrieta, Punta Mujeres und Haría anlaufen.

Außerdem fährt die Linie 26 Mo–Fr 1 x tägl. über Teguise, Teseguite, Mala, Arrieta, Punta Mujeres, Haría und Máguez nach Ye.

Inselnorden → Karte S. 259

Guatiza

Flacher, lang gestreckter Ort, den man auf einer langen Allee aus Eukalyptus-bäumen durchfährt – erfrischender Anblick im sonst fast baumlosen Lanzarote. Touristisch ist Guatiza reiner Durchgangsort und noch ganz den Lanzaroteños vorbehalten. Nur der Jardín de Cactus am nördlichen Ortsende, Manriques letzte Kreation auf Lanzarote, zieht die Besucher in Scharen an.

Mitten im Ort erstrecken sich hinter niedrigen Steinmäuerchen große Feigenkak-teenfelder, die früher weitflächig für die Zucht der *Cochenille-Läuse* genutzt wur-den und die bis hinter Mala nicht mehr abreißen. Einige verfallene Gofiomühlen setzen Kontraste.

Seitlich der Hauptstraße fällt die hübsche Pfarrkirche *Santo Gusto* auf. Die Fassade ist mit elegant geschwungenen Verzierungen aus braunem Lavagestein versehen, eine Kuppel in Form eines Zwiebelturms lässt Licht in den Altarraum fallen. Im ho-hen Innenraum gibt es farbige Glasfenster, einen großen Altar und eine schwere Holzempore.

Übernachten Casa Volcan y Mar, bes-tens ausgestattetes Haus mit einem Schlaf-zimmer in Alleinlage bei Guatiza. Ab ca. 90 €. Calle Virgen del Pino 13, zu buchen über diverse Internetanbieter.

Essen & Trinken La Tasca de Lita, net-tes Plätzchen, etwas zurück von der Durch-gangsstraße, freundlich geführt von Erica und Roberto aus Italien. Gute italienisch-spanische Küche, auch leckere Pizza.

Durchgehend ab 13 Uhr geöffnet, Di ge-schl. Calle Jazmin 2, ✆ 928-529744.

Centro Socio-Cultural, in einer Fußgänger-zone hinter der Kirche, Gemeindezentrum mit Bola-Bahnen, alltäglicher Treffpunkt der Einheimischen. Hier isst man sehr günstig und authentisch, die Fleischgerichte (Filets) sind zu empfehlen, Omelette, Garnelen und Tintenfisch ebenfalls. Ab 17 Uhr, Mo geschl.

Los Cocoteros: Die Straßen am südlichen Ortsbeginn führen nach Los Cocoteros an der Küste (nicht ausgeschildert, aber nicht zu verfehlen). An Kakteenfeldern und einer Picón-Grube vorbei, geht es auf asphaltierter Straße hinunter zu der ab-gelegenen Ferienhaussiedlung direkt am Meer. Viele Bungalows wirken vernachläs-sigt, im Umkreis stehen ein paar zerzauste Palmen, es gibt keinen Laden oder sons-tige Einrichtungen. Ein Meerwasserpool zieht, falls gefüllt, hauptsächlich Kinder und Jugendliche an, davor liegt ein Lagunenbecken mit kleinem Sandstreifen, das zum aufgewühlten Meer hin durch eine abgeschlossene Mole geschützt ist.

… aus den Salinen bei Los Cocoteros

Am Ortseingang erstrecken sich neben einer Apartmentanlage, wo man parken kann, die großen *Salinas de los Agujeros* – neben den großen Salinas de Janubio im Süden (→ S. 338) die einzi-gen, die auf Lanzarote noch in Betrieb sind. Am Meer führt ein Weg entlang und man kann die aufgehäuften Salz-berge zwischen den rechteckigen Ver-dunstungsbecken betrachten – auch eine Handvoll Salz ist eine nette Erin-nerung an Lanzarote.

Richtung Süden kann man parallel zur flachen Klippenküste nach Costa Teguise wandern, Dauer etwa 2:30–3 Std. Ein Pfad führt die gesamte Küste entlang. In der felsigen Region hat man vielleicht ein wenig Schwierigkeiten, ihn stets zu erkennen, man kann sich aber an der Küstenlinie gut orientieren.

Jardín de Cactus (Kaktusgarten)

In einer stillgelegten Picóngrube, in der seit Mitte des 19. Jh. lockeres Lapilligestein für den Trockenfeldanbau abgebaut wurde, ließ die Inselregierung Ende der 80er Jahre nach César Manriques Plänen eine verschwenderische Vielfalt von Kakteen und Wolfsmilchgewächsen (Euphorbien) aller Form und Größe anpflanzen.

Über 1400 Arten sind es – von winzigen Gebilden, die nur wenige Zentimeter hoch sind, bis zu meterhohen Stachelriesen. Eine Anlage, die in ihrer Vielgestaltigkeit fasziniert und zeigt, was in der vermeintlich so lebensfeindlichen Öde Lanzarotes alles möglich ist.

Der Jardín de Cactus liegt am Ortsausgang von Guatiza, inmitten riesiger Opuntienfelder für die Zucht der Cochenille-Läuse. Ein turmhoher Kaktus direkt an der Straße verleitet zu überraschtem „Oh" und „Ah". Näher gekommen stellt man fest, dass dieses Prachtexemplar von 8 m zur Gänze aus Metall besteht! Über dem Garten thront eine *Gofiomühle*, die ebenfalls einen markanten Blickfang bietet und fast schon eine Art Wahrzeichen für Lanzarote geworden ist. Sowohl die Mühle als auch die gesamte Grube waren in einem völlig heruntergekommenen Zustand, bevor Manrique den blühenden Museumsgarten anlegte. Seitdem strömen die Besucher in Scharen und Lanzarote ist um eine große Attraktion reicher.

Tägl. 10–17.45 Uhr (Juli bis Sept. ab 9 Uhr), Eintritt ca. 5,50 € (inkl. Getränk), Kinder 7–12 J. 2,75 €, Ermäßigung mit „Bono" (→ S. 92).

Inselnorden → Karte S. 259

Der Kaktusgarten ist das letzte Werk Manriques

Besichtigung: Der Jardín de Cactus ist in Form eines Amphitheaters angelegt. Auf Wegen aus Lavagestein durchquert man das große, ummauerte Areal, auf dem die verschiedensten Kakteen wachsen, ringsum ziehen sich bepflanzte Terrassen. Goldfischteiche, kleine Wasserfälle und hohe, bizarr geformte Lavastelen lockern das Gelände auf. Letztere stammen noch aus der Zeit, als hier Picón abgebaut wurde. Sie waren zu hart und wurden damals einfach stehen gelassen. Kaum kann man sich an den vielen, attraktiv gepflanzten Kakteenarten satt sehen. Besonders hübsch sind sie, wenn sie gerade ihre meist leuchtend bunten Blüten zeigen. 9700 Exemplare von 1420 verschiedenen Arten sollen es sein, fein säuberlich sind sie alle mit ihren wissenschaftlichen Namen markiert. Die Kakteen stammen allerdings nicht alle von den Kanaren, sondern sind zum Teil aus Amerika und Afrika eingeführt. Aber man findet natürlich auch die einheimischen Vertreter der Gattung. Am hinteren Ende der Anlage kommt man zur *Cafeteria*. Man sitzt dort auf einer Terrasse unter Segeltuchplanen, hat einen schönen Blick auf den Kaktusgarten und kann diverse „platos combinados" und Kuchen genießen. Über eine Wendeltreppe steigt man entlang eines dekorativen Manrique-Kunstwerks aus Glas und Metall zur restaurierten *Windmühle* hinauf und besichtigt das große Mahlwerk. Der Blick von hier oben ist ebenfalls den Aufstieg wert. Zu guter Letzt kann man noch dem seitlichen Rundbau einen Besuch abstatten, in dem der *Souvenirshop* untergebracht ist. Auf dem Dach ist ein Windspiel montiert, direkt vor dem Pavillon erkennt man ein Gesicht im Stein, von dem ein kleiner Wasserfall plätschert.

Zwischen Guatiza und Mala erstrecken sich kilometerweit die Opuntienpflanzungen für die Cochenille-Zucht – Kakteen, wohin man blickt. Hier hat man auch einen herrlichen Panoramablick auf die nördlich sich anschließende Küste mit den Orten Arrieta und Punta de Mujeres. Dort beginnen die weiten Lavafelder des Monte Corona, der „Malpaís de la Corona".

Mala

Auch das zweite Dorf der Cochenille-Region bietet riesige Kakteenfelder, soweit das Auge reicht. Landeinwärts erhebt sich die 394 m hohe Peña del Silvo.

In Mala zweigen zwei Straßen ab: Eine führt zur FKK-Urbanisation *Charco del Palo* an der Küste, die andere – anfangs asphaltiert, dann als Holperpiste – landeinwärts das Valle Palomo entlang zur Staumauer *Presa de Mala*, hinter der sich der einzige „Stausee" Lanzarote verbirgt, der noch aus Francos Zeiten stammt und je nach Jahreszeit mehr oder weniger Wasser führt. Wegen eines irreparablen Bruchs der Basis ist das Becken allerdings seit langem funktionsuntüchtig. Man kann die Talsperre von der Durchgangsstraße unten gut erkennen. In der Nähe liegt ein beliebter Startplatz für *Drachenflieger*.

Übernachten Casa Helma, das ehemalige, 130 Jahre alte Schulgebäude von Mala wurde zu zwei komfortablen Ferienwohnungen umgebaut, beide mit je zwei Schlafzimmern. Gehobene Ausstattung, WLAN, Garten und mehrere Terrassen. Für 1 oder 2 Pers. Casa Helma I ca. 85 €/Tag, Casa Helma II ca. 65 €/Tag, zusätzliche Pers. 5 €, unter 18 J. gratis. Buchung über www.casahelma.com.

》》 Mein Tipp: Lotus de Mar, Familie Himmelsbach, die seit den 80er Jahren auf Lanzarote wohnt, vermietet mehrere Wohneinheiten in Meernähe, alle liebevoll eingerichtet und gepflegt. Die Casa Marlene ist die nächste am Meer und besteht aus den beiden stilvollen Apartments Vista Sol und Vista Luna. Sie steht allein auf weiter Flur und bietet einen herrlichen Rundumblick. Weiterhin gibt es die Finca

Lippenstift aus „Läuseblut"

Wer hat das nicht schon mal irgendwo gehört – und vielleicht als Unsinn abgetan? Auf Lanzarote zwischen Guatiza und Mala kann man sich vom Wahrheitsgehalt der Mär überzeugen. Auf vielen Quadratkilometern werden hier in großem Maßstab *Feigenkakteen* (Opuntien) angepflanzt. Dicht an dicht stehen die auf Lanzarote „Tunera" genannten, stachligen Kakteen mit ihren großen, fleischigen Armen. Sie bilden den idealen Nährboden für die schmarotzenden *Cochenille-Schildläuse* (Dactylopius coccus cacti), deren Larven sich von den Kakteensäften ernähren und einen heiß begehrten Naturfarbstoff produzieren, das „Karminrot". Ähnlich wie Raupen oder Würmer haben die rundlichen Cochenille-Läuse keine harten Chitin-Panzer, sondern sind weiche, mit tieflila „Fleisch" gefüllte Krabbeltiere. Ihre Fortpflanzung ist äußerst rege, bis zu fünf Generationen entstehen jährlich. Die Männchen sterben nach der Befruchtung, die Weibchen werden in kleinen Stoffsäckchen gezielt auf die Kakteen gesetzt und geben ihre Eier durch die Öffnungen ab. Die neu geschlüpften Larven häuten sich mehrere Male und die alten abgestreiften Häute überziehen die dicken Kaktusblätter mit auffallendem weißem Flaum. Haben die Läuse eine Größe von ca. 4 mm erreicht, können sie „geerntet" werden, das geschieht alle zwei bis drei Monate. Morgens werden die prallvoll mit Karminsäure gefüllten Tierchen von den Kakteen gesammelt und in heißem Wasser getötet, anschließend mehrere Tage lang auf Tabletts ausgebreitet und der sengenden Sonne ausgesetzt, bis sie trocken sind. Danach werden die Kadaver mit Sieben von Kaktusstacheln gereinigt und schließlich zu feinem Pulver zermahlen, das die Farbpigmente enthält. Für 1 kg Farbe müssen mehrere Millionen Läuse verarbeitet werden.

Hauptsächlich wegen ihrer wohlschmeckenden Früchte wurden die Feigenkakteen im 16. Jh. durch die *spanischen Eroberer* Südamerikas aus Mexiko auf die Kanaren gebracht. Als sich im 19. Jh. wichtige kanarische Wirtschaftszweige wie die Wein-, Soda- und Zuckerrohrproduktion in der Krise befanden, besann man sich einer weiteren wichtigen Eigenschaft der Opuntien: Von ihren Säften ernährten sich mit Vorliebe die Farbstoff produzierenden Cochenille-Läuse. In Mexiko hatte man die Cochenille-Läuse schon lange gezüchtet, ab 1830 begann man auch auf den Kanaren mit der planmäßigen Zucht. Vor allem die expandierende *Textilindustrie* benötigte damals dringend große Mengen der leuchtend roten Karminsäure und die Exportmengen stiegen innerhalb weniger Jahre enorm. 1870 produzierte man auf den Kanaren bereits 3000 Tonnen Farbstoff. Doch 1880 kam das abrupte Ende des Booms mit der Entdeckung der synthetischen *Anilinfarben*. Führend darin war die Badische Anilin- und Sodafabrik (BASF).

Die Zucht der Cochenille-Läuse wurde daraufhin auf den Kanaren fast gänzlich eingestellt. Nur auf Lanzarote blieben wegen fehlender wirtschaftlicher Alternativen Restbestände erhalten. Der natürliche Farbstoff wird auch heute noch für verschiedene Zwecke gebraucht: Limonaden und Süßwaren werden damit eingefärbt, die italienischen Aperitifweine Martini und Campari haben ihren satten Rotton vom „Läuseblut", im pharmakologischen Bereich benötigt man Cochenille-Farbe für Tabletten und Medizin, Orientteppiche werden auf diese Weise eingefärbt und schließlich wird die Karminsäure bei der Herstellung „tierversuchsfreier" Naturkosmetik verarbeitet – darunter auch besagte Lippenstifte. Lanzarote produziert heute noch jährlich etwa 15–20 Tonnen des karminroten Farbstoffs, Milliarden von Läusen müssen dafür ihr Leben lassen. Jedoch können südamerikanische Anbieter Cochenille-Rot auf dem Weltmarkt deutlich billiger anbieten und große Teile der kanarischen Cochenille müssen eingelagert werden – in der Hoffnung auf bessere Zeiten.

Margaretha und die Casa Santa Maria mit insgesamt sieben weiteren Apartments. WLAN gibt es in allen Wohneinheiten. Zur Anlage gehören auch die „Pyramide" und das Zentrum Namasté, die für Tagungen und Seminare genutzt werden können. Preise auf Anfrage. Calle El Cangrejo 31, 📞 928-529589, www.lotus-del-mar.com. «««

Trocknen der Cochenille-Läuse

Casa Medusa, Ima und Ro vermieten ihr 130 Jahre altes Haus nur an Frauen. Es gibt unten zwei Apartments mit Patio und gemeinsamer Küche, oben zwei Studios. Eine sonnige Dachterrasse und ein Garten stehen zur Verfügung, ein separates Haus wird auch vermietet. Apt. für 1 Pers. ca. 55 €, für 2 Pers. ca. 75 €, Haus für 1 Pers. 60, für 2 Pers. 80 €. Calle Lomo de la Cruz 2, 📞 928-529532, www.casamedusa.de.

Essen & Trinken　**Don Quijote**, von Süden kommend, gleich nach dem Centro de Salud am Ortseingang, rechter Hand, am Abzweig nach Charco del Palo. Das Lokal wird von Marc und Renata aus Bayern geführt. Marc ist Koch, er hat im Münchener „Vier Jahreszeiten" gelernt und bietet feine kanarisch-mediterrane Küche zu normalen Preisen. Für den kleinen Hunger finden sich frische Leckereien in der Tapas-Vitrine am Tresen, der Kuchen ist selbst gebacken. Mehrere Tische auf der Terrasse. Sa geschl. Calle El Rostro 1, 📞 928-529301.

Arepera Jojoto y Millo La Única, an der Straße nach Charco del Palo, schräg gegenüber vom Don Quijote. Hübsch dekorierte Kneipe zweier Kolumbianer, nur eine Handvoll Tische, oft prima Stimmung und vor allem an Wochenenden voll mit Einheimischen. Spezialität des Hauses sind die aus Kolumbien und Venezuela stammenden Maisteigfladen namens *arepas*, die man gefüllt mit Fleisch, Käse oder Gemüse isst. Es gibt aber auch kanarische Küche mit Fisch, Fleisch und papas arrugadas und auch Pizza. Tägl. 12.30–23 oder 24 Uhr. Calle El Rostro 2, 📞 928-529650.

Sport　Der Startplatz für **Drachenflieger** liegt in 80 m Höhe, direkt bei der Mauer des Stausees. Am besten ist er zu erreichen, wenn man am nördlichen Ortsende vor der kleinen Kirche Ermita de la Mercedes abbiegt. Dieser Weg führt asphaltiert über die Umgehungsstraße LZ-1 und weiter als schlechte Piste direkt hinauf zum Stausee. Vor der Staumauer parken und hinüberlaufen, der Startplatz liegt auf der anderen Seite. Vorsicht, nicht in die Täler hineinfliegen, da dort die Thermik abrupt enden kann bzw. die Gefahr von Turbulenzen besteht. Landen kann man entweder in Startplatznähe oder am Strand La Garita bei Arrieta.

Feste　Fiesta Nuestra Señora de las Mercedes am 24. September.

Charco del Palo

Versteckt gelegenes Nudistenzentrum – das einzige offizielle FKK-Gebiet der Kanarischen Inseln – an wilder, schwarzer Klippenküste mit großartiger Brandung. Die Umgebung ist stark versandet und hat stellenweise fast Dünencharakter, schön zum Wandern und Mountainbiken.

Charco del Palo gehört ganz den Nackten, die hier wie selbstverständlich ohne Hüllen vor ihre Türen treten können, durch den Ort laufen oder zum kleinen Strand hinunter lustwandeln (in Restaurants und allen anderen Einrichtungen ist allerdings Bekleidung erwünscht). Ein großer Teil der Apartment- und Bungalowanlagen, die hier seit 1980 entstanden sind, ist fest in der Hand deutscher Anbieter, die Apartments und Bungalows *Castillo de Papagayo* kann man z. B. beim großen FKK-Veranstalter „Oböna Reisen" buchen. Für einschlägig Interessierte also sicherlich ein lohnender Tipp, weitab vom Rummel der großen Touristenzentren – wobei jungen Leuten allerdings z. T. Sport- und Unterhaltungsmöglichkeiten fehlen.

Das Meer zu genießen ist in Charco del Palo allerdings nicht ganz einfach, denn vor allem an stürmischen Tagen peitscht die Gischt meterhoch an die Klippen. Eine geschützte Sandbucht ist in mehrere steingefasste Terrassen unterteilt und zum Meer hin durch eine Mole abgeschirmt. So ist ein Meerwasserpool entstanden, genannt „Entenpool", der selbst bei heftigem Wind ruhiges Wasser führt und auch für Nichtschwimmer geeignet ist. Ein paar Meter weiter südlich gibt es den „Affenfelsen", wo man mittels einer Leiter von einer Lavazunge aus ins aufgewühlte Wasser steigen kann, und noch weiter südlich die „Padro-Bucht" oder „Badewanne", ein Gezeitenbecken, das sich bei Flut mit Wasser füllt und bei Ebbe leer läuft. Wegen der davor liegenden Riffe ist das Wasser hier relativ ruhig.

Tipp: Wenige Meter nördlich vom „Entenpool" mündet ein für den Norden Lanzarotes charakteristischer *Lavatunnel* (tubo volcánico) direkt am Meer. Durch die eingebrochene Seitenwand kann man hineinsteigen und genießt den Ausblick auf die anbrandende Gischt.

Inselnorden → Karte S. 259

Anfahrt Gloich nach dem Krankenhaus am Ortseingang von Mala zweigt eine Asphaltstraße nach Charco del Palo ab. Nach oinigen hundert Metern kommt eine Abzweigung, wo man sich rechts halten muss. Keine Busverbindung.

Übernachten ** **Castillo de Papagayo**, etwa 50 Apartments und Bungalows, teils direkt an der Klippenküste, teils etwas zurück mit schönen Rasenflächen, Liegewiese und Swimmingpool. Einrichtung verschieden, teils hübsche Rattanmöbel. Gemeinsame Aktivitäten: Gymnastik, Volleyball, Boccia, Joggen, Sauna. Ganzjährig, im Sommer gibt es oft Preisrabatte. ℡ 06032-96090 (Deutschland), www.oboena.de.

Casa del Sol Siempre, schön gelegene Anlage mit fünf Apartments und Pool im südlichen Ortsbereich direkt am Meer, nahe der „Badewanne" (→ oben), jeweils Sat-TV. Preis für 2 Pers. ca. 52–62 € ℡ 695-133033, www.casadelsolsiempre.com.

Casas Ronda I und II, etwas zurück vom Zentrum, zwei allein stehende 1- bis 2-Familien-Häuser in leichter Hanglage auf einem 2000 qm großen Grundstück. Gemeinschaftspool, herrlicher Meerblick, ein Haus mit zwei, eins mit vier Schlafzimmern. Wochenpreis bei Belegung mit 2 Pers. etwa 650 €, jede Pers. extra kostet ca. 85 €. ℡ 0421-275081 (Dtl.), www.casa-ronda.de.

Viele weitere Objekte kann man über www.charcodelpalo.com buchen.

Essen & Trinken **Reiner's Pub**, rechte Straßenseite, geführt von Reiner aus Sachsen, beliebtester Treff am Ort, kleine Terrasse unter Palmen, Frühstück und Snacks, abends Pizza, Spareribs und Steaks, alles in großen Portionen. Daneben liegt eine Bocciabahn. So geschl.

Malpaís de la Corona

Gesprenkelt von zahllosen leuchtend grünen Büschen der *Tabaiba dulce* (Balsam-Wolfsmilch bzw. Euphorbia balsamifera), erstreckt sich der Malpaís bis hinauf an die Nordspitze bei Órzola. Entstanden ist er vor 3000 Jahren durch die Lavaströme des Monte Corona. Im Untergrund haben sich riesige Tunnellabyrinthe gebildet, die erst zum Teil erforscht sind. Am bekanntesten ist die Schauhöhle *Cueva de los Verdes* – Teil des Lavatunnels *Atlántida*, der sich vom Monte Corona über 7 km bis zur Ostküste erstreckt. Ein weiterer großer Tunnel liegt etwa 1 km westlich der Cueva de los Verdes, 50 m nördlich der Straße von Arrieta nach Ye. Das Gebiet ist in weiten Teilen als Naturmonument *Volcán de la Corona* ausgewiesen und darf nicht bebaut werden.

Arrieta

Großes Dorf direkt an der Küste. Die erste Häuserreihe steht unmittelbar auf den niedrigen, schwarzen Uferklippen, bei Flut schlägt die Gischt fast an die Mauern. Dahinter liegen moderne Wohnblocks und Wochenendhäuser von Lanzaroteños aus dem Inselinneren. Insgesamt keine besondere Schönheit, bei Touristen aber bekannt und beliebt wegen seiner Fischlokale.

An einem Kreisverkehr mit einem leuchtend roten *Windspiel* von Manrique (sein letztes) biegt man von der Durchgangsstraße in den Ort ab. Am nördlichen Ortsende trifft man sich dann auf der Hafenmole. Hier kann man in aller Ruhe in der Sonne sitzen, die aufgewühlten Wellen beobachten und abends den Sonnenuntergang genießen. Gleich hinter der Mole liegt der winzige Strandfleck *El Charcón*. Blickfang ist die völlig inseluntypische *Casa Juanita* neben der Hafenmole. In leuchtenden Rot- und Blautönen steht sie mit ihren meterlangen Holzkaminen da wie ein Gespensterhaus aus einem Hitchcock-Krimi. Erbaut wurde sie 1920 von einem nach Argentinien ausgewanderten Lanzaroteño aus Haría. Er wollte seiner lungenkranken Tochter ein Heim nah am Meer schaffen, jedoch vergeblich, sie starb in jungen Jahren.

Am südlichen Ortsende liegt der etwa 100 m lange, hellbraune Sandstrand *La Garita*, der sich nach Süden als grobsteiniger Küstenstreifen fortsetzt. Hier sind vor allem die einheimischen Wellenreiter aktiv, an Wochenenden herrscht aber auch oft reger Badebetrieb. Es gibt Umkleidekabinen, eine Art Promenade, Kinderspielgeräte und ein gemütliches Restaurant.

Basis-Infos

Verbindungen Busse der Linie 7 verkehren 6 x tägl. zwischen Arrecife und Máguez, die der Linie 9 zwischen Arrecife und Órzola (Mo–Fr 5 x tägl., Sa/So 3 x). Unterwegs wird jeweils in Arrieta gestoppt.

Adressen **North Diving Arrieta**, die von Florian und Stefanie aus Deutschland geführte Tauchbasis liegt an der Hauptgasse, wenige Schritte vom Hafen. Schnuppertauchen ca. 70 €, ein zweitägiger Kurs ca.

Hafenmole mit Restaurant „El Charcon" und Casa Juanita

250 €, Vermittlung von Unterkünften und Mietwagen. Calle La Garita 33, ✆ 928-848285, www.northdiving-lanzarote.com.

⟫ Mein Tipp: Dr. Karl Kunze, in der Nähe vom Strand La Garita, sehr empfohlener Facharzt für Allgemeinmedizin, der (im Gegensatz zu manchem Kollegen) korrekt abrechnet und sich auch für Ökologie und Kultur Lanzarotes engagiert. Er führt auch ein Restaurant in Haría (→ S. 280). Calle Tres Barrancos 18. Mo, Do 9–12, Di, Fr 16–19 Uhr. ✆ 928-848509, www.arzt-lanzarote.com. ⟪

Aloe Plus Lanzarote, gleich in der Nähe des zentralen Kreisverkehrs an der LZ-1 liegt dieses Ausstellungs- und (vor allem) Verkaufszentrum für Aloe Vera. Man bekommt einen Überblick über die Geschichte, den Anbau und die Produktion. Auch den Cochenille-Läusen und der Salzgewinnung ist etwas Raum gewidmet. Die Produktpalette ist vielfältig (→ Yaiza, S. 334). Mo–Sa 10–18 Uhr. Calle El Cortijo 2. ✆ 928-848203, www.aloepluslanzarote.com.

Übernachten

In den ruhigen Seitenstraßen von Arrieta werden zahlreiche Apartments angeboten (ca. 35–50 €), Vermittlung z. B. durch die Tauchschule „North Diving". Eine gute Auswahl findet man auch bei www.lanzarote-ferienwohnungen.de.

Eco Fisherman's Cottage, Familie Braddock (→ Finca de Arrieta) vermietet ein bestens ausgestattetes Haus mit zwei Etagen direkt am kleinen Hafen, hübscher Innenhof, geeignet für Familien mit zwei Kindern. Preis für 2 Pers. ab ca. 125 €/Nacht, unter sieben Nächte zuzügl. 50 €. ✆ 928-826720, www.lanzaroteretreats.com.

⟫ Mein Tipp: El Mar y Tu, zentrale Lage an der Hauptstraße, in der Häuserzeile direkt am Wasser, drei gepflegte und stilvoll eingerichtete Apartments in verschiedener Größe, dazu eine sonnige Dachterrasse. Unten klatscht die Brandung an die Klippen, herrlicher Blick. Der aufmerksame

Hausherr Philipp aus der Schweiz wohnt mit seiner Frau direkt vor Ort. Preis ca. 80 €. Calle La Garita 54, ✆ 928-848510, 630-566633, www.elmarytu.com. ⟪

Casa La Playa, 1998 von Familie Jonas renoviertes Haus direkt am Meer, zwei Gehminuten vom Strand. Unten Wohnküche und ein Schlafzimmer, oben Terrasse am Meer, Wohnbereich und zwei weitere Schlafzimmer, insgesamt 110 qm. Preis für 2 Pers. ca. 78 €, für jedes weitere Kind bis 14 J. 6 € pro Tag, für jeden weiteren Erw. 12 €. ✆ 928-835206, 629-532225, www.lanzarote-arrieta.de.

Inselnorden → Karte S. 259

Außerhalb ⟩⟩⟩ **Mein Tipp:** Finca de Arrieta, landeinwärts der LZ-1 liegt kurz vor Arrieta „Lanzarote's Original Eco Village", ein flaches Gelände zwischen vereinzelten hohen Palmen, wo man in arabisch-asiatisch eingerichteten mongolischen Yurten oder Eco-Villas schläft, im solarbeheizten Pool badet und morgens die Eier freilaufender Hennen sammelt. Das vollständig durch Wind und Sonne gespeiste Energiesystem von Tila und Michelle Braddock spricht vor allem umweltbewusste Travellerfamilien an. 30.000 qm großes Gelände mit Pool, gemauertem Speiseraum, Spielplatz, Trampolinen, und Eselreiten. Freundliche Leitung, relaxte Atmosphäre. Zum Strand sind es 300 m. Preise ab ca. 100 €/Nacht. ✆ 928-826720, www.lanzaroteretreats.com. ⟨⟨⟨

Essen & Trinken

Das halbe Dutzend Fischrestaurants liefert sich einen harten Kampf um die Tagesausflügler, was sich z. T. in günstigen Preisen bemerkbar macht. An der Mole sitzt man konkurrenzlos schön, aber auch die Lokale an der Uferstraße haben hübsche Terrassen über den Klippen. Qualität und Service sind allerdings etwas tagesformabhängig.

⟩⟩⟩ **Mein Tipp:** El Amanecer, an der Uferstraße, von fünf Brüdern geführtes Lokal mit kleiner, windgeschützter Terrasse zum Meer. Oft überfüllt und laut, da beliebt bei Einheimischen und Residenten. Freundlich-unterhaltsamer Service, sehr leckerer Fisch, noch dazu erfreuliche Preise. Nur bis 20 Uhr geöffnet, Do geschl. Calle La Garita 32, ✆ 928-848390. ⟨⟨⟨

La Nasa, ebenfalls gut, vor allem die Paella mit Meeresfrüchten wird sehr gelobt. Di geschl. Calle La Garita 62, ✆ 928-848149.

El Pisquito, kleine, unscheinbare Caféteria am Beginn der Mole (bei Fisherman's Cottage einbiegen), überraschend leckerer Fisch und Tapas zum sehr günstigen Preis. Calle La Noria, ✆ 620-004315.

El Charcón, in dem Lokal mit zwei Veranden direkt auf der Mole speist man abends besonders schön in den Strahlen der untergehenden Sonne. Der kommunikative Wirt Ricardo Socas bietet gute Fischküche, aber auch die Weinkarte ist umfangreich, u. a. gibt es gar nicht teure Weine aus Ricardos Bodega „La Grieta" (→ S. 302). Mi geschl. ✆ 928-848110.

⟩⟩⟩ **Mein Tipp:** Casa de la Playa, direkt am Sandstrand La Garita. Nettes Fleckchen mit Terrasse und herrlichem Meerblick, wo man bei Wellenrauschen große Fischplatten verzehrt. Mittags und abends geöffnet, an Wochenenden auch Livemusik. ✆ 928-173339. ⟨⟨⟨

Chiringuito, ebenfalls am Strand, Beachbar mit leckeren Tapas, *boquerones* (Sardellen) und *churros*, an Wochenenden auch Paella. Große Portionen zu günstigen Preisen. ✆ 626-627813.

Zwischen Arrieta und Haría

Von Arrieta klettern zwei schmale Asphaltstraßen in weiten Kurven steil durch die Berge hinauf nach Haría. Beide Straßen führen durch fruchtbare Täler mit intensivem Terrassenanbau, reizvoll fürs Auge.

Barranco La Negra: Diese Strecke ist der kürzeste Weg nach Haría. Sie geht direkt am Kreisverkehr von Arrieta ab und mündet in Haría beim Friedhof, auf dem César Manrique begraben liegt.

Barranco de Chafaris: Die sehr schmale Straße (Vorsicht bei Gegenverkehr!) über das hübsche Dörfchen *Tabayesco* zieht sich das *Valle de Temisa* entlang und ist ein ganzes Stück länger als die vorgenannte Straße. Sie beginnt etwas südlich von Arrieta und mündet auch etwas südlich von Haría auf die Straße Teguise-Haría. An dieser Straße gibt es eine der seltenen Wasserstellen auf Lanzarote: Ziemlich weit oben durchfährt man eine scharfe Rechtskurve, die eine Art von Wasserdurchlauf überspannt. Auf der linken Straßenseite kann man parken und den Weg links ins Tal nehmen, der einer Rohrleitung folgt. Hier kommt man zu einem Becken, welches das Wasser auffängt, das aus einer „Galería" austritt. Der Stollen ist begehbar.

Übernachten Amaya, die gepflegte, im maurisch-kanarischen Stil restaurierte Wohnung liegt in Tabayesco und erstreckt sich über zwei Ebenen, große Terrasse mit herrlichem Blick. Die Schweizer Eigentümerin wohnt selbst vor Ort und ist um das Wohl ihrer Gäste bemüht. Zu mieten über Viva Ambiente. 2 Pers. ca. 77 €, 3–5 Pers. 92 €. ☎ 06201-507484 (Deutschland), www.viva ambiente.com.

Punta de Mujeres

Das lang gestreckte Fischerdorf ist fast mit Arrieta zusammengewachsen und wie dieses unmittelbar auf die pechschwarzen, niedrigen Klippen gebaut. Hübsches Ortsbild mit teils in weiß und hellblau gehaltenen Häusern, dazwischen dümpeln bunte Fischerboote, von der Hafenmole springen die Dorfkinder ins türkisblaue Wasser.

Punta de Mujeres bedeutet „Kap der Frauen". Der Legende nach leuchteten die Frauen nachts ihren Männern, wenn diese vom Fischfang zurückkamen. Eine andere Version erzählt, dass sich hier die Fischerfrauen aus den umliegenden Dörfern trafen, wenn ihre Männer tage- und wochenlang auf hoher See waren.

Das heutige Punta Mujeres ist ein relativ junger Ort, der an der Stelle ehemaliger Salinen erbaut wurde. Individualisten finden eine kleine Ferienanlage, die über Reiseveranstalter gebucht werden kann, außerdem einige Privatapartments. Ansonsten gehört Punta de Mujeres den Einheimischen. Ausländische Mietwagenfahrer sehen keinen rechten Anhaltspunkt in den schmalen Einbahnstraßen und stoppen lieber im nahen Arrieta. Viele Lanzaroteños aus anderen Inselortschaften haben dagegen hier ihre Ferienwohnungen. An Wochenenden sieht man sie auf den Klippen beim Picknick, die Jungs beim Wellenreiten oder mit dem Rad hin- und herkurven.

Die Bademöglichkeiten sind bescheiden: Im verkehrsberuhigten Ortszentrum ist zwischen den Klippen ein Meerwasserschwimmbecken mit Mäuerchen zum aufgepeitschten Meer hin abgetrennt und bildet so ein ruhiges Plantschbassin. Weitere ähnliche Badestellen liegen verstreut, über Eisenleitern kann man hier und dort ins Wasser steigen.

Verbindungen Busse der Linie 9 verkehren Mo–Fr 5 x tägl. und Sa/So 3 x zwischen Arrecife und Órzola und Busse der Linie 7 6 x tägl. zwischen Arrecife und Máguez, unterwegs wird jeweils in Punta de Mujeres gestoppt.

Übernachten Caleta Campos, ansprechende Bungalowanlage am Ortseingang, von Arrieta kommend, wenige Meter vom Restaurant El Lago. Hübscher Meerwasserpool, drum herum die zwölf geräumigen Wohneinheiten mit je zwei Schlafzimmern und gut eingerichteter Küche, jeweils Sat-TV und WLAN. Sehr ruhig und abseits vom Trubel. Preis pro Wohneinheit ca. 60–80 €, zu buchen über diverse Veranstalter.

Mar y Sol, sechs Apartments mit einem oder zwei Schlafzimmern direkt im ruhigen Hafen, schöner Blick. Ein Apartment speziell für Familien mit Kindern (Spielzeug vorhanden). Preis für 2 Pers. ab ca. 43 €/Tag, drei Tage Mindestaufenthalt. ☎ 928-529541, www.lanzarote-ferienwohnung.de.

Casa Atlantico, bestens ausgestattetes Haus in unmittelbarer Meeresnähe, große Dachterrasse mit weitem Blick, Baden gleich vor dem Haus. Zu buchen über Jonas & Jonas. Preis für 2 Pers. ca. 88 €. ☎ 928-835206, 629-532225, www.lanzarote-arrieta.de.

El Lago, das gleichnamige Restaurant vermietet sieben gute Apartments mit Terrasse

Inselnorden → Karte S. 259

und zwei Schlafzimmern. 2 Pers. ab ca. 45 €/Tag, Mindestmietdauer 1 Woche. Calle Los Morros 27, ✆ 928-848176.

Zwei schöne Villen mit privatem Pool können außerdem über Tila und Michel Braddock von der Finca de Arrieta gemietet werden (→ S. 300), http://lanzaroteretreats.com/villa.

Essen & Trinken　El Lago, von Arrieta kommend am Ortseingang von Punta Mujeres, nur durch die Uferstraße vom Wasser getrennt, große Terrasse mit herrlichem Meerblick. Der Innenraum ist mit dunklem Holz und Fischernetzen eingerichtet, in einem großen, mit Lavasteinen eingefassten Wasserbecken (angeblich ein natürlicher Teich!) tummelt sich das Abendessen in Form von Hummern und Langusten. Nette Bedienung und ordentliche Küche zu mittleren Preisen, z. B. gegrillter Fisch nach Art des Hauses. 12–21 Uhr. Calle Los Morros 27, ✆ 928-848176.

La Piscina, einfache Tapas-Bar, zentral an der Uferstraße, hübsche Lage direkt beim Natur-Schwimmbecken, Meerblick und viel Ruhe, das Essen wird vielfach gelobt.

Sol y Luna, neu eröffnet an der Uferstraße nördlich vom Hafen, Tische im Sand, dazu eine Brise vom Meer und gute Meeresküche, z. B. Fisch von der Insel La Graciosa, auch Paella. Tägl. 12–20 Uhr, im Sommer eine Stunde länger. Calle Las Salinas 18, ✆ 928-173416.

El Palenke, beliebtes Lokal im rückwärtigen Ortsbereich, gemütliche Einrichtung mit viel Holz, offene Hofterrasse, Fleisch vom Holzkohlegrill. An Wochenenden Livemusik. Calle Las Salinas 36, ✆ 928-848018.

Feste　Fiesta del Nuestra Señora del Pino, Anfang September findet hier eins der letzten großen Sommerfeste der Insel statt.

Bodegas Malpaís de Máguez La Grieta: In Meeresnähe bei Punta Mujeres hat Ricardo Socas 2007 die einzige Bodega mit Flaschenabfüllung im Norden Lanzarotes eröffnet. Der Ausstoß ist mit 24.000 Litern relativ klein, wichtigstes Produkt ist der Malvasía seco „La Grieta", für den eine strikte Auswahl der Trauben erfolgt. Im Restaurant El Charcón im benachbarten Arrieta kann man mit dem Besitzer Kontakt aufnehmen. Bodegas Malpaís de Máguez La Grieta, Calle Aulaga 14, ✆ 928-848110, 616-908484, bodegamalpais@gmail.com

Jameos del Agua

Vielleicht Manriques schönstes Werk. Ein an mehreren Stellen eingestürzter Lavatunnel (die Einsturzstellen nennt man „Jameo") wurde von dem lanzarotenischen Künstler 1968 zu einer Art Gesamtkunstwerk umgestaltet.

Mit kontemplativem Salzsee, reichhaltiger, subtropischer Pflanzenwelt, elegantem Schwimmbecken, viel bewunderter Konzerthöhle und verschiedenen Ausstellungen ist Jameos del Agua eine Attraktion, die allerdings mittlerweile fast jeder Lanzarote-Besucher kennen lernen will, was die meditative Stimmung im Inneren des Tunnels spürbar beeinträchtigt.

Der Lavatunnel von Jameos del Agua gehört zu dem ausgedehnten unterirdischen Höhlen- und Röhrensystem des *Túnel de la Atlántida*, der vor 3000 Jahren bei der Eruption des Monte Corona entstand (→ Cueva de los Verdes). Nach seiner Rückkehr aus New York fand Manrique hier Ende der 60er Jahre ein mit Abfall voll gestopftes Areal von Vulkanblasen, das alles andere als attraktiv war. Bereits damals zeigte sich die großartige Fähigkeit Manriques, die auf den ersten Blick eintönige und unschöne Lava seiner Heimat zu einer höchst ästhetischen Einheit aus Natur und Kultur zu verschmelzen. Jameos del Agua wurde sein erstes Großkunstwerk auf Lanzarote – deutlicher als irgendwo andern erkennt man hier die großartigen gestalterischen Möglichkeiten, die buchstäblich „mitten in der Lava" stecken.

Tägl. 10–18.30 Uhr (Sa bis 22 Uhr), Restaurant 11–16.30 Uhr (Sa auch 19–22 Uhr), Eintritt ca. 9 €, Kinder 7–12 J. 4,50 €, Ermäßigung mit "Bono" (→ S. 92). ✆ 928-848020.

Blick durch den Lavatunnel

Besichtigung: Ein hölzernes Schiffsruder bildet den Eingang, hinter dem man auf holprigen Lavastufen in den kesselförmigen *Jameo Chico* (kleiner Lavatunnel) hinuntersteigt. Riesige Farne, Gummibäume und Kakteen setzen grüne Akzente, sogar Vögel nisten in dem Gewölbe. Zunächst trifft man auf das *Restaurant* der Anlage, wo man auf einer Terrasse sitzt. Einen Blick wert sind die Toiletten, denn dort sind schmale Fenster angebracht, durch die man einen Blick in einen unzugänglichen Teil des Lavatunnels werfen kann, wo sich ein kleiner, grün illuminierter Salzsee erstreckt (Manrique legte in jedem seiner Kunstwerke großen Wert auf die Gestaltung der stillen Örtchen).

Vom Restaurant steigt man noch einmal tiefer und steht auf einmal vor der gähnenden Öffnung eines 60 m langen, 20 m breiten und 20 m hohen *Lavatunnels*, der am anderen Ende offen ist und in einen weiteren, nach oben hin offenen Einbruchkessel mündet. Die gesamte Grotte nimmt ein dunkler, türkisfarben schimmernder *Salzsee* ein, der durch das poröse Basalt- und Lavagestein mit dem offenen Meer in Verbindung steht. Je nach Gezeitenstand sinkt und steigt auch der Spiegel des Höhlensees, der am tiefsten Punkt nur wenige Meter tief ist. Ein Loch in der Decke stammt von einer Gasexplosion und lässt Sonnenstrahlen hindurchfallen. Wenn man dicht ans Ufer tritt und genau hinsieht, entdeckt man auf den unter Wasser liegenden Felsen zahllose fingernagelgroße weiße Tierchen. Es handelt sich dabei um extrem lichtempfindliche und fast blinde *Albinokrebse* (Munidopsis polymorpha), die eine auf der Welt einmalige endemische Art sind und deren nächste Verwandte in der Tiefsee leben. Es ist ungeklärt, warum diese Krebse gerade hier auftreten, vermutet wird, dass sie durch unterseeische Eruptionen nach oben gedrückt wurden. Sie ernähren sich vom Algenbewuchs der Felsen. Auf Schildern wird eindringlich gebeten, keine Münzen in den See zu werfen, da die Metallkorrosion den Tierchen schadet!

Unter leisen, sphärenhaften Musikklängen läuft man auf schmalem Pfad den See entlang zur anderen Tunnelöffnung. Leider drängen sich hier oft erhebliche

Der Pool von Jameos del Agua

Menschenmassen, so kann man die einmalige Atmosphäre, die den Höhlensee umgibt, manchmal nur erahnen. Auf der anderen Seite angekommen, trifft man auf eine Tanzfläche und Sitzgelegenheiten. Hier sollte man unbedingt abwarten, bis der Trubel etwas abebbt. Intensiv spürt man dann die tiefe Ruhe, die über der Grotte mit ihrem Märchensee liegt.

Über Stufen steigt man hinauf zum *Jameo Grande*, dem zweiten Einbruch des Lavatunnels – und ein völliger Kontrast zum bisher Gesehenen wird sichtbar. Unter der hellen Sonne Lanzarotes erstreckt sich inmitten subtropischer Pflanzenwelt ein strahlend türkisfarbener Pool in elegant geschwungenen Formen. Wie mit frisch gefallenem Schnee bedeckt wirken die weiß gekalkten Stufen und Wege, pralle Papayas und schlanke Palmen schmücken das ehemals triste Lavaloch.

Am hinteren Ende des Pools liegt der Eingang zum berühmten *Auditorium* (Konzertsaal) von Jameos del Agua. Der in schlichten, klaren Linien gehaltene Saal ist in eine schräg nach unten abfallende Höhle hineingebaut und fasst etwa 700 Personen. Die einmalige Atmosphäre und die kompakte Akustik ohne geringsten Nachhall ist für Konzerte wie geschaffen.

Vom Poolbereich kann man auf einer Wendeltreppe zur Galerie hinaufsteigen, die sich in Höhe der Erdoberfläche befindet. Hier hat man von oben einen wunderschönen Blick auf die großartige Komposition der Poolanlage, aber auch weit hinaus in die freie Natur mit dem Meer im Hintergrund. Eine Bar mit soliden Holztischen lädt zum Verschnaufen ein, in den Gängen gedeihen riesige Farne, Asparagus und Hängepflanzen. In den lang gestreckten Flachbauten sind eine Reihe von Ausstellungen untergebracht. Zunächst sind alle Nationalparks der Kanarischen Inseln mit Karten und Fotos dargestellt, besonders thematisiert wurden dabei die vielfältigen Bemühungen um die Erhaltung und Pflege der Tierwelt. Optisch auffallend ist ein aus den morschen Spanten eines alten Fischerbootes konstruiertes Wandrelief von Manrique. In der weit gefächerten Ausstellung „Lanzarote – Weltschutzgebiet der Biosphäre" kann man auf zahlreichen Schautafeln viele Eigenheiten der Insel nachlesen: die verschiedenen Naturschutzzonen, die Wasserversorgung, Geologie, Niederschlagsmengen, Vulkanismus etc. Leider sind sie fast durchweg nur spanisch beschriftet.

Zu guter Letzt ist die *Casa de los Volcánes* zu besichtigen, eine Mess- und Beobachtungsstation zur vulkanischen Tätigkeit auf Lanzarote. Am Weg in den Messraum passiert man geschickt platzierte Spiegel, in denen man sein Konterfei viele Dutzend Male multipliziert begutachten kann. Im modern ausgestatteten Hauptraum wird anhand mehrerer Bildcomputer die Entwicklung des Vulkanismus vorgeführt. Eine stilisierte Weltkarte zeigt mit Leuchtpünktchen die Entwicklung der vulkanischen Zonen auf der ganzen Welt im Lauf der letzten Jahrtausende.

Abendveranstaltungen: Mehrmals wöchentlich ist Jameos del Agua abends als eine Art Restaurant/Nachtclub geöffnet. Dabei gibt es auch Konzerte und Folkloredarbietungen, über die man sich vor Ort informieren kann.
Di, Mi und Sa 19–22 Uhr (Sommer bis 23 Uhr), Eintritt ca. 9 €. Angemessene Kleidung erwünscht.

Surfspot Los Jameos: An der Küste direkt unterhalb der Anlage treffen sich Windsurfprofis und Wellenreiter. Eine sandige Klippenbucht kann mit dem Pkw angefahren werden. Der Spot gilt als einer der reizvollsten, aber auch schwierigsten auf Lanzarote – oft herrschen ablandiger Wind und extrem hohe Brandung.

Anfahrt/Hinkommen mit Bus und zu Fuß Man startet am besten um 10.30 Uhr (Mo–Fr) mit der Linie 9 von der Estación de Guaguas in **Arrecife** und fährt bis zur Haltestelle „Bar Palenke" in **Punta Mujeres**. Dort kann man am Minimarkt Punta Mujeres, der gleichzeitig ein einfaches Café ist, eine Rast einlegen. Im Anschluss geht man zum Meer hinunter und nimmt die Küstenstraße nach Norden, bis am Ortsende ein sandigsteiniger Pfad beginnt, der in etwa 30 Min. zur Küste unterhalb von Jameos del Agua führt. Dort zweigt ein mit Basalt gepflasterter Weg zur Höhle ab. Für die Rückfahrt erreicht die letzte Bus nach Arrecife dann um ca. 19.40 Uhr die Haltestelle Bar Palenke (Linie 7 von Máguez).

Inselnorden → Karte S. 259

Cueva de los Verdes

Vor etwa 3000 Jahren brach der Monte Corona im Norden Lanzarotes aus. Gewaltige Lavaströme (Ríos de Lava) ergossen sich hinunter zur 6 km entfernten Ostküste und bildeten ein riesiges Lavameer, den Malpaís de la Corona.

Unter der Oberfläche entstanden dabei ausgedehnte unterirdische Höhlensysteme. Während die oberen Lavaschichten nämlich durch Luftberührung schnell erkalteten, flossen die Glutströme darunter weiter und formten kilometerlange Röhren (*Tubos volcánicos*), die schließlich ins Meer mündeten. Dies war die Geburtsstunde der Cueva de los Verdes, Teil des bislang längsten bekannten Lavatunnels der Welt. Der „Túnel de la Atlántida" zieht sich vom Monte Corona bis zur Küste und verläuft noch etwa 1,6 km weiter unter dem Meeresboden. Auch die von Manrique ausgestalteten Jameos del Agua (→ oben) gehören zu diesem Labyrinth.

Von den insgesamt fast 8 km, die der Tunnel lang ist, sind 2 km für die Öffentlichkeit freigegeben und ausgebaut worden – die *Cueva de los Verdes*. Man besichtigt sie am besten gleich im Anschluss an Jameos del Agua, die beiden Sehenswürdigkeiten liegen nur wenig mehr als 1 km voneinander entfernt. Eine schmale Asphaltpiste mit Ausbuchtungen für den Gegenverkehr führt von Jameos del Agua quer

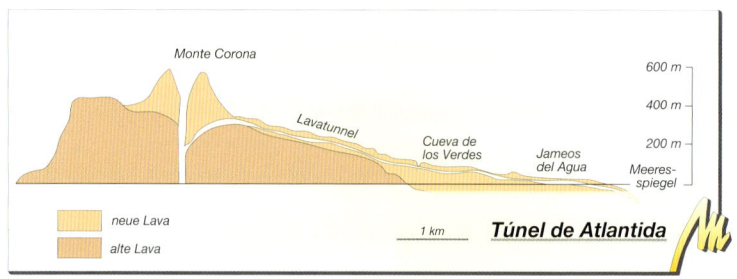

durch den Malpaís zum Höhleneingang und kann auch problemlos zu Fuß begangen werden.

In der Cueva de los Verdes wurde ein Weg angelegt und vom Künstler Jesús Soto mit Lampen eindrucksvoll ausgeleuchtet. Der Besuch ist wie ein Trip in eine andere Welt: Aus der Sonnenwärme und Tageshelle Lanzarotes steigt man mit einem Führer 50 m tief unter die Erdoberfläche und bewegt sich in dem bizarr verformten Tunnel des Lavastroms vorwärts. Mit bis zu vier Stockwerken, sog. *Galerías*, übereinander ist er fast 40 m hoch. Die Temperatur beträgt hier unten konstant 18 Grad Celsius, keinerlei Klimaeinflüsse oder Geräusche der Oberwelt dringen in die Tiefe herunter – eine dichte Atmosphäre des Schweigens hängt über der urweltlichen Szenerie, nur unterbrochen durch leise, sphärenhafte Musik, die aus Lautsprechern erklingt. Ein weiterer Zugang zur Höhle liegt etwa 1 km vom heutigen Haupteingang, nur deshalb kann hier unten überhaupt genügend Luft zirkulieren. Der Besuch ist ausschließlich im Rahmen einer Führung möglich und dauert ca. 45 Min.

Die Cueva de los Verdes (Höhle der Grünen) war den Bewohnern Lanzarotes schon in vorspanischer Zeit bekannt. Sie wurde immer wieder als Zufluchtsort vor den Spaniern genutzt und besaß geheime Zu- und Ausgänge. Später flüchteten sich die Lanzaroteños vor allem bei den häufigen Piratenüberfällen in das für Fremde kaum kontrollierbare Labyrinth. 1618 wurde jedoch der geheime Eingang an algerische Piraten verraten, die viele hundert Gefangene in die Sklaverei verschleppten. Wie die Führer erzählen, stammt der Name der Höhle von einer Familie namens „Verde" ab, die hier vor 200 Jahren wohnte.

Der *Túnel de la Atlántida*, zu dem die Cueva de los Verdes gehört, wurde 1983 erstmals bis zum Ende erforscht, 1993 ein zweites Mal. Dabei entdeckte man eine ganze Reihe von Höhlentierchen, die eigentlich der Tiefseefauna angehören und bisher auf Lanzarote unbekannt waren. Insgesamt gibt es im Verlauf des Tunnels 16 Einsturzstellen, sog. Jameos.

Tägl. 10–18 Uhr (Juli bis Mitte Sept. bis 19 Uhr), Eintritt ca. 9 €, Kinder 7–12 J. 4,50 €, Ermäßigung mit "Bono" (→ S. 92). Führungen finden jeweils zur vollen Stunde statt, die letzte um 17 Uhr (Juli bis Mitte Sept. 18 Uhr). ✆ 928-848484.

Besichtigung: Die Führer halten an markanten Punkten und erklären in Spanisch und oft schwer verständlichem Englisch. Wer etwas mitbekommen will, muss sich eng beim Führer halten, die Gruppen umfassen oft sehr viele Besucher. Unterwegs zeigen die Guides immer wieder eigentümlich verwitterte und geschickt angestrahlte Felsformationen: ein Klavier, einen Totenkopf, ein Haifischmaul, den Ofen des Teufels u. Ä. mehr.

Vom großen Eingangsloch der Höhle steigt man zunächst in langer Schlange einen engen, gewundenen Gang hinunter, immer wieder muss man dabei den Kopf einziehen. Unten gelangt man in eine große, hallenartige Verbreiterung des Gangs. Eindrucksvoll beleuchtet kommen hier die verschiedenen Bestandteile der Wände zur Geltung – rote Einlagerungen von Eisenoxid, weißes Kalziumsulfat (Gips), schwefliges Phosphorgelb und schwarzes Magnesium. An einer Stelle des Rundgangs kann man die gesamte Höhe des Tunnels überblicken – vier Galerien türmen sich hier übereinander. Im Folgenden schiebt sich die Decke oft so niedrig über den Weg, dass man sich tief bücken muss. Beim Herabfließen hat die Lava zahllose winzige Stalaktiten gebildet, die wie Tropfen herunterhängen, von den Führern gerne poetisch „tears of lovers" genannt. Seitlich des Wegs sind auch noch Reste des Lavaflusses zu sehen, der sich hier mit 1200 Hitzegraden seinen Weg bahnte. An der tiefsten Stelle des Rundgangs, 53 m unter der Erdoberfläche und 20 m über dem Meeresspiegel, passiert man den *Konzertsaal*, wo eine ganze Batterie von Stühlen bereitsteht. Wegen der staubtrockenen Akustik ohne jegliches Echo finden hier gelegentlich Konzerte statt und der Führer fordert die Besucher gerne auf, ein Lied zum Vortrag zu bringen. Am Ende der Strecke steigt man in eine der höher gelegenen Höhlengalerien hinauf. Dort erwartet den Besucher ein höchst überraschender Abschluss – die perfekte optische Illusion und ein echter Knalleffekt, den wir hier nicht verraten wollen!

Versteckt im Malpaís: Die Quesera de Bravo

Zwischen Jameos del Agua und der Cueva de los Verdes liegt ein steinernes Relikt der vorspanischen Bewohner, das bis heute Rätsel aufgibt. Es handelt sich dabei um vier künstlich geschaffene Rillen mit einer Ausdehnung von etwa 4 x 7 m Länge im Basaltgestein, die z. T. durch Stege in kleine Kammern unterteilt sind. Die Funktion dieses eigenartigen Systems ist ungeklärt – Trankopferaltar, Getreidemörser, Vorrichtung zum Zerquetschen von Wolfsmilchgewächsen? Sie finden die Quesera de Bravo, indem Sie die Straße von Jameos del Agua zur Cueva de los Verdes hinaufgehen. Etwa 20 m nach der Kreuzung mit der Durchgangsstraße führt

linker Hand ein schmaler, kaum kenntlicher Pfad etwa 100 m weit ins Malpaís, bis man auf die steinige Erhebung mit der Quesera trifft. Im Umkreis liegen außerdem einige Dutzend Wohnhöhlen der Majos.

Eine noch größere Quesera hat man bei der archäologischen Ausgrabung des Palacio del Zonzamas zwischen San Bartolomé und Tahiche (→ S. 188) entdeckt. Dort können Sie auch einige der mannigfaltigen Erklärungsversuche nachlesen.

Von Jameos del Agua nach Órzola

Eine Asphaltpiste durchquert den mit Tabaiba-Sträuchern dicht bewachsenen Malpaís des Monte Corona. An der *Caleta del Guincho* passiert man direkt an der Straße ein uriges Ziegengehöft. Eine große Überraschung in der Einöde sind die Strände kurz vor Órzola.

Strände vor Órzola: *Caletones* heißen die weißen Dünenstrände, die ganz unvermutet im Klippengewirr des tiefschwarzen Malpaís auftauchen. Wie exotische Südseelagunen liegen die kleinen, ruhigen Buchten mit extrem niedrigem Wasserstand in Sichtweite zur Straße, wunderbar ist der farbliche Kontrast zum lichtblauen und türkisfarbenen Meerwasser.

In den flachen Buchten wird das Wasser der Caletones von der Sonne angenehm erwärmt. Vor allem bei Flut lohnt der Besuch, da sich dann das Niedrigwasser weiträumig verteilt (aktuelle Gezeitentabellen in der Zeitschrift „info Canarias"). Wer schwimmen will, muss allerdings den schützenden Klippengürtel überwinden, um ins tiefere Wasser vorzudringen – wegen der schweren Brandung ist das nicht überall zu empfehlen. Zum Sonnen sind die Strände jedoch ideal, aus Lavabrocken aufgehäufte Rundburgen schützen vor Wind, der Müll wird regelmäßig abtransportiert. An Wochenenden sind die Caletones immer gut von Einheimischen besucht, in langen Karawanen parken die Autos an der Straße. Im Sommer und an Feiertagen sieht man sogar ganze Zeltkolonien – trotz der häufig präsenten Verbotsschilder.

Von Süden kommend, passiert man zunächst die *Caleta de Mojón Blanco*, einen schönen Hang aus Dünen direkt unterhalb der Straße. Die Verwehungen ziehen sich hier bis über das Asphaltband. Danach folgt der *Caletón Blanco*, wo die Einheimischen besonders gerne zelten. Schließlich kommt man zur flachen Bucht *Charca de la Laja*, wo gelegentlich ein Snackwagen mit Stromgenerator für Erfrischungen sorgt. Von Órzola läuft man etwa 20–30 Min.

Órzola

Nördlichste Ortschaft Lanzarotes, weiße Häuser auf flachen, schwarzen Klippenfeldern, landschaftlich großartig am Fuß des Famara-Massivs. Einige Fischrestaurants warten auf Gäste, sonst herrscht hier absolut „tote Hose" – oder erholsame Ruhe, je nach persönlichem Standpunkt.

Der Name Órzola stammt wahrscheinlich von der rostroten *Orchilla-Flechte*, die von den Phöniziern und Römern im Famara-Massiv gesammelt wurde, um daraus einen wertvollen purpurroten Farbstoff zu gewinnen (→ S. 70). Heute wird Órzola neben Caleta de Sebo auf La Graciosa als Fischerhafen genutzt, allerdings nur in geringem Umfang. Vor allem aber ist Órzola Ausgangspunkt für die die Passagierschiffe, die täglich mehrmals zur Insel *La Graciosa* übersetzen. Nicht selten ist das ein kleines Abenteuer, denn die Boote schwanken in der aufgewühlten See oft wie Spielzeugschiffchen in einer Badewanne – nichts für zarte Seelen und empfindliche Mägen. Vor allem an Wochenenden tummeln sich auf der Mole unternehmungslustige Ausflügler, einheimische Pendler und Schulkinder, die während der Woche bei Verwandten auf Lanzarote wohnen.

Wer nicht übersetzen will, kann einmal zur ortsnahen *Playa de la Cantería* hinüberlaufen oder fahren. Der hellbraune Sandstrand liegt etwa 1 km westlich vom

Gleitschirmsegler am Strand von Órzola

Hafen, direkt unterhalb der Steilwand des Famara-Kliffs (→ Wanderung zur Punta Fariones). Wegen der oft heftigen Brandung ist er beliebt bei einheimischen Wellenreitern. Allerdings verschwindet die Sonne an der Playa de la Cantería wegen des beherrschenden Steilhangs schon sehr früh am Nachmittag und fröstelnder Schatten macht sich breit. Neben dem Strand ragt die exponierte Nordspitze Lanzarotes wie ein gezacktes Messer ins Meer. Hier führt unterhalb der Steilwand ein schmaler Pfad immer am Meer entlang bis fast bis zur Spitze, wo er nach etwa einer Stunde an einem bis zur Felskante reichenden Wasserkanal endet.

Basis-Infos

Verbindungen Bus: Linie 9 pendelt zwischen Busbahnhof in Arrecife und Órzola (Mo–Fr 5 x tägl., Sa/So 3 x), unterwegs wird in allen Orten am Weg gestoppt, Preis einfach ca. 4,50 €. Abfahrtszeiten in Arrecife: Mo–Fr 7.30, 10.30, 12, 15.30 und 17 Uhr (zurück 8.30, 11.30, 13.10, 16.40 und 18.10 Uhr), Sa/So fallen die Busse um 10.30 und 12 Uhr (zurück 11.30 und 13.10 Uhr) weg (Stand 2016).

Schiff: Zwei Fährgesellschaften verkehren zwischen Órzola und La Graciosa. Neben den alteingesessenen Líneas Marítimas Romero (✆ 928-842055, www.lineas-romero.com) fährt auch Biosfera Express (✆ 928-842585, www.biosferaexpress.com) mit ähnlichen Booten. Fahrzeugmitnahme ist nicht möglich.

Líneas Marítimas Romero: tägl. 8.30, 10, 11, 12, 13.30, 16, 17 und 18 Uhr, von Juli bis Okt. auch 19 und 20 Uhr; Rückfahrt tägl. 8, 8.40, 10, 11, 12.30, 15, 16 und 17 Uhr, Juli bis Okt. auch 18 und 19 Uhr.

Biosfera Express: tägl. 8, 9, 10.30, 11.30, 13, 16.30, 17.30 und 18.30 Uhr, Juli bis Okt. auch 19.30 Uhr. Rückfahrt tägl. 7, 8 10, 9.30, 10.30, 11.30, 15.30, 16.30 und 17.30 Uhr, Juli bis Okt. auch 18.30 Uhr.

Überfahrtsdauer ca. 25 Min., Preis hin/rück ca. 20 € (einfach 11 €), Kinder 11 € (einfach 7 €). Weitere Details unter La Graciosa, S. 316.

Taxi unter ✆ 620-315350.

Wassertaxi → La Graciosa, S. 316.

Kinder Spielplatz im Hafen.

Shopping Mehrere Supermärkte liegen an der Zufahrtsstraße zum Hafen.

Sport Fitnessgeräte am Uferweg beim Hafen.

Wellenreiter treffen sich an der Playa de la Canteria.

Inselnorden → Karte S. 259

Drachenflieger stürzen sich beim Mirador del Río auf dem Famara-Kliff in die Lüfte und landen am Sportplatz von Órzola.

Feste Fiesta de la Santa Rosa de Lima, Fiesta mit großem Sommertanz Ende August (variiert nach Kirchenkalender).

Übernachten/Essen & Trinken

Übernachten Los Vientos, unscheinbares Haus im Hafen links, zu erkennen an den grünen Läden. Rechts neben dem Haus liegt ein schöner Garten, üppig bepflanzt mit Kakteen, Aloen und Agaven. Dort liegen auch das Studio und die drei Apartments mit je zwei Schlafzimmern, die von Christiane und Lutz Schneider vermietet werden. Apartment mit zwei Schlafzimmern (Platz für bis zu 4 Pers.) ca. 35–45 € für 2 Pers., Studio (für 2 Pers.) ca. 25 € pro Pers, jede weitere Pers. 9 €. Drei Tage Mindestaufenthalt. ✆ 928-842552, 616-654596, www.casas-lanzarote.de/orzola.

Casa Sebastián, am östlichen Dorfende fast direkt am Meer, gut ausgestattetes Haus, drei Schlafzimmer, drei Terrassen, In-

An den Caletones südlich von Órzola

nenhof, Waschmaschine, in der Nähe Bademöglichkeit. Zu buchen über Jonas & Jonas. Preis für 2 Pers. ca. 78 €. Außerdem wird noch das Apartment Oswaldo vermietet. Calle Lajiar 59, ✆ 928-835206, 629-532225, www.lanzarote-arrieta.de.

Essen & Trinken Im Bereich der Mole gibt es eine Reihe von Restaurants, die ausschließlich von Laufkundschaft leben und eher Durchschnittliches bieten. Abends ab 18 Uhr schließen fast alle, in der Nebensaison (April bis Juni) sind manche dauerhaft zu.

Punta Fariones, in der Restaurantzeile beim Hafen, zwar keine so schöne Lage, aber ganz leckere Pizza und hausgemachte Pasta (von Italienern geführt), dazu aber auch kanarische Fischgerichte. Calle La Quemadita 10, ✆ 928-842558.

El Norte, an der Straße nördlich vom Hafen, auch hier isst man gut, vor allem die Paella wird gelobt. Calle el Embarcadero 6, ✆ 928-848327.

Casa Arráez, am Ostende der Promenade, kurz vor der langen Rampe, wo die Boote ins Wasser gelassen werden. Schöne Lage am Wasser, der Innenraum hübsch maritim dekoriert. Die *ensalada de la casa* ist vielfältig, die gemischte Fischplatte ist reichhaltig bestückt. In letzter Zeit leider auch Kritik an der Qualität. Calle Peña de Señor Dionisiso 8, ✆ 928-842588.

Pardelas Park: Die schlichte, familiär geführte „Erholungsfarm" liegt an der Straße von Órzola in Richtung Ye (beschildert) und erstreckt sich am Fuß flechtenbewachsener Lavaklippen, dahinter erhebt sich pittoresk der 356 m hohe *Volcán La Quemada*. Auf dem Gelände mit Kakteen und zahlreichen anderen Pflanzen werden Kühe, Schafe, Esel, Ziegen, Kaninchen und Meerschweinchen gehalten. Kinder können unter Anleitung auf einem Esel reiten (ca. 4 €), auch ein Spielplatz ist vorhanden. Leider hat Viktor aus der Schweiz sein gemütliches und viel gelobtes Restaurant am Platz 2016 aufgegeben.
Di–So 10–18 Uhr (Sommer bis 19 Uhr), Eintritt ca. 4,50 €, Kinder 3,50 €. Calle La Quemadita 88, ✆ 928-842, www.pardelas-park.com.

Lanzaloe: Diese ökologisch betriebene Aloe-Vera-Plantage gehört zu den größten der Kanarischen Inseln. Sie liegt ebenfalls an der Straße nach Ye und kann besichtigt werden, natürlich dürfen dabei auch die vielfältigen Produkte erworben werden.
Mo–Sa 11–17 Uhr. Calle La Quemadita 96, ✆ 928-819913, www.lanzaloe.com.

Märchenhaft: Blick vom Mirador del Río auf Caleta del Sebo

La Graciosa

ca. 600 Einwohner

La Graciosa, die „Anmutige" – kann ein Name irreführender sein? Ein kahles Wüsteneiland am Ende der Welt, kein Tropfen Wasser im Boden, vertrocknete Steppe mit höchstens kniehohen Gewächsen, sandbedeckte Vulkankegel, Staub und Treibsand, wohin man blickt.

Doch fahren Sie einmal zum Aussichtspunkt Mirador del Río im Famara-Kliff hinauf: La Graciosa liegt dort unmittelbar vor der Küste Lanzarotes im Meer und der Anblick ist einfach märchenhaft schön. Vielleicht stand der normannische Eroberer Jean de Béthencourt gerade hier oben, als er 1402 der bis dahin namenlosen Insel ihren Namen gab.

Die Wüsteninsel La Graciosa, größte Insel des Archipels Chinijo, ist ein Ziel für Individualisten, denn es gibt nur zwei Orte: den beschaulichen Hafen *Caleta del Sebo* und die winzige Küstensiedlung *Pedro Barba*. Im Winter bewohnen knapp 600 Menschen die Insel, im Sommer steigt ihre Zahl wegen Verwandten- und Ferienbesuchen aufs Doppelte. Bis auf wenige Meter im Umkreis der Hafenmole findet man keinerlei Asphalt, man bewegt sich ausschließlich auf Sand. Ruhe und Gelassenheit liegt über allem.

Aufgrund des ausgeprägt flachen Reliefs der Insel regnet es kaum, die von den Passatwinden herangetriebenen Regenwolken bleiben erst am gegenüberliegenden Risco de Famara hängen. Entsprechend karg ist die Vegetation. Seit vor über hundert Jahren La Graciosa besiedelt wurde (→ Geschichte), lebte man deshalb fast ausschließlich von den reichen Fischgründen um die Insel. Im Hafenbecken liegt – nach Arrecife – die zweitgrößte Fischereiflotte Lanzarotes. Doch die 1986 erfolgte Deklarierung des gesamten Archipels zum Naturschutzgebiet hat die Situation der

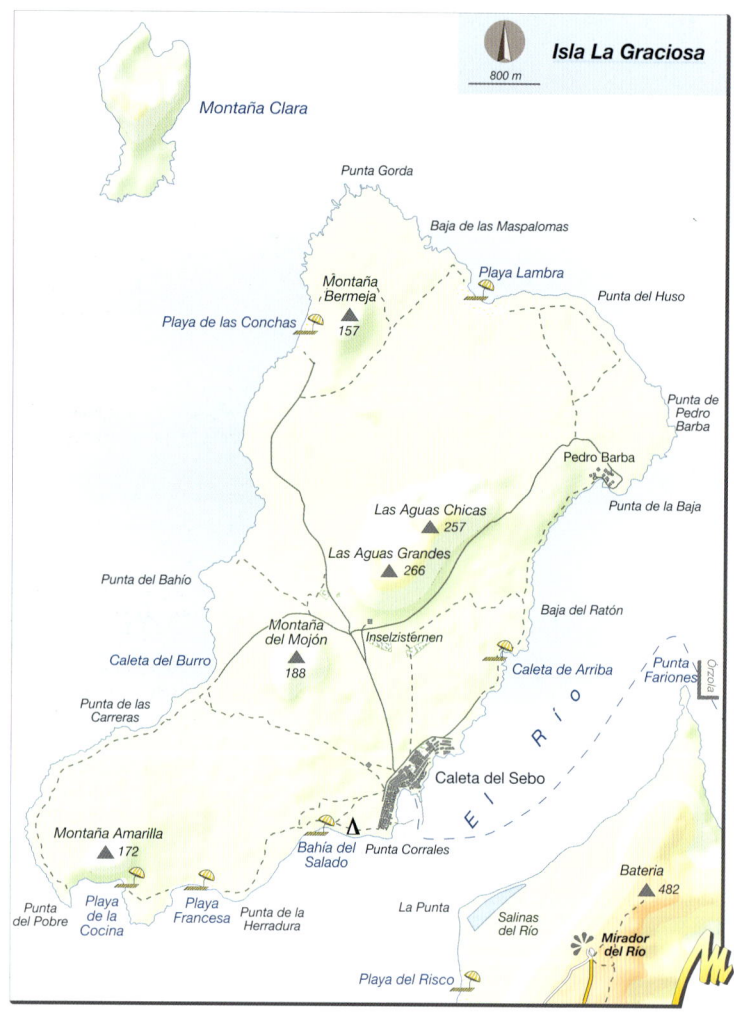

Isla La Graciosa

800 m

Montaña Clara

Punta Gorda

Baja de las Maspalomas

Playa Lambra

Montaña
Bermeja

Punta del Huso

Playa de las Conchas

▲
157

Punta de
Pedro
Barba

Pedro Barba

Las Aguas Chicas
▲ 257

Punta de la Baja

Las Aguas Grandes
▲ 266

Punta del Bahío

Baja del Ratón

Montaña
del Mojón

Inselzisternen

Caleta del Burro

▲
188

Caleta de Arriba

Punta
Fariones

Punta de las
Carreras

Orzola

E l   R í o

Caleta del Sebo

Montaña Amarilla
▲ 172

Bahía del
Salado

Punta Corrales

Bateria
▲ 482

Punta
del Pobre

Playa
de la
Cocina

Playa
Francesa

Punta de la
Herradura

La Punta

Salinas
del Río

Mirador
del Rio

Playa del Risco

Fischer erheblich erschwert, denn sie müssen nun mit ihren Kuttern weit hinaus-
fahren, um ihre langen Schleppnetze zu füllen und die Dörfer im Norden Lanzarotes
mit Fisch zu versorgen. So ist es verständlich, dass der Tourismus als Lebens-
perspektive immer mehr in den Vordergrund rückt. Viele Familien vermieten mittlerweile Apartments, auch Neubauten werden dafür in steigender Zahl errichtet
(was Bau- und Verkehrslärm mit sich bringt) und nicht wenige Häuser wurden bereits gewinnbringend an Ausländer verkauft. Einer groß angelegten touristischen
„Eroberung" hat man sich jedoch bislang widersetzt: Keine „inseltypische" Großan-
lage verunstaltet die Insel, keine klimatisierten Tourbusse röhren über die bescheidenen Pisten, die Verpflegungsmöglichkeiten sind an beiden Händen abzuzählen.

Trotzdem ist La Graciosa ein beliebtes Ausflugsziel – auch für die Lanzaroteños. Bislang sind hauptsächlich sportliche, naturverbundene und Ruhe suchende Seelen anzutreffen: Rucksacktouristen, Wanderer, Mountainbiker, junge Leute mit Gitarre und Surfbrett unterm Arm. Das Angebot an Unternehmungen ist überschaubar, neben Bootsausflügen gibt es lediglich organisierte Jeep- und Mountainbike-touren – und das ist eigentlich schon fast zu viel für die „Anmutige".

Archipiélago Chinijo: Nördlichste Inselgruppe der Kanaren

Der „winzige Archipel" liegt im äußersten Norden Lanzarotes und besteht aus den Inseln *La Graciosa, Alegranza, Montaña Clara, Roque del Este* und *Roque del Oeste*. La Graciosa ist mit Abstand die größte Insel und als einzige bewohnt. Von Órzola an der Nordspitze Lanzarotes kann sie täglich mit Fährbooten besucht werden. 1986 wurde der gesamte Archipel zusammen mit der Steilküste des Famara-Kliffs zum *Naturschutzgebiet* erklärt. Die kleinen, unbewohnten Inseln zählen zu den wichtigsten Vogelschutzgebieten der Kanaren und sind seit 1994 neben dem Nationalpark Timanfaya Kernzone des Biosphärenreservats Lanzarote.

Geschichte

Bis Ende des 19. Jh. war La Graciosa unbewohnt. Doch immer wieder nutzten Piraten die abseits liegende Insel als Versteck, um die aus Amerika zurückkehrenden Frachtschiffe zu überfallen. Auch europäische Handels- und Militärschiffe trafen auf ihrem langen Weg von Spanien oder Portugal zunächst auf die nördlichste Insel des kanarischen Archipels, wo dann meist die Fahrträume gereinigt wurden, bevor man einen Hafen anlief. Für den Naturforscher *Alexander von Humboldt* war La Graciosa am 17. Juni 1799 die erste Station seiner Südamerikareise: „Ganz unbeschreiblich ist das Gefühl des Naturforschers, der zum ersten Mal einen außereuropäischen Boden betritt ... Bei jedem Schritt glaubt man einen neuen Naturkörper vor sich zu haben", notierte er fasziniert (A. v. Humboldt, Südamerikanische Reise). Der Fischreichtum der Gewässer um La Graciosa blieb natürlich nicht verborgen. Um 1880 errichtete ein findiger Unternehmer eine Fischfabrik an der Stelle des heutigen Caleta del Sebo. Als Arbeitskräfte verdingte er eine Handvoll Fischerfamilien aus Arrecife und Arrieta, die sich als erste Einwohner auf La Graciosa fest niederließen. Das Unternehmen machte bald Pleite, doch die Neusiedler blieben am Ort – nicht zuletzt, weil die Fischerei auf La Graciosa einträglichen Verdienst versprach. Nach und nach kamen noch weitere Fischer von Lanzarote herüber und zwei kleine Siedlungen entstanden: *Caleta del Sebo* und *Pedro Barba*. Der Name Sebo (= Talg) spielt auf das Sekret von Walen an, die in dieser Bucht gefangen und verarbeitet wurden. Pedro Barba war ein Abgesandter des spanischen Königs, der Anfang des 15. Jh. die Misswirtschaft von Maciót de Béthencourt auf Lanzarote untersuchen sollte. Wegen der strategisch günstigen Lage wollte man zu Beginn des 20. Jh. einen Militärhafen in die Meerenge El Río setzen. Beim heutigen Mirador del Río hatte man damals bereits eine Kanonenbatterie in Stellung gebracht. Doch die Einwohner stellten sich geschlossen gegen das Vorhaben – wie auch gegen weitere Projekte, die den Charakter der Insel entscheidend verändert hätten (→ S. 322). Da La Graciosa mittlerweile als Naturschutzgebiet ausgewiesen ist, scheint das vorerst geglückt zu sein.

Inselnorden → Karte S. 259

Die achte kanarische Insel

La Graciosa ist mit 29 qkm zwar die kleinste bewohnte Insel der Kanaren, kämpft aber darum, den Verwaltungsstatus einer eigenständigen Gemeinde zu erhalten und damit als achte kanarische Insel anerkannt zu werden. Eine Bürgerinitiative hat dafür 800 Unterschriften gesammelt und im Mai 2013 an die Gemeinde Teguise übergeben, von der La Graciosa verwaltet wird. Neben den finanziellen Vorteilen durch erhöhte Zuteilung von Hausgeldern erhofft man sich dadurch vor allem mehr Aufmerksamkeit im Tourismusgeschäft. Leider verlief die Aktion bisher ins Leere.

Landschaft, Flora und Fauna

La Graciosa ist weitgehend flach und ringsum von Stränden, ausgedehnten Treibsandzonen und Dünen umgeben. Höhepunkt ist der weiße Traumstrand *Playa de las Conchas* an der nördlichen Westküste. Markante Landmarken sind die vier Vulkane der Insel, am besten zu erkennen vom Beobachtungspunkt Mirador del Río: in der Inselmitte der lang gestreckte Vulkan *Pedro Barba* mit den beiden Gipfeln *Las Agujas Grandes* (266 m) und *Las Agujas Chicas* (257 m), südlich benachbart die *Montaña del Mojón* (188 m) mit ihrem 70 m tiefen Krater, etwas versteckt im Nordwesten die rötliche *Montaña Bermeja* (157 m) und im äußersten Süden die ockerfarbene *Montaña Amarilla* (172 m).

Die Vegetation ist spärlich und höchstens kniehoch: mediterranes Salzkraut (*Salsola vermiculata*), strauchiger Dornlattich (*Launaea arborecens*), Strandwolfsmilch (*Euphorbia paralias*), König-Juba-Wolfsmilch (*Euphorbia regis-jubae*), Burchardt-Fliegenblume (*Caralluma burchardii*), die vom Aussterben bedrohte Dünenpflanze Moquin's Traganum (*Traganum moquinii*) und die hübsche Kristallmittagsblume Barilla (*Mesembryanthemum crystallinum*), aus der man früher Soda hergestellt hat. Lediglich in Caleta del Sebo hat man begonnen, kleine Palmen zu pflanzen.

Eine Seefahrt, die ist lustig …

Die Passage nach La Graciosa gehört zu den aufregendsten Erlebnissen im Meer um Lanzarote. Nicht selten türmt sich vor Órzola eine meterhohe Brandung im offenen Meer, angefacht durch die stetigen Passatwinde aus Nordost. Das Boot stürzt und steigt über die Wellen, man fühlt sich wie in einer Achterbahn, die heftige Schräglage lässt Mutige lachen, Ängstliche erschauern. Erst wenn man in den Río einbiegt, wird das Meer schlagartig ruhig – gleichzeitig atmet alles an Bord erlöst auf, plaudert und lacht. Die stärksten Winde wehen von Mitte Februar bis Mitte März – bei allzu heftigem Seegang fallen die Überfahrten aus!

Früher pendelten die Boote direkt über die Meerenge El Río und landeten auf Lanzarote an der Stelle El Embarcadero, am Südende der Playa del Risco (→ Inselnorden, Unterhalb des Famara-Kliffs). Dort stieg ein Maultierpfad die Steilwand des Famara-Massivs hinauf zu den Orten Ye und Máguez. Da der Río fast immer ruhiges Wasser führt, waren diese Fahrten auch bei schlechter Witterung zu machen.

Wie auf den anderen Isletas des Archipels Chinijo nisten auch auf La Graciosa zahlreiche Wasservögel, darunter Kragentrappe, Fischadler („Guincho") und Falken, Mittelmeermöwe, Schmutzgeier und Sturmtaucher. Darüber hinaus gehört der Archipel zu den bedeutendsten Stationen für Zugvögel im euro-afrikanischen Raum. An den Stränden findet man zahlreiche Muscheln, z. B. Entenmuscheln, schwarze Strandschnecken und Napfschnecken.

Caleta del Sebo

Der Hafenort wirkt wie ein Dorf aus einer anderen Welt. Mit seinen flach geduckten, weißen Häusern und breiten, sandigen Pisten scheint er einem Wildwestfilm entsprungen zu sein.

Kein Stückchen Asphalt verunstaltet den Ort, überall läuft man auf Sand. Hier und dort wurden kleine Palmen gepflanzt, um das wüstenhafte Ambiente abzumildern. Immer aufs Neue traumhaft stellt sich das großartige Panorama der Famara-Steilwand genau gegenüber dar, jenseits vom nur 1 km breiten Río.

Das gemächliche Leben steckt an. Man bummelt am Hafen umher, begutachtet die neuen Gesichter, die mit der Morgenfähre herübergekommen sind, schaut mal in einer der kleinen Cafeterias vorbei und wartet auf die Nachmittagsfähre. Manche der Einwohner tragen auch heute noch die traditionellen konischen Strohhüte, die „Solajeros" genannt und auf La Graciosa selbst hergestellt werden. Die Tage verlaufen ohne große Ereignisse: Fischer sind beschäftigt mit der Wartung der Boote oder reparieren ihre Reusen, alte Männer sitzen auf den Bänken an der kleinen Hafenpromenade und plauschen, Frauen schrubben die blau gestrichenen Türen und Fenster, die Kinder plantschen am kleinen Ortsstrand. Eine gewisse Betriebsamkeit kommt nur auf, wenn das Schiff aus Órzola einläuft. Fast immer hat man jemanden zu empfangen oder zu verabschieden oder man kommt einfach nur zum Schauen: das Boot als gesellschaftlicher Mittelpunkt des Insellebens.

Inselnorden → Karte S. 259

Caleta del Sebo: Häuser im Sand

In Caleta del Sebo gibt es die einzigen Unterkünfte auf La Graciosa, die aber inzwischen in reichlicher Zahl vorhanden sind. Eins der größten Probleme für die wasserlose Insel ist natürlich die Versorgung mit Trinkwasser. Während man früher Regenwasser in großen Zisternen in der Inselmitte sammelte, außerdem mühsam Süßwasser von den Quellen und Stollen im Famara-Gebirge jenseits vom Río herübertransportieren musste, gibt es mittlerweile im Hafen von Caleta del Sebo eine kleine Meerwasser-Aufbereitungsanlage. Und auch die Dieselgeneratoren haben ausgedient, seitdem der Strom per Unterwasserkabel von Lanzarote herüberkommt.

Baden kann man in einer sandigen Bucht mitten im Ort oder an der flach ins Wasser abfallenden *Bahía del Salado*, 15 Fußminuten südlich außerhalb.

Anfahrt/Verbindungen

Schiff Personenfähren von **Líneas Marítimas Romero** (✆ 928-596107, www.lineasromero.com) und **Biosfera Express** (✆ 928-842585, www.biosferaexpress.com) pendeln mehrmals tägl. zwischen Caleta del Sebo und Órzola. Die Ticketbüros liegen im Hafen. Überfahrtsdauer ca. 25 Min., Preis hin/zurück ca. 20 € (einfach 11 €), Kinder 10 € (einfach 7 €).

Abfahrten in Caleta del Sebo: Líneas Marítimas Romero tägl. 8, 8.40, 10, 11, 12.30, 15, 16 und 17 Uhr, Juli bis Okt. auch 18 und 19 Uhr; Biosfera Express tägl. 7, 8.10, 9.30, 10.30, 11.30, 15.30, 16.30 und 17.30 Uhr, Juli bis Okt. auch 18.30 Uhr.

Unterwegs auf der Insel/Sport   → Karte S. 318/319

Dromedare leben auf La Graciosa nicht mehr. Sie wären ein adäquates Verkehrsmittel für die kargen Sandwüsten. So geht man zu Fuß und kann in wenigen Stunden einen Großteil der Insel durchstreifen. Außerdem werden im Hafen Mountainbikes verliehen und (trotz Naturschutz!) auch Jeeptouren angeboten – diese haben mittlerweile die Fahrwege in „Wellblechpisten" verwandelt, wodurch sie fürs Fahrradfahren denkbar ungeeignet geworden sind.

Mountainbikes Pro Tag etwa 10 €, pro Woche ca. 45–50 €. Die Verleihstationen im Hafen sind in der Regel nur zur Ankunft der Fähren geöffnet. Doch Vorsicht, das Fahren auf den welligen Pisten und im losen Sand erfordert reichlich Kondition und Übung! Speziell für Kinder sind solche Fahrten gänzlich ungeeignet.

Bike Graciosa Island **16**, rechts neben dem Ticketbüro von Lineas Romero, geführt von der jungen Einheimischen Rosa. ✆ 679-616561.

Uruciosa Bikes **12**, links neben dem Ticketbüro von Lineas Romero, auch E-Bikes, Jeeps und Safaris. ✆ 626-507458.

Rent a bike El Veril **5**, im gleichnamigen Café beim Ortsstrand, Fahrräder und Kanus. ✆ 660-359652.

Jeeptouren Excursiones La Graciosa, mit Allradjeeps zur Playa de las Conchas und rechtzeitig zur letzten Fähre wieder zurück. Einer der Anbieter ist Sigi aus München, der schon 20 Jahre hier lebt. ✆ 630-433110.

Schiffsausflüge Katamarantouren mit Badeaufenthalten und Essen an Bord bieten Biosfera Express (✆ 928-842585, www.graciosasail.com) und Lineas Romero (✆ 928-596107, www.lineasromero.com).

Per **Wassertaxi** kann man sich zu einem der Strände rund um La Graciosa bringen und wieder abholen lassen. ✆ 609-114219 oder 676-901845.

Tauchen Centro Buceo La Graciosa **14**, Tauchcenter neben dem Ticketbüro von Lineas Romero. Die glasklaren Gewässer um La Graciosa sind für Tauchexkursionen ideal. ✆ 629-451430, http://buceolagraciosa.es.1

Wandern **»** Mein Tipp: ¡Explora La Graciosa! **1**, die Naturführerin Eva Maldener lebt seit vielen Jahren auf La Graciosa und bietet nach Absprache individuelle Wanderausflüge an, gibt Tipps und beantwortet Fragen zur Insel. Kontakt am besten telefonisch oder per Mail, da das kleine Souvenirlädchen, das sie nebenher betreibt, keine festen Öffnungszeiten hat. Calle La Popa 11, ℅ 928-842105, 649-067029, exploralagraciosa@gmx.net. **«**

Wassersport La Graciosa Water Experience, Wellenreiten, Stand Up Paddeln und Kitesurfen. Avenida del Mar 11, ℅ 649-375051, www.lagraciosawaterexperience.com.

⌒ Übernachten   → Karte S. 318/319

Es gibt zwei schlichte Pensionen in Caleta del Sebo, dazu werden überall im Ort Apartments angeboten, mittlerweile sind es schon über 60, von denen man einige bereits über Reiseveranstalter anmieten kann. Die Preise sind bisher günstig, meist zwischen 30 und 50 € für 2 Pers., ein Apartment mit zwei Schlafzimmern (für 4 Pers.) ist ab etwa 50 € zu mieten. Achtung: Zu Stoßzeiten kann La Graciosa überfüllt sein, es ist anzuraten, sich bereits im Vorfeld um ein Quartier zu kümmern. Eva Maldener hilft Interessierten auch bei der Buchung (→ Unterwegs auf der Insel/ Wandern). Am westlichen Ortsstrand *Bahía del Salado* darf kostenlos gezeltet werden.

Pensión Enriqueta 4, ein Stück zurück vom Hafen, im selben Haus wie das gleichnamige Restaurant im Erdgeschoss. Zwölf einfache Zimmer, alle mit eigener Dusche. DZ ca. 30 €. Calle Mar de Barlovento 6, ℅ 629-911966.

Pensión Girasol 8, gute Lage in erster Reihe, acht Zimmer und Apts. mit Bad und Meerblick, teils mit Balkon, Restaurant im Erdgeschoss. DZ ca. 25 €, mit Balkon 30 €, Apt. 40 €. Calle la Popa 2, ℅ 928-842118, www.graciosaonline.com.

El Varadero 15, fünf Zimmer mit Balkon und Hafenblick über dem gleichnamigen Restaurant. ℅ 928-842175, 609-758766, http:// elvaradero.weebly.com.

» Mein Tipp: Evita Beach Aptos y Suites **6**, größere, neue Anlage in erster Reihe, wenige Meter vom Ortsstrand, Apts. mit einem (ab 60 €) oder zwei Schlafzimmern (ab 100 €), gute und moderne Ausstattung, jeweils Terrasse oder Balkon, schöner Blick auf Hafen und Famara-Gebirge gegenüber. Einige Luxus-Suiten mit Jacuzzi

Inselnorden → Karte S. 259

Einheimische beim Plausch im Hafen

und gehobenem Komfort kann man ab 140 € mieten. ✆ 625-339586, www.evita beach.club. ⦉⦉⦉

La Casa Azul 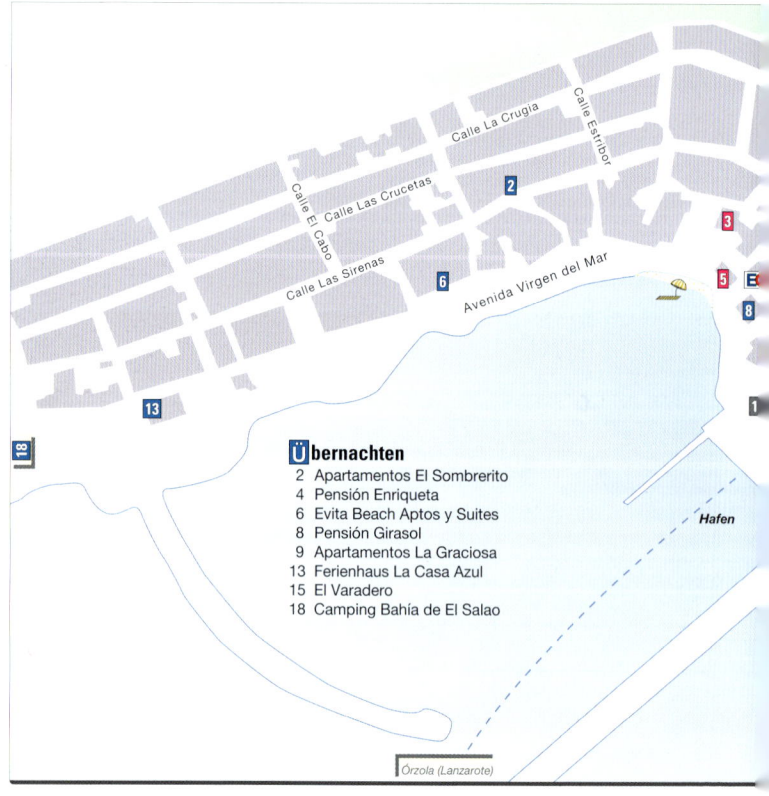, Ferienhaus bei der westlichen Hafenmole, etwa 10 m vom Wasser, schöner Blick, ruhig. 120 qm, zwei Schlafzimmer, Sat-TV, Terrasse mit Liegen. Für 2 Pers. ab ca. 60 €. Calle Virgen del Mar 4, ✆ 928-524266, www.la-graciosa.com.es.

El Sombrerito ❷, mehrere Apartments in zweiter Reihe, eines nahe am Strand Bahía del Salado. Mit Abholung im Hafen. Je nach Saison und Aufenthaltsdauer ca. 50– 65 €. ✆ 696-942874, www.elsombrerito.com.

⦊⦊⦊ **Mein Tipp: La Graciosa** ❾, acht Apartments am östlichen Dorfrand, 10 Min. vom Hafen, fünf mit einem Schlafzimmer, drei mit zwei Schlafzimmern, Sat-TV, gut eingerichtete Küche. Abholung im Hafen

und freundliche Betreuung durch Luis Cabrera und seine Frau Maalouma. Vermietung wochenweise, Apt. für 2 Pers. ca. 40 €, Kinder unter 8 J. gratis. ✆ 928-842120, 618-487735, www.apartamentos-lagraciosa.com. ⦉⦉⦉

Apartamentos Rurales La Graciosa, einige Apartments und Häuser an verschiedenen Stellen im Hafenort. Apt. mit einem Schlafzimmer ca. 45 €, mit zwei Schlafzimmern ca. 60 €. ✆ 928-842103, www.apartamentosla graciosa.com.

La Pardela, verstreut im Ort mehrere Apartments mit einem oder zwei Schlafzimmern. ✆ 928-987037, www.apartamentosla pardela.com.

Camping An der **Bahía de el Salao** ⓲, etwa 15 Min. westlich vom Hafen, ist Zelten zwischen niedrigem Buschwerk erlaubt, es gibt kaum Schatten und ein Betonhaus mit

Ü̈bernachten

2 Apartamentos El Sombrerito
4 Pensión Enriqueta
6 Evita Beach Aptos y Suites
8 Pensión Girasol
9 Apartamentos La Graciosa
13 Ferienhaus La Casa Azul
15 El Varadero
18 Camping Bahía de El Salao

Hafen

Órzola (Lanzarote)

ungepflegten Sanitäranlagen (Duschen funktionieren oft nicht). Verlangt wird eine vorherige Online-Reservierung bei der Nationalparkbehörde, Aufenthaltsdauer nicht länger als sieben Tage. ℡ 928-592956, www. reservasparquesnacionales.es (islalagrciosa @oapn.es).

Essen & Trinken/Unterhaltung

In Caleta del Sebo gibt es noch viele Berufsfischer, so bekommt man häufig frischen Fisch, Tintenfisch und Muscheln, noch dazu etwas günstiger als auf Lanzarote. Einheimische sitzen oft mit den Touristen an einem Tisch, und wer ein paar Brocken Spanisch kann, findet sich schnell in einer hitzigen Diskussion über Gott und die Welt wieder.

El Varadero **15**, größeres Restaurant im Hafen, Terrasse mit Blick, ordentliche Fischgerichte zu normalen Preisen. ℡ 928-842175.

≫ Mein Tipp: Meson de La Tierra **11**, ebenfalls direkt im Hafen, schöner Blick auf Fischerboote und Sonnenuntergang, günstige Tagesmenüs, nette Atmosphäre und schön zum Sitzen, gelegentlich kanarische Livemusik. ≪

La Caletilla **17**, der Stammplatz der Berufsfischer liegt östlich vom Hafen, nur eine Handvoll Tische in einem mit Azulejos

E ssen & Trinken
3 Puerto Escondido
4 Casa Enriqueta
5 El Veril
8 Girasol
10 El Marinero
11 Meson de La Tierra
15 El Varadero
17 La Caletilla

N achtleben
7 Las Arenas

S onstiges
1 Eva Maldener (Explora La Graciosa)
5 Rent a bike El Veril
12 Uruciosa Bikes
14 Centro Buceo La Graciosa
16 Bike Graciosa Island
19 Camara Frigorifica (La Lonja)

Caleta del Sebo

Inselnorden → Karte S. 259

Am Ortsstrand von Caleta del Sebo

gekachelten Raum, wunderbarer Blick auf den Risco und die Steilwand von Famara. Mit Siestapause geöffnet von frühmorgens bis spät. ✆ 928-842068.

Girasol **8**, durchschnittliche Meeresküche auf einer großen Terrasse mit Blick aufs Meer und die gegenüberliegende Steilküste von Lanzarote. ✆ 928-842118.

Casa Enriqueta **4**, das gepflegte Restaurant in der gleichnamigen Pension ist bekannt für seine gute Fischküche, der Pächter spricht gut Englisch, seine Frau kocht. ✆ 620-194592.

El Marinero **10**, das Fischlokal an der Hauptgasse im Ortszentrum gehört Herrn Romero, dem Kapitän der gleichnamigen Fährlinie. An der langen Bar treffen sich die

Männer vom Ort, im Speiseraum kann man recht gemütlich essen. Calle García Escámez 14, ✆ 928-842070.

El Veril **5**, Cafébar am Stadtstrand, hier kann man bei herrlichem Blick auf den Hafen unter den Sonnenschirmen sitzen, die nackten Füße in den Sand stecken und ein kühles Bier genießen. Mit Fahrrad- und Kanuverleih.

Puerto Escondido **3**, ein Italiener auf La Graciosa – man sitzt im Sand und genießt die leckeren Pizzen, auch italienische Weine sind zu haben. Calle la Fija 4, ✆ 618-984650.

Unterhaltung Las Arenas **7**, die hübsch aufgemachten Disco ist an Wochenenden tatsächlich manchmal der Bär los. Do–Sa 22–5 Uhr.

Information/Sonstiges → Karte S. 318/319

Information Centro Isla de La Graciosa, kleines Büro in der Calle La Proa 2, unregelmäßig geöffnet. ✆ 928-842073, islalagraciosa @oapn.es.

Ärztliche Versorgung Im Consultorio Local de La Graciosa an einem freien Platz im hinteren Ortsbereich arbeitet ein Arzt mit Krankenschwester, Calle Nueva España 3, ✆ 928-842027. Für Notfälle gibt es am Weg zum Friedhof einen Hubschrauberlandeplatz.

Shopping Ein Supermarkt liegt im Hafen, zwei weitere in der Hauptgasse, Nähe Kirche.

Camara Frigorifica (La Lonja) **19**, der Laden der örtlichen Berufsfischer liegt im Hafen, die hier ihren Fang direkt vermarkten. 15.30–18.30 Uhr.

Weiterhin gibt es eine Metzgerei und eine kleine Bäckerei (Panaderia).

Feste La Graciosa ist eine Oase der Ruhe. Doch alljährlich Mitte Juli ändert sich das Bild völlig. Dann nämlich wird zu Ehren der Schutzheiligen der Seeleute und Fischer die **Fiesta Nuestra Señora del Carmen** (auch: Virgen del Carmen) gefeiert. Feierliche Gottesdienste und eine Meeresprozession bilden den offiziellen Rahmen. Doch tritt der religiöse Aspekt bei der Fiesta deutlich in den Hintergrund. Tausende junger Leute von Lanzarote nutzen das Fest vielmehr als stimmungsvollen Ausflug auf die kleine Nachbarinsel, zelten an den Stränden und veranstalten fröhliche Zechgelage. Die Boote von Órzola fahren non-stop, im Hafen spielen Musikgruppen, für gut zwei Wochen geht es hoch her.

Sonstiges   Bank mit Geldautomat hinter der Bar El Veril am Ortsstrand; **Post** beim Oficina Municipal; **Apotheke** schräg gegenüber der Kirche; **Kinderspielplatz** gegenüber vom medizinischen Zentrum im hinteren Ortsbereich.

Sehenswertes

Die 1945 erbaute Fischerkirche *Parroquía Nuestra Señora del Mar* ist ein schlichter Hallenbau mit Wellblechdach mitten im Ort. Ihre Ausstattung spiegelt die Bedeutung wider, die der Fischerei auf La Graciosa zukommt. Der Altar ist auf einem Anker aufgebaut, drei Hocker ebenfalls, das Lesepult besteht aus Steuerrad und -ruder. Ein Kerzenleuchter steht auf zwei hölzernen Fischen, ein anderer auf zwei Rudern. An der Altarwand ein Boot als Wandplastik, im Bug ein Kruzifix, im Heck die Statue der Schutzhelferin Virgen del Carmen. Die Kombüse ist beleuchtet und fungiert als Hostienschrein. Alles wird umfasst von einem gerafften Fischernetz, das an Decke und Altarwand entlangführt. Der Taufstein ist eine Reuse aus Drahtgeflecht, darauf steht der nach oben offene Panzer einer Meeresschildkröte. Die Kirche ist meist unverschlossen und kann jederzeit besichtigt werden.

Auf engem Raum („Kleinstes Museum der Welt") zeigt das *Museo Chinijo* in der Calle Margarona 27 mit Schautafeln und Walskeletten einiges über die Meereswelt um La Graciosa, außerdem sind Salzgewinnung und Aloe Vera thematisiert.
Mo–Sa 10–17 Uhr, ✆ 928-177461, www.museochinijo.com.

Ziele auf der Insel

La Graciosa ist mit Wegen und Pisten gut erschlossen und leicht zu erwandern. Größte Anziehungspunkte sind natürlich die Strände, die leider z. T. durch Teerschlamm verschmutzt sind. Verantwortlich dafür sind die Supertanker, die außerhalb der Meerenge von Gibraltar ihre Tanks reinigen.

> Die im Kleinen Wanderführer auf S. 366/367 empfohlenen Strecken kann man theoretisch auch mit dem Mountainbike abfahren, allerdings sind die Pisten wegen der tiefen Sandverwehungen für Fahrräder eigentlich ungeeignet.

Von Caleta del Sebo führen holprige Sandpisten in verschiedene Richtungen. Man kann in beide Richtungen entlang der Küste wandern oder quer über die Insel zu den Stränden der Westküste mit dem Höhepunkt *Playa de las Conchas*. Aber Vorsicht: Wer nur für einen Tagesausflug auf La Graciosa ist, muss die Zeit bis zur Abfahrt der Nachmittagsfähren sehr genau einteilen.

Bahía del Salado: knapp 15 Fußminuten südwestlich vom Hafen, kurz nach den letzten Häusern von Caleta del Sebo. Der geschützt nach Süden ausgerichtete und flach ins Meer abfallende Sandstrand wird vor allem zu Ferienzeiten und im Hochsommer rege frequentiert. Freies Zelten ist nach Voranmeldung erlaubt, Schatten ist allerdings Mangelware (→ Caleta del Sebo/Übernachten).

Inselnorden → Karte S. 259

Playa Francesa etwa 4 km südwestlich von Caleta del Sebo, schöne, halbrunde Bucht mit weichen, weißen Dünen, knapp 500 m lang. Bislang ist sie unbebaut, doch das ist nicht selbstverständlich, denn 1988 hatte der Bürgermeister von Teguise, zu dessen Municipio La Graciosa gehört, die Idee, in der schönen Bucht eine Bungalowsiedlung zu errichten und sie per Seilbahn (!) mit dem Famara-Kliff auf Lanzarote zu verbinden. Der Plan wurde von den Inselbewohnern geschlossen abgelehnt und glücklicherweise nie realisiert, denn schon damals war die Region Naturschutzgebiet.

Pedro Barba: Das ehemalige Fischerdorf im Norden der Insel wurde in den 60er Jahren als Ganzes an einen schwerreichen Madrileño verkauft, der wiederum die hübsch renovierten Häuschen als exklusive Feriendomizile an begüterte Ärzte, Rechtsanwälte etc. veräußerte. Im Winter herrscht die Stille eines Geisterdorfes, im Sommer erholen sich hier gestresste Festländer von der Bruthitze der Städte. Die weiß gekalkten Häuser aus Naturstein sind gepflegt und wirken mit ihrem weißen Rauputz wie aus einem Guss. Agaven, Drachenbäume, Fächerpalmen und Kakteen schmücken die Anlage. Am Meer unten gibt es einen kleinen Strand aus Sand und Kies, daneben eine gemauerte Mole.

Von Caleta del Sebo ist Pedro Barba auf einem schönen Pfad entlang der Küste zu erreichen, ca. 3,5 km (→ Wanderung um den Nordteil der Insel).

Playa de las Conchas: Der „Strand der Muscheln" ist mit Abstand der schönste Strand der Insel und zweifellos auch einer der malerischsten der Kanaren. Gut 700 m lang, tiefer, weißer Sand im weichen Bogen am Fuß der roten *Montaña Bermeja*, in beeindruckendem Kontrast dazu die tiefschwarzen Lavafelsen und das aufgewühlte, türkisblaue Meer. Wegen der meist heftigen Brandung an der Windseite der Insel reinigt sich die Playa de las Conchas weitgehend selber und ist nicht in dem Maß von Teeranschwemmungen betroffen wie andere Inselstrände. Aber Achtung: Schwimmen ist nur selten gefahrlos möglich! Großartig ist der Blick hinüber auf die vorgelagerte Insel *Montaña Clara*, die als steiler Felsklotz aus dem Meer ragt. Von Caleta del Sebo ist der Strand etwa 5,5 km entfernt. Wegbeschreibung siehe im Kleinen Wanderführer unter Wanderung 10, in Caleta del Sebo werden auch Jeepfahrten angeboten.

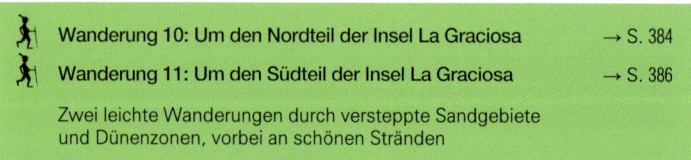

Wanderung 10: Um den Nordteil der Insel La Graciosa → S. 384

Wanderung 11: Um den Südteil der Insel La Graciosa → S. 386

Zwei leichte Wanderungen durch versteppte Sandgebiete und Dünenzonen, vorbei an schönen Stränden

Die übrigen Isletas

Der Rest des Archipels ist unbewohnt. Er hat sich zu einem bedeutenden Vogelschutzgebiet entwickelt und bildet eine Kernzone des Biosphärenreservats. Um die endemische Flora und Fauna vor dem Aussterben zu bewahren, hat man in den letzten Jahren nicht-heimische Pflanzen und Tiere von den Inseln ausgesiedelt sowie alte Wasserauffangbecken und Trinkstellen restauriert. Für Forscher und Kontrolleure wurden außerdem mehrere Beobachtungsstationen errichtet.

Alegranza

Weit draußen im Atlantik ragt die nördlichste Kanareninsel aus dem Meer. Die „erfreuende" Insel erhielt ihren Namen von den europäischen Eroberern, die hier erstmals den Kanarischen Archipel erblickten.

Mit 12 qkm ist Alegranza knapp halb so groß wie La Graciosa. An der westlichen Steilküste erhebt sich die markante, 289 m hohe *Caldera*, Rest eines gewaltigen Vulkans, dessen Kraterkessel 240 m tief ist. Das Eruptivmaterial des Ausbruchs bedeckt weite Teile der Insel. Drei weitere Vulkane befinden sich auf der Zentralplatte Alegranzas. An der *Punta Delgada*, im äußersten Osten, signalisiert ein Leuchtturm den aus Europa kommenden Schiffen, dass sie Lanzarote bald erreicht haben. Noch bis in die 80er Jahre lebten ein Leuchtturmwärter und eine Hirtenfamilie auf Alegranza, ein Netz von versandeten Pisten, Häuserruinen, Zisternen und verlassene Ackerflächen sind davon übrig geblieben. Der Leuchtturmwärter kommt heute nur noch zu Wartungszwecken auf die Insel.

Wie der gesamte Archipel steht Alegranza unter Naturschutz und ist ein bedeutendes Vogelreservat. Eine riesige Kolonie von Pardelas (Sturmtaucher) nistet hier – etwa 10.000 sollen es sein, das zweitgrößte Reservat der Welt. Daneben gibt es zahlreiche weitere Vogelarten, darunter Falken und Fischadler, letzterer „Guincho" genannt. Da die Küken der Pardelas früher zu hunderten aus den Nestern gesammelt wurden und als Zutaten in der Paella landeten, werden Brut- und Aufzuchtzeit alljährlich vom WWF/Adena überwacht, um die Pardela-Wilderer abzuschrecken.

Montaña Clara

Nur etwa 1 qkm groß ist die eindrucksvolle Vulkaninsel, die vor der Westküste von La Graciosa als mächtige Felswand auf beachtliche 256 m Höhe aufsteigt. Einen besonders spektakulären Blick hat man von der Playa de las Conchas (→ La Graciosa). Im Norden ist der Vulkan zum Meer hin geöffnet und bildet an der *Punta de la Camella* ein Naturschwimmbecken. Auf der Insel nisten zahlreiche Zugvögel, mehrere Falkenarten und Fischadler.

Roque del Este: Der östlichste Außenposten der Kanaren liegt 12 km nordöstlich von Lanzarote und ist von mehreren Stellen der Ostküste aus gut zu sehen. Er ist ein steil aus dem Meer ragender Vulkan, besteht aus reiner Lava, ist nur etwa 570 m lang, sehr schmal und 84 m hoch. Wegen seiner Steilwände können Schiffe nicht anlegen, man muss sich ausbooten lassen und kann nur bei absolut ruhigem Wasser an einer einzigen Stelle namens *La Cueva* landen. Im Nordosten gibt es eine auffallende Felsformation, genannt *El Campanario* (Glockenturm). Dort ganz in der Nähe liegt unter Wasser der Eingang zu einer etwa 100 m langen *Höhle*, in der eine reiche Meeresfauna mit einigen sehr seltenen Arten existiert. Der Roque del Este ist ein wichtiges Nistrevier für Möwen, auch Falken leben hier, ebenso die Ostkanareneidechse (*Gallotia atlantica*).

Roque del Oeste: Der 40 m hohe Felsblock ragt wenige hundert Meter nördlich von Montaña Clara drohend aus dem Meer. Wegen seiner Gefahr für die Schifffahrt wurde er früher auch *Roque del Infierno* (Höllenfelsen) genannt.

Inselnorden → Karte S. 259

Im Tal von Femés

Inselsüden

Die Berge von Los Ajaches bilden westlich von Puerto del Carmen eine markante Silhouette und setzen eine scharfe Trennlinie zum Inselzentrum. Südlich davon läuft Lanzarote in der imposanten Rubicón-Ebene nach Playa Blanca aus, dem dritten großen Ferienzentrum Lanzarotes. Wer will, kann dort in wenigen Minuten auf die große Nachbarinsel Fuerteventura übersetzen.

Der Süden ist die sonnenreichste, aber auch trockenste Region Lanzarotes und nur dünn besiedelt. Es gibt gerade eine Handvoll Ortschaften. Doch findet man hier auch zwei der ganz großen Sehenswürdigkeiten von Lanzarote – Höhepunkte, von der Natur geschaffen und so spektakulär, dass auch ein César Manrique keine Hand anlegen musste: die atemberaubend schönen *Papagayo-Strände* im äußersten Südzipfel der Insel und die faszinierende Landschaft um den smaragdgrünen Lagunensee *Charco de los Clicos* bei El Golfo an der südlichen Westküste.

Isla
La Graciosa

Caleta
de Sebo · El Río
· Orzola

· Yé
M. Corona
Haria ∩ *Jameos del
Agua*
·Arrieta
La Caleta *Ermita de las Nieves*
de Famara Mala
La Santa · *Kaktusgarten*
Tinajo · Guatiza
Teguise ♦

Tahiche
Nationalpark *Fundación*
Timanfaya *C. Manrique* ★ *Costa Teguise*
El Golfo
Yaiza Tías ★
Salinas de Janubio **W 13** ARRECIFE
Femés Puerto del
W 14 **W 15** Carmen
W 16
Playa Blanca
*Papagayo-
Strände*

Inselsüden

Weiterhin interessant, auch zum Wandern, sind die *Los-Ajaches-Berge* und die Dörfer Yaiza, Uga und Femés im Inselinneren. Bisher vom Massentourismus verschont, bestechen die Ortschaften durch Ruhe und Beschaulichkeit. *Yaiza* ist Ausgangspunkt für eine Tour in die bizarren Feuerberge (→ Inselmitte), in *Uga* werden die berühmten Dromedare von Lanzarote gezüchtet und von dem auf einem Bergrücken gelegenen *Femés* hat man einen herrlichen Panoramablick auf Playa Blanca und bei klarer Sicht bis hinüber nach Fuerteventura.

Verbindungen

Bis auf die Strecke von Arrecife über Yaiza nach Playa Blanca ist das Netz öffentlicher Verkehrsmittel kaum ausgebaut. Wer Tagestouren plant, sollte vorher sorgfältig die Bus-/Schiffsfahrpläne studieren.

Busse Bus 60 fährt Mo–Fr stündlich 7–21 Uhr (Sa/So alle 1–2 Std.) von **Arrecife** (Busbahnhof und Playa del Reducto) über **Tías**, **Macher**, **Uga** und **Yaiza** nach **Playa Blanca** und zurück.

Bus 161 fährt Mo–Fr halbstündlich 7.30–22.30 Uhr (Sa/So alle 1–2 Std.) vom **Flughafen** über **Puerto del Carmen**, **Puerto Calero** und **Yaiza** nach **Playa Blanca** und zurück.

Außerdem fährt Linie 5 Mo–Fr 3 x tägl. von **Arrecife** über **La Asomada** und **Conil** ins kleine Örtchen **Femés**.

El Golfo, La Degollada, Las Breñas und die Papagayo-Strände werden von Bussen nicht angefahren.

Schiff Zwischen **Playa Blanca** (Lanzarote) und **Corralejo** (Fuerteventura) pendeln mehrmals tägl. die Autofähren von „Líneas Fred. Olsen" und „Naviera Armas" (→ Playa Blanca) sowie das Tragflügelboot Princesa Ico von „Líneas Marítimas Romero". Der Trip nach Fuerteventura ist so problemlos als Tagesausflug zu machen.

Eigener Transport

Für Touren im Süden ist ein eigenes Transportmittel unverzichtbar. In *Playa Blanca* kann man Leihwagen, Mopeds, Motorräder und Mountainbikes mieten. Die Hauptstraßen sind asphaltiert und in gutem Zustand. Roter Faden bzw. Hauptroute ist die Straßenführung Playa Blanca – Yaiza – Uga – Tías – Puerto del Carmen/Arrecife (LZ-2). Durch die Rubicón-Ebene zwischen Playa Blanca und Yaiza verläuft eine komfortable *Schnellstraße* (Beschilderung: *LZ-2* in roten Buchstaben). Parallel dazu schlängelt sich die schmale alte Straße *LZ-701*, die gerne von Radfahrern benutzt wird (Beschilderung: *C.V.* in grünen Buchstaben). Von der LZ-2 zweigt südlich von Yaiza eine gut ausgebaute Straße ins viel besuchte Fischerdorf *El Golfo* ab, noch weiter südlich die Straße zu den Salinen von Janubio. Als Alternative zur LZ-2 kann man die *LZ-702* von Playa Blanca in Richtung *Femés* nehmen und weiter durch die Berge von Los Ajaches entweder über Las Breñas oder über Femés fahren. Zu den berühmten *Papagayo-Stränden* führt nur eine holprige Staubpiste.

Leihfahrzeuge werden ausschließlich in **Playa Blanca** angeboten. Die Piste zu den **Papagayo-Stränden** ist in relativ gutem Zustand, wenn man dort allerdings eine Panne hat, muss man selbst für den Schaden aufkommen.

Tankstellen gibt es in Playa Blanca und Yaiza (Richtung Timanfaya).

Fahrrad Die **Rubicón-Ebene** ist fast völlig flach und zum Radfahren gut geeignet, wenn auch etwas eintönig. Die alte Straße zwischen Playa Blanca und Yaiza wird von Motorfahrzeugen etwas weniger befahren als die Schnellstraße, schöner Blick auf die Salinen. Hübsch ist auch die Fahrt von Yaiza nach **El Golfo** mit anschließender Küstenfahrt zu den Salinas de Janubio, unterwegs herrliche Ausblicke und Haltepunkte. Die Straße zwischen Playa Blanca und **Femés** besitzt einen seitlichen Fahrradstreifen – mit etwas Kondition eine schöne Bergtour mit Rast in einem der Lokale von Femés. Mieten kann man Fahrräder nur in **Playa Blanca**.

Wandern   Die **Papagayo-Strände** sind das populärste Ziel im Süden, allerdings hat die starke Küstenbebauung der letzten Jahre den Reiz der Wanderung von Playa Blanca aus vermindert (→ S. 362). Zwei schöne Langtouren zu den Papagayo-Stränden beginnen z. B. in **Playa Quemada** oder **Femés**. Eine nicht übermäßig anstrengende **Bergwanderung** mit herrlichen Panoramen ist der Trail von Yaiza nach Femés bzw. umgekehrt. Dabei kann man die **Atalaya de Femés** besteigen, mit 608 m der höchste Berg im Inselsüden.

In Uga: Dromedare
auf dem Weg zum Pferch

Übernachten

Das Touristenzentrum **Playa Blanca** verfügt über ein umfassendes Zimmer- und Apartmentangebot, einige schöne Landhotels gibt es in **Yaiza** und **Uga**, zwei weitere in **El Golfo**. In **Las Casitas de Femés**, **La Degollada** und **Las Breñas** können Ferienhäuser gebucht werden. Einen Zeltplatz (nur Juni bis Sept.) gibt es an den **Papagayo-Stränden**. Die Einheimischen zelten auch wild an der **Playa del Janubio**.

El Golfo

Caldera de
Islote de la Vega
177

M. Bermeja
229

Playa de
Montaña Bermeja

Montaña
Vieja Gabriela
235

Yaiza

Uga

LZ 2

M. Cinta
430

La
Hoya

Salinas de
Janubio

M. Medio
403

La
Dagollada

Playa de
Janubio

Las
Breñas

Atalaya de Femés
611

Casitas
de Femés

Playa
Quemada

Maciot

Femés

Punta de Piedra Alta
Punta del Convento
Rincón del Palo

LZ 701 LZ 2

Playa de la
Arena
Playa del Pozo

Punta Gorda

P. Redondo

LZ 702

Barranco de la Casita

Playa de la Casa

Punta Ginés

Caleta Negra

M. Roja
Faro 197
Park

Wärter-
haus

Punta Gorda

Castillo
de las
Colorades

El Pimentero

Punta
Pechiguera

Playa
Flamingo

Playa
Dorada

Playa Blanca

Marina Rubicón

Playa Ajé
Playa Mujeres
Playa del Pozo
Playa de Papagayo

Fort Rubicón

Punta
de Papagayo

Playa de Puerto Muelas

Playa Caleta del Congrio

Lanzarote Süd

2 km

Fuerteventura

Inselsüden → Karte S. 327

Uga

Uga liegt in einer weiten Senke am Südrand des Nationalparks von Timanfaya und bietet mit seinen schlanken Palmen und weißen Würfelhäusern
vor der Silhouette der Feuerberge einen stimmungsvollen Anblick.

Mitten im Ort steht die blendend weiße Kirche *Iglesia de San Isidro Labrador*. Das Innere ist holzgetäfelt, ansonsten aber völlig schlicht gehalten. Ein Strick führt durch die
Decke, um die Glocke zu läuten. Um die Kirche ist eine hübsche Platzanlage mit weißen Mäuerchen, schwarzen Lapilli und rotem Hibiskus angelegt, 1984 gestaltet vom
bekannten Inselarchitekten Luis Ibáñez, einem engen Freund César Manriques.

In Uga werden die Dromedare gezüchtet, die die Touristen täglich durch die Feuerberge schaukeln (→ S. 204). Etwa zwischen 13.30 und 14 Uhr kann man sie alltäglich dabei beobachten, wie sie in langer Karawane vor der Skyline der Feuerberge zurück in ihre Gehege trotten und in einem extra für sie angelegten Tunnel die
Durchgangsstraße nach Yaiza unterqueren. Direkt an dieser Straße hat auch die bekannte Lachsräucherei von Uga ihren Sitz (→ Shopping). Wenn man dort eine Piste
hineinfährt, erreicht man nach einigen hundert Metern eins der Dromedargehege.

Den Dromedaren ein Denkmal gesetzt hat der Bildhauer *Paco Curbelo* am ersten Kreisverkehr vor der Ortseinfahrt – über Kunst lässt sich bekanntlich streiten...

Übernachten La Finca Uga, das ehemalige Warenkontor vom Anfang des 20. Jh. liegt mitten im Ort. Künstler Alfonso vermietet hier drei Studios für jeweils 2 Pers. (evtl. mit Kind). Die Wohnungen besitzen ein Wohnzimmer mit Kochbereich, darüber eine geräumige Schlafempore sowie ein Bad mit Dusche. Eine der Wohnungen hat eine Terrasse zum individuell gestalteten Garten. Alfonso spricht recht gut Deutsch und Englisch und ist ein angenehmer Gastgeber. Für 2 Pers. ca. 50–60 €/Tag. Calle Agachadilla 23, ☎ 629-372220, www.fincauga.com.

Essen & Trinken Bodega de Uga, direkt an der Straße nach Yaiza, trotzdem rasen die meisten Urlauber achtlos daran vorbei. Wer stoppt, entdeckt ein wunderschönes, lauschiges Fleckchen mit Blick in die Berge hinter Uga. Der Innenraum ist mit dunklem Holz rustikal und edel gestaltet, der Außenbereich ist ansprechend bepflanzt. Zu diversen Weinen aus Lanzarote und Spanien kann man herzhafte Tapas kosten – Salami und Schinkenhappen, Sardellen mit Paprika, Ziegenkäse von Lanzarote, Salate. Die Preise liegen deutlich im höheren Bereich – da keine Speisekarte ausliegt, unbedingt vorher erkundigen. 13–15, 19–24 Uhr, Do geschl. ☎ 928-830147.

Die Kirche von Uga

》》 Mein Tipp: Casa Gregorio, mitten im Ort, wenige Meter von der Kirche, eigener Parkplatz. Das schattig-kühle und mit viel Holz eingerichtete Einheimischenlokal ist seit Jahrzehnten unverändert. Die Küche ist typisch kanarisch, deftig und gut, dazu gibt es Wein von der eigenen Bodega, die Preise sind für das Gebotene günstig. Extratipp ist der Besuch am Sonntag, denn nur dann werden die üppige kanarische Eintopf *puchero* und der Fischeintopf *sancocho* zubereitet (ca. 10 €) – eine Reminiszenz an die Zeiten, als die Lanzaroteños nur einmal in der Woche Fleisch oder Fisch essen konnten, und ein authentisches Esserlebnis, das man kaum noch irgendwo auf der Insel bekommt. Und bitte viel Hunger mitbringen, denn die Portionen sind mächtig. Di geschl. ☎ 928-830108. 《《

Shopping Cerámica Uga, von Norden kommend die erste Ortseinfahrt nehmen (Wegweiser La Fina Uga), gegenüber vom Spielplatz. Hier kann man Mara und Tino bei der Arbeit an ihren hübschen Stücken zusehen, die man auf vielen Märkten Lanzarotes kaufen kann. Es hängen auch erklärende Schautafeln und Fotos aus, die den Bezug zur alten Töpfertradition herstellen. Calle Agachadilla 17, ☎ 928-830111, http://ceramica-uga.blogspot.de.

Ahumadería de Uga, Lachsräucherei direkt an der Durchgangsstraße. Viele Inselrestaurants bieten als Vorspeise „Lachs aus Uga" an – hier kommt er her. Aber natürlich stammt der Lachs nicht aus Lanzarote, sondern die spanischen Besitzer importieren ihn hauptsächlich aus Norwegen. Auch schottischer und kanadischer Fisch wird verarbeitet. Ein Kilo kostet ca. 34 €, Mindestabnahme 500 g. Di–Fr 10–13.30 und 16–18.30, Sa 10–14 Uhr, So/Mo geschl. ☎ 928-830132.

Finca de Uga, der Käse dieser Finca wurde bereits als bester kanarischer Käse ausgezeichnet. Zu erwerben ist er im Laden der derzeit geschlossenen Bodega Stratvs in Arrecife (→ S. 139). ☎ 928-836841.

🚶 **Wanderung 12: Von Uga nach Puerto del Carmen**ᴳᴾˢ   → S. 387

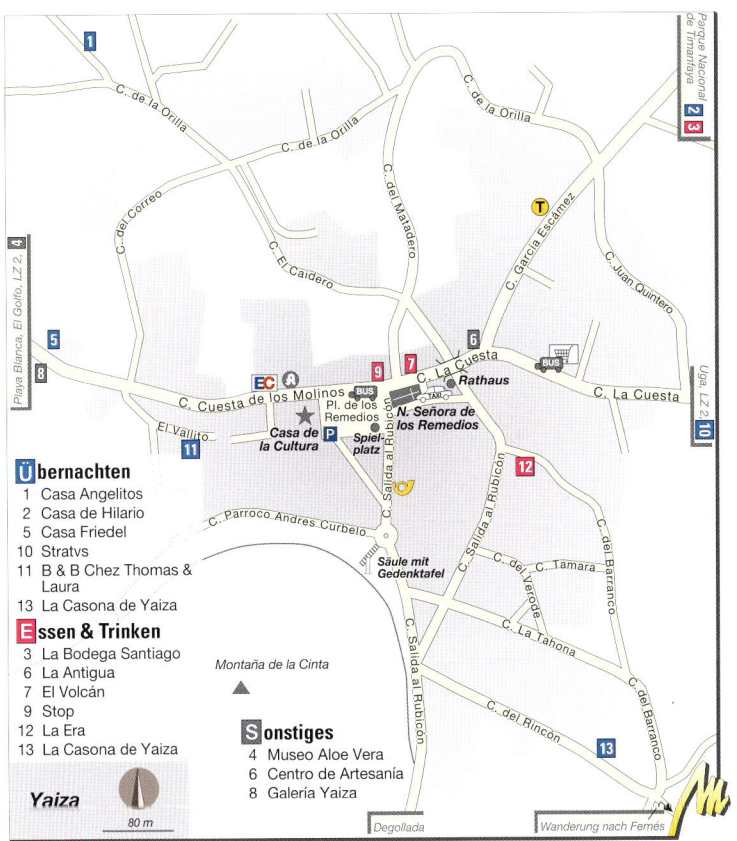

Parque Nacional de Timanfaya `2` `3`

Playa Blanca, El Golfo, LZ 2 `4`

`5`
`8`

`T`

`6`

BUS

Übernachten
1 Casa Angelitos
2 Casa de Hilario
5 Casa Friedel
10 Stratvs
11 B & B Chez Thomas & Laura
13 La Casona de Yaiza

Essen & Trinken
3 La Bodega Santiago
6 La Antigua
7 El Volcán
9 Stop
12 La Era
13 La Casona de Yaiza

Sonstiges
4 Museo Aloe Vera
6 Centro de Artesanía
8 Galería Yaiza

`9` `7`
EC `A`
C. Cuesta de los Molinos
Pl. de los Remedios
El Vállito
Casa de la Cultura
`P`
Spiel-platz
`11`
Rathaus
N. Señora de los Remedios
`12`
C. La Cuesta
C. García Escámez
C. Juan Quintero
Uga, LZ 2 `10`
C. Salida al Rubicón
C. del Verode
C. Tamara
C. del Barranco
C. La Tahona
C. Párroco Andrés Curbelo
Säule mit Gedenktafel
Montaña de la Cinta
C. Salida al Rubicón
C. del Rincón
C. del Barranco
`13`
Degollada
Wanderung nach Femés

C. de la Orilla
C. de la Orilla
C. de la Orilla
C. del Matadero
C. del Correo
C. El Caidero

Yaiza
80 m

Yaiza

Municipio ca. 14.500, Ort 720 Einwohner

Blendend weiß liegen die Häuser weit verstreut in einer Senke zwischen niedrigen Hügeln. Überall viel Luft und Licht, gepflegte Gärten, Rabatten mit roten Geranien, Palmen, im Hintergrund das Panorama der Feuerberge...

Yaiza ist ein ruhiges, traditionelles Örtchen mit Stil und ein wirkliches Schmuckstück – bereits mehrfach wurde ihm die Auszeichnung „schönstes Dorf Spaniens" verliehen. Dem Zufall oder gar Zahn der Zeit wird hier nichts überlassen: Die Straßen sind stets sauber, die Tür- und Fensteranstriche im inseltypischen Grün werden jährlich erneuert, die Wände regelmäßig weiß gekalkt, die öffentlichen Gebäude und Einrichtungen sind großzügig und elegant. Als übergeordneter Gemeindesitz für das expandierende Touristenzentrum Playa Blanca wurde viel Geld in die Kassen gespült, die Politik ist dabei allerdings ins Zwielicht geraten (→ S. 347).

Blick auf die Kirche von Yaiza

Yaiza liegt unmittelbar am Rand der schwarzen *Lavafelder*, die durch die heftigen Eruptionen der Timanfaya-Berge im 18. Jh. entstanden sind. Es heißt, dass nach den verheerenden Ausbrüchen nur drei Häuser des Dorfs stehen blieben. Beim Kreisverkehr am Ortseingang biegt man ab, um mit dem Auto den Nationalpark zu durchqueren (→ Inselmitte).

Basis-Infos
→ Karte S. 329

Anfahrt/Verbindungen   Die stündlich (Sa/So alle 2 Std.) verkehrenden **Buslinien 60** (Arrecife-Playa Blanca und zurück) und **161** (Flughafen-Puerto del Carmen-Playa Blanca und zurück) halten in Yaiza u. a. am Supermarkt.

Ein großer **Parkplatz** liegt oberhalb der Plaza de los Remedios (bei der Kirche einbiegen). Die **Tankstelle** von Yaiza findet man am Abzweig vom Zentrum in die Feuerberge (nicht an der Umgehungsstraße). Am südlichen Ortsausgang trifft man auf die Schnellstraße nach Playa Blanca.

Feste   Fiesta del Nuestra Señora de los Remedios, das große Kirchenfest in Yaiza ist eine der größten und schönsten Fiestas Lanzarotes. Gefeiert wird Anfang September eine gute Woche lang – Theater, Musik, Folklore, Veranstaltungen für Kinder, Ausstellungen. Höhepunkt ist der 8. Sept. mit feierlicher Abendmesse und Prozession mit der Marienstatue durch die Straßen von Yaiza. Die Fiesta endet mit Feuerwerk und einem großen Sardinenessen bei der Montaña Bermeja an der Westküste (→ El Golfo).

Kunst   Galería Yaiza **8**, an der Hauptstraße in der Nähe des Ortsausgangs Richtung Playa Blanca. Der verstorbene Maler „Veno" (Wildfried Leitz) aus Freiburg hat 1984 diese Galerie in einem 400 Jahre alten Bauernhaus eröffnet, das er vollständig renovierte. Heute wird die Galerie von Friedel und Jochen Leitz geführt. Venos Malerei spiegelt im abstrakten Stil die schroffe Natur Lanzarotes wider, die Farbpalette zeigt die Farben der Vulkaninsel – gelb, ocker, rot, braun, schwarz und das allgegenwärtige Blau. Daneben sind auch Werke junger kanarischer und zugewanderter Künstler zu sehen, darunter Pedro Tayó aus dem Nachbarort Uga. Mo–Sa 17–19 Uhr, So geschl.

Shopping   Centro de Artesanía **6**, kleines Kunsthandwerkszentrum im ehemaligen Schulhaus von Yaiza (Antigua Escuele de Yaiza). Mehrere ansprechende Läden, darunter „Pura Vida" mit interessanten Naturkosmetikprodukten. Blickpunkt im Patio ist „La Route des Caravanes" von Rosi von der Thuesen mit marokkanischen Accessoires und malerischen Kleidern. Hier befindet sich auch das Café „La Antigua" (→ Essen & Trinken).

Museo Aloe Vera 4, mit Verkaufsshop am südlichen Ortseingang von Yaiza (→ Sehenswertes).

Sonstiges Apotheke neben der Bank.

Bank mit Geldautomat an der Hauptstraße in Richtung Playa Blanca (La Caja de Canarias).

Kinderspielplatz oberhalb der Plaza de los Remedios neben dem Parkplatz.

Post schräg gegenüber vom Restaurant „Los Remedios".

Supermarkt an der Hauptstraße Nähe Ortseingang.

Taxistandplatz hinter der Kirche Nuestra Señora de los Remedios.

Übernachten   → Karte S. 329

Yaiza ist bisher vom Massentourismus verschont geblieben, ein idealer Ort zum Erholen und Wandern (keinerlei Nachtleben), außerdem ein gutes Standquartier für Ausflüge in die Feuerberge bzw. in den Inselsüden. Es gibt einige stilvolle Hotels im höheren Preissegment und einige schmucke Ferienwohnungen.

****Stratvs Hotel 10, von Puerto del Carmen kommend unübersehbar am Ortseingang rechts. Die historische Villa aus dem 18. Jh. wurde 1996 zum Landhotel „Finca de las Salinas" umgebaut, nach Besitzerwechsel soll sie demnächst neu eröffnet werden (www.stratvshotel.com).

**** La Casona de Yaiza 13, im östlichen Ortsbereich, nahe am Beginn des Wanderwegs nach Femés, liegt dieses alte Herrenhaus mit seiner schönen, hölzernen Galerie. Der junge, gut Englisch sprechende José Amigo aus Barcelona hat es in eine gepflegte Herberge mit historisierendem Ambiente umbauen lassen. Die sorgsam ausgestatteten Zimmer besitzen Sat-TV und gediegenes Mobiliar, die verspielten Malereien stammen von einem Maler aus Barcelona. Im Hof hinter dem Haus liegt der kleine Pool, die frühere unterirdische Zisterne wird als Galerie und Aufenthaltsraum genutzt. Das empfehlenswerte Restaurant ist in der ehemaligen Bodega des Hauses untergebracht, hier speist man abends romantisch mit Kerzenlicht (Do geschl.), auch das Frühstück ist gut und reichhaltig. DZ/F ca. 90–160 €. Calle El Rincón 11, ✆ 928-836262, www.casonadeyaiza.com.

**** Casa de Hilario 2, das hübsche Anwesen liegt etwas zurück von der Straße zu den Feuerbergen, gleich neben dem Restaurant Bodega Santiago. Es wird ebenfalls von José Amigo betrieben und erinnert an den Eremiten Hilario, der hier angeblich Fei-

Historisches Ambiente:
Hotel La Casona de Yaiza

genbaumblätter sammelte, um seine Kameldame zu füttern (→ S. 207). Die sieben originellen Zimmer sind alle voneinander verschieden, z. T. gibt es chinesische Malereien, die Bäder sind geräumig. Tipp ist das Sonnenuntergangszimmer mit herrlichem Blick bis hinunter nach Playa Blanca. Es gibt einen kleinen Pool und eine Terrasse mit Blick, wo man frühstücken kann. DZ/F ca. 90–160 €. Calle General García Escamez 19, ✆ 928-836262, www.casadehilario.com.

Casa Friedel 5, gepflegtes Ferienhaus für 2–4 Pers., zwei Schlafzimmer, moderner Komfort, dazu ein separates Apt. mit eigenem Patio. Vermieter ist Herr Jochen Leitz von der Galería Yaiza gegenüber, freundlicher Service. Haus für 2 Pers. bei einer Woche Aufenthalt ca. 90 €/Tag, Apt. ca. 50 €. Carretera General Playa Blanca 14, ☎ 928-830483, www.lanzarote-ferienhaus.com.

Casa Angelitos ❶, in einem Haus am Dorfrand werden drei hübsche Apartments vermietet, Pool im Innenhof. Die Wohnung Yaiza zieht sich über zwei Etagen und hat eine Dachterrasse. Je nach Größe ca. 60–90 € für 2 Pers. Zu buchen über verschiedene Anbieter im Internet, z. B. www.fewo-direkt.de und www.vivaambiente.de.

B & B Chez Thomas & Laura ⓫, nettes Haus mit drei Zimmern in einer ruhigen Seitengasse, freundliche Vermieter, gutes Frühstück. DZ/F ca. 60–70 €. Calle el Vallito 6G (Buchung über www.airbnb.de oder www.booking.com).

Essen & Trinken

→ Karte S. 329

La Era ⓬, das einst berühmteste Lokal der Insel, an dessen Gestaltung noch César Manrique mitgewirkt hat, ist ein fast 300 Jahre altes Landgut und eins der drei Häuser, die die Timanfaya-Ausbrüche überstanden haben. Schlanke Palmen überragen den Komplex, dessen niedrige weiße Bauten sich um einen lang gesteckten Patio gruppieren. Man speist in ruhiger Atmosphäre und malerischem Ambiente in mehreren hübschen, kleinen Speiseräumen. Serviert wird kanarische Küche, die leider nicht immer rundum gelobt wird. Tägl. 12–24 Uhr. Calle Barranco 3, ☎ 928-830016.

La Bodega Santiago, Bar Stop und …

La Bodega Santiago ❸, ansprechendes Plätzchen am Ortsausgang in Richtung Feuerberge. Das historische Haus wurde rustikal restauriert, davor sitzt man unter einem mächtigen, weit ausladenden Gummibaum. In diesem Haus lebte einst Señor Santiago, der jahrzehntelang die Bar „Stop" am Hauptplatz von Yaiza geführt hat. Seine Kinder richteten nach seinem Tod das Restaurant ein, das mittlerweile von einem Verwandten geführt wird. Serviert wird spanisch-kanarische Küche zu recht gehobenen Preisen, auch hier gibt es leider nicht nur Lob. Durchgehend geöffnet, Mo geschl. Calle General Garcia Escamez 23, ☎ 928-836204.

El Volcán ❼, an der Hauptstraße, vis-à-vis der Kirche. Großes, traditionelles Lokal mit viel Holz und Basaltstein, in dem hauptsächlich Reisegruppen einkehren, Qualität entsprechend. Calle Nuestra Señora de los Remedios 4, ☎ 928-830156.

》 Mein Tipp: **Stop** ❾, nur einige Schritte vom El Volcán entfernt und doch eine andere Welt. Selten verirren sich Touristen in die von außen unscheinbare Bar. Die Einrichtung ist minimalistisch und rustikal. Ein langer Tresen, einfache Holztische und der obligatorische Fernseher in der Ecke. Hier trinkt man schon am frühen Morgen sein Bier oder ein Glas Malvasia und isst dazu hausgemachte Tapas. 《

… das berühmte La Era

La Antigua 6, nette Snackbar/Café im Patio des Centro de Artesanía (→ Shopping), freundlich geführt von Martina. Mal die Tapas und den Lachs aus Uga probieren. Tägl. 10–18 Uhr.

Sehenswertes

Die lang gestreckte, ganz in Weiß gehaltene *Plaza de los Remedios* wird von Palmen und Araukarien beschattet und liegt direkt an der Durchgangsstraße.

Nuestra Señora de los Remedios: Die fast fensterlose Kirche steht an der oberen Schmalseite der Plaza. 1670–1690 wurde sie durch gemeinsame Spenden der Bevölkerung errichtet, 1997 hat man begonnen, sie umfassend zu renovieren. Rundsäulen aus dem Basalt der Los-Ajaches-Berge tragen das schlichte, zweischiffige Gewölbe mit der geschnitzten Holzdecke. Mehrere große Holzaltäre bilden den einzigen Schmuck, im seitlichen Anbau linker Hand vom Hauptschiff sind zwei Ölgemälde vom Ende des 18. Jh. erhalten, eine „Madonna" und eine Darstellung von „Fegefeuer und Paradies". Auf dem Hauptaltar steht die barocke Statue der Kirchenpatronin, gestiftet von einem dankbaren Lanzaroteño, der von dem Orden der „Padres de la Merced" aus der Hand algerischer Piraten befreit worden war. Die Decke darüber ist mit bunten Malereien und Inschriften bedeckt.

Casa de la Cultura „Don Benito Pérez Armas": Das städtische Kulturzentrum liegt an der unteren Schmalseite der Plaza de los Remedios. Das Anwesen im kanarisch-andalusischen Stil stammt aus dem 19. Jh. und ist nach dem kanarischen Schriftsteller und Politiker *Benito Pérez Armas* (1871–1937) benannt, der hier lange lebte. Bevor es 1987 zum Kulturzentrum umgestaltet wurde, hatte es die Gemeinde als Schulhaus genutzt. Im Inneren liegt ein großer Patio, von dem man einen behaglichen großen Saal und weitere Räume betreten kann. Dort finden gelegentlich Kunstausstellungen statt.
Tägl. 9–14, 17–20 Uhr (jedoch unzuverlässig). Eintritt frei.

Inselsüden → Karte S. 327

Museo Aloe Vera: Die rührige Firma „Aloe Vera Plus" hat am südlichen Ortsausgang einen großen Showroom mit angeschlossenem Verkauf errichtet. Nach dem „Museum" mit hübsch aufgebauten Informationsräumen zu Salzgewinnung, Cochenille-Zucht und Anbau von Aloe Vera kommt man zum Shop, in dem eine

Reihe durchaus interessanter Produkte vermarktet werden: Weintherapie-Produkte (→ S. 92), Parfüms auf Aloebasis, Gesichtscremes, Seifen mit Meersalz und Algen oder Vulkanasche u. v. m. Lohnt durchaus mal einen Blick, auch in Hinblick auf Reisemitbringsel wird man vielleicht fündig.
Mo–Sa 9–17 Uhr, Eintritt frei. ☎ 928-836268, www.www.aloepluslanzarote.es.

Montaña de la Cinta: Wenn man am Kirchenvorplatz die Straße senkrecht zur Durchgangsstraße nimmt, kommt man nach wenigen Metern am Restaurant „Los Remedios" mit dem Charme einer Bahnhofshalle vorbei. Gleich dahinter beginnt der Hang der *Montaña de la Cinta*, des Hausbergs von Yaiza.

Die „Casa de la Cultura" in Yaiza

Hier steht eine kleine Säule mit einer *Gedenktafel*. 1990 errichtet, erinnert die Inschrift an die 250 Jahre zurückliegenden schweren Vulkanausbrüche im Timanfaya-Gebiet. Sie ist Don Andrés Lorenzo Curbelo gewidmet, dem Pfarrer von Yaiza, Augenzeuge und einzigem Chronist der verheerenden Ausbrüche der Feuerberge im Juli 1730. Von der Montaña de la Cinta konnte er die Gewalt der nahen Eruptionen beobachten, bis er vor der nahenden Feuerwalze nach Gran Canaria fliehen musste.

🚶 Wanderung 13: Von Yaiza nach Femés   → S. 389

Von Yaiza nach Playa Blanca

Auf diesem wichtigen Transitstück verläuft die Schnellstraße *LZ-2* parallel zur etwas schmaleren, alten Straße, die mit *C.V.* ausgeschildert ist. Bis zu den Salinen von Janubio durchquert man die Ausläufer der Lavafelder vom Ausbruch der Feuerberge. Auf der gut ausgebauten Asphaltmeile fliegt man förmlich über die Lava.

Von Yaiza zur Westküste (El Golfo und Salinas de Janubio)

Am Kreisverkehr südlich von Yaiza biegt man von der LZ-2 rechts ab, um nach El Golfo zu gelangen, etwas weiter südlich folgt die Ausfahrt zu den Salinen. Die Straße nach El Golfo zieht sich eindrucksvoll quer durch die schwarzen Lavamassen.

Westküste

Die Windecke der Insel. Fast immer peitschen meterhohe Gischtwellen an die wild zerklüfteten Klippen, während zur selben Zeit an der Ostküste um Puerto del Carmen kaum ein Hauch die Wellen kräuselt. Der Gegensatz ist immer wieder beeindruckend.

Die Westküste besteht von der Punta de Pechiguera im Süden bis weit jenseits des Nationalparks Timanfaya vollständig aus tiefschwarzem Lavagestein – scharfkantig zerfressen und bizarr ausgehöhlt. Als bei den Ausbrüchen der Feuerberge die ausströmende Lava mit dem Meerwasser in Berührung kam und erkaltete, bildete sich diese wilde Gesteinswelt und formte die Küste von Lanzarote neu. Sie wirkt faszinierend und erschreckend zugleich. Nur ein einziger Ort konnte sich in der flachsten Küstenregion entwickeln und mit Hilfe der Fischerei überleben – früher weltabgeschieden und einsam, ist *El Golfo* heute ein gut besuchtes Touristenziel.

Bekannt sind alle Strände der Westküste für ihre reichen Vorkommen an *Olivin*. Überall findet man hier diese für Tiefenvulkanismus typischen Halbedelsteine, entweder blank gerieben als winzige grüne Splitter oder als Einsprengsel in schweren Lavabrocken. An den viel besuchten Orten sitzen manchmal Verkäufer, die ein Sortiment von unbearbeiteten Olivinen anbieten (ob diese allerdings wirklich von Lanzarote stammen, ist eine andere Sache).

Bucht von El Golfo

Frischer Fisch am Meer:
Restaurant in El Golfo

Beliebtestes Ausflugsziel und landschaftlicher Höhepunkt im Südwesten Lanzarotes. In einem bizarr verwitterten Kraterkessel, der zur Hälfte im Meer eingesackt ist, erstreckt sich ein tiefschwarzer Lavastrand mit dem leuchtend grünen Lagunensee Charco de los Clicos.

Im ehemaligen Kraterkessel stellt sich das Farbenspiel der verschiedenen Gesteins- und Lavaformationen zusammen mit der oft dramatisch aufgewühlten See immer wieder großartig dar. Durch Wind- und Wassererosion sind die Innenwände des früheren Vulkans *Montaña del Golfo* tief ausgehöhlt, wegen der unterschiedlichen Härte der Lehm-, Sandstein- und Lavaschichten haben sich die abenteuerlichsten Formen entwickelt. Beeindruckend ist vor allem der tiefrote, lehmartige Hang nördlich vom See. In der Südhälfte der Bucht ist ein eigentümlich verformter

Riesenblock in der Brandung stehen geblieben, er erinnert entfernt an einen überdimensionalen Thron.

Falls Sie sich wundern, warum die meisten Besucher tief gebückt den langen Strand
abgehen – vor allem hier findet man oft *Olivinsplitter*, die meist nur millimeter-
groß und von den Wellen blank gerieben sind. Tipp: Weiter oben, wo die Wellen
nicht hinkommen, liegen oft größere Stücke.

Charco de los Clicos: Die leuchtend grüne Farbe des niedrigen Sees wird durch
starkes Algenwachstum verursacht. Durch unterirdische Verbindungen strömt immer wieder Meerwasser nach, so dass sie nie restlos austrocknen kann. Die Lagune
steht unter Naturschutz und ist mit einer Absperrung versehen, Baden ist selbstverständlich streng verboten.

Hinkommen Vom Parkplatz am Ortseingang von El Golfo führt ein Trampelpfad
hoch über dem Meer bis zu einem Aussichtspunkt über der Bucht (→ Kartenskiz-
ze). Zunächst sieht man unter sich die orts-
nahe Bucht, wo die Fischerboote liegen.
Wenig später öffnet sich urplötzlich der Blick
hinunter auf den Lavastrand mit der fast
unwirklich grünen Lagune. Über bröcklige
rote Lava kann man dann hinunter steigen.

Von Süden her führt eine Asphaltstraße bis
zu einem Parkplatz am Beginn der Bucht.
Diese Straße ist allerdings in den letzten
Jahren wegen starker Unterspülungen beschädigt worden und bleibt bis zu ihrer Renovierung gesperrt.

El Golfo (Ort)

Einige hundert Meter nördlich der Bucht ducken sich die niedrigen Häuser
des gleichnamigen Dorfs mit seinen urigen Fischrestaurants an die wilde
Klippenküste – sicherlich einer der schönsten Orte Lanzarotes, um den Sonnenuntergang zu erleben

Vor den Häusern liegt ein grober Felsstrand, der sich wegen der heftigen Brandung
aber nicht zum Baden eignet. In zahlreichen Restaurants kann man direkt an der
Uferstraße sitzen und den Blick aufs Meer genießen. Am Ortsende gibt es einen

Leuchtend grün: der Lagunensee Charco de los Clicos

Kinderspielplatz und einen kleinen Parkplatz. Hier beginnt die Küste des Nationalparks Timanfaya und ein schmaler Trampelpfad führt in die scharfkantige Lavawildnis mit ihren zahllosen grünen Tabaiba-Gewächsen hinein, endet aber bald.

Anfahrt/Parken   Ein Parkplatz liegt am **Ortseingang**, Ausgangspunkt für den Fußweg zum See (→ oben), aber auch für den Dorfbesuch. Ein weiterer kleiner Parkplatz liegt am **Ortsende**.

Übernachten   ** El Hotelito del Golfo **6**, das „Hotelchen" mit seinen fünf Zimmern liegt gleich am Ortseingang rechts etwas erhöht, schöner Blick aufs Meer, sehr ruhig, vor allem abends. Wirt Victoriano Machin Tejera, der das Haus mit Gattin Isabel führt, ist so wie man sich einen Gastgeber wünscht: herzlich und natürlich. Das sympathische Anwesen besitzt einen hellen Speiseraum mit Bar und einen kleinen Süßwasserpool, im Eingangsbereich sind große Olivine ausgestellt. Die einfachen, aber hübsch eingerichteten Zimmer haben Sat-TV und Kühlschank, z. T. auch Balkon/Terrasse mit Meerblick. DZ/F ca. 55–60 €. Avda. Marítima 6, ℡ 928-173272, 609-551787, www.hotelitodelgolfo.com.

Casa Rural Caletón en el Golfo **8**, restauriertes Anwesen am Ortseingang (Manrique hat mitgewirkt, da es Verwandten gehörte), schöne Lage direkt an der Klippenküste, drei Apartments für je 2 Pers., geräumige Sonnenterrasse mit kleinem Süßwasserpool, Zugang außerdem zu einem natürlichen Meerwasserbecken. Apt. ca. 80–130 €, Frühstück ca. 8 €/Pers. im Restaurant de Mar-Casa Rafa. Avda. Marítima del Golfo 3, ℡ 620-960132, www.caletondelgolfo.com.

Essen & Trinken   El Golfo ist sicher der Platz der Insel, um in authentischer Atmosphäre fangfrischen Atlantikfisch zu kosten. Mittlerweile gibt es auch überall Paella. Nicht immer existiert allerdings eine Speisekarte und man lässt sich vom Kellner das Angebot aufzählen – fragen Sie dabei aber unbedingt nach den Preisen, denn billig ist es hier nicht mehr, vor allem in den Lokalen, die direkt an der meernahen Uferstraße liegen. Besonders schön und romantisch sitzt man abends, wenn die Sonne über dem Meer untergeht – allerdings kann es mit Wind und Wellen auch recht rau werden. Tipp: Günstiger und windgeschützter

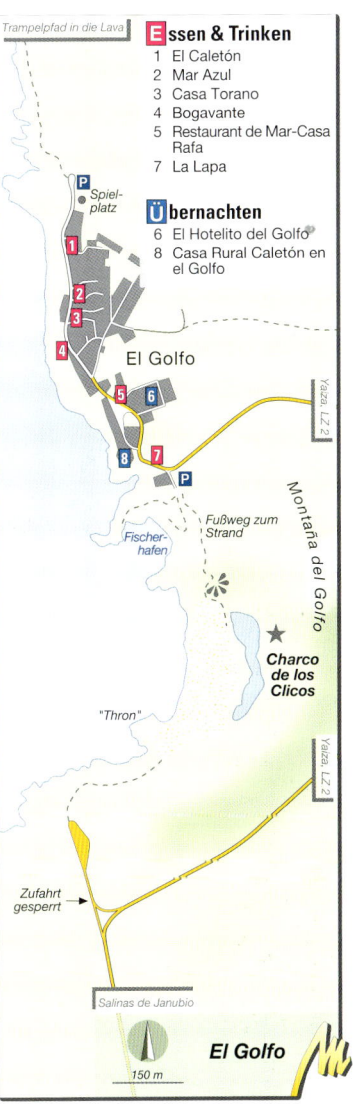

Essen & Trinken
1 El Caletón
2 Mar Azul
3 Casa Torano
4 Bogavante
5 Restaurant de Mar-Casa Rafa
7 La Lapa

Übernachten
6 El Hotelito del Golfo
8 Casa Rural Caletón en el Golfo

Trampelpfad in die Lava

Spielplatz

El Golfo

Yaiza LZ 2

Fußweg zum Strand

Fischerhafen

Montaña del Golfo

★ **Charco de los Clicos**

"Thron"

Yaiza LZ 2

Zufahrt gesperrt

Salinas de Janubio

El Golfo

150 m

Inselsüden → Karte S. 327

sind die Restaurants, die in Parkplatznähe an der Straße liegen und vom Meer ein Stück entfernt sind. Geöffnet ist im Allgemeinen von etwa 11 bis 21 Uhr.

La Lapa **7**, das erste Lokal am Ortseingang, schräg gegenüber vom Parkplatz, gute Qualität und angenehme Bedienung. Avda. Marítima 4, ☎ 646-936806.

》》 Mein Tipp: Restaurant de Mar-Casa Rafa **5**, das Lokal von Rafa und Maria liegt ein Stück weiter, gleich nach dem Hotelito del Golfo – hier gibt es kein Wellenrauschen und Möwengeschrei, dafür eine schön gedeckte Terrasse mit viel Abendsonne, wenig Wind, erstklassige Meeresküche und einen aufmerksamen Service. Sehr zu empfehlen ist die üppige *parrillada* (gegrillte Fischplatte) für 2 Pers. für ca. 27 €. Avda. Marítima, ☎ 625-104330. **《《**

Bogavante 4, urige Pinte direkt am felsigen Kiesstrand. Man sitzt äußerst gemütlich an großen, grünen Tischen, geschützt unter einem Schattendach oder in der Sonne davor auf einer ehemaligen Bola-Bahn, herrlicher Blick. Früher waren wir hier immer zufrieden, doch seit dem Pächterwechsel von 2013 ist die Qualität gesunken, der Preis dafür gestiegen. ☎ 928-173505.

Casa Torano 3, ein paar Schritte nach Bogavante auf der anderen Straßenseite. Man sitzt auf der kleinen Terrasse vor dem Haus oder – wenn man Glück hat – unter Sonnenschirmen auf der Meerseite der Straße unter Araukarien mit schönem Blick. Gute, wenngleich nicht billige Küche mit Fisch und Meeresfrüchten. ☎ 928-173058.

Mar Azul 2, noch ein Stückchen weiter, hier sitzt man bei netter Bedienung auf einer Terrasse über dem Steinstrand oder auch recht schön im ersten Stock. Leserkommentar: „Wir haben eine gemischte Fischplatte für 2 Pers. gegessen – kaum zu schaffen, aber top." ☎ 928-173132.

El Caletón 1, das letzte Lokal, kurz vor dem Spielplatz, einige Tische stehen am Straßenrand, direkt davor liegt der Steinstrand – schönes Plätzchen für den Sonnenuntergang. Wird häufig gelobt (der letzte muss sich am meisten anstrengen), gute Fischküche und Muscheln, alles zu angemessenen Preisen. ☎ 650-064693.

Zwischen El Golfo und Salinas de Janubio

Los Hervideros: Beschildert am Weg nach El Golfo liegt ein großer Parkplatz mit Aussichtspunkt über der wilden Lavaküste. Hervideros bedeutet „Siedelöcher" – der Name spielt auf die Spalten und Schlünde in den Felsen an, durch die das Wasser als schäumende Gischt in die Höhe gepresst wird. Das anbrandende Meerwasser hat hier die Lava grottenartig ausgehöhlt, wobei die Decken teilweise eingebrochen sind. Bei heftigem Seegang prallen die Wellen mit voller Wucht in die Höhlungen und spritzen turmhohe Fontänen in die Luft. Die Gischt ist aufgewühlt wie kochende Milch, ein toller Kontrast zum tiefschwarzen Lavagestein. Man kann auf kaum mannsbreiten Schleichwegen das Areal erkunden und durch verschiedene dieser „Siedelöcher" ins Meer hinunterschauen. An einer Stelle wurde eine Art Balkon direkt über dem tosenden Wasser eingerichtet.

Playa de Montaña Bermeja: Unmittelbar gegenüber der leuchtend roten *Montaña Bermeja* (229 m) liegt ein ca. 200 m langer, grauer Kies-/Sandstrand mit kleinem Lagunensee, an dem Wasser speichernde Pflanzen wachsen.

Salinas de Janubio

Die riesige Salzverdunstungsanlage an der Westküste ist die größte der Kanaren und gehört auch zu den größten Spaniens. Mit ihren zahlreichen Wasserbecken und verfallenen Windmühlenstümpfen bietet sie ein eindrucksvolles Bild und ist fast ein „Wahrzeichen" Lanzarotes geworden, steht auch schon seit Langem unter Denkmalschutz.

Seit 1895 wird hier Meersalz gewonnen. Noch vor einigen Jahrzehnten waren es bis zu 10.000 Tonnen pro Jahr, heute sind es gerade noch etwa 2000 Tonnen, die in mittlerweile vierter Generation von Carlos Padrón Lleó vermarktet werden. Die

Anlage erhält, im Gegensatz zu den Weinbauern von La Geria, keine Subventionen und kämpft um ihr wirtschaftliches Überleben – konventionell produziertes Salz ist billiger, dafür ist das Salz der Salinen ökologisches Meersalz von hoher Qualität.

Salz auf der Haut: Die Salinen Lanzarotes

Noch im 19. Jh. war die Gewinnung von Meersalz einer der wichtigsten Wirtschaftszweige Lanzarotes. Auf der ganzen Insel gab es Salinen, hauptsächlich in der Nähe von Häfen: bei Arrecife, Puerto del Carmen und Playa Blanca, aber auch an der heutigen Costa Teguise, in Los Cocoteros und an der Meerenge El Río im Norden zwischen Lanzarote und La Graciosa. Das Salz wurde hauptsächlich zur Konservierung von Fisch verwendet, der so wochenlang gelagert werden konnte. Hochseefischer bewahrten damit auf

der Rückreise zu ihren Heimathäfen ihre Fänge vor Fäulnis und viele Atlantikschiffe stoppten hier, um die lebensnotwendigen Salzvorräte zu erneuern. Doch als die Kühlung mit elektrischen Aggregaten erfunden wurde, war das Salz überflüssig geworden. Dazu kam, dass sich viele Salinenarbeiter durch die starke Lichtreflexion der grellweißen Salzmasse Augenschäden zuzogen, die bis zur Erblindung führten.

Fast alle Salinen Lanzarotes sind mittlerweile verfallen und bilden pittoreske Denkmäler vergangener Zeiten. Nur noch in den *Salinas del Janubio* und in den *Salinas de los Agujeros* bei Los Cocoteros (→ S. 292) wird Salz produziert. Das weiße Gold wird heute hauptsächlich als Tafelsalz verkauft, die Fischer verwenden es nach wie vor zur Konservierung, aber auch in Schwimmbädern wird es statt Chlor zur Reinhaltung des Wassers genutzt. Zu Fronleichnam färben die Lanzaroteños das Salz ein und legen die Straßen mit farbenfrohen Mustern aus. Außer reinem Salz ohne chemische Zusätze wird in den Salinas de Janubio zu Konservierungszwecken auch hochprozentige Salzlake (*salmuera*) produziert und mit Tanklastwagen abtransportiert.

Etwa 40 m über dem Meeresspiegel liegen die obersten Becken der weiträumigen Anlage, die sich in mehreren flachen Stufen zu einem großen *Lagunensee* senken. An seinem Rand stehen mehrere verfallene Windradkonstruktionen, die früher das benötigte Salzwasser aus der Lagune in die Becken pumpten. Heute besorgen das Motorpumpen. In großen Becken verdunstet das Wasser zunächst mehrere Wochen lang, dann wird es in kleinere Becken geleitet, von dort schließlich als dickflüssige Salzmasse in die eigentlichen Salinen – kleine Rechtecke, die nur maximal

Inselsüden → Karte S. 327

2x2 m groß sind. Hier bleiben schließlich reine Salzkristalle übrig, die in großen Haufen zu einem letzten Trockenvorgang aufgehäuft werden.

An der Straße gibt es mehrere Möglichkeiten für Stopps, von denen man eindrucksvolle Blicke auf die Salinen hat, darunter das verglaste Aussichtslokal „Mirador del Salinas". Vom vorgelagerten Strand *Playa de Janubio* kann man sogar mitten in die Anlage hineinlaufen und durch die eigenartige Szenerie bummeln. Überall zwischen den Becken ist der Boden mit Salzkrusten bedeckt. Man hat einen herrlichen Blick auf die umliegenden Berge und in den stillgelegten Teilen der Anlage wachsen Wasser speichernde Pflanzen, die Sukkulenten (→ Kapitel Pflanzenwuchs). Die Salinen von Janubio gelten auch als eins der wichtigsten Reviere für Zugvögel auf den Kanarischen Inseln, u. a. flüchten hierher Sandregenpfeifer, Alpenstrandläufer, Uferschnepfen und Stelzenläufer vor den kalten europäischen Wintern.

Essen & Trinken   Mirador del Salinas, das Panoramalokal steht seit 2012 unter neuer Leitung und bemüht sich sichtlich um einen guten Ruf. Schöne Terrasse mit Blick über die Salinen, auch innen ansprechendes Ambiente, dazu freundliche Bedienung und leckeres, stets frisches Essen. Do geschl. ☏ 928-173070.

Shopping ≫ Mein Tipp: Bodega de Janubio, hier kann man das Salinensalz in Säcken/Säckchen zu 20 kg, 1 kg, 0,5 kg und 100 g sowie als Flor de Sal (200 g für 7 €) erwerben. Das Einfahrtstor ist in der Kurve kurz vor dem Mirador. Mo–Fr 9–14.30 Uhr. ☏ 928-804398, www.salinasdejanubio.com. ≪

Playa de Janubio: langer, schwarzer Strand direkt vor den Salinen, Parkplätze an beiden Strandenden. Fast jeder Felsbrocken, den man aufhebt, enthält Olivin-Einsprengsel. Hier herrscht meist gehöriger Seegang, die weiße Gischt brodelt gegen die Felsen der niedrigen Klippenküste. Gegen den heftigen Wind sind schützende Burgen aus Steinen aufgeschichtet worden. Schwimmen ist nicht ganz ungefährlich. Einheimische zelten hier manchmal, obwohl Camping verboten ist.

Inalsa Sur: Von der alten Straße nach Playa Blanca geht etwa 2 km südlich der Salinen ein asphaltierter Zubringer zur Westküste. Hier steht – neben der Hauptanlage

Die imposante Salinenlandschaft von Janubio

im Hafen von Arrecife – die zweite Wasserentsalzungsanlage von Lanzarote, die täglich 8000 Kubikmeter Süßwasser produziert und den gesamten Süden der Insel versorgt. Wenn man Glück hat, darf man vielleicht einmal einen Blick hineinwerfen.

Tipp: Etwa 3 km südlich der Entsalzungsanlage liegt die Küstenhöhle *El Convento* mit einer imposanten Öffnung, die im Rahmen einer kleinen Wanderung erreicht werden kann. Man kann dafür auch schon an der Playa de Janubio aufbrechen.

Los Ajaches

Nach dem Famara-Massiv im Norden der höchste Bergzug Lanzarotes und mit 19 Mio. Jahren der älteste. Die einzige Durchgangsstraße ist die steile Strecke über den „Balcón de Femés", interessante Alternative zur Hauptstraße über Yaiza.

Die in ihrer kargen, archaisch anmutenden Wildheit faszinierenden Los Ajaches sind ein hervorragendes Wandergebiet mit Ausgangspunkt *Femés* (→ Kleiner Wanderführer, S. 392) und besitzen mit der *Atalaya de Femés* einen wunderbaren Aussichtsgipfel. Seit den 90er Jahren sind sie als „Monumento Natural" (Naturdenkmal) ausgewiesen.

Der Abzweig von der LZ-2 nach Femés liegt etwas östlich von Uga. Vom Kreisverkehr zieht sich eine 5 km lange Straße in Windungen in die Los-Ajaches-Berge. Nach steiler Auffahrt trifft man auf die wenigen Häuser von *Las Casitas de Femés*, wo eine renovierte Finca Unterkunft bietet (→ Femés). Blickpunkt ist direkt an der Durchgangsstraße das kuriose Anwesen eines Residenten mit einem Hubschrauber im Garten. Anschließend geht es mit mäßiger Steigung ein lang ausgleitendes Tal mit Zwiebelfeldern entlang bis zum Sattel von Femés. Südlich von Femés fährt man steil hinunter, durchquert Maciót und das weit verstreute Ortsgebiet von Las Breñas und trifft bei den Salinas de Janubio auf die Straße nach *Playa Blanca*.

Femés

Ein wahres Schmuckstück hoch oben auf einem Sattel, direkt unterhalb der 608 m hohen Atalaya de Femés. Das winzige Dörfchen besteht praktisch nur aus dem großen Hauptplatz mit der kleinen Kirche, dem etwas höher gelegenen Friedhof und einer Handvoll weißer Häuser im Umkreis. Leuchtend rote Geranien, üppige Palmen und Kakteen setzen farbliche Akzente.

Jeder Mietwagenfahrer, der den Weg herauffindet, macht hier Pause und genießt das überwältigende Panorama: Das Plateau bricht nämlich direkt hinter dem Platz mit einer weißen Brüstung steil nach Süden zur Rubicón-Ebene ab und man hat einen fantastischen Ausblick bis Playa Blanca und Fuerteventura – der berühmte *Balcón de Femés*. Drei Restaurants laden zum Verschnaufen ein und sind an warmen Nachmittagen immer gut besucht. Abends verschwindet allerdings die Sonne schnell hinter der Atalaya de Femés, die Mitnahme von Jacke oder Pulli ist dann sinnvoll.

Die kleine weiße Kirche *Ermita de San Marcial de Rubicón* stammt aus dem 18. Jh. Zusammen mit dem benachbarten Platz, auf dem kräftige Palmen stehen, bildet sie ein stilvolles Ensemble. Laut Inschrift wurde sie am 17. Februar 1733 eingeweiht, in der Zeit also, in der die Ausbrüche im Timanfaya-Gebiet tobten. Schirmherr war

Inselsüden → Karte S. 327

der französische Bischof Marcial, dem bereits Anfang des 15. Jh. von den normannischen Eroberern unter Jean de Béthencourt die erste Kirche der Insel neben ihrem Fort in der Ebene von Rubicón als Bischofskathedrale zugeeignet worden war (→ Papagayo-Strände). Er wird noch heute als Inselpatron verehrt. Im Kircheninneren (Schlüssel in der Quesería Rubicón, → unten) steht eine Statue des Marcial aus dem 18. Jh., Gläubige haben außerdem zahlreiche kleine Schiffsmodelle hinterlassen, mit denen sie die Hilfe des Heiligen für kranke Angehörige, verletzte Dromedare, Fischerboote etc. erflehen.

Oberhalb der Kirche liegt der *Friedhof*, ein von einer weiß gekalkten Mauer umgebenes Geviert. Eine Treppe führt zu dem mit einem Kreuz gekennzeichneten Tor hinauf.

Lesetipp: Das unscheinbare Örtchen Femés ist Schauplatz des in Spanien sehr angesehenen Romans „Mararía" von Rafael Arozarena (→ „Lesetipps", S. 109). Die Schule am Ortseingang ist danach benannt.

Verbindungen Von und nach **Arrecife** verkehrt Mo–Fr 3 x tägl. Bus 5.

Übernachten La Casa de la Caldera, einsame Finca mitten in der ländlichen Stille von Las Casitas de Femés, 4 km nordöstlich vor Femés, geführt vom englischen Ehepaar Sue und Ben Bennison. Im Haupthaus und in den benachbarten ehemaligen Stallungen sind drei originell eingerichtete Apartments untergebracht. Neben dem Haus liegt ein kleiner Swimmingpool. Zu erreichen, indem man beim Hubschrauber einbiegt und bis zur allein stehenden Finca fährt. Wochenpreis für das günstigste Apt. ab ca. 470 €, die anderen 630–760 €. ✆ 44(0) 2380-283682, www.lacasacaldera.com.

Essen & Trinken El Balcón de Femés, großes Lokal direkt am Abhang mit dem Panoramablick, schöne, offene Aussichtsterrasse, der Innenraum verglast. Leserempfehlung für Küche und freundlichen Service. ✆ 928-830179.

⟫ **Mein Tipp:** Casa Emiliano, dort, wo die Straße den Berghang hinunter Richtung Las Breñas beginnt. Gemütliches Lokal mit Terrasse, buntem Blumengarten und schönem Ausblick. Der Betrieb der Familie Duarte wurde früher von Mama Vicenta geführt, heute hat José, einer ihrer fünf Söhne, die Regie übernommen. Gute und authentische Grillküche, z. B. *cordero* (Lamm)

und besonders zartes *carne de cabra* (Zickleinfleisch) in großen Portionen zu fairen Preisen, auch die Paella ist zu empfehlen – aber eigentlich ist hier alles lecker. Schließt abends schon gegen 20.30 Uhr, Mo geschl. ✆ 928-830223. ⟪⟪

Femés, einfaches Lokal direkt am zentralen Dorfplatz, ordentliche Küche und günstiger als die anderen.

Shopping ⟫⟫ Mein Tipp: Queseria Rubicón, die Käserei von Jorge und Fernando hinter dem Restaurant Femés hat ihre Stallungen auf dem Sattel südlich oberhalb von Femés (→ Wanderung, S. 392). Freundliche Bedienung durch die Dame des Hauses, gute Qualität in verschiedenen Reifegraden und Sorten (z. B. geräuchert, mit Paprika oder Gofio überzogen), günstige Preise. Auch lokaler Wein namens „Femés" wird hier vergleichsweise preiswert angeboten. Mo–Sa 10–20, So 10–15 Uhr. Plaza San Marcial 3, ✆ 649-911289. ⟪⟪

Feste Die Fiesta de San Marcial Anfang Juli ist eins der wichtigsten religiösen Feste Lanzarotes. Eine Woche lang wird gefeiert, Musik und Folklore geben den Ton an. Höhepunkt ist der 7. Juli mit einer Prozession zu Ehren des ehemaligen Bischofs San Marcial.

Besteigung der Atalaya de Femés (deutsch: Wachturm, Ausguck, Aussichtspunkt): Der Aufstieg zum Hausberg von Femés ist leicht, denn es geht immer einen breiten Fahrweg entlang, der zur Funkstation am Gipfel führt, 250 m Höhenmeter sind dabei zu überwinden (Dauer: hin/zurück ca. 2 Std.). Von Femés geht man rechts am

Die malerische Ermita von Femés

Friedhof vorbei, der Weg steigt zunächst zwischen neueren Häusern bergan, geht dann in einen betonierten Fahrweg über, der kurz darauf zu Asphaltbelag wechselt und nach einigen hundert Metern zu einem *Gehöft* hinaufführt. Wir gehen jedoch geradeaus auf einer Schotterpiste weiter, die sich allmählich den Berg hinaufwindet, immer wieder hat man großartige Ausblicke. In Gipfelnähe zweigt rechter Hand der Fußpfad nach Yaiza ab (→ Wanderung von Yaiza nach Femés). Kurz darauf hat man nördlich unterhalb des Gipfels einen eindrucksvollen Blick auf einen kreisrunden Krater.

Auf dem Gipfel trifft man auf die schon von Femés aus sichtbaren Funkeinrichtungen, ein trigonometrischer Punkt wurde ebenfalls eingerichtet. Der Blick ist spektakulär: im Süden über die Ebene von El Rubicón bis hinüber nach Fuerteventura, im Norden tief hinein in das Gebiet der Feuerberge.

Von Femés nach Süden

Unmittelbar südlich von Femés führt die Straße steil hinunter. Nach wenigen Minuten zweigt linker Hand eine Asphaltstraße nach *Playa Blanca* ab, die sogar über einen seitlichen Fahrradstreifen verfügt. Unterwegs geht linker Hand eine Jeeppiste über die Berge zu den Papagayo-Stränden ab.

Weiter in Richtung Las Breñas durchfährt man die wenigen Häuser von *Maciót*, benannt nach dem skrupellosen Enkel des Eroberers Jean de Béthencourt (→ Geschichte). Rechter Hand fallen zwei markante Aschehügel auf – einer tiefrot, der andere schwarz.

Las Breñas: Das weit auseinandergezogene Dorf liegt auf halber Höhe am Hang. Las Breñas ist ein reiner Wohnort und nicht wenige ausländische Residenten leben hier weitab vom Rummel (auch Prominenz). Viele alte Häuser wurden liebevoll restauriert und werden z. T. vermietet, Empfehlung z. B. für die schöne, von Rosi und Klaus aus Österreich geführte „Casa Palmeras" mit Pool (www.fewo-direkt.de).

Inselsüden → Karte S. 327

„Kunst ist schön, aber macht viel Arbeit"

Das geflügelte Wort von Karl Valentin kann man bei einem Besuch der Galerie des ehemaligen Spiegel- und Sterngrafikers Dieter Noss (www.dieter noss.de) am Ortseingang links (von Femés kommend) bestens nachvollziehen. Grundstück und Haus (!) stehen jedermann offen und bei einem Spaziergang durch das Anwesen findet man unglaublich viele originelle und phantasievolle Stücke – von Skulpturen über Malerei bis zu witzig umfunktionierten Gebrauchsgegenständen und schrägen Sinnsprüchen. Wer Kontakt aufnehmen will: Dieter Noss wohnt gleich nebenan.

Essen & Trinken Los Tr3s, an einem zentralen Kreisverkehr der Durchgangsstraße, uriges Restaurant mit Bar und Supermarkt. Mo geschl. Calle Costa El Rubicón, ✆ 635-522119.

Casa Marcos, exponierte Lage mit Terrasse und herrlichem Blick über die Rubicón-Ebene bis zum Meer, besonders schön zum Sonnenuntergang. Gute Grillküche, Fleisch und Fisch. Calle La Cancela 20, ✆ 928-830101.

El Rubicón

Die schier endlos wirkende Ebene im südlichsten Zipfel Lanzarotes wurde von den normannischen Eroberern nach ihrer rötlichen Farbe (lat. rubeus = rot, rötlich) benannt.

Nur wenige Erhebungen fallen ins Auge, am markantesten sind die Ausläufer von Los Ajaches an der Ostküste hinunter zu den Papagayo-Stränden. In El Rubicón gibt es keine Orte, die kahle und baumlose Fläche ist bis auf einige Gehöfte völlig unbesiedelt. Einziger Anlaufpunkt ist das Ferienzentrum Playa Blanca vis-à-vis von Fuerteventura.

Kein Baum, kein Strauch:
In der Ebene El Rubicón

Die Mitte der Neunziger gebaute Schnellstraße LZ-2 zwischen Playa Blanca und Yaiza hat die Anbindung an den Rest der Insel sehr verbessert. In rascher Fahrt kommt man in die Feuerberge, nach El Golfo, Puerto del Carmen und Arrecife. Geruhsamer zuckelt man auf der holprigen, alten Straße C.V. (LZ-701), die genau parallel zur Schnellstraße verläuft. Dort gibt es auch noch die eine oder andere Abfahrt zur Westküste. Ideal für Biker ist die Asphaltstraße LZ-702 von Playa Blanca nach Femés, die einen extra für Radler ausgewiesenen Randstreifen besitzt.

Westküste: Die Küste zwischen *Salinas de Janubio* und *Punta de Pechiguera* ist flach, bis auf bizarre Lavafelsen gibt es keinerlei Attraktionen. Von der alten Straße Yaiza-Playa Blanca kann man zu einer weithin sichtbaren Wasserentsalzungsanlage fahren, wo Tanklaster regelmäßig ihre Vorräte auffüllen (→ S. 340). Kurz vor der *Montaña Roja* kann man auf Asphalt rechts abbiegen (bei der Fahrzeughalle der Autovermietung Cabrera Medina), den Berg westlich nahe der Küste umrunden und zur Punta Pechiguera mit ihrem markanten Leuchtturm fahren (→ S. 361).

Osten: Im Osten endet die Ebene an den Hängen der Los-Ajaches-Berge. Diese steigen bis zu 560 m Höhe an und bilden eine eindrucksvolle Kulisse. Den *Balcón de Femés* erkennt man als markante Terrasse zwischen den Hügeln. Eine Piste führt über die Berge (→ Wanderung von Femés zu den Papagayo-Stränden, S. 390).

Inselsüden → Karte S. 327

Playa Blanca   ca. 5600 Einwohner

Playa Blanca ist das neueste Ferienzentrum Lanzarotes. Noch vor wenigen Jahrzehnten existierte hier nur eine bescheidene Fischersiedlung.

Viele Fehler hat man deshalb vermeiden können: Weder die weitflächige Anonymität von Costa Teguise, noch der lärmende Trubel Puerto del Carmens sind bisher zu spüren, keine Autostraße beeinträchtigt das Strandleben. Viel Wert legte man

Der namensgebende Strand liegt mitten im Ortskern

stattdessen auf die Anlage einer Uferpromenade für Fußgänger, die sich mittlerweile fast die gesamte Südküste Lanzarotes entlangzieht.

Seit der Jahrtausendwende hat sich Playa Blanca allerdings zu einer gigantischen Urbanisation entwickelt, die sich über viele Kilometer in beide Richtungen der Küste erstreckt. Bereits in den 90er Jahren, als noch ein inselweit verordneter Baustopp (→ S. 52) alle touristischen Investitionen lähmte, legte man ein ganzes Netz von Straßen an, die sich kilometerweit nach Westen und Osten erstreckten. Nach Aufhebung des Baustopps wurden überall in der näheren und weiteren Umgebung neue Großhotels und Apartmentanlagen hochgezogen, die nicht immer reine Augenweiden sind und teilweise ohne oder mit zweifelhaften Genehmigungen errichtet wurden (→ Kasten). Zusätzlich ist vor wenigen Jahren mit dem „Puerto Marina Rubicón" ein attraktiver neuer Yachthafen entstanden, der den Ort für die begüterte Urlaubsklientel interessant machen soll – dafür mussten von den Behörden allerdings zunächst alteingesessene Bewohner zwangsumgesiedelt werden (→ S. 358), was viel Empörung auslöste.

Tatsächlich hat Playa Blanca große Vorzüge in die Waagschale zu werfen: Man genießt den schönen Blick aufs nahe Fuerteventura, kann in anderthalb Stunden zu den herrlichen Papagayo-Stränden wandern, per Fähre bequem für einen Tagesausflug nach Corralejo übersetzen oder die vorgelagerte Isla de Lobos besuchen. Da im flachen Süden Lanzarotes die Sonne häufiger scheint als im bergigen Norden, ist Playa Blanca ein Dorado für Badeurlauber. Vor allem Familien fühlen sich wohl, denn die flachen, sandigen Strände sind mit Steinmolen zur offenen See hin abgeschirmt und ideal für Kleinkinder, besonders die hübsche Playa Flamingo.

Wer allerdings die Attraktionen Lanzarotes kennen lernen will, muss weit fahren – im Süden der Insel gibt es nur eine Handvoll Sehenswürdigkeiten. Und auch Urlauber, die intensives Nachtleben suchen, sollten lieber Puerto del Carmen als Standort wählen, denn Playa Blanca hat in dieser Hinsicht so gut wie nichts zu bieten.

Boomtown Playa Blanca

Insgesamt 27 Hotel- und Apartmentanlagen, d. h. der überwiegende Teil aller Großhotels von Playa Blanca, sind Anfang des Jahrtausends entgegen dem geltenden Inselbebauungsplan „Plan Insular de Ordenación del Territorio" (PIOT) zu nah am Meer und trotz eines geltenden Baustopps errichtet worden. Für die Vergabe der Baulizenzen war der ehemalige Bürgermeister der Gemeinde Yaiza verantwortlich, der dafür von den Handlungsbevollmächtigten mehrerer Hotelketten „Wirtschaftshilfen" erhalten hatte und mittlerweile wegen Korruption verurteilt wurde. Die Fundación César Manrique, die gegen die illegale Bebauung Lanzarotes kämpft, hatte dagegen geklagt und das oberste Kanarische Gericht (Tribunal Superiore Justicia de Canarias) annullierte 2008 in letzter Instanz die von der Gemeinde Yaiza erteilten Genehmigungen in Playa Blanca. Pikant: Für den Bau der Hotelanlagen waren von Seiten der EU Subventionen in Höhe von insgesamt 30 Mio. Euro geleistet worden. Im Mai 2013 hat nun das spanische Parlament mit den Stimmen des konservativen Partido Popular ein neues Küstenschutzgesetz verabschiedet, das allen an den Stränden illegal errichteten Gebäuden eine Nutzungsgenehmigung von 75 Jahren gibt. Mit dieser nachträglichen Legitimierung sollen Arbeitsplätze gesichert und der Tourismus gefördert werden. Die Umweltschützer werden aber sicherlich noch beim spanischen Verfassungsgericht Rechtsmittel gegen die Neuregelung einlegen.

Anfahrt/Verbindungen/Ausflüge   → Karte S. 350/351 und S. 354/355

Playa Blanca ist der südlichste Ort Lanzarotes. Der Transfer vom Flughafen *Guecimeta* dauert aber dank der neuen Schnellstraße nur knapp 45 Min. Das ist zeitlich im Rahmen und gibt gleichzeitig einen schönen ersten Einblick in die Insellandschaft. Die häufig verkehrenden *Inselbusse* fahren ab Arrecife dieselbe Strecke. Playa Blanca ist außerdem *Fährhafen* zur Nachbarinsel Fuerteventura, die auf Sichtweite liegt. Bis zu 16 x täglich setzen geräumige Autofähren und ein Tragflügelboot in den dortigen Hafenort *Corralejo* über. Im Hafenbecken liegen auch einige kleine Schiffe, die täglich Ausflüge in die Umgebung und auf die Isla de Lobos anbieten.

Busse Der große **Busbahnhof** von Playa Blanca liegt an der Avda. Playa Blanca, etwa 5 Fußminuten vom Ortskern, die **Estacion Sur** befindet sich gleich in der Nähe am oberen Kreisverkehr von Playa Blanca (→ Ortsplan).

Bus 60 fährt Mo–Fr stündlich 8–22 Uhr (Sa/So alle 1–2 Std.) von **Playa Blanca** (Hafen und Busbahnhof) über **Yaiza**, **Uga**, **Macher** und **Tias** nach **Arrecife** (Busbahnhof und Playa del Reducto) und zurück.

Bus 161 fährt Mo–Fr stündlich 8.30–23.30 Uhr (Sa/So etwa alle 2 Std.) vom Hafen in **Playa Blanca** über **Yaiza**, **Puerto Calero** und **Puerto del Carmen** zum **Flughafen** und zurück.

Buslinie 30: Playa Blanca ist von West nach Ost mittlerweile gut 9 km lang. Am Busbahnhof startet deshalb tägl. von 6.30 bis 22 Uhr alle halbe Stunde die lokale **Buslinie 30**, fährt nach Westen bis zur Urbanisation „Faro Park" (landeinwärts vom Leuchtturm) und nach Osten bis zur Station „Las Coloradas" (landeinwärts vom Hotel Papagayo Arena). Genaue Route → obige Karte.

Inselsüden → Karte S. 327

BUS LINIE 30

① Estación de Bus
② Casas del Sol
③ Playa Limones
④ Las Margaritas
⑤ La Perla 1
⑥ Colegio
⑦ El Pueblito
⑧ Virginia Park
⑨ Jardín del Sol
⑩ Bajo los Riscos
⑪ Los Arcos
⑫ La Goleta 1
⑬ Faro Park
⑭ La Goleta 2
⑮ Rubicón Palace
⑯ Natura Palace
⑰ Volcanes 1
⑱ Volcanes 2
⑲ Flamingo
⑳ Muelle Pl. Blanca
㉑ Estación Sur
㉒ El Aulagar
㉓ Lanzarote Princess
㉔ Playa Dorada
㉕ Marina Rubicón
㉖ Ciudad Jardín 1
㉗ San Marcial 1
㉘ Las Coloradas
㉙ San Marcial 2
㉚ Ciudad Jardín 2
㉛ Castillo del Aguila
㉜ Princesa Yaiza
㉝ C.C. Papagayo
㉞ Beach Sun

Bus 13 startet sonntags um 9 Uhr zum Markt in Teguise, Rückfahrt ist um 13 Uhr.

Fähren nach Fuerteventura Das Hafenbecken von Playa Blanca liegt ein Stück westlich vom Ortskern. Zwei Fähren bestreiten die Verbindung hinüber nach **Corralejo**: die Schnellfähre **Bocayna Express** der **Lineas Fred. Olsen**, die für die Überfahrt nur 20 Min. benötigt, und die **Volcán de Tindaya** der **Naviera Armas** (www.navieraarmas.com), deren Überfahrt 35 Min. dauert. Lineas Fred. Olsen (www.fredolsen.es) ist also schneller, aber auch ein Stück teurer. Dazu kommen mehrmals tägl. die 45 Min. langen, dafür deutlich preiswerteren Fahrten mit dem Tragflügelboot **Princesa Ico** (Fuerteventura Express Ferry) von **Lineas Maritimas Romero** (www.lineasromero.com), das jedoch keine Fahrzeuge mitnehmen kann.

Abfahrtszeiten ab **Playa Blanca**: Lineas Fred. Olsen 7.10*, 8.30*, 10, 14, 16, 18 und 20** Uhr (* nicht So, ** nicht Sa);

Naviera Armas 7, 9, 11, 15*, 17 und 19 Uhr (* nicht So);

Lineas Maritimas Romero Mo–Sa 9.30, 10.30, 12, 16.15 Uhr.

Abfahrtszeiten ab **Corralejo**: Lineas Fred. Olsen 6.30*, 7.50*, 9.10, 12, 15, 17 und 19** Uhr (* nicht So, ** nicht Sa);

Naviera Armas 8, 10, 14*, 16, 18, 20 Uhr (* nicht So);

Lineas Maritimas Romero Mo–Sa 10.30, 11.30, 13, 17.15 Uhr.

Sonstiges: Tickets für Lineas Fred. Olsen (✆ 902-100107) und Naviera Armas (✆ 902-456500) kann man an Schaltern in den Hafengebäuden auf der Mole erwerben, Lineas Maritimas Romero verkauft von einem Kiosk aus.

Reservieren ist in der Regel nicht nötig, nur an Wochenenden herrscht etwas mehr Betrieb, da dann die Einheimischen mit ihren Wagen zwischen den beiden Inseln pendeln. Wer am Sonntag mit der letzten Fähre zurück will und ohne Fahrzeug dabei ist, sollte besser rechtzeitig buchen! Für Fußgänger ist aber immer Platz.

Beide Fährgesellschaften bieten ermäßigte Paketpreise für PKW mit mehreren Passagieren, Bei Lineas Fred. Olsen gibt es mit vorheriger Onlinebuchung Rabatt.

Achtung: Die Mietwagenfirmen gestatten es in der Regel nicht, dass mit ihren Wagen von Lanzarote nach Fuerteventura übergesetzt wird. Wer es trotzdem tut, kann bei einem Unfall Probleme mit dem Versicherungsschutz bekommen. Vorher unbedingt erkundigen!

Schiffsausflüge Im Hafen findet man mehrere Anbieter und verschiedene Bootstypen, in den letzten Jahren gab es z. B. u. a. ein U-Boot.

Playa Blanca
Übersicht

350 m

Fuerteventura

Playa Blanca
Playa Dorada
Fährhafen
Sporthafen Marina Rubicón
Playa de Afe
Papagayo-Strände

Der **Express Waterbus Papagayo** fährt bis zu 4 x tägl. zu den Papagayo-Stränden und wieder zurück (8 € einfach/15 € hin u. zurück), es gibt aber auch gelegentlich Touren zu den großen Dünenstränden von Fuerteventura und zur Isla de Lobos.

Da sich die Angebote häufig ändern, erkundigen Sie sich wegen der Fahrten in den Reiseagenturen vor Ort und direkt im Hafen. Dort können Sie auch buchen.

Autoverleih Großes Angebot an Leihwagen, z. B.

Cabrera Medina, Avda. de Papagayo 2, ℘ 928-517128;

Pluscar, Avda. de Papagayo 21, ℘ 928-349276;

Feber, Calle Limones 04, ℘ 928 517341.

Fahrräder Der Süden Lanzarotes ist fast völlig flach. Es gibt zahlreiche Pisten, die für Mountainbiking geeignet sind, speziell die Fahrt zu den Papagayo-Stränden lohnt. Mountainbike ab ca. 12 €/Tag.

Papagayo Bike 12, in der Nähe der Kirche. Calle Tegala 13, ℘ 928-349861, 606-109765, www.bikes-lanzarote.com.

Lanzarote Bikes 32, im Hafen, vermietet werden auch Electric Bikes. ℘ 652-200570, www.electrobike-lanzarote.com.

Cool Bikes 11, Calle El Correillo 48, ℘ 928-517787, www.coolbikes.es.

Taxi Standplätze am Kreisverkehr im Ort und im Hafen. ℘ 928-524222. Ungefähre Preise: nach Yaiza 20 €, in die Feuerberge 25 €, Puerto del Carmen 38–40 €, Flughafen 45–40 €, Arrecife 50–55 €, Teguise 60 €.

Basis-Infos

→ Karte S. 350/351 und S. 354/355

Information an der Avda. El Varadero, wenige Meter vom Kreisverkehr am Beginn der Fußgängerzone. Tägl. 9–19 Uhr. ℘ 928-517794, www.yaiza.es.

Weiterer Informationskiosk in der Marina Rubicón. Mo u. Fr 10–18, Di u. So 10–14, Mi 9.30–18, Sa 9.30–17 Uhr, Do geschl. Mit Fahrradverleih. Calle El Berrugo 2, ℘ 928-519012, www.marinarubicon.com.

Apotheken u. a. am Kreisverkehr mit der Busstation und in der Avda. de Papagayo.

Gottesdienst evangelische Messe in deutscher Sprache jeden So um 12 Uhr in der Ortskirche (außer Juli/August). Infos bei www.ekd.de, pfarre.pdc.lanzarote@gmail.com.

Kinder Spielplatz 9 gegenüber der kleinen Kirche von Playa Blanca (→ Ortsplan).

Post in der Calle El Correillo, westlich der Calle El Varadero. Mo–Fr 9–14.30, Sa 9.30–13 Uhr.

Inselsüden → Karte S. 327

Übernachten

→ Karte S. 350/351 und S. 354/355

Es dominieren Großhotels der oberen Kategorien und ausgedehnte Apartment-siedlungen, die sich weitflächig um den kleinen Ortskern gruppieren und sich an-schicken, allmählich die gesamte Südküste samt Hinterland zu bedecken. Der Standard ist durchweg hoch, kaum etwas ist älter als zehn Jahre – und wurde z. T. illegal errichtet (→ S. 347). Viele Anlagen sind familienfreundlich konzipiert, einige aber nur für Erwachsene zu buchen (ab 16 J.), all-inclusive ist oft möglich. Bei der Auswahl darauf achten: Nicht alle Unterkünfte liegen in Strand- bzw. Ortsnähe, z. T. sind erhebliche Wege zu bewältigen. Für Individualreisende gibt es im Ort nur wenige Möglichkeiten, ein Apartment bei Privatleuten zu mieten.

***** L THe Volcán Lanzarote **48**, das architektonisch originellste Hotel in Playa Blanca wurde 2002 an der Küste östlich vom Ort oberhalb vom neuen Jachthafen Marina Rubicón (→ S. 357) eröffnet. Schon von weitem fällt der künstlich aufgeschüttete Kegel aus Lavabrocken auf, unter dem sich die Empfangshalle verbirgt. Den Eingang bildet eine Kopie der Kirche Iglesia de Nuestra Señora del Guadalupe in Teguise, im feierlichen Innenraum erklingen Mönchs-gesänge, an den Wänden hängen groß-flächige Bilder aus schwarzem Lavasand von Ildefonso Aguilar. Im mehrstöckigen Vulkan liegt der Empfangsbereich, darunter plätschert ein Wasserfall und strömt als Bachlauf in die vorgelagerte große Pool-landschaft. Im Umkreis gruppieren sich die Zimmer in kleinen Wohneinheiten, die einem lanzarotenischen Dorf nachempfun-den sind. Zimmer jeweils mit Sofa und Sitz-ecke, von den meisten Meerblick bis hin-über nach Fuerteventura, sonst auf die Poolanlage. Fünf unterschiedliche Restau-rants (nicht immer alle geöffnet) sorgen für Gaumengenuss. DZ/F ab ca. 140 €. Calle El Castillo 1, ✆ 928-519185, www.hotelvolcan lanzarote.com.

***** L Princesa Yaiza **10**, weitere Topan-lage oberhalb der Playa Dorada. Elegante Ausstattung, schöne Halle mit viel Grün und Wasserfällen, edle Suiten mit form-schönem Holzmobiliar, ansprechenden Fliesenböden und Terrasse. Sieben Restau-rants und eine Disco, zwei große Pools, Wellness-Zone mit Thalassotherapie, Ten-nis, Beach Volleyball, Squash, Fußball und andere Sportarten, dazu eine 10.000 qm gro-ße Zone ausschließlich für Kinder. DZ/F ab ca. 200 €. Avda. Papagayo 22, ✆ 928-519300, www.princesayaiza.com.

≫ Mein Tipp:: **** Casa del Embajador **22**, kleines, einladendes Hotel im Land-hausstil im östlichen Bereich der Uferpro-

menade, ganz zentral, trotzdem ruhig. In den Fischerhäusern vom Anfang des 20. Jh., die später im Besitz eines Diploma-ten waren, gibt es zwölf DZ und Dreibett-zimmer sowie eine Suite. Alle sind behag-

Übernachten

2　Villa Sandra
3　H10 Sentido White Suites
10　Princesa Yaiza
16　Apartamentos Gutiérrez
21　Jardines del Sol
22　Hotel Casa del Embajador
30　Apartments Playa Limones
33　Hotel Rubicón Palace
34　Villas Heredad Kamezí
36　Hotel Lanzarote Park
37　Hotel Timanfaya Palace

lich eingerichtet und besitzen Sat-TV, davor liegt eine große, zum Meer hin ausgerichtete Sonnenterrasse mit herrlichem Blick. DZ/F ca. 160–200 €, Suite 210–300 €. ✆ 928-519191, www.hotelcasadelembajador.com. ≪

**** **Timanfaya Palace** 🟥37, komfortables Großhotel nur für Erwachsene direkt an der Küste, zwei Fußminuten westlich der Playa Flamingo, zum Ortszentrum 20 Min. am Meer entlang oder Bus 30. Mit seinen eleganten, weiß gekalkten Rundtürmen wirkt es fast ein wenig orientalisch. Das Innere ist luftig und mondän, zum Meer hin dominiert eine imposante Glasfront, davor erstreckt sich eine weitläufige Außenanlage mit zwei Süßwasserpools. Geräumige Zimmer, große Bäder mit Badewanne, Sat-TV.

An der Uferpromenade wurden ein paar Sandflecken künstlich aufgeschüttet, wo man sich im Angesicht zahlreicher Passanten sonnen kann. Mehrere Restaurants, besonders schön ist das Garten-Grillrestaurant am Pool. Es gibt u. a. einen Fitnessraum, Sauna, Whirlpool, Tennis und Minigolf. DZ/F ab ca. 120 €. Calle Gran Canaria 1, ✆ 928-517676, www.hotelh10timanfayapalace.com.

**** **Rubicón Palace** 🟥33, weiteres Komforthotel zwischen Playa Blanca und der Punta de Pechiguera, sehr gut geeignet für Urlaub mit Kindern. Weitläufiger Poolbereich mit sechs Pools, Hallenbad und zwei Kinderbecken. Im Wellness-Center vielfältige Wasserlandschaft: Wellenpool, Wasserfall,

Inselsüden → Karte S. 327

Essen & Trinken
- 4 Los Hervideros
- 5 Atlántico
- 7 JyD 07 Tapas Italiane y mas
- 14 Santo Zumo
- 17 El Pelegrino
- 18 L'Artista 1993
- 19 The Galería
- 23 Dorada Beach
- 25 La Cantina Mejicana
- 27 La Katedral
- 28 Deutsche Bäckerei/Café
- 29 El Galeón
- 31 La Cofradía de Pescadores

Sonstiges
- 1 Minigolf
- 6 The Bookswop
- 8 Windblue Diving
- 9 Spielplatz
- 11 Cool Bikes
- 12 Papagayo Bike
- 13 Il Nuovo Gelato
- 15 César Manrique Shop
- 20 Gelateria Italiana Verderosa
- 24 Deutscher Supermarkt
- 26 Chévere
- 32 Lanzarote Bikes
- 35 Dive College Lanzarote

Playa Blanca

150 m

türkisches Bad, Thermalanlage mit Sauna. Neu ist der Kinderbereich Daisy Adventure. DZ/F ab ca. 100 €. ✆ 928-518500, www.hotel h10rubiconpalace.com.

>>> **Mein Tipp:** **** H10 Sentido White Suites **3**, etwa 200 m landeinwärts der Playa Dorada. Die frühere Familienanlage Bahía Blanca Rock wurde vollständig renoviert und in ein schickes, wenn auch ziemlich großes Boutique-Hotel für Erwachsene (ab 16 J.) umgebaut. Schöner Innenbereich mit Poollandschaft und Palmen, moderne Suiten mit Pool- oder Gartenblick, nettes Personal. Restaurant mit Show-Cooking, mehrere Bars, kleines Spa und Fitnessraum. Suite/F für 2 Pers. ab ca. 150 €. Calle Janubio 1, ✆ 928-517037, www. h10hotels.com. <<<

**** Lanzarote Park **36**, das kürzlich renovierte Aparthotel liegt westlich vom Hafen direkt am Meer, wenige Schritte seitlich der Playa Flamingo. Hinter einer schloss-

Im Hafen von Playa Blanca

ähnlichen Fassade mit zwei flankierenden Türmen liegen drei halbrunde Komplexe nebeneinander, alles in Weiß. Im Zentralbau kommt man durch die helle Halle mit Marmorböden hinunter zur Gartenanlage mit mehreren Pools. Die Apts. (ein Schlafzimmer) und Studios sind schlicht, aber ansprechend, besitzen gut ausgestattete Bäder und geräumige Balkone. Tischtennis, Billard und Volleyball, Animation für Erwachsene und Kinder, Kinderspielplatz. Tennis, Squash und Sauna gegen Gebühr. Ein Außenrestaurant ist mit Glaswänden gegen den Wind geschützt, Blick aufs Meer. Apt./F ab ca. 100 €. Avda. Archipiélago 7, ✆ 928-517048, www.iberostar.com.

*** Pueblo Marinero **40**, an der Promenade im Jachthafen Marina Rubicón, kleine, überschaubare Anlage nur für Erwachsene, hübscher Pool mit Poolbar und Meerblick, WLAN (gegen Gebühr), Sauna, Whirlpool. Apt./F für 2 Pers. ab ca. 90 €. Calle del Berrugo 1, ✆ 00-1-469-610-3608, www.hotelapart amentopueblomarinero.com.

*** Jardines del Sol **21**, gepflegte Bungalowanlage im Bereich der Montaña Roja, 1- und 2-Schlafzimmer-Apartments, schöner Außenbereich mit Palmen, beheizter Pool, Kinderbecken und Poolbar, dazu ein gutes Restaurant. Apt./F für 2 Pers. ab ca. 90 €. ✆ 928-517608, www.diamondresorts.com/ Jardines-Del-Sol.

*** Playa Limones **30**, diese beliebte und ruhige Anlage liegt zwei Gehminuten oberhalb der Playa Flamingo, landeinwärts der Straße. Bungalows mit einem Schlafzimmer, zwei kleine Pools und ein Kinderbecken, große Sonnenterrasse mit Bar, Minigolf. Apt./F für 2 Pers. ab ca. 90 €. Carretera Limones s/n, ✆ 928-517247, www.playa-limones.com.

>>> **Mein Tipp:** * Apartamentos Gutiérrez **16**, die beste Anlaufstelle für Individualreisende ist dieses Privathaus in der Nähe der Kirche und nur ein paar Schritte von der Uferpromenade entfernt, zu der Stufen hinunterführen. Ein nettes, älteres Ehepaar vermietet mehrere geräumige Apartments mit je einem Schlafzimmer für ca. 40–50 €, bei längerem Aufenthalt Rabatt. Hinten Gemeinschaftsterrasse ohne Ausblick. ✆ 928-517089, 636-372893, apartamentosgutierrez@ gmail.com. <<<

Villen/Ferienhäuser Villa Sandra **2**, große, komfortable Villa für bis zu 6 Pers. in der Urbanisation Bellavista an der Montaña

Roja. Tagespreis ab 180 €, für Aufenthalt unter einer Woche 20 € Aufpreis. ℡ 693-545480, www.villalanzarote.es.

>>> Mein Tipp: Casa Mar **38**, ausgezeichnet eingerichtetes Ferienhaus in ruhiger Lage, 10 Min. landeinwärts der Marina Rubicón. Drei Schlafzimmer, schöner Außenbereich mit Terrasse und Pool, Blick aufs Meer und Fuerteventura. Ab 660 €/Woche, zu buchen über diverse Onlineportale. **«**

🌿 Villas Hered Kamezí **34**, komfortable ökologische Bungalowanlage kurz vor dem Leuchtturm Faro de Pechiguera. Für die Gestaltung der 31 Häuser mit zwei bis vier Schlafzimmern wurden fast ausschließlich natürliche Materialien verwendet. Jedes hat ein grasbewachsenes Grundstück, einen Parkplatz und einen eigenen Meerwasserpool – Architektur im Sinn von César Manrique. Es gibt hier Solarversorgung, eine eigene Entsalzungsanlage und konsequentes Wasserrecycling. Die Verwaltung besorgt der freundliche Schweizer Michael Müggler. Kinderspielplatz, Fahrradverleih. Bungalow mit einem Schlafzimmer ca. 177–271 €. Calle Mónaco 2, ℡ 928-518624, http://villaskamezi.com. ∎

>>> Mein Tipp: Ocean Dreams **46**, komfortable Villenanlage in schöner und ruhiger Lage vis-à-vis vom Castillo de las Coloradas, bis zur Marina Rubicón geht man nur 5 Min. Ansprechende Villen jeweils mit zwei oder drei Schlafzimmern, eigenem Pool und Klimaanlage. Die Einrichtungen des gegenüberliegenden Hotel Volcán Lanzarote können genutzt werden. Villa ab ca. 100 €/Tag. Calle El Castillo 2, ℡ 928-519394, http://oceandreams.es. **«**

Essen & Trinken

→ Karte S. 350/351 und S. 354/355

Das Angebot ist breit gefächert – kanarische und internationale Küche, Grillspezialitäten, Gerichte vom spanischen Festland, Paella und Pizza. Eine schöne Ecke zum Essengehen ist sicherlich die zentrale Uferpromenade, allerdings sind Qualität und Preisgestaltung dort häufig kritikwürdig. Stimmungsvoll sitzt man im schönen Yachthafen Marina Rubicón, wo viele neue Lokale eröffnet haben.

Hafen La Cofradía de Pescadores **31**, einfaches Lokal der Fischereigenossenschaft direkt im Hafen, überwiegend von Einheimischen frequentiert. Im angeschlossenen Laden kann man fangfrischen Fisch und Meeresfrüchte kaufen. ℡ 928-518466.

El Galeón **29**, ebenfalls direkt im Hafen, die Portionen sind groß und die Preise günstig, flotter Service. Vor dem Lokal viel Auslauf für Kinder, allerdings parken dort auch PKW, etwas Vorsicht ist also geboten. Do geschl. ℡ 928-517688.

Uferpromenade La Katedral **27**, Bistro-Bar an der Promenade, schon recht nah am Fährhafen, Tapas in erfreulicher Qualität, dazu netter Service und faire Preise. Man kann halbe oder ganze Portionen ordern.

L'Artista 1993 **18**, kleines Lokal über drei Etagen, gute italienische Küche und Meerblick, schön sitzt man auf der kleinen Terrasse. Calle La Tegala 18, ℡ 928-517578.

Verstreut im Ort Atlántico **5**, vis à vis der Kirche im ersten Stock mit kleiner Terrasse, nettes portugiesisches Lokal mit recht ambitionierter Küche, gute Fleischgerichte, z. B. Hühnchen piri piri, aber auch Fisch. Nur abends, Do geschl. Avda. de Papagayo 75, ℡ 656-973060.

>>> Mein Tipp: Los Hervideros **4**, typisch kanarisches Haus, etwas versteckt landeinwärts der Avda. Papagayo, vom oberen Stockwerk genießt man einen schönen Blick über Playa Blanca. Sehr gute kanarische Küche zu angemessenen Preisen. Do geschl., So erst ab 16 Uhr. Calle El Marisco 9. ℡ 928-517707. **«**

La Cantina Mejicana **25**, an der Fußgängerzone Calle Limones (Meerseite) in Richtung Hafen, hübsch aufgemacht mit viel Holz und mexikanischen Stoffen, vorne Balkon über der Uferpromenade mit Blick aufs Meer, ordentliches TexMex-Essen, netter Service. Calle Limones 53.

JyD 07 Tapas Italiane y mas **7**, im rückwärtigen Bereich von Playa Blanca, nettes Lokal mit hausgemachten Antipasti und Pizza, nicht teuer, freundlicher Service. Calle La Peña 9. ℡ 928-594325.

Marina Rubicón Im typischen Yachthafen-Flair treffen sich Segler, Touristen und Einheimische. Die Restaurants und Bars haben alle Terrassen mit Blick auf den Hafen und die Yachten.

Meson La Taberna 🚩, gemütliche Tapas-Bar im Ostteil der Marina, man sitzt an blauen Holztischen, draußen ist ein runder Tresen um einen Baum gebaut, freundliche Bedienung. ✆ 928-519139.

La Casa Roja 🚩, ziemlich schicke und teure Angelegenheit, zwei schattige Terrassen am Wasser übereinander (die Traumterrasse im ersten Stock wird erst geöffnet, wenn das Erdgeschoss gut gefüllt ist). Ausgefeilte Speisekarte von Entenbrust über Garnelen-Tempura bis zu frischem Lachs. ✆ 928-519644.

»» Mein Tipp: Casa Brigida 🚩, wenige Schritte weiter, sehr gute, etwas gehobene Küche, z. B. iberisches Spanferkel, Cherne (Wrackbarsch) aus dem Ofen, Wolfsbarsch und Jakobsmuscheln, alles stets frisch zubereitet, dazu freundlicher Service und Verständnis für Kinder. Preise etwas höher, Menü des Hauses ca. 38 €. ✆ 928-519190. **««**

La Petite Marmite 🚩, gemütliches Lokal mit schöner Terrasse, gehobene Küche mit französischem Einschlag, originell ist das selber Grillen am Tisch, ebenfalls nicht billig. ✆ 928-349730.

One Bar 🚩, nettes und wegen der exponierten Lage nur wenig besuchtes Plätzchen beim Leuchtturm an der Meereseinfahrt in die Marina. Restaurant und Café in einem, hübsch zum Sitzen. ✆ 928-349930.

Weiter außerhalb La Cochina de Colacho 🚩, avantgardistisches Designerlokal an der Durchgangsstraße hinter der Marina Rubicón. Colacho bereitet in seiner einsehbaren Küche beste spanisch-internationale Gerichte, es gibt fangfrischen Fisch, aber auch *cochinillo asado* (gegrilltes Spanferkel) oder *paletilla de cordero* (Lammschulter). Sehr schön gedeckt und netter Service, preislich recht gehoben, Haupt-

Playa Blanca – östlicher Teil

gerichte ab 20 €. Nur Mo–Do 18.30–23.30 Uhr. Calle Velázquez 15. ✆ 928-519691.

Sebastyan's, gepflegtes griechisches Lokal im Centro Comercial La Mulata (westlich von Playa Blanca, neben dem Hotel Natura Palace am Ende der Straße). Nicht ganz preiswert, aber sehr nette Sitzmöglichkeiten auf der Terrasse zur Meerseite, freundliche Bedienung und authentisches griechisches Essen. ✆ 928-349679.

Cafés & Bars/Nachtleben/Shopping/Feste   → Karte S. 350/351 und S. 354/355

Cafés & Bars Deutsche Bäckerei/Café 🚩, bei Betty und Simone sitzt man in der Nähe vom Hafen direkt an der Uferpromenade, kann Apfelstrudel kosten, aber auch Brat- und Currywurst. 9–17.30 Uhr.

El Pelegrino 🚩, etwas ab vom Schuss, mit viel Holz gemütlich eingerichtete Bar mit spanischer Küche in einer Parallelstraße zur Fußgängerzone. Calle El Correillo 60.

The Galeria 🚩, östliche Uferpromenade, englisch geführte Kneipe im ersten Stock neben dem Restaurant L'Artista, schöner Meerblick. ✆ 928517506.

E **ssen & Trinken**
39 La Cochina de Colacho
41 Caribe Lanzarote
43 Meson La Taberna
44 La Casa Roja
47 Casa Brigida
49 One Bar
50 Vino Blanco
51 Café Terraza
52 La Petite Marmite

Museo Atlántico

Ü **bernachten**
38 Casa Mar
40 Apartments Pueblo Marinero
46 Ocean Dreams
48 THe Volcán Lanzarote

Santo Zumo **14**, „Saftladen" und Café in zentraler Lage bei der Kirche, leckere, frisch gepresste Säfte, Kuchen und Bocadillos, dazu Verkauf von Obst, Gemüse, Wein etc. Calle La Tegala 1.

Dorada Beach **23**, schöne Lage am gleichnamigen Strand (→ Playa Blanca/Baden).

Caribe Lanzarote **41**, im Jachthafen Marina Rubicón, etwas zurück vom Wasser, gute Cocktails und ebensolche Stimmung in der Bar am großen Pool (der allerdings nur selten offen ist).

Vino Blanco **50**, gemütlich-schickes Lokal ganz in Weiß in erster Reihe der Marina Rubicón, Tapas, Cocktails und Lanzarote-Weine, dazu häufig Livemusik.

Café Terraza **51**, das einladende Café von Debbie und Stef liegt gleich neben dem Vino Blanco, geboten sind Kuchen und Tapas, viel gelobter Kaffee, Cocktails und Smoothies.

Nott zum Sitzen zwischen Lavafelsen, dazu freundliche Bedienung und nicht teuer.

Eis   Gelateria Italiana Verdcrosa **20**, bestes hausgemachtes Eis in der Fußgängerzone, geführt von Simone aus Italien. Calle Limones 38.

Il Nuovo Gelato **13**, schöne Eisdiele mit guter Auswahl. Calle La Tegala 22–24.

Nachtleben Nach dem Abendessen werden weitgehend die Gehsteige hoch geklappt. Aber wie in allen Zentren auf Lanzarote gibt es ein paar englische und irische Bars, vor allem im Centro Comercial Punta Limones am Fährhafen. Ansonsten konzentriert sich das soziale Leben auf die Großhotels, dort wird abends etwas Animation geboten oder eine betuliche Disco angeworfen. Mit dem Wagen ist man jedoch auf der neuen Schnellstraße über Yaiza in einer guten halben Stunde in Puerto del Carmen, wo abends die Post abgeht.

Schicke Restaurantzeile in der Marina Rubicón

Shopping Mittlerweile haben sich zahlreiche internationale Modeketten in Playa Blanca niedergelassen, vor allem in der Fußgängerzone findet man schicke Boutiquen.

Mercato Marina Rubicón: Dieser ausgedehnte Souvenir- und Kunsthandwerksmarkt findet jeweils Mi und Sa 9–14 Uhr in der Marina Rubicón statt. Groß ist die Auswahl an teils fantasievollen Accessoires, Kosmetik und Schmuck, auch lanzarotenische Produkte wie Wein und Käse werden angeboten.

Chévere 🗓, Schmuck und geschmackvolles Kunsthandwerk an der Uferpromenade.

Deutscher Supermarkt 🗓, am Westende der Calle El Correillo, deutsche Markenprodukte und fränkische Wurstspezialitäten (Achtung, kann geschlossen sein). Mo–Fr 10–15 Uhr, ✆ 928-349285.

César Manrique Shop 🗓, direkt am Kreisverkehr oberhalb der Uferpromenade. Mo–Fr 10–13, 17–20, Sa 10–13 Uhr.

The Bookswop 🗓, englischsprachiger Buchladen, Bücher neu und gebraucht. Calle Corvina 4.

Fest Fiesta Nuestra Señora del Carmen, um den 16.–20. Juli, See- und Landprozession zu Ehren der Schutzpatronin der Seeleute.

Sport

→ Karte S. 350/351 und S. 354/355

Baden AquaLava Waterpark, 2012 gebautes Spaßbad im Gelände des Relaxia Lanzasur Club (Hinterland der Playa Flamingo), alles noch gut in Schuss, viele Rutschen, Wellenbad, Restaurant. Eintritt ca. 20 €, Kind 12 €. Calle Gran Canaria 26. ✆ 928-517533, www.relaxia.net/de/aqua_lava.

Fitness Im Hotel Hesperia Playa Dorada an der Playa Dorada gibt es ein Fitness-Center mit Hallenbad (25-m-Becken), Jacuzzi, Sauna und Squashcourt, das auch Nichthotelgästen gegen Gebühr zugänglich ist.

Minigolf in den Hotels Timanfaya Palace und Lanzarote Princess (→ Übernachten) sowie in der Apartmentanlage Los Calamares 🗓 (landeinwärts der Straße zum Hafen).

Segeln Rubisail 🗓, modernes Segelzentrum in der Marina Rubicón, außerdem Windsurfen, Stand-Up-Paddling, Katamaranfahrten und Kajakvermietung/-kurse. Information im Hafenbüro der Marina (täglich 9–20 Uhr), dabei nachfragen, ob der jeweilige Lehrer Deutsch spricht. Nach Möglichkeit einige Tage vor gewünschtem

Kursbeginn buchen. ✆ 928-519012, www.marinarubicon.com.

Tauchen Mehrere Tauchschulen bieten ihre Dienste an, vom Anfänger- bis zum Fortgeschrittenenkurs ist alles geboten. Ein Highlight ist das neu installierte Unterwassermuseum „Museo Atlántico" (→ Kasten, S. 359).

Dive College Lanzarote 35, günstige Lage direkt am Meer, im Hotel Timanfaya Palace und beim Hotel Natura Palace. Das professionelle Team wird sehr gelobt. Centro Comercial La Mulata, Calle Lanzarote 1, ✆ 928-518668, www.divecollegelanzarote.com.

Rubicón Diving 45, Padi-Tauchcenter in der Marina beim Leuchtturm. Alle gängigen Leistungen, außerdem Spezialkurse wie Fischidentifizierung und Wracktauchen sowie Kurse in Unterwasserfotografie (nur auf Englisch). ✆ 928-349346, www.rubicondiving.com.

Windblue Diving 8, im Zentrum von Playa Blanca, wenige Meter vom Taxistand. Calle La Tegala 20, ✆ 928-519606, www.windbluediving.com.

Tennis in der **Marina Rubicón** und im Hotel **Lanzarote Park** (→ Übernachten).

Sehenswertes

Puerto Marina Rubicón: Gegen den massiven Widerstand von Naturschützern wurde nach der Jahrtausendwende östlich von Playa Blanca ein ausgedehnter Yachthafen gebaut. Wo früher Salinen lagen und kaum Häuser standen, erstreckt sich nun eine attraktive Hafenanlage mit schicken Restaurants, trendigen Cafés, Bars, Galerien und exklusiven Modeboutiquen. Mit dem „Volcán Lanzarote", etwas oberhalb am östlichen Ende der Marina, findet man hier auch eines der interessantesten Großhotels der Insel. Sportbegeisterte können im Hafenbüro Segelkurse buchen oder die Tauchschule besuchen, im Zentrum der Anlage liegt außerdem ein (leider selten zugänglicher) Swimmingpool mit Sonnenliegen. Mittwochs und samstags kann man am Vormittag über den ausgedehnten Souvenir- und Kunsthandwerksmarkt bummeln, der dann einen Großteil der Marina einnimmt. Einziger Fremdkörper in der Anlage ist die „Casa Berrugo". Sie ist auf Lanzarote zum Symbol geworden für die Rücksichtslosigkeit, mit der die großen touristischen Investoren vorgehen, um ihre Projekte zum Erfolg zu bringen.

Das pittoreske Castillo de las Coloradas

Inse süden → Karte S. 327

Hinkommen/Verbindungen   Von der zentralen Uferpromenade im Ort sind es zur **Marina Rubicón** etwa 1,5 km, man läuft etwa eine halbe Stunde am Meer entlang. Gleich daneben liegt das **Castillo de las** **Coloradas**. Die Anfahrt mit Fahrzeug ist ebenfalls möglich und auch der **Ortsbus 30** stoppt an der Avda. de Papagayo (Station: Marina Rubicón), von dort sind es noch wenige Fußminuten.

Casa Berrugo: Zwangsräumung in der Marina Rubicón

Die Casa Berrugo ist ein über hundert Jahre altes Haus, das noch bis vor wenigen Jahren bewohnt war. Sie störte das topmoderne Gesamtbild der Marina, doch die Familie Medina Caceres, die darin seit Anfang des 20. Jh. wohnt, weigerte sich, das Haus zu verlassen. Ihre Vorfahren waren in den hiesigen Salinen beschäftigt, dessen Eigentümer ihnen damals per Handschlag das Recht gab, auf Lebenszeit in der Casa Berrugo zu wohnen. Das kam in dieser Zeit einer Eigentumsüberschreibung gleich, denn Grundbucheintragungen waren teuer und wurden in aller Regel nicht vorgenommen. Heute wird in solchen Fällen vom Amt ein Zertifikat ausgestellt, um damit nachträglich die Grundpapiere ausfertigen zu können Anders in diesem Fall. Die Marinainvestoren gingen vor Gericht und der ehemalige Bürgermeister

von Yaiza, der mittlerweile wegen Korruption verurteilt wurde, stellte ein Zertifikat aus, dass die Leute in dem Haus nur „geduldet" gewohnt hätten. Das Landgericht von Yaiza ordnete daraufhin die Zwangsräumung an und die Familie musste ausziehen, was für große Empörung sorgte. Die Medien wurden hellhörig, es gab Presse- und Radiobeiträge, sogar in Brüssel wurde man aufmerksam. Dieser Publizität ist es wohl zu verdanken, dass bisher kein heimlicher Abriss erfolgte. Die Hoffnungen gehen nun dahin, dass aus der Casa Berrugo wenigstens ein Museum gemacht wird.

Castillo de las Coloradas (auch: Castillo del Aguila): Das pittoreske Kastell steht neben der Marina Rubicón auf dem exponierten Küstenkap *Punta del Aguila*. Mehrere Großhotels und Urbanisationen haben das früher völlig allein stehende Kastell von allen Seiten umzingelt, die unmittelbare Umgebung ist aber nach wie vor unbebaut. Man genießt hier den schönen Rundblick, beeindruckend ist auch die niedrige, aber wilde Steilküste an dieser Stelle mit wunderschönem Farbspiel in Schwarz und Rot – deshalb auch der Name „Coloradas".

Das elegante, kleine Rundgemäuer aus dunklem Basaltstein stammt aus der zweiten Hälfte des 18. Jh. und sollte die Südküste vor Überfällen zu schützen. Es ist der Nachfolgebau eines früheren Wehrbaus an dieser Stelle, der von algerischen Piraten dem Erdboden gleichgemacht wurde. Zum Eingang führen ein paar Stufen hinauf, der Innenraum ist jedoch leider meist verschlossen. Über der Tür erinnert eine steinerne Tafel daran, dass hier bereits im 15. Jh. ein normannisches Fort gestanden haben soll.

Das „Floß der Medusa" im Meer vor Playa Blanca

Museo Atlántico: Skulpturenpark im Meer

Es ist die neueste Attraktion von Playa Blanca: Die Installation des britischen Unterwasserkünstlers Jason de Caires Taylor, der bisher vor allem in der Karibik gearbeitet hat. Nun hat er im Meer vor der Playa de las Coloradas (auch: Playa de Afe) Europas größtes Unterwassermuseum realisiert. Mehr als 300 lebensgroße Betonfiguren, die großteils absolut detailgetreu realen Einwohnern von Lanzarote nachgebildet sind, wurden hier in 12–15 m Tiefe versenkt und stehen nun in zehn thematischen Gruppen auf dem Meeresboden – allesamt mit geschlossenen Augen. Da gibt es z. B. das hochaktuelle Thema Immigration mit der Nachbildung eines realen Schlauchboots, dem „Balsa de Lampedusa", mit dem vor einigen Jahren Flüchtlinge aus Afrika kamen (die Komposition ist dem 200 Jahre alten Gemälde „Das Floß der Medusa" von Théodore Géricault im Louvre nachempfunden). In der „El Rubicón" genannten Gruppe laufen 35 Personen mit erstarrten Gesichtern auf ein imaginäres Ziel zu und in den kleinen kanarischen Booten namens „Los Jolateros" tragen Kinder Wettkämpfe aus. „Las Esculturas Híbridas", Hybrid-Skulpturen, die halb Mensch, halb Kaktus sind, symbolisieren die Verschmelzung von Natur und Menschheit. Ein gesichtsloses Paar macht ein „Selfie", andere Figuren knipsen als Touristen ihr Umfeld oder bedienen ihre Handys und Tablets... Das Material der Figuren besteht aus umweltfreundlichem, ph-neutralem Beton, auf dem sich im Lauf der Jahre wie auf einem Riff Korallen, Muscheln und Algen ansiedeln werden – ein durchaus gewünschter Effekt, der den Figuren ein ständig wechselndes und groteskes Aussehen verleihen wird.

Ab sofort kann man die faszinierende Unterwasserwelt in geführten Tauchgängen, mit Unterwasserscootern oder auch schnorchelnd erreichen, ab Februar 2017 werden regelmäßige Fahrten mit Glasbodenboot veranstaltet. Einen Eindruck von der Vielfalt kann man sich auf www.underwatersculpture.com machen.

Playa Blanca/Baden

Es gibt drei Strände im Ort, die weitgehend künstlich angelegt sind, dazu die graue Playa de Afe. Außerdem kann man entlang der Promenade über in die Klippen gebaute Treppen bequem zum Schwimmen und Schnorcheln ins Meer steigen.

Playa Blanca: Der weiße Sandstrand an der Uferpromenade mitten im Zentrum hat dem ganzen Ort seinen Namen gegeben. Nett zum Relaxen, der nahe Hafen trägt allerdings nicht zur Sauberkeit des Wassers bei.

Playa Dorada: Wenn man von der Playa Blanca die Uferpromenade weiter nach Osten geht, stößt man nach wenigen Minuten auf diesen attraktiven, von Kakteen und Palmen umgebenen, jedoch völlig schattenlosen Sandstrand, hinter dem mehrere Großhotels liegen, darunter „Princesa Yaiza" (→ Übernachten) und „Hesperia Playa Dorada". Er ist der längste der Strände von Playa Blanca und durch vorgelagerte Molen vor heftigem Seegang geschützt. Man kann Sonnenschirme und Liegestühle mieten, Tretboot oder Banana Boat fahren. Das Strandlokal „Dorada Beach" liegt etwas erhöht über dem Badebetrieb und bietet unter leuchtend gelben Sonnenschirmen Snacks, Kuchen, kleine Gerichte und frisch gepresste Säfte, außerdem gibt es hier saubere (jedoch kostenpflichtige) Toiletten. Zwei schön gelegene „Beach Bars" findet man an den beiden Strandenden.

Playa Flamingo: Ein Stück westlich vom Hafen liegt dieser hübsche Strand mit wehenden Palmen dahinter. Er ist vor allem für Familien mit Kindern geeignet, denn zwei lange, begehbare Molen schützen die Playa vor heftigen Wellen. Verleih von Tretbooten und Sonnenschirmen/Liegen.

Playa de Afe (auch: Playa de las Coloradas): Etwa 1 km östlich des exponiert stehenden Castillo de las Coloradas (→ Sehenswertes) liegt dieser 400 m lange, graukiesige Strand ohne Einrichtungen. Er ist nicht über die Maßen attraktiv und es wird nur wenig gebadet, einige Großhotels bestimmen das Bild. Wenn man hier weiter an der Küste entlanggeht, kommt man in etwa 20 Min. zu den berühmten Papagayo-Stränden.

Playa Blanca/Umgebung

Da es abgesehen vom Jachthafen *Marina Rubicón*, dem kleinen *Castillo de las Coloradas* und dem neuen Unterwassermuseum (→ oben) keine Sehenswürdigkeiten gibt, wird man sich schnell aufmachen, die nähere und weitere Umgebung zu erkunden. Diese wird allerdings durch Großhotels und weitläufige Urbanisationen immer engmaschiger bebaut.

Montaña Roja: Neben der Tour zu den populären Papagayo-Stränden bietet sich der kleine Aufstieg zu diesem 194 m hohen Vulkan an, der sich in unmittelbarer Nachbarschaft von Playa Blanca erhebt. Auch hier ist die Bauspekulation beängstigend weit gediehen. Der Südhang ist mittlerweile fast bis zum Kraterrand hinauf für Ferienhäuser parzelliert. Unmittelbar hinter mehreren Urbanisationen führt ein gut sichtbarer *Fußpfad* zum Kraterrand hinauf, oben führt ein Weg einmal rund herum und man genießt einen herrlichen Blick über den gesamten Süden der Insel. Aufstieg, Umrundung und Rückkehr ins Zentrum dauern etwa zwei Stunden.

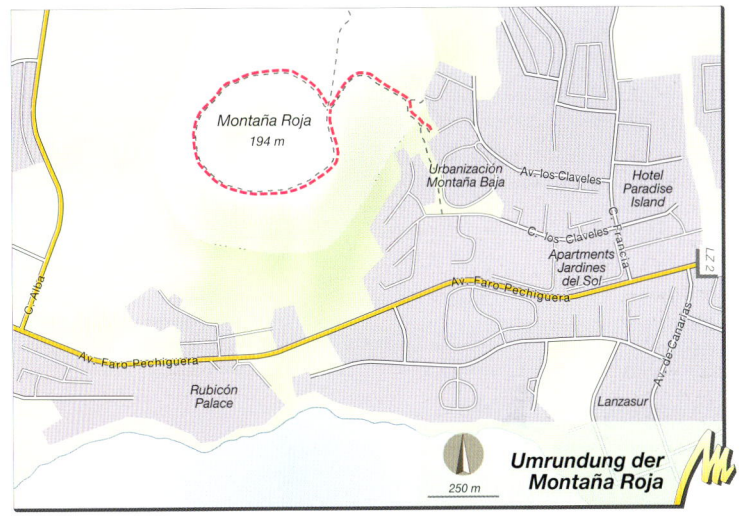

Punta de Pechiguera: Die flache Südwestspitze Lanzarotes erkennt man schon von weitem an dem hoch aufragenden Leuchtturm *Faro de Pechiguera*. Eine Asphaltstraße führt von Playa Blanca hinüber, vorbei an mehreren neuen Großhotels, deren Bau die früher einsame Küstenlinie völlig verändert hat (→ Übernachten). Auch die Umgebung der Punta de Pechiguera wurde in den letzten Jahren weitflächig mit Bungalowanlagen zugebaut, die aber z. T. noch leer stehen.

Am Kap bedecken Sukkulenten und kniehohes Gebüsch den steinigen Boden. Markanter Blickfang ist der schlanke Leuchtturm. Wie man aus der römischen Jahreszahl über dem Eingang erkennen kann, wurde er 1986 erbaut. Ein kleiner Basaltturm mit Leuchtwerk von 1936 steht daneben. Die Besichtigung der ummauerten Anlage ist nur von außen möglich. Reizvoll ist die umgebende Küstenlinie aus schwarzen Lavabrocken, an die malerisch die Gischt tost. Windgeschützte Fleckchen zum einsamen Sonnenbaden findet man hier einige, schön ist auch der Blick nach Fuerteventura.

Tipp: Man muss nicht auf demselben Weg nach Playa Blanca zurückfahren, sondern kann die Montaña Roja westlich umrunden, die breite Straße ist hier allerdings auf einigen Kilometern nur geschottert. Nördlich des Vulkans trifft man dann auf die Zufahrtsstraßen von Yaiza nach Playa Blanca (LZ-2 und LZ-701).

Spaziergang von Playa Blanca zur Punta de Pechiguera: Vom Strand *Playa Flamingo* (→ Playa Blanca/Baden) geht es etwa 4 km an der flachen Küste entlang, vorbei an mehreren Großhotels bis zum Aktivhotel „Royal Mónica" und weiter bis zu den „Villas Heredad Kamezí". Von dort sind es nur noch ein paar Minuten bis zum Leuchtturm. Früher musste man auf einem steinigen Küstenpfad wandern, jetzt verläuft hier eine breite, gepflasterte Promenade – wie auch auf der anderen Seite in Richtung der Papagayo-Strände. Für diesen Spaziergang bracht man höchstens eine Stunde.

Inselsüden → Karte S. 327

Papagayo-Strände

Das große Highlight im Süden Lanzarotes! Wie Perlen an der Kette reihen sich sechs Strände der Spitzenklasse im felsigen Küstenstreifen. Unverbaute Natur, fast weißer Sand, grüne Algen auf schwarzen Felsen, leuchtend türkises Wasser, flacher Einstieg, windgeschützte Buchten – verführerischer kann die Natur ihre Qualitäten kaum darbieten.

Diese Vorzüge sind nicht verborgen geblieben. Wo früher nur Hippies und Einsiedler hausten, tummeln sich heute massenweise Pauschalurlauber, die ihre Mietwagen erwartungsvoll über die lange, gebührenpflichtige Zufahrtspiste lenken. Obwohl das Gebiet der Strände mittlerweile als *Monumento Natural de Los Ajaches* ausgewiesen ist, leidet die Landschaft auf der südlichsten Landzunge Lanzarotes sehr unter dem Touristenansturm (→ Kasten). Auch die Bebauung ist in den letzten Jahren beängstigend nah herangerückt. Dank energischer Aktivitäten von Seiten einheimischer Umweltschutzbewegungen blieben die Strände selbst zwar bisher verschont, doch bereits im Umkreis der *Playa de Afe* (auch: Playa de las Coloradas),

Fahrt zu den Papagayo-Stränden

Ein ständiges Ärgernis waren viele Jahre lang die zahllosen Pisten, die die staubige Ebene zwischen Playa Blanca und den Papagayo-Stränden durchzogen. Tausende von Mietwagenfahrern suchten sich hier nach Gutdünken ihren Weg kreuz und quer durch die geschützte Küstenlandschaft. 1998 wurde dem ein Ende gemacht und eine einzige Piste zu den Stränden angelegt, die zu beiden Seiten mit Felsbrocken begrenzt ist. Schon recht bald passiert man ein Wärterhäuschen mit Schranke und muss pro Auto einen Obolus von ca. 3,50 € entrichten. Fußgänger und Radfahrer können gratis passieren, Hunde sind verboten. Hinweisschilder zu den einzelnen Stränden sind im weiteren Verlauf auf Mauern aus Lavastein angebracht, an einigen gibt es Parkplätze, die gebührenfrei sind.

Tipp: Wer sich den Eintritt sparen will, fährt mit dem Fahrzeug bis zum Hotel „Pagagayo Arena" östlich oberhalb der *Playa de Afe* und kann von dort in etwa 20 Min. zur langen *Playa de Mujeres* gehen.

die nicht zu den Papagayo-Stränden gehört, wurden mehrere Anlagen errichtet, darunter die Hotels „Papagayo Arena" und „Dream Gran Castillo", die vom Hauptstrand *Playa de Mujeres* gerade mal 20 Fußminuten entfernt sind.

Im Hinterland der Papagayo-Strände errichtete Jean de Béthencourt 1402 sein erstes Fort auf Lanzarote zusammen mit der ersten Kirche der Kanaren (→ Kasten, S. 364). Oberhalb der Playa de Papagayo stehen außerdem die Überreste des ehemaligen Fischerdorfs *Papagayo* (wörtl. „Papagei"), das schon vor vielen Jahren von seinen Bewohnern aufgegeben wurde. Es existieren nur noch verfallene Hütten, mittlerweile gibt es aber auch zwei mehr oder minder regelmäßig geöffnete Lokale.

Anfahrt per Mietwagen Bester Einstieg ist der **Kreisverkehr** mit der Bushaltestelle etwas landeinwärts von Playa Blanca. Beschildert mit „Femés" führt hier eine Asphaltstraße zum Kreisverkehr **Cortijo de la Punta**, wo die Asphaltstraße nach **Femés** abzweigt. Hier beginnt die breite Piste zu den Stränden, die mittlerweile in recht gutem Zustand ist, so dass man rasch vorwärts kommt. Alternativ dazu kann man auch am Kreisverkehr mit der Tankstelle abbiegen (beschildert mit „Papagayo") und erreicht ebenfalls Cortijo de la Punta. Etwa 1 km nach Pistenbeginn passiert man das **Wärterhäuschen**. (→ Kasten).

Variante: In Playa Blanca die **Hauptstraße** an der Kirche vorbei nach Osten nehmen und der Beschilderung folgen, bis man

An der Playa del Papagayo

ebenfalls auf die breite Zufahrtspiste zu den Stränden gelangt.

Anfahrt per Bus Vom Busbahnhof in Playa Blanca kann man den **Bus 30** nehmen, der von 6.30 bis 22 Uhr alle halbe Stunde bis zur Station „Las Coloradas" landeinwärts vom Hotel Papagayo Arena fährt (weitere Zustiegestationen auf S. 348/349) Von dort sind es nur noch etwa 15 Fußminuten zur Playa de Mujeres (→ Stadtplan, S. 355).

Die einzelnen Strände

Man hat die Qual der Wahl, Beschreibung im Folgenden von West nach Ost. Wer per fahrbarem Untersatz auf der langen Zufahrtspiste kommt, wird meist in der Nähe der Playa de la Cera und Playa de Papagayo landen oder er biegt schon vorher zur Playa de Mujeres ab.

Playa de Mujeres: mit ca. 400 m der längste Strand und immer gut besucht, da er per Auto zu erreichen ist und es zwei Parkplätze gibt, die Playa de Afe außerdem nur 20 Fußminuten entfernt ist. In der Hochsaison steht ein Imbisswagen am Strand. Am Westende ist ein verfallener Kalkbrandofen erhalten.

Tipp: In Richtung Playa del Pozo liegen zwei verborgene Badebuchten in den Küstenfelsen: *Playa del Caletón* und *Playa de los Ahogaderos*. Hier kann man bei Ebbe schön am Wasser entlanggehen.

Inselsüden → Karte S. 327

Playa del Pozo: nicht ganz so lang wie die Playa de Mujeres, aber ebenso attraktiv, trotzdem deutlich weniger besucht, da es keinen Parkplatz gibt und man von der Playa de Mujeres herüberlaufen muss. Wenige Schritte hinter dem Strand trifft man auf die Spuren eines historischen Großereignisses (→ Kasten).

Playa de la Cera: schöner, kleiner Strand in zentraler Lage unterhalb der beiden Restaurants (→ Essen & Trinken).

Playa de Papagayo: malerische, halbrunde Bucht auf der anderen Seite des Restaurants. Sehr geschützte Lage, deshalb früher häufig als Piratenversteck genutzt, sogar ganze Segelschiffe konnten sich in der Bucht unsichtbar machen. Später quartierten sich Hippies in den Felshöhlen ein. Heute viel besucht mit Tendenz zur Überfüllung.

Essen & Trinken Auf der Landzunge zwischen Playa de la Cera und Playa de Papagayo steht das Restaurant **Kiosko Las Arenas** der Familie Martín, die hier schon seit Generationen Land besitzt und sich ihre kulinarische Dienstleistung teuer bezahlen lässt (z. B. Pizza ab 10 €). Man sitzt hübsch unter Schilfschirmen, prächtiger Blick auf die Playa del Papagayo. Ein Kiosk gehört auch dazu. ✆ 928-809964.

Casa el Barba, gleich daneben, ebenfalls mit Terrasse, kleine Gerichte und Getränke zu ähnlichen Preisen.

Auf den Spuren der Vergangenheit

Im Sommer des Jahres 1402 ließen sich die normannischen Eroberer unter Jean de Béthencourt im Südosten Lanzarotes nieder und errichteten im Hinterland der Playa del Pozo ihr erstes Fort, das Fort Rubicón. Erhalten sind davon die Ruinen eines Wehrturms, mehrere tiefe „pozos" (Brunnen) sowie Überreste von Behausungen der einheimischen Bevölkerung, die im Umkreis der Festung wohnten – die Fundstellen sind am Fuß des Hügels mit Gittern abgedeckt. Ein markantes Holzkreuz auf einem Steinsockel markiert die Stelle, wo Béthencourt damals eine Kapelle errichten ließ, die der Papst am 7. Juli 1404 zum „ersten Bischofssitz der Kanaren" weihte, eine Plakette von 2004 erinnert an das 600-jährige Jubiläum. Die dem heiligen Marcial von Limoges gewidmete Kapelle wurde 1593 von Piraten zerstört, ihre Nachfolge trat später die Kirche im Dorf Femés an (→ S. 341). Eine Restaurierung dieser für die gesamten Kanaren bedeutenden Baudenkmäler ist geplant, kommt aber bisher nicht voran.

Playa Caleta del Congrio: langer, flacher Strand an der Ostseite der Punta del Papagayo. Deutlich stürmischer als die Westseite, starke Brandung.

Playa de Puerto Muelas: kleinerer Strand zwischen Felsen, ebenfalls sehr windig. Hier gibt es einen großen Campingplatz mit 2000 Plätzen (die Hälfte mit Stromanschlüssen für Wohnmobile, die anderen für Zelte), der offiziell von Mai bis September geöffnet ist, aber leider in den letzten Jahren zeitweise geschlossen war (aktuelle Informationen unter ✆ 928-836220 oder beim Informationsbüro in Playa Blanca).

Spaziergang von Playa Blanca zu den Papagayo-Stränden: Man läuft einfach etwa 1:30 Std., einige niedrige Hügel müssen dabei überwunden werden. Der breite Promenadenweg führt immer dicht an der Küste entlang, vorbei an der schönen *Playa Dorada*, danach durch den neuen Yachthafen *Marina Rubicón* und anschließend zum exponiert stehenden Rundkastell *Castillo de las Coloradas* mit herrlichem Blick auf die Strände. Weiter geht es nun zur *Playa de Afe*, von dort muss man nur noch über einen Hügel zur *Playa de Mujeres* steigen. Wenn man Glück hat, herrscht Ebbe, wenn man die Strände erreicht. Dann kann man nämlich über die niedrigen Uferfelsen weiterlaufen, was wesentlich entspannender und kürzer ist als oberhalb der Küstenlinie.

Fuerteventura, die Wüsteninsel – Afrika ist nahe

Fuerteventura ist die am dünnsten besiedelte Insel der Kanaren. Im Gegensatz zum kleinräumig strukturierten, "aufgeräumt" wirkenden Lanzarote, trifft man hier auf eine wilde, oft steppen- und wüstenhaft wirkende Landschaft. Endlos ziehen sich die welligen Hügelkämme in runden, weich flie-

ßenden Formen bis zum Horizont. Fast verschwinden die wenigen weißen Häuschen in der großen Öde, ab und an gedeiht irgendwo eine Palme, Niederschläge fallen kaum, nackt und kahl sind die Berge, weißer Sand und schwarze Lava, Felsen und Meer. Auf den ersten Blick fast erschrocken von der Leere und Weite, fühlt man sich schnell fasziniert.

Touristisch ist Fuerteventura nur punktuell erschlossen. Zwei große Ferienzentren – *Corralejo* im Norden und die *Halbinsel Jandia* im Süden – bieten alle Einrichtungen für Pauschalurlauber und sind im steten Wachstum begriffen. Der Rest der Insel ist großteils still und menschenleer. Bei einer Rundfahrt merkt man schnell, dass es hier keine großartigen Sehenswürdigkeiten oder gar Kunstwerke zu besichtigen gibt. Und doch wirkt ganz Fuerteventura wie ein einziges Gemälde. Aber kein César Manrique hat hier nachgeholfen, hier zaubert allein die Natur. Das ganz große Plus heißt: Strand, Strand und nochmals Strand. Die Strände Fuerteventuras gehören ohne Zweifel zu den großartigsten in Europa. Die *Dünen von Corralejo* sieht man an klaren Tagen bis Puerto del Carmen herüberleuchten, 7 km schneeweißer Sand der feinsten Sorte, ein Dorado für Schwimmer und Surfer (mit Mietwagen, Fahrrad oder Taxi ist man rasch dort). Noch eindrucksvoller und gewaltiger präsentieren sich die Strände der Halbinsel *Jandia* im tiefen Süden, doch für Tagesausflüge ab Lanzarote ist es dorthin zu weit. Im Norden lohnt sich jedoch noch eine Fahrt an die raue Westküste, zum urigen Fischerdorf *El Cotillo*, das hier direkt auf die schwarzen Basaltklippen gebaut ist. Südlich vom Ort erstreckt sich ein langer Sandstrand, nach Norden zieht sich eine flache, türkisfarbene Lagunenlandschaft mit Buchten aus schneeweißem Sand. Hübsch ist aber auch ein Ausflug zur Vulkaninsel *Isla de Lobos*, die Corralejo markant vorgelagert liegt und täglich mit Booten angefahren wird. In etwa 2 Std. kann man sie bequem zu Fuß umrunden. Danach vielleicht noch ein Essen in den einem der vielen Fischrestaurants um den kleinen Ortsstrand von Corralejo – und abends geht es wieder mit der letzten Fähre nach Playa Blanca zurück.

Inselsüden → Karte S. 327

Abstieg nach La Caleta de Famara (Wanderung 6)

Kleiner Wanderführer

Risco de Famara: auf dem Dach Lanzarotes

Kleiner Wanderführer

Die bizarre Welt der Lavaströme und Krater Lanzarotes erschließt sich Erstbesuchern am ehesten auf den Wanderungen 3 und 4 sowie im Rahmen der geführten Wanderungen 17 und 18, die im Nationalpark Timanfaya angeboten werden.

Zusätzlich haben wir im Folgenden eine Anzahl weiterer Lanzarote-Wanderungen beschrieben: Touren im Inselinneren und an der Küste, in den einsamen Bergen von Los Ajaches und im landschaftlich reizvollen Inselnorden sowie auf der vorgelagerten Sandinsel La Graciosa. Außerdem finden Sie Wandertipps für die unmittelbare Umgebung von Puerto del Carmen.

Größtes Problem beim Wandern auf Lanzarote dürfte die schlechte Transportsituation sein. Bei vielen Wanderungen erhebt sich das Problem: wie hin- und wieder wegkommen? Die sporadisch verkehrenden Busse sind oft unpraktisch, bleiben also Taxi oder Mietwagen. Wir haben im Folgenden großenteils Rundwanderungen und Hin- und Zurück-Strecken beschrieben, wo Start- und Zielpunkt identisch sind (Wanderungen 2, 3, 4, 5, 6, 8, 9, 10, 11 und 14). Die anderen Touren enden in der Regel in einem größeren Ort, wo Taxis und Verpflegungsmöglichkeiten gegeben sind und Sie nicht riskieren, „festzuhängen" (1, 7, 12 und 13). Einige Touren sind außerdem so konzipiert, dass Sie zu Ihrem Urlaubsort zurückwandern (12, 15 und 16).

Hinweis: In der kühleren Jahreszeit kann das Wetter auf Lanzarote schnell umschlagen – gerade noch wolkenloser Himmel, können schon wenig später dicke Passatwolken in den Bergen hängen, vor allem im bergigen Norden. Wandern Sie deshalb nur mit entsprechender Ausrüstung – neben warmer Kleidung ist vor allem festes und strapazierfähiges Schuhwerk wichtig, denn das scharfkantige Lavagestein zerfetzt leichte Schuhe schnell – und nehmen Sie ausreichend Wasser mit. Einige Routen sind sehr einsam, oft begegnet man stundenlang niemandem. Gehen Sie nach Möglichkeit niemals alleine und informieren Sie zumindest Freunde oder Vermieter über Ihre Pläne.

Geführte Wanderungen Red de Parques Nacionales (NP-Behörde), ein- bis mehrmals wöch. kostenlose Wanderungen im Nationalpark Timanfaya (→ S. 398).

LanzaTrekk, Stephan Isenmann bietet auf Lanzarote über 20 verschiedene Wanderungen an. Stephan ist von Beruf Gärtner und kann viel zu Pflanzenwelt und Landwirtschaft sagen. ☎ 696-083345, www.lanzatrekk.com.

Canary Trekking, Wandern im Vulkangebiet und im Norden von Lanzarote. ☎ 609-537684, www.canarytrekking.com.

Kartenmaterial Konkurrenzlos bester Wanderbegleiter ist die Karte **Lanzarote Tour & Trail** der Discovery Walking Guides Ltd. aus England (1.40.000), erhältlich z.B. über Amazon.

Hinweis: Individuelle Wanderungen im Inneren des Nationalparks Timanfaya sind verboten, lediglich die Küste darf begangen werden. Informationen erhalten Sie im Informationszentrum Mancha Blanca.

Wanderung 1: Von Puerto del Carmen über Playa Honda nach Arrecife

Charakteristik: Leichte Wanderung auf einer durchgehend als befestigter Fuß-/ Radweg ausgebauten Strecke ohne Steilstücke. Es geht immer flach am Meer entlang, in der ersten Hälfte finden sich zahlreiche Bademöglichkeiten. Interessant ist vor allem das Streckenstück am Flugplatz entlang mit landenden Maschinen im Tiefflug. An der Promenade von Playa Honda gibt es mehrere Restaurants. **Dauer** etwa 2 Std., zurück ab Arrecife per Bus.

Startpunkt ist der Strand von **Matagorda** am äußersten östlichen Ortsende von Puerto del Carmen. Vom Hotel „Beatriz Playa" aus geht man den neuen Weg am Strand entlang, der direkt vor dem Flugplatz verläuft – ideal, um die im 10-Minuten-Takt einfliegenden Düsenclipper hautnah zu erleben. Ein Schutzwall fängt hier die heiße Druckwelle der Flugzeuge ab. Ab und an trifft man auf Badende, gegen den meist heftigen Wind sind überall Steinburgen aus Basaltbrocken errichtet. Nach etwa 45 Min. kommt man nach **Playa Honda** und schlendert die lange, gewundene Promenade am breiten Sandstrand entlang bis zur Sandbucht **La Concha**. Nach dem Villenvorort **Playa del Cable** erreicht man eine breite Uferpromenade, die etwa 1,2 km weit bis zur **Playa del Reducto**, dem Stadtstrand von Arrecife, führt. Landeinwärts der Promenade weisen zwei restaurierte Windräder, mit denen früher Meerwasser nach oben gepumpt wurde, auf einstige Salinen hin. Nun kann man noch einen Stadtbummel anschließen oder gleich mit dem Bus zurückfahren, die **Bushaltestelle** für die Rückfahrt liegt am westlichen Strandende.

Unter der Einflugsschneise hindurch

Wanderung 2: Rundtour Puerto del Carmen – Puerto Calero – Puerto del Carmen

Charakteristik: Einfache Küstenwanderung auf gut ausgebautem Weg ohne nennenswerte Höhenunterschiede, gut geeignet als erster Einstieg zum Wandern auf Lanzarote. Unterhalb des Küstenwegs findet man schöne, einsame Klippenbadestellen. **Dauer** bis Puerto Calero ca. 1:15 Std. Zurück geht man entweder auf demselben Weg oder auf der landeinwärts verlaufenden Straße eine knappe Stunde (mäßiger Autoverkehr), man kann aber auch per Bus, Taxi oder Seetaxi zurückfahren.

Ausgangspunkt ist der **Fischerhafen** in Puerto del Carmen (→ S. 170). Am Westende steigt man neben dem Tauchzentrum die Treppe aus Tonziegeln hinauf und läuft die kleine Gasse **Calle Los Infantes** immer geradeaus. Nach ca. 10 Min. durchquert man die letzten Apartmentanlagen „Buena Pesca" und „El Rincón" und kommt zu einem felsigen Hang, den man auf einer neu angelegten Rampe ohne Stufen hinaufsteigt. Von der Kuppe hat man einen großartigen Blick zurück auf den alten Hafen. Im Weiteren geht es auf einer anfangs noch gepflasterten Promenade immer an der Küste entlang, auf der Landseite liegt hier oberhalb einer hohen Lavasteinmauer ein schmuckes Villenviertel, einige Bänke laden zur Rast ein. Der Belag endet nach einer Weile, der weitere Weg ist aber durch eingeschlagene Holzpflöcke markiert und führt über eine flache Ebene oberhalb der Küste, wo großflächig und leuchtend rot die Knotenblütige Mittagsblume (*Mesembryanthemum nodiflorum*) wächst. Kurz nach der Hälfte des Wegs muss der beiderseits von Residentenvillen gesäumte **Barranco del Quíquere** (Einschnitt) durchquert werden, hier wurde ein etwas holpriger Stufenweg mit Geländer angelegt. Am Hafenbeginn von **Puerto Calero** passiert man die Werft „Varadero Puerto Calero" und geht auf einem Promenadenweg weiter, der bei einem Kontrollhäuschen auf die Zufahrtsstraße nach Puerto Calero mündet. Dieser folgt man nach links in den Hafen, den man in 2 Min. erreicht.

Für den Rückweg nimmt man entweder denselben Weg oder – wenn einen der Autoverkehr nicht stört – vom Hafen die Ausfallstraße am Kontrollhäuschen vorbei.

Der Barranco del Quíquere am Weg nach Puerto Calero

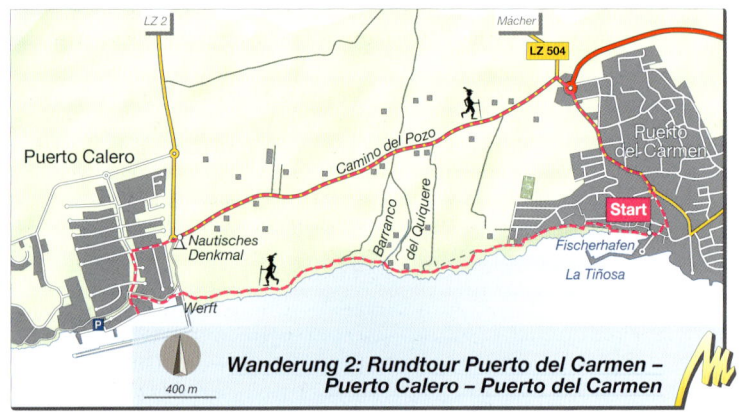

Wanderung 2: Rundtour Puerto del Carmen – Puerto Calero – Puerto del Carmen

Nach etwa 150 m zweigt rechts die **Calle Tanausú** ab, auf dieser erreicht man nach weiteren 200 m einen Kreisverkehr mit nautischem Denkmal. Geradeaus führt hier eine Asphaltstraße namens **Camino del Pozo** nach Puerto del Carmen. Nach einer knappen Stunde trifft man auf die Straße von Mácher nach Puerto del Carmen und läuft nach rechts in etwa 10 Min. in den alten Ortskern hinunter.

Wanderung 3: Zwei-Vulkane-Wanderung^{GPS}

Charakteristik: Leichte, aber eindrucksvolle Wanderung durch bizarre Lavafelder mit spektakulären Impressionen – vielleicht die schönste aller Vulkanwanderungen auf Lanzarote. Die Vulkane Montaña del Cuervo und Caldera Colorada werden umrundet, wobei man bei ersterem sogar in den Vulkankessel einsteigen kann. Den Mietwagen kann man bequem auf einem Parkplatz an der LZ-56 abstellen. **Dauer**: 2:30–3 Std.

Westlich der Straße von La Geria über Tinguatón nach Mancha Blanca erhebt sich der markante Vulkan **Montaña del Cuervo** (390 m), dessen Seitenflanke bei den Eruptionen von 1730–36 vollständig aufgerissen wurde. Von La Geria kommend, liegt etwa 200 m nach dem Steintor, das die Grenze der Gemeinden von Tías und Tinajo markiert, linker Hand ein **Parkplatz** 🔢. Von hier führt ein markierter Weg mit informativen Schautafeln zur Umgebung quer durch das Lavafeld zu einer **Weggablung** 🔢 vor dem Vulkan. Hier halten wir uns rechts und gelangen nach wenigen Minuten zum **Einstieg** in den Krater 🔢. Die Caldera kann bequem begangen werden 🔢, wobei die bizarr eingerissenen Felswände ein imposantes Bild bieten. Im Weiteren umrunden wir den Vulkan, wobei man einen schönen Blick auf die Feuerberge im Timanfaya-

Die größte „Bomba volcánica" Lazarotes am Fuß der Caldera Colorada

Nationalpark hat. Etwa 1 Std. nach Aufbruch erreichen wir wieder die Gabelung vor dem Vulkan, von wo aus wir in 20 Min. zurück am **Parkplatz** sind und eine Pause einlegen.

Auf der anderen Straßenseite thront die mächtige **Montaña Negra** (513m). Wir überqueren die Straße und gehen zu einer Piste, die mit Felsbrocken abgesperrt ist, um das Befahren zu verhindern. Dahinter treffen wir am Fuß des Bergs auf einen **Weg 5**, der nach Norden in Richtung Caldera Colorada führt. Nach einigen Minuten durch das staubige Lavapicón kommen wir zu einer **Gabelung 6** wo wir rechts gehen, und bald darauf zu einer weiteren **Gabelung 7**, an der wir uns links halten. Etwa 25 Min. vom Parkplatz an der Straße erreichen wir schließlich den **Rundweg 8** um die rötlich schimmernde **Caldera Colorada** (468 m).

Der Spaziergang um diesen Vulkan ist ein Erlebnis. Er dauert eine knappe Stunde und hinter jeder Ecke öffnen sich neue Überraschungen in der vielfältigen Lavawelt. Gleich am Beginn des Wegs erreichen wir die wohl spektakulärste „**Bomba volcánica**" **9**, die es auf Lanzarote gibt, ein mehrere Meter hohes Ungetüm, das völlig frei in der Picónwüste steht. Diese Rundbrocken wurden bei den Vulkaneruptionen mit unvorstellbaren Kräften kilometerweit herausgeschleudert. Kurz darauf folgt ein **Aussichtspunkt 10**, in der Ferne erkannt man Teguise und die darüber thronende

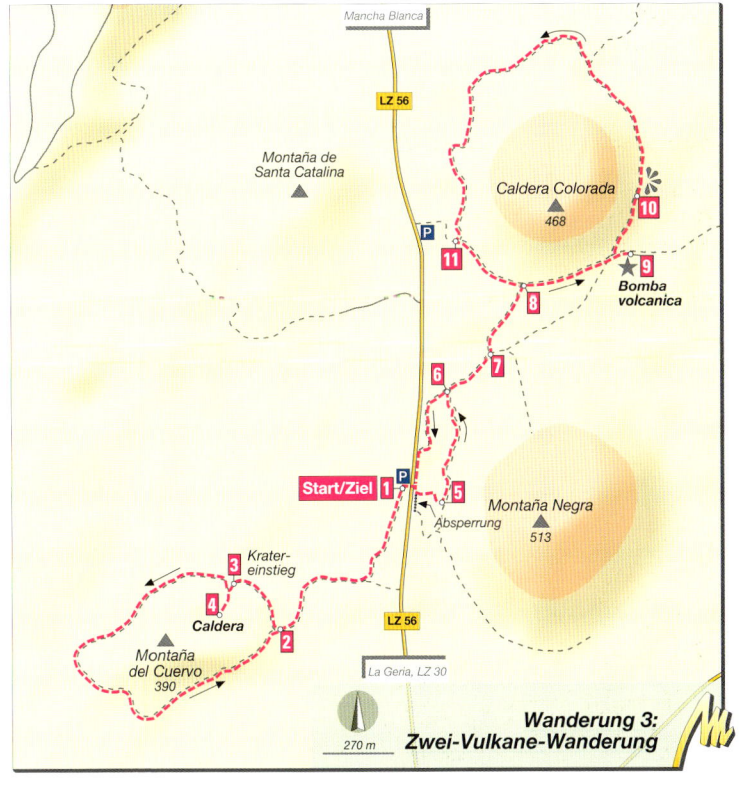

La Geria, LZ 30

Wanderung 3:
Zwei-Vulkane-Wanderung

270 m

Kleiner Wanderführer

Burg. Wenn man nach unten blickt, sieht man in den flechtenüberwucherten Felsbrocken überall Olivin-Einsprengsel, größere und kleinere. 45 Min. nach Beginn
des Rundwegs haben wir fast die gesamte Caldera umkreist und sehen unter uns
einen **Parkplatz** an der LZ-56 **11**. Kurz darauf sind wir wieder am Beginn des **Rundwegs** und gehen zunächst denselben Weg wieder zurück in Richtung Parkplatz. Die
Schotterpiste besteht aus fein zerbröselten Lavabrocken und ist buchstäblich
voller Olivin, ein faszinierendes Bild. Bei einer **Gabelung 6** halten wir uns rechts
und gehen in Richtung Straße. Parallel dazu erreichen wir bald unseren **Parkplatz**.

Wanderung 4: Umrundung der Caldera Blanca

Charakteristik: Die 458 m hohe Caldera Blanca bei Mancha Blanca gehört zu den
eindrucksvollsten Vulkanen Lanzarotes. Wie eine Insel wirkt der durch Erosion
hellbraun gewordene Vulkan im schwarzen Lavameer. Von der Naturschutzbehörde
wurde ein Weg durch das Malpaís angelegt, auf dem man unschwer bis zu seinem
Fuß kommt. Auch der Aufstieg zum Kraterrand und die Umrundung sind leicht
machbar und der Blick von oben ist phänomenal. **Dauer**: ca. 3:30 Std.

Kurz nach dem Ortsausgang von **Mancha Blanca** in Richtung Yaiza zweigt in einer
Linkskurve der Straße LZ-67 rechts ein unbefestigter Weg ab, der mit mehreren
Hinweisschildern groß markiert ist und nach ca. 700 m an einem kleinen **Parkplatz**
am Rand des Lavafelds endet. Hier beginnt der aufgeschüttete Weg quer durch den
Malpaís zur Caldera Blanca, der uns etwas steinig und holprig in etwa 30 Min. zum
kleinen Nebenkrater **Montañeta Caldereta** führt. Wir verlassen nun die Lava und
folgen einem Erdweg, der uns nach 5 Min. zu einer Gabelung bringt. Dort steigen
wir links den Hang des kleinen Vulkans hinauf und können in sein Inneres blicken,
wo noch einige verfallene Steinhütten stehen.

Ein tiefschwarzer **Lavastrom** zwischen der Montaña Calderata und der Caldera
Blanca muss nun noch durchquert werden, der Weg aus Lavaschlacken und -plat-
ten ist mit Steinmännchen kenntlich gemacht. Etwa 1 Std. nach Aufbruch stehen
wir am Fuß der **Caldera Blanca**. Hier wenden wir uns nach rechts und treffen nach

wenigen Metern (Steinmännchen und -
pfeile) auf einen Pfad, der diagonal nach
rechts den Hang hinaufführt. Nach einigen Minuten erreichen wir den hier
300 m hohen **Kraterrand**, von dem sich
ein großartiger Blick in den riesigen,
kreisrunden Krater von 1200 m Durchmesser öffnet, ebenso eindrucksvoll ist
aber auch der Rundblick über das viele
Quadratkilometer große Lavafeld des
Naturparks **Los Volcánes** bis zum Meer.
Wir gehen nun nach links den langsam
ansteigenden Kraterrand entlang bis
zum **höchsten Punkt** in 458 m Höhe,
markiert durch einen trigonometrischen
Punkt. Ein herrliches Panorama von den
Feuerbergen bis zu den Klippen des
Risco de Famara breitet sich hier aus.

Nach Westen gehen wir nun weiter den
abfallenden Kraterrand entlang und errei-

Blick über das Lavameer beim Aufstieg zur Caldera Blanca

chen einen **Sattel** zwischen der Caldera Blanca und dem Nebenkrater **Risco Quebrado**. Bald danach könnten wir rechts auf einem Pfad in den Vulkankessel absteigen, verlassen hier jedoch den Kraterrand (auf Steinmännchen achten) auf einem abwärts führenden Weg nach links, der uns nach einigen Zick-Zack-Kurven zu einer Schotterpiste hinunterbringt, die nördlich der Caldera Blanca zu den **Casas del Islote** führt, einige wenige Häuser auf fruchtbarem Grund, der von den Ausbrüchen des 18. Jh. nicht überflutet wurde. Hier wenden wir uns nach rechts, durchqueren nach einem knappen Kilometer auf einem Pfad den uns schon bekannten Lavastrom und treffen unterhalb der Montañeta Caldereta auf den Weg, der uns zum **Parkplatz** zurückbringt.

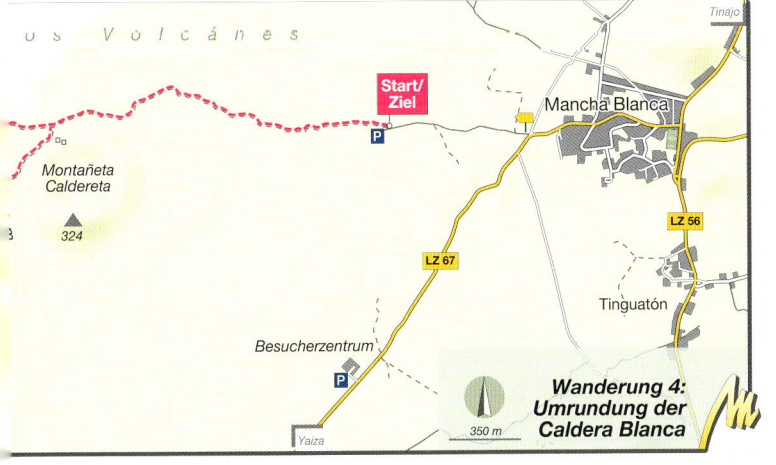

Wanderung 5:
Rundwanderung an der Famara-Küste

Charakteristik: Der Risco de Famara ist zweifellos der beeindruckendste Bergkamm auf Lanzarote. Vom Küstenort La Caleta de Famara gibt es einen Weg, der an ihm auf halber Höhe zur Gänze entlangführt (man kann ihn mit bloßem Auge als dünnen Strich sehen) – Geröllrutsche und Steinschlag haben ihn jedoch unpassierbar und gefährlich gemacht. Die folgende leichte Rundwanderung gibt einen Eindruck von der wilden Schönheit der Region. **Dauer: 2:30 Std.**

Wir starten in **La Caleta de Famara** oder (mit Mietwagen) an der weiter östlich gelegenen **Bungalowsiedlung Playa Famara**, dort kann man parken. Nun gehen wir die Asphaltstraße rechts der Anlage aufwärts bis zum Ende und wenden uns dort nach links. Die Piste namens **Carretera Las Playas (LZ-403)** führt direkt auf das Famara-Gebirge zu. Bald kommen wir an eine Abzweigung, die zum Strand hinunter führt. Wir gehen jedoch geradeaus weiter und passieren bald ein großes, von vielen Palmen und Grün umstandenes Anwesen namens **Casas de Famara**, in der steinigen Einöde der letzte Außenposten der Zivilisation. 15 Min. danach erreichen wir ein weißes Haus mit Sonnenkollektor am Dach, bis hierher ist die Piste befahrbar. In der Nähe liegt auch der Eingang zu einem **Wasserstollen**, wo das

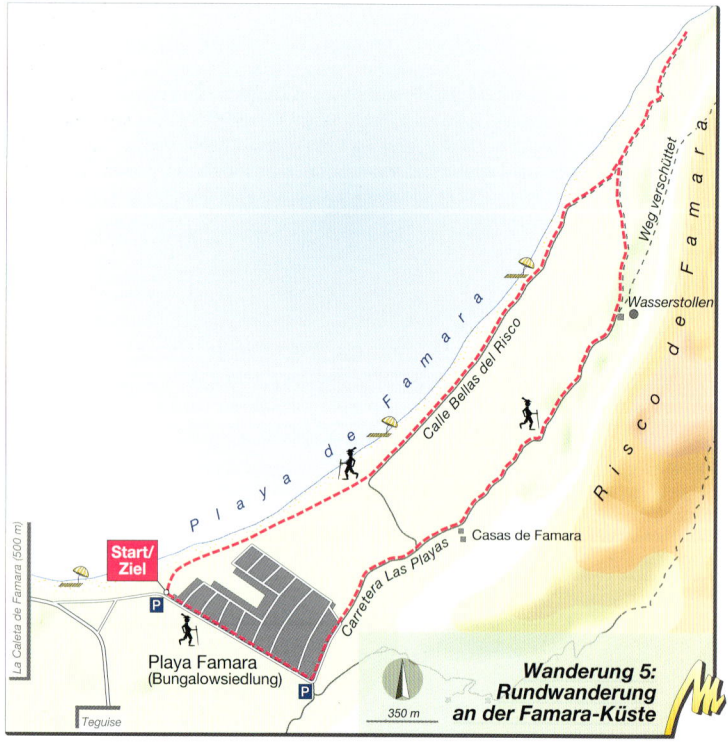

Wanderung 5:
Rundwanderung
an der Famara-Küste

spärliche Grundwasser aus den Bergen von Famara gepumpt wurde. Gleich nach dem Haus beginnt der oben erwähnte, nun nicht mehr begehbare Wanderweg entlang des Famara-Kliffs. Wir halten uns hier leicht abwärts in Richtung Meer und erreichen bald eine **Gabelung**. Nach rechts führt der Weg noch etwa 500 m weiter und endet dort beim Meer. Linker Hand kommt man auf dem Fahrweg **Calle Bellas del Risco** oder direkt am Strand entlang zurück zur Bungalowanlage und zur Asphaltstraße nach **La Caleta de Famara**.

Wanderung 6:
Von La Caleta de Famara zum Risco hinauf ^{GPS}

Charakteristik: Anspruchsvolle Tour auf teils schmalem Pfad, Trittsicherheit, gute Kondition und Schwindelfreiheit sind unbedingt notwendig, nicht geeignet für Senioren und Kinder. Belohnt wird man mit herrlichen Panoramablicken über die Bucht von Famara. **Dauer**: ca. 4 Std.

Wir starten am kleinen Parkplatz an der Südostecke der **Bungalowsiedlung Playa Famara** ■ und gehen die Piste LZ-403 nach Süden. Schon nach wenigen Metern zweigt links ein Fahrweg ab, der **Camino Las Laderas** ■, der sich leicht ansteigend den Hang des Risco hinaufzieht. 10 Min. nach Aufbruch erreichen wir eine **Zisterne** ■, der Weg zieht sich weiter in Kurven hinauf in den Barranco de la Poceta, wir genießen immer wieder die schönen Rückblicke auf die Bucht von Famara und passieren knapp 30 Min. nach Beginn der Wanderung die Zufahrt zu einigen **Lavasteinhäusern** ■. Der Fahrweg zieht sich weiter hinauf und endet 15 Min. später bei einer **Zisterne** ■. Nun beginnt der Steilaufstieg auf schmalem Pfad durch den schroffen Barranco, der wie eine grüne Wildnis mit Tabaibabüschen (Euphorbia balsamifera) zugewachsen ist. Etwas Orientierungssinn und Kondition sind hier nötig, denn der steinige Pfad verliert sich manchmal etwas und es geht recht steinig bergauf. Rechter Hand sieht man am Hang ein **Autowrack** liegen ■,

Schweißtreibender Aufstieg zum Bergkamm

das hier augenscheinlich vom Besitzer unauffällig entsorgt wurde. Nach etwa 45 Min. ab Beginn des Pfads sind wir endlich oben am Kamm des Risco angelangt **7**, das anstrengendste Teilstück der Wanderung liegt damit hinter uns.

Hier treffen wir nun auf einen **Fahrweg 8**, der uns nach rechts zur markanten Militärstation mit der Kuppel führt. Wir gehen unterhalb des umzäunten Geländes entlang, durchqueren an einer Stelle ein **Feld 9**, umgehen die Militärstation, passieren ein **Wachhäuschen 10** und erreichen etwa 1:45 Std. nach Aufbruch schließlich eine **Asphaltstraße 11**. Nun beginnt der entspannteste Teil der Wanderung, denn wir gehen auf der breiten Asphaltstraße leicht abwärts nach Süden in Richtung Teguise. Etwa 1 km ist es bis zur schönen Kirche **Ermita de las Nieves 12**, → S. 274. Wenn man hier das kleine Stück bis zum Felsabbruch des Risco geht **13**, bietet sich ein umfassender Rundblick auf die Bucht von Famara.

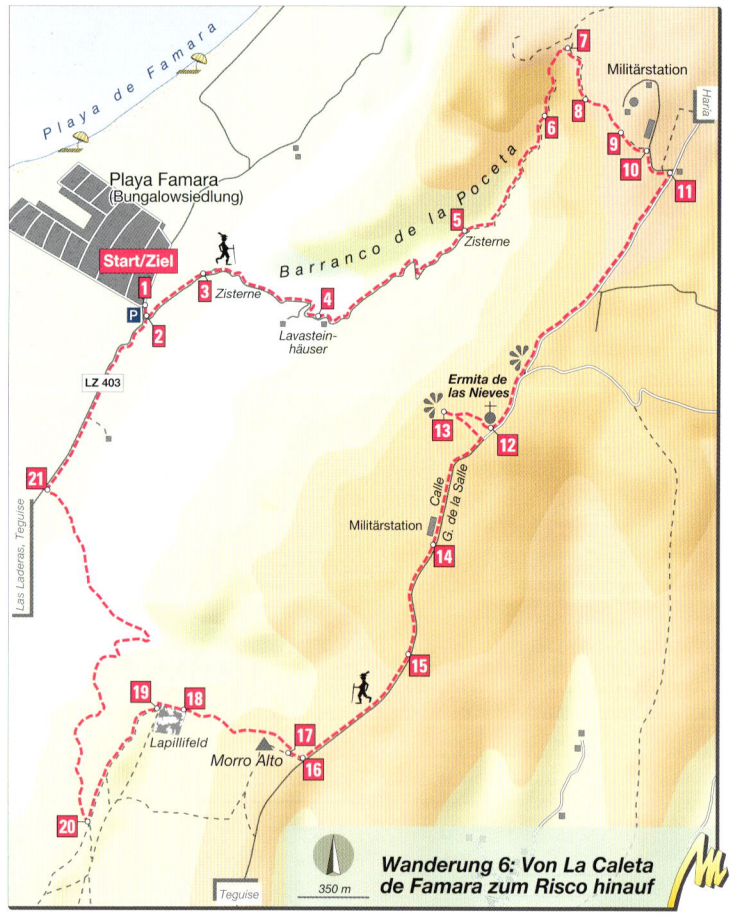

Wanderung 6: Von La Caleta de Famara zum Risco hinauf

Weiter geht es begab auf der breiten Piste in Richtung Südwesten, vorbei an der **Militärstation** , gegen die es lange heftige Protest gab (→ S. 275). Die Landschaft um uns hat einen interessanten Steppencharakter. 10 Min. nach dem Schild **Cueva Bermeja** kommen wir zum Schild **Pico de Maramajo**, etwa 2:40 Std. ab Beginn der Wanderung.

Hier biegen wir von der Piste nach rechts ab in Richtung **Morro Alto**, der gut sichtbare Abzweig führt auf einen Hügel und von dort ins nächste Tal (→ Karte). Reizvoller ist es, gleich am Wegbeginn rechts auf einen niedrigen **Pfosten** zu achten und dort einem schmalen Pfad zu folgen, der uns am Rand eines Barranco zu einem großen **Lapillifeld** hinunterbringt. Von dort nehmen wir den breiten Fahrweg nach Süden, verlassen ihn aber gleich nach rechts und wandern hügelaufwärts, bis wir zu einem Wegweiser „Las Laderas" kommen, wo wir im spitzen Winkel scharf nach rechts auf einen schmalen **Pfad** abbiegen. Dieser führt uns nun am Rand mehrerer Barrancos entlang in etwa 30 Min. langsam hinunter zur Piste LZ-403, wobei man die absolut fantastischen Blicke auf die Bucht von Famara und die Insel La Graciosa genießt – fast einem Gemälde gleicht die Szenerie. Vorsicht jedoch: Auf diesem Wegstück sollte man unbedingt trittsicher und schwindelfrei sein, denn es geht am schrägen Hang entlang, wo man tunlichst nicht abrutschen sollte! Wir treffen nun auf die **breite Piste** und gehen gemütlich bis zu unserem **Parkplatz** zurück, den wir etwa 4 Std. nach Wanderbeginn wieder erreichen .

Wanderung 7: Von Haría nach Teguise ᴳᴾˢ

Charakteristik: Reizvolle Wanderung durch den Norden. Aus dem Tal der tausend Palmen erfolgt ein Aufstieg auf die Hochfläche der Famara-Berge, danach geht es meist eben bzw. leicht bergab in Richtung alte Inselhauptstadt. Unterwegs passiert man die wunderschön gelegene Ermita de las Nieves und genießt immer wieder herrliche Panoramen und Ausblicke, beim Aufstieg aus dem Tal auch überraschend üppige Vegetation. **Dauer**: ca. 3:30–4 Std.

Mächtige Agaven begleiten den Weg

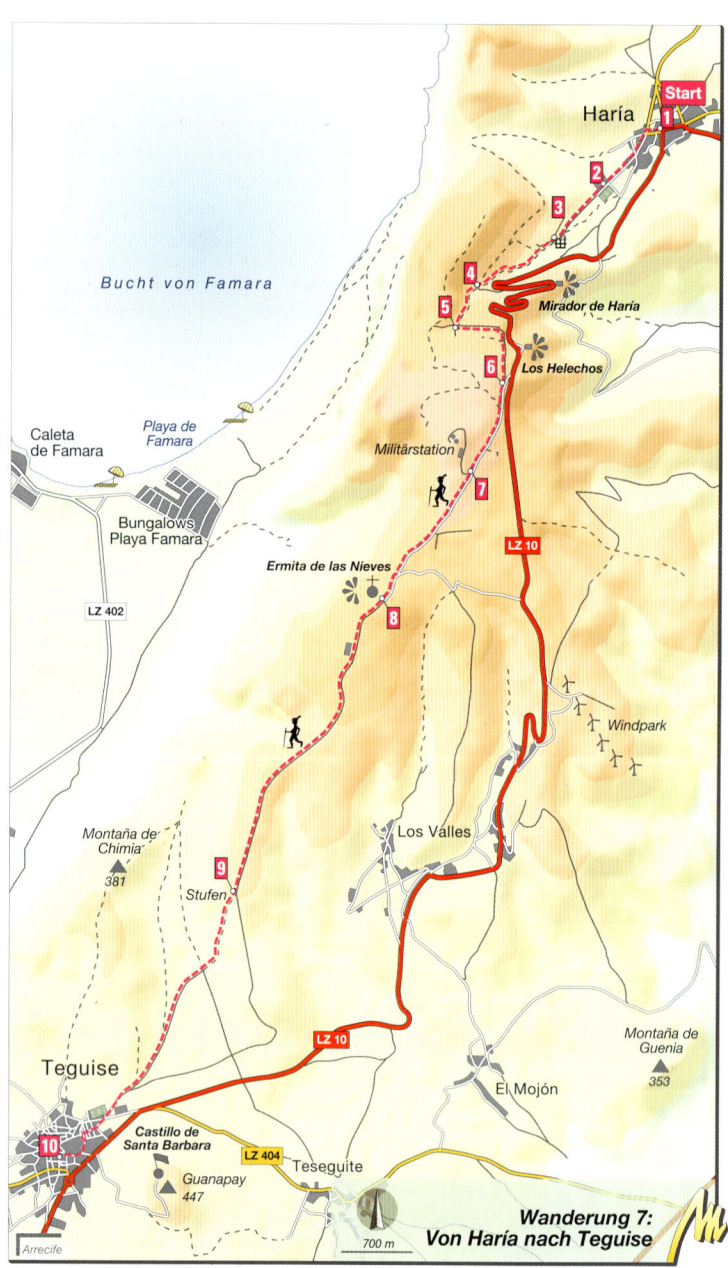

Wanderung 7:
Von Haría nach Teguise

Wir nehmen vom **Zentrum Harías 1** die **Calle Angel Guerra** (→ Stadtplan Haría), diese führt uns zwischen **Sportplatz 2** und Schule aus der Stadt hinaus ins Grüne. Nun läuft man eine Viertelstunde durch Felder, bis man linker Hand ein **Gatter 3** sieht. Hier hält man sich leicht links und begeht einen kleinen Pfad. Er mündet in ein ausgetrocknetes Bachbett, das man mit leichtem Anstieg entlang wandert. Große Agaven und Kakteen begleiten uns hier, und wer bis dahin dachte, Lanzarote sei karg, wird nun eines Besseren belehrt, denn die Vegetation ist üppig und vielfältig.

Der Weg nähert sich bald mit leichtem Anstieg der Straße und mündet in einer **Kreuzung 4**. Rechts zieht sich ein breiter Weg in Richtung Haría, ein zweiter führt in einer 45-Grad-Kurve nach links zur Straße hinüber. Diese beiden Wege gehen wir nicht, sondern schauen geradeaus, wo ein breiter Weg den Hang hinaufführt. Direkt daneben verläuft ein kaum zu erkennender, überwucherter **Pfad** (markiert durch orangefarbenen Punkt und weißen Pfeil) in ein Trockenbett, den wir jetzt nehmen. Nach ca. 50 m wird der Pfad ausgetretener und führt links in Serpentinen den Berg hinauf. Rechts neben uns in der Schlucht sehen wir stattliche Palmen und jede Menge weiterer Pflanzen. Etwa 1 Std. ab Wanderbeginn kommen wir oben auf der Famara-Hochfläche an und treffen auf einen breiten **Fahrweg 5**, auf dem wir an Feldern entlang nach links weitergehen. Bald sieht man rechts vorne die beiden Kugeltürme einer **Militärstation**. Der Weg nähert sich der Autostraße von Haría nach Teguise (LZ-10) und verläuft ein Stück parallel dazu. Bald stößt man auf die asphaltierte Zufahrtsstraße zur **Militärstation 6**. Diese gehen wir weiter, bis sie sich im 90-Grad-Winkel steil nach rechts wendet **7**. Wir wandern jedoch auf der asphaltierten Straße über eine Hochfläche weiter geradeaus, diese bringt uns nach etwa 1 km zur Kirche **Ermita de las Nieves 8**, wo sich wenige Meter entfernt ein großartiger Rundblick auf die Bucht von Famara bietet (→ S. 274). Wir sind nun knapp 2 Std. unterwegs. Weiter geht es auf der breiten Piste in Richtung Südwesten leicht bergab, vorbei an einem Militärgebäude (→ S. 275). In der Ferne erspäht man bald das **Castillo de Santa Barbara** und unterhalb davon die historische Inselhauptstadt **Teguise**. Die Piste führt nun fast bis zur Asphaltstraße weiter und anschließend parallel dazu bis Teguise. Wir steigen jedoch vorher rechter Hand über **Stufen 9** ins Tal hinunter und kommen so fast in Luftlinie und ein ganzen Stück schneller nach **Teguise 10**. Nachdem wir uns gestärkt haben, geht es mit Taxi oder Bus (→ Stadtplan Teguise) zurück nach Haría.

Wanderung 8:
Besteigung und Umrundung des Monte Corona

Charakteristik: Ausgangspunkt des interessanten, jedoch anstrengenden Aufstiegs ist Ye im Norden Lanzarotes. Da das Dörfchen bereits in gut 400 m Höhe liegt, müssen nur noch etwa 200 Höhenmeter überwunden werden. An der Ye zugewandten Seite ist die Flanke des Monte Corona aufgerissen, hier liegt der tiefste Punkt des Kraterkessels. Da es jedoch auf scharfkantigem Geröll teilweise weglos und sehr steil bergauf geht, ist diese Wanderung nur für Menschen mit einiger Kondition zu empfehlen. Keinesfalls sollte man allein zu dem einsamen Vulkankessel hinaufsteigen, denn bei einem Absturz ist sonst vielleicht für Tage keine Hilfe zu erwarten. Die Umrundung der Caldera ist bis auf einen kleinen Bereich problemlos. Jedoch muss man in diesem Teilstück durch lose Geröll- und Lapillischichten klettern und die Hände zu Hilfe nehmen. Wer auf Nummer Sicher geht, macht nur den Aufstieg, genießt den herrlichen Blick und kehrt wieder zurück. **Dauer**: Auf- und Abstieg dauern zusammen ca. 1–1:30 Std., für die Umrundung des Kraters muss man zusätzlich mit 45 Min. rechnen.

Kleiner Wanderführer

Monte Corona: Einstieg zum Aufstieg

Sein Fahrzeug parkt man am besten am Vorplatz der **Kirche von Ye**. Von hier läuft man die Straße in Richtung Mirador del Río. Nach etwa 100 m zweigt rechts zwischen zwei niedrigen weißen Pfeilern eine **Fahrpiste** zum Vulkan ab. Man durchquert ein großes Weinfeld auf Lavasand, dessen Reben alle mit Steinmauern eingefasst sind. Zwischendrin setzen immer wieder bizarre Feigenbäume und vereinzelte Mandelbäume Akzente. Auch wild wachsende Anispflänzchen sieht man immer wieder. Der Weg steigt nur leicht an, nach etwa 200 m passiert man linker Hand einen **Windmühlenstumpf**. Kurz vor dem eigentlichen Hang des Vulkans durchquert man eine Reihe von Feigenbäumen, deren Äste bis zum Boden reichen und vollständig mit hellgrünen Flechten bewachsen sind. Die Piste endet nach einigen Kurven an einem **Wendeplatz** für Fahrzeuge. Wir laufen schräg links auf einem **Trampelpfad** zwischen den niedrigen Mäuerchen des Weinbergs weiter, müssen uns teilweise etwas den Weg suchen und gelangen schließlich nach etwa 25 Min. seit Wegbeginn an eine Quermauer am Fuß des **Steilhangs**, der zur Caldera hinaufführt.

Jetzt heißt es bergsteigen: Weglos geht es über flechtenüberwuchertes Geröll und Fels platten steil hinauf. Orientierungspunkt sind die **Mäuerchen**, die sich parallel zueinander senkrecht den Berg hinaufziehen. Je höher man steigt, desto umfassender wird der Blick. Bald liegt die ganze Nordspitze Lanzarotes vor einem ausgebreitet. Dazu kommt der herrliche Fernblick übers Meer – an besonders klaren Tagen kann man sich sogar einbilden, die Küste Afrikas zu sehen! Nach etwa 40 Min. ab der Kirche von Ye stehen wir endlich schnaufend an der tiefsten Stelle des abrupt nach innen abbrechenden **Kraterrands**. Der Blick in den fast kreisrunden Krater ist großartig.

Vorsicht: Nur an absolut sonnigen und vor allem windstillen Tagen aufbrechen, denn am Kraterrand oben ist es immer sehr stürmisch. Festes Schuhwerk mit Profilsohlen ist nötig, da es über scharfkantiges Gestein geht, das wegen des intensiven Flechtenbewuchses sehr rutschig ist.

Für die **Umrundung der Caldera** steigen wir von unserem tief gelegenen Standort am besten zunächst rechts parallel zum Kraterrand steil hinauf, bis wir oben an der eigentlichen **Kraterumrandung** stehen. Von hier geht es ohne größere Steigungen fast eben um den Krater herum. Die Insel **La Graciosa** war bisher nicht zu sehen und gerät nun unvermutet hinter der Nordspitze Lanzarotes ins Blickfeld. Wie eine Landkarte liegt das prächtige Panorama vor uns ausgebreitet.

Anfangs ist noch eine Art **Trampelpfad** zu erkennen, der den Kraterrand begleitet. Doch er verschwindet schnell und man muss sich seinen Schritt über scharfkantige Lava bahnen. Oberste Regel: immer an der **Außenseite** des Kraters bleiben und so weit wie möglich an der **Oberkante**. Wer nach unten abweicht, muss denselben Weg wieder heraufklettern. Jedoch sollte man immer auf der Hut sein vor heftigen **Windböen**. Auf diese Weise kommt man langsam, aber sicher um den Krater herum bis zu dem einzigen Problemstück der Umrundung, wo ein kleiner **Nebenkrater** in den Kraterrand hereinragt. Hier muss man zwischen bizarren Felszinken durch Lapilligröll klettern, bis man wieder auf den intakten Kraterrand trifft. Noch ein kurzer Abstieg und wir stehen wieder an der Stelle des Kraterrands, wo wir zur Umrundung aufgebrochen sind.

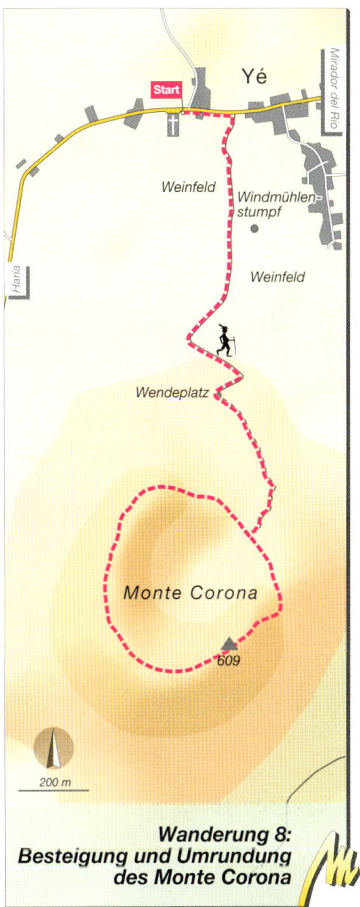

Wanderung 8:
Besteigung und Umrundung des Monte Corona

Wanderung 9:
Vom Famara-Kliff hinunter zur Playa del Risco

Charakteristik: Der einsamste Strand Lanzarotes liegt unterhalb des Famara-Kliffs, gegenüber der Insel La Graciosa. Großartiger Abstieg auf steilem Pfad, der annähernd parallel zur Stromleitung läuft, die die Energie für La Graciosa liefert. **Dauer**: einfach jeweils etwa 1–1:30 Std.

Man nimmt zunächst die Straße von Haría über Máguez, fährt am Abzweig zum **Tropical Park Guinate** vorbei und passiert rechter Hand den Monte Corona. Kurz vor Ye zweigt links die schmale Asphaltstraße LZ-202 zum Mirador del Río ab. Nach etwa 500 m biegt man vor einem Steinwall links in einen holprig gepflasterten

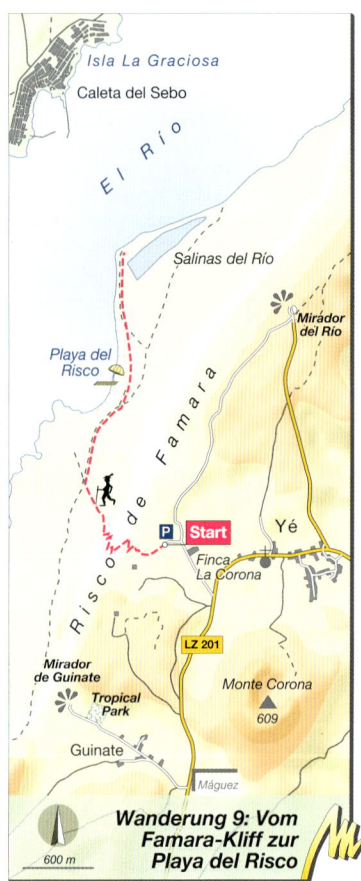

Isla La Graciosa
Caleta del Sebo
El Río
Salinas del Río
Mirador del Río
Playa del Risco
Risco de Famara
P Start   Yé
Finca La Corona
LZ 201
Mirador de Guinate
Tropical Park
Guinate
Monte Corona 609
Máguez
600 m

Wanderung 9: Vom Famara-Kliff zur Playa del Risco

Weg ein, den man langsam bis zum **Parkplatz Las Rositas** fahren kann. Hier den Wagen abstellen und weiter geradeaus laufen. Nach wenigen Metern öffnet sich ein herrlicher Blick auf die Meerenge tief unten. Deutlich sieht man die Wegführung hinunter und erkennt auch, dass sich der Pfad in der Ebene unten mit einem anderen, von den Salinen her kommenden, kreuzt. Dieser Weg verläuft parallel zur Küste, steigt nach links (Süden) ins Famara-Massiv an und endet in der Bucht von Famara, ist aber derzeit wegen abgerutschter Stücke und Steinschlag nicht passierbar.

Der schmale Pfad klettert nun in engen Kurven den sehr steilen Hang hinunter, grobe Orientierungspunkte sind dabei die Strommasten der Starkstromleitung zum Trafohäuschen an der Küste. Vom Parkplatz bis zum Strand braucht man je nach Geschwindigkeit etwa 45–60 Min., weiter zu den Salinen nochmals 30 Min. Wenn man unten angekommen zurückblickt, erkennt man, dass der Weg inmitten eines großen, schwarzen **Lavafelds** den Hang hinuntersteigt. Es handelt sich dabei um einen Lavastrom, der sich von einem Nebenkrater des Monte Corona hier über den Steilhang zur Küste ergoss.

Achtung: Den Rückweg aufs Kliff hinauf sollte man spätestens 2 Std. vor Sonnenuntergang beginnen!

Wanderung 10: Um den Nordteil der Insel La Graciosa

Charakteristik: Leichte Wanderung durch versteppte Sandgebiete und Dünenzonen, nur wenige Steigungen. Man läuft zunächst von Caleta del Sebo zwischen den beiden Vulkanen Pedro Barba und Montaña del Mojón hindurch quer hinüber zur Westküste, wendet sich dort nach Norden und umrundet La Graciosa über Playa de las Conchas, Playa Lambra und die Küstensiedlung Pedro Barba. **Dauer**: etwa 4 Std., mit Pausen entsprechend länger.

Wir starten in Caleta del Sebo bei der Pension Enriqueta und wählen den Fahrweg inseleinwärts. Leicht ansteigend kommt man bald an roh gemauerten Schweineställen vorbei. Nach etwa 20 Min. taucht zwischen den beiden Vulkanen die Insel **Montaña Clara** am Horizont auf. Seitlich der Piste ist der sandige Boden mit Millionen weißer Schneckengehäuse bedeckt. Etwa 40 Min. ab Beginn trifft man auf eine große Gabelung im Zentrum der Insel. Hier liegen die lang gestreckten **Inselzisternen**, die die Wasserversorgung La Graciosas vor der Inbetriebnahme der Rohrleitung durch den Río sicherstellten. Rechter Hand beginnt eine Piste, die sich halbhoch am Hang des lang gestreckten Vulkans Pedro Barba entlang zur gleichnamigen Küstensiedlung hinunterzieht. Wer abkürzen will, kann hier bereits abzweigen und über Pedro Barba zurück zum Hafen laufen – allerdings verpasst man so die herrliche Playa de las Conchas. Geradeaus führt der Fahrweg weiter zwischen mit Steinmäuerchen eingefassten Gemüsegärten und Hütten, originell ist ein zum Häuschen umgebautes Boot. Ein schöner Blick in den Süden der Insel öffnet sich, während wir im leichten Rechtsbogen zur Küste laufen. Am Wegende kann man links hinuntersteigen zur fantastischen **Playa de las Conchas** (→ S. 322), die man etwa 80 Min. nach Aufbruch erreicht. Hier wird man wohl die erste Pause einlegen.

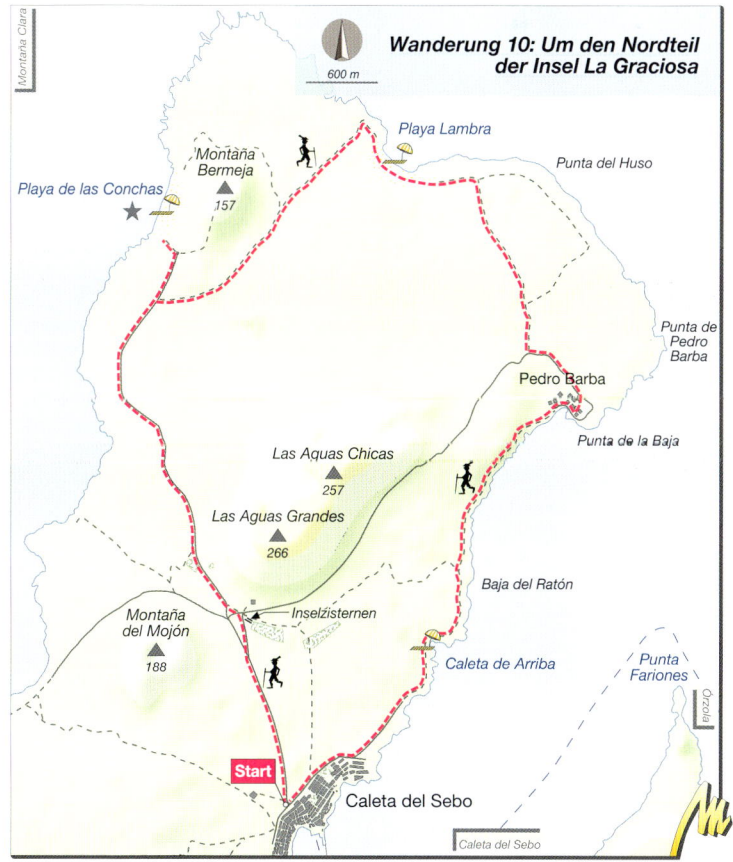

Bilderbuchstrand: die Playa de las Conchas im Nordwesten

Im Folgenden umgeht man die **Montaña Bermeja** („Rötlicher Berg") an der Südseite und erreicht 30 Min. später den Strand **Playa Lambra** an der Nordküste. Wegen seiner Nordlage ist er erheblich mit angeschwemmtem Unrat verdreckt. Doch breitet sich hier eine herrliche Dünenlandschaft aus, die sich Hunderte von Metern inseleinwärts zieht und in Strandnähe wieder mit Unmengen von Schneckengehäusen übersät ist. Der weitere Weg Richtung Osten ist verweht und lässt sich zeitweise nur noch erahnen, man hält sich parallel zur Küste und läuft über festgebackenen Muschelkalk. Nach 30 Min. ist der Ort Pedro Barba in Sicht, oberhalb davon trifft man zunächst auf eine Kreuzung, wo der Weg entlang des gleichnamigen Vulkans mündet. Hier kann man nach Caleta del Sebo zurückkehren, doch auch der Küstenpfad ist reizvoll. **Pedro Barba** (→ oben) erreicht man nach zehn weiteren Minuten. Schön ist der Blick hinüber auf die felsige **Punta Fariones**, den nördlichsten Punkt Lanzarotes.

Von Pedro Barba führt ein gut ausgetretener Fußpfad direkt an der malerischen Klippenküste entlang nach Süden – besonders spät nachmittags lohnend, wenn die Sonne schon tief steht. Man passiert kleine Badebuchten, der Weg senkt sich hinunter zur **Baja del Ratón**, dann geht es auf Sand flach am Meer entlang, an der **Caleta de Arriba** vorbei, das letzte Stück auf einer Fahrpiste. Nach etwa 1 Std. erreichen wir schließlich den nördlichen Ortsteil von Caleta del Sebo.

Wanderung 11: Um den Südteil der Insel La Graciosa

Charakteristik: Ebenfalls weitgehend leichte Wanderung an einer Reihe von schönen Stränden mit ausgedehnten Dünen vorbei, gutes Baderevier. Anstrengend ist lediglich die Passage am Hang der Montaña Amarilla. **Dauer**: etwa 2:30–3 Std.

Man hält sich vom Hafen aus südwestlich und nimmt die Piste an der Küste entlang nach Süden. Gleich am Ortsausgang liegt die viel besuchte **Bahía del Salado**

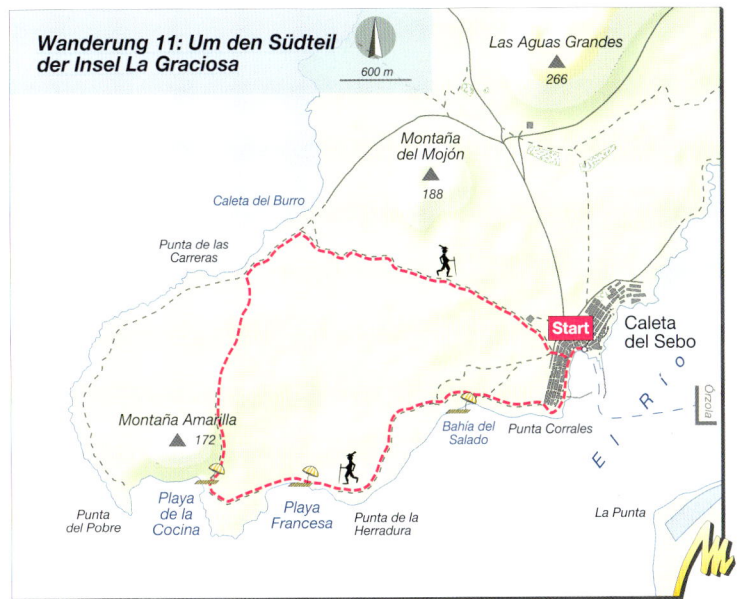

Wanderung 11: Um den Südteil der Insel La Graciosa

(→ S. 321). Weiter am Ufer entlang durchquert man die Bucht über weite Dünen und erreicht nach etwa 45 Min. die halbrunde Badebucht **Playa Francesa** (→ S. 322). Auf der halb verwehten Fahrpiste stakst man durch den Flugsand weiter. Nach 10 Min. endet der Weg in der kleinen Badebucht **Playa de la Cocina**, unmittelbar am Fuß der bizarr ausgehöhlten, gelben Felswand der **Montaña Amarilla** (172 m), wo häufig nackt gebadet wird.

Der Steilhang versperrt ein Weiterkommen an der Küste und wir müssen den „Gelben Berg" auf der südöstlichen Hangseite landeinwärts überwinden. Ein Fußpfad beginnt oberhalb vom Strand und wir steigen hinauf. Bald öffnet sich der Blick auf den Norden La Graciosas, weit voraus im Meer sieht man die Inseln Montaña Clara und Alegranza. Der Pfad verliert sich oben am Hang, wir halten aber weiter in Richtung Nordwesten auf die Küste zu. Zwischen wild aufgetürmten Felsbrocken steigt man hinunter und trifft in Küstennähe auf eine Fahrpiste. Diese geht man nach rechts, bis man die felsige Bucht **Caleta de Burro** erreicht. Vom Strand führt ein Fahrweg in Richtung *Caleta del Sebo* zurück. Man passiert eine leichte Anhöhe und 15 Min. nach Aufbruch ist Caleta del Sebo bereits sichtbar. Nach weiteren 15 Min. sind wir wieder im Ort.

Wanderung 12: Von Uga nach Puerto del Carmen ^{GPS}

Charakteristik: Panoramareiche Strecke durch das Weinbaugebiet La Geria, unterwegs kann man die Montaña Guardilama besteigen. Bis auf die Bergbesteigung eine einfache Wanderung auf deutlich erkennbaren Wegen ohne große Steigungen, auch für Mountainbikes geeignet. Wegen der Vulkanasche ist festes Schuhwerk sinnvoll. **Dauer**: ca. 2:30–3 Std.

Kleiner Wanderführer

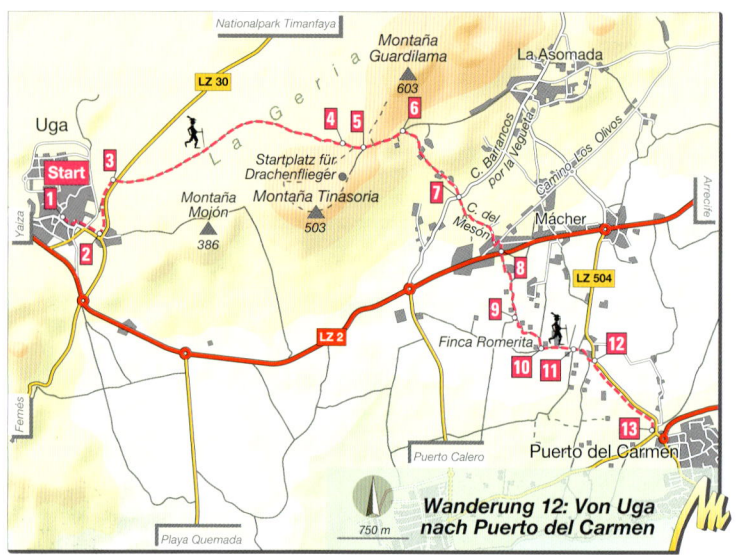

Wanderung 12: Von Uga nach Puerto del Carmen

Man fährt zunächst mit dem Bus nach **Uga**. Vom **Kirchplatz** **1** nehmen wir die Straße nach Osten, bis wir auf die Straße **LZ-30** **2** treffen, die ansteigend ins Weinbaugebiet La Geria und weiter nach Teguise führt (beschildert: Teguise, La Geria). Beim Aufstieg auf der Straße hat man schöne Panoramablicke auf Uga und die Feuerberge im Hintergrund. Etwas mehr als 1 km vor der Durchgangsstraße entfernt zweigt 50 m nach dem verblassten Kilometerstein 730,22 rechts ein staubiger **Fahrweg** **3** nach **La Asomada** ab. Im Folgenden läuft man allmählich ansteigend durch die eindrucksvollen Weinberge mit ihren zahllosen halbkreisförmigen Steinwällen. Auch hier hat man umfassende Sicht auf die Feuerberge, mit etwas Glück sieht man sogar den Besucherbus des Nationalparks auf der „Ruta de los Volcánes" um die Vulkankegel kreisen. Nach knapp 45 Min. steigt der Weg auf einen **Sattel** **4** an, nach vorne hat man bald einen herrlichen Blick auf Puerto del Carmen und Arrecife.

Rechts führt nun eine **Zufahrt** **5** mit den Resten eines Tors auf die **Montaña Tinásoria** mit einem beliebten Startplatz für Drachenflieger (→ S. 178). Kurz danach kann man linker Hand die markant kegelförmige, 603 m hohe **Montaña Guardilama** erklimmen. Nach einem Weinfeld steigt dort ein schmaler Pfad in Richtung Gipfel hinauf. Der Aufstieg ist steil und anstrengend, 180 Höhenmeter sind zu überwinden. Der Weg endet bald, aber man kann querfeldein nach Sicht hinaufklettern (das Geröll ist dabei etwas hinderlich, vor allem auf dem Rückweg Vorsicht!). Etwa 20 Min. dauert die Strapaze, aber der Rundblick vom Gipfel ist fantastisch und umfasst einen Großteil Lanzarotes bis weit hinauf in den Norden! Falls der Wind nicht zu heftig bläst, kann man oben wunderbar Rast machen und sich in aller Ruhe sonnen. Ab Beginn der Wanderung sind wir jetzt etwa 75 Min. unterwegs.

Wieder zurück auf dem breiten **Fahrweg** geht es weiter in Richtung La Asomada. Wir sind jetzt etwa in 400 m Höhe. Kurz nach einem weißen Haus zweigt ein **Fahrweg** **6** nach rechts unten ab, genau auf Puerto del Carmen zu. Vorbei an einigen Villen mit üppiger Vegetation gehen wir hinunter und kommen nun in das Siedlungsgebiet um

Mácher. Nach 10 Min. treffen wir auf den Fahrweg **Camino Barrancos por la Vegueta 7**. Wir gehen geradeaus auf dem **Camino del Meson** weiter, bis wir nach wenigen Minuten auf die Straße **Camino Los Olivos** treffen. Diese gehen wir etwa zwei Minuten nach links, bis wir auf einen Weg treffen, der zur großen Durchgangsstraße von Arrecife nach Playa Blanca hinunterführt. Knapp 2 Std. nach Beginn der Wanderung stehen wir an der **Straße LZ-2 8**, überqueren sie und wandern weiter in Richtung Puerto del Carmen.

Zwischen verstreut stehenden Fincas geht es weiter hinunter. Bei einem Gehöft zweigen wir vom Hauptweg nach links ab **9**, bis wir bei der **Finca Romerita 10** auf den asphaltierten Fahrweg **Camino del Puerto** stoßen. Dieser führt uns linker Hand auf die Asphaltstraße **LZ 504 12** nach **Puerto del Carmen**. In einer halben Stunde sind wir von hier aus am Ziel, unterwegs kommen wir am **Kreisverkehr 13** vorbei, wo die Straße aus Puerto Calero mündet.

Alternative für das letzte Wegstück auf der Fahrstraße: Kurz, bevor man die LZ 504 erreicht, kann man rechts ab-

Der verblasste Kilometerstein 730,22

zweigen **11** und zum Küstenweg zwischen Puerto del Carmen und Puerto Calero vordringen (→ Wanderung 2), den man im **Barranco del Quíquere** erreicht.

> **Tipp**: Für das letzte, etwas unübersichtliche Stück der Wanderung (ab WP 8), das durch stark zersiedeltes Gebiet führt, ist die Karte Lanzarote Tour & Trail nützlich (→ S. 369).

Wanderung 13: Von Yaiza nach Femés

Charakteristik: Schöne Höhenwanderung mit großartigen Ausblicken über den mittleren Süden Lanzarotes bis zu den Feuerbergen, Puerto del Carmen und Arrecife. Der gut sichtbare Weg verläuft über Höhenrücken links parallel zur Straße nach La Degollada. Etwas Kondition ist erforderlich, denn es geht stetig bergauf. Da es auf dem Bergkamm keinen Schutz gibt, sollte man die Wanderung nur an windstillen Tagen unternehmen. Kurz vor Femés kann man die Atalaya de Femés besteigen, dort bietet sich ein noch umfassenderer Blick (→ Femés). **Dauer**: einfach ca. 1:30 Std.

Hinweis: Man kann die Wanderung auch in Uga starten (→ S. 327). Dazu nimmt man die Piste zum Dromedargehege. Kurz vor dem Gehege führt rechts ein

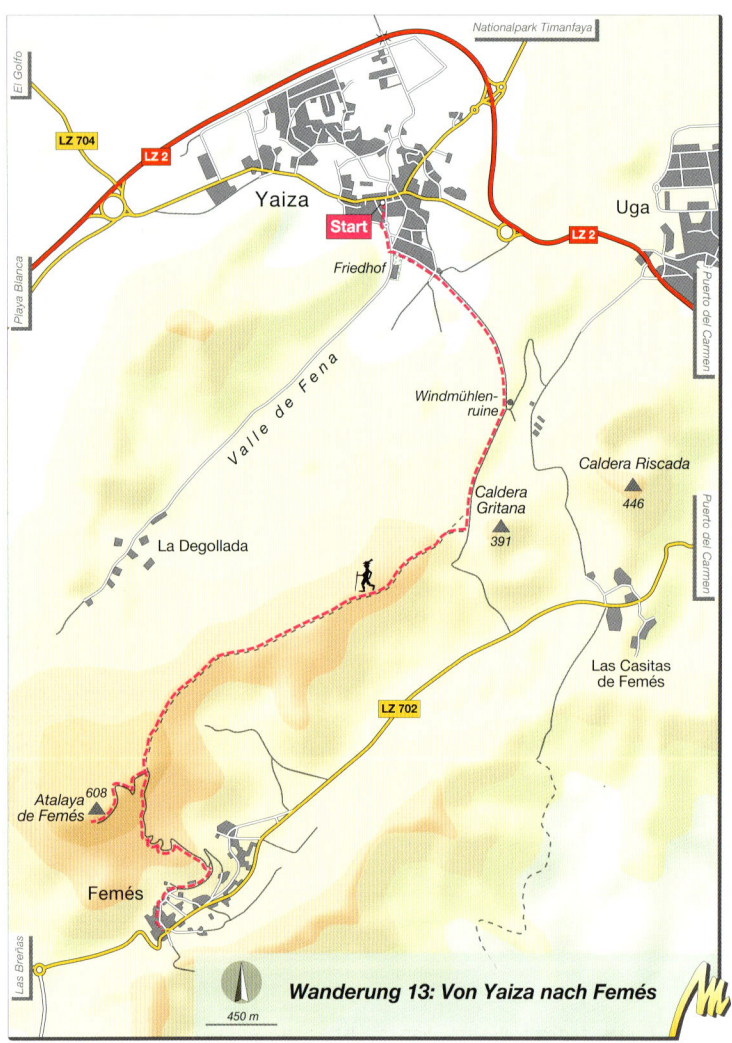

Wanderung 13: Von Yaiza nach Femés

schmaler Weg den Hang hinauf, Abzweig bei einem schlanken Palmenstumpf. Orientierungspunkt ist die Ruine einer Windmühle, die man oben am Kamm erkennen kann. Dort angekommen, verfolgt man den Weg weiter, wie im Folgenden beschrieben.

Hinkommen: Yaiza und Uga sind von Puerto del Carmen und Playa Blanca aus fast stündlich mit Bus 60 zu erreichen (Sa/So alle 2 Std.).

Man startet in Yaiza an der **Plaza de los Remedios** vor der Kirche und nimmt die Ausfallstraße, die hier von der Durchgangsstraße nach Süden abzweigt (von Puerto del Carmen kommend nach links). Diese führt ein langes Tal entlang nach **La Degollada**. Kurz nach dem Restaurant „Los Remedios" steht rechts am Hang eine kleine Säule mit einer Schrifttafel, die an die Eruptionen der Feuerberge von 1730 erinnert (→ Sehenswertes). Am Ortsausgang von Yaiza zweigt nach dem Spielplatz und etwa 50 m vor dem **Friedhof** (zu erkennen an den Spitzpfeilern der Mauer) eine von Palmen flankierte Straße nach links ab. Diese nimmt man, passiert das schöne Hotel „La Casona de Yaiza" (→ Übernachten) und sieht vor sich schon den allmählich ansteigenden Höhenweg. Kurz nach dem Hotel endet die Asphaltstraße und setzt sich als schmaler Fahrweg fort. Zwischen Weinplantagen, Erbsen- und Zwiebelfeldern verläuft der Weg erst leicht, dann stärker ansteigend den Hang hinauf. Schon nach wenigen Höhenmetern kann man hinter sich das umfassende Panorama der Feuerberge bewundern. Nach kurzem Aufstieg kommt man zu der weithin sichtbaren Ruine einer **Windmühle**, hier mündet auch ein Weg von Uga herauf.

Weiter geht es den jetzt völlig kahlen und steinigen Hang hinauf, wobei sich immer umfassendere Rundblicke öffnen. Wenige hundert Meter nach dem Windmühlenstumpf gabelt sich der Weg, hier rechts halten. Linker Hand liegt der eindrucksvoll geformte Krater **Caldera Riscada** (446 m). Über seinen Kamm hinweg hat man bald **Puerto del Carmen** im Blick, wenig später sogar **Arrecife**. 200 m nach der Weggabelung kommt man an eine etwas versetzt angelegte Dreifachgabelung (→ Skizze). Vom Tal herauf gibt es hier auf der rechten Wegseite eine Abgrenzung mit großen Steinen, wahrscheinlich als Schutz vor Jeep- und Buggy-Fahrern gedacht, die dort gelegentlich herumbrettern. Durch einen kleinen Durchlass führt hier ein Trampelpfad über ein Feld und mündet in einem neugegrabenen Wasserablauf/Fahrweg. Der Weg wird nun nicht mehr verlassen und führt immer weiter den Hang hinauf. Linker Hand sieht man mittlerweile das **Tal von Femés**, durch das die Straße führt. Wir steigen weiter bergauf und gelangen zu einer felsigen Bergkuppe, an der verfallene Terrassen zu erkennen sind. Der Weg zieht sich nun einen langen, steinübersäten, aber fast ebenen Grat entlang: Rechts öffnet sich der Blick auf das weit unten liegende **Valle de Fena** zu den verstreuten Häusern von **La Degollada**, links zieht sich das **Valle de Femés**, geradeaus erkennt man schon die Antennenmasten auf dem Gipfel der **Atalaya de Femés**. Wenige Minuten später kommt ein letzter steiler Aufstieg, den man in ca. 10 Min. bewältigt. Rechter Hand öffnet sich jetzt der prachtvolle Blick auf die **Salinen von Janubio**. Nach dem Steilstück trifft man auf eine abgeflachte Kuppe, wo sich der Weg etwas verliert, jedoch ist alles hervorragend im Blickfeld. Wir laufen einfach geradeaus weiter, bis wir wenige Kurven unterhalb vom Gipfel auf die Fahrstraße auf die **Atalaya de Femés** treffen. In knapp 10 Min. steht man auf dem 608 m hohen Gipfel und kann den herrlichen Rundblick genießen. Nach Femés hinunter nimmt man den Fahrweg und kommt nach ca. 15 Min. in den Ort, wo man sich stärken kann.

Wer in Femés starten will: Diese Variante ist ebenfalls möglich, nur darf man hier den Abzweig vom Fahrweg auf die Atalaya de Femés nicht verpassen, der kurz unterhalb des Gipfels direkt vor einer flachen Senke abgeht.

Tipp: Für ausdauernde Wanderer bietet sich von Femés eine Anschlusswanderung an – entweder nach **Puerto del Carmen** oder zu den **Papagayo-Stränden** im äußersten Südzipfel von Lanzarote und von dort nach **Playa Blanca**. Beide Touren sind im Folgenden als Wanderung 15 und 16 beschrieben. In Femés kann man vorher in einem der hübschen Ausflugslokale einkehren.

Kleiner Wanderführer

Die Los-Ajaches-Berge sind die ältesten der Insel

Wanderung 14:
Rundtour um den Pico Redondo (521 m) ^{GPS}

Charakteristik: Der Pico Redondo liegt südlich von Femés. Die reizvolle Rundtour von wenig mehr als 6 km führt mit teils herrlichen Panoramablicken quer durch die archaisch wirkenden Los-Ajaches-Berge, den geologisch ältesten Teil Lanzarotes. Trittfest sollte man allerdings sein, da der schmale Pfad teilweise hart am Abhang entlangführt. Da es durch gänzlich unbesiedeltes Gebiet geht, sollte man zudem besser nicht alleine gehen. **Dauer**: etwa 2:15 Std.

Vom Dorfplatz **Plaza de San Marcial** in Femés ▇ steigt man in etwa 10 Min. nach Süden (links, wenn man Richtung Playa Blanca blickt) in Serpentinen einen geschotterten Fahrweg zu einem Sattel hinauf, wo eine große gemauerte **Ziegenstallung** der Queseria Rubicón steht, deren Produkte man im Ort einkaufen kann. Unmittelbar dahinter beginnt der lange **Barranco de la Higuera** zum Meer hinunter (→ Wanderung 15).

Rechter Hand vom Ziegenpferch steht ein **Wegweiser** ▇ mit verschiedenen Richtungsangaben, kurz danach weist ein **Holzpflock** mit weißem Pfeil und rot-orangem Punkt den Einstieg zu einem schmalen **Fußpfad**, der am Fuß des Bergs **Pico de la Aceituna** (400 m) auf die andere Seite des Barrancos führt. Etwa 20 Min. nach Beginn der Wanderung steigt der Weg auf der anderen Talseite zu dem Sattel **Degollada de Carlos** ▇ hinauf, wo man einen prächtigen Panoramablick genießt. Von hier führt der schmale, steinige Pfad an der Nordwestflanke des **Pico Redondo** entlang, an dessen ockerfarbenen Hängen prächtige Feigenkakteen gedeihen. Rechter Hand fällt das Massiv eindrucksvoll zur Ebene **El Rubicón** ab, bei klarem Wetter hat man einen kilometerweiten Blick bis Playa Blanca und Fuerteventura. Bald erblickt man vor sich die markante Serpentinenpiste, die sich unterhalb von Maciót über die Los-Ajaches-Berge zur Ostküste zieht (→ Wanderung 16). Etwa 40 Min. nach

Beginn der Wanderung trifft man auf eine **Gabelung** ▟ mit orangem Punkt und folgt dem linken Weg über eine leichte Anhöhe in den **Barranco de la Casita**. Nun geht es an der rechten Seite des Barranco entlang in Kurven stetig bergab in Richtung Ostküste, wobei man weit voraus Puerto del Carmen und sogar Arrecife erblickt. Ziemlich weit unten durchquert der Pfad den Barranco, an einem **Wegweiser** ▤ hält man sich links und steigt auf der anderen Seite wieder hinauf zum Kamm zwischen Barranco de la Casita und Barranco de la Higuera. Hier steht die dachlose Ruine des Rasthäuschens **Refugio del Algibe** ▦, das man nach etwa einstündiger Wanderung erreicht. Nachdem sich die zahlreichen Ziegen in respektvolle Entfernung begeben haben, kann man hier gut ausruhen. Neben dem Refugio

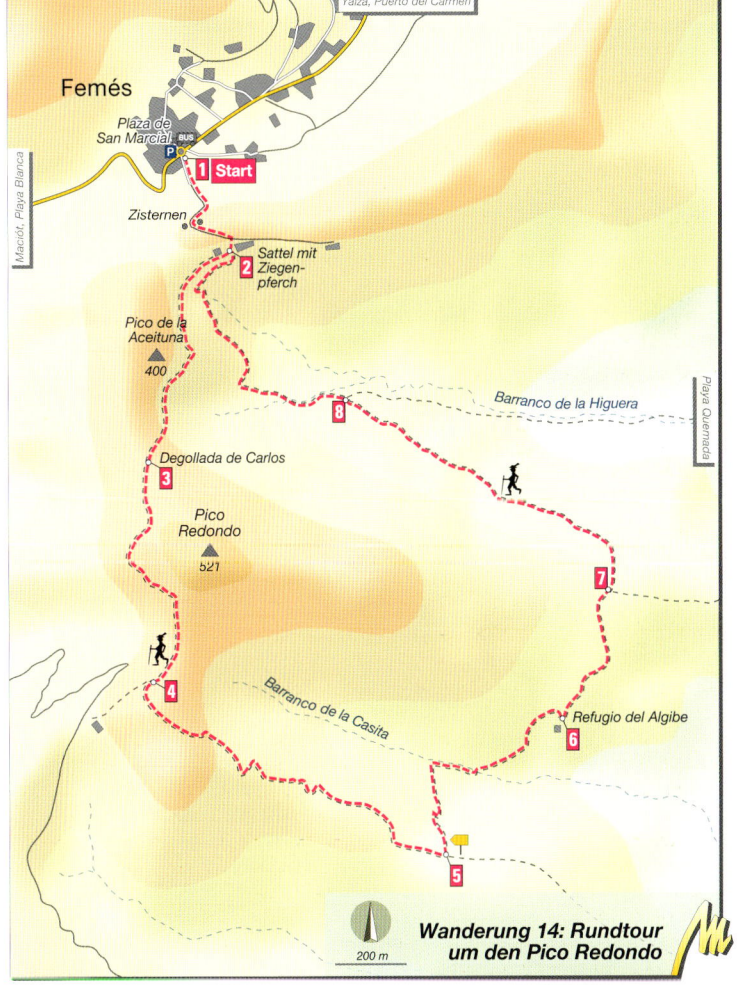

Wanderung 14: Rundtour um den Pico Redondo

200 m

Kleiner Wanderführer

ist eine gut erhaltene **Zisterne** erhalten, die früher als Ziegentränke diente. Die erste, leichtere Weghälfte ist nun geschafft, die zweite wird anstrengender, denn es geht hauptsächlich bergauf.

Nach dem Rasthäuschen folgen wir Richtung Norden einem kleinen Nebenarm aufwärts und queren den kahlen Osthang des Pico Redondo, bis sich der Blick auf den langen **Barranco de la Higuera** öffnet. 10 Min. nach dem Refugio del Algibe gehen wir an einer **Abzweigung** 7 geradeaus weiter. Am oberen Talende erkennen wir den Ziegenpferch, von dem aus wir zu Beginn der Wanderung den Barranco überquert hatten. Wir folgen dem Barranco auf deutlich sichtbarem Weg aufwärts und treffen auf den **Hauptweg** 8, der vom Sattel oberhalb von Femés nach Playa Quemada hinunterführt. Das letzte Stück vom Grund des Tals hinauf zum Ziegengehege ist recht steil und mühsam. Exakt an der Südwestecke des Anwesens kommen wir auf dem **Sattel** 2 an und steigen wieder hinunter nach Femés.

Wanderung 15: Von Femés über Playa Quemada und Puerto Calero nach Puerto del Carmen

Charakteristik: In der ersten Weghälfte schöne, einsame Wanderung durch unbesiedeltes Gebiet. Vom Bergdorf Femés geht es über einen Bergkamm durch das Trockental Barranco de la Higuera zum Küstenort Playa Quemada, von dort an der Küste entlang über den Jachthafen Puerto Calero nach Puerto del Carmen. Da es weitgehend bergab geht, ist der Weg nicht übermäßig anstrengend. Länge etwa 12 km, größte Höhe 420 m. **Dauer**: ca. 4 Std.

Von Femés steigen wir, wie in der vorhergehenden Rundwanderung um den Pico Redondo beschrieben, zunächst zum **Bauernhof** mit Ziegenhaltung hinauf. Exakt an der Südwestecke des Gehöfts zieht sich ein schmaler Pfad den steilen Geröllhang hinunter in den **Barranco de la Higuera**. Der Weg verläuft gut sichtbar das Tal hinunter, trifft bald auf eine Hochspannungsleitung und folgt ihr. Unterwegs kann man immer wieder den weiten Küsten- und Meerblick auf Playa Quemada, Puerto Calero und Puerto del Carmen genießen, ganz am Horizont erkennt man sogar Arrecife. Knapp eine Stunde ab Aufbruch verlässt der Barranco die weiter geradeaus

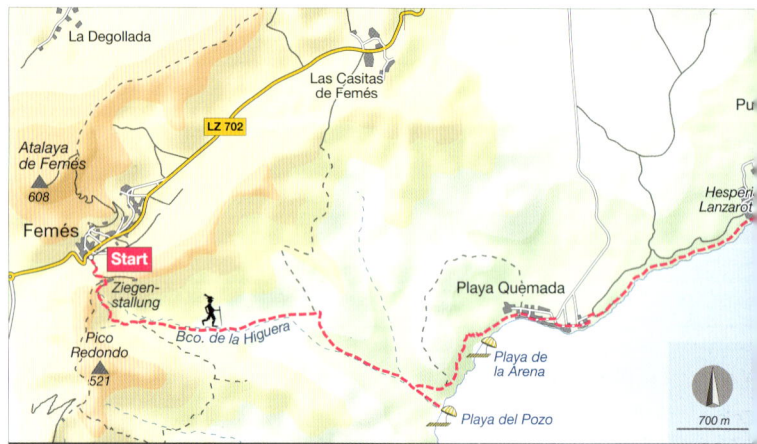

In der Ferne ist Puerto del Carmen schon zu sehen

laufende Stromleitung nach rechts. Wir folgen ihm, bald weitet sich das Tal und etwa 1:30 Std. nach Aufbruch erreichen wir den braunen Feinkiesstrand **Playa del Pozo**, der zum einsamen Baden einlädt. An der südlichen Strandseite sieht man einen alten Brunnen, der früher Süßwasser führte, und daneben ein Rasthäuschen, ein Stück weiter den Hang hinauf steht eine Hausruine.

ür den weiteren Weg nach Playa Quemada geht man vom Meer etwas zurück, bis sich eine ausgewaschene Fahrpiste und Fußpfade den Nordhang hinaufziehen. Hier steigt man hinauf, bis man vom Bergrücken Sicht auf **Playa Quemada** hat. Der Fahrweg führt allerdings bald ins Inselinnere bzw. weiter zur Straße nach Yaiza und man muss rechts abzweigen und sich immer nahe der Küste halten. Verschiedene Trampelpfade folgen hier dem Küstenverlauf, es geht über mehrere Höhen, Playa Quemada ist fast immer zu sehen. Kurz vor dem Ort kann man zur **Playa de la Arena** hinuntersteigen. Wenn gerade Ebbe ist, kann man unten am Meer bequem nach Playa Quemada weiterlaufen, bei Flut geht das nur über das steile Küstenkap, zu dem man dann wieder hinaufsteigen muss. Nach 2:15 Std. erreichen wir die Häuser von **Playa Quemada** (→ S. 184).

In Playa Quemada läuft man hinter den am Meer liegenden Häusern parallel zum Strand in Richtung Puerto Calero. 50 m nach der am Ortsende gelegenen Villensiedlung zweigt rechts ein Weg ab, der an der Küstenlinie entlang führt. Eine weiß gekalkte, etwa 3 m hohe Säule, ein trigonometrischer Punkt, wird

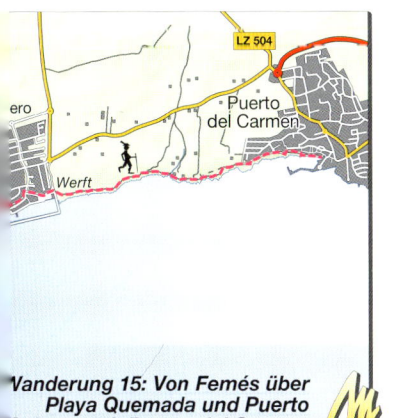

Wanderung 15: Von Femés über Playa Quemada und Puerto Calero nach Puerto del Carmen

Kleiner Wanderführer

nach ca. 7 Min. erreicht. Der Weg verläuft etwa 100 m von der Küstenlinie entfernt in 40 m Höhe über welliges Hügelland. Etwa 40 Min. nach dem Aufbruch von Playa Quemada erreicht man das Komforthotel „Hesperia Lanzarote" und kommt nach wenigen Minuten auf einem Promenadenweg zur Hafenzufahrt von **Puerto Calero**.

Von Puerto Calero nach Puerto del Carmen kann man auf gut ausgebautem Fußweg unmittelbar an der Küste entlang gehen (→ Wanderung 2).

Einstieg in Playa Quemada Wer nach Femés hinauflaufen will, steigt kurz vor der Hausruine am Südende des Ortsstrands von Playa Quemada den Hang hinauf, geht auf einem Trampelpfad oberhalb der **Playa de la Arena** vorbei und immer an der Küste entlang, bis er auf die **Playa del Pozo** trifft, von der sich die tiefe **Barranco de la Higuera** nach Westen zieht. Hier muss man den Weg verfolgen, der das Tal hinaufführt. Hinter dem Kamm am oberen Talende liegt bereits **Femés**.

Wanderung 16: Von Femés zu den Papagayo-Stränden (und weiter nach Playa Blanca)

Charakteristik: Eine Wanderung, die vor allem Ausdauer verlangt. Man sollte keinesfalls alleine gehen und nach Möglichkeit vorher jemandem Bescheid geben. Proviant und Trinkwasser sollte man ausreichend mitnehmen (an den Papagayo-Stränden gibt es zwei Restaurants, die allerdings teuer sind). **Dauer**: Bis zu den Papagayo-Stränden sind es etwa 12 km, für die man etwa 4–5 Std. benötigt. Nach Playa Blanca sind es weitere 5–6 km flach oder leicht hüglig auf einem ausgebauten Promenadenweg an der Küste entlang, dafür muss man noch etwa 1:30 Std. zusätzlich einplanen.

Von Femés nimmt man zunächst den unter „Rundwanderung um den Pico Redondo" (→ Wanderung 14) beschriebenen Weg. Wenn man etwa 40 Min. nach Beginn der Wanderung auf die erwähnte Gabelung trifft, geht man jedoch nicht links, sondern geradeaus weiter auf die weithin sichtbare Serpentinenpiste zu, die sich von der neuen Asphaltstraße nach Playa Blanca über die Los-Ajaches-Berge zur Ostküste zieht. Wir erreichen die Schotterstraße genau an der Passhöhe **Degollada del Portugués** (370 m), wo ein Ziegenstall mit Viehtränke steht, und folgen ihr nach links. Etwa 10 Min. später ist ein verlassenes Gehöft sichtbar. Man hält sich nun rechts und geht in den **Barranco Parrado**. Richtung Osten ist Puerto del Carmen sichtbar. Etwa 1:30 Std. nach Aufbruch durchquert man das Trockental und es geht leicht bergauf. Eine halbe Stunde später erreicht man das Kap von **Punta Gorda** mit einer Steinhütte. Nach etwa 45 Min. auf einem staubigen Fahrweg, der leider nicht direkt über dem Meer, sondern etwas weiter landeinwärts verläuft, kommt man an der im Tal sichtbaren Zisterne bei **El Pimentero** vorbei, die Papagayo-Strände sind bereits in Sicht. Nach einer weiteren halben Stunde trifft man auf die Zufahrtspiste zu den Papagayo-Stränden. Hier wendet man sich nach links und erreicht die **Playa de Papagayo** in etwa 40 Min.

Tipp: Von der Station „Las Coloradas" beim Hotel Papagayo Arena an der Playa de Afe, die man von der Playa de Papagayo in etwa 45 Min. erreicht, kann man den Bus 30 nehmen (→ Stadtplan Playa Blanca), der von 6.30 bis 22 Uhr alle halbe Stunde ins Zentrum fährt.

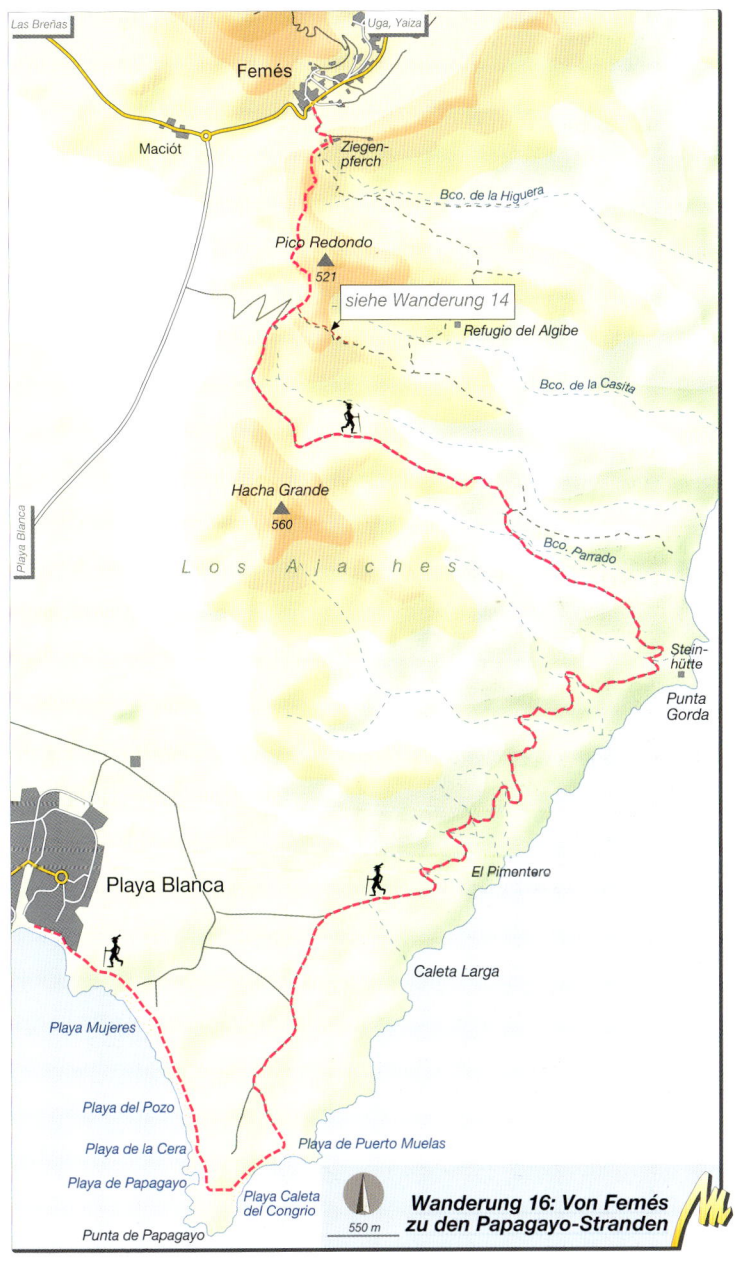

Las Breñas

Uga, Yaiza

Femés

Maciót

Ziegen-
pferch

Bco. de la Higuera

Pico Redondo
▲
521

siehe Wanderung 14

Refugio del Algibe

Bco. de la Casita

Playa Blanca

Hacha Grande
▲
560

Bco. Parrado

L o s   A j a c h e s

Stein-
hütte

Punta
Gorda

Playa Blanca

El Pimentero

Caleta Larga

Playa Mujeres

Playa del Pozo

Playa de la Cera

Playa de Puerto Muelas

Playa de Papagayo

Playa Caleta
del Congrio

Punta de Papagayo

550 m

**Wanderung 16: Von Femés
zu den Papagayo-Stranden**

Wanderungen im Nationalpark

Sie bieten eine ideale Möglichkeit, das Lavameer Lanzarotes hautnah zu erleben. Geführte Wanderungen werden von den engagierten Mitarbeitern der Naturparkbehörde „Red de Parques Nacionales" kostenlos angeboten.

Derzeit gibt es zwei Touren: eine kurze und leicht zu bewältigende geht durch die Kraterlandschaft im Binnenland (mehrmals wöchentlich), die andere – länger und schwieriger – führt entlang der Küste des Nationalparks (1–2 x monatlich). Da die Teilnehmerzahl beschränkt ist, sollte man sich unbedingt so frühzeitig wie möglich anmelden (→ Kasten). Dabei wird ein Treffpunkt vereinbart, in der Regel vor dem „Steinmuseum" an der Dromedarstation. Von dort wird man mit Kleinbussen zum Startpunkt der Wanderungen transportiert. Falls nicht genügend Busse zur Verfügung stehen, wird man gebeten, mit dem Leihwagen den Bussen zu folgen. Diese Wanderungen bzw. längeren Spaziergänge sind nicht nur interessante Naturerlebnisse, sondern man erfährt dabei auch viel über den Vulkanismus auf Lanzarote. Die Führer sprechen in der Regel gut Englisch und haben sich intensiv mit der Materie beschäftigt. Sie kommentieren und erklären unterwegs viele Phänomene.

> **Anmeldung**: Die angebotenen Touren sind meist lange im Voraus ausgebucht, eine Online-Anmeldung ist unter www.reservasparquesnacionales.es verpflichtend und kann frühestens zwei Monate im Voraus erfolgen. Spätestens 48 Std. vor der Wanderung müssen Sie Ihre Teilnahme außerdem telefonisch bestätigen (✆ 928-118042). Teilnehmer müssen zwischen 16 und 65 Jahre alt sein und entsprechende Kondition mitbringen, der jeweilige Führer überzeugt sich vor Aufbruch, dass wirklich jeder der Tour gewachsen ist. Die Guides sprechen ausschließlich Englisch und Spanisch. Aus Sicherheitsgründen müssen alle Teilnehmer eine dieser Sprachen sprechen. Weitere Informationen gibt es im Besucherzentrum Centro de Visitantes de Mancha Blanca (→ S. 210).

Wanderung 17:
Zur Caldera Tremesana (Ruta de Tremesana)

Charakteristik: Einfache Wanderung auf überwiegend flachen, aber scharfkantigen Lapilli- und Ascheschichten im Süden des Nationalparks. Bei genügend Nachfrage startet man in zwei Gruppen von verschiedenen Punkten, trifft sich an der Caldera Tremesana, tauscht Wagenschlüssel und läuft weiter zum Startpunkt der jeweils anderen Gruppe. Wenn nur eine Gruppe startet, läuft man bis zur Caldera und wieder zurück. Festes Schuhwerk ist unbedingt nötig, außerdem sollte man Trinkwasser mitnehmen. **Dauer**: ca. 3 Std.

Mit Kleinbussen wird man zum Startpunkt gefahren, der entweder landeinwärts von El Golfo oder bei Yaiza liegt. Ein schmaler Fußpfad führt durch das geologisch interessante Gelände zwischen niedrigen Kratern. Unterwegs trifft man auf mehrere markante Landschaftsformen, die auftretenden Lavaformen (aa und pa-hoe-hoe) werden erklärt und man besichtigt u. a. einen **Lavatunnel** (tubo volcánico), dessen Entstehung erläutert wird: Da der Lavafluss unter Lufteinwirkung schneller erkaltet,

Wanderung 17:
Zur Caldera Termesana

erstarren zunächst die oberen Schichten und bilden eine feste Decke über dem Strom. Unter dem Druck der strömenden Lava bricht schließlich der Boden ein, die langsam erkaltende Lava sackt ein Stück tiefer und bildet einen Hohlraum unter der bereits fest gewordenen Decke. An der Unterseite der Decke tropft die Lava langsam nach unten, erkaltet dabei und bildet zahllose tropfenförmige Stalaktiten in Zentimetergröße – in der betreffenden Höhle sehr schön zu sehen. Auch die berühmte **Cueva de los Verdes** im Norden Lanzarotes ist so entstanden (→ dort). Später überquert man einen **Lavasee**, d. h. eine fast ebene Fläche ohne Verwerfungen. Darunter haben sich ebenfalls Hohlräume gebildet. Wenn man in die Luft springt und mit beiden Füßen wieder auftrifft, schwingt der Boden und es klingt hohl. Weiterhin kann man einen etwa 2–3 km langen **Lavafluss** erkennen, der sich zwischen den Calderen sein Bett gebahnt hat. Interessant sind auch die Gebilde namens **Pasero**: Innerhalb von Rundmauern hat man Mengen von Lapilli aufgeschichtet, auf denen Feigen zum Trocknen gelagert werden. Da die Lapilli luftdurchlässig sind, gelangt die Luft gleichmäßig von allen Seiten an die Früchte. Neben Weinreben eignen sich Feigenbäume besonders gut für den Trockenfeldanbau auf vulkanischem Boden.

Geführte Tour zur Caldera Tremesana

Wanderung 18: Entlang der Küste des Nationalparks (Ruta del Litoral)

Charakteristik: Eindrucksvolle, etwa 9 km lange Wanderung entlang der Küste des Nationalparks, die bei den Ausbrüchen im 18. Jh. durch die Lava vollständig neu gebildet wurde. Selbst an stillen Tagen schäumt die Gischt bis zu 20 m auf und bildet einen tollen Kontrast zum tiefschwarzen Lavagestein. Trittsicherheit, gute Kondition und festes Schuhwerk sind erforderlich, außerdem sollte man Trinkwasser, Proviant und wasserfeste Kleidung mitnehmen, denn bei Wind und hohem Wellengang wird man schnell bis auf die Haut durchnässt. **Dauer**: Mit Rast etwa 5–6 Std.

> Die Küstenwanderung ist die einzige im Nationalpark, für die keine Erlaubnis oder Führung nötig ist, sie darf auch auf eigene Faust unternommen werden.

Mit Kleinbussen wird man zum Ausgangspunkt der Wanderung gefahren, der etwas nordöstlich von El Golfo liegt. Eine Piste (LZ-705) führt in Richtung Meer zur kleinen **Playa del Paso**. Unterwegs sieht man Lavaschichten verschiedenen Alters, die ältesten sind 5 Mio. Jahre alt und mit Euphorbien bewachsen. Am Weg liegen auch einige „Bombas volcánicas" – viele davon wurden durch neugierige Nationalpark-Besucher allerdings bereits beschädigt, weil sie größere Olivinvorkommen darin vermuteten. Rechter Hand ragt in einigen Kilometern Entfernung der

Erkundung eines Lavatunnels

Islote Halcones empor (108 m). Er ist der Überrest eines frühen Erdzeitalters und wurde bei den Ausbrüchen von 1730–36 nicht von der Lava überflutet. Er gilt als ein beliebter und sicherer Nistplatz für Vögel. Am Kamm ist ein topografischer Messpunkt zu erkennen.

Kurz bevor man das Meer erreicht, zweigt man nach rechts auf einen Fußpfad ab, der mit viel Mühe von einheimischen Muschelsammlern und Fischern angelegt wurde und unmittelbar an der Küste entlang Richtung Norden führt. In etwa 20-30 m Höhe läuft man über scharfkantige Lava und kann die bizarre Steilküste betrachten, die völlig aus aufgetürmtem Vulkangestein besteht. Bei den Ausbrüchen im 18. Jh. wurde die Küstenlinie durch ausströmende Lava 1 km weit nach Westen gerückt, bis zu 65 m türmen sich die Schichten auf. Früher nisteten hier noch Seeadler und Falken, wegen der Nähe zum touristischen El Golfo sind sie allerdings verschwunden. Auf den Felsen krabbeln hier und dort handtellergroße Krebse, im Meer sollen manchmal Haie und Wale zu sehen sein. In den Lavabrocken erkennt man immer wieder Olivineinsprengsel. Etwa an der Hälfte der Strecke wird an der **Playa del Cochino** kurz Rast gemacht, bevor es weiter geht bis zur **Playa de la Madera** an der Nordgrenze des Nationalparks, wo Kleinbusse die Wanderer wieder einsammeln.

Hinweis: In den letzten Jahren wurde diese Wanderung auch gelegentlich verkürzt angeboten, dann geht man nur bis Playa del Cochino und wieder zurück (Dauer ca. 3:30 Std.).

Küstenwanderung in umgekehrter Richtung Die **Playa de la Madera** ist von **Tinajo** oder **Mancha Blanca** auf befahrbarer Piste zu erreichen (→ S. 217), dort beginnt der Fußpfad. Parkplätze sind genügend vorhanden. Am **Südende** der Nationalpark-Küste zweigt der Weg ins Inselinnere ab. Man kann hier aber auch auf einem schmalen Küstenpfad bis El Golfo wandern.

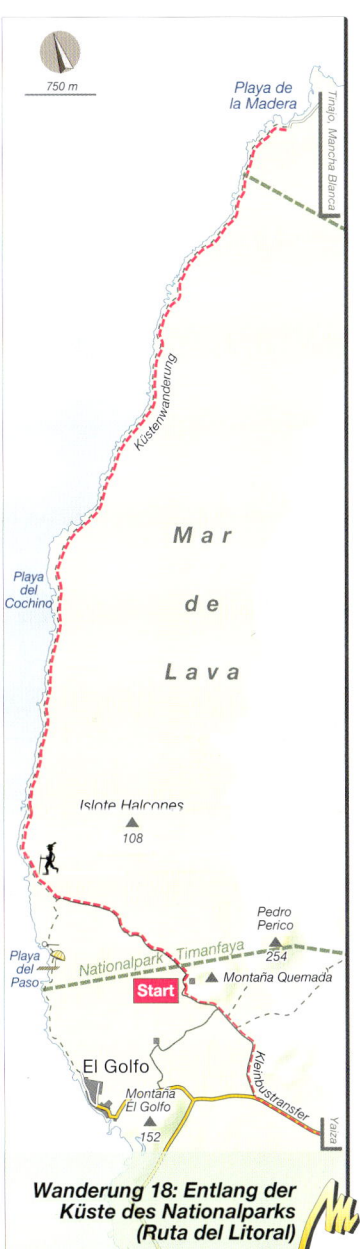

Wanderung 18: Entlang der Küste des Nationalparks (Ruta del Litoral)

Etwas Spanisch

Für Ihren Urlaub müssen Sie nicht unbedingt Spanisch lernen. Deutsch, Englisch und die Gebärdensprache reichen meist völlig aus, um einzukaufen, ein Auto oder Zimmer zu mieten. Wer aber näher mit den Menschen im Land in Kontakt kommen möchte, wird schnell merken, wie erfreut und geduldig die Canarios reagieren, wenn man sich ein bisschen Mühe gibt. Der folgende kleine Spanisch-Sprachführer soll Ihnen helfen, sich in Standardsituationen besser zurechtzufinden. Vor Ort fällt es dann leicht, ein vorhandenes Grundvokabular weiter auszubauen. Scheuen Sie sich nicht, am Anfang auch einmal Sätze zu formulieren, die nicht gerade durch grammatikalischen Feinschliff glänzen – wer einfach drauflosredet, lernt am schnellsten.

Aussprache

c	vor a, o, u und Konsonanten wie k (caliente = kaliente), vor e und i wie engl. th (cero = thero)	ñ	wie nj (año = anjo)
		qu	wie k (queso = keso)
ch	wie tsch (mucho = mutscho)	v	wie leichtes b (vaso = baso), manchmal wie leichtes süddeutsches w (vino = wino)
h	ist stumm (helado = elado)		
j	wie ch (rojo = rocho)	y	wie j (yo = jo)
ll	wie j (calle = caje), manchmal auch wie lj	z	wie engl. th (zona = thona)

Zahlen

¼	un cuarto	13	trece	50	cincuenta
½	un medio	14	catorce	60	sesenta
0	cero	15	quince	70	setenta
1	un/una	16	dieciséis	80	ochenta
2	dos	17	diecisiete	90	noventa
3	tres	18	dieciocho	100	ciento, cien
4	cuatro	19	diecinueve	200	doscientos
5	cinco	20	veinte	300	trescientos
6	seis	21	veintiuno (-ún)	500	quinientos
7	siete	22	veintidós	1000	mil
8	ocho	23	veintitrés	2000	dos mil
9	nueve	30	treinta	5000	cinco mil
10	diez	31	treinta y uno	10.000	diez mil
11	once	32	treinta y dos	100.000	cien mil
12	doce	40	cuarenta	1.000.000	un millón

Elementares

Grüße

Guten Morgen	buenos días
Guten Tag (bis zum Abend)	buenas tardes
Guten Abend/ gute Nacht	buenas noches
Hallo	Hola (sehr gebräuchlich)
Auf Wiedersehen	adiós
Tschüss (= bis dann)	hasta luego
Gute Reise	buen viaje

Small Talk

Wie geht's?/ sonst:	qué tal? (bei Freunden), cómo está?
(Sehr) gut und Dir?	(muy) bién y tú?
Wie heißt Du?	cómo te llamas?
Ich heiße …	mi nombre es …
Woher kommst du?	de dónde vienes?
Ich komme aus …	soy de …
… Deutschland	Alemania
… Österreich	Austria
… Schweiz	Suiza
Sprechen Sie deutsch?	habla usted alemán?
englisch/französisch/ italienisch	inglés/francés/ Itallano
Ich spreche nicht spanisch	yo no hablo español
Ich verstehe (nicht)	yo (no) comprendo/ entiendo
Verstehst du?	comprendes/entiendes?

Ist das schön!	qué bonito!
Ein bisschen langsamer, bitte	un poco más despacio, por favor
In Ordnung/passt so/ o.k. (auch als Frage sehr gebräuchlich)	vale? – vale!

Minimal-Wortschatz

Ja	sí
Nein	no
Bitte	por favor
Vielen Dank	muchas gracias
Entschuldigung	perdón
Verzeihung	disculpe/permiso
groß/klein	grande/pequeño
gut/schlecht	bueno/malo
viel/wenig	mucho/poco
heiß/kalt	caliente/frío
oben/unten	arriba/abajo
Ich	yo
Du	tú
Sie	usted
Können Sie mir sagen, wo …	podría decirme dónde está …?
verboten	prohibido
Mädchen	Chica, nena
Junge	chico
Frau	señora
junge Frau	señorita
Herr	señor

Fragen & Antworten

Gibt es …	hay?
Was kostet das?	cuánto cuesta esto?
Wie/wie bitte?	cómo?
Wissen Sie …?	sabe usted …?
Ich weiß nicht …	yo no sé
Wo?	dónde?
Von wo?	de dónde?

Wo ist …?	dónde está …?
Haben Sie …?	tiene usted …?
Ich möchte …	quisiera …
Um wie viel Uhr?	a qué hora?
Ist es möglich/kann ich?	está posible?
Warum?	por qué?
Weil	porque

Orientierung

Nach …	a/hacia	*hier*	aquí
links	izquierda	*dort*	allí, ahí
rechts	derecha	*Adresse*	dirección
geradeaus	recto	*Stadtplan*	plano de la ciudad
die nächste Straße	la próxima calle	*Ist es weit?*	está lejos?

Zeit

vormittag(s)	(por la) mañana
nachmittag(s)	(por la) tarde
abend(s)	(por la) noche
heute	hoy
morgen	mañana
übermorgen	pasado mañana
gestern	ayer
vorgestern	anteayer
Tag	el día
jeden Tag	todos los días
Woche	semana
Monat	mes
Jahr	año
stündlich	cada hora
Wann?	cuándo?

Wochentage

Montag	lunes
Dienstag	martes
Mittwoch	miércoles
Donnerstag	jueves
Freitag	viernes
Samstag	sábado
Sonntag	domingo

Jahreszeiten

Frühling	primavera
Sommer	verano
Herbst	otoño
Winter	invierno

Monate

Januar	enero
Februar	febrero
März	marzo
April	abril
Mai	mayo
Juni	junio
Juli	julio
August	agosto
September	septiembre
Oktober	octubre
November	noviembre
Dezember	diciembre

Uhrzeit

Stunde	hora
Um wie viel Uhr?	a qué hora?
Wie viel Uhr ist es?	Qué hora es?

Unterwegs

Wann kommt … an?	cuándo llega …?	*bitte aussteigen!*	por favor!
Wie viel Kilometer sind es bis …?	cuántos kilómetros hay de aquí a …?	*Hafen*	puerto
Ich möchte	quisiera salir,	*Haltestelle*	parada
		Fahrkarte	tiket/boleto

Hin und zurück	ida y vuelta	Busbahnhof	terminal terrestre
Abfahrt	salida	Flughafen	aeropuerto
Ankunft	llegada	das (nächste) Flugzeug	el (próximo) avión
Information	información	Hafen	puerto
Kilometer	kilómetro	Schiff	barco/yate
Straße	calle	Deck	cubierta
Telefon	teléfono	Fährschiff	transbordador/ferry
Reservierung	reservación	Reisebüro	agencia de viajes
Weg	camino, sendero	(der nächste) Bus	(el próximo) bús
Autobus	bus	Boot	lancha/fibra/ panga/Zodiak
Bahnhof	estación de tren		

Auto/Zweirad

Ich möchte …	quisiera …	Bremse	frenos
Wo ist … ?	dónde está …?	Ersatzteil	pieza de repuesto
… die nächste Tankstelle	… la próxima gasolinera	Keilriemen	correa
Bitte prüfen Sie, ob …	por favor, compruébe usted si …	Kühler	radiador
		Kupplung	embrague
Ich möchte mieten (für 1 Tag)	quisiera alquilar (por un día)	Licht	luces
		Motor	motor
(die Bremse) ist kaputt	(los frenos) no funcionan	Öl	aceite
		Reifen	rueda
Wie viel kostet es (am Tag)?	cuánto cuesta (un día)	Reparatur	reparación
		Stoßdämpfer	amortiguador
Benzin	gasolina	Werkstatt	taller
bleifrei	sin plomo	Autobahn	autopista
Diesel	diesel	Baustelle	obras
(1/20) Liter	(un/veinte) litro(s)	Kreuzung	cruce
Auto	carro/auto	Einbahnstraße	dirección única
Motorrad	moto	Straße gesperrt	carretera cortada
Moped	motoneta	Umleitung	desvío
Anlasser	starter	parken	parquear/estacionar
Auspuff	tubo de escape	Kann ich hier parken?	puedo estacionar aquí?
Batterie	batería		

Bank/Post/Telefon

Wo ist …	dónde está …	Wie viel kostet das?	cuánto cuesta?
Ich möchte …	quisiera …	Bank	banco
… ein Tel.-Gespräch	… una llamada	Postamt	correos

Brief	carta	*Geld*	dinero
Karte	tarjeta	*mit Luftpost*	por avión
Briefkasten	buzón	*Päckchen*	pequeño paquete
Briefmarke	estampilla	*Paket*	paquete
eingeschrieben	por certificado	*postlagernd*	lista de correos
Reiseschecks	traveler cheques	*Telefon*	teléfono

Übernachten

Haben Sie …?	tiene usted …?	*Haben Sie nichts billigeres?*	no tiene algo más barato?
Gibt es …?	hay …?	*Zimmer*	habitación
Wie viel kostet es (das Zimmer)?	cuánto cuesta (la habitación)?	*ein Doppelzimmer*	habitación doble
Ich möchte mieten (…)	quisiera alquilar (…)	*Einzelzimmer*	habitación individual sencilla
für 5 Tage	por cinco días	*Ehebettzimmer*	habitación matrimonial
Kann ich sehen …?	puedo ver …?	*Bett*	cama
Kann ich haben …?	puedo tener …?	*Pension (Voll/Halb)*	pensión (completa/media)
ein (billiges/ gutes) Hotel	un hotel (barato/ bueno)	*Haus*	casa

Küche	cocina	Hoch/Nebensaison	temporada alta/baja
Toilette	servicios higiénicos, baño	Campingplatz	campamento
mit …	con …	zelten („wild")	acampar (libre)
ohne …	sin …	Zelt	carpa
… Dusche/Bad	… ducha/baño	Hauszelt	tienda familiar
… Frühstück	… desayuno	Schlafsack	saco de dormir
Reservierung	reservación	Wohnmobil	casa rodante
Wasser (heiß/kalt)	agua (caliente/fría)		

Im Restaurant/In der Bar

Kanarische Gerichte und Spezialitäten finden Sie im ausführlichen Kapitel „Essen und Trinken" vorne im Buch.

Haben Sie …?	tiene usted …?	Weinglas	copa de vino
Ich möchte …	quisiera …	Mineralwasser (sprudelnd/still)	agua con/sin gas
Speisekarte	menú	Wasser	agua
Wie viel kostet …?	cuánto cuesta …?	Hauswein	vino de la casa
Ich möchte zahlen, bitte	quisiera pagar, por favor	Rotwein	vino tinto
Die Rechnung (bitte)	la cuenta (por favor) höflicher: la cuenta, quando pueda!	Weißwein	vino blanco
		süß/herb	dulce/seco
zum Mitnehmen	para llevar	Saft	jugo
		Kaffee	café
		Milchkaffee	café con leche
Getränke		Zucker	azúcar
Glas/Flasche	vaso/botella	Tee	té
(Glas) Bier	cerveza	Milch	leche

Einkaufen

Was kostet …	cuánto cuesta …?	Einkaufszentrum	centro comercial
Haben Sie …?	tiene usted …?	Bäckerei	panadería
Geben Sie mir bitte	déme … por favor	Konditorei	pastelería
klein/groß	pequeño/grande	Metzgerei	carnicería
1 Pfund	una libra	Friseur	peluquería
1 Kilo/Liter	un kilo/litro	Buchhandlung	librería
100 Gramm	cien gramos	Apfel	manzana
geöffnet	abierto	Brot	pan
geschlossen	cerrado	Butter	mantequilla
Geschäft	tienda	Ei(er)	huevo(s)
Supermarkt	supermercado	Essig	vinagre

Gurke	pepino	Streichhölzer	fosforos
Honig	miél	Tomaten	tomates
Joghurt	yogurt	Wurst	embutido
Käse	queso	Zeitung	periódico
Klopapier	papel higiénico	Zeitschrift	revista
Knoblauch	ajo	Zucker	azúcar
Kuchen	pastel	Kleidung	vestidos
Marmelade	mermelada	Bluse	blusa
Milch	leche	Hemd	camisa
Öl	aceite	Hose	pantalones
Orange	naranja	Pullover	saco/jersey
Pfeffer	pimienta	Rock	falda
Salz	sal	Schuhe	zapatos
Seife	jabón	Kann ich probieren?	puedo probar?
Shampoo	champú	Es gefällt mir	me gusta
Sonnenöl	bronceador	Ich nehme es	lo tomo

Hilfe & Krankheit

Hilfe!	ayuda!	… Abführmittel	laxante
Helfen Sie mir bitte	ayudeme por favor	… Aspirin	aspirina
Ich habe Schmerzen (hier)	me duele (aquí)	… die „Pille"	la píldora
Gibt es hier …?	hay aquí …?	… Kondom	preservativo, condón
Ich habe verloren …	he perdido …	… Penicillin	penicilina
Haben Sie …?	tiene usted …?	… Salbe	pomada
Wo ist (eine Apotheke)?	dónde hay (una farmácia)	… Tabletten	pastillas
Um welche Uhrzeit hat der Arzt Sprechstunde?	A qué hora es la consulta?	… Watte	algodón
		Ich habe …	yo tengo …
		Ich möchte ein	quiero una
Ich bin allergisch gegen …	yo soy alérgico a …	Medikament gegen	medicina contra …
Deutsche Botschaft	embajada alemana	… Durchfall	diarrea
Polizei	policía	… Fieber	fiebre
Tourist-Information	oficina de turismo	… Grippe	gripe
Arzt	médico	… Halsschmerzen	dolor de garganta
Krankenhaus	hospital	… Kopf …	dolor de cabeza
Unfall	accidente	… Magen …	dolor de estómago
Zahnarzt	dentista	… Zahn …	dolor de muelas
Ich möchte (ein) …	quisiera (un/una) …	… Schnupfen	catarro, resfriado
		… Sonnenbrand	quemadura del sol
		… Verstopfung	estreñimiento

Abruzzen • Ägypten • Algarve • Allgäu • Allgäuer Alpen • Altmühltal & Fränk. Seenland • Amsterdam • Andalusien • Andalusien • Apulien • Australien – der Osten • Azoren • Bali & Lombok • Barcelona • Bayerischer Wald • Bayerischer Wald • Berlin • Bodensee • Bretagne • Brüssel • Budapest • Chalkidiki • Chiemgauer Alpen • Chios • Cilento • Cornwall & Devon • Comer See • Costa Brava • Costa de la Luz • Côte d'Azur • Cuba • Dolomiten – Südtirol Ost • Dominikanische Republik • Dresden • Dublin • Düsseldorf • Ecuador • Eifel • Elba • Elsass • Elsass • England • Fehmarn • Franken • Fränkische Schweiz • Fränkische Schweiz • Friaul-Julisch Venetien • Gardasee • Gardasee • Genferseeregion • Golf von Neapel • Gomera • Gomera • Gran Canaria • Graubünden • Hamburg • Harz • Haute-Provence • Havanna • Ibiza • Irland • Island • Istanbul • Istrien • Italien • Italienische Adriaküste • Kalabrien & Basilikata • Kanada – Atlantische Provinzen • Karpathos • Kärnten • Katalonien • Kefalonia & Ithaka • Köln • Kopenhagen • Korfu • Korsika • Korsika Fernwanderwege • Korsika • Kos • Krakau • Kreta • Kreta • Kroatische Inseln & Küstenstädte • Kykladen • Lago Maggiore • Lago Maggiore • La Palma • La Palma • Languedoc-Roussillon • Lanzarote • Lesbos • Ligurien – Italienische Riviera, Genua, Cinque Terre • Ligurien & Cinque Terre • Limousin & Auvergne • Limnos • Liparische Inseln • Lissabon & Umgebung • Lissabon • London • Lübeck • Madeira • Madeira • Madrid • Mainfranken • Mainz • Mallorca • Mallorca • Malta, Gozo, Comino • Marken • Mecklenburgische Seenplatte • Mecklenburg-Vorpommern • Menorca • Midi-Pyrénées • Mittel- und Süddalmatien • Montenegro • Moskau • München • Münchner Ausflugsberge • Naxos • Neuseeland • New York • Niederlande • Niltal • Norddalmatien • Norderney • Nord- u. Mittelengland • Nord- u. Mittelgriechenland • Nordkroatien – Zagreb & Kvarner Bucht • Nördliche Sporaden – Skiathos, Skopelos, Alonnisos, Skyros • Nordportugal • Nordspanien • Normandie • Norwegen • Nürnberg, Fürth, Erlangen • Oberbayerische Seen • Oberitalien • Oberitalienische Seen • Odenwald • Ostfriesland & Ostfriesische Inseln • Ostseeküste – Mecklenburg-Vorpommern • Ostseeküste – von Lübeck bis Kiel • Östliche Allgäuer Alpen • Paris • Peloponnes • Pfalz • Pfälzer Wald • Piemont & Aostatal • Piemont • Polnische Ostseeküste • Portugal • Prag • Provence & Côte d'Azur • Provence • Rhodos • Rom • Rügen, Stralsund, Hiddensee • Rumänien • Rund um Meran • Sächsische Schweiz • Salzburg & Salzkammergut • Samos • Santorini • Sardinien • Sardinien • Schottland • Schwarzwald Mitte/Nord • Schwarzwald Süd • Schwäbische Alb • Schwäbische Alb • Shanghai • Sinai & Rotes Meer • Sizilien • Sizilien • Slowakei • Slowenien • Spanien • Span. Jakobsweg • St. Petersburg • Steiermark • Südböhmen • Südengland • Südfrankreich • Südmarokko • Südnorwegen • Südschwarzwald • Südschweden • Südtirol • Südtoscana • Südwestfrankreich • Sylt • Teneriffa • Teneriffa • Tessin • Thassos & Samothraki • Toscana • Toscana • Tschechien • Türkei • Türkei – Lykische Küste • Türkei – Mittelmeerküste • Türkei – Südägäis • Türkische Riviera – Kappadokien • Umbrien • USA – Südwesten • Usedom • Varadero & Havanna • Venedig • Venetien • Wachau, Wald- u. Weinviertel • Westböhmen & Bäderdreieck • Wales • Warschau • Westliche Allgäuer Alpen und Kleinwalsertal • Wien • Zakynthos • Zentrale Allgäuer Alpen • Zypern

Reisehandbuch   MM-City   MM-Wandern

Register

Mit dem grünen Blatt haben unsere Autoren Betriebe hervorgehoben, die sich bemühen, regionalen und nachhaltig erzeugten Produkten den Vorzug zu geben.

Vielen Dank!   Herzlichen Dank an Dr. Walter Welß für kenntnisreiche Hinweise zur Flora auf Lanzarote und La Graciosa, an Bettina Bork (Arte de Obra) aus Haría, außerdem an alle Leser, die mit ihren Mails und Briefen zur neuen Auflage beigetragen haben: Hanno Grünberg, Susanne & Dieter Mannal, Klaus Peil, Simon Backhaus, Susanne Müller, Tanja Stephan, Michael Rottweiler, Stefan & Susanne Jansen, Werner Haubrich, Lisa Jahnen, Brigitte Schäfer, Raphael Ehmcke, Hildegard Brauner, Martin Hess, Laurenz van Treeck, Ernst Helmschrott, Wilfried Altendorfer, Beate Smolek

Fotonachweis

Alle Fotos Eberhard Fohrer außer: Arte de Obra (Haría): S. 203, 283, 284, 290, 309 | Waldemar Büchert: S. 25 (oben) | Lucie Büchert-Fohrer: S. 2, 37, 326, 399 | Eva Maldener (La Graciosa): 386 | Jason deCaires Taylor and CACT Lanzarote: S. 359 | Armin Tima: S. 336 | Dr. Walter Welß: S. 25 (unten), 30 (alle), 32, 40, 53, 228, 250 (oben)

Olivenöl aus Sizilien, Kreta und Portugal

Recherche, Hintergründe, Wissenswertes

www.fohrerolivenoel.de

Fohrer livenöl

Was haben Sie entdeckt?

Haben Sie den Strand Lanzarotes gefunden, ein freundliches Restaurant, eine originelle Tapas-Bar, eine reizvolle Apartmentanlage, einen schönen Wanderweg?

Wenn Sie Ergänzungen, Verbesserungen oder Tipps zum Lanzarote-Buch haben, lassen Sie es uns wissen!

Schreiben Sie an: Eberhard Fohrer, Stichwort „Lanzarote" | c/o Michael Müller Verlag GmbH | Gerberei 19, D – 91054 Erlangen | eberhard.fohrer@michael-mueller-verlag.de

Die in diesem Reisebuch enthaltenen Informationen wurden vom Autor nach bestem Wissen erstellt und von ihm und dem Verlag mit größtmöglicher Sorgfalt überprüft. Dennoch sind, wie wir im Sinne des Produkthaftungsrechts betonen müssen, inhaltliche Fehler nicht mit letzter Gewissheit auszuschließen. Daher erfolgen die Angaben ohne jegliche Verpflichtung oder Garantie des Autors bzw. des Verlags. Autor und Verlag übernehmen keinerlei Verantwortung bzw. Haftung für mögliche Unstimmigkeiten. Wir bitten um Verständnis und sind jederzeit für Anregungen und Verbesserungsvorschläge dankbar.

ISBN 978-3-95654-455-2

© Copyright Michael Müller Verlag GmbH, Erlangen 1995–2017. Alle Rechte vorbehalten. Alle Angaben ohne Gewähr. Druck: Livonia Print, Riga.

Aktuelle Infos zu unseren Titeln, Hintergrundgeschichten zu unseren Reisezielen sowie brandneue Tipps erhalten Sie in unserem regelmäßig erscheinenden Newsletter, den Sie im Internet unter **www.michael-mueller-verlag.de** kostenlos abonnieren können.

Klimaschutz geht uns alle an.

Der Michael Müller Verlag verweist in seinen Reiseführern auf Betriebe, die regionale und nachhaltig erzeugte Produkte bevorzugen. Seit Januar 2015 gehen wir noch einen großen Schritt weiter und produzieren unsere Bücher klimaneutral. Dies bedeutet: Alle Treibhausgasemissionen, die bei der Produktion der Bücher entstehen, werden durch die Ausgleichszahlung an ein Klimaprojekt von myclimate kompensiert.

Der Michael Müller Verlag unterstützt das Projekt »Kommunales Wiederaufforsten in Nicaragua«. Bis Ende 2016 ermöglicht der Verlag in einem 7 ha großen Gebiet (entspricht ca. 10 Fußballfeldern) die Wiederaufforstung. Dadurch werden nicht nur dauerhaft über 2.000 t CO_2 gebunden. Vielmehr werden auch die Lebensbedingungen der lokalen Bevölkerung deutlich verbessert.

In diesem Projekt arbeiten kleinbäuerliche Familien zusammen und forsten ungenutzte Teile ihres Landes wieder auf. Eine vergrößerte Waldfläche wird Wasser durch die trockene Jahreszeit speichern und Überschwemmungen in der Regenzeit minimieren. Bodenerosion wird vorgebeugt, die Erde bleibt fruchtbarer. Mehr über das Projekt unter **www.myclimate.org**

myclimate ist einer der weltweit führenden Anbieter im Bereich der freiwilligen CO_2-Kompensation. myclimate Klimaschutzprojekte erfüllen höchste Qualitätsstandards und vermeiden Treibhausgase, indem fossile Treibstoffe durch alternative Energiequellen ersetzt werden. Das Projekt »Kommunales Wiederaufforsten in Nicaragua« ist zertifiziert von Plan Vivo, einer gemeinnützigen Stiftung, die schon seit über 20 Jahren im Bereich Walderhalt und Wiederaufforstung tätig ist und für höchste Qualitätsstandards sorgt.

www.michael-mueller-verlag.de/klima